रामधारी सिंह 'दिनकर' रचनावली-11

[सृजनात्मक गद्य : एक]

D1881995

रामधारी सिंह 'दिनकर' रचनावली

11

संपादक

नंदकिशोर नवल
तरुण कुमार

लोकभारती प्रकाशन

लोकभारती प्रकाशन
पहली मंजिल, दरबारी बिल्डिंग, महात्मा गांधी मार्ग
प्रयागराज-211 001
वेबसाइट : www.lokbhartiprakashan.com
ईमेल : info@lokbhartiprakashan.com
शाखाएँ : 1-बी, नेताजी सुभाष मार्ग, दरियागंज
नई दिल्ली-110 002
अशोक राजपथ, साइंस कॉलेज के सामने
पटना-800 006
36 ए, शेक्सपियर सरणी, कोलकाता-700 017

पहला संस्करण : 2011
दूसरा संस्करण : 2021

© केदारनाथ सिंह, अरविन्द कुमार सिंह

बी.के. ऑफसेट
नवीन शाहदरा, दिल्ली-110 032 द्वारा मुद्रित

RAMDHARI SINGH DINKAR
RACHNAWALI-11
Edited by Nandkishor Nawal, Tarun Kumar

ISBN : 978-81-8031-590-9

मूल्य : ₹5000
(14 खंडों का पूरा सेट)

उपकुलपति के रूप में भागलपुर में सभा को संबोधित करते हुए दिनकर जी

अग्रज बसन्त नारायण सिंह के साथ

पौत्री कल्याणी के विवाह के अवसर पर

ज्ञानपीठ पुरस्कार घोषणा के बाद (बाएँ से) केदारनाथ सिंह, प्रो. केशरी कुमार, दिनकर जी, अरविन्द, मणिभूषण शर्मा एवं श्रद्धा

अमरनाथ झा

मेरे साहित्यिक जीवन में जो स्थान श्री रामवृक्ष बेनीपुरी का है, पं. बनारसीदास जी चतुर्वेदी का है, डाक्टर काशीप्रसाद जायसवाल का है, वही स्थान मैं पंडित अमरनाथ झा का मानता हूँ। कवि और लेखक जब प्रसिद्ध हो जाते हैं, तब अच्छे-अच्छे लोग भी चाहते हैं कि दुनिया यह सोच कर हमारी कद्र और इज्जत करे कि ये लेखक और कवि हमारे मित्र हैं। किन्तु लेखक और कवि जब साहित्य में नये-नये आते हैं, बड़े लोग उनकी प्रशंसा में खुल कर नहीं बोल पाते। उन्हें यह आशंका सताती है कि अगर कवि आगे चल कर फिसड्डी निकल गया तो उसके साथ हमारी भी जगहँसाई होगी। जब मेरी 'रेणुका' (1935) निकली थी, बेनीपुरी ने उसकी भूमिका पं. माखनलाल चतुर्वेदी से लिखवायी थी। उस भूमिका को देख कर मैं सहम कर बैठ गया था। चतुर लेखक उस्ताद शब्दों का प्रयोग इस खूबी से भी करते हैं कि उनसे कोई अर्थ न निकले। अंगरेजी में एक मुहावरा है, "वर्ड्स वर्स दैन साइलेंस" याने ऐसे शब्द जो चुप्पी से भी ज्यादा खराब होते हैं। माखनलाल जी की भूमिका ऐसे ही शब्दों का कुशल प्रयोग करके लिखी गयी थी। मैंने बेनीपुरी से कहा था कि इस भूमिका के छापने से किताब की इज्जत क्या खाक बढ़ेगी। किताब बिना भूमिका के ही निकल जाने दो। किन्तु बेनीपुरी माखनलाल जी को साहित्य-देवता समझते थे और मैं भी उस भूमिका के बावजूद अन्त तक माखन-...

रामधारी सिंह दिनकर

भूमिका

आलोचनात्मक और विचारात्मक लेखन के साथ गद्य की अन्य अनेक विधाओं में भी दिनकर का लेखन पाठकों को अपनी ओर आकृष्ट करनेवाला रहा है। इसमें ऐसा भी साहित्य शामिल है जिसे विधा विशेष में बाँधने में कठिनाई महसूस होती है। मसलन, 1956 ई. में प्रकाशित उनकी 'उजली आग' नामक कृति। इसमें काल्पनिक कथा-कहानी का आश्रय लेकर, और कई बार यूँ ही, दिनकर अपने अनेक प्रकार के जीवनानुभवों और रचनानुभवों को अत्यन्त कलात्मक रूप में और पूरी संक्षिप्तता एवं सटीकता के साथ व्यंजित करते हैं। अनावश्यक एक शब्द भी नहीं। इसे बोध-कथा कहना नितान्त अनुपयुक्त जान पड़ता है। गद्य-काव्य कहे जाने में भी भ्रम की गुंजाइश नहीं है, सो बात नहीं। कई बार एक खास तरह की गद्यमय संरचना को गद्य-काव्य कहा जाता है। अपने यहाँ आलंकारिक गद्य के लिए भी गद्य-काव्य जैसे पदबन्ध का इस्तेमाल किया जाता रहा है। यहाँ हम 'उजली आग' को गद्य-काव्य उक्त दोनों अर्थ से भिन्न अर्थ में कहना चाहते हैं—काव्यगन्धी गद्य के अर्थ में। अपनी 'कुरुक्षेत्र'—जैसी विशिष्ट काव्यकृतियों के द्वारा दिनकर काव्य की मान्य विधाओं को भी चुनौती देते रहे हैं। इसे भी रचनाकार की मौलिकता और क्षमता का एक प्रमाण माना जाता रहा है।

दिनकर ने अनेक प्रकार के निबन्ध और लेख लिखे हैं। इनमें कुछ ऐसे हैं जिन्हें यहाँ ललित लेख कहा गया है। भाव-तरंगों पर सवार लेखक इसमें जीवन-जगत के किसी खास पक्ष का सुरुचिपूर्ण उद्घाटन करता है। अधिक तो नहीं, करीब दर्जन-भर ऐसे उनके लेख हैं और ये 'अर्धनारीश्वर' और 'रेती के फूल' पुस्तक में शामिल हैं। यहाँ उन्हें सबसे पहले रखा गया है।

दिनकर नाटकीय संरचना और मुद्रा के भी कवि रहे हैं। उनकी यह नाटकीयता 'उर्वशी' जैसे उनके बहुचर्चित काव्य में ही नहीं, अन्यत्र भी दिखायी पड़ती है। नाटक में वक्तृत्व कला का काफी महत्त्व होता है और यह दिनकर-काव्य की सर्वप्रमुख मुद्रा है। नाटकीय मनोवेगों एवं

संरचनाओं के कवि दिनकर ने भारत के तीन विभूतियों—स्वामी विवेकानन्द, महर्षि रमण और महात्मा गांधी को लेकर तीन रेडियो नाटक या रेडियो-रूपक लिखे जो 'हे राम' नामक उनकी पुस्तक में संकलित हैं। ये रूपक इस खंड के अन्य आकर्षण हैं।

यात्रा-वृत्तान्त अभी भी हिन्दी की पुष्ट साहित्यिक विद्या नहीं है। दिनकर ने समय-समय पर देश-दुनिया के विभिन्न भागों के भ्रमण किए। भ्रमण के क्रम में हासिल अनुभवों को आकर्षक ढंग से लिपिबद्ध करने का काम दिनकर ने किया है। साहित्य-कलानुरागी दिनकर देश-विदेश से जुड़े अपने यात्रा-साहित्य में अपने रचनात्मक अनुभवों का आख्यान प्रस्तुत करते हैं। यात्रा-वृत्तान्त रचना सरल काम नहीं है। इसके लिए एक खास प्रकार के मानसिक अनुशासन के साथ एक पूर्व तैयारी की अपेक्षा होती है। स्थान विशेष की प्रकृति, भूगोल, भाषा और संस्कृति के साथ ऐसी कई चीजें हैं जिनका यात्रा-वृतान्त के माध्यम से संवेदनीय साक्षात्कार पाठकों को होता है। दिनकर के यात्रा-वृतान्त से सम्बद्ध उनकी दो पुस्तकों—'देश-विदेश' और 'मेरी यात्राएँ' नामक पुस्तक की सामग्री यहाँ शामिल है।

पहले प्रसिद्ध और लोकप्रिय लेखक-कवि बाल-साहित्य की सृष्टि को गम्भीर लेखन-कर्म ही नहीं, अपने लेखन-कर्म का अनिवार्य अंग मानकर चलते थे। चिन्ता का विषय है कि इधर इस दिशा में गम्भीर कवि-लेखकों की ओर से उदासीनता दिखायी पड़ती है। दिनकर ने अपने विपुल काव्य और गद्य-लेखन के जरिए साहित्य के अन्य अंगों कीं तरह बाल-साहित्य की भी श्रीवृद्धि की है। 'मिर्च का मजा' और 'सूरज का ब्याह' जैसे अपने काव्य-संग्रहों की श्रेष्ठ बाल कविताओं के अलावा उन्होंने बच्चों के लिए गद्य में 'चित्तौर का साका' और 'भारत की सांस्कृतिक कहानी' जैसी पुस्तकें भी लिखी हैं। पहली पुस्तक में प्रसिद्ध राजपूताने के मेवाड़, और उसमें भी चित्तौर की कुछ बहुचर्चित कीर्तिकारक कथाएँ शामिल हैं। ये वस्तुतः शौर्य-गाथाएँ हैं जो बाल-मन को उत्साह और उमंग से भानेवाली है। भाषा-सुख जो है सो तो है ही। इसी कोटि की उक्त दूसरी पुस्तक में उन्होंने अपने विशालकाय ग्रन्थ 'संस्कृति के चार अध्याय' की आत्मा से बालकों को परिचित कराने का सुन्दर प्रयत्न किया है। पुस्तक के अन्त में वे मानो सम्बोधन के शब्दों में कहते हैं, 'आज जब हम नए भारत का निर्माण कर रहे हैं तब हमें हठी, तंगनजर और जिद्‌दी नहीं होकर यह सोचने की कोशिश करनी चाहिए कि हमारी संस्कृति का सच्चा रूप क्या है।' इसे एक तरह

से बच्चों में स्वस्थ सोच विकसित किए जाने के प्रयास के रूप में देखा जाना चाहिए।

प्रस्तुत खंड के अन्त में दिनकर से जुड़ी भेंट-वार्ताएँ शामिल हैं जिन्हें संकलित करने का परिश्रमपूर्ण कार्य श्री कन्हैयालाल फूलफगर ने किया है। उनका दिनकर-प्रेम अन्य रूपों में भी व्यक्त हुआ है। इन भेंट-वार्ताओं के माध्यम से दिनकर के व्यक्तित्व और कृतित्व के अन्तरंग की झाँकी देखने को मिलती है। 'उर्वशी'—जैसी उनकी विवादास्पद कृति की रचना-प्रक्रिया के साथ उसके रचनात्मक उद्‌देश्यों का यहाँ भलीभाँति परिचय मिलता है। यह खंड दिनकर के रचनात्मक व्यक्तित्व को समग्रता में समझने का हमें अवसर प्रदान करेगा, ऐसी आशा करना शायद अनुचित न होगा।

न्यू प्रोफेसर्स क्वार्टर, रानीघाट, पटना **—तरुण कुमार**
09-11-2008

अनुक्रम

रेडियो रूपक : हे राम

यात्रा-वृत्तान्त

बाल-साहित्य

भेंट-वार्ता

तू मुझे सिक्त आँखों से देखती है, तब मैं निहाल हो उठता हूँ, जैसे पहली वर्षा से भींगकर ऊसर जमीन निहाल हो जाती है। तू मुझे देखती है, तब मैं हरियाली से भर जाता हूँ। तू मुझे देखती है तब मेरे रोम-रोम में फूल लिखने लगते हैं। तू मुझे देखती है, तब पेड़ में पत्ते निकल आते हैं और वसन्त मुझे, चारों ओर से, घेरकर खड़ा हो जाता है। मेरी कविता में जो रस है, कौन जाने, उसका कितना अंश उन अदृश्य झरनों से आया है, जो तेरी भरी-भरी आँखों से फूटते हैं।

ललित लेख

मन्दिर और राजभवन

मन्दिर है उपासना का स्थल, जहाँ मनुष्य अपने-आपको ढूँढ़ता है।

राजभवन है दंड-विधान का आवास, जहाँ मनुष्यों को शान्त रहने का पाठ पढ़ाया जाता है।

मन्दिर कहता है, आओ, हमारी गोद में आते समय आवरण की क्या आवश्यकता? पारस और लोहे के बीच कागज का एक टुकड़ा भी नहीं रहना चाहिए; अन्यथा लोहा लोहा ही रह जाएगा।

और राजभवन कहता है, हम और तुम समान नहीं हैं। हम प्रताप की पोशाक पहने हुए हैं; तुम अधीनता की चादर लपेटे आओ; क्योंकि हम शासक हैं और तुम शासित। हम तुम्हें गोद में नहीं बिठा सकते, अधिक-से-अधिक अपनी कुर्सी के पास स्थान दे सकते हैं।

मन्दिर कहता है, लोग संसार में लिप्त हैं; वासना के रोगों से पीड़ित हैं; हम उन्हें संसार से विरक्त करेंगे जिससे दंड-विधान की जरूरत ही नहीं रह जाए।

राजभवन कहता है, लोग संसार में अनुरक्त हैं। और जब तक वे अनुरक्त हैं, तब तक उन पर पहरा देने के लिए एक सत्ता की जरूरत है। वह सत्ता हम हैं।

मन्दिर कहता है, हम मनुष्यों को सुधारेंगे।
राजभवन कहता है, हम मनुष्यों पर शासन करेंगे।

गांधीजी अहिंसा सिखाते-सिखाते स्वयं हिंसा के शिकार हो गए। मन्दिर गिर गया और राजभवन का दंड-विधान अपनी जन्मपत्री में अपना भविष्य देख रहा है।

गांधीजी की मृत्यु के साथ संसार की एक पुरातन समस्या, मनुष्य-जाति का एक प्राचीन प्रश्न फिर अपनी विकरालता के साथ हमारे सामने आया है।

सन्तों, अवतारों और भविष्य को देखनेवालों की दृष्टि कानून बनानेवालों, शासकों और राजपुरुषों के कार्यों से किस प्रकार सम्बद्ध है? दोनों के बीच कौन-सा नाता है? जो मनुष्य के स्वभाव पर पहरा देते हैं, क्या उनकी आत्मा का मेल उन लोगों से कभी नहीं बैठेगा, जो मनुष्य के स्वभाव को बदलने के लिए आया करते हैं? मन्दिर की स्थापना क्या राजभवन में नहीं ही होगी? अथवा राजभवन क्या मन्दिर में कभी भी नहीं समाएगा?

मन्दिर और राजभवन के बीच कोई प्रच्छन्न संघर्ष है जो बहुत दिनों से चल रहा है और जिसका कोई-न-कोई हल निकालना ही होगा; क्योंकि मनुष्य को बदलना भी जरूरी है और उसे अनुशासन के भीतर रखना भी आवश्यक है।

जो कानून बनाते हैं, जो शासन करते हैं, उनका दृष्टिकोण वर्तमान से सम्बद्ध रहता है। उनके कार्यों की भूमि ही वर्तमान काल है। मनुष्य अभी जैसा है, उसके सम्बन्ध में उनकी जैसी धारणा है, अपनी भावना, इच्छा और प्रवृत्तियों से शासक उसे जैसा समझते हैं, उसके साथ वैसा ही व्यवहार भी करते हैं। वे अदृश्य में प्रवेश नहीं कर सकते। उनके सामने मनुष्य का जो निश्चित, स्थूल रूप है और जिसे वे आसानी से समझ सकते हैं, वही उनके अंकुश का लक्ष्य होता है।

इसके विपरीत, जो नबी और अवतार हैं, जो भविष्य-द्रष्टा, सुधारक और सन्त हैं, वे मनुष्य के उसी रूप को नहीं देखते, जो उसका वर्तमान रूप है। वरन् उनकी दृष्टि मनुष्य के भीतर छिपी हुई सम्भावनाओं पर भी जाती है। भ्रमों और मलों का केंचुल उतार फेंकने पर मनुष्य कितना नवीन और मोहक हो सकता है, यह उनकी सहानुभूति के फैलने का कारण हो जाता है। नबी और अवतार उन अनुभूतियों को जगाना चाहते हैं जो अभी इंसानों को मिल नहीं सकी हैं। जो हाथ से दूर है, जो तुरत पकड़ में नहीं आ सकता, जो अदृश्य और अनुपलब्ध है, भविष्य को देखनेवाले सन्त उसे ही समीप लाना चाहते हैं और उसे समीप लाने के प्रयास में वे जो कुछ करते या बोलते हैं, वह साधारण मनुष्य की समझ में ठीक से नहीं आता। रहस्यवादियों की वाणी धुँधली और क्रिया आलोचना से परे होती है, जैसी कि बापू की थी। और इतर मनुष्य इस क्रिया और इस वाणी के सामने किंकर्त्तव्यविमूढ़-से खड़े रहते हैं।

राजमहल चाहता है कि प्रतिरोध और प्रताप, सम्पत्ति, शक्ति और विशालता। हम कुबेर हैं, हम सूर्य हैं, हम अर्जुन और भीम हैं, हम दहकते हुए अंगारे हैं और जो कोई हमारा स्पर्श करेगा, वह जल जाएगा। भला कौन कह सकता है कि राजमहल के उद्देश्य हीन हैं?

मगर मन्दिर सिखाता है अनवरोध; मन्दिर सिखाता है विनयशीलता; मन्दिर सिखाता है अपरिग्रह, दीनता और ब्रह्मचर्य।

शंकालु कहते हैं; ब्रह्मचर्य के अखंड पालन से मनुष्य-जाति समाप्त हो जाएगी।

अपरिग्रह और दीनता की प्रशंसा करते-करते हम ऐसी विपत्तियों में पड़ जाएँगे, जिनसे निस्तार पाना कठिन होगा।

विनयशीलता और अनवरोध को अगर हमने अपना जीवन-सिद्धान्त बनाया तो इसका परिणाम तो जघन्य शक्तियों की विजय और विकास ही होगा।

तब क्या सन्तों, नबियों, अवतारों और सुधारकों ने इस अत्यन्त स्पष्ट सत्य को ही नहीं समझा और आँख मूँदकर अपने प्रभाव में आए हुए मानव-समुदाय को आत्मघात करने की शिक्षा दे दी?

हम नहीं मानते कि एक मोटी बात जो सबकी समझ में आती है, सिर्फ सन्तों की ही समझ में नहीं आई। और न हम यही मानते हैं कि नबियों ने हमसे यह आग्रह किया है कि जो कुछ मैं कहता हूँ, तुम उसे अपने आचरण का कठोर नियम बना लो।

जब बापू चान्दपुर (नोआखाली) गए, उनसे कुछ बंगाली नवयुवकों ने वहाँ की विपत्ति की कहानियाँ सुनाईं और कहा कि आप जो अहिंसा सिखाते हैं, वह यहाँ एकदम असफल होगी। कोई युवती जीभ काटकर मर जाए या जहर खा ले, इससे दूसरी युवती का सतीत्व नहीं बच सकता और न अनुनय, विनय और अहिंसा तथा प्रेम का साँपों और भेड़ियों पर कोई प्रभाव ही पड़ता है।

राजमहल ने समझा था कि मन्दिर पराजित और निरुत्तर हो जाएगा। मगर मन्दिर निरुत्तर कैसे हो? जो भविष्य को देखता और समझता है, वह क्या वर्तमान को ही नहीं समझ सकता?

हठ और जिद तो अधकचरे दिमाग के लक्षण हैं। सत्य को खोजनेवाला पुरुष तो बराबर यही सोचता है कि सम्भव है, किसी बात में मैं ही गलत और दूसरे लोग ही ठीक हों। जब हम सत्य की ओर बढ़नेवाली सीधी राह पर आ जाते हैं, तब हमारी भावना उदार हो जाती है और हम किसी बात पर जिद नहीं करते। 1942 में गांधीजी ने लुई फिशर से कहा था कि "मैं, प्रधानतः, समझौतों में विश्वास करनेवाला जीव हूँ; क्योंकि मुझे कभी भी यकीन नहीं रहता कि जो कुछ मैं कर रहा हूँ, वह ठीक ही है।"

किसी समय चटगाँव के शस्त्रागार पर छापा मारनेवाले नोआखाली के इन नौजवानों से बापू ने कहा, "मैं यह हठ करने के लिए नहीं आया हूँ कि तुग उसी वीरता का प्रयोग करो, जिसका मैं अभ्यासी हूँ, तुम परम्परागत वीरता से भी काम ले सकते हो। किन्तु स्मरण रहे कि मैं चटगाँव के शस्त्रागार पर छाया मारनेवालों के बीच हथियार बाँटने को यहाँ नहीं आया हूँ।"

मन्दिर हठ नहीं करता। मन्दिर यह नहीं कहता कि मेरी तमाम लकीरें तुम्हारे जीवन की पगडंडियाँ हैं और उन्हें छोड़कर तुम्हें और कहीं नहीं जाना चाहिए। ये तो रोशनी की छोटी-बड़ी शलाकाएँ हैं जिन्हें लेकर हमें जीवन के मर्म को समझना है।

ज्ञान और साधना के चरम शिखर पर बैठा हुआ सन्त यह नहीं कहता कि मैं तुम्हारे दैनिक जीवन के क्षण-क्षण के आचरणों के नियम बोलता हूँ, वरन यह कि मैं जो कुछ कहता हूँ, उसे सोच-समझकर तुम यह निश्चय करो कि जीवन के ये कौन-से उद्देश्य हैं, कौन-सी दिशाएँ हैं, जिनके प्रति तुम्हें वफादार रहना चाहिए।

सन्त कहते हैं कि तुम्हारे जिम्मे जिसका जो पावना है, उसे वह अदा कर दो; किन्तु अपनी अन्तिम भक्ति और आखिरी वफादारी उसके चरणों में अर्पित मत करो।

और अब नबियों की धुँधली वाणी के भेद हम पर खुल सकते हैं कि :

विनयशीलता का अर्थ इतना ही है कि दलीलों की घाटियों से होते हुए जब तुम विश्वास की चोटी पर जा पहुँचो, तब भी दुराग्रही मत बनो। तब भी तुम एक प्रकार

के विरल संशय को अपने आसपास मँडराते रहने दो कि मुमकिन है कि दूसरी चोटियाँ भी ठीक हों।

अपरिग्रह का आशय इतना ही है कि अधिकार के मद में मत भूलो। समृद्धि, सुयश और सम्मान के बीच भी विराग ही तुम्हारी सबसे बड़ी शोभा है।

और अनवरोध का तात्पर्य यह है कि दुनिया में खड्गहस्त लोगों के बीच जो स्पर्धा और द्वन्द्व मचा हुआ है, हिंसा की जो भीषण घुड़दौड़ चल रही है, उसके अग्रगणी तुम मत बनो।

(अर्धनारीश्वर)

हड्डी का चिराग

कार्तिक-अमावस्या की सरणी हिन्दू-इतिहास में आलोक की लड़ी बनकर चमकती आई है। प्रत्येक वर्ष की एक अँधेरी रात को भारत की मिट्टी अपने अंग में असंख्य दीपों के गहने पहनकर तारों से भरे आकाश से होड़ लेती है और आदर्शनिष्ठ हिन्दू प्रकृति को यह सन्देश देता है कि काल-निर्मित कुरूप अन्धकार को वह सौन्दर्य और ज्योति दे सकता है। आलोक सर्वजयी पुरुष का प्राण-धन और उसके भीतर बसनेवाली आशा का प्रतीक है। वर्ष में एक बार अँधेरी रात को पुरुष प्रतिज्ञा करता है कि वह अन्धकार की सत्ता को स्वीकार नहीं करेगा। जब सूर्य और चन्द्र पराजित होकर धरती को अन्धकार में छोड़ देंगे, तब वह मिट्टी के दीयों से आलोक का सर्जन करेगा और ज्योति में चलेगा।

आज हिमालय की गुहा में भीषण अन्धकार का साम्राज्य है। सूर्य, चन्द्र और कितने ही उपग्रह पराजय स्वीकार करके क्षितिज के पार उतर गए हैं। सत्ता दीखती है तो धूमकेतु और उल्कापात की, जो इस अन्धकार को और भी डरावना बना रहे हैं। तिमिरकाय दैत्य ने अपनी जादू की छड़ी घुमाकर जीवन के प्रत्येक अंग को जड़ता के पाश में बाँध रखा है। न कोई आहट है और न कोई नाद। ऐसा लगता है कि हमारा समग्र राष्ट्रीय जीवन ही शिथिल और विजड़ित हो गया है। चट्टानों के बीच केवल एक बूढ़े सिंह का हुँकार गूँजता है, लेकिन चट्टानें टूटतीं नहीं, केवल हिलकर रह जाती हैं और हुँकार की व्यंग्यपूर्ण प्रतिध्वनि को सिंह के ही इर्द-गिर्द लौटा देती हैं।

बरसों से देश के शेर सीखचों में बन्द हैं और बाहर शृंगार और भेड़िए अपनी तुरही बजा रहे हैं। देश ने गर्जन किया, लेकिन बन्दी-गृह के प्राचीन नहीं गिरे। देश ने तप्त आहें भेजीं, लेकिन सीखचे गले नहीं, कड़ियाँ पिघलीं नहीं। देश ने आक्रोश भेजा, लेकिन प्रलय के बादल घुमड़कर रह गए—शाप का एक वज्र भी आततायियों पर नहीं गिरा सकें; क्रोध, आक्रोश, गर्जन, आँसू और आह—सब-के-सब बेकार हुए। अस्सी वर्षों की कठिन तपस्या जब सफल होने जा रही थी, ठीक तभी इन्द्र का आसन डोल गया। मार ने आकर अभियानियों का मार्ग घेर लिया। निर्भीक प्रवाहित होनेवाला निर्झर सहसा ठिठककर रुक गया। वर्षों से उद्दीप्त होकर जलनेवाली आग ने अपनी लपटें समेट लीं, मानो किसी दुष्ट देवता ने उसकी गति बाँध दी हो।

कविता की भाषा छोड़कर हम सीधा प्रश्न उठाना चाहते हैं कि इस जड़ता का अन्त कब और कैसे होगा। इतिहास-निर्माण की अलभ्य घड़ियाँ, एक के बाद दूसरी, व्यर्थ बीतती जा रही हैं। जो समय और शक्ति स्वतन्त्रता-स्थापन की तैयारी में व्यय होती, वह विफलता-बोध और अनुपयोगी विलाप के कारण नष्ट होती जा रही है। हमारा देश अब चौराहे पर नहीं है! वह उसे पार करके उस पथ पर आ गया है, जो सीधे स्वाधीनता के मन्दिर में जाता है। एक नहीं, हजार चर्चिलों का यह दावा झूठ है कि साम्राज्यवाद की हिलती दीवारें अब किसी प्रकार भी स्थिर की जा सकती हैं। जन-शक्ति का प्राबल्य इस युद्ध से अदृष्टपूर्व भीषणता के साथ निकलता आ रहा है। जो शक्ति अपार संसार का मूल हिला रही है, उसके धक्कों के सामने चर्चिल और एमरी तूफान में रूई के फाहों की जरह उड़ जानेवाले हैं। किसी भी जाति का बलिदान व्यर्थ नहीं जा सकता। मिट्‌टी पर गिरा हुआ पानी भी सब्जी पैदा करता है। फिर कौन कह सकता है कि भारतीय वीरों का लोहू देश के लिए आलोक का सृजन नहीं करेगा? हमारा बलिदान व्यर्थ नहीं जा सकता।

चिनगारी बन गई लहू की बूँद गिरी जो पग से,
चमक रहे, पीछे मुड़ देखो, चरण-चिह्न जगमग से।

आवश्यकता इस बात की है कि हम विफलता को स्वीकार नहीं करें। इस समय हमें अधिक-से-अधिक विश्वास, निष्ठा और आदर्श के लिए दुराग्रह की जरूरत है। कर्मनिष्ठ योगियों का मार्ग कोई भी नहीं रोक सकता। युद्ध के बाद ही हमें बहुत बड़े राष्ट्रीय प्रश्न का सामना करना होगा। अचानक हम एक ऐसी राष्ट्रीय परिस्थिति के सम्मुख आ जानेवाले हैं, जिसका कभी अन्दाज भी नहीं किया गया था। वैधानिक संकटों के रहते हुए भी हमारे सामने जन-सेवा के अनन्त मार्ग खुले हुए हैं, जिन पर चलने से हमें कोई नहीं रोक सकता। देश की पीड़ित जनता को हमारी सेवाओं की जैसी आवश्यकता आज है, वैसी पहले कभी नहीं हुई थी। अकर्मण्यता तथा निष्फलता के विषैले वातावरण को दूर करने का केवल एक ही उपाय है कि हम अपनी पूर्व-परिचित तपस्या के मार्ग पर आरूढ़ हो जाएँ। जिन्होंने अपना जीवन देश के लिए अर्पित कर दिया है, उनकी सेवाओं से देश किसी भी परिस्थिति में वंचित नहीं रखा जा सकता।

इतिहास की सरणी में आई हुई आज की दीवाली उस पुरुष को खोज रही है, जिसने युग-युग से यह प्रतिज्ञा कर रखी है कि हम अन्धकार को स्वीकार नहीं करेंगे।

ज्योतिर्मय मनुष्य! तू अपने को भूल रहा है। तुझमें बुद्ध का तेज है, जिसने स्वर्ग और पृथ्वी, दोनों के लिए प्रकाश का निर्माण किया था। तुझमें राणा प्रताप का प्रताप है, जिसने वन-वन मारे-मारे फिरकर भी अपने आदर्श के प्रदीप को बुझने नहीं दिया। तुझमें मंसूर की जिद है, जिसके मर जाने पर भी उसके मांस की बोटी-बोटी 'अनलहक' पुकारती थी। आज का घनान्धकार तेरे पौरुष को चुनौती दे रहा है। नींद

से जाग! आलस्य को झाड़कर उठ खड़ा हो! सूरज और चाँद के प्रकाश में चलनेवाले बहुत हो चुके हैं। इतिहास उनकी गिनती नहीं करता। आज तुझे अपने भीतर के तेज को प्रत्यक्ष करना है। तेरे लहू में तेल, शिरा में वर्त्तिका और हड्डी में चिराग है। मिट्टी के दीये शाम को जलते और सुबह से पहले ही बुझ जाते हैं। आज दीवाली की रात अपनी हड्डी के उस चिराग को जला, जिसकी लौ सदियों तक जलती रहती है।

(अर्धनारीश्वर)

और चाहिए किरण जगत को और चाहिए चिनगारी

प्रकाश का निर्माण कर पन्थी! क्योंकि इससे तुझे तेरी राह मिलेगी और इसके सहारे दूसरे लोग भी अपना मार्ग निर्धारित करेंगे।

पिता अपनी प्रगति के लिए प्रकाश ढूँढ़ता है, किन्तु वह उसे अपनी सन्तान को भी दे जाता है।

प्रकाश पर अधिकार व्यष्टि का नहीं, समष्टि का होता है। रोशनी सारी इंसानियत की पूँजी है और प्रकाश निखिल संसार की निधि।

भगीरथ एक होता है, किन्तु उसकी लाई हुई गंगा अनन्त मानवों का उद्धार करती है।

मनुष्य एक है : मनुष्य अविभाज्य है।

हाथ से कमाई हुई रोटी का रस क्या पाँव के लिए पुष्टिकारक नहीं होता?

मानवता अन्धकार की कारा से युद्ध कर रही है। संसार के कोने-कोने में इस प्राचीर पर प्रहार किए जा रहे हैं। पता नहीं, यह प्राचीर पहले कहाँ टूटेगा। मगर जहाँ भी टूटे, प्रकाश का जो प्रवाह फूट निकलेगा, वह एक-दो खंडों को नहीं, समस्त मानवता को प्लावित करेगा।

हम प्रकाश चाहते हैं; परम्परा की तमिस्रा को छिन्न-भिन्न कर देनेवाले विभाविशिखों से संवलित ज्ञान का प्रकाश; रूढ़ियों के जाल पर ज्वालापात करनेवाला उद्धारक प्रकाश; मनुष्य और मनुष्य के बीच जो एक नैसर्गिक सम्बन्ध है, उसे प्रत्यक्ष करके दिखलानेवाला समत्वविधायक प्रकाश।

और हम चिनगारियाँ भी चाहते हैं। प्रतिभा के मूल पुंज से छिटकनेवाली देदीप्यमान ज्ञान की चिनगारियाँ; कायरता को भस्मीभूत करनेवाले तेज और ओज की चिनगारियाँ; बलिदान के पन्थ पर आरूढ़ रहने का प्रोत्साहन देनेवाली त्याग की चिनगारियाँ।

ओ मनुष्य! जो कुछ तुम्हें मिला है, वही तुम्हारा अन्तिम लक्ष्य नहीं था। यह प्राप्ति तो केवल इस आश्वासन के लिए है, तुममें केवल यह विश्वास उत्पन्न करने के लिए है कि तुम्हारा श्रम व्यर्थ नहीं जा सकता; कि चलनेवाला आगे ही बढ़ता जाता है; कि चलनेवाला अपने लक्ष्य तक पहुँचकर रहेगा।

ये तारे और दीप तुम्हारी प्रगति के पथ के प्रकाश-स्तम्भ हैं। ये बतलाते हैं कि अनादि काल से मनुष्य अन्धकार को भेदने के लिए अपने प्रयत्नों से प्रकाश का निर्माण करता आ रहा है। ये बतलाते हैं कि इन छोटे दीपों और इन टिमटिमाते तारों से उसे सन्तोष नहीं। वह तो उस उद्गम-स्थल पर पहुँचना चाहता है, जहाँ विश्व का सम्पूर्ण प्रकाश विराज रहा है, जहाँ ज्ञान की सम्पूर्ण अग्नि अपने पूरे तेज के साथ शोभित है।

ज्ञान के उद्गम, प्रकाश के आदि-स्रोत के आमने-सामने खड़े होकर हम अपने आपको पहचानना चाहते हैं। ये दीप जिसके दूत हैं, ये तारे जिसके संकेत हैं, उस आलोक-पुंज का परिचय हमें मिलना ही चाहिए।

आकाशगंगा कहती है–ओ ज्योति के आकुल अन्वेषको! मेरे किनारे-किनारे चलो; तुम अपने लक्ष्य तक पहुँचकर रहोगे।

पृथ्वी कहती है–आलोक की जननी मैं हूँ। इन दीपों के प्रकाश में अपनी राह खोज लो।

मगर शुक्र को ही सूर्य मानकर जो भूल जाए, उसे क्या कहिए?

ऊपर, ऊपर, और ऊपर मेरे जीवराज! रोशनी की इन लकीरों से आगे भी कोई देश है, जिस पर तुम्हें कब्जा करना होगा।

सितारों से आगे जहाँ और भी हैं,
अभी इश्क के इम्तिहाँ और भी हैं।

(अर्धनारीश्वर)

दीपक की लौ अपनी ओर

अँधेरे में सभी लोग भटक रहे हैं। किसी को भी नहीं सूझता कि गलती किसकी है।

माँझी कहता है, पतवार ठीक है; गलती लग्गीवाले ने की होगी। और लग्गीवाला कहता है, मैं भी ठीक हूँ और नाव भी ठीक है। सारी फसाद इस नदी ने बरपा की है, जिसकी छाती पर हम लोग घूम रहे हैं।

पट्टाभि कहते हैं, कांग्रेस की हालत गड़बड़ है। कृपलानी जी ने उसे गड़बड़ मानकर अलग सेवाश्रम बसाना शुरू किया है। कांग्रेसवालों ने कहा, सरकारी अफसर बड़े मूजी हैं। वे समय के अनुसार बदलने में देर लगाते हैं। वे अगर ठीक होते, तो सारा काम यों हो जाता।

इस पर सरदार पटेल नाराज हो गए। उन्होंने कहा कि अगर सिविल सर्विसवालों पर तुम हाथ उठाओगे, तो मैं उनको साथ लेकर सरकार से बाहर हो जाऊँगा। कहूँगा, "देखो, यह देश बदल गया है। अब हम और तुम यहाँ नहीं टिक सकते। इसलिए, चलो, कहीं दूर-दराज का रास्ता नापें।"

हिन्दू कहते हैं, सारा कसूर मुसलमानों का है। वे इस देश को अपना देश क्यों नहीं समझते?

और मुसलमान कहते हैं, बँटवारे के बाद से हिन्दुओं का मिजाज वही नहीं रह गया है, जो पहले था। अब तो वे आँखों से ही मारे डालते हैं।

सारा देश कहता है कि हमें एक राष्ट्र चाहिए, एक भाषा और एक सरकार चाहिए। मगर जब एक राष्ट्र बनाने का प्रस्ताव आता है, तब जाट कहते हैं, हमें जाटिस्तान दो; सिख कहते हैं, हमें सिक्खिस्तान दो और मराठे कहते हैं, हमें महाराष्ट्र की वैयक्तिकता का विकास चाहिए। और बंगाल कहता है, पहले यह बताओ कि गोखले की इस उक्ति में तुम्हारा आज भी विश्वास है या नहीं कि "जिस बात को बंगाली आज सोचते हैं, उसे सारा भारतवर्ष कल सोचेगा?"

और जब एक भाषा बनाने की बात आती है, तब बंगाल कहता है, हिन्दी 'मेडुओं' की बोली है; महाराष्ट्र कहता है कि मराठी हिन्दी से बुरी किस बात में है और मुसलमान मन ही मन पछाड़ खाकर रह जाते हैं कि हाय री किस्मत! अब उर्दू के लिए लड़ना भी असम्भव हो गया!

और सब मिलकर यह कहते हैं कि खैर, अगर इसी भाषा को राजगद्दी देनी है, तो इसकी एक टाँग सखुए की और दूसरी सागवान की होनी चाहिए और हो सके तो इसकी एक आँख भी निकालकर उसकी जगह पर शीशे की आँख लगा दो।

सबकी शिखाएँ जब अंग्रेजों के हाथ में थीं, तब कोई नहीं बोलता था। तब सिर्फ वे ही लोग बोलते थे, जिनमें कुछ दम था। मगर अंग्रेजों के हटते ही सबकी शिखाएँ हवा में फरफरा रही हैं और सबके पेट से कोई-न-कोई बात उमड़कर जुबान पर आ रही है। ईश्वर न करे कि अभागे एक-दूसरे से लड़ने भी लगें।

गांधीजी सब समझते थे। उन्होंने कहा, "क्यों नाहक दूसरों के ऐब ढूँढ़ते चलते हो? माना कि सभी पापी हैं, सभी अन्धे हैं, सभी गुनहगार हैं, लेकिन तुम दूसरों को क्या उपदेश दे रहे हो? जरा अपने भीतर तो झाँककर देखो कि वहाँ सुधार की कोई गुंजाइश है या नहीं। अगर है, तो फिर तुम्हारे सामने काफी जरूरी काम मौजूद हैं। सबसे पहले इसी पर ध्यान दो। सबसे पहले अपना सुधार करो। और जब तक तुम खुद मैले हो, तब तक तुम्हें दूसरों को उपदेश देने का क्या अधिकार है? और तब तक दूसरे लोगों पर तुम्हारी बातों का असर भी क्या होगा?"

दीपक बड़े उद्योग से मिलता है और उसमें जो रोशनी चमक उठती है, उसके पीछे भी पुण्य का बहुत बड़ा संचय रहता है।

ऐसे कीमती दीपक को लेकर तुम आकाश में क्या ढूँढ़ते हो मनुष्य? ऐसी अलभ्य ज्योति को तुम दरवाजे के बाहर क्या सोचकर धर आती हो मेरी बहनों?

जिस अन्धकार को जलाकर छिन्न-भिन्न कर देने के लिए तुम मशालें लेकर बाहर कूद रहे हो, उसका असली उत्स तो तुम्हारे भीतर छिपा पड़ा है। भीतर भी अन्धकार है। भीतर भी कीड़े-मकोड़े उड़ रहे हैं।

और भीतर भी तूफान है, जिससे इस दीपक को बचाए रहना है।

और भीतर भी एक देवता है, जिसके मन्दिर में बहुत दिनों से कोई आरती नहीं संजोई गई है!

आज दीवाली के दिन तो उस मन्दिर में झाड़ू-बुहारू लगा दो कि देवता ठीक से दिखलाई पड़ें।

और दीपक की इस लौ को आज की रात बाहर मत रखो, बल्कि उसे भीतर की ओर मोड़ दो।

जो भी सुगन्ध हो, उसकी धारा को प्राणों में बहाओ।

जो भी चन्दन हो, उसका लेप अन्तर्वासी देवता को अर्पित करो।

जो भी फूल हैं, उनका हार अपने हृदय को चढ़ाओ।

यह आत्मपूजा सर्वात्मा की अर्चना है। यह भीतर की सफाई ही संसार की असली सफाई है।

भीतर एक दीप जलाओ और सोचो कि समस्या क्या है, उसका निदान कैसे मिलेगा और गांधीजी क्या कहते थे।

अगर गांधीजी की बात हमने मानी होती, तो भारतवर्ष के तैंतीस करोड़ लोगों के दिलों में रोशनी की तैंतीस करोड़ लकीरें हुई होतीं, जिन पर पाँव धरकर भारत की आत्मा ज्योति से अठखेलियाँ करती।

मगर, गांधीजी की बातों की अवज्ञा करके हमने अपने बाहर ही नहीं, भीतर भी अन्धकार फैला रखा है।

अन्दर-बाहर सर्वत्र ही अन्धकार! अन्दर और बाहर सर्वत्र ही चिल्लाहट! इतनी बड़ी चिल्लाहट कि हम अपने छोटे श्रवणों से उसे सुनने में भी असमर्थ हैं।

हर आदमी अपनी जिम्मेदारी दूसरों पर फेंक रहा है। हर आदमी अपने को निर्दोष और दूसरों को दोषी बता रहा है। हर आदमी अपने गले के फन्दे को किसी-न-किसी तरह दूसरों के गले में डाल देने की फिक्र में है!

नाव डगमगा रही है। बड़ा कोलाहल है। बड़ी हलचल है। और सब-के-सब डूब रहे हैं।

कौन है, जो हर आदमी के दिल में एक चिराग जला दे और उससे कहे कि पहले अपनी मलिनता और अपने अन्धकार को दूर करो? दीवाली की रात पूछती है कि कौन है।

(अर्धनारीश्वर)

हिम्मत और जिन्दगी

जिन्दगी के असली मजे उनके लिए नहीं हैं, जो फूलों की छाँह के नीचे खेलते और सोते हैं। बल्कि फूलों की छाँह के नीचे अगर जीवन का कोई स्वाद छिपा है तो वह भी उन्हीं के लिए है जो दूर रेगिस्तान से आ रहे हैं, जिनका कंठ सूखा हुआ, ओंठ फटे हुए और सारा बदन पसीनों से तर है। पानी में जो अमृतवाला तत्त्व है, उसे वह जानता है जो धूप में खूब सूख चुका है; वह नहीं, जो रेगिस्तान में कभी पड़ा ही नहीं है।

सुख देनेवाली चीजें पहले भी थीं और अब भी हैं। फर्क यह है कि जो सुखों का मूल्य पहले चुकाते हैं और उनके मजे बाद को लेते हैं, उन्हें स्वाद अधिक मिलता है। जिन्हें आराम आसानी से मिल जाता है, उनके लिए आराम ही मौत है।

जो लोग पाँव भीगने के खौफ से पानी से बचते हैं, समुद्र में डूब जाने का खतरा उन्हीं के लिए है। लहरों में तैरने का जिन्हें अभ्यास है, वे मोती लेकर बाहर आएँगे।

चाँदनी की ताजगी और शीतलता का आनन्द वह मनुष्य लेता है, जो दिन-भर धूप में खटकर लौटा है, जिसके शरीर को अब तरलाई की जरूरत महसूस होती है और जिसका मन यह जानकर सन्तुष्ट है कि दिन-भर का समय उसने किसी अच्छे काम में लगाया है।

इसके विपरीत वह आदमी भी है, जो दिन भर खिड़कियाँ बन्द करके पंखों के नीचे छिपा हुआ था और अब रात में जिसकी मेज बाहर चाँदनी में लगाई गई है। भ्रम तो शायद उसे भी होता होगा कि वह चाँदनी के मजे ले रहा है, लेकिन सच पूछिए तो वह खुशबूदार फूलों के रस में दिन-रात सड़ रहा है।

उपवास और संयम—ये आत्महत्या के साधन नहीं हैं। भोजन का असली स्वाद उसी को मिलता है जो कुछ दिन बिना खाए भी रह सकता है। सत्यक्तेन भुंजीथाः'—जीवन का भोग त्याग के साथ करो, यह केवल परमार्थ का ही उपदेश नहीं है, क्योंकि संयम से भोग करने पर जीवन से जो आनन्द प्राप्त होता है, वह निरा भोगी बनकर भोगने से नहीं मिल पाता।

बड़ी चीजें बड़े संकटों में विकास पाती हैं; बड़ी हस्तियाँ बड़ी मुसीबतों से पलकर दुनिया पर कब्जा करती हैं। अकबर ने तेरह साल की उम्र में अपने बाप के दुश्मन को परास्त कर दिया था, जिसका एकमात्र कारण यह था कि अकबर का जन्म

रेगिस्तान में हुआ था और वह भी उस समय, जब उसके बाप के पास एक कस्तूरी को छोड़कर और कोई दौलत नहीं थी।

महाभारत में देश के प्रायः अधिकांश वीर कौरवों के पक्ष में थे। मगर फिर भी जीत पांडवों की हुई; क्योंकि उन्होंने लाक्षगृह की मुसीबत झेली थी, क्योंकि उन्होंने वनवास की जोखिम को पार किया था।

श्री विन्स्टन चर्चिल ने कहा है कि जिन्दगी की सबसे बड़ी सिफत हिम्मत है। आदमी के और सारे गुण उसके हिम्मती होने से ही पैदा होते हैं।

जिन्दगी की दो सूरतें हैं। एक तो यह कि आदमी बड़े-से-बड़े मकसद के लिए कोशिश करे, जगमगाती हुई जीत पर पंजा डालने के लिए हाथ बढ़ाए और अगर असफलताएँ कदम-कदम पर जोश की रोशनी के साथ अन्धियाली का जाल बुन रही हों तब भी वह पीछे को पाँव न हटाए।

दूसरी सूरत यह है कि वह उन गरीब आत्माओं की हमजोली बन जाए, जो न तो बहुत अधिक सुख पाती हैं और न जिन्हें बहुत अधिक दुख पाने का ही संयोग है, क्योंकि ये आत्माएँ ऐसी गोधूलि में बसती हैं, जहाँ न तो जीत हँसती है और न कभी हार के रोने की आवाज सुनाई पड़ती है। इस गोधूलिवाली दुनिया के लोग बँधे हुए घाट का पानी पीते हैं; वे जिन्दगी के साथ जुआ नहीं खेल सकते और कौन कहता है कि पूरी जिन्दगी को दाँव पर लगा देने में कोई आनन्द नहीं है?

अगर रास्ता आगे ही आगे निकल रहा हो तो फिर असली मजा तो पाँव बढ़ाते जाने में ही है।

साहस की जिन्दगी सबसे बड़ी जिन्दगी होती है। ऐसी जिन्दगी की सबसे बड़ी पहचान यह है कि वह बिलकुल निडर, बिलकुल बेखौफ होती है। साहसी मनुष्य की पहली पहचान यह है कि वह इस बात की चिन्ता नहीं करता कि तमाशा देखनेवाले लोग उसके बारे में क्या सोच रहे हैं। जनमत की उपेक्षा करके जीनेवाला आदमी दुनिया की असली ताकत होता है और मनुष्यता को प्रकाश भी उसी आदमी से मिलता है। अड़ोस-पड़ोस को देखकर चलना, यह साधारण जीव का काम है। क्रान्ति करनेवाले लोग अपने उद्देश्य की तुलना न तो पड़ोसी के उद्देश्य से करते हैं और न अपनी चाल को ही पड़ोसी की चाल देखकर मद्धिम बनाते हैं।

साहसी मनुष्य उन सपनों में भी रस लेता है जिन सपनों के कोई व्यावहारिक अर्थ नहीं हैं।

साहसी मनुष्य सपने उधार नहीं लेता; वह अपने विचारों में रमा हुआ अपनी ही किताब पढ़ता है।

झुंड में चलना और झुंड में चरना, यह भैंस और भेड़ का काम है। सिंह तो बिलकुल अकेला होने पर भी मग्न रहता है!

अर्नाल्ड बेनेट ने एक जगह लिखा है कि जो आदमी यह महसूस करता है कि

किसी महान निश्चय के समय वह साहस से काम नहीं ले सका, जिन्दगी की चुनौती को कबूल नहीं कर सका, वह सुखी नहीं हो सकता। बड़े मौके पर साहस नहीं दिखानेवाला आदमी बराबर अपनी आत्मा के भीतर एक आवाज सुनता रहता है, एक ऐसी आवाज, जिसे वही सुन सकता है और जिसे वह रोक भी नहीं सकता। यह आवाज उसे बराबर कहती रहती है, 'तुम साहस नहीं दिखा सके, तुम कायर की तरह भाग खड़े हुए।' सांसारिक अर्थ में जिसे हम सुख कहते हैं, उसका न मिलना, फिर भी इससे कहीं श्रेष्ठ है कि मरने के समय हम अपनी आत्मा से यह धिक्कार सुनें कि तुममें हिम्मत की कमी थी, कि तुममें साहस का अभाव था, कि तुममें साहस का अभाव था कि तुम ठीक वक्त पर जिन्दगी से भाग खड़े हुए।

जिन्दगी को ठीक से जीना हमेशा ही जोखिम झेलना है और जो आदमी सकुशाल जीने के लिए जोखिम की हर जगह पर एक घेरा डालता है, वह अन्ततः अपने ही घेरों के बीच कैद हो जाता है और जिन्दगी का कोई मजा उसे नहीं मिल पाता; क्योंकि जोखिम से बचने की कोशिश में, असल में, उसने जिन्दगी को ही आने से रोक रखा है।

जिन्दगी से, अन्त में, हम उतना ही पाते हैं जितनी कि उसमें पूँजी लगाते हैं। यह पूँजी लगाना जिन्दगी के संकटों का सामना करना है, उसके उस पन्ने को उलटकर पढ़ना है जिसके सभी अक्षर फूलों से ही नहीं, कुछ अंगारों से भी लिखे गए हैं। जिन्दगी का भेद कुछ उसे ही मालूम है जो यह जानकर चलता है कि जिन्दगी कहीं भी खत्म न होनेवाली चीज है।

अरे, ओ जीवन के साधको! तुम निचली डाल का फल तोड़कर लौटे जा रहे हो, तो फिर फुनगी पर का वह लाल-लाल आम किसके वास्ते है?

अरे, ओ जीवन के साधको! अगर किनारे की मरी हुई सीपियों से ही तुम्हें सन्तोष हो जाए तो समुद्र के अन्तराल में छिपे हुए मौक्तिक-कोष को कौन बाहर लाएगा?

दुनिया में जितने भी मजे बिखेरे गए हैं, उनमें तुम्हारा भी हिस्सा है। वह चीज भी तुम्हारी हो सकती है, जिसे तुम अपनी पहुँच के परे मानकर लौटे जा रहे हो।

कामना का अंचल छोटा मत करो, जिन्दगी के फल को दोनों हाथों से दबाकर निचोड़ो, रस की निर्झरी तुम्हारे बहाए भी बह सकती है।

यह अरण्य, झुरमुट जो काटे अपनी राह बना ले,
क्रीत दास यह नहीं किसी का जो चाहे अपना ले।
जीवन उनका नहीं युधिष्ठिर! जो युद्ध से डरते हैं।
वह उनका जो चरण रोप निर्भय होकर लड़ते हैं।

(रेती के फूल)

चालीस की उम्र

कहते हैं, जवानी शरीर में नहीं, शरीर के भीतर कहीं दिल में रहती है। भीतर से फूटनेवाला उमंगों का फव्वारा जिनका ताजा और जवान है, वे उम्र के उतार के मौसम में भी जवान ही रहते हैं। फिर भी, जो लोग उम्र की चोटी पर से उमंगों के साथ उतर रहे हैं, वे भी अगर अपने-आपसे तटस्थ होकर सोचें, तो उन्हें पता चलेगा कि यह जवानी केवल मन की जवानी है।

आदमी सब दिन जवान रहे, यह उसके मन पर निर्भर करता है। मगर दुनिया मन के जवानों को ठीक उसी दृष्टि से तो नहीं देखती, जिस दृष्टि से वह तन के जवानों को देखा करती है। और मन से आप कितने भी जवान क्यों न हों, चालीस के बाद आपको दुनिया के हाथों वही प्यार, प्रोत्साहन और दुलार नहीं मिल सकता, जो चालीस के पहले मिला करता था।

बाग में जाइए। जो पौधे बनने के क्रम में हैं, उन पर माली की खास नजर रहती है। वह रोज उनकी क्यारियों को साफ करके उनमें पानी पटाता है और छुरी तथा कैंची के प्रयोग से उनके रूप को सँवारने की कोशिश करता है। पौधे जरा अल्हड़ होते हैं। वे कभी इस बाँह को फैलाकर इधर के पड़ोसी को छेड़ते हैं और कभी उस बाँह को फैलाकर उधर के पड़ोसी को। मगर माली उनके सभी नाजों को मुहब्बत की नजर से देखता है और झिड़कने के बदले वह उन्हें पुचकारकर ही ठीक करता है।

लेकिन क्या बने हुए वृक्ष भी इस मुहब्बत और पुचकार की आशा कर सकते हैं? देखिए न उसकी सरपट बनी हुई क्यारियों को। मालूम होता है, वर्षों से यहाँ न तो खुरपी के होंठ से सुधा छलकी है और न घड़ों के मुख से संजीवनी।

बेचारे बने हुए वृक्ष! पहले ये जो कुछ पा चुके हैं, अब उसकी कीमत अदा करना इनका काम रह गया है। ये आम के पेड़ हैं। पानी अब इन्हें उतना ही मिलता है, जो वर्षा के दिन में आन गिरता है और अमृत भी ये उतना ही पी सकते हैं जो चाँदनी के कोष में इनके हिस्से का है। हर भोर और शाम को माली इनकी ओर भी देखे, इतनी उसे फुरसत कहाँ? माली की नजर से इनकी नजर अब केवल माघ और फागुन के महीनों में मिलती है, जब यह देखने का समय आता है कि आमों में मंजर आए हैं या नहीं, यानी इस साल यह मजदूर फल देनेवाला है या नहीं।

जर्मन कवि गेटे ने कहा है कि दुनिया नौजवानों को इसलिए चाहती है कि वे होनहार होते हैं। मगर चालीस वर्ष का आदमी तो बहुत कुछ हो गया रहता है। फिर उसे कोई प्यार औरे प्रोत्साहन देनेवाली दृष्टि से क्यों देखें?

जो तन से जवान हैं, दुनिया उनका जुल्म सहकर भी उन्हें प्रोत्साहन देती है; किन्तु चालीस के बाद के आदमी की, चाहे वह मन से जवान ही क्यों न हो, समाज में आलोचना शुरू हो जाती है। यह समय वह होता है जब प्रशंसा और प्रोत्साहन बदलकर उम्मीद बन जाते हैं। इसलिए संसार चालीस के बाद के मनुष्य को देता कम, उससे चाहता अधिक है। अब लोग हमारी टहनियाँ नहीं गिनते, हमारे पत्तों की हरियाली से तृप्त नहीं होते; अब तो वे हमारे फल ही गिनेंगे। और यही वह बिन्दु है, जहाँ चालीस के शिकार को जीवन में नई दिशा की खोज करनी चाहिए। और वह नई दिशा है, 'अब से माँगों कम, किन्तु दान अधिक दो।'

चालीस की उम्र वह रेखा है, जिसे पार कर हम उन लोगों के झुंड में जा मिलते हैं, जो लेने नहीं, देनेवाले हैं, जो खाते कम, कमाते अधिक हैं; जो खुद कन्धे पर नहीं बैठकर दूसरों को ही अपने कन्धों पर बिठाया करते हैं।

बीसी और तीसी वह समय है, जब आदमी नई दोस्ती की मिठास और मुहब्बत की रंगीनी से छका रहता है। इस उम्र में आदमी फूलों के कपोलों पर टपकनेवाली शबनम की आवाज को सुन सकता है और ऊषा के प्रदेश में जो माधुरी और सौरभ है, उसे जी भरकर अपने भीतर खींच सकता है। मगर चालीस लगते ही नाटक के परदे बदलने लगते हैं और यह परिवर्तन आदमी को अच्छा नहीं लगता।

इस समय किसी-किसी को यह भ्रम भी हो जाता है कि उसके स्वास्थ्य में कहीं कोई गड़बड़ी तो नहीं हो गई है, उसका आमाशय कुछ खराब तो नहीं हो गया है। और वह डॉक्टर से पूछ-ताछ करने लगता है। मगर डॉक्टरों की प्रायः एक ही राय होती है कि 'सब ठीक है, कोई खास बात नहीं; जरा खाने-पीने पर ध्यान रखिए।' लेकिन खाने-पीने से क्या होता है? चाहे जितना खाओ, चाहे जितना पीयो, चालीस के बाद आनन्द की दिशा बदल जाती है।

मैंने उम्र की तलवार से कटे हुए कितने ही लोगों को झींखते देखा है। लेकिन यह झींखना किस काम का? दोपहरी को ऊषा बनाना कठिन है और फिक्र करने से तो दोपहरी और भी तेजी से ढलने लगेगी। समय रुकने का नहीं। वह बढ़ता ही जाएगा। और यह भी ठीक है कि ऊषा के जो कर्तव्य और आनन्द हैं, वे दोपहरी के कर्तव्य और आनन्द से भिन्न होते हैं। लेकिन यह समझना भूल है कि भोर में आदमी को जैसा सन्तोष प्राप्त होता है, दोपहर में उसे वैसा आनन्द नहीं मिल सकता। जरूरत है समय के साथ बदलते रहने की।

पुराने जमाने के बहुत से लोग आज की दुनिया में झख मारकर जी रहे हैं; क्योंकि आज वे बहुत-सी ऐसी बातें देख रहे हैं जो उन्हें पसन्द नहीं है और जिन्हें वे बदल भी

नहीं सकते। उनकी वेदना समय के गियर (Gear) से छूट जाने की वेदना है और इसका एकमात्र इलाज भी यही है कि वे किसी-न-किसी प्रकार जिन्दगी के गियर से अपना मेल बिठा लें। मेल बैठ जाने पर फिर कोई दिक्कत नहीं होती। इसीलिए, अपना तो यह विचार है कि घड़ी की सूई जब चालीस पर पहुँचे, तब आदमी को उदास नहीं होना चाहिए और न सूई को नकली तौर पर पीछे ही ले जाने की कोशिश करनी चाहिए।

जिसे हम मन की जवानी कहते हैं, वह उम्र को कोड़े मारकर हाँकने की कला का नाम नहीं है। उम्र के साथ हमारे शरीर और मन में जो परिवर्तन होने लगते हैं, उनका प्रसन्नतापूर्वक साथ देने के लिए दिमाग को राजी करना ही मन की असली जवानी है। साथ तो देना ही पड़ता है। अब बात रह जाती है कि दिमाग तल्खी के साथ-साथ देता है या मौज के साथ। जिसने मौज के साथ-साथ दिया, उसे पछताने की जरूरत नहीं होती।

सच पूछिए तो चालीस की उम्र में आकर भी जिन्दगी नए ढंग से शुरू की जा सकती है; बल्कि यों कहना चाहिए कि जिन्दगी, असल में, यहीं से शुरू होती है, बशर्ते कि हम उसके लिए तैयार हों। कल तक हमने जो कुछ भी संचय किया है, आज से हमें उसे खर्च करना चाहिए। चालीस के पहले तक दुनिया हमारी पीठ पर इसलिए अपना हाथ दिए थी कि अपने समय में पहुँचकर हम भी आनेवाली पीढ़ियों की पीठ पर अपना हाथ रखें। पहले हमने जो आशीर्वाद अर्जित किया है, अब हमें उसे विसर्जित करना होगा। हम पुत्र थे, अब पिता हो गए हैं। पिता का धर्म माँगना नहीं, बल्कि अपने-आपको उत्सर्ग करना है। और उत्सर्ग में जो आनन्द है, वह याचना से क्या कम पड़ेगा?

जवानी में जब हम कदम बदलते हैं अथवा एक रास्ते को छोड़कर दूसरे को अपनाना चाहते हैं, तब दुनिया कुछ बुरा नहीं मानती, बल्कि तब भी वह हमारे साथ हामी ही भरती है। किन्तु प्रौढ़ावस्था में पहुँचते ही हमें कदम बदलने का अधिकार नहीं रह जाता। हाँ, जरूरत पड़ने पर हम कन्धे बदले सकते हैं। और तब भी, जब-जब हम कन्धे बदलते हैं, किसी-न-किसी तरफ से आवाज आ ही जाती है कि 'आदमी हाँफ गया है; अच्छा, कन्धे बदलकर ही सही।'

लेकिन क्या चालीस के बाद कदम बदलने की जरूरत रह जाती है? अर्थात् चालीस के बाद अगर हम एक ही राह पर चलते रहना चाहते हैं, तो क्या इसका कारण यह है कि हम संसार का भय मानते हैं? शायद नहीं। जिसे जो कुछ बनना होता है, वह चालीस के पहले ही बन चुका होता है। क्रान्ति के पहले वेग चालीस के बाद नहीं पैदा होते। कविता की पहली कोंपल चालीस के बाद नहीं फूटती और दर्शन का तेज चालीसवें आसमान पर चढ़कर ही जन्म नहीं लेता है। हाँ, क्रान्ति, कविता और दर्शन के जो रूप चालीस तक परिपक्व हो जाते हैं, आगे की जिन्दगी में उन्हीं का चमत्कार काम करता है।

जवानी तो अल्हड़ होती है और उसमें एक प्रकार का अभिमान भी होता है, जो खूबसूरत है। मगर चालीस में भी एक तरह का भाव है, जिसे हम अहंकार या अभिमान कह सकते हैं। एक बार चालीस वर्ष के एक आदमी ने अपनी सभी डिग्रियों को जला डाला। उसने सोचा 'अब इन प्रमाण-पत्रों को कहाँ तक ढोता फिरूँ? क्या डिग्रियाँ अब भी मेरे रग-रेशे में नहीं पच सकी हैं? ये डिग्रियाँ जिस सौरभ का गूँगा प्रमाण हैं, क्या वह सौरभ मेरी साँसों में नहीं रम चुका है? क्या अभी भी मुझे चिल्ला-चिल्लाकर कहते रहना होगा कि मैं कॉलेजों में भी गया हूँ, स्कूलों में भी पढ़ चुका हूँ?'

एक तरह से समझिए तो चालीस की उम्र निराशा और उदासी की सूखी घड़ी न होकर आशा और उल्लास की ही नई बरसात है। जो घटा अपनी रंगीनियों के साथ आकाश के कोने-कोने में आनन्द से मँडरा रही थी, अब वह बरसनेवाली है। यह वह मौसम है, जब आम में फल लगते और पककर तैयार होते हैं। यह ठीक है कि जब कोयल मंजरियों के कुंज में प्रवेश करती है, तब प्राणों को पागल कर देनेवाली सुगन्ध उसके कंठ से निकलनेवाली प्रत्येक पुकार को कविता का उच्छ्वास बना देती है। मगर रसाल जब पककर तैयार हो जाता है, तब उसे चूसनेवाले रसज्ञ की भी आँखें आनन्द की सिहरन से बन्द हो जाती हैं। पके हुए फल के भीतर भी एक कविता है, जो सिर्फ सूँघने की वस्तु नहीं, बल्कि रक्त में मिला लेने की चीज है।

वसन्त और शिशिर में कुछ भेद तो होते हैं, किन्तु ऐसे नहीं कि एक के सामने दूसरा कुछ हो ही नहीं। वसन्त की सुषमा और सौख्य शिखिर के बारीक आनन्द से भिन्न होते हैं, फिर भी शिशिर के भी अपने मूल्य हैं। जो इन मूल्यों को समझता है, उसे निराशा नहीं होती। मगर जो उन्हें नहीं देख सकता, उसे तो वसन्त के नाम पर रोना ही पड़ेगा।

बीस की उम्र बड़ी ही अच्छी चीज है, मगर वह तो एक ही बार आ सकती है। और चालीस की उम्र भी बड़ी ही बेजोड़ हो, अगर लोग उसे इस चिन्ता में बिगाड़ न दें कि हम बीस के ही क्यों नहीं बने रहे।

समय तो हमारा शत्रु नहीं हो सकता। अपनी प्रगति से वह हमें सम्पन्न ही बनाता है। गुलाब पर ऊषा की बूँदों को तो हम फिर से नहीं सजा सकते, मगर गुलाब तो हमारे हाथ में है।

(रेती के फूल)

ईर्ष्या, तू न गई मेरे मन से

मेरे घर के दाहिने एक वकील रहते हैं, जो खाने-पीने से अच्छे हैं, दोस्तों को भी खूब खिलाते हैं और सभा-सोसाइटियों में भी काफी भाग लेते हैं। बाल-बच्चों से भरा-पूरा परिवार, नौकर भी सुख देनेवाले और पत्नी भी अत्यन्त मृदुभाषिणी। भला सुखी मनुष्य को और क्या चाहिए?

मगर, वे सुखी नहीं हैं। उनके भीतर कौन-सा दाह है, इसे मैं भली-भांति जानता हूँ। दरअसल उनकी बगल में जो बीमा-एजेंट हैं, उनके विभव की वृद्धि से वकील साहब का कलेजा जलता रहता है। वकील साहब को भगवान ने जो कुछ दे रखा है, वह उनके लिए काफी नहीं दीखता। वे इस चिन्ता में भुने जा रहे हैं कि काश, एजेंट की मोटर, उसकी मासिक आय और उसकी तड़क-भड़क भी मेरी हुई होती!

ईर्ष्या का यही अनोखा वरदान है। जिस मनुष्य के हृदय में ईर्ष्या घर बना लेती है, वह उन चीजों से आनन्द नहीं उठाता जो उसके पास मौजूद हैं, बल्कि उन वस्तुओं से दुख उठाता है जो दूसरों के पास हैं। वह अपनी तुलना दूसरों के साथ करता है और इस तुलना में अपने पक्ष के सभी अभाव उसके हृदय पर दंश मारते रहते हैं। दंश के इस दाह को भोगना कोई अच्छी बात नहीं है। मगर ईर्ष्यालु मनुष्य करे भी तो क्या? आदत से लाचार होकर उसे यह वेदना भोगनी पड़ती है।

एक उपवन को पाकर भगवान को धन्यवाद देते हुए उसका आनन्द नहीं लेना और बराबर इस चिन्ता में निमग्न रहना कि इससे भी बड़ा उपवन क्यों नहीं मिला, ऐसा दोष है जिससे ईर्ष्यालु व्यक्ति का चरित्र भी भयंकर हो उठता है। अपने अभाव पर दिन-रात सोचते-सोचते वह सृष्टि की प्रक्रिया को भूलकर विनाश में लग जाता है और अपनी उन्नति के लिए उद्यम करना छोड़कर वह दूसरों को हानि पहुँचाने को ही श्रेष्ठ कर्तव्य समझने लगता है।

ईर्ष्या की बड़ी बेटी का नाम निन्दा है। जो व्यक्ति ईर्ष्यालु होता है, वही व्यक्ति बुरी किस्म का निन्दक भी होता है। दूसरों की निन्दा वह इसलिए करता है कि इस प्रकार दूसरे लोग जनता अथवा मित्रों की आँखों से गिर जाएँगे और तब जो पद रिक्त होगा, उस पर अनायास मैं ही बिठा दिया जाऊँगा।

मगर ऐसा न आज तक हुआ है और न आगे होगा। दूसरों को गिराने की

कोशिश तो अपने को बढ़ाने की कोशिश नहीं कही जा सकती। एक बात और है कि संसार में कोई भी मनुष्य निन्दा से नहीं गिरता। उसके पतन का कारण अपने ही भीतर के सद्गुणों का ह्रास होता है। इसी प्रकार कोई भी मनुष्य दूसरों की निन्दा करने से अपनी उन्नति नहीं कर सकता। उन्नति तो उसकी तभी होगी, जब वह अपने चरित्र को निर्मल बनाए तथा अपने गुणों का विकास करे।

ईर्ष्या का काम जलाना है, मगर सबसे पहले वह उसी को जलाती है जिसके हृदय में उसका जन्म होता है। आप भी ऐसे बहुत-से लोगों को जानते होंगे जो ईर्ष्या और द्वेष की साकार मूर्ति हैं और बराबर इस फिक्र में डूबे रहते हैं कि कहाँ सुननेवाले मिलें कि अपने दिल का गुबार निकालने का मौका मिले। श्रोता मिलते ही उनका ग्रामोफोन बजने लगता है और वे बड़ी ही होशियार के साथ एक-एक कांड इस ढब से सुनाते हैं, मानो विश्व-कल्याण को छोड़कर उनका और कोई ध्येय नहीं हो! मगर जरा उनके अपने इतिहास को भी देखिए और समझने की कोशिश कीजिए कि जब से उन्होंने इस सुकर्म का आरम्भ किया है, तब से वे अपने क्षेत्र में आगे बढ़े हैं या पीछे हटे हैं। यह भी कि अगर वे निन्दा करने में समय और शक्ति का अपव्यय नहीं करते, तो आज उनका स्थान कहाँ होता!

चिन्ता को लोग चिता कहते हैं। जिसे किसी प्रचंड चिन्ता ने पकड़ लिया है, बेचारे की जिन्दगी ही खराब हो जाती है। किन्तु ईर्ष्या, शायद चिन्ता से भी बदतर चीज है, क्योंकि वह मनुष्य के मौलिक गुणों को ही कुंठित बना डालती है।

मृत्यु फिर भी श्रेष्ठ है बनिस्बत इसके कि हमें अपने गुणों को कुंठित बनाकर जीना पड़े। चिन्ता-दग्ध मनुष्य समाज की दया का पात्र है। किन्तु ईर्ष्या से जला-भुना आदमी जहर की चलती-फिरती गठरी के समान है, जो हर जगह वायु को दूषित करती फिरती है।

ईर्ष्या मनुष्य का चारित्रिक दोष ही नहीं है, प्रत्युत इससे मनुष्य के आनन्द में भी बाधा पड़ती है। जब भी मनुष्य के हृदय में ईर्ष्या का उदय होता है, सामने का सूर्य उसे मद्धिम-सा दीखने लगता है, पक्षियों के गीत में जादू नहीं रह जाता और फूल तो ऐसे हो जाते हैं माने वे देखने के योग्य ही हों।

आप कहेंगे कि निन्दा के बाण से अपने प्रतिद्वन्द्वियों को बेधकर हँसने में भी आनन्द है और यह आनन्द ईर्ष्यालु व्यक्ति का सबसे बड़ा पुरस्कार है। मगर यह हँसी मनुष्य की नहीं, राक्षस की हँसी होती है और यह आनन्द भी दैत्यों का आनन्द होता है।

ईर्ष्या का सम्बन्ध प्रतिद्वन्द्विता से होता है, क्योंकि भिखमंगा करोड़पति से ईर्ष्या नहीं करता। यह एक ऐसी बात है जो ईर्ष्या के पक्ष में भी पड़ सकती है, क्योंकि प्रतिद्वन्द्विता से भी मनुष्य का विकास होता है। किन्तु अगर आप संसारव्यापी सुयश चाहते हैं तो आप शायद नेपोलियन से स्पर्धा करेंगे। मगर याद रखिए कि नेपोलियन

भी सीजर से स्पर्धा करता था और सीजर सिकन्दर से तथा सिकन्दर हरक्यूलस से, जिस हरक्यूलस के बारे में इतिहासकारों का यह मत है कि वह कभी पैदा ही नहीं हुआ।

ईर्ष्या का एक पक्ष सचमुच ही लाभदायक हो सकता है जिसके अधीन हर आदमी, हर जाति और हर दल अपने को अपने प्रतिद्वन्द्वी का समकक्ष बनाना चाहता है। किन्तु यह तभी सम्भव है जब ईर्ष्या से जो प्रेरणा आती हो, वह रचनात्मक हो। अक्सर तो ऐसा ही होता है कि ईर्ष्यालु व्यक्ति यह महसूस करता है कि कोई चीज है, जो उसके भीतर नहीं है; कोई वस्तु है, जो दूसरों के पास है। किन्तु वह यह नहीं समझ पाता कि इस वस्तु को प्राप्त कैसे करना चाहिए और गुस्से में आकर वह अपने किसी पड़ोसी, मित्र या समकालीन व्यक्ति को अपने से श्रेष्ठ मानकर उससे जलने लगता है, जबकि वे लोग भी अपने-आपसे, शायद वैसे ही असन्तुष्ट हों।

आपने यह भी देखा होगा कि शरीफ लोग, अक्सर, यह सोचते हुए अपना सिर खुजलाया करते हैं कि अमुक आदमी मुझसे क्यों जलता है, मैंने तो उसका कुछ नहीं बिगाड़ा। और अमुक व्यक्ति इस कदर, मेरी निन्दा में क्यों लगा हुआ है? सच तो यह है कि मैंने सबसे अधिक भलाई उसी की की है। वे सोचते हैं, मैं तो पाक-साफ हूँ; मुझमें किसी भी व्यक्ति के लिए दुर्भावना नहीं है; बल्कि अपने दुश्मनों की भी मैं भलाई ही सोचा करता हूँ। फिर ये लोग मेरे पीछे क्यों पड़े हुए हैं? मुझमें कौन-सा वह ऐब है, जिसे दूर करके मैं इन दोस्तों को चुप कर सकता हूँ?

ईश्वरचन्द्र विद्यासागर जब इस अनुभव से होकर गुजरे, उन्होंने एक सूत्र कहा, 'तुम्हारी निन्दा वही करेगा, जिसकी तुमने भलाई की है।'

और नीत्से जब इस कूचे से होकर निकला, तब उसने जोरों का एक ठहाका लगाया और कहा कि 'यार, ये तो बाजार की मक्खियाँ हैं, जो अकारण हमारे चारों ओर भिनभिनाया करती हैं। ये सामने हमारी प्रशंसा और पीठ पीछे निन्दा किया करती हैं। हम इनके दिमाग पर बैठे हुए हैं। ये मक्खियाँ हमें भूल नहीं सकतीं और चूँकि ये हमारे बारे में बहुत सोचा करती हैं, इसलिए ये हमसे डरती हैं और हम पर शंका भी करती हैं। ये मक्खियाँ हमें सजा देती हैं हमारे गुणों के लिए। ऐब को तो ये माफ भी कर देंगी; क्योंकि बड़ों के ऐब माफ करने में भी एक शान है, जिस शान का स्वाद लेने को ये मक्खियाँ तरस रही हैं।'

जिनका चरित्र उन्नत है, जिनका हृदय निर्मल और विशाल है, वे कहते हैं, 'इन बेचारों की बातों से क्या चिढ़ना? ये तो खुद ही छोटे हैं।'

मगर जिनका दिल छोटा और दृष्टि संकीर्ण है, वे मानते हैं कि 'जितनी भी बड़ी हस्तियाँ हैं, उनकी निन्दा ही ठीक है।' जब हम इनके प्रति उदारता और भलमनसाहत का बर्ताव करते हैं तब भी वे यही समझते हैं कि हम उनसे घृणा कर रहे हैं। हम चाहे उनका जितना उपकार करें, बदले में हमें अपकार ही मिलेगा।

दरअसल, हम जो उनकी निन्दा का जवाब नहीं देकर चुप्पी साधे रहते हैं, इसे भी वे हमारा अहंकार समझते हैं। खुशी तो उन्हें तभी हो सकती है, जब हम उनके धरातल पर उतरकर उनके छोटेपन के भागीदार बन जाएँ।

सारे अनुभवों को निचोड़कर नीत्से ने एक दूसरा सूत्र कहा, 'आदमी में जो गुण महान समझे जाते हैं, उन्हीं के चलते लोग उससे जलते भी हैं।'

तो ईर्ष्यालु लोगों से बचने का क्या उपाय है? नीत्से कहता है कि 'बाजार की मक्खियों को छोड़कर एकान्त की ओर भागो। जो कुछ भी अमर तथा महान है, उसकी रचना और निर्माण बाजार तथा सुयश से दूर रहकर किया जाता है। जो लोग नए मूल्यों का निर्माण करनेवाले हैं, वे बाजारों में नहीं बसते, वे शोहरत के पास भी नहीं रहते हैं।' जहाँ बाजार की मक्खियाँ नहीं भिनकतीं, वह जगह एकान्त है।

यह तो हुआ ईर्ष्यालु लोगों से बचने का उपाय; किन्तु ईर्ष्या से आदमी कैसे बच सकता है?

ईर्ष्या से बचने का उपाय मानसिक अनुशासन है। जो व्यक्ति ईर्ष्यालु स्वभाव का है, उसे फालतू बातों के बारे में सोचने की आदत छोड़ देनी चाहिए। उसे यह भी पता लगाना चाहिए कि जिस अभाव के कारण वह ईर्ष्यालु बन गया है, उसकी पूर्ति का रचनात्मक तरीका क्या है। जिस दिन उसके भीतर यह जिज्ञासा जगेगी, उसी दिन से वह ईर्ष्या करना कम कर देगा।

(रेती के फूल)

हृदय की राह

मनुष्य दूरवीक्षण-यन्त्र से तारों को देखता तथा गणित के नियमों से उनकी पारस्परिक दूरी को मापता है। यह है मनुष्य की बुद्धि।

मनुष्य रात की निस्तब्धता में आकाश की ओर देखते-देखते स्वयं अपने हाथ से छूट जाता है। यह है उसका हृदय।

शायद वर्ड्सवर्थ ने दावा किया था कि कवि की नई सूझ भी उतनी ही कीमती समझी जानी चाहिए जितना कि किसी वैज्ञानिक के द्वारा किया गया किसी नए नक्षत्र का अनुसंधान। किन्तु गणित की प्रामाणिकता पर भूले हुए संसार ने इस दावे को अंगीकार नहीं किया।

तो भी क्या यह सच नहीं है कि बाहर की दुनिया में खोज और अनुसंधान के जितने विशाल क्षेत्र फैले हुए हैं, उतने ही अथवा उनसे भी कहीं बड़े क्षेत्र आदमी के भीतर मौजूद हैं जहाँ अनादि काल से अनुसंधान के जारी रहते हुए भी नई सूझों का भंडार रिक्त नहीं हुआ है?

जो कुछ मनुष्य के बाहर मौजूद है, विज्ञान का आधिपत्य सबसे पहले उसी पर हुआ। पीछे विज्ञान ने मनोविज्ञान का रूप धरकर मनुष्य के भीतर वाले समुद्र में डुबकी लगाई और जो कुछ उसके हाथ लगा, उसे लेकर वह बाहर आया और कहने लगा कि जैसा बाहर है, वैसा ही भीतर भी समझो। यानी धर्म मनुष्य की आदतों में से एक है, यानी प्रेम यौन-भावना को कहते हैं, यानी आस्तिकता और श्रद्धा अन्ध-विश्वास के नाम हैं।

विज्ञान स्थूलता चाहता है। विज्ञान को ठोस दलील चाहिए जो उसकी मुट्ठी की पकड़ में आ सके। फूलों की सुन्दरता तो असत्य कल्पना है। ठोस चीज है रंग और हरियाली पर की जानेवाली रासायनिक क्रिया। और विज्ञान से जिनकी बुद्धि परिपक्व हो गई है, वे सत्य उसको समझते हैं, जो मुट्ठी में आने योग्य और उपयोगी हो। जो चीजें मन के परदों पर रंग छिड़ककर उड़ जाती हैं, जो वस्तुएँ आनन्द की गुदगुदी पैदा करके निकल जाती हैं, बुद्धि उन्हें ग्रहण करने के योग्य नहीं समझती।

बुद्धि कहती है, आदमी सुख की खोज में है और सुख कहते हैं रोटी, कपड़े और मोटरकार को। भला तर्क जहाँ इतना ठोस हो, हृदय वहाँ पर क्या जवाब दे सकता है?

बुद्धि अपनी प्रयोगशाला में औजार लेकर घूम रही है। जो तत्त्व उसके औजार की पकड़ में नहीं आ सकते, उनका धरती पर क्या काम है?

लेकिन यह धारणा क्या ठीक है? हम हर चीज को यही सोचकर तो ग्रहण नहीं करते कि वह हमारे जीवन की बाह्य सुविधाओं के लिए आवश्यक है। फूल, पक्षी, नदी, पहाड़, मेघों की छटा, चाँदनी के सरोवर में हंस के समान मन्द-मन्द तैरता हुआ चाँद और दूबों पर चमकती हुई ओस की बूँदें तथा घर में खेलते हुए निष्कलुष शिशु हमें इसीलिए प्यारे नहीं लगते कि हम उनके उपयोग पर आँख लगाए हुए हैं। वे सहज ही सुन्दर हैं और उनके बिना जीवन कुछ-कुछ बेस्वाद हो जाएगा। जरा सोचिए कि किसी दिन भोर को सोकर उठते ही आपको ऐसा मालूम हो कि धरती पर जितने पक्षी और फूल थे, वे रात में ही अचानक उड़ गए हैं, तो आपको दुनिया कैसी लगेगी? इसी प्रकार अगर आपका सारा साहित्य, प्रेम और शूरता के सारे गान कहीं लुप्त हो जाएँ और आप में से किसी को भी वे याद न रहें, तो आपकी जिन्दगी कितनी सूनी लगेगी? कविता का जीवन में वही स्थान है जो फूलों, पक्षियों, इन्द्रधनुष और शिशुओं का है। मनुष्य के भीतर की भावनाएँ बाहर आकर इन्हीं सुषमाओं में अपनी प्रतीक और अपनी अभिव्यक्ति ढूंढ़ती हैं। सामने के फूल और मन के भीतर की कल्पना के बीच (केवल रम्भा और मेनका ही नहीं, बल्कि परब्रह्मम की कल्पना को लेकर भी) एक अगोचर तार है, जो मनुष्य-मनुष्य को बाँधे हुए हैं। जब एक मनुष्य कल- कारखानों, स्टाक-एक्सचेंजों और दफ्तरों की रुक्षता में अपने को विलीन करके सन्तुष्ट होने को तैयार नहीं है, जब तक कारखानों से बाहर निकलकर सजल आकाश की ओर देखने की प्रवृत्ति उसमें शेष है, जब तक शरीर के सुख की प्राप्ति के बाद वह मन के लिए भी कुछ ढूंढ़ना चाहता है तब तक उसे फूलों, नदियों और चाँदनी के साथ-साथ कल्पना-प्रसूत साहित्य की भी आवश्यकता बनी रहेगी।

इतना ही नहीं, बल्कि कविता तो जीवन की शॉर्टकट यानी सबसे छोटी राह है। एक मनुष्य से दूसरे मनुष्य तक जाने की जितनी भी पगडंडियाँ हैं, उनमें बुद्धि की पगडंडी सबसे कठिन और हृदय का रास्ता सबसे आसान है। बुद्धि जब देने चलती है, तब वह यह सोचने लगती है कि जिसे ग्रहण करना है, उसमें कौन-कौन-सी शंकाएँ उठ सकती हैं। और ग्रहण करनेवाल बुद्धि जब सामने आती है, तब वह भी सजग रहती है कि न जाने, दाता के इस दान के पीछे कौन-सा रहस्य हो। इसलिए बुद्धि का दान शायद ही कभी पूरा होता हो। उसमें से हम कुछ को लेते हैं और कुछ को यों ही छोड़ देते हैं। किन्तु हृदय-हृदय के बीच ऐस शंकाओं के लिए जगह नहीं होती। हृदय के आसन पर से हम जब कुछ देने को उठते हैं, तब या तो वह सम्पूर्ण दान होता है अथवा सम्पूर्ण कार्पण्य। आधा दान और आधा कार्पण्य--यह हृदय का स्वभाव नहीं है।

मस्तिष्क, मस्तिष्क से दूर; किन्तु हृदय, हृदय से समीप होता है। मस्तिष्क कभी-कभी वर्ग की बपौती बन जाता है, किन्तु हृदय सर्वसाधारण के मिलन की

सामान्य भूमि है। चन्द्रशेखर रमण और रमुआ तथा जवाहरलाल नेहरू और जदुआ के बीच मस्तिष्क को लेकर बड़ा भेद है, मगर हृदय को लेकर वे बहुत समीप हैं। प्रेम और घृणा, दया और क्रोध को चारों पहचानते हैं। मस्तिष्क की वाणी कभी-कभी मस्तिष्क की भी पहचान में नहीं आती है; किन्तु हृदय की आवाज को हृदय आसानी से समझ लेता है।

हृदय की राह यद्यपि जोखिम से खाली नहीं, लेकिन वह आशु-सिद्धि की राह है। जिस तलवार से कलकत्ते और नोआखाली तथा बिहार में पाकिस्तान की लड़ाई लड़ी गई, वह बुद्धि के कारखाने या अक्ल की भाथी पर नहीं गढ़ी गई थी। वह तो कविता की फौलादी भावनाओं के बीच तपकर तैयार हुई थी।

मगर ऐसा क्यों होता है? विज्ञान तो कहता है कि सबसे बड़ी शक्ति बुद्धि है। फिर बुद्धिवादियों की विजय-वैजयन्ती का दंड कवि के हृदय में क्यों गाड़ा जाता है?

ऐसा क्यों है कि गैरीबाल्डी की तलवार मैजिनी की कलम के योग के बिना नहीं चमकती, रोबसपियर की बगावत के कदम रूसो का ध्यान किए बिना नहीं उठते और जिन्ना की सीधी कार्रवाई इकबाल की प्रेरणा के बिना नहीं पूरी हो सकती?

बात स्पष्ट है। दलीलों और तर्कों के सहारे हम जिस देवता को सन्तुष्ट करना चाहते हैं, उसका निवास मस्तिष्क के कोठे पर नहीं बल्कि हृदय के उपवन में है।

दलील और तर्क उगलकर सामने के मनुष्य को पराजित करना विज्ञान का धर्म है। कविता तो मात्र विश्वास उगलती है।

मस्तिष्क सिद्धान्त बनाता है, हृदय उस सिद्धान्त के प्रति आस्था उत्पन्न करता है।

मस्तिष्क आदर्श की रचना करता है, हृदय लोगों को उसकी ओर चलने की प्रेरणा देता है।

मस्तिष्क विज्ञान है, वह रोज नई-नई मूर्तियों की रचना करता है।

हृदय कवि है, वह उन मूर्तियों को जीवित और चैतन्य बनाता है।

जड़ मूर्तियों के फेरे में पड़कर आपस में लड़नेवाले मनुष्यो! मस्तिष्क को छोड़कर हृदय की राह पकड़ो।

(रेती के फूल)

कर्म और वाणी

महाकवि अकबर सर सैयद अहमद खाँ के कड़े आलोचकों में से थे। मगर जब सर सैयद का देहान्त हो गया, तब अकबर साहब ने बड़ी ही ईमानदारी के साथ लिखा :

हमारी बातें ही बातें हैं, सैयद काम करता था,
न भूलो फर्क जो है, कहनेवाले करनेवाले में।

यह रहा वाणी के मुख से कर्म के अभिनन्दन का प्रमाण मगर कर्म स्वभाव से ही कुछ दर्पी होता है और शालीनता की मात्रा भी उसमें जरा वाजिबी ही वाजिबी रहती है। वह चाहता है वाणी को अपने हल में जोतना और जब वह इस प्रकार नहीं जुतती, तब कर्म उससे नाराज हो जाता है तथा उसे उलटी-सीधी सुनाने से भी नहीं चूकता।

रूस की अक्टूबर-क्रान्ति के समय रूसी साहित्य ने जो चुप्पी साधी, उससे ट्राटस्की काफी नाराज हुए और बाद को अपनी 'साहित्य और क्रान्ति' नामक पुस्तक में उन्होंने लिखा कि 'संसार में जब भी किसी महायुग का आरम्भ होने लगता है, तब कलाएँ असहाय-सी हो जाती हैं तथा अक्टूबर-क्रान्ति के समय रूसी साहित्य ने भी इस भयानक असहायता का खूब ही प्रदर्शन किया। यज्ञ की वेदी पर कवि नहीं आए और जैसी कि उनसे उम्मीद भी थी, उन्होंने यह सिद्ध कर दिखाया कि धरती के सभी तुच्छ पुत्रों में से वे तुच्छतम हैं। उनमें से जो अपेक्षाकृत अधिक चैतन्य और अधिक सचेष्ट थे, वे एकदम चुप रह गए। बल्कि यों कहना चाहिए कि हमारे क्रान्ति के वर्ष साहित्य में पूरी नीरवता के वर्ष थे। अगर ज्वलन्त कविताएँ उस समय नहीं छप सकती थीं तो वे अब तो छप सकती हैं। और न यही आवश्यक था कि वे कविताएँ क्रान्ति के समर्थन में ही लिखी जातीं; वे क्रान्ति के विरोध में भी लिखी जा सकती थीं।'

वाणी बेचारी क्षीणकाय ठहरी और जरूरत से ज्यादा शालीन भी। भला वह इस अभियोग का उत्तर भी क्या दे? बात तो ठीक है कि वह कर्म की महिमा के लग्न को समझ नहीं सकी और गूँगी होकर उस समय विस्मय का चिह्न बनाती रह गई जब कर्म प्रहारों के आदान-प्रदान में नियुक्त था।

किन्तु अगर मेक्सिको में ट्राटस्की को रूस का विप्लवोत्तर साहित्य उपलब्ध रहा

हो, तो उन्हें यह नोट भी छोड़ जाना था कि 'साहित्य को मैंने गलत समझा। दरअसल वह जीवन का फोटो नहीं, अनुभवों का चित्र होता है तथा ये अनुभव साहित्य में तब तक नहीं उतरते, जब तक कि वे जीवन के पेट में भली-भांति पच-खप नहीं जाएँ।'

1919 ई. में गांधीजी और रवि बाबू के बीच जो चख-चख चली, वह प्रकारान्तर से कर्म और वाणी के इसी सनातन संघर्ष का परिणाम थी। इस बार, वाणी जुटी जरा डटकर; मगर सिद्ध यह हुआ कि वाणी के मुकाबले में हथौड़ा ही नहीं, चरखे का तकुआ भी काफी बलवान है। आश्चर्य है कि जागरण की ज्योति तो कर्म और वाणी—दोनों ही भूमियों में एक साथ ही चमकी मगर कर्म आगे बढ़ता गया और वाणी धीरे-धीरे अपने स्वप्न-नीड़ में फिर से समाविष्ट हो गई, मानो एक चिंगारी फेंक देना ही विरोध का काफी बड़ा प्रतीक हो।

जलियाँवाले बाग के हत्याकांड का पहला विरोध बंगाल से ही ध्वनित हुआ था। 30 मई, सन् 1919 ई. को रवि बाबू ने अपनी 'सर' की उपाधि लौटाते हुए सरकार को लिखा कि 'वह समय आ गया है जब इज्जत के ये निशान हमारे अपमानों की सूचना देते हैं, इसलिए मैंने निश्चय किया है कि सम्मान के इस भार को उतारकर मैं अपने उन देशवासियों के बीच निरावृत्त होकर खड़ा होऊँ, जो अपनी तथाकथित तुच्छता के कारण ही अनादर के पात्र समझे जाते हैं।'

और पहली अगस्त, 1919 ई. को गांधीजी ने भी 'कैसरे-हिन्द' का पदक सरकार को वापस कर दिया तथा वायसराय को लिखा कि, 'मैं उस सरकार के लिए इज्जत या प्रेम का कोई भी भाव नहीं रखना चाहता, जो अपने पापों को छिपाने के लिए एक के बाद दूसरे जुल्म की ओर पाँव उठाते बेखौफ चली जा रही है।'

इन दो चिट्ठियों की अन्तर्ध्वनियाँ इस बात का संकेत देती हैं कि कर्म और चिन्तन—खड्ग और वाणी—के बीच क्या भेद है।

वाणी कहती है—'मैं तुम्हारी दी हुई इज्जत की चादर को ओढ़कर अपने लोगों के बीच नहीं खप सकती; उलटे इससे मेरी ग्लानि व्यंजित होती है। इसलिए मैं इसे वापस करती हूँ।'

खड्ग कहता है—'तुम जुल्मी हो। तुम्हारी दी हुई रत्नजटित म्यान मुझे ढककर नहीं रख सकती। यह लो, मैं बाहर हुआ, और अब प्रहार करता हूँ।'

रवि बाबू यूरोप के लिए एशिया के आध्यात्मिक दूत थे। उनकी दृष्टि थी—'वर्तमान व्यवस्था ठीक नहीं। आओ, शान्ति-निकेतन में हम एक नए विश्व की नींव डालें।'

गांधीजी भारत के विद्रोह के अवतार थे। उनका कहना था—'हाँ, यह व्यवस्था सचमुच ही ठीक नहीं है और यह सरकार तो बिलकुल शैतान है। मैं इसलिए आया हूँ कि या तो इसे सुधार दूँ या इसे खत्म ही कर डालूँ।'

गांधीजी और रवीन्द्रनाथ एक ही धातु के बने दो पुरुष थे। कवि रहे थे भावना के लोक में, जहाँ पहुँचकर मिट्टी पर के विरोध और वैमनस्य कुछ अप्रमुख हो जाते

हैं। अंग्रेजों का शरीर चाहे दोषी हो, अंग्रेज राजनीतिज्ञों के विचार चाहे दूषित हों, किन्तु अंग्रेजी संस्कृति के उच्चतम स्तर पर की भावना तो वही है जो किसी भी उच्च मनुष्य के अन्दर हो सकती है। इसलिए कवि को वैषम्य ज्यादा नहीं अखरा। वे विश्व-मानव की उपासना में लीन थे और उन सभी कृत्यों से उनका मन घबराता था, जिससे भारत के हाथों इस विश्व-मानव का अपमान अथवा ह्रास होता हो।

गांधीजी भी उसी विश्व-मानव के उपासक थे। वे भी नहीं चाहते थे कि भारत के हाथों उसका कोई तिरस्कार हो।

किन्तु कवि को विश्व-मानव का सामीप्य कुछ दूसरे रूप में प्राप्त था। वे उसकी सभा में आदरपूर्वक बिठाए गए थे तथा प्रेम और सम्मान के भार उनकी वाणी को थामे हुए थे। वे नहीं चाहते थे कि कोई अप्रिय सत्य बोलकर उस सभा की तहजीब में विग्रह पैदा किया जाए।

किन्तु गांधीजी विश्व-मानव की निष्क्रियता को भंग करने आए थे। विश्व-मानव ऊपर बैठकर अपनी तपस्या, निर्विकारिता और तटस्थता में मग्न रहे तथा नीचे उसकी छाया में दुराचार और पाप जारी रहे, इस दृश्य को वे बर्दाश्त नहीं कर सकते थे। यों समझना चाहिए कि वे न्याय-सभा में विश्व-मानव को बोलने को बाध्य करने आए थे।

कल्पना कर्म को रिझाकर उसे अशक्त नहीं कर सकती और न ऊँची चमकीली दलीलें देकर उसे चुप ही कर सकती है। महामानव और महाविश्व, प्रेम की भावना और विश्व-बन्धुत्व के आदर्श, रागों की मलिनता से परे का विचरण और निर्विघ्न एकता के लुभावने स्वप्न—यह सब कुछ ठीक है, किन्तु सबको वहाँ ले जाने की राह भी है? एक रवीन्द्र और एक रोम्यां रोलां का वहाँ पहुँच जाना ही तो बस नहीं हो सकता।

व्यावहारिकता के धक्के से कल्पना के महल डोलने लगते हैं। कविता जब जीवन के आमने-सामने आ जाती है, तब उसे भागने की राह नहीं सूझती। पलायन का कुंज ही एक ऐसा स्थान है जहाँ कविता, सच्चाई से मुँह फेरकर, अपना सुख और सुहाग मना सकती है। जीवन जब उसकी आँखों में आँखें डालकर देखने लगता है, तब सचमुच ही घबराहट को छोड़कर उसे और भाव नहीं सूझते।

गांधीजी के कर्मवाद ने जब अपना आकार धारण किया, जब उनके श्वासों से वन के पत्ते डोलने लगे और वायुमंडल में ताप भरने लगा, तब चिन्तन, बेचारा भोलाभाला चिन्तन फल और चाँदनी के लोक में विहरनेवाला चिन्तन; जाति, देश और रंगों से ऊपर की सतह पर साम्य-रूप की उपासना करनेवाला चिन्तन घबराया। 'अरे, यह सब क्या होने चला? मैंने तो समझा था कि 'सर' की उपाधि लौटा देना ही काफी होगा। क्या सचमुच ही राष्ट्रीयता का आधार घृणा है?'

रवि बाबू के पैरों के नीचे से जमीन खिसक गई। अक्टूबर, 1921 ई. के 'मॉडर्न रिव्यू' में सत्य से अनुरोध (An Appeal To Truth) करते हुए उन्होंने लिखा, 'भारत

की जागृति समग्र विश्व की जागृति से बँधी हुई है। आज जो भी देश अपने-आपको सीमा के घेरे में बाँधकर रखना चाहता है, वह नवयुग के नियम की अवहेलना करता है। और क्या इस क्रम में भारत ही एक ऐसा देश है जो दूसरों के अपराधों की तालिका बनाकर घृणा का गान गाएगा? भोर में जब चिड़िया जगती है, तब वह रोटी का ही गान नहीं सुनाती। उसके पंख तो महाकाश की पुकार का उत्तर देने को खुलते हैं। सामने जो आनेवाला दिन उपस्थित है, पक्षी का स्वर तो उसी दिवस की आत्मा में संगीत की माधुरी भरता है।...एक नई मानवता ने नवयुग की पुकार भेजी है। भारत को चाहिए कि वह अपने ढंग पर इस पुकार का उत्तर दे। उषाःकाल में हमारा सबसे बड़ा कर्तव्य तो यह है कि हम उस परम आत्मा को याद करें, जो वर्ग और रंग, दोनों ही से परे हैं।'

धुनकी और प्यूनी की बातें कवि की समझ में नहीं आई। वे तो उस लोक में जी रहे थे जो सचमुच ही रंग और वर्गभेद से परे था। जलियाँवाले बाग का हत्याकांड चाहे जैसा भी रहा हो, जिससे कल्पना का महल लड़खड़ाने लगता हो, मनुष्य-मनुष्य के परे का मनुष्य मरने अथवा मूर्च्छित होने लगता हो।

जो चिन्तक हैं, कवि हैं, विचारक और अन्तर्राष्ट्रीय हैं, वे ऐसा ही सोचते हैं। रोम्यां रोलां जैसे लोगों को कवि की यह वाणी 'आलोक की कविता' जैसी लगी। उन्होंने कहा–'रवि बाबू सनातन सत्य की दृष्टि से ठीक है। दोष केवल इतना है कि वे जरा ऊँचा जा रहे हैं।'

बहुत बाद को, कृपलानी जी ने इस पर मत दिया कि, 'यह विवाद ही बेकार है। यहाँ तो कवि ठीक उसी मनुष्य की हस्ती को चुनौती दे रहा है जिसके आविर्भाव के लिए वह युगों से प्रार्थना और प्रतीक्षा में लीन था तथा जिसके साधनों का वह इतने दिनों से अपनी कविताओं, वक्तृताओं, नाटकों और उपन्यासों में ध्यान कर रहा था।'

लेकिन कवि की इस रंगीन वाणी का कर्मी पर कोई असर नहीं हुआ। उलटे इसने उसे एक अप्रिय सत्य को वीरतापूर्वक कह गुजरने को बाध्य कर दिया। 'मॉडर्न रिव्यू' में रवि बाबू का लेख पढ़कर गांधीजी ने 12 अक्टूबर, 1921 ई. की 'यंग इंडिया' में पहरेदार (The Great Sentinel) को लक्ष्य करके लिखा–'जब हमारे चारों ओर लोग भूख से मर रहे हों, तब हमारे सामने यही कर्तव्य रह जाता है कि हम उन्हें रोटी दें। हिन्दुस्तान वह घर है जिसमें आग लगी हुई है। जिस देश के लोग अन्नाभाव के कारण विषण्ण और व्यवसाय के अभाव के कारण आलसी बन गए हों, उस देश में स्वयं ईश्वर को भी कर्म और रोजगार का ही रूप धरकर प्रकट होना होगा। भगवान ने मनुष्य का निर्माण काम करने के लिए किया और आदेश दिया कि वे सारे लोग चोर हैं जो बिना कमाए ही अपना भोजन प्राप्त कर लेते हैं। हिन्दुस्तान का हाथ चरखे की ओर क्यों जा रहा है, इसकी एकमात्र दलील भूख है।'

'कवि जीता है भविष्य के लिए और चाहता है कि सभी लोग वैसा ही करें। हमारी आँखों के सामने वह उस चिड़िया की तस्वीर रखता है, जो प्रातःकाल स्तुति का संगीत गाते-गाते आकाश में उड़ने लगती है। निश्चय ही यह वह पक्षी है जो पिछले दिन भरपेट दाना पा चुका है और रात में उसकी नसों में नए रक्त की गर्मी भी फैल चुकी है, अन्यथा इस प्रकार सन्तुलित और निश्चिन्त होकर वह आकाश में नहीं उड़ सकता था। लेकिन मैंने तो ऐसे पक्षी भी देखे हैं जो भोजन के अभाव में अपने डैने फड़फड़ाने में भी असमर्थ थे। कबीर के गीत सुनाकर तड़पते हुए रोगियों को दिलासा देना मेरे लिए अब तक मुहाल रहा है।

'रोटी दो, जिसे खाकर लोग उड़ सकें। प्रश्न हो सकता है कि मुझे तो भोजन पाने के लिए कुछ काम करने की आवश्यकता नहीं; फिर मुझे क्या पड़ी है कि मैं चरखा चलाऊँ?

'सिर्फ इसलिए कि मैं जो कुछ खा रहा हूँ, वह मेरा है। सिर्फ इसलिए कि मेरा अस्तित्व अपने देशवासियों के शोषण पर कायम है।

'जो भी पैसे तुम्हारी जेब में आ रहे हैं, उनके उद्गम और मार्ग की खोज करो, मेरी बात की सच्चाई तुम पर आप ही प्रकट हो जाएगी।

'हाँ, टैगोर और उनके समान और लोगों को भी चरखा चलाना ही चाहिए। टैगोर से कहो कि वे अपने विदेशी कपड़ों को जला दें। आज का एकमात्र कर्तव्य तो यही है। कल की फिक्र हमें नहीं। वह प्रभु के हाथ है।'

कर्म के हृदय से जब आवेश की कविता फूटती है तब उसका तेज ऐसा ही भयानक होता है और चिन्तन उसके सामने सिर ऊँचा करके खड़ा नहीं रह सकता। गांधीजी के उस लेख को देखकर रोम्याँ रोलाँ चिल्ला उठे—'ये काले और भयानक शब्द! यह वह दृश्य है, जब कला के स्वप्न के समक्ष संसार की विपत्तियाँ देह धरकर उठ खड़ी होती हैं और चिल्ला-चिल्लाकर उससे पूछने लगती हैं कि क्या तुममें यह भी हिम्मत है कि हमारी सत्ता को अस्वीकार करो?'

और सत्य को निरादृत करने की हिम्मत है किसमें? जाहिर है कि चिन्तन की अपेक्षा कर्म सत्य के अधिक समीप होता है।

और कर्म की इस ललकार के सामने चिन्तन को झुकना पड़ा। खड्ग चमकता गया, लेकिन वीणा मन्द पड़ती गई—मन्द पड़ती गई यानी कर्म और कोलाहल की भूमि से दूर होती गई। कर्म की ललकार का उत्तर देना उसके बस के बाहर की बात थी। रवि बाबू कर्म के उन्मत्त आलोड़न के सामने पराभूत हो गए और गांधीजी के मैदान के पास से हटकर अपने कवि-नीड़ को लौट गए। उन्होंने लिखा—'अगर इतिहास की इस सबसे संकटापन्न घड़ी में तुम अपने देशवासियों के कदम-से-कदम मिलाकर नहीं चल सकते, तो कम-से-कम यह कहना तो छोड़ ही दो कि वे गलती पर हैं और तुम ठीक हो। इसलिए अच्छा है कि तुम उनकी पंक्ति में से अलग हो

जाओ तथा अपने स्वप्न के कुंज में बैठकर उस हँसी और अपमान की प्रतीक्षा करो, जो तुम्हारे भाग्य में बदे हैं।'

स्वप्न-नीड़ में वापस जाकर कवि ने 'मुक्तधारा' लिखी, जिसमें उन्होंने गांधीजी के प्रति अपना अभिनन्दन ओजस्वी वाणी में व्यक्त किया।

लेकिन तब भी गांधीजी तो यह नहीं ही कह सकते थे कि रवि बाबू के सम्बन्ध में उनकी वे बातें गलत थीं और न यही कि कवि ने इतना कुछ कर डाला था कि रोटी कमाने के लिए उन्हें चरखा चलाने की जरूरत नहीं थी।

(रेती के फूल)

खड्ग और वीणा

बहुत दिनों की बात है।

एक बार भूकम्प और अग्निकांड—दोनों का धरती पर साथ ही आक्रमण हुआ। महल गिर गए; झोपड़ियाँ जलकर खाक हो गईं। कहीं नई जमीन पानी में से निकल आई; कहीं बसे-बसाए नगर समुद्र में समा गए। पशु-पक्षियों, कीड़ों-मकोड़ों के साथ आदमी भी बहुत बर्बाद हुए। कितने ही महावृक्षों का पता नहीं रहा और कितने ही पहाड़ों की छाती फट गई।

जिस दिन यह विनाश हुआ, उस दिन सभी लोग चुप थे, सभी लोग खामोश थे। चिड़ियाँ नहीं गाती थीं, पत्ते नहीं डोलते थे और दूब की फुनगी पर से शबनम भी गायब थी।

मगर दूसरे ही दिन भोर में जब लोग जैसे-तैसे यामिनी के पार हुए, शबनम चमकने लगी, पत्ते डोलने लगे और वीणा गाने लगी।

बहुत दिनों की बात है।

एक बार लड़ाई छिड़ी। देश की सरहद पर धौंसे बजाकर दुश्मन ने जवानी को चुनौती भेजी—'है कोई मर्द इस देश में जो हमारा मुकाबला करे?'

चुनौती नौजवानों को आग-सी लगी। सभी जल उठे, सभी बेताब हो उठे। माताएँ बेटों का, बहनें भ्राताओं का और गृहदेवियाँ अपने पतियों का रण-शृंगार सजाने लगीं। म्यानों से तलवारें निकल पड़ीं। मर्दों ने शपथ ली—'अगर पीठ फेरकर लौटें तो हमें क्षत्रियों की गति नहीं मिले।'

ललनाओं ने प्रण किया—'अगर इज्जत पर बनने को आई तो हम चिताओं में कूद पड़ेंगी।'

शंख फूँका गया; रणभेरी बजने लगी; धौंसे धुधकारने लगे; देश की मर्दानगी उमड़कर रणभूमि की ओर चली।

चलने से पहले खड्ग ने वीणा से पूछा—'वीणे! क्या आज भी यही सुहाग? देश की जान पर बन आई है और तुझे चाँदनी की रागिनी से फुरसत नहीं? हो जा आज डंके की चोट और समा जा मेरी तेज चमकती हुई इस धार में। चलकर जरा रणभूमि

का भी तो नजारा देख कि कैसे रुँड से मुँड अलग होते हैं और धुंधआती हुई तलवार कैसी लगती है। सच कहता हूँ बहन! आँखें निहाल हो जाएँगी और सपनों का तेज बढ़ जाएगा।'

वीणा गरदन झुकाकर मौन रही। खड्ग ने सोचा, यह मुर्दा है और वह वेग से बाहर निकल गया।

भूकम्प, युद्ध और अग्निकांड दुनिया के लिए आम हो गए। अब इनका कोई निश्चित लग्न या काल नहीं रहा। वे जब चाहें, न जाने कहाँ से फट पड़ते हैं।

हैरान है संसार भूकम्प से। हैरान है संसार युद्ध से। मगर वे आते ही रहते हैं।

और जब कभी कोई त्रास आता है, खड्ग संसार के बचाव के लिए आगे बढ़ता है; क्योंकि यही है उसका काम, इसी की वह रोटी खाता है और इसी के लिए उसे फूलों की मालाएँ भी मिलती हैं।

वीणा बहुत बार संकेत दे चुकी है कि वह समय-कुसमय छेड़ी जाना पसन्द नहीं करती। वह जिस काम की रोटी खाती है, उसमें कोई विघ्न डाले, यह अच्छी बात नहीं है।

लेकिन खड्ग ठहरा जरा उद्धत। वह छेड़ बैठता है वीणा को—'पगली है! अगर मैं न रहूँ तो देखूँ, तू कैसे बजती है! दुश्मन के एक ही चपेटे में ये तार न जानें कहाँ-से-कहाँ पहुँच जाएँ। धन्यवाद कर मेरा कि देश में अमन और चैन है, जिससे लोग-बाग तुझे घेरकर बैठते हैं और रागिनियों का रस लेते हैं।'

वीणा रह जाती है मौन, उसे सूझता ही नहीं कि खड्ग के इस व्यंग्य का क्या उत्तर दे।

वह सोचती है : 'यह आकाश, यह जंगल, यह विस्तृत हरी भूमि, ये नदियाँ और ये पहाड़, यह अनन्त सागर और ये अनन्त दिशाएँ—क्या यह सब कुछ खड्ग के अधीन है?'

सृष्टि के कण-कण में जो एक सामंजस्यपूर्ण महासंगीत व्याप्त है, क्या खड्ग का उछलना-कूदना भी उसी की नियमित कड़ी है?

मगर बाघों और वृकों के सामने तो मैं, सचमुच ही नहीं बज सकती, तो क्या खड्ग का कहना ठीक है?

लड़ाई फिर आई और चली गई।

खड्ग विजयी हुआ है। जयमालाओं से लिपटा हुआ वह जरा तनकर चलता है और गरीब वीणा से कह ही तो बैठता है : 'कहा था न चलने को? उस दिन तो यह कहकर उड़ा दिया कि बाँसुरी बाँसुरी है और लाठी लाठी। अब देख मेरे विजय-तिलक को और रो अपने दुर्भाग्य पर!'

वीणा विजय-तिलक को नमन करती है और मन-ही-मन सोचती जाती है : 'फूल और शबनम बदनाम नहीं। बदनाम होती हूँ मैं, क्योंकि खड्ग की मैं कमाई खाती हूँ।'

खड्ग जिसका आरम्भ घृणा में और अन्त विनाश में होता है।

और वीणा, जो आदि से अन्त तक निरीहता में गाती है।

खड्ग तना हुआ है। वीणा पर वह अपना अहंकार उतारता है।

वीणा मूक है और मन ही मन वह सोचती जाती है वह कविता, जिसे वह आज निशीथ में गाएगी।

कविता उन फूलों की, जो शहीदों की समाधि पर बिखेरे जाते हैं।

कविता उन चाँदनियों की, जो समरभूमि की लाशों पर चादर बनकर फैलती हैं, मानो खड्ग की ग्लानि पर परदा डाल रही हों।

कविता उन दुष्ट आवेगों की, जो मनुष्य को तलवार पकड़ने के लिए विवश करते हैं।

और कविता उन आदर्शों की, जो खड्ग के अस्तित्व को भंग करनेवाले हैं।

(रेती के फूल)

विजयी के आँसू

[महाभारत के अनन्तर महाराज युधिष्ठिर के परिताप की कल्पना]

कुरुक्षेत्र का युद्ध समाप्त हो गया। लड़ाई के पहले वीरों की श्रेणी में जो भी गिने जाने के योग्य थे, वे प्रायः सबके सब युद्ध भूमि में सो गए। जिस भूखंड पर कौरवों और पांडवों की मुठभेड़ हुई थी, वह आज लहू से लथपथ और रुंड-मुंडों से भयानक हो उठा है। भयानकता के बीच केवल भीष्म हैं जो शरशैया पर जाग रहे हैं।

अठारह अक्षौहिणी सेना की लाशों पर से रथ दौड़ाता हुआ मैं हस्तिनापुर की राजधानी में आ गया हूँ; किन्तु यह राजधानी वही नहीं है जिसमें दुर्योधन अपने भाइयों और मित्रों के साथ निवास करता था अथवा जहाँ हमने भी आनन्द के कुछ वर्ष बिताए थे। फूल सूख गए, हरियाली जलकर खाक हो गई, शाखाएँ और टहनियाँ खंड-खंड होकर नीचे पड़ी हैं और पत्तों का कहीं पता भी नहीं है। जो शेष है वह वाटिका नहीं, वाटिका का कंकाल है और यही कंकाल, उपवन की यही ठठरी मेरे भाग्य में बदी थी जो विजय के हाथों मुझे पुरस्कार में मिली है।

जब भीम की गदा की चोट खाकर नर-व्याघ्र दुर्योधन धराशायी हुआ, उसने मूर्च्छित होते-होते ललकारकर मुझसे कहा था, 'युधिष्ठिर! वीरों को लेकर तो मैं स्वर्ग चला, अब विधवाओं को लेकर तुम राज्य करो।' दुर्योधन की इस उक्ति की बेधकता उस समय मुझ पर प्रकट नहीं हुई थी। हम सबने सोचा था कि निराशा के अतिरेक से व्याकुल होकर दुर्योधन व्यंग्यबाण का सहारा ले रहा है; किन्तु आज मुझे स्पष्ट दीख रहा है कि उसने तनिक भी अत्युक्ति नहीं की थी। सचमुच ही भारत के सभी शूरमा विदा हो गए, जो विदा होने से बचकर पीछे रह गया है, वह विधवाओं और निपूती माताओं का देश है। और यही वह देश है जिस पर विजेताओं को राज्य करना है।

आज हस्तिनापुर की छत पर चढ़कर जब मैंने चारों ओर दृष्टि डाली, तब ऐसा लगा, मानो मैं किसी महाश्मशान में खड़ा हूँ, जिसकी कुरूप शान्ति मन में काँटे चुभोती है और जिसका भीषण सुनसान दूर से भी भयानक लगता है। और इस सुनसान में मरघट की शान्ति के भीतर से एक आवाज उठती है, जो मुझसे पूछना चाहती है कि युधिष्ठिर! क्या तुम इसी शान्ति के लिए लड़ाई लड़ने नहीं गए थे? मेरे अपने ही कर्म व्यंग्य बनकर मुझ पर लोट रहे हैं। मेरी अपनी ही इच्छा और आकांक्षा तीर बनकर

मुझे विदीर्ण कर रही है। ऐसा लगता है कि मैंने जो कुछ सोचा, सब गलत था; जो कुछ किया, सब दुष्कर्म था। शकुनि के साथ जुए की बाजी हारकर भी मन से मैं हारा नहीं था; किन्तु आज तो इतनी बड़ी लड़ाई जीतकर भी अनुभव होता है कि मैं सब कुछ हार चुका हूँ और पराजय की इस व्यथा का कोई निराकरण भी है, इसकी थोड़ी भी आशा नहीं दीखती।

हस्तिनापुर में आज ऐसा कोई घर नहीं जिसमें बच्चों की किलकारियों की गूँज हो; जिसमें युवतियाँ हर्ष और उल्लास के गीत गाती हों और युवक आनन्द के अट्टहास उठा रहे हों। जीवन के महल को अपनी उमंग से गुंजित रखनेवाले नौजवान कुरुक्षेत्र के मैदान में कटकर ढेर हो गए, उनका रक्त हाथियों और घोड़ों के रक्त से एकाकार होकर धरती में समा गया और हम जीवितों में इतनी भी शक्ति नहीं कि हम उनके शवों का विधिवत् संस्कार करें। मृत्यु का बोझ दुस्सह बनकर जीवन की पीठ पर आ पड़ा है और हम उसे ढोने में हाँफ रहे हैं। राजधानी में अगर कोई आवाज सुनाई देती है तो वह चूड़ियों के टूटने की आवाज है, वह बिलख-बिलखकर रोनेवाली निपूती माताओं की आवाज है, वह सिर और छाती पीटकर चीखती हुई बहनों और विधवा पत्नियों की आवाज है।

और जो हाल राजधानी का है, वही सारे देश का समझना चाहिए। अभी तक जहाँ-जहाँ से समाचार आए हैं, उनसे तो यही ज्ञात होता है कि देश में शायद ही ऐसा कोई घर हो, जिसके दो-एक लाल इस महासंग्राम में बलि नहीं हुए हों। युद्ध के नाग ने प्रत्येक परिवार को डसा है। महानाश की चिंगारी हर एक छप्पर पर पड़ी है। हर एक घर से शोक का धुआँ उठ रहा है। हर एक परिवार किसी-न-किसी वीर की याद में सिसकियाँ ले रहा है। और अनेक वंश हैं जिनकी आखिरी कोंपलें इस लड़ाई में जलकर खत्म हो गई हैं। भारत-वसुंधरा की मृत्ति अपनी स्वाभाविक हरियाली को छोड़कर लाल हो गई है और इस लाली के पीछे युवकों का शोणित ही नहीं, युवतियों का लुटा हुआ सिन्दूर भी है।

जहाँ भी जाता हूँ, नारियों को कुररी के समान बिलखते देखता हूँ; जहाँ भी जाता हूँ, बूढ़ों को बेचैन पाता हूँ। ये वृद्ध, जिनके बुढ़ापे की लकड़ियाँ टूट गई हैं, हृदय को कठोर करके शास्त्र-चिन्तन से मन बहलाना चाहते हैं; किन्तु हाय री बेबसी! बल से दबाई गई आह आँसू बनकर आँखों में छा जाती है, और अक्षर उन्हें ठीक से दिखाई नहीं देते। दुध-मुँहे बच्चे भी हँसना भूल गए हैं, क्योंकि यद्यपि वे यह नहीं जानते कि देश में क्या घटना घटी है, फिर भी सबको उदास देखकर उन्हें भी हँसने की हिम्मत नहीं होती।

भारतवर्ष को अपने महारथियों का बड़ा अभिमान था और आज से बीस-बाईस दिन पूर्व तक इस देश में जितने महारथी एक साथ विद्यमान थे, उतने तो इतिहास में और कभी, कदाचित् ही, वर्तमान रहे होंगे। भीष्म, द्रोण और अश्वत्थामा, कर्ण,

दुर्योधन और जयद्रथ तथा कृपाचार्य, कृतवर्मा, शल्य और भूरिश्रवा, सात्यकि, उत्तमौजा और युधामन्यु, द्रुपद, विराट, धृष्टद्युम्न और चेकितान तथा घटोत्कच और कुन्तिभोज—इनके जोड़ के अतिरथी अब आगे शायद ही उत्पन्न हों। किन्तु काल ने किसी को भी नहीं छोड़ा। सब युद्ध में उतरे और सबके सब उसी में विलीन हो गए। विधि-संयोग से युद्ध ने जिन्हें निगलने से इनकार कर दिया, उनमें पांडव-पक्ष के सात्यकि और श्रीकृष्ण तथा कौरव-पक्ष के कृतवर्मा, कृपाचार्य और अश्वत्थामा—ये पाँच ही वीर शेष हैं।

जब तक युद्ध चल रहा था, हम संग्राम की मादकता में विभोर थे और हमें यह सोचने का अवकाश ही नहीं था कि हम क्या कर रहे हैं; किन्तु युद्ध के समाप्त होते ही यह स्पष्ट हो गया है कि हम जिस कर्म में इतने उत्साह से लगे हुए थे, वह असल में अत्यन्त गर्हित कर्म था और उसे धर्म का विशेषण देना धर्म का नितान्त अपमान करना है।

यह सत्य है कि दोनों पक्षों के वीर इस युद्ध को धर्मयुद्ध मानकर लड़ रहे थे; किन्तु धर्म पर दोनों में से कोई भी अडिग नहीं रह सका। 'लक्ष्य प्राप्त हो चाहे न हो, किन्तु हम कुमार्ग पर पाँव नहीं रखेंगे'—इस निष्ठा की अवहेलना दोनों ओर से हुई और दोनों पक्षों के सामने साध्य प्रमुख और साधन गौण हो गया। प्यारे अभिमन्यु की हत्या पाप से की गई तो भीष्म, द्रोण, भूरिश्रवा और स्वयं दुर्योधन का वध भी पुण्य से नहीं हुआ। जिस युद्ध में भीष्म, द्रोण और श्रीकृष्ण वर्तमान हों, उस युद्ध में भी धर्म का पालन नहीं हो सके, इससे तो यही निष्कर्ष निकलता है कि युद्ध कभी भी धर्म के पथ पर रहकर लड़ा नहीं जा सकता। हिंसा का आदि भी अधर्म है, मध्य भी अधर्म है और अन्त भी अधर्म है। जिसकी आँखों पर लोभ की पट्टी नहीं बँधी है; जो क्रोध, आवेश अथवा स्वार्थ में आकर अपने कर्तव्य को भूल नहीं गया है, जिसकी आँखें साधना की अनिवार्यता से हटकर साध्य पर ही केन्द्रित नहीं हो गई हैं, वह युद्ध जैसे मलिन कर्म में कभी भी प्रवृत्त नहीं होगा। युद्ध में प्रवृत्त होना ही इस बात का प्रमाण है कि मनुष्य अपने रागों का दास बन गया है। फिर जो रागों की दासता करता है, वह उनका नियन्त्रण कैसे करेगा?

व्यास और भीष्म तथा स्वयं श्रीकृष्ण भी मुझे बार-बार समझा रहे हैं कि मेरी यह वेदना व्यर्थ है, मेरा यह अनुताप आधारविहीन है; क्योंकि युद्ध को निमन्त्रण हमने नहीं दिया, वह बरबस हम पर थोपा गया था। अत्याचार दुर्योधन ने मचा रखा था, हम उसका निराकरण खोजते हुए अपनी इच्छा के विरुद्ध युद्ध में आ गिरे। किन्तु यह मेरी शंकाओं का समाधान नहीं है। जीवन की सार्थकता किसी भी ध्येय की प्राप्ति में नहीं, उसकी ओर निरन्तर सन्मार्ग पर चलते रहने में है। हमारे पाँव कहाँ पहुँच रहे हैं, यह प्रश्न मुख्य नहीं हो सकता; मुख्य बात तो यही है कि हमारे पाँव किस मार्ग पर पड़ रहे हैं। और अगर यह कहिए कि विजय के लिए युद्ध अवश्यम्भावी है, तो विजय को मैं कोई बड़ा ध्येय नहीं मान सकता। जिस ध्येय की प्राप्ति धर्म के मार्ग से नहीं की

जा सकती, वह या तो बड़ा ध्येय नहीं है अथवा अगर है तो फिर उसे पाप के मार्ग से पाने का प्रयास व्यर्थ है। संग्राम के कोलाहल में चाहे कुछ भी सुनाई नहीं पड़ा हो, किन्तु आज मैं अपनी आत्मा की इस पुकार को स्पष्ट सुन रहा हूँ कि युधिष्ठिर! तुम जो चाहते थे वह वस्तु तुम्हें नहीं मिली। द्रौपदी के अपमान का बदला चाहे चुक गया हो, भीम की प्रतिज्ञा चाहे पूरी हो गई हो और हस्तिनापुर का राज्य-सिंहासन भी चाहे तुम्हारी राह देख रहा हो; किन्तु तुम्हारी जीत से जलनेवाले लोग अब जीवित नहीं हैं, इसलिए तुम्हारी विजय में कोई रस नहीं, वह नीरस और स्वादविहीन है। न वे ही जीवित है जो ईर्ष्या में जलकर तुम्हारे अभिमान को बढ़ावा देते, न वे ही जीवित हैं जिनकी मित्रता के साथ तुम इस जीत का उपभोग कर सकते थे। एक-एक कर तुम्हारे सारे शत्रु विनष्ट हो गए; किन्तु स्वयं नष्ट होते-होते उन्होंने उस दुनिया को भी भलि-भाँति बर्बाद कर दिया जिस पर तुम राज्य करना चाहते थे। इस जर्जर और विषण्ण विश्व की वेदना उनके लिए नहीं है जो मर चुके हैं, बल्कि उनके लिए है जिन्हें मृत्यु ने उगल दिया है। लड़ाई से पहले तुम दुखी थे; किन्तु लड़ाई के बाद तुम और दुखी रहोगे। इस प्रकार यह विजय असल में तुम्हारी दोहरी हार है।

कल जब मैंने नगर में प्रवेश किया, लोगों ने मेरे स्वागत के बाजे बजाए और मेरा जय-जयकार किया; किन्तु न तो इन बाजों में कोई सजीवता थी और न जयकारों में कोई सात्विक उत्साह। ऐसा लगा, मानो ये स्वर किसी निर्जीव यन्त्र से निकल रहे हों और उन्हें सुनकर मेरा मन फिर से कहने लगा : 'युधिष्ठिर! तुम्हारा पहला निर्णय ही ठीक था। अभी भी समय है, रथ को मोड़कर तुरन्त वन की ओर भाग चलो; क्योंकि वन के पशुओं को देखकर तुम्हें ग्लानि नहीं होगी, न वे तुम्हें धर्मराज नाम से पुकारेंगे, न वे तुम्हारा जय-जयकार करेंगे।' किन्तु अर्जुन और श्रीकृष्ण मेरे दोनों ओर खड़े थे और उनकी भर्त्सनाओं को याद करके मैं निश्चेष्ट रह गया।

अर्जुन, श्रीकृष्ण और अन्य बहुतेरे लोग तन से जीवित, किन्तु मन से निर्जीव, इस युधिष्ठिर को खींचकर सिंहासन के पास ले आए हैं। किन्तु मुझे अब तक यह नहीं सूझता है कि अपने पश्चात्ताप को कहाँ छिपाऊँ? और क्या करूं कि देश के अगणित नर-नारियों के आँसू शीघ्र-से-शीघ्र सूख जाएँ और उनके अधरों की लुप्त मुस्कान एक बार फिर से लौट आए! केवल भीष्म ही नहीं, मुझे लगता है, भारत की विशाल संस्कृति ही आज शरशैया पर सोई हुई है। कौन है वह उपाय जिससे यह संस्कृति मृत्यु के मुख में पड़ने से बचाई जा सकती है? मेरी सबसे बड़ी चिन्ता यह है कि संग्राम तो जैसे-तैसे समाप्त हो गया, किन्तु उससे देश भर में मार-काट की जो मानसिकता फैली है, उसका क्या होगा? क्या लोग हिंसा के इस खेल को दुहराते जाएँगे अथवा वह विचार कर शान्ति से काम लेंगे कि शत्रुओं का भी मस्तक उतारना बर्बरता और जंगलीपन का काम है!

(रेती के फूल)

गद्यकाव्य : उजली आग

आदमी का देवत्व

सृष्टि के आरम्भिक दिनों की बात है। देवता तो कुछ-कुछ पुराने हो चले थे, किन्तु, आदमी बस अभी-अभी तैयार हुआ था, यहाँ तक कि उसके बदन की मिट्टी भी अभी ठीक से सूख न पाई थी। मगर, आदमी तो आरम्भ से ही आदमी था। उसने इधर-उधर नजर दौड़ाई और देखा कि देवता छोटे हों या बड़े, उनकी इज्जत खूब है। फिर उसने अपनी ओर देखा और वह सोचने लगा कि देवताओं से भला मैं किस बात में कम हूँ। और तब भी लोग मुझे महज आदमी समझते हैं और कहते हैं कि मैं देवता नहीं हूँ।

एक दिन जब ब्रह्मा को घेरकर सभी देवता बैठे हुए थे, आदमी भी वहाँ जा पहुँचा और सब के सामने उसने यह घोषणा कर दी कि मिट्टी का होने से मैं कुछ अपदार्थ नहीं हो गया। आज से आप लोग नोट कर लें कि किसी-न-किसी तरह का देवता मैं भी हूँ।

देवताओं ने आदमी की घोषणा बड़े ही ध्यान से सुनी और सोच-समझकर यह निर्णय दे दिया कि आदमी को देवता समझने में हमें कोई आपत्ति नहीं है।

मगर, आपत्ति उन्हें थी और यह निर्णय उन्होंने अपनी खुशी से नहीं दिया था। असल में, उन्हें मालूम था कि आदमी की रचना ब्रह्मा ने किन तत्त्वों से की है। वे स्वर्ग में यह भी सुन चुके थे कि ब्रह्मा जिस नए जीव की रचना कर रहे हैं, वह बड़ा ही उपद्रवी होगा। वह मिट्टी का होने पर भी समुद्र पर राज करेगा, बिना पाँख का होने पर भी आकाश में उड़ेगा और जो ताकतें पहाड़ और वन को हिलाती रहती हैं, धरती और जंगल को जलाती रहती हैं और जिनकी चिंग्घाड़ से स्वर्ग भी काँपने लगता है, वे सब इसके कब्जे में रहेंगी। समुद्र में जो रत्न हैं, वन में जो फल और जीव हैं तथा धरती के भीतर जो धन है, उन सब का उपभोग इस नए प्राणी के लिए सुरक्षित रखा गया है। यही नहीं, बल्कि, देवता जिसे सूँघकर रह जाते हैं, उसे यह नया जीव हाथ से छू सकेगा, दाँतों से चबाकर अपने उदर में डाल सकेगा और इस प्रकार, जिन चीजों को देखकर देवता ललचाकर रह जाते हैं, वे चीजें आदमी के लोहू में समा जाएँगी, मन और बुद्धि में जा बसेंगी, साँस का सौरभ बन जायेंगी।

और, यद्यपि, यह मरनेवाला होगा, मगर, बड़े-बड़े अमर इसके भय से भागते फिरेंगे। नहीं तो एक दिन यह उन्हें पकड़कर चटकल में भरती कर सकता है।

देवताओं ने सोचा, अरे, तब तो यह हमारा भी गुरु निकलेगा।

देवता, आरम्भ से ही, आदमी से डरे हुए थे, इसलिए, आदमी ने जब यह कहा कि एक तरह का देवता मैं भी हूँ, तब वे उसके इस दावे को झुठला नहीं सके। मगर, वे छिपे-छिपे इस घात में लगे रहे कि इस नए जीव को बेबस कैसे किया जाए।

निदान, यह निश्चित हुआ कि आदमी का देवत्व चुरा लिया जाए। और इस विचार के आते ही देवता खुशी से उछल पड़े। और सोए हुए आदमी का देवत्व चुराकर देवताओं ने उसे अपने पास कर लिया।

लेकिन, फिर तुरन्त उनका चेहरा उतर गया, क्योंकि एक देवता ने सवाल किया, ''अगर आदमी इतना धूर्त और सयाना है, इतना प्रतापी और शक्तिशाली है, तो फिर उसका देवत्व चुराकर कहाँ रखा जाएगा? आकाश और पाताल, आदमी तो दोनों जगह घूमेगा। रह गई धरती, उस पर तो आदमी का रात-दिन का वास है। और अगर यह कहो कि कोई देवता उसे अपनी मुट्ठियों में बन्द किए रहे, तो हम में से ऐसा कौन है, जो इस नए जीव से दुश्मनी मोल ले? कहीं ऐसा न हो कि क्रोध में आकर आदमी स्वर्ग पर ही धावा बोल दे!''

देवताओं को उदास देखकर ब्रह्मा बोले, ''अच्छा, लाओ, आदमी का देवत्व मेरे हाथ में दे दो।''

देवत्व ब्रह्मा के हाथ में आया, उन्होंने अपनी मुट्ठी बन्द की और फिर चीज उसमें से गायब हो गई। देवता दंग रहे गए।

तब ब्रह्मा ने कहा, ''चिन्ता न करो। मैंने आदमी के देवत्व को एक ऐसी जगह पर छिपा दिया है, जहाँ उसे खोजने की बात आदमी को कभी सूझेगी ही नहीं। मैंने यह प्रकाश स्वयं उसी के हृदय में छिपा दिया है।''

बीज बनने की राह

दो राही किसी गाँव से होकर जा रहे थे कि अचानक गाँव में आग लग गई और फूस के बने हुए घर धायँ-धायँ जलने लगे।

एक राही भागकर गाँव के बाहर एक पेड़ की छाया देखकर बैठ गया और बोला, "जला करें ये लोग। आखिर, वे बीड़ी क्यों पीते हैं? मैं आग बुझाने को नहीं जा सकता। यह मेरा काम नहीं है।"

मगर, दूसरा बहादुर था। उसने अपनी गठरी दोस्त के पास पटकी और दौड़कर आग में पिल पड़ा। आग बुझाने की कोशिश में उसके हाथ-पाँव जल गए और देह पर कई फफोले भी निकल आए, किन्तु तब भी उसने एक जान और कुछ असबाब को आग से बचा लिया।

उसके लौटकर आने पर छाया में सुस्तानेवाले राही ने कहा, "आखिर, जला लिए न अपने हाथ-पाँव? किसने तुझसे कहा था कि दूसरों के काम के लिए अपनी जान खतरे में डाला कर?"

बहादुर राही बोला, "उसी ने, जिसने यह कहा कि बीज बोते चलो, फसल अच्छी उगेगी।"

"और अगर आग में जलकर खाक हो जाता तो?"

"तब तो मैं स्वयं बीज बन जाता।"

धर्म लोगे, धर्म?

(1)

"धर्म लोगे, धर्म?"

मैंने किवाड़ खोलकर देखा, बगल की राह से पुरोहित जा रहा था। धर्म इसकी खेती है और पर्व-त्यौहार फसल काटने के अच्छे मुहूर्त। मैंने कहा, "पुरोहित, मेरे घर तेरी फसल नहीं उपजी है।" और किवाड़ मैंने बन्द कर लिया।

(2)

"धर्म लोगे, धर्म?"

मैंने किवाड़ खोलकर देखा, बगल की राह से पंडा जा रहा था। धर्म इसकी ठेकेदारी और देवता इसका इंजीनियर है और जैसे इंजीनियर की कृपा से ठेकेदार मालामाल हो जाता है, उसी तरह, देवता के मेल से पंडे को मालपूए खूब मिलते हैं। मैंने कहा, "पंडा, मुझे पुल बनवाना नहीं है।" और किवाड़ मैंने बन्द कर लिया।

(3)

"धर्म लोगे, धर्म?"

मैंने किवाड़ खोलकर देखा, बगल की राह से उपदेशक जा रहा था। धर्म इसकी मशाल है, जिसे वह सिर्फ दूसरों के लिए जलाता है और यह वह नाई है, जो मशाल अपनी रोजी के लिए जलाता है, जिससे बरात के लोग अपना रास्ता पा सकें। मैंने कहा, "नाऊ, मुझे आज कहीं नहीं जाना है।" और किवाड़ मैंने बन्द कर लिया।

(4)

"धर्म लोगे, धर्म?"

मैंने किवाड़ खोलकर देखा, बगल की राह से एक अमीर जा रहा था। धर्म इसका

छाता है, जिसे इसने मार्क्सवादी ओलों की बौछार से बचने को तान रखा है। मैंने कहा, "अमीर, मेरे पास बचाने की कोई चीज़ नहीं है।" और किवाड़ मैंने बन्द कर लिया।

और शाम को जब मैं घर से निकला, तब देखा कि गाँव का आठ वर्ष का छोटा बच्चा रामू खेत की मेड़ पर बैठा किसी विचार में लीन है। मैंने पूछा, "अरे रामू, यहाँ बैठा-बैठा क्या सोच रहा है?"

रामू बोला, "सोच रहा हूँ कि ईश्वर एक ही है, यह आदमी के लिए काफी कठिनाई की बात है। अब तुम्हीं सोचो दादा, कि दो ईश्वर होते, तो आदमी को थोड़ी सहूलियत ज़रूर हो जाती। मसलन, अगर यह ईश्वर रूठ गया, तो उस ईश्वर के यहाँ चले गए और वह ईश्वर रूठ गया, तो इस ईश्वर के यहाँ चले आए। मगर, ईश्वर एक ही है, इसलिए, हमें बहुत सँभल-सँभलकर चलना होगा।"

मैंने बच्चे को गोद में उठा लिया और कहा कि "प्यारे, काश, अपनी शंका और बेचैनी तू मेरे दिल में उँड़ेल पाता।"

गुफावासी

मेरे हृदय के भीतर एक गुफा है और वह गुफा सूनी नहीं रहती। आरम्भ से ही देखता आ रहा हूँ कि उसमें एक व्यक्ति रहता है, जो बिलकुल मेरे ही समान है।

और जब मैं उसके सामने जाता हूँ, मेरी अक्ल गायब हो जाती है और मैं उसे यह कहकर बहला नहीं सकता कि मैंने छिपकर कोई पाप नहीं किया है और जो मलिन बातें हैं, उनके लिए मुझमें लोभ नहीं जागा है।

और इस गुफावासी के सामने जाते ही ऐसा भान होने लगता है, मानो, मेरा बदन चमड़ी नहीं, शीशे से ढँका हो और वह शीशे के भीतर की सारी चीजों को देख रहा हो।

और वह हाथ उठाकर कोई दंड नहीं देता, फिर भी, मेरी रगें दुखने लगती हैं और प्राण बेचैन हो जाते हैं।

और मैं कभी यह भी नहीं कह पाता कि यह काम मैंने तुम्हारी सहमति से किया है, क्योंकि उसके सामने होते ही मेरी सभी इन्द्रियाँ मेरे खिलाफ हो जाती है और वे इस गुफावासी की ओर से गवाही देने लगती हैं।

और एक दिन इस गुफावासी ने मुझे कहा कि देख, ऐसा नहीं है कि तू कोई और, और मैं कोई और हूँ।

मैं तेरी वह मूर्ति हूँ, जो स्फटिक से बनाई गई थी। किन्तु, तू जो-जो सोचता है, उसकी छाया मुझ पर पड़ती जाती है, तू जो-जो करता है, उसका क्षरित रस मुझ पर जमता जाता है। और जन्म-जन्मान्तर में रस के इस क्षरण से और विचारों की इस छाया से मुझ पर परतें जम गई हैं।

इसलिए, अब ऐसा कर कि नई परतें जमने न पाएँ और पुरानी परतें भी छूट जाएँ। क्योंकि स्वर्ग और नरक भले ही न हों, किन्तु, जन्म-जन्मान्तर की यह यात्रा स्वयं भारी विपत्ति है और परतों के बोझ को लेकर एक जन्म से दूसरे जन्म तक उड़ने में काफी मशक्कत पड़ जाती है।

दो ध्रुव

एक दिन महात्मा ईसा मसीह कहीं जा रहे थे कि उन्होंने देखा, उनके एक शिष्य का बाप मर गया है और वह उसकी लाश को रो-रोकर दफना रहा है। गुरु को देखकर वह दौड़कर आया तो, मगर, आस्तीन चूमकर फिर तुरन्त कब्र की ओर वापस चला गया।

गुरु को यह बात अच्छी नहीं लगी, इसलिए, शिष्य को सचेत करते हुए उन्होंने कहा, "जो मर गया, वह भूत का साथी हो गया। लाश के साथ लिपटकर तू क्यों वर्तमान से दूर होता है? यह समय बहुत लम्बा है और इसने बहुत-सी लाशों को जतन से दफना रखा है। तेरे बाप की लाश उसके लिए कुछ बहुत भारी नहीं पड़ेगी। भूत की खबर अब भूत को लेने दे और तू सीधे मेरे साथ चल।"

शिष्य लाश को छोड़कर गुरु के साथ हो गया।

अजब संयोग की थोड़ी दूर चलने पर ईसा का दूसरा शिष्य भी उन्हें इसी अवस्था में मिला। उसका भी बाप मर गया था और वह भी अपने बाप की लाश को दफना रहा था किन्तु, गुरु पर उसकी ज्योंही दृष्टि पड़ी, वह कब्रिस्तान से भागकर उनके पास आ गया और उनके साथ चलने का हठ करने लगा। परन्तु, गुरु ने उससे हँसते हुए कहा, "ऐसी भी क्या जल्दी है? लाश को दफना कर आओ। मैं आगेवाले गाँव में ठहरनेवाला हूँ।"

एक ही अवस्था में दो प्रकार के उपदेश सुनकर ईसा के शिष्य मैथ्यू कुछ घबराए और उन्होंने महात्मा ईसा से इसका कारण जानना चाहा।

ईसा बोले—"जीवन की धारा किसी एक घाट में बाँधी नहीं जा सकती। उपदेश जब यह कहता है कि मैं आ गया, अब दूसरे को मत आने दो, तब वह लोहे की श्रृंखला बन जाता है और आदमी का सच्चा बंधन लोहे की कड़ी नहीं, रेशम का तार है।

और मैथ्यू, मैं जो कुछ बोलता हूँ, वह मेरी ही आवाज है, चाहे वह मेरे भीतर के उत्तरी ध्रुव से आती हो या दक्षिणी ध्रुव से। आत्माओं की भी अलग-अलग ऋतुएँ होती हैं और जिस ऋतु में उन्हें जिस चोटी पर की आवाज सुनाई पड़ती है, उस ऋतु में मैं उसी चोटी पर से बोलता हूँ।

इसलिए, मैथ्यू, जो राग में फँसा है, उसे विराग सिखलाओ। किन्तु, जो वैरागी हो चुका है, उसे रागों से अलग रहने का उपदेश तो निरर्थक उपदेश है।"

अफ़सर और पैग़म्बर

एक अफ़सर ने एक पैग़म्बर से पूछा, यह जो ज़माने से सुनता आ रहा हूँ कि जीवन का एक-एक क्षण संघर्ष है, सो इसके मानी क्या होते हैं? अब यही देखिए कि आज भोर से मैंने अपने जीवन में कहीं कोई संघर्ष नहीं देखा। प्रातःकाल उठा, हजामत बनाई, नहाया-धोया, अख़बार पढ़ा, फिर खाना खाया और अब दफ़्तर से काम करके वापस जा रहा हूँ। सुबह से शाम हो गई, किन्तु संघर्ष तो कभी आया ही नहीं।"

पैग़म्बर ज़रा हँसा। फिर कहने लगा, "संघर्ष देखने को भी आँखें चाहिए। लड़ाई को वही समझ सकता है, जिसमें लड़ने की थोड़ी-बहुत योग्यता होती है। और तुम-जैसे लोग, जो लड़ना नहीं जानते, उन्हें लड़ाई दिखाई भी नहीं देती। और, जिन्हें लड़ाई दिखाई नहीं देती, जीतनेवाले नहीं, हारनेवाले होते हैं।

और आज तुम कई लड़ाइयाँ हार चुके हो। और चूँकि जीत की तुम्हें फ़िक्र नहीं है, इसलिए, हारकर भी तुम हार को पहचान नहीं पाते।

उदारहण के लिए, आज भोर में जब तुम्हें सेज पर की चाय मिलने में देर हुई, तब तुम, पौ फटते ही, नौकर पर बरस पड़े। यह तुम्हारी पहली पराजय थी।

और स्नानागार में साबुन की बट्टी ज़रा जोर से चिपककर बन्द हो गई थी और तुमने उसे पटककर तोड़ दिया। यह तुम्हारी दूसरी हार थी।

और रास्ते में तुम्हारी मोटर के सामने एक आदमी आ गया। तुमने मोटर को रोक ली, लेकिन, उस आदमी को काफ़ी भला-बुरा कहा। वह तुम्हारी तीसरी हार थी।

अब तुम स्वयं सोच लो कि दफ़्तर में आज तुम कभी जीते भी या बराबर हारते ही रहे हो।

उजला हाथी और गेहूँ के खेत

एक किसान के दो बेटे थे, एक बाल-बच्चोंवाला और दूसरा कुँवारा। मरने से पहले किसान ने अपनी जायदाद दोनों बेटों में बाँट दी और जब वह मरा, उसके मन में यह सन्तोष था कि भाइयों के बीच कोई झगड़ा नहीं होगा।

दोनों भाई मेहनती थे और दोनों ईमानदार तथा दोनों के मन में यह भाव गठा हुआ था कि मैं चाहे जैसे भी रहूँ, मगर, भाई को आराम मिलना चाहिए।

दोनों भाइयों ने रबी की फसल खूब डटकर उपजाई और बैसाख में दोनों के खलिहान गेहूँ के बोझों से भर गए।

तब एक रात छोटे भाई ने सोते-सोते सोचा, "मैं भी कैसा निष्ठुर हूँ? मेरे आगे-पीछे कौन है कि इतना गेहूँ घर ले जाऊँ? हाँ, भाई के बाल-बच्चे बहुत हैं। अच्छा हो कि मैं अपने खलिहान से कुछ बोझे उनके खलिहान में रख आऊँ।"

इतना सोचना था कि कुँवारा भाई उठा और अपने खलिहान से बीस बोझे उठाकर उसने भाई के खलिहान में डाल दिए और वह फिर घर आकर सो गया।

और नींद में उसने सपना देखा, दोनों ओर गेहूँ के लहलहाते खेत हैं और वह उनके बीच उजले हाथी पर चढ़कर घूम रहा है।

और ठीक यही बात बड़े भाई के मन में भी उठी। उसने सोचा, "मैं भी कितना स्वार्थी हूँ? अरे, मेरे तो बाल-बच्चे हैं। भगवान ने चाहा तो जब वे जवान होंगे, तब मुझे बैठे-बिठाए दो रोटियाँ मिल जाया करेंगी। मगर, मेरा छोटा भाई! हाय, उसका तो कोई नहीं है। क्यों न अपने खलिहान से कुछ बोझे उठाकर मैं उसके खलिहान में दे आऊँ। अन्न बेचकर दस पैसे अगर वह जमा कर लेगा, तो बुढ़ापे में उसके काम आएँगे।"

और वह भी दौड़ा-दौड़ा खलिहान में पहुँचा और अपने ढेर में से बीस बोझे उठाकर उसने छोटे भाई के खलिहान में मिला दिए। और घर आकर वह खुशी-खुशी सो गया।

और सोते-सोते उसने सपना देखा कि दोनों ओर गेहूँ के लहलहाते खेत हैं और वह उजले हाथी पर बैठकर खेतों की सैर कर रहा है।

और भोर में उठकर छोटा भाई अपने खलिहान पहुँचा, तो यह देखकर दंग रह गया कि उसके बोझों में से बीस कम नहीं हुए हैं।

और भोर में उठकर बड़ा भाई खलिहान पहुँचा, तब वह भी यह देखकर दंग रह गया कि उसके बोझों में से बीस कम नहीं हुए हैं।

निदान, रात में फिर दोनों भाइयों ने, चोरी-चोरी, अपने बोझे भाई के खलिहान में पहुँचा दिए। और दोनों ने फिर रात में उजले हाथी पर चढ़कर गेहूँ के खेत में घूमने का सपना देखा और दोनों भोर में खलिहान को ज्यों-का-त्यों देखकर फिर दंग रह गए।

यह खेल कई रात चला। आखिर, एक रात दोनों चोर जब अपने-अपने खलिहान के बोझ उठाए भाई के खलिहान की ओर जा रहे थे, दोनों एक-दूसरे से टकरा गए और दोनों ने बोझे फेंककर एक-दूसरे को कसकर पकड़ लिया और दोनों आनन्द के मारे रोने लगे।

खलिहान में बोझों की संख्या क्यों नहीं घटती थी, यह रहस्य एक क्षण में खुल गया और इसमें कोई सन्देह नहीं कि यह आनन्द आँसूओं में ही बोल सकता था।

उनके आँसूओं की जो बूँदें पृथ्वी पर गिरीं, उनसे नीचे पड़ा हुआ पीपल का एक बीज भीग गया और उसमें अंकुर निकल आया।

अब उस खलिहान की जगह पर पीपल का एक बड़ा वृक्ष लहराता है। और जो भी राही उसके नीचे सुस्ता कर सो जाता है, वह सपना देखता है कि दोनों ओर गेहूँ के लहलहाते खेत हैं और वह उनके बीच उजले हाथी पर चढ़कर घूम रहा है।

रहस्यवादी

इस गए-बीते जमाने में भी रहस्यवादी जन्म लेते ही रहते हैं। रोशनी की बाढ़ से सारी दुनिया परेशान है, तब भी, ऐसी आत्माएँ हैं, जो गोधूलि में लिपटी आती हैं और चाँदनी ओढ़कर विदा हो जाती है।

ऐसी ही एक आत्मा उस मन्दिर के पिछवाड़े निवास करती थी, जहाँ हम लोग प्रार्थना का पाँच-मिनट नाटक करने जाया करते थे।

और जब तक लोग प्रार्थना करते, वह साधु धरती पर लकीरें खींचता रहता और जब लोग घड़ियाल बजाते, वह दीवार से उठँग कर सो जाता और जब आसपास की दुनिया खाली हो जाती, वह चाँदनी में बैठकर अपनी गहराइयों से बातें करता।

और आकाश की ओर देखते-देखते उसकी आँखों से आँसू बहने लगते और नदी में नहाते-नहाते उसे समाधि लग जाती।

और लोग कहते, यह बौद्धिक पागल है; इसका इलाज यह है कि इसकी शादी कर दो। फिर तो इसका सारा प्रेम ऐसा जमेगा कि हर साल यह एक बच्चे का बाप बनता चला जाएगा।

और सूफी कहता, यह बात कुछ-कुछ ठीक है। मगर, मेरा ब्याह, शायद हो चुका है और मैं पर्वत और पानी में अपनी दुलहिन को ही ढूँढ़ रहा हूँ। राम ने सीता को वनवास दिया था न? मेरी दुलहिन ने मुझे ही घर से निकाल दिया है और मैं उसी की निशानी खोज रहा हूँ।

मगर, मैं साधु का मजाक नहीं उड़ाता। मुझे लगता, यह आदमी पागल हो सकता है; लेकिन इसकी नज़र कहीं दूर पर है और वह किसी आश्चर्य में खोई हुई है।

आखिर, एक दिन एकान्त पाकर मैंने उससे पूछा, "बाबा, एक बात बताओगे? मेरा ख्याल है, तुम किसी आश्चर्य में खोए रहते हो। सो, वह क्या चीज है, जिसे देखकर तुम्हें अचरज होता है?"

साधु बोला, "अरे, कहता क्या है? सामने इतनी बड़ी अनन्तता खुली हुई है और न उसका इधर का छोर पकड़ाई देता है, न उधर का। यह अचरज की बात नहीं है?

"और सोचा भी है कि यह समय कितना लम्बा है? जब सृष्टि नहीं थी, समय तब भी मौजूद था और तब भी रहेगा, जब यह सृष्टि खत्म हो जाएगी।

"किसी-न-किसी तरह रंध्र में प्रवेश करके उस अवस्था को पकड़ना चाहता हूँ, जब समय का अस्तित्व नहीं रहा होगा। मगर, वह अवस्था अपनी गोद में मुझे बैठने नहीं देती, जैसे माँ अपने बच्चे को गोद में ज़रा-सा उठाकर फिर नीचे उतार दे।

"और काले मेघ के किनारे-किनारे जब रोशनी की लकीर उगती है, मुझे लगता है, शायद, मेरी दुलहिन अब अंधकार से बाहर आएगी। देखता रहता हूँ कि पूरी साड़ी कब दिखाई देती है, मगर, पूरी साड़ी कभी दिखाई नहीं देती।

"और लगता है कि ये जो अनन्तता है, वह मेरे सामने परदे की तरह झूल रही है और इसके पीछे एक दोस्त रहता है, जो मेरा सबसे प्यारा दोस्त है। और यह परदा उठता नहीं। यह अचरज की बात नहीं है?

"दर्पण का एक ही पहलू तो देखा है। उलट कर जानना चाहता हूँ कि इसके दूसरी ओर क्या है। मगर, जान नहीं पाता।

"और तू तो अंग्रेजी पढ़ा-लिखा बाबू है न? मगर, आ, तेरे कान में एक भेद धर दूँ कि चीजें वहीं खत्म नहीं हो जाती, जहाँ बुद्धि हाँफकर बैठ जाती है।

"दृश्य के परे एक और वास्तविकता है, जो अदृश्य है और इस अदृश्य वास्तविकता को छूने की कोशिश में आदमी पहली कुर्बानी अपनी अक्ल की देता है।

"और जब-जब लोग मुझे पागल कहते हैं, मैं खुशी से नाच उठता हूँ कि मेरी पहली कुर्बानी पूरी हो गई, जिसका सारी दुनिया गवाह है।"

साधु ने इतना कहा ही था कि पश्चिम की ओर आकाश में पहला तारा दिखाई पड़ा और साधु की आँखें उधर को ही जा लगीं।

वह अपनी दुलहिन का कर्ण-फूल पहचानने में इतना मस्त हुआ कि मेरे वहाँ से चल देने की उसे आहट भी महसूस नहीं हुई।

जीवन का बोझ

एक कमज़ोर और बूढ़ा आदमी लकड़ियों का एक बड़ा बोझ उठाए जेठ की धूप में हाँफता हुआ जा रहा था। चल तो वह काफी देर से रहा था, मगर, घर पहुँचने में, फिर भी, काफ़ी देर थी। निदान, वह घबरा गया तथा गर्मी और बोझ के मारे उसके मन में वैराग्य जगने लगा।

उसने सोचा, "खाएगा सारा परिवार और खटना मुझे अकेले पड़ता है। और सारी जिन्दगी खटते-खटते घिसकर बूढ़ा हो गया और तब भी आराम नहीं। शायद, लोग यह समझते हैं कि दुनिया में वे तो सैर को आए हैं और मेला देखकर जल्दी ही लौट जाएँगे; बस, एक मैं हूँ, जिसने इस धरती का ठेका ले रखा है और जो कभी मरेगा नहीं। मैं आतिथेय हूँ, बाकी सब-के-सब अतिथि हैं, इसलिए, मुझे खटने और उन्हें गुलछर्रे उड़ाने का अधिकार है। भला यह भी कहीं चल सकता है?"

सोचते-सोचते वैराग्य का पारा ज़रा और ऊँचा चढ़ा और बुड्ढे ने सड़क से उतरकर एक पेड़ के नीचे गट्ठर पटक दिया और वह बड़े ही आर्त्त स्वर में पुकार उठा, "हे मृत्यु के देवता! कहाँ छिपे हो? आओ और इस अदना मज़दूर को अपनी शरण में ले लो।"

आवाज यमराज के कान में पड़ी और उन्होंने दयाद्रवित होकर एक दूत को फौरन ही भेज दिया।

मृत्यु के दूत ने बुड्ढे से कहा—"कहो, क्या कहना है? तुम्हारी पुकार पर यमराज ने मुझे तुम्हारी सहायता करने को भेजा है।"

यमदूत को देखते ही बुड्ढे की सिट्टी-पिट्टी भूल गई। बोला, "कुछ नहीं, यही कि ज़रा यह गट्ठर उठाकर मेरे माथे पर धर दीजिए।"

यमराज के दूत ने लड़कियों का बोझ उठाकर उसके माथे पर धर दिया और बुड्ढा फिर धूप में हाँफता हुआ चलने लगा।

नर-नारी

मैं पुरुष हूँ, तुम नारी हो;

हमारी समस्या का क्या समाधान है?

"आनन्द! मैंने जो धर्म चलाया था, वह पाँच सहस्त्र वर्ष तक चलनेवाला था, किन्तु, अब वह केवल पाँच सौ वर्ष चलेगा, क्योंकि नारियों को मैंने भिक्षुणी होने का अधिकार दे दिया है।"

सिर मुँडा देने से नारी का नारीत्व लुप्त नहीं होता।

कपड़े रंगवा लेने से मन का रंग नहीं बदलता।

रेती के ऊपर कालीन बिछाओ या कम्बल, नीचे बहनेवाली फल्गु की धारा फल्गु की ही धारा है।

क्या है वह चीज, जो नर से निकलकर नारी को और नारी से निकलकर नर को छूना चाहती है?

और क्या है वह चीज़, जो नर के भीतर कैद होकर मरना नहीं चाहती, जो नारी के भीतर बँधकर मुरझा जाने को तैयार नहीं है?

मार और बुद्ध की लड़ाई में बुद्ध जीते, किन्तु, मार और संघों की लड़ाई में मार जीत गया।

किन्तु, मार की यह जीत नर की जीत थी या नारी की?

बादल को धरती बुलाती है या धरती के पास वह स्वयं खिंच कर आता है?

दीपक जलता है, इसमें दोष बाती का है या तेल का?

ग्रह जब आकर्षण के वृत्त में पहुँचते हैं, तब खिंचाव दोनों ओर से होता है।

आकर्षण की परिधि को सकुंचित बनाओ। किन्तु, कैसे?

मन की आग का मन में ही बाँध रखो। किन्तु, किस प्रकार?

भाग रे, भाग फक्कीर के बालके, कामिनी-कांचन-बाघ लागा,
दास पलटू कहै, बचेगा सोई जो साधु के संग दिन-रात जागा।

शास्ता! उतने उज्जवल धर्म को क्या नारी खा गई?

मैं पुरुष हूँ, तुम नारी हो;

हमारी समस्या का क्या समाधान है?

(2)

और, ऋषि! तपस्या से नूतन सृष्टि रचने की शक्ति तो तुम्हें बाद में मिली, पहले तो उससे मेनका ही मिली थी।

नारी की सुषमा तपस्या का प्रसाद है।

वह स्पर्श भी तपस्या का फल है, जिसके लगते ही त्वचा सिहरकर पुष्पित लता बन जाती है।

यदि तुम तपस्वी न हुए होते, तो मेनका तुम्हें नहीं मिलती।

तुम अगर सृष्टि की रचना करने में समर्थ हुए, क्योंकि तपस्या की आग में तुम्हारी सारी सरसता नहीं जली थी, मन के निभृत कुंज में कहीं वह प्रस्त्रवण शेष था, जिससे मनुष्य प्रेम करने की योग्यता प्राप्त करना है, जिससे पुरुष नारी से यह कहने का साहस पाता है कि तुम रूपवती हो।

किन्तु, तुम्हारी रची हुई सृष्टि निन्दित हो गई, क्योंकि तपस्या ने तुम्हें इतना रिक्त तो बना ही डाला था कि अपनी विन्दुजा कन्या को अटवी में छोड़कर भाग चलो।

फिर भी, तपस्या की अपेक्षा तुम्हारा प्रेम अधिक सार्थक निकला। त्रिशंकु कहाँ है, यह कोई नहीं जानता, किन्तु, शकुंतला से भरत और भरत से यह भारत देश, तुम्हारे प्रेम की पताका के समान लहरा रहा है।

तपस्या और प्रेम, इनमें क्या, सचमुच ही, कोई मेल नहीं है?

दृष्टि से त्वचा तक और आँख से कल्पना तक काम के अनेक रँगीले सोपान हैं और हर सोपना ऐसा है, जिस पर से पाँव उठना नहीं चाहते।

तो कौन सोपान तपस्या का और कौन सोपान प्रेम का है? कौन सोपान धर्म का और कौन सोपान अधर्म का है?

नारी नर को सींचना चाहती है और नर नारी को। क्या जल की यह धारा आग में जला देने के योग्य है?

नर नारी से और नारी नर से दूर भागे, यह चेतावनी किस भय के विरुद्ध है?

देह से मन और मन से देह को अलग क्यों करते हो?

मन के सपनों से शरीर में रोमांच होता है और स्पर्श के सुख से भी मन असीम गहराई में डूब जाता है।

मन की पवित्र कंथा को शरीर पर भी छाने दो। मिट्टी की परिणति आकाश में और शरीर का विलयन मन में होता है।

उँगलियाँ स्वर्ग की वर्त्तिकाएँ हैं, जिनके स्पर्श से त्वचा प्रकाशित होती है और अधरों पर अंकित होनेवाले चुम्बन अनन्त के चरणों पर भी अंकित होते हैं।

मेरे हृदय में पीपल का एक वृक्ष उगा है। ओ मेरी कोयल! तू उसके पत्तों में बैठकर कूक।

मेरे भीतर एक छोटा-सा बैकुण्ड उतरा है। सखी! आ, हम दोनों पूजा और ध्यान करें।

परन्तु, हाय री विवशते! ध्यान में कृष्ण को पीछे ढकेलकर यह कौन राधा आगे आ गई?

परन्तु, हाय री विवशते! ध्यान में प्रकृति को पीछे करके यह कौन पुरुष सामने खड़ा हो गया?

मैं पुरुष हूँ, तुम नारी हो;
हमारी समस्या का क्या समाधान है?

(3)

नारी तो हमहूँ करी, तब ना किया विचार,
जब जानी तब परिहरी, नारी महा विकार।

यह पानी पीकर कूप को गन्दा बताना है।

यह रस लेकर नींबू को फेंक देना है।

कबीर साहब! आपने तो समस्या को और भी उलझा दिया।

नारी सत् चित् और आनन्द में से आनन्द का प्रतीक है और उसमें आनन्द के स्तर अनेक हैं।

पृथ्वीवालों के भाग्य से पृथ्वी पर आई हुई अद्भुत वीणा, जिसमें मोटे और पतले, दोनों ही प्रकार के तार हैं।

देवता महीन तारों पर उँगली फेरते हैं और मनुष्य मोटे तारों से खेलता है।

तो मोटे तार से महीन तार पर पहुँचना, यह देह की मंजिल पार करके मन के पास जाना है। इसमें विकार की क्या बात है?

और जब आदमी मोटे तारों को छोड़कर महीन तार बजाने लगता है, तब वह स्वयं नारी बन जाता है।

ये अखियाँ अलसानी, पिय, अब सेज चलो।
सब रग ताँत, रबाब तन, बिरह बजावै नित्त,
और न कोई सुनि सकै, कै साईं कै चित्त।

तो ओ मेरी वीणे! यदि मैं मोटे तारों को छोड़कर महीन तार बजाने लगूँ, तो इसमें तेरा कोई अनादर तो नहीं है?

फूल केवल पृथ्वी का ही रस नहीं लेते, वे प्रशंसक लोचनों का मधु भी पीते हैं और दक्षिणी पवन का स्पर्श भी चाहते हैं।

कौन कहता है, समुद्र को सामने लहराने दे और तू किनारे पर खड़ा-खड़ा तरंगों की शोभा का पान कर?

कौन कह गया है,

तोयद अनेक ऐसे दरसैं दुनी में जौन बरसैं कबौं ना, पर, उमस भरे रहैं।

मेघ जब नहीं बरसते, वे वाष्प बनकर बिखर जाते हैं।

और धरती जब नहीं भीगती, वह ऊसर हो जाती है और उसके भीतर से नागफनी के काँटे प्रकट होने लगते हैं।

सागर-तट पर पाँव को बाँधे खड़े-खड़े काँपना, नहीं, यह धर्म नहीं है।

विक्षिप्त बनकर आकाश में गरजते फिरना, नहीं, यह पृथ्वी के प्रति भी अन्याय है।

तन को तो मैंने समुद्र के तट पर बाँध दिया, किन्तु, मन को बाँधनेवाला तार कहाँ है?

मेरे मेघ वाष्प बनकर ऊपर उठ रहे हैं, किन्तु, वाष्प की विकलता का प्रसार कहाँ विलीन होगा?

मैं पुरुष हूँ, तुम नारी हो;

हमारी समस्या का क्या समाधान है?

(4)

तू मुझे सिक्त आँखों से देखती है, तब मैं निहाल हो उठता हूँ, जैसे पहली वर्षा से भींगकर ऊसर ज़मीन निहाल हो जाती है।

तू मुझे देखती है, तब मैं हरियाली से भर जाता हूँ।

तू मुझे देखती है, तब मेरे रोम-रोम में फूल खिलने लगते हैं।

तू मुझे देखती है, तब पेड़ के पत्ते निकल आते हैं और बसन्त मुझे, चारों ओर से, घेरकर खड़ा हो जाता है।

मेरी कविता में जो रस है, कौन जाने, उसका कितना अंश उन अदृश्यों झरनों से आया है, जो तेरी भरी-भरी आँखों से फूटते हैं।

बच्चे की तन्दुरुस्ती क्या, बिना कमाई के, दूध से बनी रहती है?

दूध से अधिक बलवर्धक तो वह अमृत है, जो बच्चे को देखनेवाले लोचनों में झरता है।

जिसकी भी दृष्टि में आमन्त्रण का राग है, उसे मैं संजीवनी-लता कहता हूँ।

जिसकी भी दृष्टि प्रसन्न होकर मुझपर ठहर गई, उसने मृत्यु से मुझे दो इंच और दूर कर दिया।

जिसने भी एक क्षण को मुझे प्रेम से देखा, उसने आयु के घट में दो बूँदें और बढ़ा दीं।

मैंने नारी का नरक नहीं, स्वर्ग जाना है।

विस्मृति के जिस सुधा-सिन्धु में तुम्हें कविता और दर्शन पहुँचाते हैं, वहाँ मैं नारी के प्रेम की नाव पर चढ़कर गया हुआ हूँ।

रूप साकार कवित्व है।

और सौन्दर्य की लहर दर्शन की लहर से मिलती-जुलती है।

नारी मुस्कुराती है, तब पृथ्वी पर स्वर्ग का दरवाजा खुल जाता है।

नारी जब बाँह बढ़ाती है, तब दृश्य और अदृश्य के बीच सेतु बन जाता है।

सच होगी यह कहानी कि जब नारी ने श्मशान में खड़ी होकर अपनी मुस्कुराहट बिखेर दी, मुरदे सुगबुगाने लगे और कंकालों पर त्वचाएँ उगने लगीं, जैसे पतझर में हरियाली दौड़ रही हो।

मन में कल्पना का जहाँ भी कोई कक्ष है, उसके दरवाजे पर एक नारी खड़ी है।

जीवन में रस की जहाँ भी कोई धारा बहती है, उसके उत्स पर किसी रमणी के लाल-लाल पाँव है।

ध्यान के निभृत निकुंज को अपनी मुसकानों से दीप्ति करनेवाली प्रतिमाओ! तुम कब तक मुस्कुराती रहोगी?

स्मृति की डगर पर घूमनेवाली ज्योतिर्मयी अप्सरियो! तुम आमन्त्रण-भरी दृष्टि से कब तक मुझे हेरती रहोगी?

मन के तार-तार कच्चे धागे से बँधे हुए हैं, जो टूटना नहीं जानते।

स्मृति की खिड़की-खिड़की पर कोई मोहिनी मुझे भीतर आने का संकेत दे रही है।

जीवन की साँस-साँस में कोई खुशबू है, जो इस घर से मुझे निकलने नहीं देती।

नन्द! फूलों की दुनिया से निकलने में क्या, सचमुच, बहुत पीड़ा होती है?

और नन्द! फूलों की दुनिया से निकलकर तथागत ने तुझे किस दुनिया में पहुँचा दिया था?

परन्तु, हाय हमारे भाग्य! न जाने, हमारा तथागत कब हमारे पास आएगा।

किन्तु, तथागत कभी भी निष्ठुर नही होता। अब वह आता ही होगा। वह देखो, सूर्य पश्चिमी की ओर नीचे उतर रहा है और फूलों की कंथाओं में-से गैरिक रंग झाँकने लगे हैं।

तो तथागत के स्वागत की तैयारी में आओ प्रिये! हम अपने बंधन खोलकर अलग-अग खड़े हो जाए।

और जहाँ भी स्मृति की खिड़की खुली हो, आओ, हम वहाँ तुलसी-वृक्ष का एक गमला सजा दें।

और जैसे गलबाहीं डालकर एक नक्षत्र की ओर देखते-देखते हम साती रात बिता देते थे, वैसे ही, अब एक मूर्ति के सामने मस्तक झुकाकर हम बाकी जीवन समाप्त कर दें।

हम एक-दूसरे के पूरक नहीं, दोनों अपनी-अपनी राह पर हैं।
संगम समाप्त हो गया। अब विरह के चौड़े घाट आरम्भ होते हैं।
मैं पुरुष हूँ, तुम नारी हो;
हमारी समस्या का समाधान मिलन नहीं, बिछोह है।

माया की रचना

कहते हैं, ब्रह्मा जब हौवा की सृष्टि करने लगे, तब उन्होंने सोये हुए आदमी की छाती में से बायीं ओर की एक छोटी-सी हड्डी चुरा ली और इसी हड्डी की नींव पर औरत की सारी शक्ल तैयार हुई। यही कारण है कि औरत को देखते ही मर्द की छाती, बायीं ओर को, जरा धड़कने लगती है और यही कारण है कि औरत को मर्द अपने हृदय से लगाना चाहता है और औरत मर्द के कलेजे में समा जाना चाहती है। हड्डी जहाँ से निकली है, फिर वहीं वापस जाने को बेचैन है।

किन्तु, कुछ दूसरे लोग हैं, जो इस कहानी को नहीं मानते। उनका कहना है कि नहीं, औरत ऐसे नहीं बनी। औरत उम्र में मर्द से भी छोटी है और संसार की अन्य सुन्दरताओं से भी। इसीलिए, वह अब तक भी गीली और रंगीन है, मानो, वृन्त पर हिमकण से भींगा कोई गुलाब हो; मानो, कोई ऐसी नदी हो, जिसमें झरनों का पानी पहाड़ से अभी तुरन्त आया है; मानो, कोई चाँद हो, जो ब्रह्मा के चाक से अभी-अभी उतरा है।

बात यह हुई कि ब्रह्मा जब सब कुछ बना चुके, तब उन्होंने सोचा कि अब एक ऐसी चीज बनाई जाए, जो सभी चीजों से ऊपर हो और जो उस हाथ की सफाई का अकेला प्रमाण हो, जिसने सारी दुनिया बनाई है। मूर्तियाँ गढ़ने में ब्रह्मा अब खूब पारंगत हो चुके थे। मगर, सुन्दरता रचने के सारे सामान उन्होंने खर्च कर डाले थे और झोली उनकी, प्रायः रिक्त थी। इसलिए, अपनी रचनाओं से वे स्वयं ही मधुकरी माँगने निकले और, शीघ्र ही, सुषमाओं से भरी झोली लेकर वापस आ गए।

इस झोली में बड़ी-बड़ी हृदय-हारिणी और अमूल्य वस्तुएँ एकत्र थीं, जिनमें से कोई भी एक वस्तु सारे संसार को मधुर, मादक और ज्योतिष्मान् बना सकती थी। उदाहरण के लिए, झोली में चन्द्रमा की शीतलता और खिंचाव था, बादल की मस्ती और अल्हड़पन था, ऊष्मा की लाली और संध्या का राग था, लता की लोच और दूब की हरियाली थी, लहरों की चंचलता और धारा का प्रवेग था, कोयल की कूक और गयन्द की चाल थी, कपोत की गर्दन की गोलाई और शुक की चंचु का मोड़ था, रंभा के तने की करभता और सिंह की कटि का संकोच था। संक्षेप में यह कि संसार की प्रत्येक अद्भुत सुषमा ने अपना सबसे बड़ा चमत्कार विधाता को दान में दे दिया था।

और तब विधाता ने समाधि में जाकर जो इन सुषमाओं को एकत्र किया और उसमें जान फूँकी, तो सामने एक नारी-मूर्ति साकार हो उठी। और उसे देखते ही, सिर से पाँव तक, ब्रह्मा के सारे शरीर में अनायास सिहरन दौड़ गई और उन्हें लगा, मानो, उनके लोहू में कोई नाव चल रही हो। मगर, वे तुरन्त सावधान हो गए और औरत से उन्होंने कहा कि तेरा चाहनेवाला अब आएगा। तब तक तू आश्रम के किसी कोने में विश्राम कर।

फिर, एक दिन आदमी उसने मिलने आया और जब वह मिल कर जाने को हुआ, विधाता ने कहा, "और बेटा, इधर मैंने तेरे लिए एक उपहार तैयार किया है। यदि तुझे रुचे तो, उसे भी साथ लेता जा।"

और इतना कहकर विधाता ने ताली बजाई और औरत कुटी से निकलकर बाहर खड़ी हो गई।

आदमी को काटो तो खून नहीं। भीतर कलेजा बल्लियों उछल रहा है और बाहर ओठ सूखते जा रहे हैं। रक्त का दबाव ऐसा बढ़ा कि कान गर्म हो गए और आँखें मस्ती के मारे तनाव में आ गई। बेचारा कुछ समझ ही नहीं पाता था कि यह हो क्या रहा है। और ब्रह्मा अपने बेटे की यह विकलता देखकर मन्द-मन्द दाढ़ी-मूँछ में मुस्कुराए जा रहे थे।

आखिर, आदमी के मुख से निकला, "धन्य हो पिता! क्या चीज़ बनाई है कि अँधेरे में उजाला हो गया, कि कुछ देखने के लिए हैरान आँखों को खूबसूरती का एक इन्द्रजाल मिल गया। हाँ, यह उपहार तो मुझे दे ही डालो।"

और ब्रह्मा ने औरत को मर्द के साथ कर दिया।

मर्द औरत के लिए हुए उसी रास्ते से लौटा, जिस रास्ते से वह आया था। और औरत को देखकर वह जिधर भी अपनी दृष्टि डालता, सारी-की-सारी दुनिया रंगीन दिखाई देती। वह मन-ही-मन सोचता जा रहा था कि इतनी देर में प्रकृति के भीतर यह क्या परिवर्तन हो गया कि जो फूल आते समय केवल फूल-से लगे थे, वे अब फूलों के बादशाह मालूम होते हैं; जो हरियाली आते वक्त सिर्फ हरियाली-सी लगती थी, वह अब आत्मा की पोशाक-सी दिखाई देती है और जो हवा पहले सिर्फ ठंडक पहुँचाती थी, अब वह संजीवनी-सी छुला रही है।

और आदमी यह सोचकर और भी विस्मित और हैरान था कि, हो-न-हो, इस मूर्ति को मैंने पहले भी कहीं देखा है। लेकिन, कहाँ? इस जन्म में? या उस जन्म में? पृथ्वी पर या स्वर्ग में? ठीक से कोई समाधान तो नहीं मिल रहा था, किन्तु अन्तरात्मा जैसे जोर देकर कह रही थी कि यह कोई अपरिचिता नहीं, तुम्हारी जानी-पहचानी संगिनी है, जिसके साथ तुम अनेक बार ताराओं के बीच घूम चुके हो, चाँदनी में झूम चुके हो और धूप में टहलकर बरसात में भींग चुके हो।

लेकिन, दो ही दिनों के बाद, मर्द औरत को लिए ब्रह्मा के पास वापस आ

पहुँचा और औरत को ब्रह्मा के चरणों में डालता हुआ कहने लगा, "नहीं बाबा, यह मेरे बस की चीज़ नहीं है। जानते हो कि जब से इसे ले गया हूँ, मुझसे एक काम भी नहीं हो पाता? लगता है कि हाथ-पाँव कहीं बँध गए हैं और तबीयत किसी ऐसी जगह जा फँसी है, जहाँ से वह उठना नहीं चाहती। और जी करता है कि हर वक्त मैं इसके सामने बैठा रहूँ और यह मेरे सामने बनी रहे। भला ऐसे में कहीं खेती-बारी हो सकती है? इसलिए, कृपाकर अपना उपहार अपने ही पास रखो। मैं अकेला ही अच्छा हूँ।"

ब्रह्मा ने औरत को अपने पास रख लिया और मर्द अपने माथे का बोझ फेंककर, हलका-हलका, अपने घर को लौट चला। मगर, जितनी बार वह आगे को कदम उठाता, उतनी ही बार, उसकी आँखें पीछे मुड़कर उस नारी-मूर्ति को देख लेतीं। बल्कि, एक बार तो वह पेड़ की आड़ में रुककर कुछ सोचने भी लगा, किन्तु, फिर मन को कड़ा करके वह घर चला गया।

लेकिन, उसके दूसरे दिन विधाता अभी सोकर उठे ही थे कि क्या देखते हैं कि आदमी उनके दरवाजे पर मौजूद है।

विधाता ने मुस्कुराते हुए पूछा, "क्यों, रात भर नींद नहीं आई क्या?"

मर्द ज़रा झेंपा तो ज़रूर, मगर, वह दिल की बात कह गया। बोला, "बाबा, बात ठीक कहते हो। और नींद नही आई यह कोई बड़ी बात नहीं है। मुश्किल तो यह है कि जगा-जगा भी मैं इसी खूबसूरत चीज़ का सपना देखता रहा। यह जब साथ थी, तब तो कुछ काम हो भी जाता धा, किन्तु, अब तो मुझसे कोई काम होता ही नहीं। यही लगता है कि जीवन शून्य हो गया है; मानो, अँगूठी में-से नग उखड़कर कहीं गिर गया हो; मानो, मंदिर का देवता कहीं गायब हो गया हो; मानो, जीवन के महल की कुंजी कहीं रास्ते में ही छूट गयी हो। मैंने गलती की कि कल उसे मैं आपके चरणों में डाल गया। वह तो मेरा हृदय है, मेरी आत्मा है और आत्मा को अलग करके कोई जी भी कैसे सकता है? मैं उसे लेने आया हूँ। आप मुझे क्षमा कीजिए और औरत को मेरे साथ कर दीजिए।"

ब्रह्मा बोले, "अवश्य ले जाओ, क्योंकि यह तुम्हारे लिए है और तुम इसके लिए।" और ब्रह्मा ने औरत को मर्द के साथ कर दिया।

मगर, दो दिनों के बाद, मर्द औरत को लिए-दिए फिर विधाता के पास आया और बोला, "नहीं महाराज, मेरा पहला फैसला ही ठीक था। खूब ठोंक-बजाकर देख लिया। औरत मेरे काबू की चीज़ नहीं है। यह तो आपने पारे की प्रतिमा तैयार की है, जिसके मिजाज का कुछ पता ही नहीं चलता। यह तो बिना कारण हँसती है, बिना कारण रोती है और बिना कारण ही रूठ जाती है। ऐसा कीजिए कि इसे अब सब दिन के लिए वापस कर लीजिए। कान पकड़ता हूँ, जो फिर कभी माँगने आऊँ।"

मगर, ब्रह्मा आदमी की गहराई को छान चुके थे। बोले, "तुम इसके साथ भी नहीं

रह सकते और इसके बिना भी नहीं रह सकते, यह तो विचित्र पहेली है। तुम अपने मन को नहीं जानते, लेकिन, मैं उसे भलीभाँति जान गया हूँ। इसलिए, मेरा निर्णय है कि औरत तुम्हारे साथ रहेगी।"

और तभी से औरत मर्द के साथ है।

नारी की रुचि

एक ऋषि थे, जिनका शिष्य तीर्थाटन करके बहुत दिनों के बाद आश्रम में वापस आया।

संध्या समय हवन-कर्म से निवृत्त होकर जब गुरु और शिष्य, जरा आराम से, धुनी के आरपार बैठे, तब गुरु ने पूछा, "तो बेटा! इस लम्बी यात्रा में तुमने सबसे बड़ी कौन बात देखी?"

शिष्य ने कुछ सोचकर कहा, "महाराज, सबसे बड़ी बात तो मुझे यह लगी कि देश की सारी नदियाँ बेतहाशा समुद्र की ओर भागी जा रही है।"

गुरु बोले, "अरे, इसमें कौन-सी विचित्रता है?"

शिष्य ने निवेदन किया, "विचित्रता तो है महाराज! अब यही देखिए कि जितनी नदियाँ हैं, वे सब-की-सब श्रद्धेय हैं। उनका रूप मनोहर और पानी सुस्वादु है और उनके किनारों पर इतने फूल खिलते हैं, इतने पक्षी चहचहाते रहते हैं कि आदमी का जी वहाँ से हटने को नहीं चाहता। मगर, ये नदियाँ हैं कि कहीं एक क्षण रुकने का नाम नहीं लेती। ये भागी जा रही है, भागी जा रही है। और किसकी तरफ को महाराज? उस समुद्र को तरफ को, जिसका रंग नीला और सारा शरीर लवण से तिक्त है, जिसके मुँह से हर समय पागलों की तरह झाग चलता रहता है और जिसे यह चिंता ही नहीं रहती कि कौन उससे मिलने आता है।"

ऋषि ने कहा, "बेटा, समुद्र नर और नदियाँ नारी हैं। नारियों का स्वभाव है कि वे अपने प्रेमी का चयन रूप नहीं, गुण देखकर करती हैं। समुद्र नीला और खारा भले ही हो, मगर, वह गम्भीर है और बड़ा ही मर्यादावान् भी। इसीलिए, वह घटता-बढ़ता नहीं। ऐसे सुगम्भीर मर्यादा-पुरुषोत्तम का आकर्षण भला कौन नारी रोक सकती है?"

ला बेल दाम साँस मर्सी

सिनेमा-युग का एक प्रेमी नदी-किनारे सुनसान में बैठा लहरें गिन रहा था।

एक, दो, तीन....

तीनों लहरें चली गई और उनकी पीठ पर चौथी आई और फिर पाँचवीं।

और प्रेमी के मन में भी एक, दो, तीन, बारी-बारी से, तीन खूब-सूरत चेहरे एक-के-बाद एक आकार अँधेरे में विलीन हो गए, मानो, तीन लहरें, एक-पर-एक आकर, कहीं अदृश्य की ओर निकल गई हों।

इतने में, अचानक एक भरा-पूरा नंगा बालक किनारे पर प्रकट हुआ, जिसके बाहु-मूलों पर दो छोटे-छोटे खूबसूरत पंख लगे थे।

यह और कोई नहीं, स्वयं क्युपिड था, जो संसार के संकीर्ण हो जाने से, अब मजे से यूरोप से एशिया तक आ जाता है।

और क्युपिड से उस नौजवान के चेहरे को उदास देखकर कहा—"ला बेल दाम साँस मर्सी" अर्थात, रूपवती नारी जिसके पास हृदय नहीं।

और क्युपिड कहता गया—"तो ये सारी खुशामदें बेकार हुई। रोज अखबारों में फोटो छापो, रोज इनकी खूबसूरती की दुहाई देते फिरो, रोज दिन भर आँखें बिछाए रहो और रोज रात में सोते-सोते झाँकियों का चर्वण करो, मगर, औरत-औरत ही रहेगी। औरत का प्रेम कमल पर गिरनेवाली ओस की बूँद है। वह कमल में मिलकर खो जाने से परहेज करती है और जरा-सी गर्मी लगने पर सूख भी जाती है। प्यारे, प्रेमिकाएँ चंचलता को लेकर जन्म लेती हैं और चंचलता को लेकर ही जवान भी होती है। उनका मिजाज पारे का, सिर्फ चेहरा गुलाब का होता है। जमाने से यही होता आया है और जमाने तक यही होता जाएगा।"

अर्धनारीश्वर

एक दिन ब्रह्मा ने मर्द से पूछा कि तुम्हें कैसी संगिनी चाहिए?

मर्द कुछ सोचकर बोला, "जो ढीली हो, लचीली हो, जिसका मेरुदण्ड भी मृणाल का तार हो, जिसका चेहरा गुलाब का, आँखें हिरण की, नाक सुग्गे की, होंठ फूलों के और उँगलियाँ कोपल की हों और जिसकी हर बोली एक लय हो, हर चितवन अमृत की धार हो और हर कदम ऐसा हो, मानो, फूलों की ऋतु झूमती हुई आ रही हो। और उसके दिमाग नहीं, सिर्फ दिल-ही-दिल हो। वह ऐसी हो, जैसी पेड़ पर छायी हुई यह लता है और जो पेड़ क सहारा लिए बिना ठहर नहीं सके। खेत-खलिहान के सारे कामों का जिम्मा लेने को एक मैं ही बहुत हूँ। अब जो नई कृति आवे, वह आनन्द और सपनों की प्रतिमा हो। वह ऐसी निराकार हो, जैसे मन में उठनेवाले बादल होते हैं और वह ऐसी शान्तिदायिनी हो, जैसे दिन के बाद आनेवाली चाँदनी होती है। अपनी बगल में अब मैं किसी ऐसी चीज को नहीं चाहता, जिससे मुझे मेहनत की याद आए, थकान की याद आए, जिससे मुझे मेरी जिम्मेवारियों का ख्याल हो। बल्कि, मैं तो वह सूरत चाहता हूँ, जो सपनों की तसवीर हो, जो उस हंस के समान हो, जो जल पर तैरनेवाले हंस के नीचे-नीचे चलता है; जो उस फूल के समान हो, जो उपवन में नहीं, उपवन में घूमनेवाले दर्पण में खिलता है। बाबा, मुझे चाँदनी दो, हरियाली दो और दो वह कल-कल नाद, जो दूर पर बहनेवाली नदी के हृदय से उठकर आता है।"

ब्रह्मा ने मर्द की सारी नब्जें पहचान कर स्त्री की रचना कर दी।

और कुछ दिन बाद, ब्रह्मा ने स्त्री से भी पूछा कि "क्यों, तुम्हारे संगी में सब कुछ ठीक है या कुछ परिवर्तन किया जाए?"

औरत बोली, "वैसे तो सब कुछ ठीक है, मगर मूँछ और दाढ़ी के बाल कुछ और कड़े कर देते तो अच्छा होता। और आपके यहाँ शेर और रीछ बनानेवाले मसाले अगर बाकी हों, तो उनमें से मर्द को थोड़ा-सा और दे दीजिए।"

ब्रह्मा ने मर्द के दाढ़ी-मूँछ के बाल कड़े कर दिए और कई बातों में उसे शेर और रीछ के समान बना दिया।

और तब वे सोचने लगे, "यह ठीक हुआ। मर्द धूप है तो धूप की गर्मी उसमें और बढ़नी ही चाहिए। और औरत चाँदनी है तो उसकी शीतलता जितनी बढ़ती जाए,

उतना अच्छा है। कर्म है तो हथौड़े और कुदाल चलानेवाली बाँहों की फट्ठियाँ चट्टान चीरकर बनाई जाएँगी। और सपना है तो औरत के एक कल्पना, एक ख्याल, रंगों का एक धुआँ और सुगंध की एक मंजूषा बन जाने में हर्ज क्या है?"

मगर, दुनिया ठीक से चली नहीं। मर्द ने खेतों में काम तो खूब किया, किन्तु, खेत के काम उसकी ताकत को थका नहीं सके। वह पहले तो इधर-उधर टकराकर धक्के-मुक्के के मजे लेता रहा; फिर वह बड़ी-बड़ी लड़ाइयाँ लड़ने लगा, क्योंकि लड़ाइयों में वह जी भरकर गरज सकता था, पूरी ताकत को तानकर प्रहार कर सकता था और उछल-उछलकर अपनी मर्दानगी की भूख मिटा सकता था।

और औरत ने दुनिया के कामों में हिस्सा लेना छोड़ा दिया, क्योंकि वह सपना थी और सपने पसीना बहाकर काम नहीं कर सकते। और जब भी औरत काम करने को बढ़ती, मर्द उसे रोक देता और कहने लगता, "तू तो मेरे मन की तरावट और हृदय का प्रकाश है। काम करने को मैं अकेला ही बहुत हूँ। तू केवल इतना कर कि जब भी मैं शाम को घर लौटूँ, तब तू जुही के फूल बनकर मुझ पर बरस जा, खिली हुई लता बनकर मेरे गले से लिपट जा और अपने स्पर्श से मेरे उष्ण रक्त की धारा को तनिक शीतल बना दें।"

औरत को यह काम बहुत पसन्द आया और वह दिन-दिन अधिक चाँदनी, अधिक जुही और अधिक लता बनने लगी, बल्कि, दिन-रात उसे यही चिंता रहने लगी कि कैसे वह ऐसी बन जाए कि मर्द की गर्मी और थकान को अधिक-से-अधिक उतार सके।

और तब धरती की आत्मा ने एक दिन ब्रह्मा से शिकायत की कि "बाबा, तुमने यह क्या किया? औरत तो खैर घास पर की रंगीन शबनम है, मगर, इस मर्द का क्या हो, जो आग का लुक्का बनकर उड़ रहा है, जिसे केवल जलने में ही नहीं, जलाने में भी आनन्द आने लगा है? क्या ऐसा नहीं कर सकते कि औरत को थोड़ा मर्द और मर्द को थोड़ी औरत बना दो?"

ब्रह्मा ने अपनी छेनी-हथौड़ी को देखा और वे हँसकर बोले—"इन औजारों का हर काम अधूरा रहता है। और मैं किसी भी मूर्ति तो तोड़कर दुबारा नहीं गढ़ता, क्योंकि यह काम मैंने आदमी के लिए छोड़ रखा है। तुम जो कहती हो, वह, कदाचित् होनेवाला है, क्योंकि नारद मुझसे कह रहे थे कि धरती पर अगला अवतार अर्धनारीश्वर का अवतार होगा। अर्धनारीश्वर, जिसकी लताएँ पेड़ का सहारा लिए बिना खड़ी होंगी और अर्धनारीश्वर, जिसके पेड़ का तना स्वयं लचीला और नर्म होगा। अर्धनारीश्वर जिसकी कविता में ज्ञान की रीढ़ होगी और अर्धनारीश्वर, जिसके ज्ञान में कवित्व का लोच होगा। नर की धूप और नारी की चाँदनी, ये अलग-अलग नहीं रहेंगे, बल्कि, अर्धनारीश्वर की दुनिया गोधूलि से झिलमिल रहेगी। गोधूलि, जो कभी यह नहीं कहती कि सब कुछ स्पष्ट है। और गोधूलि, जो यह नहीं मानती कि केवल मेरा कहना ही ठीक है।"

और तब से धरती अर्धनारीश्वर की राह देख रही है।

कवि

मैं निर्वासित हूँ या मेरा घर इसी देश में है?

किसी ने मुझे निमन्त्रण दिया था या मैं अपने-आप आ गया हूँ?

लगता है, जहाँ मैं था, वहाँ रेगिस्तान था। फूलों का यह समुद्र आँखों के आगे पहले-पहल आया है।

मुरदों का देश लाँघकर मैं जीवितों के जगत में आया, पर, यहाँ तो किसी को मेरा ध्यान ही नहीं है।

सारा संसार हर्ष-मग्न है। सारा संसार आनन्द से उच्छल है। होली का कोई पर्व है, जो बारह महीने, तीस दिन एक-सा चल रहा है।

नर-नारियों का मेला लगा हुआ है। सभी एक-दूसरे को ढकेलते हुए आगे जा रहे हैं—वहाँ, जहाँ आनन्द नृत्य कर रहा है, बाजे बज रहे हैं औ हवा गंधों से बोझिल और बेचैन है।

आनन्द के स्वागत में सबकी बाँहें खुली हुई हैं। नर के हाथों में नारी के कठिन वक्षोज और नारी की बाँहों में नर का वृषभ-स्कन्ध है।

और मैं मुर्ख यह सोच रहा हूँ कि आनन्द क्या, सचमुच, इतना ठोस, इतना स्थूल होता होगा। फूल क्या उतना ही है, जितना उसके स्पर्श में दिखाई देता है?

आनन्द की धारा सामने से हहराती हुई भागी जा रही है और मैं उसमें डुबकी नहीं लगा सकता।

सहगान का नाद पृथ्वी को पूर कर आकाश को भरता जा रहा है, किन्तु, उसमें मेरे गीतों की एक भी कड़ी नहीं है।

कौन दोषी है इसमें? किसका यह दण्ड है?

इस कार्यव्यस्त संसार में मेरे लिए कोई रोजगार नहीं।

मैं उस शिशु के समान अलग पड़ा हूँ, जो अभी हँसना ही नहीं जानता।

सबके सामने कोई-न-कोई उद्देश्य है। एक मैं ही हूँ, जिसे उद्देश्य नहीं मिलता।

सब-के-सब ज्ञान से उच्छल और विचारों से जाज्वल्यमान् हैं। एक मैं ही हूँ, जो चमक नहीं पाता, जो खोया-खोया-सा और बेकार है।

सब की नावें पतवारों के सहारे चल रही है। एक मेरी ही नाव है, जो तरंगों के

अधीन है, जो चलती नहीं, केवल बहती जाती है।

हर एक का कोई-न-कोई अवलम्ब, कुछ-न-कुछ आश्रय और आधार है। मगर, आकाश का निस्सहाय बादल किसका सहारा ले?

कौन जानता है कि क्यों मैं पीछे छूट गया हूँ?

जीवन भर हिमकण बटोरना, जीवन भर तारों की छाया संचित करना और जीवनभर सपनों को गिनते रहना, यह, सचमुच ही, कोई काम नहीं है?

ओ माँ! यह सब मेरी समझ में कुछ नही आता।

ओ माँ! मुझे किसी से कोई द्वेष नहीं; मगर, भूख लगने पर मुझे भी दूध पिला देना।

नूतन काव्य-शास्त्र

(1)

तू नए युग का कवि है। यह कैसे सम्भव है कि तेरा काव्य-शास्त्र वह हो, जिसकी रचना के समय तेरा युग समय के गर्भ में भी नही आया था?

जब नई कविता जन्म लेती है, तब उसके साथ आलोचना के नए सिद्धान्त भी जन्म लेते हैं और जब नया कवि आता है, तब उसके पीछे-पीछे नया आलोचक भी आता है।

और मैं तेरे लिए नया काव्य-शास्त्र रचूँ, यह मेरे लिए अशक्य है। जो अभी जनमा नहीं या जो जनम कर खड़ा हो रहा है, उसकी कठिनाइयों का हाल वे क्या जानें, जो शिखर पार करके अब पश्चिम की ओर उतर रहे हैं?

एक घर में रहते हुए भी पिता और पुत्र कुछ-कुछ अपरिचित होते हैं।

और पुत्र तो पिता का इतिहास जानता है, किन्तु पिता यह दावा कैसे करे कि पुत्र का सारा भविष्यत् उसे ज्ञात है?

मगर, अगले युग की कोई-कोई कठिनाई पिछले युग को भी ज्ञात रहती है और जो कठिनाइयाँ मुझे ज्ञात है, उनकी चर्चा मैं तुझ से करूँगा।

और पहली कठिनाई यह है कि इस युग का संगीत टूट गया है और जिस निश्चिन्तता के साथ लोग अब तक गाते और छन्द बनाते आए थे, वह निश्चिन्तता तेरे लिए नहीं है।

तेरा व्यंग्य अराजक और मेरा चर्म निस्पन्द है। कोई चीज थी जो मुझ से छिटककर चली गई और तुझ तक वह पहुँची नहीं है। इस चीज को वापस लाना हो, तो कोई ऐसी राह निकाल, जिससे काल-वीणा का यह टूटा संगीत फिर से पकड़ा जा सके।

और इसीलिए कहता हूँ कि तेरा काव्य-शास्त्र वह नहीं है, जो पुस्तकों में वर्णित है, बल्कि, वह जो तेरे अन्तराल में प्रच्छन्न है; जिसकी अज्ञात प्रेरणाओं से तू पुराने नियमों को तोड़ रहा है और जिसके अज्ञात संकेतों पर तू चाक पर कविता के नए रूपों का निर्माण कर रहा है।

भावों के तूफान को बुद्धि की जंजीर से कसने की उमंग कोई छोटी उमंग नहीं है। तेरी कविता के भीतर जब भी तेरे दिमाग की चरमराहट सुनता हूँ, मुझे भासित होने लगता है, काव्य में एक नई लय उतर रही है, जो भावों के भीतर छिपकर चलनेवाले विचारों की लय है, जो कवि से एकाकार होकर उठनेवाले चिंतक का संगीत है।

और तुझे ऐसा भी लगता है कि चलते-चलते तेरे मन का रथ अकस्मात् कहीं रुक गया हो? रथ की इस रुकावट को लोग पहले नहीं मानते थे और, काव्य-शास्त्र की आज्ञा के अनुसार, वे उसे आगे खींच देते थे। किन्तु, तू चाहे तो रथ को वहीं छोड़ दे, जहाँ वह रुकना चाहता है, क्योंकि यह रुकावट और कुछ नहीं, तेरी कविता की स्वाभाविक यति है।

और कभी ऐसा भी अनुभव होता है कि तेरी नाव जिस धार में चल रही है, उसका प्रवाह सीधा नहीं, बाधित और वक्र है? तेरी नदी तेरा छन्द है। नदी साँचे में ढलकर आती, तो सीधी होकर बह सकती थी। किन्तु, वह तो साँचे में ढली नहीं, तेरे मन से उतरी है और मन की कठिनाइयों की अवज्ञा वह कैसे कर सकती है?

और कभी ऐसा भी दीखता है कि जो कुछ तेरे सामने खुलता है, वह हरियाली नहीं, रेगिस्तान है, जुही और चमेली के फूल नहीं, नागफनी का कंटक-जाल है? यह तेरी विषण्ण कल्पना है, जो भविष्यत् को अतीत के हाथों प्राप्त हुई है?

प्रत्येक कवि अपने समय के विश्व को विश्रृंखल मानता है और वह उसे सामंजस्य देकर पहले की अपेक्षा कुछ अधिक बोधगम्य बनाना चाहता है। विश्वास है कि तू भी जहाँ रेगिस्तान है, वहाँ हरियाली भरेगा और जो नागफनी के वृन्त हैं, उन पर जुही और चमेली के फूल खिलाएगा।

और लोग कहते हैं कि तेरी कविता अस्पष्ट है, मगर, वे यह नहीं कहते कि जिस सौन्दर्य को तू पकड़ना चाहता है, उसकी राह उजियाले से होकर गई भी है या नहीं।

प्रत्येक रुक्ष और नीरस वस्तु का एक सरस पक्ष है। इस सरसता को खोज निकालना अछूती कविता को खोज निकालना है।

प्रत्येक अन्धी और काली चीज के भीतर एक गहराई है। इस गहराई को खोज निकालना अध्यात्म को खोज निकालना है।

काव्य और गद्य की भाषा एक हो, यह तो साहित्य के स्वास्थ्य की निशानी है। गद्य यदि बाजार और व्यापार की भाषा है, तो कविता को बाजार और व्यापार में उतरना ही चाहिए। आखिर, हम यह भी तो चाहतें हैं कि मन्दिरों में सीमित न रहकर बाजार, व्यापार और राजनीति में भी व्याप्त हो जाए।

किन्तु, कविता जिस विषय पर भी हो, उसे सबसे पहले कविता होना चाहिए।

कविता की भाषा रूखी होने पर भी थरथराहट-भरी, सुरभित, रंगीन और कलरवपूर्ण हो सकती है।

मनुष्य के मन में आज जितनी गुत्थियाँ, जितना कोलाहल और जितना घमासान है, उतना पहले कभी नहीं था।

प्रेम और विरह के गान अब उतने सीधे नहीं रहे, जितने पहले थे।

रामगिरी के यक्ष और तपोवन की शकुन्तलाएँ, ये साहित्य में तो जीवित हैं, किन्तु, जीवन में उनके प्रतिमान नहीं मिलते। आज की शकुन्तलाएँ और आज के यक्ष किसी और प्रकार की अनुभूतियों से गुजर रहे हैं। इनके प्रेम और विरह को पकड़ने की राह अब कालिदास की राह नहीं रही।

मनुष्य के भीतर जो कोलाहल है, फेंक सके तो मानव को उसके केन्द्र में फेंक दें। मस्त छन्दों की चादर ओढ़कर मनुष्य अपने आपसे भाग रहा है। यह जिधर को जाए, तू अपना टूटा हुआ आईना वहीं इसके सामने कर दें।

एकान्त के भय से दिन-रात मेले में घूमनेवाले मनुष्य को तू एकान्त कक्ष में ले जा सके, तो यही मनुष्य एक दिन तुझे अपना उपकारी मानेगा।

और विचारों तथा अनुभूतियों के जो परिचित रूप हैं, उनकी जकड़बन्दी से छूटे बिना आदमी उस धरातल से आगे नहीं बढ़ेगा, जिस पर वह बहुत दिनों से सड़ रहा है।

तू जब विद्युत-गति से एक चित्र से दूसरे चित्र तक उड़ता है, संगति के नियम से एक लोक से उड़कर दूसरे लोक में पहुँचता है, तब तेरे साथ बहुत सारे लोग उड़ने लगते हैं और जो नहीं उड़ पाते, उनकी तन्द्रा भी टूट जाती है।

(2)

जब नीति और धर्म की मान्यताएँ सुदृढ़ होती हैं और लोगों को उनके विषय में शंका नहीं रहती, तब साहित्य में क्लासिक शैली का जन्म होता है।

जब वायु असन्तुष्ट और क्रान्ति आसन्न होती है, तब साहित्य की धारा रोमांटिक हो उठती है।

किन्तु, तू जिस काल-देवता के अंक में बैठा है, उनकी सारी मान्यताएँ चंचल और विषण्ण हैं तथा उन्हें इस ज्ञान से भी काफी निराशा मिल चुकी है कि रोमान्स की राह किसी भी निर्दिष्ट दिशा में जाने की राह नहीं है।

तू क्लासिक बने तो मृत और रोमान्टिक बने तो विक्षिप्त हो जाएगा। तेरी असली राह वही है, जिसे तू अपनी अनुभूतियों से पीटकर तैयार कर रहा है।

अंधकार के छोर पर प्रकाश का स्त्रोत और निशीथ के हृदय में सुनहरी ऊषा का निवास है।

जहाँ पहाड़ों के खतरनाक कगार हैं, वहीं ऐसी हरियाली बसती है, जिस पर किसी के पाँव नहीं पड़े हैं।

कविता के पास आज ऐसी पृष्ठभूमि नहीं रह गई है, जो सार्वभौम हो। जो इस सीधी-सी बात को लेकर तुझसे विवाद करते हैं, स्पष्ट ही, वे गलत बात के लिए लड़ रहे हैं।

जब मान्यताएँ बिखर जाती हैं और कोई भी मूल्य स्थिर नही रह जाता, तब कवि को अपने विश्वासों के लिए बार-बार लड़ना पड़ता है।

किन्तु, यह लड़ना भी कब तक? और यह भी क्या बताना पड़ेगा कि साहित्य की सेना के असली सिपाही का नाम आलोचना नहीं, रचना है?

और प्रेषणीयता के बहुत-से दरवाजे, जो परंपरा से खुले चले आ रहे थे, अब बन्द हो गए हैं।

किन्तु, तू विवाद में पड़कर अपनी शक्ति गँवाएगा या प्रेषणीयता के नूतन द्वार को उन्मुक्त करके शंकालुओं से यह कहेगा कि देखो, मैं जिस प्रच्छंन्न विश्व की ओर संकेत कर रहा था, वह यहाँ है?

चीजें एक बिन्दु से जैसी दीखती हैं, दूसरे बिन्दु से वे ठीक वैसी ही दिखाई नहीं देती। अनेकान्तवादी दर्शन केवल धर्म तक ही सीमित नहीं है, प्रत्युत, काव्य और कला तक भी उसका प्रसार है।

जब मैं अपने युग में खड़ा होकर देखता हूँ, तब छन्द मुझे भी अनिवार्य-से लगते हैं। किन्तु, जब मैं तेरे पास होता हूँ, तब मुझे भी यह भासित होने लगता है कि छन्द, सचमुच ही, शायद, वह भूमि है, जिस पर कल्पना नृत्य का पहला पाठ सिखाती है।

पद्य के रचयिताओं ने ग़लत किस्म की कविता लिखी, यह बात सत्य नहीं है। किन्तु, यह सत्य है कि तेरे सामने भग्न मान्यताओं के जो अंबार हैं, वे केवल पद्य में सजाए नहीं जा सकते। विषण्णता को मस्ती में समेटने का प्रयास भी कोई प्रयास है? टूटे हुए संगीत को बाँधने के लिए टूटे हुए छन्द चाहिए।

जिस धरातल पर गीत गाए जाते हैं, सधे-सधाए छन्दों में ग़ज़ल, तराने और दादरे सुनाए जाते हैं, वह धरातल आज कविता के जड़त्व का धरातल बन गया है।

मनुष्य की आत्मा पर जमी हुई पपड़ियों को तोड़ना हो, तो अब मनोरंजन के निमित्त विरचे जानेवाले छन्दों को तोड़ डालना ही पुण्य है।

मनुष्य के मानसिक कोलाहल से कान फेरकर मस्ती के छन्द मत बना, क्योंकि ये छन्द छलना के छन्द होंगे।

वृक्षों की शीतलता के भ्रम में निश्चिंत होकर आनन्द की बंसी मत बजा, क्योंकि आज कोई भी ऐसा वृक्ष नहीं है, जिसके भीतर चिनगारियाँ नहीं दौड़ रही हों।

किन्तु, केवल छन्दों के टूटने से क्या होता है, यदि उनके साथ आदमी की पपड़ियाँ न टूट जाएँ? और पंक्तियों से संगीत को निष्कासित करने से क्या होगा, यदि यह संगीत विचारों से न लिपट जाए?

छोटे नियमों की पाबन्दी तोड़ना उन्हीं को शोभा देता है, जो बड़े नियमों की पाबन्दी में रहना चाहते हैं।

कविता साहित्य का निचोड़ है और छन्दों से बाहर निकलकर वह अपने इस पद को और भी ऊँचा कर सकती है।

(3)

कविता शब्द नहीं, शान्ति है। कविता कोलाहल नहीं, मौन है। शब्दों के कलरव से परे कविता की अशब्दता का निवास है।

कविता भाषा में नहीं आ सकती। हम जिन शब्दों को कविता कहते हैं, वे तो कविता के अत्यन्त समीप की सीढ़ियाँ हैं।

तू यह देखना भूल जा कि तेरी कविता को सुनकर कोई सिर हिलाता है या नहीं। तेरे देखने की बात तो यही हो सकती है कि कविता सुनकर श्रोता की आँखें बन्द होती हैं या नहीं, वह बाहर से सिमटकर भीतर की ओर डूबता है या नहीं।

तेरी कसौटी तालियों की गड़गड़ाहट नहीं, श्रोताओं का नीरव वैकल्य है।

कविता मनोरजंन नहीं, आत्मानुसन्धान का उन्मेष है। कविता सजावट और रंगीनी नहीं, अपने आपको चीरने का प्रयास है और जो अपने आपको चीरता है, वही मनुष्य की जड़ता को चीर सकता है।

चेतना की ऊर्मियों पर विचरण करने के दिन गए। इन ऊर्मियों को दबाकर तू तो इस बात का पता लगा कि उनके आगे का आध्यात्मिक सत्य क्या है?

प्रत्येक कविता, किसी-न-किसी हद तक, आध्यात्मिक होती है। और आत्मा की सतह पर भी सौन्दर्य है, फूल और कलियाँ हैं, लताएँ और दूब हैं, आँखों के डोरे, उरोजों की गोलाई, नाभि के पासवाली त्रिवली और जाँघों का उतार है। अधिक कवि तो अब तक इन्हीं सतही रूपों से खेलते रहे या उनमें से कोई नीचे उतरा भी, तो उस महल से नीचे नहीं जा सका, जो पहले से ही प्रकाशित था। अपने भीतर उमंग पैदा कर कि तू इस महल के नीचेवाले महलों में जाकर दिये जलाएगा।

आत्मा के लोक में अँधेरी रात छा गई है। हम इस अंधकार की भी आवाज सुनना चाहते हैं।

चित्रों को गलाकर ज्ञान का पिण्ड तैयार करना, यह विज्ञान का काम है।

ज्ञान को गलाकर साँचों में ढालना और उससे प्रतिमाएँ गढ़ना, यह काम कला करती है।

तू चित्र का प्रेमी है और मैं चित्रों की पूजा करता हूँ, क्योंकि चित्र भी मनुष्य के मन में भूकम्प ला सकते हैं। किन्तु, कोरे चित्र कोरी आतिशबाजी के खेल हैं। हम चित्र नहीं, चित्रों के भीतर से कुछ और देखना चाहते हैं।

चित्र कविता के आभूषण नहीं, कल्पना के हृदय से चलनेवाली रक्तधारा के बिन्दु होते हैं।

और ज्ञान जब तक चित्र नहीं बनता, वह गतिहीन रहता है।

इसलिए, रोज नया ज्ञान अर्जित कर और रोज उसे भूल जा। क्योंकि भूला हुआ ज्ञान ही चित्र बन सकता है।

सब कुछ पढ़कर उसे भूल जाने की योग्यता, यह भी वह गुण है, जिसे शक्ति कहते हैं।

ज्ञान ने मनुष्य को बूढ़ा कर दिया। इस बूढ़े मनुष्य को फिर से किशोर बनाना है।

सौन्दर्य पर आसक्त और अगम पर चकित होने की योग्यता बूढ़ों नहीं, किशोरों में होती है।

मूर्ख दो प्रकार के होते हैं। एक वे जो ज्ञान के पास कभी गए ही नहीं; और दूसरे वे जो सब कुछ जानते हैं और जानकर सब कुछ को भूल जाते हैं। भूलना भी एक कर्म है, जिसके लिए सामग्री चाहिए और यह सामग्री ज्ञान से आती है।

ज्ञान का विषय ग्रन्थ ही नहीं, मनुष्य-समेत सारा संसार है। फिर भी, एक ही व्यक्ति है, जिसे हमें सबसे अधिक जानना चाहिए, और वह व्यक्ति स्वयं हम है।

पहले अनैतिकता का कारण अंधविश्वास था। आज उसका कारण दिमाग है, बुद्धि की प्रखरता है, ज्ञान का तीव्र आलोक है।

जो ज्ञान को पाकर और उसे फेंककर हल्का हो गया, वह व्यक्ति है, जो फिर से बचपन में लौट गया है। किन्तु, जिसने ज्ञान को जाना ही नहीं, वह न तो बच्चा है, न नौजवान। उसे सिर्फ नाबालिग कहना चाहिए।

(4)

प्रतिभा का विकास एकान्त में और व्यक्तित्व का निर्माण धारा के प्रवाह में होता है, और जब भी व्यक्ति धारा के मार्ग में मिलनेवाले प्रस्तर-द्वीप को पाकर वहाँ बैठ जाता है, तब वह व्यक्तित्व को देकर चरित्र मोल लेता है।

चरित्र व्यक्तित्व के प्रस्तरीकरण का नाम है। चरित्र इस बात की सूचना है कि जहाँ तक मुझे बढ़ना था, मैं बढ़ चुका, अब मुझे नई अनुभूतियाँ नहीं चाहिए और वे तो बिलकुल नहीं, जो ठीक मेरे सामने से आती हैं।

जिसका व्यक्तित्व चरित्र बन गया, उससे यह पूछना बेकार है कि तुम्हारा नैतिक या आध्यात्मिक विकास हो रहा है या नहीं।

चरित्र की दृढ़ता को भावनाएँ पिघला नहीं सकतीं, न अनुभूति उस पर नई रेखाएँ खींच सकती है।

और यह भी कभी सोचा है कि कवियों का उत्थान उनकी किशोरावस्था में ही

क्यों होता है? और क्यों एक उम्र पर आकर वे दबने लगते हैं, मानो, उनके भीतर का सरोवर सूख गया हो, मानो, उनकी कल्पना के भीतर रीढ़ निकल आई हो?

इनमें से अधिकांश वे लोग हैं, जो प्रवाह के मार्ग में आनेवाले प्रस्तर-द्वीप पर जा बैठे हैं, जिनकी बुद्धि ने उनकी भावना को दबा लिया है, जिनका व्यक्तित्व उनके चरित्र के पेट में चला गया है।

चरित्र की कठोरता उनकी शोभा है, जो न्यायपाल हैं। किन्तु, कवि के आत्मबन्धु न्यायपाल नहीं, साधु और सन्त होते हैं।

और सन्त यह नहीं मानते कि केवल वही शिखर सत्य का शिखर है, जिस पर उनका आवास है। वे इस शंका को भी चलने देते हैं कि संभव है, सत्य दूसरे शिखरों पर भी हो।

एक प्रकार की विरल शंका को अपने चारों ओर मँडलाने देना, यह संत का सबसे बड़ा गुण है।

और सत्य के मार्ग पर आए हुए व्यक्ति की पहचान यह है कि वह दुराग्रही नहीं होता।

तेरी झील में पानी आने के जो अनेक द्वार हैं, उनमें से एक को भी मत रोक, क्योंकि यह जानने का कोई उपाय नहीं है कि किस द्वार से आनेवाला पानी अच्छा और किस द्वार से आनेवाला बिलकुल खराब है।

कला और धर्म भाई-बहन हैं। दोनों दृश्य के परे देखते हैं, दोनों सामने के परदे को हटाना चाहते हैं। सरलता दोनों की शक्ति और फालतू ज्ञान दोनों का बोझ है। इसलिए, शैशव को साथ लिए चलना, यह कवि की बहुत बड़ी शक्ति है। कलाकार का आरम्भ ही शैशव के पुनरुत्थान से होता है। शैशव और देवत्व, ये एक ही वस्तु के दो नाम हैं।

जो अगदित होकर भी निगदित और अकथित होकर भी कथित है, उसे कोई कहे या न कहे, बात एक समान है।

कविता वह है, जो अकथ्य को कथ्य बनाने का प्रयास करे।

यदि बुद्धि निस्सीम है, तो काव्य-रचना मनुष्य का निरर्थक प्रयास है।

यदि विज्ञान पूर्ण है, तो मनुष्य को कविता की आवश्यकता ही क्या रह जाती है?

विज्ञान जहाँ तक घूमता-फिरता है, यदि विश्व वहीं तक समाप्त है, तो मेरे कवि! कविता बनाना अब छोड़ दे। तू विज्ञान का अनुचर नहीं, उसका पूरक हो सकता है।

मनुष्य जहाँ तक विज्ञान से परखा जा चुका है, वहाँ तक की दुनिया तेरे अधिकार में नहीं है। तेरा काम तो कमल के उन दलों को उन्मुक्त करना है, जो अब तक बन्द है; मनुष्य को वस्तुओं के उन रूपों का दर्शन कराना है, जो बुद्धि से देखे नहीं जा सकते।

(5)

कविता वह सुरंग है, जिसके भीतर से मनुष्य एक विश्व को छोड़कर दूसरे विश्व में प्रवेश करता है।

कविता अन्धकार और प्रकाश की वह सन्धि-रेखा है, जहाँ पहुँचकर मनुष्य का मन परिचित विश्व को छोड़कर अपरिचित से परिचय लाभ करता है।

कविता में हम बराबर इस लोक से मुक्त होकर परियों या देवताओं के लोक में जन्म लेते रहते हैं, जो और कहीं नहीं, हमारे ही भीतर प्रच्छन्न है।

सबसे बड़ी नर्तकी वह है, जो नाचते समय इस भाव से भरी रहती है कि वह और किसी के सामने नहीं, अपने आत्मदेवता के समक्ष नाच रही है।

और कवि जब, सचमुच, कवि होता है, तब वह समझाने को नहीं, मात्र समझने के निमित्त रचना करता है।

कविता गाकर रिझाने के लिए नहीं, समझकर खो जाने के लिए है।

कविता की रचना स्मृतियों को उधेड़कर अपने आपको देखने के लिए है, अनुभूतियों को हाथ पर लेकर उन्हें समझने-बूझने के लिए है। कविता इस बात की गिनती है कि हमारे मन के समुद्र में कितने द्वीप हैं।

एक दुनिया खत्म हो गई और दूसरी अभी बस रही है। इन दोनों के बीच एक गहरी नदी बहती है। तू इस नदी पर रेशमी सेतु बनकर खड़ा हो जा।

और तू पुरानी प्रतिमाओं पर चाहे जितने भी प्रहार कर, किन्तु, उनका बोझ तुझे ढोना पड़ेगा। ये मूर्तियाँ उस पार जाएँगी, अब चाहे वे तेरे विरचित सेतु पर चलकर जाएँ या तेरी पीठ पर चढ़कर। जमाने से यही होता आया है और जमाने तक यही होता जाएगा।

महमूद ग़ज़नी मूर्ख था। वे सभी लोग मूर्ख हैं, जो करने लायक कोई और काम नहीं पाकर प्रतिमा-भंजन में लग जाते हैं।

और परंपरा से कौन भाग सकता है? न तुझ से मैं भाग सकता हूँ, न मुझ से तू।

परंपरा के दो रूप हैं। एक कवि नवीन परंपरा बनाता है, नई किस्म की कविता के लिए नई राह तैयार करता है और उसके पीछे आनेवाले कवि जब उस राह पर पाँव रखते हैं, तब उनके प्रकाश से पहला कवि और चमकने लगता है।

कविता पौधा भी है और खाद भी। जितनी कविताएँ लिखी गईं, वे सब-की-सब खाद ही तो बनी हैं। जो भी अच्छे-नए अंकुर उगते हैं, वे नए पौधे हैं और नया पौधा भी एक दिन खाद बनेगा।

और उपदेश मैं तुझे क्या दूँ? कवि भी कहीं कवि को उपदेश देता है?

हाँ, कई ऐसी बातें हैं, जिन्हें हमने हासिल करना चाहा था, मगर, जो हमारे हाथ आने से रह गईं। इन्हें यदि तू प्राप्त कर सके, तो विजय हमारे वंश की होगी।

दर्शनों के जाल और विचारों के व्यूह में फँसकर मनुष्य हैरान हो रहा है। इस घमासान में क्या उस बिन्दु का पता नहीं लगाया जा सकता, जहाँ से पाप और पुण्य समान दूरी पर हैं, जहाँ से नाम और अर्थ एक समान समीप हैं, जहाँ से देह और मन तुल्य दीखते हैं? सीपी के आत्मरक्षण से मोती और बाँस के आत्मरक्षण से वंश-रोचन बनता है। वह कवि कब आएगा, जिसका आत्मरक्षण उसका काव्य होगा?

कवि वह पवित्र पात्र है, जिसमें जीवन का शीतल प्रसाद संचित रहता है। इस पात्र को गर्म नहीं होना चाहिए।

सबसे बड़ा दानी वह है, जो कुछ भी पाने की आशा किए बिना दिए जा सके।

और वीर वे हैं, जो आधी सहानुभूति अपने प्रतिपक्षी के लिए सुरक्षित रख़ते हैं।

कला और आचार

एक देश में एक कवि था और एक बहुत बड़ा कवि था।

केवल वाणी ही नहीं, रूप में भी वह देवताओं के समान था और जिधर से भी वह निकल जाता, बीसियों आँखें उसकी ओर उठ जातीं और हर कोई यह सोचने लगता कि काश, यह नाते में मेरा कोई अपना हुआ होता!

और हर आदमी चाहता कि वह उससे मिलकर बातें करे और हर आदमी चाहता कि कवि उसके घर पर जलपान करे और हर आदमी चाहता कि कवि उसकी बही पर अपने नाम की सही बना दे।

और कवि की कोई कविता जब पत्रों में छपती, तब वह दिन सारे देश के लिए पर्व का दिन होता। और कवि की जब कोई किताब निकलती, तब उसकी बीसों प्रतियाँ खरीदकर मित्रों को उपहार भेजते और गरीब वाचनालयों में बैठकर पूरी किताब की किताब नकल कर डालते।

और कवि जब सभाओं में खड़ा होकर कविताएँ पढ़ता, तब लोग उसके एक-एक शब्द को उसी तरह पीते जाते, जैसे चातक स्वाति की बूँद पीता है। और जब तक कवि कविता पढ़ता रहता, लोग यह अनुभव करते कि वे इस लोक में नहीं हैं। और जब कवि का काव्य-पाठ समाप्त हो जाता, लोगों को यह महसूस होता, मानो, अचानक आकाश का झूला टूट गया हो और वे झटके से नीचे आ गए हों।

नगरों में कवि के बारे में तरह-तरह की कहानियाँ सुनी जातीं। कुछ लोग कहते, उस पर एक देवी की कृपा है, इसलिए, वह जो चाहता है, वही लिख डालता है। कुछ दूसरे लोग कहते, इसकी समाधि योगियों की समाधि है और ध्यान में सरस्वती रोज उसे दर्शन देती हैं। कई लोगों का यह भी विश्वास था कि कवि पहले था। बस, एक अप्सरा के प्रेम में पड़ने के कारण इन्द्र ने उसे अपने राज्य से निकाल दिया है। इसलिए उसकी आत्मा रोज विरह का गीत गाती है और, इसीलिए, कवि उस लोक की कल्पना में बेहाल है, जो धरती पर नहीं, धरती से ऊपर कहीं आकाश में अवस्थित है।

और तब ऐसा हुआ कि एक रोज कवि कुस्थान में मारा गया। और जब यह

संवाद अखबारों में छपा, नगर-के-नगर ढार मारकर रो पड़े और हर आदमी को लगा, मानो, उसके अपने परिवार का एक लड़का मर गया हो। हफ्तों, अखबारों में विलाप छपते रहे, हफ्तों, अखबारों में चर्चाएँ चलती रहीं और हफ्तों, लोग शोक-सभाएँ करके कवि को श्रद्धांजलियाँ अर्पित करते रहे।

और जब देश की आँखों के आँसू तनिक कम हुए, तब यह आन्दोलन उठा कि कवि का कोई स्मारक बनाया जाना चाहिए, जो हमारे राष्ट्रीय गौरव के अनुकूल हो। और स्मारक के लिए जो अपील निकली, उस पर बादशाह के साथ उसके मंत्रियों के भी हस्ताक्षर थे और उसमें उन सभी लोगों के नाम थे, जो देश में, किसी भी कारण से, प्रसिद्ध हो गए थे।

और बात अब नगरों से निकलकर गाँवों में पहुँची। और गाँव की जनता ने भी यह सुना कि देश का कोई महान् पुरुष चल बसा है, जिसके स्मारक के लिए हर आदमी को, कुछ-न-कुछ दान देना चाहिए।

और ऐसा संयोग कि शहर के नकली जीवन से घबराकर भागा हुआ एक ऋषि उन दिनों गाँव में रहता था। और गाँव के लोग उसे अपना नबी और मसीहा समझते थे। और जब भी कोई बात उनकी समझ में नहीं आती, वे उसके समाधान के लिए सीधे ऋषि की कुटी में पहुँच जाते थे।

यह स्मारकवाली बात भी कुछ ऐसी ही थी। सो, उसका समाधान पूछने के लिए कुछ लोग ऋषि के पास आए और कहने लगे कि "गुरुदेव, राजधानी में अमुक नाम का कौन व्यक्ति था, जो मर गया है और जिसके स्मारक के लिए इतने अधिक धन की माँग की जा रही है? क्या वह दूसरा ईसा मसीह या दूसरा बुद्ध था? क्या वह मानवता के उद्धार के लिए बलिदान हुआ है? अथवा वह कोई योद्धा था, जिसने देश की इज्जत बचाने के लिए अपनी जान गँवा दी है? अथवा कोई वैज्ञानिक था, जिसने मानवता को किसी बड़े आविष्कार का दान दिया है?"

गाँव के सीधे-साधे लोग! भला वे क्या जानें कि नगरों में पूजा केवल उन्हीं की नहीं होती, जो ईसा और बुद्ध होते हैं, बल्कि, उनकी भी जो नाचते हैं, जो गाते हैं और जो मनुष्य की आत्मा को सुला कर और उसके शरीर को जगाकर पैसे पैदा करते हैं। और पूजा के असली कारण ये नाच और गाने कम, उनके जरिए पैदा किया जानेवाला धन अधिक होता है।

गाँववालों की सात्विक जिज्ञासा देखकर ऋषि कुछ समझ नहीं सके कि उन्हें क्या कहना चाहिए। वे एक क्षण चुप रहे, फिर बोले, "दुनिया का मन किसी प्रेत की अधीनता में जाकर सब कुछ भूल गया है। यह आदमी जो मरा है, बहुत बड़ा कवि था मगर, सरस्वती का यह उजागर बेटा एक वेश्या के घर में एक प्रतिद्वन्द्वी प्रेमी के हाथों वासना की गोद में शहीद हुआ।"

गाँववाले लौटे, तब उनके मन में यह शंका उठ रही थी "अगर यही बात है, तो फिर वेश्यागमन और व्याभिचार को पाप क्यों कहते हैं?"

और ऋषि यह सोच रहे थे कि अब जब गाँववाले यह पूछने आएँगे कि "पाप की पूजा करनेवाले लोग समाज के माथे पर क्यों हैं," तब मैं इस सवाल का क्या जवाब दूँगा।"

मन्दिर की वेदी

बड़ा काम करने की योग्यता छोटे काम करने से आती है।

बड़े परिणाम छोटे कारणों से निकलते हैं।

चौका लगाकर पूजा के पीढ़े पर बैठने के समय हम ऊँचाई पर चढ़ना चाहते हैं। परन्तु, एक क्षण ऊँचाई का ध्यान करने से क्या मिलनेवाला है?

मन्दिर की वेदी तो वह भी है, जहाँ बैठकर व्यापारी व्यापार करता है, चमार जूते में टाँका लगाता है और राजदूत विश्व-सम्मेलन में बैठकर बड़ी-बड़ी बातें किया करते हैं।

धर्म रविवार या मंगल का व्रत नहीं है। हम जो कुछ भी बोलते हैं, जो कुछ भी करते हैं, वह सब धर्म की अभिव्यक्ति का अवसर है और प्रत्येक अवसर पर यह प्रकट होना चाहिए कि हम धर्म से परिचालित हो रहे हैं।

धार्मिक सावधानता केवल देवालय में ही नहीं, एकान्त कक्ष में भी बरती जानी चाहिए, क्योंकि निर्जन कमरे में भी जो विचार उठते हैं, उन्हें छतें भाँप लेती हैं।

मानव-सुधार के आन्दोलन अखबारों में क्यों चलाते हो? उन्हें अपनी आत्मा के भीतर चलने दो।

जो कुछ लिखना है, अपने जीवन में लिखो; जो कुछ कहना है, अपनी श्रुतियों से कहो।

जब तुम्हारा लिखना और बोलना कम होगा, मनुष्य आप से आप सुधरने लगेगा।

मनुष्य के सुधार में उन कामों का सबस कम महत्त्व है, जो कोलाहल के साथ किए जाते हैं।

पुण्य अपनी सूचना पटह पीटकर नहीं देता।

भगवान के काम में न शोर होता है, न गन्ध होती है।

गैरिक कंथा अपने जड़ाऊ वस्त्रों के ऊपर नहीं, उनके सबसे नीचे पहनो, जिससे त्वचा गेरू का स्पर्श पाती रहे।

नदी के पार की आग

यंत्र-युग की अशान्ति से घबराया हुआ एक चिंतक एक महात्मा के पास पहुँचा और बोला, ''महाराज! बड़ी अशान्ति है, बड़ा ताप है, सारी दुनिया जल रही है और जल से शीतलता का लोप हो गया है।''

''तो मैं क्या करूँ?''

''कोई औषधि बताइए महाराज!''

''तो औषधि का ज्ञान क्या तुम्हें नहीं है?''

''नहीं है महाराज!''

''तो तुम भूलते हो कवि!''

''कैसे महाराज?''

''इस प्रकार की जिसका भी हाथ आग से जल रहा है, वह जानता है कि आग से अलग हो जाने पर हाथ नहीं जलेगा। और जो भी मदिरा पीकर उद्विग्न हो रहा है, वह जानता है कि मदिरा छोड़कर वह पानी पीने लगे, तो उसकी जलन जाती रहेगी।''

''और तुम जो दूसरों को इतना उपदेश देते फिरते हो, सो क्या तुम्हें यह मालूम नहीं है कि पुस्तकें, रेडियो और अखबार, ये प्रसिद्धि के वाहन हैं, शान्ति के साधन नहीं?''

''हर उपदेशक जानता है कि दूसरों को वह जहाँ ले जाना चाहता है, उसे वहाँ ले जाने का सबसे सहज उपाय यह है कि पहले वह खुद उस स्थान पर पहुँच जाए।''

''वह कविता फीकी है, जो कवि के पसीने से नहीं टपककर उसकी कल्पना से आती है।''

''वे विचार भी फीके हैं, जो गढ़े-गढ़ाए उपदेशों की लड़ी बनकर आते हैं मगर, जो उपदेशक के जीवन से उस प्रकार नहीं निकलते, जैसे टहनी को चीरकर पत्ते निकलते हैं, जैसे फूलों के कोष से सौरभ निकल पड़ता है।''

''तेरी कविता उस आग का बखान है, जिसे तूने नदी के इस पार से देखा है, जबकि आग नदी के उस पार जल रही थी। यदि तू उसमें स्वयं जला होता, तो तेरी चीख केवल चीख नहीं, स्वयं आग की तीखी लकीर हुई होती।''

''तू औषधि माँगता है? तो औषधि तेरे पास है। जा, आज से कविता लिखने का काम लेखनी से छीनकर आचरणों के हवाले कर।''

कलाकार

आत्मा पूछती है।

और मन उत्तर देता है।

"सब काम छोड़कर तुझे कविता करने की ही क्यों सूझी?"

"कुछ ठीक ज्ञात नहीं। शायद, दूसरों की देखादेखी इस जाल में फँसा।"

"मगर, इस जाल में तो तू इतना मस्त है कि इससे निकलना तुझे जीवन से बाहर जाने के समान अप्रिय लगता है।"

"हर जाल में ऐसा ही आनन्द है।"

"तो क्या, कभी यह भी अनुभव हुआ कि जो बात तू दूसरों को सिखाना चाहता है, उसे पहले अपने आप पर आजमाकर देख ले?"

"कई बार। पर, हर बार ऐसा लगा, मानो, उन सभी बातों को मैं अपने आप पर आजमा चुका हूँ और अब ये बातें ऐसी हैं, जिन्हें सबको मान लेना चाहिए।"

"और यदि ठोस कर्म की पूछूँ? उदाहरण के लिए, क्रान्ति के गाने तो तूने इतने गाए, लेकिन, क्रान्ति की आग में कभी जलने भी गया?"

"बात बनाने को कह सकता हूँ कि तन नहीं, मन जला है। मगर, सच्ची बात तो यह है कि आग लगने पर हमें बाल्टी उठाकर पानी लाने के बदले, अच्छे-अच्छे शब्दों में अग्नि-दाह का वर्णन करना ही अच्छा लगता है।"

"अरे! तो क्या, लड़ाई लगने पर भी तू लड़ना छोड़कर गीत गाता फिरेगा?"

"क्यों नहीं? लड़नेवाले लोग तो किसी के बचाव के लिए ही लड़ते हैं। तो क्या गीत वह चीज नहीं है, जिसकी रक्षा के लिए लड़ाई लड़ी जाए?"

बनिया और किसान

एक बनिया था, जो इस दुविधा में फँस गया कि श्रेष्ठ कौन हैं, बनिया या किसान।

वह कहता, किसान बड़ा हो या छोटा, मगर आदमी वह मजदूर किस्म का होता है। और, यद्यपि, वह खेत में हरियाली खड़ी करके अनाज उपजा लेता है, लेकिन, बनिया अगर उसे तोल न दे, तो इस मूरख को यह पता कैसे चलेगा कि उसने कितना अनाज तैयार किया है? और यह भी तो सोचना पड़ेगा कि खुरपी और कुदाल चाहे जितने भी अच्छे यंत्र हों, मगर, तराजू का मुकाबिला वे नहीं कर सकते। क्योंकि, हर कोई तराजू नहीं उठा सकता। तराजू तो उसी के हाथ में शोभा देगी, जिसे तोलना आता हो।

और डंडी मार-मारकर जब उसने कुछ ज्यादा पैसे जमा कर लिए, तब अपनी इज्जत का एहसास उसे और जोर से होने लगा और उसने तय कर लिया कि अब से वह खेत-खलिहान में घूमकर अनाज की ढेरियाँ नहीं तोलेगा।

इससे किसानों में कुछ घबराहट-सी फैली और वे सोचने लगे कि आखिर इस बनिये को हो क्या गया है?

निदान, एक किसान ने एक दिन बनिये से पूछा, "अच्छा साहू जी, अब हम लोगों से तुम भगे-भगे क्यों फिरते हो? पैसे जमा हो गए, तो क्या खेत-खलिहान में घूमना भी पाप हो गया? और अगर हमारी अनाज की ढेरियाँ तोलने में तुम्हें शर्म आती है, तो कुछ अपनी ही खेती शुरू कर दो।"

बनिया बोला, "नहीं भाई, खेती तो अपने बूते की बात नहीं। काम तो अब भी अपना डंडी-तराजू से ही चलेगा। लेकिन, जीवित किसानों का अनाज तोलना हमने छोड़ दिया है। अगर गाँव में पुराने चावल कहीं हों, तो हमें खबर देना। हम उन्हें अच्छी तरह तोल देंगे।"

ईर्ष्या

सोने की एक अच्छी-खासी मूर्ति थी, जिसे देखकर लोग अपने आप को भूल जाते थे।

ऐसा हुआ कि एक बार मन्दिर में आग लग गई और मूर्ति पिघलकर सोने का पिंड बन गई।

दैव-योग से एक कलाकार उधर से गुजर रहा था। उसने वह सोने का पिंड देखा और उसे उठाकर अपने घर ले गया।

साल भर जगकर उसने उस पिंड को, फिर से, किसी मूर्ति के रूप में बदल दिया और इस मूर्तिकारी में उसकी कला ऐसी चमकी कि सारा शहर उस मूर्ति को देखने को मेला लगाए रहता। लोग कहते, वाह, इस मूर्ति पर से तो आँख हटाए नहीं हटती है।

इस दूसरी मूर्ति में कारीगरी का चमत्कार पहली से भी बढ़-चढ़कर था। फर्क सिर्फ यह था कि पहली मूर्ति शंकर की थी और इस बार वह विष्णु की हो गई थी।

जब ईर्ष्या ने सुना कि कलाकार ने सारे नगर का प्रेम पा लिया है और हर कोई उसे आर्शीवाद दे रहा है, तब एक दिन वह भी दर्शकों के मेले में सम्मिलित हो गई और मूर्ति के पास जाकर बोली, ''हाँ, कुछ इतनी बुरी चीज नहीं है। लेकिन, अगर पहली मूर्ति का सोना कलाकार को न मिला होता, तो क्या वह इस नई मूर्ति की रचना कर सकता था?''

मृत्यु

मृत्यु से भय माननेवाले प्राणियो! कभी सोचा भी है कि यदि तुम मर्त्य नहीं होते, तो तुम्हारी क्या दशा होती?

और हर खिलनेवाला फूल यदि सब दिन खिला रह जाता, तो उपवन का क्या हाल होता?

और टहनी एक ही फूल का भार ढोते-ढोते क्या ऊब नहीं जाती?

और पुराने फूलों और नए फूलों से धरती जब खचाखच भर जाती, तब तुम पाँव कहाँ धरते?

और चार दिनों के जीवन के लिए जब इतनी हाय-हाय है, तब कभी खत्म न होनेवाली जिन्दगी के लिए कितनी हाय-हाय होती!

मौत की कैद लगा दी है, गनीमत समझो।

एक के हाथ में मधु का प्याला और दूसरे के हाथ में नीम का रस, यह विषमता जीवन उत्पन्न करती है। मृत्यु तो सब को मृत्यु ही देती है।

आँखें बन्द करके चलनेवाली न्याय की देवी जो पंडित और मूर्ख के बीच कोई भेद नहीं मानती।

प्रजातन्त्र की असली पताका का नाम कफन है, जिस पर लिखा रहता है, "सभी मनुष्य समान हैं।"

यम की दो आकृतियाँ हैं, जिनमें से एक तो भयावह, किन्तु, दूसरी हँसमुख और प्रसन्न है।

मरन रे, तुहुँ मम श्याम-समान।
मरन रे, श्याम तोहारइ नाम।।

और यह भी कभी सोचा है कि ये इतने धर्म, ये इतने दर्शन कहाँ से आते हैं? धर्म और दर्शन, इनकी जन्मपत्री सरस्वती का नाम मृत्यु है।

धर्म और दर्शन, ये मृत्यु-रूपी विष के प्रतिविष हैं।

मृत्यु के भय से दर्शन जन्म लेता है, बुद्ध इसके प्रमाण हैं।

मृत्यु के भय से आँखें दूरदर्शिनी हो जाती हैं, संसार के सभी धर्मदूत इसके गवाह हैं।

कविता मृत्यु को भुलाने का गीत है।

नारी का मोहक रूप मृत्यु के मुख पर परदा डालता है।

मृत्यु का भय सबसे बड़ा भय है। तुम अपनी मृत्यु के लिए भी रोते हो और उनकी मृत्यु के लिए भी, जो तुम्हारे प्यारे हैं।

जन्म के पहले तुम कहाँ थे, अथवा कहीं थे भी या नहीं, इस जिज्ञासा से तुम्हें तनिक भी आकुलता नहीं होती। फिर, इस चिंता से क्यों मरे जाते हो कि आगे कभी होओगे या नहीं?

क्या यह यथेष्ट नहीं है कि जब तक हम हैं, मृत्यु नहीं है, और जब वह होगी, हम नहीं होंगे?

जन्म और जीवन को आकस्मिक मानते हो? तब तुम्हारा भय मानना भी ठीक है।

किन्तु, जन्म आकस्मिक नहीं है।

हम बहुत दिनों से चल रहे हैं और हर यात्रा के अन्त में एक नदी है, जिसमें डुबकी लगाकर हम श्रान्तिमुक्त हो जाते हैं।

क्या चीज है, जिसे स्त्रष्टा ने जीवन के पहले और मृत्यु के बाद छिपा रखा है?

कितने परदे उघारोगे? परदे पर परदे निकलते ही जा रहे हैं और मृत्युवाला परदा जब तक नहीं उठता, उस पार की चीज दिखाई नहीं देगी।

और मृत्यु क्या, सचमुच, आखिरी परदा है?

कहीं ऐसा तो नहीं है कि जिसे हम इस लोक की रात कहते हैं, वही किसी अन्य लोक का दिन हो?

क्या विचित्र लीला है! अभी तो हमारी गिनती जीवितों में है और अभी ही हमारे नाम प्रेतों की सूची में दर्ज हो सकते हैं।

सुगत! आपने ठीक कहा था कि जहाँ प्रकृति ने परदा डाल रखा है, वहाँ परदा ही पड़ा रहने दो।

मृत्यु पर चिंता करना व्यर्थ है। इससे आदमी खिसककर ऐसी गहराई में चला जाता है, जिसकी थाह नहीं मिलती।

मृत्यु!

माँ बच्चे को बायें स्तन से छुड़ाकर दाहिने स्तन में लगा रही है।

मृत्यु!

दीवट पर से कोई पुराना चिराग हटाकर उस पर नया चिराग रख रहा है।

मृत्यु!

एक दृश्य खत्म हो गया। दूसरा आरम्भ करने के पूर्व मंच पर अंधकार फैलाया जा रहा है।

अन्तिम दृश्य

(आधी रात का समय। अँधेरा साँय-साँय कर रहा है। एक दरवाजे पर कोई खटखटाता है।)

"कौन है?"

"यह मैं हूँ। क्या तुम मुझे नहीं जानते?"

"मैं कौन? कुछ और बताओ न!"

"अरे वाह! तुम क्या मेरी कंठध्वनि भी नहीं पहचानते? मैं वह हूँ, जिसकी तुम वर्षों से प्रतीक्षा कर रहे हो। मैं वह हूँ, जो संध्या होते ही फूलों को वृन्तों पर से उतार लेता है; जो बसन्त के आने के पूर्व, वृक्षों को निष्पन्न कर डालता है और जो, समय आने पर, धरती को वह्नि से धोकर नई सृष्टि के लिए आसन बिछाता है। और कुछ पूछना व्यर्थ है। यही समझो कि मैं आ गया।"

"ओ हो, तो यह तुम हो! स्वागतम्। किन्तु, प्यारे, अपने आने की पूर्व-सूचना तो दी होती।"

"सूचना! अरे, तुम्हें मेरी पूर्व-सूचना ही न मिली? हर साँस जिसे तुम खींचते थे, मेरी पूर्व-सूचना की पंक्ति थी और हर साँस जिसे तुम छोड़ते थे, मेरी रिआयत थी। किन्तु, तुमने सोचा होगा, रियायत का यह सिलसिला चलता ही जाएगा और इस भ्रम में, तुमने मेरी पूर्व-सूचना की अवज्ञा कर दी। है न यही बात?"

"मान गया भाई! मगर, बताओ, अब मुझे करना क्या होगा?"

"कुछ नहीं, कपड़े-लत्ते छोड़कर, यहाँ तक कि हाथ की कलम को भी फेंककर मेरे साथ हो जाओ।"

"कहाँ ले जाओगे मुझे?"

"बाहर आकर साथ चलो। सब मालूम हो जाएगा।"

(बाहर आता है और छाया के साथ हो जाता है।)

"अरे, यह राह तो अँधेरी है।"

"हाँ, मगर, इस पर इतने लोग जा चुके हैं कि पाँव के नीचे की मिट्टी खूब चिकनी और महीन हो गई है।"

(पटाक्षेप)

संसार का इतिहास

ईरान के एक बादशाह की कहानी है कि जब वह गद्दी पर बैठा, उसने देशभर के चुने हुए विद्वानों को बुलाकर कहा कि विश्व की जातियों का एक ऐसा इतिहास तैयार कीजिए, जिससे मुझे राज-काज चलाने में सुविधा हो, जिससे मैं यह जान सकूँ कि और देशों के राजे राज कैसे चलाते हैं और, पिछलें ज़माने में, दुनिया में कैसे-कैसे राजे हुए हैं।

आज्ञा लेकर सारे विद्वान् काम करने को चले गए और जब बीस साल के बाद, वे राज-दरबार में लौटे, तब उनके साथ बारह ऊँट थे और उन पर इतिहास की छह हजार जिल्दें लदी हुई थीं।

राज-काज में फँसा हुआ राजा उतनी जिल्दों को देखकर घबरा उठा और उसने फिर हुक्म दिया कि जाकर इस इतिहास का संक्षिप्त रूप तैयार कीजिए।

तदनुसार, पंडित फिर पुस्तकालयों की ओर चले गए। और जब वे बीस साल बाद लौटे, बादशाह ने उन्हें फिर से वापस कर दिया, "उफ़! आपने मेरा अभिप्राय नहीं समझा। जिल्दों की संख्या अभी और कम कीजिए।"

और अब तीसरी बार पंडित जब इतिहास को संक्षिप्त करके लौटे, तब उनके साथ केवल एक खच्चर था और उसकी पीठ पर किताब की सिर्फ एक जिल्दी लदी हुई थी।

द्वारपाल ने कहा, "जनाब, जल्दी कीजिए, क्योंकि बादशाह अपनी अंतिम साँसें गिन रहे हैं।"

लोग पंडित को बादशाह के पास ले गए। बादशाह ने मृत्यु-शय्या पर करवट बदलते हुए उस जिल्द पर निराशा की दृष्टि डाली और वे बोले, "हाय, अब मैं मनुष्य-जाति का इतिहास पढ़े बिना ही संसार छोड़ रहा हूँ।"

बूढ़े पंडित ने कहा, "नहीं जहाँपनाह! ऐसा नहीं हो सकता। यह किताब अभी और छोटी की जा सकती है और आपके लिए उसका निचोड़ मैं एक वाक्य में कहता हूँ कि

सब जन्मे, सबने यातनाएँ भोगीं और सब मर गए।

मृत्यु के बाद

जनक की राज-सभा, असल में, विद्या-सभा होती थी और उसमें इहलौकिक विषयों के साथ, पारलौकिक विषयों पर भी गंभीर विचार होते रहते थे।

एक दिन भरी सभा के बीच याज्ञवल्क्य ने महाराज जनक से पूछ लिया कि "महाराज! सारी उपनिषदें छान डालीं; सारे शास्त्र मथ डाले, किन्तु, यह पता न चला कि मरने के बाद जीव का क्या होता है। बड़ी कृपा हो यदि आप यह बतला दें कि जन्म के पहले जीव कहाँ रहता है और मरने के बाद वह कहाँ चला जाता है?"

महाराज जनक एक दूसरी समस्या पर समाधान दे रहे थे और वह खत्म नहीं हुआ था। इसलिए, उन्होंने याज्ञवल्क्य से कहा, "अच्छा, आपके प्रश्न का उत्तर अभी थोड़ी देर में देता हूँ।"

और थोड़ी देर बाद जनकजी याज्ञवल्क्य को लेकर सभा से उठ गए और, एकान्त में जाकर, उनसे कहने लगे, "ऐसे प्रश्न भी याज्ञवल्क्य! क्या सभा में किए जाते हैं? कौन जानता है कि मरने के बाद जीव का क्या होता है?"

आशा और निराशा

आदम और हौवा जब स्वर्ग से निकाले गए, तब दिन का तीसरा पहर था। कहते हैं, तब तक धरती पर केवल पहाड़, पानी, जंगल और जंगली जीव थे। कहीं भी कोई मनुष्य न था, जिससे वे बातें करते, कहीं भी कोई मकान न था, जिसमें वे आराम करते और कहीं भी कोई परिचित जीव न था, जिससे वे सहायता माँगते।

आदम और हौवा, अपने आप में अपना दुःख बाँटते, इधर से उधर और उधर से इधर घूमते रहे। धीरे-धीरे सूर्य डूब गया और पहाड़ों के नीचे से उठकर अँधेरा सारी धरती पर छाने लगा।

आदम और हौवा स्वर्ग से आए थे। उन्होंने तब तक केवल रोशनी ही रोशनी देखी थी। अँधेरे से उनकी थोड़ी भी जान-पहचान न थी। वे बहुत घबराए और अपने मालिक से कहने लगे, ''या खुदा! स्वर्ग तो तूने छीना ही था, अब रोशनी भी छीन ली। इस अँधेरे में अब हमारा मददगार कौन है?''

और वे रोने लगे। और दोनों ने भय से घबराकर एक-दूसरे को आलिंगन में बाँध लिया और दोनों अपनी सिसकियों के साथ अँधेरे की साँस की आवाज रात भर सुनते रहे।

और तब पौ फटने लगी, पक्षी चहचहाने लगे, कलियों के चटकने की आवाज आने लगी और पूरब का आसमान लाल हो उठा, मानो, किसी इन्द्रपरी की साड़ी स्वर्ग से उड़कर पृथ्वी के पास आ गई हो।

फिर, धीरे-धीरे सूरज निकला और उसकी किरणें कुंजों से छनकर आदम और हौवा की नग्न देह पर पड़ने लगीं, फूलों के गाल पर पड़े हुए ओस-कणों के साथ आदमी के नए जोड़े के भी आँसू पोंछने लगीं।

आदम और हौवा ने पूरब से उगते हुए सूर्य को प्रणाम किया और ईश्वर को धन्यवाद देते हुए वे बोले, ''ठीक है मालिक! अब तेरा रहस्य समझा कि अँधेरा तो रात भर रहता है, मगर, भोर होते ही किरणें ज़रूर आ जाती है।''

पत्थर के दूसरी ओर

यह कथा मोहनजोदड़ो या हड़प्पा की नहीं है। पंजाब में स्यालकोट के आसपास कहीं कोई खँडहर था, जिसमें घूमते हुए एक पुरातत्त्ववेत्ता को पत्थर की एक पाटी मिली, जिस पर बड़े ही सुन्दर अक्षरों में यह कहानी दर्ज थी :

एक जंगल था, जिसमें ढेर-की-ढेर भेंड़ें रहा करती थीं। जंगल में एक साल घास खूब जमी और उसे चर-चरकर भेंड़े काफी मोटी हो गईं, यहाँ तक कि मोटाई की मस्ती में उनसे ठीक से चला भी न जाता था।

और तब भेंड़ों के उस जंगल में शेरों ने अपने सिर निकाले और भेंड़ें दिनों-दिन कम होने लगीं।

और जब भेंड़ों की संख्या बड़ी तेजी से घटने लगी, तब एक बूढ़ी भेंड़ को यह चिन्ता हुई कि इस बर्बादी को रोकने का क्या उपाय है।

और तब एक दिन बूढ़ी भेंड ने यह एलान किया कि भगवान ने मुझे जानवरों की दुनिया का पैगम्बर बनाकर भेजा है, इसलिए, उचित है कि जंगली जीव मेरी बातों पर ध्यान दें, क्योंकि यह और किसी की नहीं, स्वयं परमेश्वर की बातें हैं, जो सभी जीवों में निवास करता है और जिसके सामने, एक-न-एक दिन, हम सब को अपनी करतूतों का जवाब देने जाना पड़ेगा।

और बूढ़ी भेंड़ ने जंगली जीवों से यह कहना शुरू किया कि "अय खुदा के बन्दो, तुम सब एक ही ईश्वर की सन्तान हो। तुम सब एक ही देश से आए हो और मरने के बाद फिर उसी देश को वापस जाओगे। फिर, क्या यह उचित है कि तुम अपने भाइयों का खून पियो और उनका माँस नोचकर अपने बदन का वजन बढ़ाओ और उन्हें मारकर अपना जीवन रखो, जो जीवन, आज नहीं तो कल, मिटने ही वाला है?"

और ऐसा हुआ कि शेरों की जाति इस बूढ़ी भेंड़ की बातों में आ गई और शेरों ने माँस खाना छोड़ दिया, क्योंकि माँस के लिए उन्हें जीवों का वध करना पड़ता था और जीव अब उनके अपने भाई-बन्द थे।

और घास खाकर भी शेर, थोड़े दिनों तक, काफी चहके। मगर, धीरे-धीरे उनके नाखून औरं दाँत कमजोर होने लगे और धीरे-धीरे उनके नाखून और दाँत उखड़कर गिर भी गए।

और तब एक दिन एक शेर रास्ते के किनारे बड़े आराम से लेटा हुआ था और उसका जबड़ा पोपला और पंजे नख-विहीन थे।

और, ऐसे में, एक राही उधर से गुजरा, जो उस शेर का पुराना मुलाकाती था और उसने शेर से अचरच में आकर पूछा कि "अरे, तुम्हें यह क्या हो गया है?"

और शेर ने बड़े ही गौरव से उत्तर दिया, "मैंने सभ्यता सीखी है।"

और पत्थरों के पढ़नेवाले उस भारी विद्वान ने पाटी को इस विचार से उलटा कि देखें, उस तरफ भी कुछ लिखा है या नहीं। और अजब संयोग की बात कि पाटी की उस तरफ भी एक कहानी दर्ज थी, जो इस प्रकार थी :

यह दुनिया कई बार बनी और कई बार बर्बाद हुई है, मगर, बर्बादी का कारण हर बार एक ही रहा है। इसलिए, एक बर्बादी का कारण जानना इसकी सभी बर्बादियों के कारण जानने के समान है।

और एक बार इसकी बर्बादी इस तरह हुई कि एक पंडित को लोभ हुआ कि वह मनुष्यों का नेता बने। किन्तु, उसने देखा कि मानवता का शकट पर्वत की ऊँचाई पर आसानी से नहीं चढ़ता और लोग इस काम में नेता या नबी का साथ भी कम देते हैं।

और अगर गाड़ी को ढालू पर से नीचे की ओर छोड़ दें, तो गाड़ी बिना मेहनत के दौड़ती भी है और उसमें बैठनेवाले लोग तालियाँ भी खूब बजाते हैं।

इसलिए, पंडित ने पैगम्बर का लिबास पहना और वह अपने लोगों से कहने लगा कि अय लोगों, मैं पैगम्बर नहीं, इन्सान हूँ। मगर, जो बातें मैं बताता हूँ, वे पैगम्बरों के भी दिमाग में न आई होंगी।

उदाहरण के लिए, पहले के पैगम्बरों ने तुम्हें यह बताया था कि दुनिया का हर आदमी हर दूसरे आदमी का भाई या बहन है, क्योंकि सब लोग एक ही ईश्वर की सन्तान है। मगर, मैं कहता हूँ कि इस बड़े जाल में मत फँसो, क्योंकि तुम्हारा भाई सिर्फ वही आदमी है, जो तुम्हारे मजहब या सम्प्रदाय का साथी है।

और पहले के पैगम्बरों ने तुम्हें यह बताया था कि बड़ी मछली छोटी मछली को खा जाती है, चर अचर को खा जाता है और दो भुजावाला चार भुजावालों को खा जाता है, यह आपद्धर्म है; किन्तु, सच्चा धर्म यह है कि कोई किसी को न खाए। मगर, मैं कहता हूँ कि यह आपद्धर्म ही सच्चा धर्म है, क्योंकि ईश्वर ने जान-बूझकर कुछ को भक्षक और कुछ को भक्ष्य बनाकर भेजा है।

और जो नियम छोटी और बड़ी मछली के बीच चलता है, तुम्हें भी उसी नियम का पालन करना चाहिए। और तुम्हारा गौरव बड़ी मछली बनने में है, जो छोटी मछलियों को खा जाती है; बाज बनने में है, जो कबूतर की गरदन के लहू पर जीता है; शेर बनने मे हैं, जो हिरन से लेकर हाथी तक का शिकार एक समान करता है।

और याद रखो कि हिंसा और प्रेम वह जाल है, जिसे फेंककर कबूतर बाज को

और हिरन शेर को फँसाया करते हैं और प्रेम के जाल से बचने का उपाय यह है कि बाज अपनी आँखों को लाल और छुरी को तेज रखे।

और जो प्रेम की मार से बचना चाहते हैं, उन्हें चाहिए कि वे डैने फैलाकर पड़ोसियों पर, अकारण भी, झपटते रहें, क्योंकि झपटों से सहमकर प्रेम का अंकुर फिर मिट्टी के नीचे चला जाता है।

और दुनिया में शान से जीने के लिए प्रेम नहीं, घृणा क प्राचुर्य चाहिए, अहिंसा नहीं, हिंसा की ताकत चाहिए।

इसलिए, तुम्हारा नेता वह नहीं है, जो तुम्हे और तुम्हारी महफिल को फैलाकर विश्व-मानवता की महफिल में ले जाता है, बल्कि, वह जो तुम्हें तुम्हारी अपनी ही महफिल तक सीमित रखता है और तुम्हें इस योग्य बनाता है कि तुम दुनिया की महफिल पर अपना हुक्म चला सको।

और हुक्म चलाने की बात लोगों को इतनी अच्छी लगी कि उनमें से हरएक शेर और बाज बनने की कोशिश करने लगा। और हरएक ने अपनी आँखों का लाल और अपने दाँतों और नाखूनों को तेज कर लिया। और हरएक ने अपने डैनों में आरी की धार बाँध ली।

मगर, शेर और बाज कुछ दूसरे दलों में भी थे और वे गर्जन का जवाब दूने गर्जन से और झपट्टों का जवाब दूने झपट्टों से देने लगे। और ऐसा हुआ कि दुनिया में जितने भी शेर और बाज थे, वे आपस में एक-दूसरे से गुँथ गए।

फिर जब बाकी लोगों ने देखा कि अब शेर और बाज बने बिना गुजारा नहीं है, तब वे भी चोटी से उतर आए और उन्होंने भी अपने बघनखे पहन लिए, जिन्हें वे नफरत से उतार चुके थे।

और इस प्रकार, शेर-शेर और बाज-बाज की लड़ाई में दुनिया बर्बाद हो गई और अंहिसा तथा प्रेम, किनारे खड़े, टुकुर-टुकुर ताकते रहे।

पराजय

सारे नगर में शोर था कि लड़ाई खत्म हो गई और हमारे राजा आनन्द से उछलती हुई फौज के आगे-आगे नगर को वापस आ रहे हैं।

घर-घर आनन्द के बाजे बजने लगे। द्वार-द्वार पर बन्दनवार टँग गए और चौक-चौक पर अल्पना सजाई जाने लगी। और नगर भर के स्त्री और पुरुष धराऊ कपड़े पहनकर, बड़े ही ठाट-बाट से राजमहल की ओर चल पड़े।

और राजा जब राजमहल में आए, तब चारों से जयजयकार गूँज उठा। बन्दीजन विजय गीत गाने लगे और कविगण कहने लगे कि ऐसी लड़ाई धरती पर कभी नहीं हुई थी और वैसी वीरता भी आज तक किसी ने नहीं दिखाई, जैसी वीरता हमारे राजा ने दिखाई है।

राजा के मुख पर आनन्द का पूरा प्रकाश था। किन्तु, उनकी आँखें अब भी अतृप्त थीं, मानो, वे कह रही हों, अभी और जयजयकार करो, अभी कल्पना की रस्सी कुछ और तानी जाए कि अगला इतिहास हमें याद करने को विवश रहे।

मंत्री, कवि, पंडित, सभासद और सरदार, राजा की प्रशंसा में सब के बीच होड़ मची हुई थी कि प्रत्येक यह चाहता था कि इस होड़ में वह बाकी सब से आगे निकल जाए।

और संयोग की बात कि राजमहल के बाहर एक संत भी रहता था। जब उससे यह जड़ोल्लास नहीं देखा गया, तब वह भी लाठी टेकता हुआ राजमहल में आ पहुँचा और "कल्याणमस्तु" कहकर राजा से बोला,

"तो श्रीमान्! तुम ने विजय प्राप्त कर ली?"

"हाँ, महाराज!"

"तो यह विजय किसने किस पर पाई है राजन्?"

"क्यों, हमने हमारे शत्रु पर महाराज!"

"तो तुम अपने शत्रुओं को पहचानते हो राजन्?"

"निस्सन्देह महाराज! उन्हें तो आप भी जानते हैं—वही जो हमारे राज्य की सीमा के ठीक उस पार बसते हैं।"

"नहीं राजन्! तुम भूलते हो। शत्रु सीमा के पार नहीं, उसके भीतर बसते हैं और

आज तुम उनसे जीतकर नहीं, बल्कि, हार कर लौटे हो।''

और इतना कहकर संत अपनी कुटिया में वापस चला गया।

और कवि सोचने लगा, ''तो क्या मेरी कविता झूठी है?''

और राजा को लगा, ''कहीं यह संत मेरे सुयश से जलता तो नहीं है?''

और भीड़ कहकहा लगाने लगी कि ''बाबाजी पूरा बेवकूफ है।''

फूल की आरी

आदमी जिस आसानी से फूलों से चीरा जा सकता है, उस आसानी से वह लोहे से चीरा नहीं जा सकता।

और दान देने से आदमी की जितनी वृद्धि होती है, संग्रह से उतनी नहीं हो पाती।

और क्रोध जिस दरवाजे को नहीं खोल सकता, प्रेम से वह दरवाजा, आप से आप, खुल जाता है।

और दान देने पर भी जो आदमी कंगाल रह गया है, उसके बारे में यह सोचो कि दान देते समय वह देने को कम, बचा रखने को अधिक व्याकुल रहा होगा।

और दान में हीरा-मोती, जमीन, जायदाद, सब कुछ दिया जा सकता है। किन्तु, असली दान अपने अंहकार का दान है, जो दानी को पूर्ण रूप से निःस्व बना देता है।

और जो निःस्व हो गया, वही पूर्ण होगा।

जिसका क्रोध उतर गया, उसे लड़ने को कोई शत्रु नहीं मिलेगा। एक राजा था, जिसकी बहुत बड़ी सेना थी। और उस सेना को लेकर उसने दूसरे राजा की राजधानी को घेर लिया।

और घेरा डालने पर भी उसे सफलता नहीं मिली, क्योंकि किले के भीतर के लोग आत्मरक्षा के लिए प्राणपण से लड़ रहे थे और उनका निश्चय था कि हम एक-एक करके भले ही कट जाएँ, किन्तु, शत्रु के सामने मस्तक नहीं झुकाएँगे।

और तब ऐसा हुआ कि अचानक भूकम्प आ गया और सारा किला ध्वस्त-विनष्ट हो गया और सैकड़ों लोग मलवे के नीचे दबकर मर गए।

और अपने शत्रुओं की विपन्नता देखकर आक्रामक राजा की छाती फट गई और उसने आज्ञा निकाली कि तम्बू और कनात उखाड़ दिए जाएँ। हम आज ही अपनी राजधानी को वापस जाएँगे।

और राजा के सेनापति ने कहा, ''यह भी कोई बात है? यह तो विजय पाने का अनुकूल अवसर भगवान ने ही भेजा है। चलिए, किले के भीतर चलकर हम शत्रु की राजधानी पर अधिकार करें।''

परन्तु, राजा कब माननेवाला था? वह बोला, ''सेनापति! क्या बीमार आदमी से भी कोई कुश्ती लड़ता है? यदि ऐसा ही है, तो चलो, ये किले की दीवारें दुरुस्त करके

फिर से लड़ने योग्य हो जाएँ, तब हम एक बार और आएँगे।"

और यह समाचार जब विपन्न राजा ने सुना, उसका हृदय दान के जल से भर गया और किले से बाहर आकर वह बोला, "भाई राजा! यदि तुम इतनी दूर जा सकते हो, तो लो, यह किला मैं तुम्हें अभी दिए देता हूँ। तम्बू और कनात उखाड़कर भीतर चले आओ। इस राजधानी से ऊपर एक और राजधानी है, जो आकाश में अवस्थित है। और तुम जब वहाँ पहुँच गए, तब मैं क्या वहाँ नहीं जा सकता?"

किन्तु, धर्मोदय होने पर कौन राजधानी माँगे और कौन उसे ले?

आक्रामक राजा विपन्न राजा से मैत्री करके वापस लौट गया।

निर्माता और विजेता

एक पिता के दो बेटे थे। बड़ा लड़का ऊधमी, साहसी, खिलाड़ी और उद्दण्ड था। छोटा लड़का शान्त, सुशील और चिंतनशील था। जब छोटा लड़का रामायण पढ़ता रहता, तब बड़े लड़के को हनुमान की याद आ जाती और वह चारों ओर कूदता फिरता। जब छोटा लड़का समुद्र की शोभा देखते-देखते विभोर हो जाता, तब बड़ा लड़का उसके कान में हू कहकर उसे जगा देता और फिर किलकारियाँ मार कर नाचने लगता।

एक दिन पिता बैठा कोई पुस्तक पढ़ रहा था और छोटा लड़का पास ही बैठकर ताश के पत्तों से महल बना रहा था और, सदा की भाँति, बड़ा लड़का बन्दर की तरह इधर-उधर कूद रहा था।

कूदते-कूदते उसकी बुद्धि में एक बात आई और उसने अपने पिता के पास जाकर पूछा कि "पिताजी, ऐसा क्यों है कि इतिहास में कुछ राजाओं को निर्माता और कुछ को विजेता कहकर पुकारते हैं? क्या इन दोनों में कोई बड़ा भेद है?"

पिता सोच रहा था कि बच्चे की इस शंका का समाधान क्या कहकर किया जाए कि इतने में छोटा लड़का चिल्ला उठा, "पिताजी, यह देखिए, मैंने दूसरा महल भी तैयार कर लिया।

छोटे लड़के का चिल्लाना था कि बड़ा लड़का उस महल पर कूद पड़ा और जो चीज इतनी देर की मेहनत से तैयार हुई थी, वह एक क्षण में बर्बाद हो गई।

और छोटा लड़का रोने लगा और बड़ा लड़का मारे खुशी के नाचने लगा।

इस पर पिता ने बड़े लड़के से कहा, "देखा बेटा! यह तेरा छोटा भाई निर्माता है और तू विजेता।

वीर

जो वीर हैं, वे हिंसक नहीं होते।

जो उत्तम योद्धा हैं, उन्हें क्रोध नहीं आता।

सबसे बड़ा विजेता वह है, जो छोटी-छोटी बातों के लिए तलवार नहीं उठाता है।

और सच्चा ज्ञानी वह है, बहस के समय, जिसकी आँखें लाल नहीं हो जाती है।

और सिपाहियों में सन्त वह है, जो शत्रुओं का शिरश्च्छेद करते समय इस बात का ख्याल रखता है कि तलवार कहीं उसकी अपनी आत्मा पर तो नहीं चल रही है।

हजरत अली एक ईश्वर-द्रोही से युद्ध कर रहे थे। आखिर को वह दुश्मन नीचे गिरा और अली उसकी छाती पर चढ़ बैठे और तलवार से वे उसकी गरदन काटने ही वाले थे कि उसने अली के मुख पर थूक दिया। उसका थूकना था कि अली उसकी छाती पर से उतरकर अलग खड़े हो गए और तलवार उन्होंने म्यान के भीतर कर ली।

हारे हुए व्यक्ति ने पूछा, "तुमने मुझे छोड़ क्यों दिया?"

अली बोले, "मारना मैं तुझे ईश्वर-द्रोह के कारण चाहता था। किन्तु, जब तूने मेरे मुख पर थूक दिया, मुझे गुस्सा आ गया यानी इस ईश्वरार्पित कर्म में मेरी अपनी वासना सम्मिलित हो गई। इसलिए, आज तुझे नहीं मारूँगा। क्योंकि मैं तुझे यदि मार दूँ, तो मेरी आत्मा मुझ से सवाल करेगी, "अली! तूने इसे ईश्वर-द्रोह के कारण मारा है या अपनी अखज़ उतारने के लिए?" और इस सवाल का जवाब मैं नहीं दे सकूँगा।"

विश्वपालक

एक किसान के दरवाजे पर एक घंटे के भीतर, तीन ओर से, तीन व्यक्ति आ जुटे और, तीनों के तीनों, चौपाल में बैठकर सुस्ताने लगे। उनमें एक था कवि, एक था साधु और तीसरा वह मनुष्य था, जिसे नेता कहते हैं। जेठ का महीना और दोपहरी की लू है। तीनों धूप से घबराकर एक ही जगह आन जुटे थे।

बातों-बातों में कवि ने अपनी पीड़ा कहनी आरम्भ की, "देश में जीवन क्या आए खाक? यहाँ तो कविता की ही कद्र नहीं हैं। चाहे लम्बी लिखो या छोटी, जनता के लिए सारी कविताएँ, बस, एक समान हैं। भैंस के आगे बीन बजाओ, भैंस बैठ पगुराय।"

वेदना की टीस साधु के हृदय में भी उठी। वह कहने लगा, "शहरी लोग नास्तिक हो गए हैं। और ये देहाती भी अब धर्म से परहेज करने लगे हैं। जप-तप, दान-पुण्य, सब मिट्टी में मिल गए। लोग रात-दिन हाय-हाय किए फिरते हैं। साधु-सेवा से देश की शोभा थी। अब वह भी बन्द है। शिव! शिव! इन संसारी जीवों का उद्धार कैसे होगा?"

और दो सुरों को सुनकर नेता ने भी अपना सुर छेड़ दिया, "क्या कहा जाए? हमारी जनता सोई की सोई पड़ी है। सरकार चाहे जितना भी करे, लेकिन, जनता नहीं चेतती। वह समझती है, हम सब-के-सब बेईमान हैं और उसे धोखा दे रहे हैं। और यहाँ यह हाल है कि पहले भी बर्बादी झेली और आज भी बर्बादी झेल रहे हैं। जनता हमारी जड़ है।"

इतने में नेता ने पुकारा—"अरे कोई है? इस घर का मालिक कहाँ गया?"

और तब गाँधीजी की मूर्ति की आड़ से एक लड़की बोली—"वहाँ जहाँ पसीनों से अन्न के पौधे पटाए जाते हैं, वह अन्न जिसे खाकर कवि कवि, नेता नेता और साधु साधु है।"

यमराज का साला

लगभग राजसी लिबास पहने एक भिखारी किसी गृहस्थ के दरवाजे पर पहुँचा और, जैसे आतंक जमानेवाले भिखमंगे जरा रोबीली आवाज में बोलते हैं, उसी आवाज में बोला, "है कोई धर्म की बेटी! जो मुझ परलोक से आए हुए यात्री को दो रोटियाँ खिलाए?"

गृहिणी ने बाहर आकर देखा, तो भिखारी के राजसी लिबास को देखकर वह दंग रह गई। आखिर, सहमते-सहमते उसने पूछा—"कौन है आप महाराज? आप तो राजा मालूम होते हैं।"

भिखारी बोला, "राजा या जो समझो बेटी! किन्तु, मैं यमराज का साला हूँ और अभी-अभी परलोक से आ रहा हूँ।"

"परलोक से?" गृहिणी चमत्कृत होकर भिखारी के पाँव पर गिर पड़ी और बोली, "धन्य है महाराज! तभी आप देवता के समान दिखाई देते हैं। तो महाराज! मेरे माता-पिता को तो आपने परलोक में देखा होगा? कहिए, वे सुख से तो हैं?"

भिखारी ने गृहिणी की ओर आँख गड़ाकर देखा और दुःख की साँस खींचकर वह कहने लगा—"हाय, तुम्हारे माता-पिता! सुख से वे खाक रहेंगे। वे तो बहुत दुःखी है। उन्हें जाड़े के कपड़े नहीं है और पकवान तो उन्होंने वर्षों से नहीं खाया है।

गृहिणी कातर हो उठी, बोली, "महाराज, कुछ चीजें दूँ तो उनके लिए आप ले जाएँगे क्या? बड़ा उपकार मानूँगी।"

भिक्षुक ने कहा, "ले तो जाऊँगा। किन्तु, वैतरणी नदी पर जो मल्लाह रहता है, वह बड़ा चंट है। सौ रुपए लिए बिना मृत्यु-लोक की चीजों के साथ वह मुझे पार थोड़े ही करेगा।"

गृहिणी मारे आनन्द के उछल पड़ी। बोली, "तो सौ रूपयों की क्या बिसात है? मैं अभी प्रबन्ध किए लेती हूँ।"

गृहणी ने भिखारी के आगे बढ़िया भोजन परोस दिया और स्वयं माता-पिता को भेजने के लिए उपहार सँजोने लगी। घर में खाने और पहनने की जितनी अच्छी चीजें थीं, उसने सबको बटोरकर अच्छी-खासी गठरी में बाँध दिया और सौ रुपयों के साथ वह गठरी भिखारी के हवाले कर दी।

भिखारी के चले जाने पर गृहपति बाहर से घर लौटा और पत्नी से यमराज के साले की कहानी सुनकर बहुत नाराज हुआ। बोला, "तू भी अजब सीधी औरत है। कहीं यमराज के भी साले होते हैं और मरे हुओं को भी कहीं उपहार भेजा जाता है? देख तो, मैं उस यमराज के साले की अभी क्या दुर्दशा करता हूँ।"

इतना कहकर ज्योंहि वह घर से बाहर जाने लगा कि उसकी पत्नी ने दही-चूड़े की थाली परोस कर उसके सामने रख दी और वह बोली, "आज भोर भी तुम भूखे ही बाहर चले गए थे और अब फिर बाहर जा रहे हो। न जानें, लौटने में कितना समय लग जाए। सो, दो कौर खाते ही जाओ।"

गृहपति ने भी जल्दी-जल्दी दो-चार ग्रास भीतर ठूँस लिए और वह यमराज के साले को पकड़ने के लिए तुरन्त बाहर निकल गया।

सौभाग्य से, गाँव के बाहर पहुँचते ही वह भिखारी उसे मिल गया। गृहपति क्रोध में तो था ही, बोला, "अबे ओ यमराज के साले! मेरे घर से जो कुछ ठगकर लाया है, उसे अभी तुरन्त मेरे सामने रख दे, नहीं तो इसी लाठी से तेरी कपाल-क्रिया कर दूँगा।"

भिखारी जरा आँख मूँद कर बोला, "हूँ, चूड़ा-दही खाकर चला है। मगर, क्या चूड़ा-दही खाकर यमराज के साले से झंझट करना जरूरी काम है?"

इतना सुनना था कि गृहपति के हाथ-पाँव फूल गए। वह गिड़गिड़ाकर बोला, "धन्य हो महाराज! तुम अन्तर्यामी हो और, अवश्य ही, नाते में यमराज के तुम कुछ लगते होगे। मुझसे भूल हो गई। मुझे क्षमा करो प्रभो।"

भिखारी बोला, "क्षमा तो कर दूँगा। किन्तु, वैसे नहीं। यमराज के सम्बन्धियों से कैसे बर्ताव करना चाहिए, यह शिक्षा देने के लिए मैं तुम पर सौ रुपयों का जुर्माना ठोकता हूँ। ला, जुर्माने के रुपए चुका और अपनी राह लग।"

गृहपति बेचारा जुर्माना चुकाकर घर लौट आया और अपनी पत्नी से बोला, "वह जरूर कोई दूत-भूत रहा होगा। जाते ही उसने कह दिया कि तू चूड़ा-दही खाकर आया है।"

गृहिणी, मानो, आकाश से गिरी। बोली, "अरे हाय! तब तो मैं लुट गई। चूड़ा-दही का प्रमाण तो तुम्हारी मूँछों में लगा हुआ है। लो यह रुमाल और जूठन पोंछ लो।"

गृहपति था पूरा मर्द। उसने जोर का ठहाका लगाया और रूमाल से मुँह पोंछते-पोंछते बोला, "धत्तेरे की। सौ रुपए तुम्हारी मूर्खता के और सौ रुपए मेरी मूर्खता के दाम रहे।"

तेज़ औज़ार का भय

चीन से आए हुए महात्मा से जब हम लोग मिलने गए, उन्होंने यह कहानी सुनाई।

अब तो खेती और किसानी के भी कल-पूर्जे काफी निकल आए हैं और उनका चलन भी काफी हो गया है, किन्तु, मैं पिछली सदी की बात करता हूँ, जब दुनिया इतनी नहीं बदली थी। एक दिन मैं अपने गुरु के साथ पर्यटन करता हुआ किसी देहात से जा रहा था कि एक जगह देखा कि एक किसान बाल्टी में पानी भर-भरकर अपना खेत सींच रहा है। पानी ढोते-ढोते बेचारा बेदम हो रहा था, मगर, मिट्टी ठीक से तर नहीं हो पा रही थी। एक बाल्टी पानी डालकर जबतक वह दूसरी बाल्टी लाए कि मिट्टी सूख जाती थी।

उसकी परेशानी देखकर गुरुजी ने कहा, "क्यों प्यारे! पानी पटाने का एक यंत्र क्यों नहीं ले लेते कि जितनी मेहनत से तुम धूर भर खेत नहीं पटा पा रहे हो, उतनी मेहनत से पाँच कट्ठा जमीन पट जाए? अभी तो यही दिखाई देता है कि तुम जितना परिश्रम कर रहे हो, उसका शतांश फल भी तुम्हें नहीं मिल रहा है।"

किसान ने पूछा, "यह यंत्र क्या चीज होती है महाराज?"

गुरुजी ने कहा, "कुछ नहीं। मेरा अभिप्राय काठ के एक औजार से है, जो पीछे की ओर भारी और आगे की ओर हल्का होता है और उससे पानी ऐसे चलता है मानो, झरना फूट रहा हो। इस औजार का नाम ढेकी है।"

सुझाव सुनकर किसान इस भाव से हँसा, मानो, उसे फँसाने को किसी ने जाल फेंका हो और वह जाल से बेदाग बच गया हो। फिर हँसते-हँसते ही उसने कहा—"रहने भी दो महाराज! मैं इस धोखे में नहीं आने का। अपने गुरु का उपदेश मुझे बिलकुल याद है।

"जिसका औजार सीधा नहीं, उसका व्यवहार सीधा नहीं। जिसके व्यवहार में चालाकी है, जानो, उसके दिल में भी चालाकी होगी। और जिसके दिल में चालाकी है, वह पवित्र नहीं हो सकता। और जिसका हृदय अपवित्र है, उसका जीवन अशान्त रहता है। और जिसका जीवन अशान्त है, कैसे कहा जाए कि वह धर्म पर आरूढ़ है? मुझे ये सारी बातें मालूम हैं महाराज! तेजी और चालाकी के औजारों का इस्तेमाल करूँ, तो मुझे शर्म से गड़ जाना चाहिए।"

किसान की बात सुनते ही मेरे गुरु का चेहरा उतर गया और हम चुप-चुप ही वहाँ से चलते बने। गुरुजी इतने गम्भीर हो गए कि तीन मील तक तो मेरी हिम्मत ही नही हुई कि उनसे कुछ पूछूँ। किन्तु, अन्त में मैंने उनसे पूछ ही दिया, "क्या बात है महाराज! कि आप इस तरह गम्भीर हो गए?"

गुरु बोले, "बात तो बहुत भारी है। आज तक मैं यही मानता था कि मनुष्यों में सबसे बड़े ज्ञानी कनफ्युसियस हुए हैं। मगर, इस किसान को देखकर ऐसा मालूम होता है कि कनफ्युसियस के समान ज्ञानी और भी हैं, जिन्हें हम नहीं जानते। देखा इस अपढ़ किसान को? कैसा दृढ़ है अपने विचार में? सचमुच ही, सफलता, उपयोगिता और होशियारी आने से आदमी अपनी हार्दिकता खो बैठता है। मगर, यह किसान है, जो अपनी इच्छा के विरुद्ध कुछ भी करने को, कहीं भी जाने को तैयार नहीं है। अपने आपको पक्का स्वामी! निन्दा और स्तुति से सर्वथा अलिप्त! यह तो सन्यासियों का भी गुरु हो सकता है।"

सपनों का सपना

महात्मा चाङ्वुस से एक शिष्य ने पूछा, "महाराज! महात्मा कनफ्युसियस को एक बार मैंने यह कहते सुना कि सन्त सांसारिक बातों का ख्याल नहीं करते। वे न तो लाभ खोजते हैं, न उन्हें हानि से भय होता है। लोगों से वे किसी भी वस्तु की आशा नहीं रखते, न वे नीति-अनीति के नियमों का ही कड़ाई से पालन करते हैं। वे कभी तो बिना बोले ही बहुत कुछ कह जाते हैं और कभी बहुत कुछ बोलकर भी कोई बात नहीं कह पाते। वे संसार में भी घूमते हैं और कभी उसकी सीमा के पार भी चले जाते हैं। किन्तु, कनफ्युसियस ने यह भी कहा कि अच्छी हों या बुरी, संतों की ये सारी बातें व्यर्थ हैं। अब मेरी समझ में नही आता कि कनफ्युसियस का इसमें क्या आशय था।"

महात्मा चाङ्वुस बोले, "आशय मैं कुछ-कुछ समझता हूँ, किन्तु, वह भाषा कहाँ है, जिसमें ठीक से उसे व्यक्त कर सकूँ? फिर भी, जल अथाह हो, तब भी मल्लाह उसमें लग्गी डालता ही है, भले ही, पूरी गहराई का उसे ज्ञान न हो सके। और थाह नहीं मिलती, यह क्या कोई ज्ञान नहीं है? तो मैं भी गहराई की नाप लग्गी से करता हूँ और जो कुछ कहता हूँ, उसे तू सुन। मगर, इतना ध्यान देकर मत सुन कि बातें तुझ पर भारी हो जाएँ और तो कुछ तू जान सकता है, वह इस चिंता से धुँधला रह जाए कि जानी हुई बात तो इतनी गम्भीर है, न जानें, अज्ञान की गइराई कितनी होगी।

"जो सन्त हैं, वे सूर्य-चन्द्रमा के पास बैठते हैं और सारी सृष्टि को अपनी मुट्ठी में बन्द पाते हैं। मुट्ठी में बन्द कैसे पाते हैं? संसार में जो परस्पर-विरोधी बातें हैं, दुनिया में जो इतना उलट-फेर है, वह सब सन्त की दृष्टि में समाधान पा जाता है। पूर्वापर सम्बन्धों का ज्ञान साधारण ज्ञान है। सन्त तो हजारो वर्ष के इतिहास को एक क्षण में सिमटा देखते हैं।

"अब यही देख कि लोग जीना चाहते हैं। किन्तु, वे मृत्यु से डरते क्यों हैं? स्पष्ट ही, ये वह अबोध बालक हैं, जो घर से बाहर निकलते ही घर का राह भूल गया और अब घर ले जानेवाली राह को भी शंका से देखता है।

"एक सपने में देखता है कि वह भोज में मिठाई खा रहा है, किन्तु, जगने पर पाता है कि उसके बाल-बच्चे, वैसे ही तड़प रहे हैं, जैसे वे सोने के पूर्व तड़प रहे थे। और दूसरा देखता है कि वह भूख से मरा जा रहा है, लेकिन, जगने पर वह अपने घर

को धन-धान्य से पूर्ण पाता है। मगर, जब तक वह स्वप्न देखता है, उसे यह पता नहीं चलता कि यह स्वप्न है।

''स्वप्न कितना लम्बा होता है और सत्य से वह कैसा अभिन्न है!

''और केवल अज्ञानी ही यह दावा कर सकता है कि मैं जगा हुआ हूँ और जो कुछ देख रहा हूँ, वह सत्य है।

''यह राजा है और वह मजदूर, यह कितनी भ्रामक पहचान है। फिर भी, राजा राजा और मजदूर मजदूर समझा जाता है।

''कनफ्युसियस और तू, दोनों स्वप्न हैं। और मैं जो तुम्हारे सामने हूँ, वह क्या स्वप्न से भिन्न है?

''ये विरोधी बातें हैं, न सुलझाई जानेवाली उलझनें हैं। इनकी ग्रन्थि खोलनेवाला सन्त कल जनमेगा। मगर, वह कल क्या हजारों पीढ़ियों के पहले आनेवाला है? फिर भी, सम्भव है, वह सन्त तुझे यहाँ से जाते ही कहीं सड़क पर मिल जाए।

''और मान ले कि मैं और तू बहस कर रहे हैं, और बहस में मैं हार गया। तो इससे यह कैसे समझा जा सकता है कि मैं गलत और तू ठीक है? और मान ले कि मैं जीत गया, तो इससे भी यह कैसे कहा जा सकता है कि मैं ठीक और तू गलत है?

''सत्य क्या है और असत्य क्या है, इसे मानने का कोई निश्चित आधार नहीं है। जो बात निश्चितता से कही जा सकती है, वह यही है कि हम सब-के-सब अँधेरे में घूम रहे हैं।

''एक दिन मैंने स्वप्न देखा कि मैं तितली हूँ और फूल-फूल पर मस्ती से घूम रहा हूँ। और विश्वास कर कि मैं तितली ही बन गया था। और तब मैं जगा और मुझे यह ज्ञान हुआ कि मैं तितली नहीं, चाङ्चुस हूँ। मगर, अब इसका समाधान क्या हो कि यह चाङ्चुस तितली बन गया था या वह तितली अभी चाङ्चुस बनी हुई है?

''मनुष्य और तितली में भेद तो है, किन्तु, इस भेद को पकड़ने की कोई राह नहीं सूझती। पाप और पुण्य के बीच विभाजन करने का कोई मार्ग दिखाई नहीं देता।

''तो भाई मेरे, पाप और पुण्य के पचड़े को छोड़। *पाप-पुण्य दोउ बेरी, इक सोना, इक लोहा केरी*। और कौन कह सकता है कि सोने और लोहे में जो भेद है, वह स्वप्न नहीं है?

''तो स्वप्न की सत्ता से ऊपर उठ और समय की चेतना को लुप्त हो जाने दो। और निस्सीमता के बीच कहीं वह कुंज पकड़ ले, जहाँ तू सबसे टूटकर विश्राम कर सकता है।''

रूठी हुई आत्माएँ

संसार में बहुत-सी आत्माएँ हैं, जो संसार से रूठकर अलग बैठी हुई हैं। सम्भव है, प्रत्येक युग में ऐसा होता हो और प्रत्येक युग में कुछ आत्माएँ उस युग से रूठकर अलग बैठने में सुख मानती हों।

किन्तु, ये आत्माएँ कौन होती हैं? क्या रूठकर वे युग की धारा से छिन्न होकर पीछे रह जाती हैं या अगले जीवन पर भी उनका कुछ प्रभाव पड़ता है?

वर्तमान अतीत के उदर से जन्म लेता है और भविष्य से एकाकार होकर वह जीता ही चला जाता है। तो इन रूठी हुई आत्माओं के पास जो पूँजी है, वह क्या ऐसी वस्तु है, जो केवल अतीत की है और वर्तमान और भविष्यत, उससे बिलकुल अछूते हैं?

वर्तमान युग से रूठी हुई ऐसी एक आत्मा अभी उस दिन एक गाँव में मिली। गाँव के लोग उसे बिलटू बाबा कहते हैं।

बिलटू बाबा कौन हैं, कहाँ के हैं, यह कोई नहीं जानत। किसी ने यह बात कभी उनसे पूछी ही नहीं, मानो, ये प्रश्न बिलकुल निरर्थक हों। हाँ, सारे गाँव में वे सर्वज्ञ समझे जाते हैं और लोग किसी ऐसे विषय की कल्पना नहीं कर सकते, जो बिलटू बाबा की जानकारी से बाहर का विषय समझा जाए।

और बिलटू बाबा गैरिक वस्त्र नहीं पहनते, न उनके लम्बी-लम्बी दाढ़ी या मूँछ ही हैं।

आत्मा का बस चले, तो वह किसी ऐसे शरीर में प्रवेश ही न करे, जो उसके प्रतिकूल है।

और लोग गाँव में विवशता से भले ही रहते हों, किन्तु, बिलटू बाबा वहाँ बड़े प्रेम से रहते हैं, मानो, आत्मा को अनुकूल शरीर प्राप्त हो गया हो।

एक दिन मैंने बिलटू बाबा से पूछा, "बाबा! आपके सहधर्मी यानी ज्ञानी लोग तो नगर में रहते हैं। आप यहाँ देहात की धूल में क्या कर रहे हैं?"

बाबा जरा चुप हो गए। फिर बोले, " शहर और देहात में कोई भेद नहीं है। और मैं शहर से देहात को, यों भी, कुछ श्रेष्ठ नहीं समझता। मगर, शहर में रेडियो, अखबार और भोंपू का इतना शोर है कि वहाँ मुझ से रहा नहीं जाता।"

मैंने कहा, "मगर, अब तो ये चीजें देहातों में भी पहुँच रही है।"

बाबा बोले, "हाँ, यही विपत्ति की बात है। लेकिन, वे जब तक यहाँ कुहराम मचाने लायक होंगी, तब तक वो शान्ति का देवता मुझे अपनी गोद में उठा लेगा। और देवता ने तब तक यदि नहीं बुलाया, तो उस समय गाँव से भी भागकर मैं वन में रहने लगूँगा।"

मुझे अपनी कविता की पंक्तियाँ याद आईं।

धर्मराज! क्या यती भागता कभी गेह या वन से?

सदा भागता फिरता है वह एकमात्र जीवन से।

इसलिए, मैंने कहा, "बाबा! शहरों में हम लोग रूठी हुई आत्माओं की बातें करते हैं यानी वे आत्माएँ, जो पुरातनता को कलेजे से चिपकाए नवीनता से नाराज रहती हैं। कहीं आप उन्हीं आत्माओं में से एक तो नहीं है?"

बाबा बोले, "कौन बताएगा कि कौन किससे रूठा है? यदि मैं अतीत हूँ, तो घर मेरा है और बच्चे मुझसे रूठकर अलग भाग रहे हैं। यह दुर्भाग्य की बात है। मगर, यह भी दुर्भाग्य ही है, यदि बच्चों के घर में बाप के लिए स्थान न हो।

"और मेरे कलेजे में क्या है, सो तुम्हें बताऊँ?

"एक समय दुनिया अंधकार से पीड़ित थी। आज वह प्रकाश से बेचैन है। और प्रकाश की फुनगी पर चढ़कर तुमने प्राप्त क्या किया है? क्या अब तुम्हारे भीतर सवाल नहीं उठते? अथवा क्या सभी सवालों के जवाब तुम्हें मालूम हैं? और क्या तुम यह कह सकते हो कि जो जवाब तुमने, फरमूलों के बल पर, लिख रखे हैं, वे सवालों के पूरे जवाब हैं?

"यदि नहीं, तो फिर वह अंधकार ही क्या बुरा था?"

"और तुममें से हर एक चाहता है कि उसके आँगन में समृद्धि का एक विशाल वृक्ष खड़ा हो जाए। तो क्या, एक चिड़िया एक टहनी से अधिक पर अपना घोंसला बनाती है?"

"और तुम चाहे सारा सरोवर ही अपने द्वार पर ले आओ, मगर, पानी तो ग्लास भर ही पिओगे।"

"और अखबारों तथा किताबों का अंबार दिखाकर मुझे धोखे में मत डालो। ज्ञान उदार होता है, बुद्धि झगड़े पैदा करती है। ज्ञान मौन होता है, बुद्धि बक-बक करती है।

"निःशब्दता में कोई पीड़ा नहीं होती। पीड़ा तब फैलती है, जब मनुष्य वैखरी अवस्था में आता है।

"और मेरे हृदय में जो छिपा हुआ है, वह नश्वर नहीं, अविनश्वर है। रेडियो, अखबार और भोंपू, ये आकाश को निरर्थक कोलाहल से भरे रहे हैं। किन्तु, आकाश फिर निःशब्द होगा और, निःशब्दता के आने पर, मेरे स्वप्न फिर बाहर आएँगे, चाहे वे मेरे भीतर से बाहर आएँ, या मेरे बाद आनेवाले मेरे आत्म-बन्धुओं के हृदय से।

"अभी तो पुण्य पिघलकर यशैषणा और ज्ञान जमकर वितंडावाद बन गया है।

"पहले के ऋषियों ने कहा था, सबसे ऊपर की कोशिश मत करो। नम्बर एक बनने की चेष्टा से जो धुआँ छूटता है, वह संसार के मन को काला कर देता है। किन्तु, वह ज्ञान पीछे छूट गया। अब जिसके पास भी कोई रथ है, उसे वह सबसे आगे निकाल लेना चाहता है। और इस दौड़ में सारी दुनिया धूल से भर गई है। देखते नहीं, सुयश की खोज में कितने लोग अपने बन्धुओं को कुचलते जा रहे हैं? और तब भी, इस सुयश को तुम प्रणाम करते हो।

"जिनके पास करने लायक कोई काम नहीं है, जीभ और कलम चलाकर दुनिया में कोलाहल भरने की बात उन्हें ही अच्छी लगती है। मगर, जो रागों से संघर्ष करते हैं, उन्हें लिखने और बोलने का अवकाश नहीं रहता और जो सफल हो चुके हैं, वे मौन हैं।

"मेरे मन के भीतर जो दुनिया बसी हुई है, वह न तो अंधकार से काली, न प्रकाश से बेचैन है। वह गोधूलि की दुनिया है, जो उतना ही जानना चाहती है, जितने ज्ञान से आत्मा के सरोवर में तूफान नही आता। इस दुनिया की मान्यता है कि जीवन के उत्स पर मैटर नहीं, स्पिरिट का संस्थान है।"

मन का पाप

एक व्यक्ति के कुछ रुपए खो गए और वह सोचने लगा, हो-न-हो, किसी ने रुपए चुरा लिए हैं। उसने बहुत सोचा कि रुपए कौन ले सकता है, किन्तु, किसी पर भी सन्देह करने का उसे सुयोग दिखलाई न दिया।

निदान, मन मारे वह बैठा हुआ था कि उसके सामने से पड़ोसी का लड़का गुजरा और वह उसे बड़े ध्यान से देखने लगा और जितने ही ध्यान से वह उसे देखता, उतना ही उसे मालूम होता कि यही चोर है और इसी ने मेरे रुपए चुराए हैं। उसने साफ-साफ देखा, उसकी चाल-ढाल चोर की है, उसकी आकृति चोर की है, उसकी भँवें गिरी हुई हैं, जो चोरी छिपाने की कोशिश है और चोरी छिपाने को ही वह संजीदगी से चल रहा है।

इतने में, उसकी बेटी घर से दौड़ी हुई आई और बोली, ''बाबूजी, रुपए तो बाक्स के नीचे पड़े थे। शायद, तुम्हीं ने रखे होंगे और पीछे तुम भूल गए। ये रहे वे रुपए।''

बूढ़ा रुपए पाकर मारे खुशी के उछल पड़ा।

पड़ोरी का लड़का अब भी सामने से जा रहा था। बूढ़े ने फिर उसे बड़े गौर से देखा। मगर, अब न तो उसकी चाल-ढाल चोर की-सी थी, न उसकी आकृति से ही चोरी टपकती थी।

खंडन का सुख

एक शिष्य ने अपने गुरु से पूछा, ''महाराज, साधक के लिए सबसे बड़ा आनन्द क्या है?''

गुरु ने बताया—अद्वैत का चिंतन और निरंजन का ध्यान।''

परन्तु, शिष्य को इससे पूरा संतोष नहीं हुआ। अतएव, उसने फिर पूछा—''महाराज, आप जो बतला रहे हैं, वह तो अद्वैतानुभूति का आनन्द है। किन्तु, मैं तो अद्वैत के आनन्द से भी बड़े आनन्द की बात पूछ रहा था।''

गुरु ने शिष्य का भाव समझकर कहा, ''बेटा, अद्वैत के आनन्द से बड़ा आनन्द तो बस द्वैत के खंडन में है।''

और शिष्य इस उत्तर से बहुत प्रसन्न हुआ।

सुक़रात का मकान

कहते हैं, सुक़रात की भी एक बार यह इच्छा हुई कि एक मकान बनाए और मित्रों के साथ उसमें निवास करें। निदान, उन्होंने एक मकान की नींव डाल दी। मगर, जो भी उधर से गुज़रता, उसके ओठ बिदक जाते।

"हुँह, मकान बहुत छोटा होगा।"

आख़िर एक दिन एक आदमी ने सुक़रात से पूछ लिया, "क्यों महाराज! आपका नाम इतना बड़ा और मकान इतना छोटा! आख़िर, बात क्या है?"

सुक़रात बोले—"मेरे भोले भाई! तुझे तो यह मकान छोटा दिखाई देता है और मुझे इसकी आशा ही नहीं दीखती कि मैं इसे सच्चे मित्रों से भर सकूँगा।"

साहसी माता

गरुड़ की मादा अपने अंडे ऊँची चोटी पर दिया करती है।

एक दिन एक किसान की स्त्री ने मादा गरुड़ से कहा, ''क्यों बहन, अपने बच्चों को पर्वत की चोटी पर जना करती हो? कहीं कोई लुढ़क गया, तो उसकी हड्डी-पसली तक न मिलेगी। और पहाड़ों पर धूप भी तो बहुत तेज होती होगी।''

मादा गरुड़ बोली, ''बहन, हमारे वंश में जटायु-संपाती जैसे वीर हुए हैं, जिन्होंने सूर्य के रथ से होड़ बदी थी। यदि अभी से अपने बच्चों को ऊँचाई का पाठ न पढ़ाऊँ, तो ये क्या सूर्य के पास पहुँचने की कभी हिम्मत भी करेंगे?''

घोड़ा और ऊँट

घोड़े पर एक दिन दुर्मति सवार हुई और वह भागा-भागा ब्रह्मा के पास पहुँचा और कहने लगा कि "हे सृष्टि के स्वामी! आपने बड़े ही आनन्द में आकर मेरा निर्माण किया। आपने अपने हाथ से मेरी देह पोंछी, अपने हाथ से मेरे अयाल सजाए और अपने हाथ से मेरी कजरारी आँखें सँवार दीं। जरूर आपने मुझे जीवों में सबसे सुन्दर बनाना चाहा होगा और, मुझे लगता है, जीवों में सबसे सुन्दर मैं हूँ भी। फिर भी, कोई-कोई अभाव मुझे खटकता रहता है और मैं चाहता हूँ कि उन्हें आप दूर कर दें।"

ब्रह्मा बोले—"कहे जाओ, अगर, सचमुच, कोई अभाव है, तो मैं उसे दूर कर दूँगा।"

घोड़ा कहने लगा—"और कुछ नहीं, अगर मेरी ये टाँगे ज़रा और लम्बी और पतली होतीं, तो दौड़ने में मेरी फुर्ती बहुत बढ़ जाती। और अगर मेरी यह गरदन हंसनुमा और ऊँची होती, तो उससे मेरी खूबसूरती को और भी चार चाँद लग जाते। और मेरी छाती अगर कुछ ज्यादा चौड़ी और पुष्ट होती, तो मुझमें ताकत भी खूब आ जाती। और जब आपकी यह कृपा है कि आपक प्यारा बेटा आदमी रोज मुझ पर सवारी किया करे और रोज़ मुझ पर जीन कसा करे, तो फिर, यही क्यों न हो कि जीन मेरे शरीर पर स्थायी अंश बन जाए?"

ब्रह्मा ने एवमूस्तु कहकर मिट्टी में कुछ मसाले मिलाए और सृजन का मन्त्र पढ़कर उसे फूँक दिया। फिर क्या था? पलक मारते घोड़े के सामने विशालकाय और भयानक जानवर ऊँट खड़ा हो गया और घोड़ा उसके भय के मारे भागने लगा।

ब्रह्मा ने कहा, "अब भागता क्यों है? देखता नहीं, इसकी टाँगें तेरी टाँगों से ज्यादा लम्बी और ज्यादा पतली हैं, इसकी गरदन भी हंसनुमा और लम्बी है और इसकी छाती भी काफी बड़ी और मजबूत है और इसकी पीठ में जीन भी लगी हुई है? यह तो ठीक तेरा वही रूप है, जिसका तूने सपना देखा था।"

मगर, भय के मारे घोड़े के तो नथूने फड़फड़ा रहे थे और उसका कोई भी पाँव अचल नहीं था।

घोड़े ने घबराकर कहा, "बाबा, मुझे मेरी गलती के लिए माफ करो। मैं जैसा हूँ, वैसा ही ठीक हूँ और आज जो अक्ल सीखी है, उसे जिन्दगी भर नही भूलूँगा। मगर,

मुझे तो अब यहाँ से जाने ही दो, क्योंकि इस जानवर को देखकर मैं तुम्हारी उपस्थिति में भी भय से मरा जा रह हूँ।''

ब्रह्मा बोले, ''तू तो खैर जा सकता है, मगर, यह जीव आज से सृष्टि में कायम रहेगा और जहाँ-जहाँ तू इसे देखेगा, वहाँ-वहाँ तू बिदकता फिरेगा, क्योंकि यह तेरी वह कल्पना है, जिसे तूने अति लोभ में देखा था।''

ऊँचाई के गीत

लवा जब आकाश में उड़कर गाने लगती है, तब न तो उसका रूप दिखाई देता है, न उसकी आवाज सुनाई पड़ती है।

इसलिए, एक रोज एक कोयल ने एक लवा से पूछा, "तो बहन, तुम इसीलिए इतना ऊँचा चढ़कर गाती हो कि किसी को तुम्हारी आवाज़ सुनाई न पड़े?"

लवा ने कहा, "हाँ बहन, यह बात मैंने उन कवियों से सीखी है, जो मनुष्य की पहुँच से परे होते हैं और जिनकी प्रशंसा का कारण ही यह होता है कि लोग उन्हें समझ नहीं पाते।"

कौआ और बाज़

कोयल का गीत सुनकर एक बाज़ के मुँह में पानी भर आया। ''उफ़, जिसकी आवाज़ इतनी सुरीली है, उसका माँस कितना मीठा होगा?''

बाज़ के मन की बात जानकर ज्ञानी पक्षी कौए को हँसी आ गई और उसने कहा, ''बाज़, तो हीरे और लाल भी तो खाने में नर्म और मज़ेदार होंगे, क्योंकि देखने में वे बड़े ख़ूबसूरत होते हैं।

बाज़ अपनी बेवक़ूफ़ी पर झेंप गया और बोला, ''नहीं मित्र, भ्रम मुझे इस कारण हुआ कि तुम्हारा यह आदमी नामक जीव अपने मित्र से कहा रहा था कि अमुक कवयित्री की कविता जब इतनी अच्छी होती है, तब उसका रूप कितना सुन्दर होगा?''

चाँद और सूरज

कहते हैं, चाँद और सूरज किसी समय समान थे। चाँद में शीतलता और सूर्य में गर्मी तो तब भी थी, किन्तु, आकार में दोनों में कोई भेद न था, न चाँद को उस समय घटने-बढ़ने का ही रोग था।

तब चाँद ने विधाता से एक दिन शिकायत की कि ''महाराज! यह भी कोई बात है कि एक ही आकाश में दो नक्षत्र बिलकुल समान आकार में रहें और राज करें? क्या यह सम्भव नहीं है कि हममें से एक कुछ छोटा कर दिया जाए?''

चाँद को आशा थी कि सूर्य को विधाता कुछ छोटा कर देंगे, जिससे चाँद आकाश का बड़ा राजा समझा जा सके।

किन्तु, विधाता ने कहा, ''ठीक कहता है तू चाँद! एक राज्य में दो राजे बराबर बल के तो नहीं रह सकते। इसलिए, आ, मैं तुझे कुछ छोटा कर दूँ कि सूर्य का शासन असंदिग्ध हो जाए।''

और तब से चाँद छोटा और सूर्य से बड़ा हो गया और तभी से चाँद घटता-बढ़ता भी है।

शासन और राजनीति

चीन देश से आए हुए किसी महात्मा से एक जिज्ञासु ने पूछा, ''महाराज! राजनीति को क्या हो गया है कि वह दिन-दिन सुरसा के समान अपना रूप-विस्तार किए जा रही है? और जानते हैं महाराज! कि वह कहती क्या है? कहती है, जनता का कल्याण उसी मात्रा में होगा, जिस मात्रा में वह हमारे पंजों की अधीनता स्वीकार करेगी और अपने अधिकार शासन को सौंप देगी, क्योंकि शासन जनता की सामूहिक इच्छा का नाम है, उसकी सम्मिलित शक्ति संज्ञा है।''

महात्मा ने प्रश्न सुना और 'हूँ' कहकर वे ज़रा गम्भीर हो गए। फिर बोले, प्राचीन और नवीन ज्ञान में कुछ फर्क आ गया है, या यों कहो कि फर्क कुछ भी नहीं है। अग्नि में दाहकता और विष में मारकता होती है, यह बात तो बहुत पुरानी है, किन्तु, प्रत्येक युग में लोग उसकी परीक्षा करते ही रहते हैं। वही बात राजनीति की भी है। अन्यथा मैं तो यही समझता हूँ कि सरकार वही अच्छी होगी, जो ज़रा आलसी हो और आलसी नहीं, तो हमारे घर-आँगन से ज़रा दूर हो।

सबसे अच्छे राजे वे हैं, जिनके बारे में जनता केवल यह सुनती है कि वे जीवित हैं और उनका राज चल रहा है।

तब वे राजे हैं, जनता जिनकी प्रशंसा करती है और तालियाँ बजाकर उनका हौसला बढ़ाती है।

उनसे भी निकृष्ट राजे वे हैं, जनता जिनसे भय खाती है।

और सबसे निकृष्ट राजे वे हैं, जनता जिनकी निन्दा करती है।

जब सरकार आलसी होती है, अधिकारी जनता को कष्ट नहीं देते।

जब अधिकारी दुष्ट होते हैं, सरकार जनता के लिए शाप बन जाती है।

दुष्ट अधिकारियों को राह पर लाने के लिए सरकार यदि हिले-डुले तो ठीक है, किन्तु, अधिकारियों को सुधार कर उसे फिर से आलसी बन जाना चाहिए।

सरकार जितनी ही तेज-तर्राक होती है, जनता में असन्तोष भी उतना ही अधिक हो जाता है।

निषेध जितने अधिक होंगे, जनता की शान्ति उतनी ही कम होती जाएगी।

शस्त्रों की तीक्ष्णता जितनी बढ़ेगी, देश में कोलाहल भी उतना ही तेज होता जाएगा।

और कानून जितना ही ज्यादा बनाओगे, चोरों की संख्या भी उतनी ही बढ़ती जाएगी।

जनता का हृदय सहज ही स्वच्छ और द्रवणशील होता है। उसके साथ हस्तक्षेप न करना ही योग्य है। हस्तक्षेप करोगे तो हृदय या तो दबकर नीचे चला जाएगा या खलबलाकर बाहर आना चाहेगा। और इन दो में से कोई भी अवस्था ठीक नहीं है।

कानून का दबाव और सजा की धमकी, इन दोनों औजारों को हाथ से गिर जाने दो।

क्या तुम्हारे पास ऐसे कोई उपाय नहीं हैं, जिनसे कानून और सजा, इनका ख्याल ही जाता रहे?

तो सुनो, मैं तुम्हें उपाय बतलाता हूँ।

जनता का चरित्र धान के पौधों का चरित्र और राजा का चरित्र पवन का चरित्र है। पवन जिधर को जाता है, धान के पौधे उसी ओर को झुक जाते हैं।

इसलिए, जनता से तुम जिस आचरण की आशा रखते हो, अपना आचरण तुम वैसा ही बना लो।

यदि शासक स्वयं सदाचारी है, तो जनता को सदाचार के मार्ग पर लाने के लिए उसे हुक्मनामे निकालने की जरूरत नहीं होगी।

यदि राजा को रुपए का लोभ नहीं है, तो लोग पैसे चुराना छोड़ देंगे, चाहे चोरी के लिए उन्हें दण्ड के बदले पुरस्कार ही क्यों न दिए जाएँ।

जनता उतनी जड़ नहीं होती, जितनी राजे उसे समझना चाहते हैं। कौन तृण खाएँ और कौन न खाएँ, इतनी बात तो गउएँ भी समझती हैं।

जिनका काम मनुष्यों को सँभालना है, उसे चाहिए कि सबसे पहले वह अपने आप को सबके अधीन कर दे।

सरकारों में सबसे श्रेष्ठ वह है, जो व्यक्तियों को आत्मानुशासन का पाठ पढ़ाती है।

जो दूसरों का विश्वास नहीं करता, दूसरे भी उसका विश्वास नहीं करेंगे।

राजा बने बिना राज करना, कोड़ा उठाए बिना हुक्म चलाना और अपने मस्तक मुकुट सब के मस्तक पर रख देना, यह बान-प्रस्थी राज है।

सभी अच्छे राजे वानप्रस्थी होते हैं।

करों की आय यदि अधिकारी न खा जाएँ, तो जनता कभी भूखों मर सकती है?

और राज करनेवाले लोग यदि वानप्रस्थी हों, तो जनता अनुशासन को भंग क्यों करेगी?

और हर छोटी बात पर तुम बन्दूक लेकर क्यों दौड़ते हो?

सड़क पर कोलाहल उठे, तो राजा को भी महल छोड़कर सड़क पर आ जाना चाहिए और कहना चाहिए कि लोगो! यह लो अपना राज। हम बन्दूक तब तक न चलाएँगे, जब तक तुम यह न कहोगे कि राजा! हमें मारो, क्योंकि मारे बिना हम नही सँभलेंगे।

अच्छा शासक जनता की निन्दा नहीं करता, न रोज-रोज उसकी कमजोरियों के बखिए ही उधेड़ता है।

और अधिकारी जहाँ चोर नहीं होते, वहाँ जनता सुखी होती है। और जिस राज में सुख है, उस राज को छोड़ने की बात किसी को भी नहीं भाती। लोभी अधिकारी नरभक्षी बाघों से भी विकराल होते हैं।

एक सुशासक के राज में एक गाँव था, जो जंगल के पास पड़ता था और बाघ जब-तब जंगल से निकलकर आते और एकाध मनुष्य को चट कर जाते थे।

तब एक व्यक्ति ने गाँववालों को राय दी, क्यों नही यहाँ से उखड़कर पहाड़ के पार जा बसते? वहाँ तो बाघों का कोई भय नहीं है। गाँववालों ने कहा–''अरे, कहते क्या हो? वहाँ के तो अफसर ही बाघ हैं। न जाने, किस घर से किस को उठा ले जाएँ। ना भाई, हम यहाँ से नहीं जाएँगे, क्योंकि हम यहाँ सुशासन में है।''

मगर, अच्छी सरकारें किताबों से नहीं बनती, वे अच्छे आदमियों से बनती है। इसलिए, राजा के लिए योग्य है कि वह पंडित से अधिक सदाचारी मन्त्रियों की खोज करें।

किसने कितना पढ़ा है, यह गौण विषय है। मुख्य बात तो यही हो सकती है कि कौन अच्छा भाई, कौन अच्छा मित्र, कौन अच्छा पिता और कौन अच्छा पति रहा है।

जो अच्छे भाई, अच्छे मित्र, अच्छे पिता या अच्छे पति रहे हैं, वे ही अच्छे मंत्री भी हो सकते हैं।

जो अपने परिजन और पड़ोसी की ओर सेवा-भाव से प्रेरित नहीं है, वह मंत्री बनकर देश की ओर भी सेवा-भाव से प्रेरित नहीं होगा।

छोटे दिल का आदमी मंत्री हो, इससे जनता के काम नष्ट होते हैं। जब तक उसे गद्दी नहीं मिलती, वह उसे पाने की घात में रहता है और जब उसे गद्दी मिल जाती है, तब वह इस चिन्ता से ग्रस्त हो जाता है कि गद्दी कहीं उसके हाथ से निकल न जाए

और जिसके भीतर गद्दी की चिंता समा गई, वह कौन पाप करेगा और कौन नहीं, यह नहीं कहा जा सकता।

ढीठ औरतें और छोटे मर्द, ये दोनों ही विकट होते हैं। यदि उन्हें पास बिठाओगे, तो वे इसका अनुचित लाभ उठाएँगे। और यदि दूर रखोगे, तो वे नाराज हो जाएँगे। इसलिए, अच्छा शासक इनमें से किसी को भी पास फटकने नहीं देता।

धनी होकर निरहंकार होना आसान है, किन्तु, गरीब होकर कटु न होना अत्यन्त कठिन है। इसलिए, अच्छा राजा गरीबों के आक्रोश से क्रुद्ध नहीं होता। वह उसे निःस्व ब्राह्मण की स्वाभाविक भाषा समझकर उसका आदर करता है।

हर सुखी परिवार की नींव में परिवार के किसी वानप्रस्थी सदस्य की लाश गाड़ी जाती है।

देश भी सुखी तभी होता है, जब उसके राजे और मंत्री वानप्रस्थ को अपना धर्म समझते हैं।

सज्जन धन का व्यय करके अपने व्यक्तित्व का विकास करते हैं। अयोग्य लोग व्यक्तित्व का नाश करके धन की वृद्धि करते हैं।

और जब राज करनेवाले लोग धन के लोभ में पड़ जाते हैं, तब उनसे राजा के शील का पालन नहीं हो पाता। तब अधम अधिकारियों की बन जाती है और जब अधम अधिकारी आदर पाने लगते हैं, तब उत्तम अधिकारी निराश हो जाते हैं और उत्तम अधिकारियों की निराशा से जनता में असन्तोष फैलता है।

तो क्या, ऐसे समय जनता को तुम मारोगे?

मगर, उसे क्यों नहीं मारते, जो राजगद्दी पर बैठकर लोभ की दासता करता है और अधम अधिकारियों से मित्रता करके उत्तम अधिकारियों को निराशा और जनता को असन्तुष्ट बनाता है?

शिक्षा में शिक्षक, नाटक में अभिनेता और शासन में मंत्री की अपनी योग्यता और चरित्र ही प्रधान है। जब शिक्षक, अभिनेता और मंत्री अयोग्य होते हैं, तब शिक्षा, नाटक और शासन का सर्वनाश हो जाता है।

सरकार की योग्यता उसमें लगे हुए व्यक्तियों की अपनी योग्यता के सिवा और हो भी क्या सकती है?

जैसी प्रजा, वैसा राजा, यह मत कहो। इस प्रकार तो यह भी कहा जा सकता है कि मछली वैसी ही होती है, जैसा जल होता है। फिर भी, मछलियाँ जब सड़ने लगती हैं, तब पहले उनका मस्तक ही सड़ता है।

और सुधार होन है, तो पहले कौन सुधरेगा? सूर्य को देखकर तारे चलेंगे या तारों को देखकर सूर्य?

हर घर पर पुलिस का पहरा हो या राज्य में शान्ति, यह वह राज्य है, जिस पर यमराज शासन करता है।

पुलिस कहीं दिखाई नहीं देती और राज्य अपने आप चलता है, यह वह राज्य है, जिस पर शासन स्वयं भगवान का चलता है।

सारी दुनिया भगवान की है। यदि तुम भगवान के निश्छल प्रतिनिधि नहीं बन सकते, तो तुम्हें राज छोड़ देना चाहिए।

भगवान जनता को प्यार करते हैं। इस प्यार का माध्यम तुम बनो।

जनता जिसे प्यार करती है, असल में, वह भगवान का प्यारा पुत्र है। जनता जिसे सिर झुकाती है, असल में आदर उसे भगवान दे रहे हैं।

जो तुमसे अधिक योग्य हैं, उनका आदर करना, यह न्याय-बुद्धि की सबसे बड़ी पहचान है। देश के योग्य व्यक्तियों का आदर नहीं हो, तो जनता राजा के विरुद्ध हो जाती है। इसलिए, जहाँ जनता सिर झुकाती है, वहाँ तुम्हें भी झुकना चाहिए।

ज्ञान की जिज्ञासा बुद्धिमानी का चिह्न है, आत्म-सुधार की बेचैनी पुण्य का प्रमाण और लज्जित होने की योग्यता साहस की पहली किरण है। ये तीन गुण जिसमें हैं, वह अच्छा शासक बन सकता है।

रेडियो रूपक : हे राम

स्वामी विवेकानन्द

[गंभीर संगीत]

वाचक : यदा यदा हि धर्मस्य ग्लानिर्भवति भारत।
अभ्युत्थानमधर्मस्य तदात्मानं सृजाम्यहम्
परित्राणाय साधूनां विनाशाय च दुष्कृताम्,
धर्मसंस्थापनार्थाय संभवामि युगे युगे।

वाचक : अवतार अचानक ही आकाश से नहीं टपक पड़ते। उनका आभिर्भाव काल की आवश्यकताओं के अनुसार होता है। जब समाज बर्बर और हिंसापूर्ण था, अवतार भगवान परशुराम का हुआ, क्योंकि जिस समाज के लोग अहिंसा की महिमा नहीं समझते, कुठार की वाणी उनकी भी समझ में आ जाती है।

वाचिका : और सभ्यता जब परिपाक पर पहुँची, लोगों को इस बात में भी शंका दिखाई देने लगी कि यज्ञ में पशुओं की बलि देना पुण्य है या नहीं।

वाचक : बुद्धदेव ने यज्ञ में पशुओं की बलि देने वाली प्रथा को पाप समझा और उन्होंने मनसा, वाचा, कर्मणा हिंसा की मनाही कर दी। सभी कर्मठ मनुष्यों के समान अवतार भी अपने जीवन में अनेक प्रकार के कार्य करते हैं, किन्तु उनका खास जोर दो-एक सिद्धान्तों पर होता है। भगवान रामचन्द्र का सारा बल इस सिद्धान्त पर था कि सभी अवस्थाओं में कर्त्तव्य प्रमुख और भावना गौण है।

वाचिका : और जब भावना की उपेक्षा से समाज को असन्तुलन का भान हुआ, तब आविर्भाव भगवान श्रीकृष्ण का हुआ, जिसकी शिक्षा यह थी कि भावना और कर्तव्य के बीच जब द्वन्द्व हो, तब उस द्वन्द्व का समाधान अनासक्ति में खोजो। किन्तु उन्नीसवीं सदी में आविर्भूत होने वाले अवतारों का जोर किस बात पर था?

वाचक : उन्नीसवीं शताब्दी बौद्धिक कोलाहल का काल था। अंग्रेजी भाषा के साथ यूरोपीय बुद्धिवाद के प्रचार से भारतवासियों के परम्परागत

विचारों को बड़े जोर का धक्का लगा और उसमें से कितने ही लोग गम्भीर होकर यह सोचने लगे कि मूर्तिपूजा ठीक है या नहीं, व्रतों और अनुष्ठानों से वास्तविक धर्म का क्या सम्बन्ध है तथा पुराणों में जो विचित्र कथाएँ मिलती हैं, उनकी सार्थकता क्या है।

वाचिका : इसीलिए हम देखते हैं कि उन्नीसवीं सदी में निराकारवादी आन्दोलनों का बाहुल्य है। ब्राह्मसमाज, प्रार्थना-समाज, आर्य-समाज—ये सभी आन्दोलन हिन्दुत्व के उसी रूप को मानते हैं, जो निराकारवादी है, जो मूर्तिपूजा के खिलाफ है, जो जात-पांत को उपेक्षा की दृष्टि से देखता है।

वाचक : झगड़ा उस समय केवल निराकार और साकार का ही नहीं था, बल्कि ईसाई धर्मोपदेशक हिन्दू धर्म और इस्लाम तथा हिन्दुत्व के बीच भी मेल कम, खटपट कुछ ज्यादा हो गई थी। विज्ञान और बुद्धिवाद के प्रचार से खलबली हर एक के भीतर मच गई थी और प्रत्येक धर्म अपने को अन्य सभी धर्मों से श्रेष्ठ सिद्ध करने में लगा हुआ था। धर्म को लेकर भाषण और विवाद तथा धर्म को लेकर शास्त्रार्थ—उन्नीसवीं सदी के बौद्धिक कोलाहल के प्रधान लक्षण थे।

वाचिका : किन्तु परमहंस रामकृष्ण तो पण्डित नहीं थे। क्या वे भी शास्त्रार्थ करने को प्रस्तुत रहते थे?

वाचक : नहीं; उस तमाम कोलाहल में केवल परमहंस रामकृष्ण ही थे, जो अविचल और शान्त थे। उन्होंने भाषण नहीं दिए, अपने मतों के प्रचार के लिए अखबार नहीं निकाला, न कभी किसी के साथ वे शास्त्रार्थ में फँसे। कलकत्ते के पास दक्षिणेश्वर के मन्दिर में बैठे-बैठे वे शान्त भाव से साधना करते रहे। जनता ने पण्डितों के तर्कों को सुनकर उन पर श्रद्धा अवश्य दिखाई, किन्तु धर्म कैसा होता है, इसका ज्ञान जनता को परमहंस रामकृष्ण के जीवन को देखकर हुआ। और लोग धर्म की बातें करते थे, परमहंस रामकृष्ण धर्म के जीते-जागते स्वरूप थे।

वाचिका : तो फिर परमहंस रामकृष्ण के विचारों का हम विश्वव्यापी प्रचार कैसे देखते हैं? उस एकान्त साधक की अनुभूतियाँ दिग्-दिगंत में कैसे फैले गईं?

वाचक : प्रत्येक कृष्ण के साथ किसी अर्जुन का आगमन होता है। प्रत्येक बुद्ध अपने साथ किसी आनन्द को लिए आते हैं और जब भी राम का आगमन होता है, तब हर बार उनके साथ कोई लक्ष्मण

भी पधारते हैं। परमहंस रामकृष्ण को पुरानी दुनिया से जो कुछ कहना था, उन्होंने स्वयं कहा। किन्तु नई दुनिया में अपना सन्देश फैलाने को वे विवेकान्द की आत्मा में प्रविष्ठ हो गए। विवेकानन्द रामकृष्ण के लक्ष्मण थे, अर्जुन थे, आनन्द थे। रामकृष्ण जिए इसलिए कि उन्हें विवेकानन्द को तैयार करना था और विवेकानन्द का अवतार इसलिए हुआ था कि वे परमहंसदेव के सन्देशों का विश्वव्यापी प्रचार करें।

वाचिका : क्या विवेकानन्द आरम्भ से आस्तिक प्रवृत्ति के थे?

वाचिका : नहीं, आस्तिक तो क्या, अपने छात्र-जीवन में वे नास्तिक थे, सन्देहवादी थे और बुद्धि की कसौटी पर परखे बिना किसी भी बात को स्वीकार नहीं करते थे। किन्तु भगवान को जिससे जैसा काम लेना होता है, वह उसे वैसे ही परिवेश में डाल देते हैं।

वाचिका : सुना है, विवेकानन्द एक वकील के खानदान में जन्मे थे।

वाचक : हाँ, विवेकानन्द के पिता का नाम विश्वनाथ दत्त था और वे वकील थे। विवेकानन्द के पर-पितामह भी वकील थे और उनके पितामह दुर्गाचरण दत्त ने भी वकालत शुरू की थी। किन्तु भरी जवानी में ही उन्होंने संन्यास ले लिया और फिर लौटकर वे घर नहीं आए। विवेकानन्द की माता भुवनेश्वरी देवी धर्मप्राण महिला थीं। जब बहुत दिनों तक उन्हें कोई सन्तान नहीं हुई, उन्होंने काशी में वीरेश्वर विश्वनाथ के यहाँ पुरश्चरण करवाया और इसी पुरश्चरण के फलस्वरूप विवेकानन्द का जन्म हुआ। इसीलिए विवेकानन्द का आदि नाम वीरेश्वर रखा गया था, यद्यपि बाद में चलकर घर के लोग उन्हें नरेन्द्रनाथ कहने लगे।

वाचिका : क्या नरेन्द्रनाथ अपने बचपन में भी तेजोवान् थे?

वाचक : बड़े उपद्रवी थे। उनके उपद्रवों से घबराकर उनकी माता कहा करती थीं, 'हाय, मैंने शंकर से तो एक सन्तान मांगी थी, किन्तु महादेव ने स्वयं न आकर मेरी कोख में एक भूत भेज दिया।' बालक नरेन्द्र क्रोधी थे। वे कभी-कभी आवेश में आकर बेतरह चीखने-चिल्लाने और काँपने लगते थे। उस समय माता उन पर एक लोटा पानी डालकर शिव नाम का उच्चारण करती और यह सुनते ही बालक नरेन्द्र शान्त हो जाते थे।

वाचिक : सुना है, नरेन्द्रनाथ बचपन से ही धार्मिक प्रवृत्ति के थे?

वाचक : धार्मिक प्रवृत्ति के भी थे और बुद्धिवादी भी। साधुओं और संन्यासियों के प्रति उन्हें बचपन से ही श्रद्धा थी और बचपन से

ही वे खेल-खेल में पूजा-पाठ और ध्यान भी किया करते थे। किन्तु खुद जाँचे बिना किसी भी बात को कबूल नहीं करना भी उनके स्वभाव में था। विश्वनाथ दत्त के एक मुनीम मुसलमान थे। उनका हुक्का अलग रखा रहता था। नरेन्द्र ने सुन रखा था कि हिन्दू को मुसलमान का हुक्का नहीं पीना चाहिए। अतएव उन्होंने एक दिन चुराकर उस हुक्के में मुँह लगा दिया। इतने में पिता ने उन्हें देख लिया और वे बोले–

विश्वनाथ दत्त : क्यों, यह क्या कर रहा है नरेन्द्र?

वाचक : नरेन्द्रनाथ सकपकाए नहीं। उन्होंने कहाः

नरेन्द्रनाथ : मैं इस बात की परीक्षा कर रहा था कि अगर जाति-भेद न मानूँ तो मेरा क्या होगा?

वाचक : नरेन्द्रनाथ के घर के पास एक पड़ोसी का चंपक का पेड़ था। नरेन्द्र उसकी फुनगी पर चढ़कर झूला झूलते थे। एक दिन पेड़ के मालिक को चिन्ता हुई, बच्चा किसी दिन पेड़ से गिर न जाए। अतएव मीठी बोली में उस बूढ़े ने नरेन्द्रनाथ से कहाः

बूढ़ा : बेटा, उस पेड़ पर न चढ़ा करो।

नरेन्द्र : क्यों, इस पेड़ पर चढ़ने से क्या होता है?

बूढ़ा : उस पेड़ पर ब्रह्मराक्षस रहता है। उसके दाँत बड़े-बड़े हैं। वह अपने पेड़ का अपमान करने वाले की गर्दन मरोड़ डालता है।

वाचक : नरेन्द्रनाथ ने नीचे उतरकर बूढ़े की बात का काफी सम्मान किया। बूढ़े ने समझा, चलो, काम बन गया। मगर उसके जाते ही नरेन्द्र उस पेड़ पर फिर से चढ़ और फिर झूला झूलने लगे। वे मन-ही-मन सोचने लगे :

नरेन्द्र : ब्रह्मराक्षस महोदय को एक बार देखूँ तो कि वे कैसे हैं!

वाचक : लेकिन नरेन्द्रनाथ का साथी काफी भयभीत हो गया था। उसने काँपते कण्ठ से कहा :

साथी : नहीं भाई नरेन, ब्रह्मराक्षस की बात कौन जाने? न मालूम, कब किधर से आकर गर्दन मरोड़ दे।

वाचक : किन्तु नरेन्द्र कब डरने वाले थे? उन्होंने कहाः

नरेन्द्र : तू निपट मूर्ख है। तेरे दादा डराने के लिए झूठ-मूठ बात बना गए। अगर सचमुच इस पेड़ पर ब्रह्मराक्षस रहता तो उसने मेरी गर्दन कब की मरोड़ दी होती।

वाचिका : सचमुच बड़े ही अद्भुत बालक थे नरेन्द्रनाथ। किन्तु रामकृष्ण देव के सम्पर्क में कैसे आए?

वाचक : कॉलेज में पढ़ते समय उनके भीतर यह जिज्ञासा उत्पन्न हुई कि परम सत्य तक पहुँचने का कौन-सा मार्ग है। उन्होंने यूरोप के समस्त दर्शन को छान डाला, तेजस्वी विद्वानों की संगति की, ब्रह्मसमाज के वे सदस्य बने, किन्तु शान्ति उन्हें नहीं प्राप्त हुई। धार्मिक प्रेरणा से वे इतने बैचेन हो उठे कि उन्होंने अपने पिता से कह दिया कि मैं विवाह नहीं करूँगा। उनका यह निर्णय जान लेने पर श्री रामचन्द दत्त ने पहली बार परमहंस रामकृष्ण उनके कान में डाला और कहा :

रामचन्द्र दत्त : यदि तेरे मन में सचमुच धर्म-प्राप्ति की इच्छा है, तो व्यर्थ ही अनेक स्थानों पर भटकने से कोई लाभ नहीं होगा। दक्षिणेश्वर में श्री रामकृष्ण के पास चला जा।

वाचिका : फिर वे दक्षिणेश्वर चले गए?

वाचक : नहीं। यही प्रेरणा उन्हें एक और व्यक्ति से प्राप्त होने वाली थी। वह व्यक्ति उनके कॉलेज के प्रिंसिपल मिस्टर हेस्टी थे। मिस्टर हेस्टी अपने छात्रों को यह बता रहे थे कि प्रकृति-सौन्दर्य को देखते-देखते कैसे कवि स्वर्ड् वर्थ को समाधि लग जाती थी। किन्तु यह समाधि की बात छात्रों के पल्ले नहीं पड़ रही थी। अतएव हेस्टी साहब ने उन्हें समझाकर कहा :

मिस्टर हेस्टी : चित्त की पवित्रता और किसी विषय में मन की एकाग्रता हो जाने पर यह अवस्था प्राप्त हो जाती है। किन्तु ऐसे पुरुष बहुत बिरले दिखाई देते हैं। मेरे देखने में तो दक्षिणेश्वर के श्री रामकृष्ण परमहंस ही एक अकेले ऐसे पुरुष हैं। वहाँ जाकर उनकी यह अवस्था देखने से तुम लोगों को इस विषय की बहुत-सी जानकारी प्राप्त हो जाएगी।

वाचक : किन्तु श्री रामकृष्ण से नरेन्द्रनाथ का पहला साक्षात्कार अकल्पित रीति से हुआ। बात यह हुई कि श्री रामकृष्ण के एक भक्त श्री सुरेशचन्द्र मित्र नरेन्द्रनाथ के पड़ोस में रहते थे। एक दिन ऐसा हुआ कि श्री रामकृष्ण श्री सुरेशचन्द्र के घर पधारे और श्री सुरेशचन्द्र ने और किसी गवैये को न पाकर, पड़ोस के विश्वनाथ दत्त के बेटे यानी नरेन्द्रनाथ को इसलिए बुलवा लिया कि वह परमहंस देव को कोई गाना सुना दे।

वाचिका : स्वामी विवेकानन्द गाते भी थे?

वाचक : स्वामी विवेकानन्द अनके गुणों के आगार थे। अत्यन्त मेधावी छात्र होने के साथ-साथ वे पहलवान भी थे, कुश्ती भी लड़ते थे,

गायन भी करते थे और तबला भी बहुत अच्छा बजाते थे। उस दिन परमहंस देव को उन्होंने जो गीत सुनाया, वह ब्रह्म समाज का गीत था जिसकी टेक है, 'मन चलो निज निकेतने।'

नरेन्द्र : (गाकर)
मन चलो निज निकेतने।
संसार विदेशे, विदेशीर वेशे, भ्रमो केनो अकारणे?
विषय-पंचक आर भूतगण,
सब तोर पर, केउ नए आपन।
पर प्रेमे केनो होए अचेतन
भुलिछो आपन जने?
मन चलो निज निकेतने।

वाचक : गीत सुनते-सुनते श्री रामकृष्ण को भाव-समाधि लग गई। जब समाधि टूटी, उन्होंने कहाः

रामकृष्ण : कितना सुन्दर कंठ है! कितना भाव-विभोर होकर गाता है! बेटा, क्या एक दिन शीघ्र ही वहाँ दक्षिणेश्वर आ सकोगे?

नरेन्द्र : हाँ, महाराज! आऊँगा।

वाचक : उस पहली मुलाकात में और कोई बात नहीं हुई। नरेन्द्र के भीतर आध्यात्मिक जिज्ञासा आग के समान धधक उठी थी। वे ईश्वर का दर्शन पाना चाहते थे। एक दिन इसी व्याकुलता में वे महर्षि देवेन्द्रनाथ ठाकुर के समक्ष जा खड़े हुए और उनसे पूछ बैठेः

नरेन्द्र : महाराज, आपने ईश्वर को देखा है?

वाचक : महर्षि भला क्या उत्तर देते? उनके मुख से केवल यह निकलाः

महर्षि : बेटा, तुम्हारी आँखे योगियों-सी लगती हैं।

वाचक : और श्री रामकृष्ण का दर्शन करने को नरेन्द्रनाथ जब दक्षिणेश्वर गए, तब श्री रामकृष्ण से भी उन्होंने यही प्रश्न किया था।

नरेन्द्र : महाराज, क्या आपने ईश्वर को देखा है?

वाचक : श्री रामकृष्ण ने क्या कहा भला?

वाचक : उन्होंने कहाः

रामकृष्ण : हाँ बेटा! मैंने ईश्वर को देखा है। तुम्हें जिस तरह प्रत्यक्ष देख रहा हूँ, इससे भी कहीं अधिक स्पष्ट रूप से उन्हें देखा है। क्या तुम भी उन्हें देखना चाहते हो? यदि मेरे कहे अनुसार काम करो तो तुम्हें भी दिखा सकता हूँ।

वाचक : नरेन्द्रनाथ को लगा, मानो अन्धेरे में भटकती हुई नाव को कहीं रोशनी मिल गई। आखिर एक व्यक्ति तो मिला, जो ईश्वरदर्शी

होने का दावा करता है। श्री रामकृष्ण ने उस दिन भी नरेन्द्रनाथ से किसी गाने की फरमाइश की और उस दिन नरेन्द्रनाथ ने उन्हें किसी मुस्लिम सूफी कवि का एक गीत सुनाया।

नरेन्द्र : (गाकर)

तुझसे हमने दिल को लगाया,
जो कुछ है सो तू ही है।
एक तुझी को अपना पाया,
जो कुछ है, सो तू ही है।
सब के मकां दिल का मकीन तू,
कौन-सा दिल है जिसमें नहीं तू?
हर एक दिल में तू ही समाया,
जो कुछ है सो तू ही है।
मलाइका क्या? क्या इन्सान?
क्या हिन्दू, क्या मुसलमान?
जैसे चाहा, तूने बनाया,
जो कुछ है, सो तू ही है।

वाचक : एक ऐसे युग में जब सभी धर्म आपस में लड़ रहे थे, श्री रामकृष्ण ने सभी धर्मों की मूलभूत एकता की अनुभूति प्राप्त की थी। बारी-बारी से उन्होंने वैष्णव और शाक्त, निराकार और साकार—सभी पंथों की साधना की थी और सबको सत्य पाया था। यहीं नहीं, बल्कि उन्होंने कुछ दिनों तक मुसलमान की तरह रहकर इस्लाम धर्म की भी साधना की थी और थोड़े दिनों तक ईसाई की तरह रहकर ईसाइयत के मार्ग से भी सिद्धि प्राप्त की थी। अतएव नरेन्द्र के मुख से उन्होंने जो गीत सुना, उसमें उन्हें अपनी ही साधना की झंकार सुनाई पड़ी। बस, क्या था! वे समझ गए कि नरेन्द्र ही वह पुरुष है, जो उनकी अनुभूतियों का सन्देश अखिल विश्व को सुनाएगा। बाद को चलकर नरेन्द्र से अपनी इस भेंट का वर्णन करते हुए श्री रामकृष्ण अपने भक्तों से कहा करते थे :

रामकृष्ण : जब नरेन्द्र आया, उसका ध्यान अपने शरीर की ओर बिलकुल नहीं था। किसी भी बाह्य वस्तु की ओर उसका लक्ष्य नहीं था। उसकी आँखों से ऐसा दिखाई दिया, मानो उसके मन को किसी ने जबर्दस्ती अन्तर्मुखी बना दिया हो। यह सब देखकर मैंने यह सोचा कि विषयी लोगों के आगार इस कलकत्ता शहर में इतना

बड़ा सतो-गुणी अधिकारी कहां से आ गया? उसके चले जाने के बाद उससे पुनः भेंट करने के लिए मेरा मन चौबीसों घंटे इतना व्याकुल रहता था कि मैं कह नहीं सकता।

वाचक : और बाद को इस भेंट का वर्णन करते हुए स्वामी विवेकानन्द भी कहा करते थे कि :

विवेकानन्द : गायन के बाद उस दिन श्री रामकृष्ण मुझे एकान्त में ले गए और कहने लगे, 'प्रभो! मुझे मालूम है कि तू पुरातन नारायण ऋषि है और जीवों की दुर्गति का निवारण करने के लिए पुनः शरीर धारण करके आया है।' यह सब देखकर मैं अत्यन्त आश्चर्य- चकित हुआ और मन में कहने लगा, 'मैं यहाँ किसके दर्शन के लिए आया और किससे भेंट हो गई? इनको उन्माद-वायु हुआ-सा दीखता है; नहीं तो मैं तो विश्वनाथ दत्त का लड़का हूँ। तब मुझको ये इस प्रकार की बातें क्यों कहते हैं?'

वाचक : सभी बुद्धिवादियों को रहस्यवादी सन्त उन्मादग्रस्त ही दिखाई देते हैं। किन्तु एक दिन रामकृष्ण के स्पर्श मात्र से नरेन्द्र के मन की जो अवस्था हो गई, उसकी याद करके विवेकानन्द कहा करते थे :

विवेकानन्द : उन्होंने दाहिना पैर मेरे शरीर पर रखा। ऐसा करते जो चमत्कार हुआ सो क्या बताऊँ! मुझे ऐसा दीखने लगा कि कमरा और उसकी सारी चीजें बड़े वेग से घूमकर कहीं अन्तर्धान हो रही हैं और सारा विश्व तथा मेरा अहंकार एक सर्वग्राही महाशून्य में विलीन होने को बड़े वेग से दौड़ रहा है। इतने में मेरा धैर्य जाता रहा और मैं एकदम चिल्ला उठा, 'अजी, यह आप मुझे कर क्या रहे हैं! अभी मेरे माता-पिता जीवित हैं।'

वाचक : श्री रामकृष्ण ने हँसते हुए नरेन्द्र के वक्षस्थल का स्पर्श किया और वे बोले :

वाचक : और धीरे-धीरे नरेन्द्रनाथ श्री रामकृष्ण की ओर आकृष्ट होने लगे। नरेन्द्र अत्यन्त प्रचण्ड बुद्धिवादी थे। श्री रामकृष्ण जब-जब उनके भीतर योग और अध्यात्म की शक्तियों का संचार करते, नरेन्द्रनाथ का शंकालु मन यह सोचने लगता, कहीं यह वह क्रिया तो नहीं है, जिसे हिपनोटिज्म या मोहिनी विद्या कहते हैं! किन्तु बार-बार उन्हें यह भी विश्वास होने लगा कि श्री रामकृष्ण कुछ भी क्यों न हों, वे अत्यन्त त्यागी और पवित्र होने के कारण मान देने के योग्य हैं। और श्री रामकृष्ण नरेन्द्रनाथ के ज्यों-ज्यों समीप

आते गए, त्यों-त्यों नरेन्द्र पर उसकी श्रद्धा बढ़ती गई। जब नरेन्द्र कई दिनों तक उनसे भेंट करने का नहीं आते, तब श्री रामकृष्ण का हृदय अकुलाने लगता और वे भक्तों से नरेन्द्र की प्रच्छन्न महिमा का बखान करते हुए कहते :

रामकृष्ण : नरेन्द्र के समान अधिकारी पुरुष इस युग में पृथ्वी पर आज तक नहीं आया। शुकदेव के समान ही नरेन्द्र को माया स्पर्श नहीं कर सकती। नरेन्द्र शुद्ध सतोगुणी है। वह अखण्ड के राज्य के चार में से एक है। वह सप्तर्षियों में से एक है। उसके गुणों का अन्त नहीं।

वाचक : नरेन्द्रनाथ परमहंस श्री रामकृष्ण के सम्पर्क में पहले-पहल सन् 1880 ई. में आए थे और सन् 1886 ई. तक वे उनकी सेवा में बराबर बने रहे, जिस साल परमहंस देव ने महासमाधि ली। इस बीच नरेन्द्रनाथ कॉलेज में अध्ययन भी करते थे और ध्यान-धारणा की साधना भी। रामकृष्ण उनकी साधना और तपस्या से गद्‌गद् होकर कहा करते :

रामकृष्ण : गाने, बजाने, विद्याभ्यास, बोल-चाल और धार्मिक विषय—सभी बातों में नरेन्द्र होशियार है। ध्यान करने बैठता है, तब रात बीत जाती है और सवेरा हो जाता है, उस पर भी उसे सुध नहीं आती और उसका ध्यान समाप्त नहीं होता है। हमारा नरेन्द्र तो खरा सिक्का है। बजाकर देखो, कैसा खन्-खन् बोलता है!

वाचक : खरे सोने की पहचान आग में होती है और पुरुष की जाँच भगवान विपत्तियाँ भेजकर करते हैं। नरेन्द्रनाथ अपनी साधना के पथ पर क्षिप्र गति से आगे बढ़ रहे कि अचानक उनके पिता का देहान्त हो गया और तुरन्त अवस्था यह हो गई कि जिस परिवार का मासिक व्यय एक हजार रुपए था, उसके लिए हर महीने तीस रुपए जुटाना भी कठिन होने लगा। सांसारिक विषयों से उदासीन नरेन्द्रनाथ एकाएक दरिद्रता के कठोर आघात से चौंक पड़े। उनका जो हृदय आस्था के उदय से शान्त हो चला था, उसके भीतर शंकाएँ फिर उत्पन्न होने लगीं और वे सोचने लगे :

नरेन्द्र : भगवान क्या सचमुच ही दरिद्रों का कातर क्रन्दन नहीं सुनते? क्या सृष्टि से उठनेवाली क्रन्दन-ध्वनि उनके कानों तक नहीं पहुँचती? जो भगवान इस लोक में क्षुधार्त्तों को एक टुकड़ा रोटी देकर जीवित नहीं रख सकते, वे ही अन्त में, हमें स्वर्ग-सुख देकर सुखी बनाएँगे, यह कैसे सम्भव है?

वाचक : किन्तु यह ऊपरी तरंगें मात्र थीं। अब आस्था उनकी अस्थियों में समा चुकी थी। अतएव उन्होंने सोचाः

नरेन्द्र : क्यों नहीं, श्री रामकृष्ण से कहूँ कि वे अपनी माता से प्रार्थना करें और कहें कि नरेन्द्र के परिवार के संकटों को दूर कर दो।

वाचक : किन्तु श्री रामकृष्ण का विचार हुआ कि ऐसी प्रार्थना मन्दिर में जाकर नरेन्द्र को खुद करनी चाहिए। निदान, नरेन्द्र काली के मन्दिर में गए, किन्तु अपनी आर्थिक कठिनाइयों की बात उनके मुख से नहीं निकल पाई। उलटे काली से प्रार्थना करते हुए उन्होंने कहा :

नरेन्द्र : माँ, विवेक दो, वैराग्य दो, ज्ञान दो, भक्ति दो। माता, तुम्हारी कृपा से सदा ही तुम्हें देख सकूं।

वाचक : श्री रामकृष्ण ने नरेन्द्र को तीन बार काली के पास भेजा, किन्तु तीसरी बार भी नरेन्द्रनाथ मुँह खोलकर माँ के चरणों में सांसारिक सुखों के लिए प्रार्थना नहीं कर सके। तब श्री रामकृष्ण ने कहाः

रामकृष्ण : तू जब माँग नहीं सका, तो तेरे भाग्य में सांसारिक सुख है ही नहीं। फिर भी, तुम लोगों को सूखी रोटी और मोटे वस्त्र की कमी नहीं होगी।

वाचक : नरेन्द्रनाथ को अपने जीवन की दिशा का पक्का ज्ञान हो गया। सन्तोष के साथ वे एक स्कूल में शिक्षक का काम करने लगे। किन्तु सन् 1885 ई. में जब रामकृष्ण के गले में घाव हो गया, नरेन्द्रनाथ ने अपनी नौकरी पर लात मार दी और वे गुरु के पास रहकर उनकी सेवा में लीन हो गए। इसी दौर में श्री रामकृष्ण ने एक दिन एकान्त पाकर नरेन्द्रनाथ से कहा :

रामकृष्ण : देख, साधना करते समय मुझे अष्ट सिद्धियाँ प्राप्त हुई थीं। उनका किसी दिन कोई उपयोग नहीं हुआ। तू उन्हें ले ले, भविष्य में तेरे बहुत काम आएंगी।

वाचक : नरेन्द्र बोले :

नरेन्द्र : महाराज, क्या उनसे भगवत्प्राप्ति में कोई सहायता मिलेगी?

रामकृष्ण : नहीं, सो तो नहीं मिलेगी, किन्तु, इहलोक की कोई भी इच्छा अपूर्ण नहीं रहेगी।

नरेन्द्र : तब तो महाराज, वे मुझे नहीं चाहिए।

वाचक : श्री रामकृष्ण चाहते थे कि नरेन्द्र वैयक्तिक मुक्ति के मोह में न पड़कर अपने को संसार की सेवा के योग्य बनाएँ, मानवता के भीतर जागरण का शंख फूंकने की तैयारी करें, किन्तु नरेन्द्रनाथ

वैयक्तिक आनन्द के लिए निर्विकल्प समाधि में मग्न रहना चाहते थे। इस पर एक दिन रामकृष्ण ने उन्हें फटकराते हुए कहा :

रामकृष्ण : नरेन, बार-बार यही बात कहते तुझे लज्जा नहीं आती? समय आने पर कहाँ तो तू वट-वृक्ष की तरह बढ़कर सबको शान्ति की छाया देने वाला है और कहाँ आज अपनी ही मुक्ति के लिए बेचैन है? इतना क्षुद्र आदर्श क्यों पाल रहा है?

वाचक : नरेन्द्र बोले :

नरेन्द्र : निर्विकल्प समाधि न होने से मेरा मन शान्त नहीं होगा और यदि वह न हुआ, तो मैं वह सब कुछ नहीं कर सकूंगा।

वाचक : श्री रामकृष्ण ने फिर नरेन्द्र को डांटा :

रामकृष्ण : तू क्या अपनी इच्छा से करेगा? जगदम्बा तेरी गरदन पकड़कर करवाएंगी। तू नहीं करे, तेरी हड्डियाँ करेंगी।

[शोक-व्यंजन वाद्य]

वाचक : सन् 1886 ई. के 15 अगस्त के दिन परमहंस श्री रामकृष्ण ने शिष्यों को श्री जगदम्बा के चरणों में सौंपकर महासमाधि ले ली। सभी गुरुभाइयों के साथ नरेन्द्रनाथ का भी जीवन अन्धकारपूर्ण हो गया। कहाँ तो श्री रामकृष्ण के सान्निध्य में शिष्य अपने को सदेह आध्यात्मिकता की गोद में आसीन पाते थे और कहाँ अब प्रकाश की कोई किरण भी दिखाई नहीं देती। नरेन्द्रनाथ को अपना नेता मानकर सभी शिष्य दिन-रात कीर्तन करने लगे, दिन-रात पूजापाठ और ध्यान करने लगे। किन्तु जगदम्बा और रामकृष्ण की वे जितनी भी जय-जयकार करें, किसी के भी समक्ष कोई आध्यात्मिक आलोक प्रत्यक्ष नहीं होता। निदान, बाल-ब्रह्मचारियों का यह दल तीर्थाटन के बहाने इधर-उधर विकीर्ण होने लगा और स्वयं नरेन्द्रनाथ बिना किसी साधन के भारत-भ्रमण को निकल पड़े।

वाचिका : हाय री विवशता! आध्यात्मिक साधना भी कितनी कठोर होती है!

वाचक : नरेन्द्रनाथ अब गैरिक वस्त्र पहनने लगे थे और संबल के नाम पर उनके पास केवल दो छोटे-छोटे ग्रंथ थे। एक ग्रंथ गीता थी, दूसरा ग्रंथ इमिटेशन ऑफ क्राइस्ट था। काशी में स्वामी जी ने तैलंगस्वामी के दर्शन किए और वहीं से गाजीपुर जाकर उन्होंने पवहारी बाबा से मुलाकात की। निःसंबल घूमना, जो कुछ मिल जाए, वही खाकर सन्तुष्ट हो जाना और जहाँ भी संस्कृत के प्रगाढ़

विद्वान मिल जाएँ, वहीं संस्कृत का अभ्यास करने को रुक जाना, यह उनकी साधना का रूप हो गया।

वाचिका : स्वामी विवेकानन्द कब तक इस प्रकार घूमते रहे?

वाचक : श्री रामकृष्ण का स्वर्गवास सन् 1886 ई. में हुआ और स्वामी विवेकानन्द अमरीका सन् 1893 ई. में गए। इस बीच के छह या सात वर्ष स्वामी जी ने भारत-भ्रमण और धर्म-ग्रंथों के स्वाध्याय में ही व्यतीत किए। यही वह साधना थी, जिसने स्वामी विवेकानन्द को तपस्या में जलाकर सोने के समान निखार दिया। यही वह समय था, जब उनके जन्मजात संस्कार पपड़ी की तरह टूटकर हवा में उड़ गए। एक दिन स्वामी जी पैदल ही वृंदावन की ओर जा रहे थे कि रास्ते में एक व्यति उन्हें चिलम पीता दिखाई पड़ा। स्वामी जी ने उसके पास ठहरकर कहा :

स्वामी जी : क्यों भाई, चिलम में एक दम मुझे भी लगाने दोगे?

वाचक : वह व्यक्ति बोला :

व्यक्ति : महाराज, मैं तो जाति का भंगी हूँ। क्या आप भंगी की चिलम पिएँगे?

वाचक : बात सुनकर स्वामी जी आगे बढ़ गए। किन्तु अभी दो कदम भी वे नहीं चले थे कि आत्मा ने उन्हें धिक्कार भेजी :

स्वामी जी : हाय, यह मैंने क्या किया? मैंने तो जाति, कुल, मान—सभी को त्यागकर संन्यास लिया है। फिर भंगी जानकर मेरा सोया हुआ जाति-अभिमान कैसे जाग पड़ा?

वाचक : स्वामी जी तुरन्त लौट पड़े और उस भंगी से चिलम माँगकर उन्हें बड़े शौक से उसमें दम लगाया। इसी प्रकार राजपूताना घूमते समय स्वामी जी एक मुसलमान वकील के घर ठहर गए थे। उनकी शोहरत से खिंचकर खेतरी दरबार के एक मुलाजिम जगमोहन लाल स्वामी जी से मिलने आए और पूछ बैठे :

जगमोहन लाल : स्वामी जी! आप हिन्दू संन्यासी होकर मुसलमान के घर पर हैं? आपके भोजन आदि को ये मुसलाम महोदय छू सकते हैं।

वाचक : स्वामी जी ने कहा :

स्वामी जी : मैं संन्यासी हूँ। मैं सभी सामाजिक आचार-व्यवहार से परे हूँ। मैं एक मेहतर के साथ भी बैठकर भोजन करता हूँ। यह तो ईश्वर का निर्देश है।

वाचक : इस पर्यटन के दौरान स्वामी जी पोरबन्दर पहुँचे और वहीं पण्डित शंकर पांडुरंग ने उन्हें पहले-पहल यह परामर्श दिया कि :

पांडुरंग : स्वामी जी, मैं नहीं समझता कि आप इस देश में धर्म-प्रचार करके विशेष कुछ कर सकेंगे। आपके उदार विचारों को हमारे देशवासी सहज ही समझ नहीं पाएँगे। आप पहले पाश्चात्य देशों में जाइए।

वाचक : स्वामी जी ने थोड़ी देर सोचकर कहा :

स्वामी जी : हाँ, एक दिन प्रभात-काल में समुद्र-तट पर खड़ा मैं तरंग-माला का नृत्य-कौशल देख रहा था। एकाएक मन में यह बात आई कि इस विक्षुब्ध समुद्र को लाँघकर मुझे किसी सुदूर विदेश में जाना होगा। परन्तु, पता नहीं, यह कैसे सम्भव होगा।

वाचक : किन्तु यह स्वप्न सम्भव हो गया। सन् 1893 ई. में कोलम्बस के अमरीका-अनुसंधान की चतुर्थ शत-वार्षिक मनाने के लिए शिकागो शहर में एक विश्वमेले का आयोजन किया गया था। उसी मेले में एक धर्म-संसद का भी आयोजन किया जाने वाला था। अतएव स्वामी जी के सभी प्रशंसक उनसे यह कहने लगे कि हिन्दू धर्म का प्रतिनिधित्व करने के लिए आपको इस संसद में अवश्य जाना चाहिए।

वाचिका : क्या धर्म-संसद की ओर से स्वामी जी को निमंत्रण आया था?

वाचक : नहीं, निमंत्रण नाम की कोई चीज नहीं थीं। यह केवल अदृष्ट की प्रेरणा थी, यह केवल ईश्वरीय संकेत था। स्वामी जी ने स्वयं कहा था, मैं इस संसद में अवश्य जाऊँगा क्यों कि यह धर्म-संसद केवल मेरे ही निमित्त आयोजित होने जा रही है।

वाचिका : कैसा प्रबल आत्मविश्वास!

वाचक : इस आत्मविश्वास का औचित्य तब प्रकट हुआ, जब स्वामी विवेकानन्द शिकागो पहुँचे और धर्म-संसद के मंच पर आसीन हुए। पहले दिन उनका भाषण अन्त में इसलिए रखा गया कि वे सभी वक्ताओं से उम्र में छोटे और लगभग अजनबी मेहमान थे। किन्तु दूसरे दिन उनका भाषण अन्त में इसलिए रखा जाने लगा कि जनता उन्हीं को सुनने के लिए अंत तक बैठी रहती थी।

वाचिका : स्वामी जी की कीर्ति सुनकर हमें आज भी गौरव का बोध होता है।

वाचक : 11 सितम्बर, सन् 1963 ई. का दिन इसीलिए महत्त्वपूर्ण है। जब स्वामी जी मंच पर खड़े हुए, उन्होंने सभा को सम्बोधित करते हुए जैसे ही यह कहा :

स्वामी जी : अमरीका-निवासी बहनो और भाइयो!

[तालियों की गड़गड़ाहट : हर्ष-ध्वनि]

वाचक : पहले ही वाक्य से स्वामी जी ने सभा के हृदय पर अधिकार कर लिया और सात हजार नारियाँ और नर खड़े होकर तालियाँ बजाने लगे और कोई दो मिनट तक वे तालियाँ बजाते रहे। दूसरे ही दिन से सारे अमरीका में उनकी पूजा आरम्भ हो गई। अखबार उनके अभिनन्दन में मुक्त कंठ से लेख लिखने लगे और चौक-चौक पर उनके फोटो का प्रदर्शन किया जाने लगा। सभा के मंच पर स्वामी जी के आते ही जनता उल्लसित हो उठती थी और मंच पर जब वे कभी इधर-से-उधर जाने लगते, तो इतने से भी श्रोताओं के भीतर आनन्द का ज्वार उमड़ पड़ता और वे जोर-जोर से तालियाँ बजाने लगते थे।

वाचिका : पाश्चात्य जगत के लिए स्वामी जी का क्या उपदेश था?

वाचक : स्वामी जी धार्मिक एकता के मसीहा थे। शिकागो की धर्म-संसद में उन्होंने पहले ही दिन कहा :

स्वामी जी : साम्प्रदायिकता, धार्मिक द्वेष और कट्टरता ने इस खूबसूरत धरती को बहुत दिनों से जकड़ रखा है। इन शक्तियों ने धरती पर मार-काट मचाई है, उसे बार-बार खून से सराबोर किया है। अगर इन शक्तियों ने अपने सिर नहीं उठाए होते, तो संसार आज की अपेक्षा अधिक उन्नत और अधिक सौन्दर्ययुक्त होता। मगर इन शक्तियों की आयु अब समाप्ति पर है। आओ, आज ही हम साम्प्रदायिक द्वेष और कट्टरता की मृत्यु की घोषणा कर दें और यह ऐलान कर दें कि आज से कोई भी व्यक्ति, कलम या तलवार से, दूसरे के धर्म पर, दूसरे के पंथ पर आघात नहीं करेगा।

वाचक : एक और भाषण में स्वामी जी ने कहा था।

स्वामी जी : हम अन्य धर्मों को भी बर्दाश्त करें, यह यथेष्ट नहीं है। उचित यह है कि सभी धर्मों को हम अपना ही धर्म समझें।

वाचक : स्वामी जी वेदान्त के पुजारी थे और वेदान्त के आधार पर ही वे सारे जगत् को एक करना चाहते थे। उनका कहना था :

स्वामी जी : हिन्दुओं का विश्वास है कि मनुष्य शरीर नहीं, आत्मा है और प्रत्येक आत्मा एक वृत्त है, जिसकी परिधि का पता नहीं है। अनेक होते हुए भी सभी मनुष्य एक हैं, क्योंकि एक ही परमात्मा फैलकर अनेक हो गया है।

वाचक : अमरीकी जनता को भारत के विषय में नई दृष्टि देते हुए उन्होंने कहा था :

स्वामी जी : भारतवर्ष की आवश्यकता धर्म की नहीं, रोटी की है, धन की है, कल-कारखानों और उद्योग की है। भूखों के आगे धर्म नहीं, रोटी परोसो, यही न्याय है। जो क्षुधित हैं, उन्हें रोटी देकर अगर तुम दर्शन सिखाओगे तो यह पाप होगा।

वाचक : ज्यों-ज्यों अमरीका में स्वामी जी का सुयश फैला, त्यों-त्यों शुभ संवादों को सुनकर सारा भारत-देश स्वामी जी के प्रति श्रद्धा और गौरव से विभोर हो उठा। किन्तु कुछ दकियानूस लोग इस बात की शिकायत भी करने लगे कि स्वामी जी विदेश में खान-पान के बारे में कट्टरता का निर्वाह नहीं कर रहे हैं। यह बात जब स्वामी जी को मालूम हुई, उन्होंने अपने एक गुरुभाई को लिखा :

स्वामी जी : अगर कोई हिन्दू कट्टर हिन्दू की तरह खान-पान में कट्टरता बरतने का अयाचित उपदेश देता है, तो उससे कहो कि वह एक ब्राह्मण रसोइया और उसके साथ कुछ धन यहाँ भेज दे।

वाचक : धर्म-धर्म के बीच, देश-देश के बीच स्वामी जी आदान-प्रदान का सम्बन्ध चाहते थे। राजा प्यारे मोहन मुखर्जी को एक पत्र में उन्होंने लिखा था :

स्वामी जी : मैंने निश्चित रूप से यह जान लिया है कि कोई व्यक्ति या जाति दूसरों से विच्छिन्न होकर जीवित नहीं रह सकती। आदान-प्रदान जगत का नियम है। भारतवर्ष के पास जो कुछ है, उसका प्रचार सारे विश्व में होना चाहिए और बदले में दूसरे लोग जो कुछ देंगे, उसे ग्रहण करने को भारतवर्ष को तैयार रहना चाहिए क्योंकि संप्रसारण जीवन है और संकोलन मृत्यु; प्रेम जीवन है और घृणा मृत्यु।

वाचक : अमरीका और यूरोप में स्वामी जी कोई चार वर्ष घूमते रहे। इस बीच उनहोंने कितने ही नर-नारियों को अपना शिष्य बनाया और उन्हें मंत्र दिया। न्यूयार्क में उन्होंने एक वेदान्त-समाज की स्थापना की, जो आज भी कायम है। वे दिन-रात धर्म-चर्चा में लगे रहते थे और किसी-किसी दिन उन्हें बारह-चौदह बार व्याख्यान देना पड़ता था। उनकी न्ष्ठिा, बुद्धि और तेजस्विता, उनकी कर्मठता और अध्यवसाय, उनकी देशभक्ति और उनके विश्वप्रेम का प्रभाव कुछ ऐसा पड़ा कि सभी लोग उनके भक्त हो गए और बहुतों के भीतर यह भाव जाग्रत हो गया कि हो न

हो, मानवता के लिए अगला सन्देश भारत से ही आने वाला है। अन्त में, अपनी विशाल कीर्ति और अपने असंख्य भक्तों को पीछे छोड़कर स्वामी जी ने 30 दिसम्बर 1896 को यूरोप से भारत के लिए प्रस्थान किया।

[उत्साहवर्धक; कल-कल-ध्वनि; भीड़ की आवाज; स्वागतार्थ जयघोष]

जय-जय विवेकानन्द गैरिक-पट-धारी,
जय जय श्री रामकृष्ण-व्रत सहायकारी।
यज्ञाहुति-होम-ज्वाला
उन्नत-मन, उच्च-भाल,
जय जय प्रज्ञा विशाल,
विश्व-मठ-विहारी।

वाचक : स्वामी जी जब चार वर्षों के प्रवास से वापस हुए, भारत और श्रीलंका में उत्साह का पारावार उमड़ पड़ा। दोनों देशों के प्रधान-प्रधान नगरों की प्रमुख जनता ने अपने यहाँ स्वागत-समितियाँ बनाईं। स्वामी जी पहले कोलम्बो में उतरे। उन्हें लोग जब जुलूस में लेकर निकले, तब जनता ने घोड़ों को गाड़ी से खोलकर अलग कर दिया और नवयुवक खुद ही गाड़ी को खींचने लगे। श्रीलंका से विदा होकर स्वामी जी ने जब भारतभूमि का स्पर्श किया, तब पांबन में भी वही दृश्य उपस्थित हो गया। फिर परमकुड़ी, मान-मदुरा, त्रिचिनापल्ली और तंजोर होकर स्वामी जी मद्रास पधारे और सर्वत्र जनता ने उनका देवता के समान सत्कार किया।

वाचिका : भारत से वे भिक्षु के रूप में विदेश गए थे, किन्तु विदेश से वे सम्राट के समान वापस आए।

वाचक : इतना ही नहीं। भारत से विदेश वे धर्मदूत के रूप में गए थे, किन्तु भारत के क्रान्तिदूत बनकर वापस आए। कोलम्बो से मद्रास तक उन्होंने जिस उद्बोधन-मंत्र का उद्घोष किया, वह यह था :

स्वामी जी : आगामी पचास वर्षों तक तुम्हें केवल जननी-जन्मभूमि की आराधना करनी है। और सभी देवताओं को तब तक के लिए भूल जाओ। दूसरे जितने भी देवता हैं, सोए हुए हैं। इस समय तुम्हारा एकमात्र देवता तुम्हारा राष्ट्र है। तुम लोग निष्फल देवता की खोज में दौड़ रहे हो, किन्तु तुम्हारे चारों ओर जो देवता खड़े हैं, उन विराट की पूजा करने की ओर तुम्हारा ध्यान नहीं है। ये

सारे-के-सारे मनुष्य, ये सारे पशु तुम्हारे ईश्वर हैं और तुम्हारे स्वदेशवासीगण ही तुम्हारे प्रथम उपास्य हैं।

वाचक : त्रिवेंद्रम में स्वागत का उत्तर देते हुए स्वामी जी ने कहा था :

स्वामी जी : मैंने पैदल ही सारे भारत की यात्रा की है और जनता के बीच जो अशिक्षा, दरिद्रता और अकर्मण्यता फैली हुई है, उसे अपनी आँखों से देखा है। मेरे हृदय में आग लगी है। मैं इस दुरवस्था को बदल डालने के संकल्प से बेचैन हूँ। यह मत कहो कि लोग अपने कर्मों का फल भोग रहे हैं। अगर लोग अपने कर्मों के कारण दुरवस्था में पड़े हैं। तो हमारा कर्म इस दुरवस्था से उनका उद्धार करना है। अगर तुम ईश्वर की खोज में हो, तो पहले मनुष्य की सेवा में हाथ बटाओ। नारायण के समीप पहुँचने का मार्ग दरिद्र-नारायण की सेवा का मार्ग है, भारत की करोड़ों भूखी जनता की सेवा का मार्ग है।

वाचक : स्वामी विवेकानन्द भारत के पूंजीभूत रूप थे। स्वामी विवेकानन्द भारत के पूर्ण अवतार थे। भारत का राष्ट्रीय आन्दोलन जिन-जिन लक्ष्यों को लेकर आगे चलने वाला था, स्वामी जी ने उन सबका स्पष्टीकरण बड़े ही ओज से किया था। मानमदुरा में अभिनन्दन का उत्तर देते हुए उन्होंने कहा था :

स्वामी जी : अब हम न तो वेदान्ती हैं, न हम पौराणिक या तान्त्रिक रह गए हैं। अब तो हम मात्र छुआछूत पंथी भर शेष हैं। हमारा धर्म सिमटकर रसोईघर में कैद हो गया और भात रांधने की हांडी हमारा भगवान बन गई है तथा हमारा मजहब यह विचार हो गया है कि हमें कोई छुए नहीं, क्योंकि हम पवित्र हैं।

वाचक : आर्य और द्रविड़ दो नहीं, एक हैं, इस विषय की चर्चा करते हुए स्वामी जी ने मद्रास में कहा था :

स्वामी जी : अब एक नया सिद्धान्त निकला है कि दक्षिण भारत में जो द्रविड़ रहते हैं, वे उत्तर में बसने वाले आर्यों से भिन्न हैं, क्योंकि उनकी भाषाएँ अलग-अलग हैं। श्रीमान् भाषाशास्त्री से मैं निवेदन करना चाहता हूँ कि आपकी बातें निराधार हैं। आर्यों और द्रविड़ों के बीच भाषा को छोड़कर मैं और कोई भेद नहीं देखता। अतएव मेरी मान्यता है कि भिन्न भाषाएँ बोलने पर भी आर्य और द्रविड़ दो नहीं, एक हैं। इसलिए भाइयों! भाषाशास्त्रियों की इन बेहूदी बातों में विश्वास मत करना। तुम सब-के-सब एक हो। यह सारा भारत एक देश है।

वाचक : और जिस जातिवाद के दलदल में यह देश अब भी फँसा हुआ है, उससे निस्तार का उपाय बताते हुए स्वामी जी ने कहा थाः

स्वामी जी : ये जात-पात के झगड़े मेरी समझ में नहीं आते। सभी जातियों में ब्राह्मण श्रेष्ठ है। किन्तु तुम सब मिलकर यह घोषणा क्यों नहीं कर देते कि तुम सब-के-सब ब्राह्मण हो? तुम्हें यह करने से रोकता कौन है? बहुत अच्छा हो अगर यह देश केवल ब्राह्मणों का देश हो जाए और सभी लोग संस्कृत पढ़ना आरम्भ कर दें। क्योंकि जाति तुम्हारी चाहे जो भी हो, संस्कृत पढ़े बिना ब्राह्मणों की प्रतिष्ठा तुम्हें नहीं मिलेगी।

वाचक : स्वामी जी को श्री रामकृष्ण पावक कहा करते थे। और सचमुच ही विदेश से लौटने पर स्वामी जी की वाणी में अग्नि का विस्फोट होने लगा।

स्वामी जी : जीवन नहीं, मृत्यु का अनुसन्धान करो। अपने को उछालकर तलवार की नोंक पर फेंक दो और जो कुछ भी भीषण या भयानक दीख पड़े, उससे मिलकर एकाकार हो जाओ।

वाचक : स्वामी जी की आयु जैसे-जैसे बढ़ती गई, उनके भीतर का पावक और भी निर्भीक होता गया।

स्वामी जी : मेरी आयु जैसे-जैसे बढ़ती है, वैसे-ही-वैसे मेरा यह विश्वास भी बढ़ता जाता है कि जो असली तत्व है, वह आग में है, मर्दानगी और पौरुष में है। यह मेरा नवीन धर्म-शास्त्र है। अगर तुम्हें दुष्कर्म करना है, तो वह दुष्कर्म भी बहादुरी से करो, छिपकर छोटे पैमाने पर नहीं, खुलकर बड़े पैमाने पर करो।

वाचक : स्वामी जी मृत्यु और विजय को एकाकार देखते थे। जो विजयी होने वाले हैं, वे मृत्यु से नहीं डरते।

स्वामी जी : मृत्यु की पूजा करो, भीम की पूजा करो, भीषण और भयानक की आराधना में मग्न रहो। लड़ो और संघर्ष करो, भले ही तुम पराभूत क्यों न हो जाओ, क्योंकि यही ध्येय सबसे ऊँचा और महान है।

वाचक : स्वामी जी सन्त और महात्मा थे। उन्होंने राजनीति की ओर झाँका भी नहीं था। किन्तु भारत का राष्ट्रीय तेज उन्हीं के उद्‌गारों से प्रकट हो गया। रामनद में बोलते हुए उन्होंने भारत के भविष्य को स्पष्ट देख लिया था।

स्वामी जी : भारत की तन्द्रा छूट रही है। हमारा देश सुदीर्घ निद्रा से जाग रहा है। अब भारत को कोई रोक नहीं सकेगा। अब भारत को कोई

विदेशी शक्ति दासता में नहीं रख सकेगी। क्योंकि यह भीमकाय दैत्य अब अपने पाँवों पर खड़ा हो रहा है।

वाचक : 1897 ई. में स्वामी जी ने रामकृष्ण मिशन की स्थापना की और वे संन्यासियों का एक ऐसा संघ बनाने में निरत हुए, जो दुःखी मानवता की सेवा करने में समर्थ हो। किन्तु एक गुरुभाई को लगा कि मिशन का वास्तविक ध्येय ईश्वर की आराधना और श्री रामकृष्ण के उपदेशों का प्रचार होना चाहिए। केवल परोपकार का काम करने के संन्यासी-गण सांसारिक हो जाएँगे। यह सुनते ही स्वामी जी ने बिगड़कर कहा :

स्वामी जी : कौन तुम्हारी भक्ति और मुक्ति को लेकर माथापच्ची करता है? शास्त्र क्या कह रहे हैं या नही कह रहे हैं, इसे कौन सुनता है? यदि मैं घोर तमोगुण में डूबे हुए अपने देशवासियों को कर्मयोग के द्वारा अनुप्राणित कर वास्तविक मनुष्य की तरह अपने पैरों पर खड़ा कर देने में समर्थ हूँ, तो मैं आनन्द के साथ लाख बार नरक जाऊँगा। मैं तुम्हारे रामकृष्ण या अन्य किसी का चेला नहीं हूँ। जो लोग अपनी भक्ति-मुक्ति की कामना को छोड़ दरिद्रनारायण की सेवा में जीवन को उत्सर्गित करेंगे, मैं उन्हीं का चेला, भृत्य और क्रीत दास हूँ।

वाचक : कलकत्ते में थोड़े दिनों तक विश्राम लेकर स्वामी जी फिर हिमालय की ओर चले गए तथा अल्मोड़ा और श्रीनगर में घूमते रहे। इसी यात्रा में वे अमरनाथ भी गए थे और श्रीनगर के पास क्षीर भवानी की भी उन्होंने पूजा की थी। इस यात्रा से लौटने के बाद उन्होंने बेलूड़ मठ की स्थापना की और सभी गुरु भाइयों को बुलाकर कहा :

स्वामी जी : बन्धुओं, हम लोक-कल्याण के लिए अवतीर्ण अपने प्रभु से प्रार्थना करें कि वे अनेक वर्षो तक इस स्थान में निवास करें। इस कर्मकेंन्द्र से बहुजन हिताय, बहुजन सुखाय—सभी सम्प्रदायों, सभी धर्मों के भेदभाव को निरस्त करने वाली भावधारा प्रवाहित हो।

वाचक : इन दिनों स्वामी जी की चिन्ता का विषय भारत देश था। वे कहा करते थे :

स्वामी जी : मैं उस धर्म का प्रचार करना चाहता हूँ, जिससे मर्द तैयार हो। दो हजार वीर-हृदय, विश्वासी, चरित्रवान और बुद्धिमान् युवक तथा तीस करोड़ रुपए मिल जाने पर मैं भारत को अपने पैरों पर खड़ा कर दे सकता हूँ।

वाचक : उन्हीं दिनों एक पंजाबी सज्जन स्वामी जी के पास धर्मचर्चा के उद्देश्य से आए थे, किन्तु बात उस दिन समाज तक ही घूमकर रह गई। इससे वे सज्जन किंचित् दुःखी होकर बोले :

सज्जन : स्वामी जी, आपसे धर्मोपदेश सुनने के लिए हम बड़ी आशा लगाकर आए थे, पर दुर्भाग्य से चर्चा साधारण विषयों की ही हुई। आज का दिन व्यर्थ गया।

वाचक : स्वामी जी का तपोदीप्त मुखमण्डल व्यथा और करुणा से गम्भीर हो उठा। वे बोल उठे :

स्वामी जी : महाशय, जब तक मेरी जन्मभूमि का एक कुत्ता भी भूखा रहेगा, तब तक उसे आहार देना ही मेरा धर्म है। इसके अतिरिक्त और जो कुछ भी है, अधर्म है।

वाचक : संन्यासियों के कर्त्तव्य क्या हों, इस विषय में स्वामी जी के विचार क्रान्तिकारी थे। शिष्यों से उन्होंने एक दिन कहा था कि:

स्वामी जी : अत्यन्त ऊँचे आदर्श राष्ट्र को पंगु बना डालते हैं। वैयक्तिक मुक्ति की खोज में मत भटको। तुम्हारे चारों ओर जो दुःखी जनता खड़ी है, उसी की सेवा में शक्ति लगाओ।

वाचक : 1899 ई. के जून महीने में स्वामी जी फिर विदेश भ्रमण को निकल गए। इस बार भी विदेशों में उनके प्रवचन और व्याख्यान अबाध गति से चलते रहे। बल्कि ज्यों-ज्यों उनकी आयु बढ़ती थी, उनकी आत्मदान की उमंग तीव्रतर होती जा रही थी। धीरे-धीरे उन्हें यह आभास होने लगा कि मेरा कार्य-काल समाप्ति के पास पहुँच रहा है। 1900 ई. के 18 अप्रैल को अपनी एक शिष्या के पत्र में उन्होंने लिखा था:

स्वामी जी : मैं अच्छा हूँ। मानसिक स्वास्थ्य बहुत अच्छा है। युद्ध में हार-जीत दोनों ही हुई। अब बोरिया-बिस्तर बाँधकर उस महान मुक्तिदाता की प्रतीक्षा में बैठा हूँ। अब शिव, पार करो मोरी नैया।

वाचक : पत्र में और भी लिखा था :

स्वामी जी : देह जाने के बाद मुझे मुक्ति मिले अथवा देह रहते हुए मैं मुक्त हो जाऊँ, परन्तु वह पुराना विवेकानन्द चला गया है, चिरकाल के लिए चला गया है, वह अब और नहीं लौटेगा। शिक्षादाता, गुरु, नेता, आचार्य चला गया। रह गया है पहलेवाला वही बालक, प्रभु का वही चिरशिष्य, वही चिर पदाश्रित दास।

वाचक : सन् 1900 ई. के 9 दिसम्बर को स्वामी जी अचानक भारत लौटकर बेलूड़ मठ पहुँच गए। गुरु-भाइयों ने बड़े प्रेम से उनका

स्वागत किया। फिर वे देशाटन को निकले और लोगों के बीच अपना सन्देश बिखेरते रहे। प्रभु का यह चिर-पदाश्रित दास, श्री रामकृष्ण का यह अपराजेय संन्देशवाहक अब अपने भीतर क्लांति का अनुभव करने लगा था। स्वामी जी क्लांत हो रहे थे, किन्तु उनका अधूरा कार्य उन्हें बेचैन बनाए रहता था। खाट पर लेटे-लेटे भी वे बेचैनी के साथ भारत माता की चिन्ता में लीन रहते थे।

स्वामी जी : तुम्हारे दुःखों को मिटाने के लिए क्या करूँ माँ? हाय, आत्म-विस्मृत भारत-सन्तान! इतना पुकारकर भी उत्तर नहीं पाया। पंजाब, बंगाल, बम्बई, मद्रास, जहाँ भी देखता हूँ, वहीं जराजीर्ण स्थविरता दिखाई देती है। राष्ट्र की इस जड़ता को मिटा दूँगा। इस चेष्टा में अपने प्राण दे डालूँगा। निराशा के घनांधकार में आशा का आलोक जलाऊँगा। चेष्टा व्यर्थ हो, शत बार व्यर्थ हो, उद्देश्य को नहीं छोड़ूँगा।

वाचक : कभी बोलते :

स्वामी जी : यदि देह छूट ही गई तो इससे क्या? मैंने संसार को वर्षों तक सोचने की सामग्री दे दी है।

वाचक : सन् 1901 ई. में अखिल भारतीय कांग्रेस का जलसा कलकत्ते में हुआ। उस समय नेताओं ने स्वामी जी से भेंट की थी, उनसे वार्लालाप किया था और उस दिन स्वामी जी सभी नेताओं के साथ हिन्दी में ही बोल रहे थे। स्वामी जी हिन्दी बहुत अच्छी जानते थे। अपने पंजाब भ्रमण के समय उन्होंने हिन्दी में कुछ ओजस्वी भाषण भी दिए थे। कांग्रेस के बारे जब लोगों ने उनकी राय पूछी तो उन्होंने कहा :

स्वामी जी : हाँ, जिससे समग्र भारत में एकता स्थापित हो, ऐसी संस्था बुरी नहीं है।

वाचक : अन्तिम समय में बेलूड़ मठ में पड़े-पड़े स्वामी जी भारत की दीन-दलित जनता का ध्यान किया करते थे।

स्वामी जी : अहो, देश के गरीबों के लिए कोई नहीं सोचता है। जो राष्ट्र की रीढ़ की हड्डियाँ हैं, जिनके परिश्रम से अन्न पैदा होता है, जिन मेहतरों और भंगियों का एक दिन काम बन्द हो जाने पर शहर में हाहाकार मच जाता है, उनके साथ सहानुभूति दिखलाने वाला कोई नहीं है, उन्हें सांत्वना देने वाला कोई नहीं है। 'मत छुओ, मत छुओ' हाय, देश में क्या और कोई दया-धर्म नहीं है? इच्छा

होती है, छुआछूत की सीमा तोड़कर पुकार उठूँ, अरे, ओ दीन, दुःखी, पतित और निर्धन जीवो, तुम सब कहाँ हो? आओ, मैं श्री रामकृष्ण के नाम पर तुम्हारा आह्वान करता हूँ। तुम्हारे जागे बिना माँ नहीं जागेंगी।

वाचक : सन्त हृदय की यह कातर पुकार भारत के नभोंमडल में गुँजित हो गई। सन्त निरन्तर अपनी पुकार भेजते रहे किन्तु अब वह समय समीप था, जब पृथ्वी इस महासूर्य को खोनेवाली थी। श्री रामकृष्ण ने कहा था कि जिस दिन नरेन्द्र को यह ज्ञात हो जाएगा कि वह कौन है, उस दिन वह शरीर छोड़ देगा। सो एक दिन एक गुरुभाई ने उससे पूछा :

गुरुभाई : अच्छा, स्वामी जी! क्या आप यह समझ सके हैं कि आप कौन हैं?

स्वामी जी : हाँ, अब मैं समझ गया हूँ।

[आश्चर्यव्यंजक वाद्य]

वाचक : सुनते ही गुरुभाई के हृदय पर वज्र गिर गया। स्वामी जी को आत्म-ज्ञान हो गया है यानी अब उनका महा-प्रस्थान समीप है। और तब भी अभी वे केवल उन्चालीस वर्ष के जवान थे। इसके बाद एक घटना और घटी। एकादशी के दिन स्वामी जी ने सभी शिष्यों को अपने सामने भोजन कराया और जब वे लोग खाकर उठे, स्वामी जी खुद ही उनके हाथ धुलाने लगे। एक शिष्य त्राहि-त्राहि कर उठा :

शिष्य : यह आप क्या कर रहे हैं महाराज? मैं तो आपको सेवक हूँ। आपसे सेवा लेने का मुझे अधिकार नहीं है।

वाचक : स्वामी जी ने कहा :

स्वामी जी : क्या ईसा मसीह ने अपने शिष्यों के पैर नहीं धोए थे?

[फिर आश्चर्य व्यजंक वाद्य]

वाचक : सबके मन में यह बात आई कि ईसा ने अपने शिष्यों के पाँव उस दिन धोए थे, जो उनके जीवन का आखिरी दिन था। किन्तु यह बात किसी की भी जुबान पर नहीं आ सकी। आखिर को सन् 1902 ई. की 4 जुलाई आ पहुँची। स्वामी जी उस दिन और दिनों की अपेक्षा कुछ अधिक स्वस्थ थे। ठाकुर-घर में घूमते हुए वे मन्द-मन्द 'चल मन निज निकेतने' वाला वही चिरपरिचित गीत गाते रहे। फिर वे अपनी शैया पर चले गए। उनके हाथ में जपमाला विद्यमान थी। रात में नौ बजे उनके मुख से दो बार

कराह निकली। फिर उनका मस्तक तकिए पर एक ओर को ढुलक गया। बस, योगीश्वर विवेकानन्द अनन्त निद्रा में सो गए। अमावस्या के अन्धकार में जगन्माता ने अपने रणक्लांत पुत्र को अपनी गोद में उठा लिया।

[शोकसूचक गम्भीर संगीत और 'चल मन निज निकेतने' का गान, जो दूर होते-होते बुझ जाता है।]

महर्षि रमण

[गम्भीर, संगीत; शंखध्वनि]

वाचक : चित्रं वटतरोर्मूले वृद्धाशिशष्याः गुरुर्युवा,
गुरोस्तु मौनं व्याख्यानं शिष्यास्तु छिन्नसंशयाः।
यह आश्चर्य तो देखिए कि वटवृक्ष के नीचे शिष्य बैठे हैं, जो वृद्ध हैं और उनके बीच गुरु बैठा है, जो युवक है। गुरु का व्याख्यान नीरव भाषा में चल रहा है और शिष्यों की शंका दूर होती जा रही है।

वाचिका : यह कल्पना तो दक्षिणामूर्ति शिव की कल्पना है। शिवजी ने जब सनक, सनंदन, सनत्कुमार और सनातन को ज्ञान का उपदेश दिया था, तब वह उपदेश उन्होंने मौन की भाषा में दिया था। गुरु का रूप बालक का रूप है, क्योंकि उसके भीतर शंकाएँ नहीं हैं। शिष्य वृद्ध इसलिए हैं कि उनमें पांडित्य और शंकाएँ हैं। यह भी कि मौन उपदेश को वे ही हृदयंगम कर सकते हैं, जो पण्डित हैं, जिज्ञासु हैं और जिन्हें शंकाएँ सता रही हैं।

वाचक : हाँ, महर्षि रमण सम्भवतः दक्षिणामूर्ति शिव के ही अवतार थे, क्योंकि बोलकर ज्ञानोपदेश करना उन्हें ज्यादा पसन्द नहीं था। वे जिस भक्त पर कृपा करते थे, उनकी ओर वे देखने लगते थे। उनकी दीक्षा दृष्टि-दीक्षा थी। जिसकी भी आँखों में आँखें गड़ाकर उन्होंने देखा, उसकी शंका निर्मूल हो गई, उसे शान्ति मिल गई और वह आनन्द से भर गया।

वाचिका : यह महर्षि रमण थे कौन?

वाचक : महर्षि रमण का घर का नाम श्री वेंकट रमण ऐयर था। वे 30 दिसम्बर, सन् 1879 ई. के दिन मदुरा के पास तिरूचूड़ली नामक ग्राम में श्री सुन्दरम् ऐयर के पुत्र के रूप में जन्मे थे। शिक्षा उन्होंने पहले तो अपने ग्राम में ही पाई, पीछे वे हाई इंग्लिश स्कूल में पढ़ने को मदुरा चले गए।

वाचिका : क्या धर्म की प्रवृत्ति उनमें बचपन से ही थी?

वाचक : उनका बचपन निराला था। वे खेल-कूद में काफी रस लेते थे और सोते समय इतनी गहरी नींद में सोते थे कि उन्हें घसीटकर या ढोकर चाहे जहाँ भी ले जाओ, वे जगने का नाम नहीं लेंगे। जाहिरा तौर पर धर्म की खास प्रवृत्ति उनमें नहीं थी। हाँ, 16 वर्ष की उम्र में जब उन्होंने श्री अरुणाचल का नाम सुना, तब वे अचानक चौंक उठे, मानो इस नाम ने उनकी आत्मा के सरोवर को हिलकोर दिया हो, मानो इस नाम से उनका जन्म-जन्म का परिचय रहा हो।

वाचिका : यह अरुणाचल क्या है?

वाचक : अरुणाचल एक पर्वत का नाम है। यह पर्वत हल्के लाल रंग का है और मद्रास से 120 मील दक्षिण तिरुवन्नमलइ में अवस्थित है। इसी पर्वत के मूल में अरुणाचलेश्वर शिव का विशाल मन्दिर खड़ा है। महर्षि रमण कहा करते थे कि अरुणाचल पर्वत साक्षात् शिव है। बालक वेंकट रमण ने अरुणाचल का नाम पहले कभी नहीं सुना था और जब सोलह वर्ष की उम्र में यह नाम उनके कानों में पड़ा, उन्हें लगा, मानो शिव ने उनका आह्वान किया हो।

वाचिका : क्या अरुणाचल नाम सुनते ही बालक रमण ने संन्यास ले लिया?

वाचक : नहीं, संन्यास को उत्तेजित करने के लिए कुछ और घटनाएं घटने वाली थीं। अरुणाचल का नाम सुनने के बाद रमण के हाथ पेरियापुराणम् नामक एक तमिल ग्रन्थ पड़ गया, जिसमें तमिल प्रान्त के 69 शैव सन्तों की जीवनियाँ लिखी हुई हैं। पेरियापुराणम् ने रमण के भीतर भक्ति का उद्रेक कर दिया। किन्तु जो सबसे बड़ी घटना थी, वह कुछ और बाद को घटी।

वाचिका : वह घटना क्या थी भला?

वाचक : बालक रमण मदुरा में अपने मामा के घर ठहरे हुए थे। वे पूर्ण रूप से स्वस्थ और भले-चंगे थे कि अचानक एक कोठरी में पड़े-पड़े उन्हें लगा, वे मृत्यु को प्राप्त हो रहे हैं।

वाचिका : तब क्या हुआ?

वाचक : वह विवरण स्वयं महर्षि रमण के मुख से सुनने लायक है। इस घटना का जिक्र करते हुए महर्षि कहा करते थे कि :

महर्षि : मृत्यु के धक्के ने मेरे विचार को अन्तर्मुखी बना दिया। मैं मन-ही-मन सोचने लगा, अब मृत्यु आ गई, लेकिन इसके मानी क्या हैं? वह कौन-सी चीज है, जो मर रही है? मुझे स्पष्ट भासित

हुआ, मृत्यु शरीर की होती है। फिर मेरा शरीर कड़ा हो गया। मैंने कहा, लोग अब इस शरीर को जलाने के लिए श्मशान ले जाएँगे। फिर मैंने देखा कि शरीर तो मर रहा है, मगर मैं तटस्थ भाव से उसे देख रहा हूँ। तभी मेरे भीतर यह विश्वास उत्पन्न हुआ कि मरने का काम शरीर का है, आत्मा नहीं मरती, वह साक्षी भाव से जन्म और मृत्यु को देखा करती है। मैंने देखा कि मेरा शरीर तो अकड़कर निश्चल बन गया है, लेकिन मैं अपने पूरे व्यक्तित्व के साथ कायम हूँ। अतएव मुझे ज्ञान हुआ कि मैं शरीर नहीं, आत्मा हूँ और आत्मा वह है, जो शरीर के विनाश के बाद भी कायम रहती है। और ये अनुभूतियाँ बुद्धि के मार्ग से नहीं आईं। मैंने उनका प्रत्यक्ष अनुभव किया और असंदिग्ध भाव से वे अनुभूतियाँ मेरी हो गईं। तब से लेकर आज तक वे अनुभूतियाँ मेरे भीतर ज्यों-की-त्यों बनी रही हैं।

वाचिका : लगता है, इस अनुभूति के बाद ही रमण वैरागी होकर निकल पड़े होंगे।

वाचक : नहीं, वैराग्य के पूर्व उन्हें एक उत्तेजना और मिलने वाली थी। इस अनुभव के बाद रमण का ध्यान पढ़ने से उचट गया। किताब खोलकर वे पढ़ने को तो बैठ जाते थे, किन्तु बैठे-बैठे उन्हें समाधि लग जाती थी, वे इस जगत् से उठकर कहीं और चले जाते थे। एक दिन उनकी ऐसी ही अवस्था देखकर उनके बड़े भाई श्री नागस्वामी ने कहा :

नागस्वामी : जो आदमी इस तरह का आचरण करता है, वह इन चीजों को रखता क्यों है?

वाचक : यह बात बालक रमण को लग गई। उसने सोचा :

रमण : ठीक ही तो है। जब मुझे पढ़ना नहीं है, तब किताब और कागज से मुझे क्या लेना है? और यहाँ रहकर मैं क्या करूँगा?

वाचक : इसके बाद ही एक दिन रमण ने अपने भाई से कहा :

रमण : भाई, मुझे एक स्पेशल क्लास में हाजिर होना है। अतएव मैं स्कूल जा रहा हूँ।

वाचक : यह सुनकर नागास्वामी ने कहा :

नागस्वामी : तो देखो रमण, नीचे के बक्से में पाँच रुपये पड़े हैं। उन्हें अपने साथ लेते जाओ और कॉलेज की मेरी फीस चुका दो।

वाचक : रमण का मन अरुणाचल जाने को हो चुका था और किसी टाइम-टेबुल में उन्होंने देखा था कि रेल का किराया तीन रुपये

है। अतएव उन्होंने पाँच रुपये नहीं केवल तीन रुपये अपने साथ लिए और एक चिट पर लिख दिया :

रमण : मैं अपने पिता की खोज में और उन्हीं की आज्ञा से यहाँ से जा रहा हूँ। यह यात्रा पुण्य की यात्रा है। अतएव इस पर किसी को दुःख नहीं होना चाहिए। इसकी खोज में पैसे खर्च करना भी व्यर्थ है। आपकी कॉलेज की फीस नहीं दी जा सकी। दो रुपये इस चिट्ठी के साथ हैं।

वाचिका : तब क्या हुआ?

वाचक : वही जो महात्मा बुद्ध के साथ हुआ था। रमण बड़ी कठिनाइयों के बाद तिरुवन्नमलइ पहुँचे और उन्होंने सीधे अरुणाचलेश्वर के मन्दिर में अपनी हाजिरी दी। सिद्धार्थ ने घर छोड़ने के बाद अपने कुंडल उतार दिए थे और सिर के बाल काट डाले थे। बालक रमण के कानों में भी हीरे थे, जिन्हें उन्होंने रास्ते में ही उतार दिया। और अरुणाचल महादेव के दर्शन कर लेने के बाद उन्होंने अपने सिर के बाल कटवा डाले, एक कौपीन मात्र शरीर पर रखकर बाकी सभी वस्त्र फेंक दिए।

वाचिका : रमण ने तिरुवन्नमलइ में ही तप किया?

वाचक : रमण तिरुवन्नमलइ 1 सितम्बर, 1896 ई. को पहुँचे थे। तब से लेकर जीवन के अन्त तक वे तिरुवन्नमलइ में ही रहे। श्री अरुणाचलेश्वर का मन्दिर अत्यन्त विशाल है। बालक संन्यासी रमण इसी मन्दिर में जहाँ-तहाँ रहा करते थे। पहले तो वे बाहर ही रहते थे, मगर शीघ्र ही उन्होंने देखा कि ऊधमी लड़के उन्हें ढेलों से मारते हैं, उन्हें पागल समझकर उनके साथ मनमानी करते हैं। बालक रमण ने मौन व्रत ले लिया था। अतएव वे अरुणाचल मन्दिर की पाताल लिंगवाली गुफा में आ छिपे, जहाँ न हवा पहुँचती थी, न सूर्य का प्रकाश पहुँचता था। यह बिल्कुल अन्धकारपूर्ण निर्जन कंदरा थी। रमण पाताल लिंगम् का आलिंगन करके कितने दिनों तक तपस्या करते रहे, इसकी ठीक गिनती नहीं है। किन्तु शेषाद्रि स्वामी नामक साधु ने जब उन्हें कंदरा से बाहर निकाला, रमण की जाँघों में कीड़ों ने काट- काटकर घाव कर दिए थे और वे समाधि ामग्न तथा बेहोश थे। आत्म-ज्ञान की मस्ती में वे इस प्रकार निमग्न थे कि शारीरिक कष्टों की उन्हें कोई परवाह ही नहीं थी।

वाचिका : हाय री साधना! लेकिन रमण के घरवालों ने उनकी कोई खोज-खबर क्यों नहीं ली?

वाचक : बालक साधक रमण कभी कुछ बोलते ही नहीं थे और पहले उपद्रवियों से तथा पीछे भक्तों की भीड़ से बचने को बराबर अपना स्थान बदलते रहते थे। इसी क्रम में उन्होंने तिरुवन्नमलइ शहर से बाहर निकलकर गुरुमूर्त्तम् में रहना शुरू किया। इसी स्थान पर रहते समय यह बात जाहिर हो गई कि रमण पढ़े-लिखे बालक हैं और तमिल वे अच्छी तरह जानते हैं।

वाचिका : यह पता कैसे चला?

वाचक : गुरुमूर्त्तम् में रमण को एक ऐसा भक्त मिल गया था जो उन्हें ही देवता समझकर उनकी आराधना, पूजन और आरती करने लगा था। उसकी आराधना से बचने को रमण ने एक दिन दीवार पर कोयले से लिख दिया, 'इस शरीर की सेवा के लिए केवल भोजन काफी है।'

वाचिका : लेकिन रमण के परिजनों को रमण का कोई पता क्यों नहीं चला?

वाचक : रमण उन दिनों ब्राह्मण स्वामी के नाम से विख्यात हो रहे थे। उनकी प्रसिद्धि सुनकर उनके मामा आ पहुँचे और उन्होंने अपने भानजे को पहचान लिया। किन्तु भानजे ने उनकी बातों का कोई जवाब नहीं दिया। फिर रमण की माता श्रीमती अलगम्मल भी आ पहुँची और बेटे को मनाने के लिए बीसों तरह की बातें करने लगीं। किन्तु रमण ने उनसे भी बातें नहीं कीं, किन्तु उनका सम्मान करने को उन्होंने एक कागज पर लिख दिया कि :

रमण : विधाता मनुष्यों की नियति को उनके प्रारब्ध कर्म के अनुसार चलाता है। जो बात होने वाली नहीं है, वह कभी नहीं होगी। जो बात होने वाली है, उसे हम लाख रोके, मगर वह होकर रहेगी। इसलिए आदमी को चाहिए कि वह नीरव और शान्त रहे।

वाचक : माता के लौट जाने के बाद श्री रमण ने गुरुमूर्त्तम् को भी छोड़ दिया और वे अरुणाचल पर्वत पर चढ़ गए तथा विरुपाक्ष नामक कंदरा में रहने लगे। अब तिरुवन्नमलइ आए हुए उन्हें तीन वर्ष हो चुके थे और इन तीन वर्षों तक उन्होंने जिस कठिन तप का अभ्यास किया था, उसके कारण लोग उन्हें महात्मा मानने लगे थे। किन्तु अपना मौन उन्होंने अब भी नहीं तोड़ा था। हाँ, विरुपाक्ष पहुँचने के बाद वे भक्तों और जिज्ञासुओं के प्रश्नों के उत्तर कागज के टुकड़ों पर लिखकर देने लगे थे।

वाचिका : आध्यात्मिक जिज्ञासा का उत्तर वे क्या देते थे।

वाचक : श्री रमण ने जीवन-भर एक ही बात पर जोर दिया कि अपने आपसे पूछो कि तुम कौन हो। समझने की कोशिश करो कि तुम्हारे भीतर जो अहं है, उसकी उत्पत्ति कहाँ से होती है। यह प्रश्न पूछते-पूछते और अपनी आत्मा का पता लगाते-लगाते एक दिन तुम्हें विश्वास हो जाएगा कि तुम शरीर से भिन्न हो; जो कुछ होता है, शरीर को होता है; तुम शुद्ध, बुद्ध, चैतन्य और आनन्द-स्वरूप हो। श्री रमण ने कागज के छोटे-छोटे टुकड़ों पर जो उत्तर लिखे थे, साधकों ने टुकड़ों को जुगाकर रखा था। उन्हीं उपदेशों पर से 'आत्मा विचार' एवं 'मैं कौन हूँ' नामक दो छोटी-छोटी पुस्तकें तैयार हुईं, जो श्री रमण के विचारों के सार के समान हैं।

वाचिका : महर्षि रमण ने अपना मौन कब तोड़ा?

वाचक : यह प्रसंग भी बड़ा ही विलक्षण है। श्री गणपति मनु नामक एक साधक थे, जो संस्कृत के उद्भट पण्डित और बड़े ही समर्थ कवि थे। उनकी उपाधि ही काव्यकंठ की थी। सन् 1907 के नवम्बर महीने में उन्हें ईश्वरीय स्फुरणा हुई कि वे महर्षि रमण के दर्शन करें। काव्यकंठ गणपति मुनि भरी दोपहरी में अरुणाचल पर्वत पर चढ़ने लगे और विरुपाक्ष गुफा में उन्होंने श्री रमण को अकेला ही आसीन पाया। गणपति मुनि साष्टांग श्री रमण के चरणों पर गिर गए और आर्त्त स्वर में बोले :

गणपति मुनि : पढ़ने की जितनी भी चीजें हैं, मैं पढ़ चुका हूँ। मैंने वेदान्त सम्पूर्ण पढ़ा है और मैंने जी भर जाप भी किया है। तब भी मुझे यह पता नहीं चला कि तपस् किसे कहते हैं। इसी व्याकुलता के मारे मैंने आपके चरणों में शरण ली है। कृपया मुझे सिखाइए कि तपस् क्या है।

वाचिका : तब क्या हुआ?

वाचक : श्री रमण शान्त भाव से गणपति मुनि की ओर थोड़ी देर तक देखते रहे। फिर अचानक उनका मौन टूट गया और वे बोल उठे :

श्री रमण : जब मनुष्य विचारने लगता है कि मैं का भाव कहाँ से उत्पन्न होता है, तब मन उस विचार में विलीन हो जाता है। यह तपस् है। मंत्र का उच्चारण मन-ही-मन करने पर जब ध्यान इस बात की ओर जाता है कि मंत्र की ध्वनि कहाँ से उत्पन्न होती है, तब मन उस ध्यान में विलीन हो जाता है। यह तपस् है।

वाचक : इस छोटे से उत्तर से गणपति मुनि को जितना सन्तोष हुआ, उतना सन्तोष उन्हें शास्त्रों और पुराणों से भी नहीं मिला था। वे गद्‌गद् हो उठे और शाम तक श्री रमण के ही पास बैठे रहे। गणपति मुनि ने ही पहले यह पता लगाया कि ब्राह्मण स्वामी का घर का नाम वेंकट रमण है और तभी भक्तों के सामने उन्होंने यह घोषणा की कि :

गणपति मुनि : अरे, अपने को धन्य समझो कि स्वयं भगवान कार्तिकेय तुम्हारे बीच विराजमान हैं। आज से हम इन्हें ब्राह्मण स्वामी नहीं,बल्कि भगवान श्री रमण महर्षि कहेंगे।

[उत्साह-व्यंजक संगीत; शंखध्वनि]

गणपति मुनि : वन्दे श्री रमणर्षेराचार्यस्य पदाब्जम्
यो मे दर्शयदीशं भान्तं ध्वान्तमतीत्य।
मैं आचार्य श्री रमण ऋषि के चरण-कमल की वन्दना करता हूँ, जिनकी कृपा से मुझे अन्धकार का अतिक्रमण करने वाले ज्योतिर्मय भगवाान के दर्शन हुए।

वाचिका : धन्य थे काव्य-कंठ गणपति मुनि जो कवि होने के साथ-साथ महर्षि के भी कृपा-पात्र हुए।

वाचक : गणपति मुनि की संस्कृत रचनाएँ अनेक हैं, किन्तु उनका सबसे कालजयी ग्रंथ रमण-गीता है। भगवान रमण महर्षि के साथ आध्यात्मिक विषयों पर गणपति मुनि के जो संवाद हुए थे, उन्हीं संवादों का सार इस गीता में दिया गया है। श्रीमद्‌भगवतगीता के समान रमण-गीता में भी अठराह अध्याय हैं। उसमें एक श्लोक स्वयं भगवान रमण महर्षि का रचा हुआ है।

महर्षि : हृदयकुहरमध्ये केवलं ब्रह्ममात्रं
ह्यहमहमिति साक्षादात्मरूपेण भाति।
हृदि विश मनसा स्वं चिन्वता मज्जता वा
पवनचलनरोधादात्मनिष्ठो भव त्वम्।

वाचक : अर्थात् हृदय की गुफा में मैं-मैं कहकर चमकने वाली आत्मा ही ब्रह्म है। उसे प्राप्त करने के मार्ग तीन हैं। चाहे तो आत्मा को खोजते हुए मन के द्वारा हृदय में प्रवेश करो अथवा अपने आपके भीतर डूब जाओ अथवा सांसों का अवरोध करो, जिससे तुम आत्मनिष्ठ होकर जी सको।

वाचिका : भगवान रमण को तो पढ़ने-लिखने का सुयोग नहीं मिला था, फिर वे इतने अद्‌भुत श्लोक कैसे रच लेते थे?

वाचक : हाँ, पढ़ने-लिखने का सुयोग साधारण अर्थ में उन्हें नहीं मिला था, किन्तु संगति से वे कई भाषाओं के जानकार हो गए थे और संस्कृत पर तो उन्हें असाधारण अधिकार प्राप्त हो गया था। भगवान रमण सत्रह साल की उम्र में सिद्ध हुए थे और जब वे उठते नौजवान थे, तभी उनके पास प्रथम यूरोपीय जिज्ञासु आए थे, जिनका नाम हम्फ्रे था।

वाचिका : यह हम्फ्रे कौन थे?

वाचक : मिस्टर एफ. एच. हम्फ्रे वेल्लोर के पुलिस विभाग के उच्च अधिकारी थे। वे महर्षि के पास तीन बार आए थे। बाद में यूरोप जाकर उन्होंने संन्यास ले लिया। हम्फ्रे ने भगवान से पूछा था :

हम्फ्रे : महाराज, क्या मैं संसार की सहायता कर सकता हूँ?

महर्षि : अपनी सहायता करो। उसी से सारे संसार की सहायता हो जाएगी।

हम्फ्रे : मैं संसार की सेवा करना चाहता हूँ। क्या मैं उसकी सेवा न कर सकूँगा?

महार्षि : हाँ, अपनी सहायता करके तुम दुनिया की सहायता कर सकते हो। तुम संसार में हो, तुम खुद संसार हो। तुम संसार से भिन्न नहीं हो, न संसार तुमसे भिन्न है।

हम्फ्रे : श्रीकृष्ण और ईसा मसीह ने चमत्कार किया था। क्या मैं चमत्कार नहीं कर सकूँगा?

महर्षि : जिन्होंने चमत्कार दिखाए, उन्हें क्या यह बात मालूम थी कि वे चमत्कार दिखा रहे हैं अथवा कोई ऐसा काम कर रहे हैं, जो प्रकृति के नियमों के विपरीत है?

हम्फ्रे : नहीं महाराज!

वाचक : महर्षि रमण की माता जी पुत्र को देखने के लिए कई बार विरुपाक्ष आई थीं और लौट गई थीं। किन्तु सन् 1916 में जब वे महर्षि के पास आईं, तब से उन्हीं के साथ रह गईं। इस बीच महर्षि विरुपाक्ष गुफा को छोड़कर स्कंदारम में रहने लगे और जब माता जी का देहान्त हो गया, महर्षि पर्वत से उतरकर पर्वत के मूल में रहने लगे, जहाँ माता जी को समाधि दी गई थी।

वाचिका : क्या हम इसे महर्षि के वनवासी जीवन का अंत कह सकते हैं?

वाचक : जहाँ माताजी को समाधि दी गई थी, आज का रमणाश्रम उसी जगह पर बसा है। किन्तु महर्षि की दृष्टि में वनवास और गृहवास के बीच कोई भेद नहीं था, न वे पशु-पक्षियों और मनुष्य

के बीच कोई भेद करते थे। गिलहरियाँ उनके शरीर पर घूमती रहती थीं, पक्षी उनका विश्वास करते थे और बन्दर उन्हें अपना पंच मानते थे। आदमी जिस बन्दर को छू दे, उसे बाकी बन्दर अपने झुंड में आने नहीं देते। किन्तु महर्षि के द्वारा छुआ बन्दर झुंड में स्वीकार कर लिया जाता था। लक्ष्मी नामक एक गाय थी, जो महर्षि के साथ भक्त-सा व्यवहार करती थी।

वाचिका : कहते हैं, जिस मनुष्य के भीतर हिंसा बिल्कुल समाप्त हो जाती है, पशु और पक्षी उसी मनुष्य का विश्वास करते हैं।

वाचक : महात्मा गांधी के शरीर पर एक बार सर्प चढ़ गया था, किन्तु उसने दंश नहीं मारा। महर्षि के शरीर पर भी एक बार साँप चढ़ गया था, मगर उसने भी दंश नहीं मारा। मनुष्यों और पक्षियों से सेवित महर्षि का नाम दूर-दूर तक पहुँचने लगा और अनेक देशों एवं धर्मों के लोग उनके दर्शन करने को दूर-दूर से तिरुवन्नमलइ आने लगे। हम्फ्रे के ही समान ग्रांट डफ उनके भक्त थे और मेजर चैडविक तो सब कुछ त्याग कर आश्रम में ही बस गए थे एवं अपना नया नाम उनहोंने साधु अरुणाचल रख लिया था।

वाचिका : यूरोप में महर्षि की ख्याति कैसे पहुँची?

वाचक : यूरोप में महर्षि का नाम पाल ब्रंटन ने पहुँचाया। पाल ब्रंटन एक अंग्रेज साधक थे, जो आध्यात्मिक शान्ति की खोज में भारत आए थे और शान्ति जिन्हें महर्षि के सान्निध्य में मिली।

वाचिका : क्या ये पाल ब्रंटन वे ही हैं, जिन्होंने 'गुप्त भारत की खोज' नामक किताब लिखी है?

वाचक : हाँ, गुप्त भारत की खोज नामक किताब पाल ब्रंटन ने ही लिखी थी। महर्षि के बारे में अपना अनुभव बताते हुए पाल ब्रंटन ने लिखा है कि :

पाल ब्रंटन : हर जिज्ञासु की तरह महर्षि के सामने मैं भी प्रश्नों और शंकाओं से भरा हुआ पहुँचा था। बहुत से सवाल मैंने आते हुए ट्रेन में तैयार किए थे। किन्तु महर्षि के सान्निध्य में पहुँचकर मेरी हालत बदल गई। जिस समय उन्होंने आँखें गड़ाकर मुझे देखना आरम्भ किया, मुझे महसूस होने लगा, मैं महाशान्ति के समुद्र में डूब रहा हूँ और मेरे भीतर कोई भी शंका शेष नहीं है। फिर भी मैंने अपने को सँभालकर एक दिन उनसे पूछ लिया, 'हम लोग बड़े ही कठिन युग में जी रहे हैं। क्या महर्षि संसार के भविष्य के बारे में कुछ कहेंगे?'

महर्षि : भविष्य के बारे में इतनी चिन्ता क्यों करते हो? तुम्हें तो वर्तमान का भी पूरा ज्ञान नहीं है। वर्तमान की चिन्ता करो। भविष्य की चिन्ता स्वयं भविष्य कर लेगा।

पाल ब्रंटन : दुनिया पारस्परिक मित्रता की ओर जाएगी अथवा युद्ध और विनाश की ओर?

महर्षि : सृष्टि पर शासन करने वाला कोई और है। दुनिया का क्या हाल होगा, यह देखना उसी का काम है। जिसने संसार में जीवन डाला है, वही उसका पालन भी करता है। संसार का बोझ तुम्हारे कन्धे पर नहीं, उसी महाशक्ति के कन्धे पर है।

वाचक : महर्षि के साथ महात्मा गांधी की मुलाकात नहीं हुई थी, किन्तु महर्षि गांधी जी को बहुत चाहते थे। एक बार किसी भक्त ने पूछा :

भक्त : अच्छा, भगवान गाँधी जी को क्या समझते हैं?

महर्षि : अहिंसा की शान्ति तुम कहीं भी देख सकते हो , किन्तु अहिंसा की शक्ति केवल गांधी जी में है।

वाचक : एक बार स्वर्गीय डॉक्टर राजेन्द्र प्रसाद और सेठ जमनालाल बजाज महर्षि के दर्शन करने को आश्रम आए थे। उस समय जमनालाल बजाज ने पूछा :

जमनालाल बजाज : भगवान, आप तो कर्म की शिक्षा देते हैं। स्वराज्य का काम परोपकार का काम है। वह तो अकर्म माना जा सकता है?

महर्षि : हाँ, तभी जब वह उस भाव से किया जाए, जिस भाव से उसमें गांधी जी लगे हुए हैं। स्वराज्य का काम गांधी जी के लिए आत्मज्ञान की साधना का काम है, ईश्वर को अर्पित कर्म है।

वाचक : जब वे लोग आश्रम से चलने लगे, राजेन्द्र बाबू ने पूछा :

राजेन्द्र प्रसाद : क्या भगवान गांधी जी के लिए कोई सन्देश देना चाहेंगे?

महर्षि : बोलकर सन्देश देने की जरूरत मैं नहीं समझता। हृदय से हृदय बात करता है।

वाचक : कई बार भक्तों ने भगवान से पूछा था कि आप जनता के बीच जाकर धर्मोपदेश क्यों नहीं करते? और हर बार भगवान ने कहा था :

महर्षि : जनता को धर्मोपदेश यदि नहीं दे रहा हूँ, तो और मैं क्या कर रहा हूँ? क्या उपदेश केवल व्याख्यान झाड़कर ही दिया जाता है? सबसे बड़ी भाषा मौन की भाषा है। लेक्चर से होने वाला परिवर्तन टिकाऊ कम होता है। याद रखो कि मौन सबसे बड़ी आवाज है।

वाचक : लोग अक्सर यह शिकायत करते हैं कि दुनिया में रहकर अध्यात्म की साधना नहीं की जा सकती। एक भक्त ने एक दिन महर्षि से पूछा :

भक्त : भगवान, मैं संन्यासी हो जाऊँगा। गृहस्थ रहते हुए साधना ठीक से चलती नहीं।

महर्षि : गृहस्थी और संन्यास, दोनों में से कोई भी साधना का बाधक या साधक नहीं है। अभी तुम अपनी विपद गार्हस्थ्य को समझते हो। संन्यासी हो जाने पर संन्यास ही तुम्हारी विपत्ति बन जाएगा। गृहस्थ मन से निश्चित रहे तो वह संन्यासी है। और संन्यासी को अगर वासना लगी रही, उसका मन भटकता रहा, तो वह गृहस्थ से भी बुरा है। जान-बूझकर ध्येययुक्त कर्म मत करो। जान-बूझकर कर्म से बचने की कोशिश मत करो। आयास आसक्ति का प्रमाण है। तुम्हें कर्म और अकर्म, दोनों की चिन्ता छोड़कर सहज भाव से जीना चाहिए।

वाचक : एक यूरोपीय भक्त ने एक दिन पूछा :

भक्त : ज्ञान के लिए एकान्त आवश्यक है या नहीं भगवान?

महर्षि : एकान्त मन में होता है। आदमी दुनिया के शोर-गुल में भी मन की एकाग्रता कायम रख सकता है। ऐसा आदमी हमेशा एकान्त में है। दूसरा आदमी जंगल में बसता है, मगर मन पर काबू नहीं पा सकता। ऐसा आदमी एकान्त में नहीं जीता। जिस दिन की आसक्ति इच्छाओं में है, उसे एकान्त कहीं भी नहीं मिलेगा। जो मनुष्य अनासक्त है, वह हमेशा एकान्त में ही रहता है।

वाचक : एक अन्य भक्त ने प्रश्न किया :

भक्त : भगवान, सिद्धि और चमत्कार की शक्ति प्राप्त करनी चाहिए या नहीं?

महर्षि : दूर की बातें सुनने या जानने के लिए टेलीपैथी और रेडियो की जरूरत होती है। किन्तु दोनों का सम्बन्ध श्रवण और दृष्टि से है। अतएव महत्त्व सुनने का नहीं, श्रोता का होना चाहिए। क्योंकि श्रोता और द्रष्टा के बिना रेडियों और टेलीपैथी भी बेकार हैं। सुनना और देखना, ये मन कि क्रियाएँ हैं, अतएव सिद्धियों की भी पहुँच मन तक ही है। वे आत्मा के धर्म नहीं हैं। यह भी सोचने की बात है कि सीमित शक्तिवाला होने पर भी मन हमारे क्लेश का कारण है। अगर उसकी शक्तियाँ निस्सीम हो जाएँ, तो क्लेश भी निस्सीम हो जाएँगे।

वाचक : भक्तों को चमत्कार महर्षि में भी दिखाई पड़ते थे, किन्तु महर्षि बराबर चमत्कार का खण्डन करते थे। एक बार एक शिष्य ने पूछा :

शिष्य : भगवान, योगी तो हमें मृतात्माओ के दर्शन करा सकते हैं?

महर्षि : हाँ, वे चाहें तो करा सकते हैं। मगर मुझसे यह मत कहो कि मैं तुम्हें मृतात्माओं से मिला दूँ, क्योंकि मैं यह काम नहीं करता।

वाचक : एक बार एक शिष्य ने यह जानना चाहा कि कर्म के प्रति हमारा दृष्टिकोण क्या होना चाहिए? महर्षि ने कहा :

महर्षि : कर्म का त्याग व्यर्थ है। कर्म को तुम छोड़ ही नही सकते। केवल इस भाव का त्याग करो कि कर्ता तुम हो। यदि तुम्हारे प्रारब्ध में यह है कि कर्म तुम्हें करना चाहिए, तो लाख छोड़ने पर भी कर्म तुम्हें करना ही पड़ेगा और प्रारब्ध में अगर यह हो कि कर्म तुम्हें नहीं करना है, तो लाख कोशिश करने पर भी कर्म करना तुमसे पार नहीं लगेगा। जनक और शुकदेव ऐसे ही कर्ता थे, जिन्हें अपने कर्तापन का भान नहीं था।

वाचक : विभिन्न धर्मों के बीच जो भेद-भाव हैं, उन्हें महर्षि व्यर्थ समझते थे। धार्मिक मनुष्य को वे हिन्दू-मुसलमान या कब्रिस्तान न समझकर केवल धार्मिक समझते थे। मेजर चैडविक को समझाते हुए एक बार उन्होंने कहा था :

महर्षि : धर्म अत्यन्त सीधी-सी चीज है यानी प्रत्येक आत्मा-परमात्मा है। किन्तु इस सीधी-सी बात को समझने के लिए कितने दर्शन, कैसे-कैसे पेचीदे धर्म-मार्ग पैदा हो गए हैं। लगता है, आदमी सीधी बातें नहीं चाहता, वह घुमाव चाहता है, पेचीदेपन से प्रभावित होता है। सीधी बातें केवल उनकी समझ में आती हैं, जिनकी बुद्धि परिपक्व है।

वाचक : धर्म का आरम्भ आत्म-समर्पण से होता है, यह बात वे बार-बार कहते थे।

महर्षि : अध्यात्म की बातें बुद्धिवाद के साथ जोड़ी नहीं जा सकतीं। अध्यात्म बुद्धि से परे की चीज है। द्रौपदी ने पूर्ण रूप से आत्म-समर्पण कर दिया। धर्म का वास्तविक रहस्य आत्म-समर्पण ही है।

वाचक : मौन से महर्षि केवल वाणी का मौन नहीं समझते थे।

महर्षि : मौन वह है, जिसके भीतर विचार नहीं उठते। मौन वह है, जो संकल्प-विकल्प के परे पहुँच गया है। मौन वह स्थिति है, जो

अहंकार के विनाश के बाद उत्पन्न होती है। यह वह अवस्था है, जो अन्धकार और प्रकाश, दोनों के पास है, फिर भी हम उसे प्रकाश कहकर ही प्रकट करते हैं, क्योंकि ऐसा कोई शब्द नहीं है, जो उस स्थिति का ठीक-ठीक वर्णन कर सके।

वाचक : महर्षि स्वयं भी कविता करते थे, किन्तु कविता के बारे में बोलते हुए उन्होंने एक बार कहा था कि :

महर्षि : कविता भी आखिर क्या चीज है। मानसिक शक्तियों का मंथन करके कीर्ति उपार्जन करना, यही कवित्व है। किन्तु मेरे मार्ग में तो इस शक्ति को भी सोना चाहिए।

वाचक : किन्तु एक बार तमिल के परम श्रेष्ठ कवि श्री मुरुगनार जी ने उनसे कहा :

मुरुगनार : भगवान, शंकर पर एक कविता लिखते-लिखते मैं उस स्थल पर पहुँच गया हूँ, जहाँ शंकर को ऋषियों को उपदेश देना है। किन्तु इस उपदेश की कल्पना मैं नहीं करना चाहता। जब शंकर यहाँ सदेह विद्यमान हैं, तो उपदेश की कल्पना क्यों की जाए? कविता का यह अंश आपको ही रचना होगा।

महर्षि : मैं नहीं रचूँगा।

मुरुगनार : तो फिर कविता अधूरी रह जाएगी।

महर्षि : तो इसमें बुराई क्या है? अधूरी ही रहे।

वाचक : किन्तु मुरुगनार जी ने महर्षि का पीछा नहीं छोड़ा, वे बराबर उनसे प्रार्थना करते रहे। आखिर को एक दिन महर्षि ने तीस पदों की रचना कर दी। तमिल में यह कविता 'उपदेश-सार' के नाम से प्रसिद्ध है और महर्षि ने उसका अनुवाद संस्कृत में भी किया है।

'उपदेश-सार' के कुछ श्लोक इस प्रकार हैं :

महर्षि : कर्तुराज्ञया प्राप्यते फलम्
कर्म किं परं कर्म तज्जडम्।
कृतिमहोदधौ पतनकारणम्
फलमशाश्वतं गतिनिरोधकम्।
ईश्वरार्पितं नेच्छया कृतम्
चित्तशोधकम् मुक्तिसाधकम्।

वाचक : महर्षि वर्णाश्रम-धर्म की निन्दा नहीं करते थे, मगर उनके अपने आश्रम का रिवाज कुछ और था। अनेक धर्मों और जातियों के लोग आश्रम के एक ही हॉल में साथ बैठकर भोजन करते थे।

महर्षि समदर्शी थे। खाने-पीने की जो वस्तु इतनी नहीं होती कि वह सबको दी जा सके, उसे महर्षि अपने लिए भी त्याज्य समझते थे। उत्तर के एक मुसलमान भक्त आश्रम गए थे। उन्होंने वहाँ समता का जो व्यवहार देखा, उससे वे अभिभूत हो उठे और महर्षि से बोले :

भक्त : जब मैं यहाँ आया, मुझे भरोसा नहीं था कि आप मुझसे बात करेंगे या अपने पास आने देंगे। लेकिन आपने तो मुझे भी वहीं खाना खिलाया, जहाँ खुद आप खाना खाते हैं। यह बात यदि मैं उत्तर प्रदेश पहुँचकर बोलूँ तो वहाँ कोई विश्वास नहीं करेगा। एकता और समता फैलाने का आपका यह तरीका बहुत ऊँचा है। मैं तो आपको भगवान समझता हूँ।

वाचक : महर्षि का विश्वास था कि प्रारब्ध टाला नहीं जा सकता। इससे निराश होकर एक भक्त ने पूछा :

भक्त : भगवान, यदि सब कुछ प्रारब्ध के ही अधीन है, तो फिर मनुष्य के पुरुषार्थ का क्या उपयोग है?

महर्षि : मनुष्य के हाथ में केवल एक पुरुषार्थ है कि वह यह समझने की कोशिश करे कि आत्मा शरीर से भिन्न है। शरीर कर्म से उत्पन्न हुआ है, वह कर्म किए बिना रह नहीं सकता। किन्तु कर्मों के फल ईश्वर के अधीन हैं। अतएव कर्मों से तटस्थ होना ही पुरुषार्थ है, शरीर से आत्मा की भिन्नता का ज्ञान ही पुरुषार्थ है।

वाचक : एक दिन साधु अरुणाचल ने यानी मेजर चैडविक ने आकर भगवान से निवेदन किया :

चैडविक : भगवान, सामरसेट मॉम अंग्रेजी के बड़े ही प्रसिद्ध उपन्यास-लेखक और ग्रन्थकार हैं। आज दोपहर को वे दो महिलाओं के साथ आश्रम पधारे हुए हैं। उन्हें भोजन कराने को मैं अपनी कुटी में ले गया था, लेकिन धूप लगने से वे बेहोश हो गए। अब वे अच्छे तो हैं, मगर इस हॉल में उन्हें मैं लाना नहीं चाहता। क्या भगवान सामरसेट माफम को दर्शन देने को मेरी कुटी में पधारने की कृपा करेंगे?

वाचक : भगवान रमण किसी के घर नहीं जाते थे, न किसी को एकान्त में समय देते थे। किन्तु इस बार वे द्रवित हो उठे और बोले :

महर्षि : अच्छा, टहलते समय तुम्हारी कुटी की ओर आ जाऊँगा।

वाचक : महर्षि मेजर चैडविक की कुटी में गए और सामरमेट मॉम के सामने बैठकर उन्हें बीस मिनट तक देखते रहे। इतने में मॉम का

हृदय शान्ति और आनन्द से भर गया। फिर वे अचानक बोल उठे :

सामरसेट मॉम : किन्तु, चैडविक, मुझे तो कुछ प्रश्न करना था, मगर अब सूझता ही नहीं कि क्या पूछना चाहिए।

महर्षि : नहीं, पूछने की अब कोई बात नहीं रही। हृदय ने हृदय से सारी बातें कर ली। अब पूछने को बाकी क्या रह गया? सारी बातचीत मौन में विलीन हो जाती है।

वाचक : सन् 1946 ई. में किसी भक्त ने भगवान से कहा :

भक्त : भगवान, अब भारत स्वाधीन होने जा रहा है। स्वाधीन होने के बाद गौरव के शिखर पर पहुँच जाएगा। परमहंस स्वामी रामतीर्थ की भविष्यवाणी यही थी कि सन् 1950 ई. के आते-आते भारत फिर उन्नति की चोटी पर पहुँच जाएगा।

महर्षि : भारत गौरव के शिखर पर अभी क्यों नहीं है?

वाचिका : भगवान ने ऐसा क्यों कहा? उनके कहने का आशय क्या था?

वाचक : आशय का हम सिर्फ अनुमान लगा सकते हैं। भगवान शायद यह कहना चाहते थे कि जब रामकृष्ण और विवेकानन्द जन्मे, अरविन्द और रमण का आविर्भाव हुआ, रामतीर्थ और गांधी उत्पन्न हुए, तब तो भारत उन्नति के शिखर पर नहीं पहुँचा, लेकिन कल-काखाने बनने पर और टेकनोक्रैटों के जन्म लेने पर यह देश उन्नति की चोटी पर पहुँच जाएगा, यह बेतुकी बात है। भारत आज भी गौरव के ही शिखर पर है। एक दिन एक स्विस महिला ने पूछा :

स्विस महिला : आत्मज्ञान के साथ आदमी को सिद्धियाँ भी प्राप्त होती हैं क्या?

महर्षि : सिद्धियों की कामना मन करता है, किन्तु आत्म-ज्ञान की उपलब्धि तो मन के विनाश के बाद सम्भव होती है। जिसके भीतर अंह शेष नहीं है, वह सिद्धियों की परवाह नहीं करता।

वाचक : एक दूसरे भक्त ने पूछा :

भक्त : भगवान, आत्मा का पुनर्जन्म कैसे होता है?

महर्षि : आत्मा न जन्म लेती है, न मरती है। उनमें कोई विकार, कोई परिवर्तन नहीं होता। वह सदैव एकरस रहती है। होता यह है कि देह आकर आत्मा को घेर लेती है। यह जन्म है। फिर देह उससे छूटकर गिर जाती है, यह मृत्यु है। आत्मा एक शरीर को छोड़कर दूसरे शरीर की कामना नहीं करतीं, दूसरे शरीर की खोज में नहीं भटकती। जन्म और मरण शरीर का होता है।

वाचक : आत्मा नहीं छूटती, शरीर छूटता है। आत्मा कहीं आती-जाती नहीं, आवागमन शरीर का होता है। महर्षि को जो शरीर मिला था, उसके छूटने के भी लक्षण प्रकट होने लगे। सन् 1948 ई. का साल खत्म हो रहा था कि महर्षि की बाईं बाँह पर मटर के बराबर एक दाना निकला, जो धीरे-धीरे बढ़ने लगा। सन् 1949 ई. के फरवरी महीने तक बढ़कर वह एक छोटे नींबू के बराबर हो गया। डॉक्टरों ने निदान किया, यह कैंसर है।

वाचिका : (आश्चर्य से), कैंसर!

वाचक : हाँ, कैंसर। सन्तों के शरीर भी प्रकृति के नियम के अपवाद नहीं हैं। अथवा संत प्रकृति के कार्यक्रम में अपने लिए हस्तक्षेप नहीं करते। सुर, नर, मुनि सब भोगिहैं देह धरे को दण्ड। परमहंस रामकृष्ण का भी शरीर कैंसर के कारण ही छूटा था।

वाचिका : महर्षि कितने दिनों तक बीमार रहे?

वाचक : सन् 1948 ई. के अन्त से महर्षि प्रायः हमेशा ही बीमार रहे। सन् 1949 ई. के फरवरी महीने में उनका पहला ऑपरेशन हुआ, किन्तु ट्यूमर फिर बढ़ गया। अतएव उनका दूसरा ऑपरेशन 27 मार्च को किया गया। लेकिन ट्यूमर तब भी निकल आया, इसलिए अगस्त को डॉक्टरों को तीसरी बार महर्षि की बाँह पर शल्य-क्रिया करनी पड़ी। लेकिन रोग ने जाने का नाम नहीं लिया। अतएव 19 दिसम्बर, 1949 ई. को उनका ऑपरेशन चौथी बार भी किया गया। ये सारे ऑपरेशन बिना क्लोरोफार्म के किए गए थे। महर्षि हर ऑपरेशन के समय तटस्थ भाव से बैठे रहे, मानो छुरी उनके शरीर पर नहीं किसी और के शरीर पर चल रही हो।

वाचिका : कैंसर की पीड़ा तो भयानक होती है। उस पर बिना क्लोरोफार्म के ऑपरेशन! महर्षि ने ये यातनाएँ किस प्रकार सही होंगी?

वाचक : यातना का उन्हें भान नही होता था अथवा वे उसे सह्य बना लेते थे। एक बार उन्होंने कहा था :

महर्षि : जहाँ मन ही नहीं है, वहाँ पीड़ा का अनुभव कौन करेगा?

वाचक : एक दूसरी बार उन्होंने कहा था :

महर्षि : लोग इस शरीर को ही भगवान मानते हैं और समझते हैं कि भगवान को पीड़ा हो रही है। कितनी नासमझी की बात है?

वाचक : वर्षों पहले उन्होंने अपने एक भक्त एस. एम. कोहेन से कहा था :

महर्षि : अगर ज्ञानी का ज्ञान छुरी से काटा जाए, तो दर्द तो उसे भी उतनी ही होगा जितना किसी अन्य प्राणी को, किन्तु मन के आनन्द-निमग्न रहने के कारण पीड़ा का तीखापन उसे महसूस नहीं होता।

वाचक : ऑपरेशन करवाना महर्षि ने भक्तों का आग्रह रखने को मन्जूर किया था, वरना स्वयं उनका विश्वास उसमें नहीं था। वे कहते थे :

महर्षि : इलाज की जरूरत ही नहीं है। रोग को अपनी इच्छा से आगे बढ़ने दो।

वाचक : भगवान की वेदना देखकर भक्तों की छाती फटती थी, भगवान अविचल और शान्त थे, बल्कि कभी-कभी वे मजाक भी कर बैठते थे। महर्षि की पीड़ा देखकर एक बहन खम्भे से सिर मारकर रो रही थी। भगवान ने कहा :

महर्षि : अरे, मैंने समझा, यह देवस्थान में नारियल फोड़ रही है।

वाचक : अपने भक्त और डॉक्टर श्री टी. एन. कृष्णस्वामी से उन्होंने कहा था :

महर्षि : शरीर केले के पत्ते के समान है। पत्ते पर हम तरह-तरह की चीजें खाते हैं, किन्तु खा लेने के बाद पत्ते को जुगाते नहीं, फेंक देते हैं। यही हाल शरीर का भी है।

वाचक : एक भक्त ने कहा :

भक्त : भगवान, हम सभी डॉक्टर और वैद्य तो हार गए। अब आप अपनी इच्छा से स्वयं अच्छे हो जाइए।

महर्षि : अच्छा होने की इच्छा कौन करेगा? तुम कुली के माथे पर बोझ रख देते हो और कहते हो कि इसे मेरे घर तक पहुँचा आओ। कुली बेचारा हाँफता हुआ चलता है कि घर जल्दी पहुँच जाए। अब जब वह घर पहुँचने पर है, तब तुम उससे कहते हो, कोस दो कोस और चलो। असली रोग तो शरीर है। यह रोग तो रोग को हुआ है। इससे बचने की इच्छा कौन करे?

वाचक : एक पारसी भक्तिन श्रीमती तालेआर खाँ ने कहा :

श्रीमती खाँ : भगवान, अपना रोग आप मुझे दे दें। मैं उसे भोगने को तैयार हूँ।

महर्षि : किन्तु, मुझे यह रोग किसने दिया है?

वाचक : ज्यों-ज्यों समय नजदीक आता गया, भगवान भक्तों पर और भी दया दिखाने लगे। एक दिन उन्होंने कहा :

महर्षि : लोग समझते हैं कि मैं जा रहा हूँ। किन्तु मैं जाऊँगा कहाँ? मैं तो यहीं रहूँगा।

वाचक : पाँच जनवरी, 1950 ई. को भगवान की इकहत्तरवीं वर्षगांठ काफी धूमधाम से मनाई गई। बाजे बजे। संगीत हुआ। वेद-परायण और स्तुति पाठ हुआ।

[वाद्य-वृन्द, शंखध्वनि]
[कोरस गान]
बरस रहा आलोक शिखर पर,
देव रमण, जागो!
शिव, शिव, अरुणाचल, जागो!
कूक रही कोयल कुंजों में,
कलरव ध्वनित पत्र-पुंजों में,
दर्शन दो, दर्शन अजेय ऋषि,
ज्ञान पुरुष, जागो।
शिव, शिव, अरुणाचल, जागो।

वाचक : जब किसी भी इलाज से कोई लाभ नहीं हुआ, लोग महर्षि के नैरोग्य के लिए प्रार्थना करने लगे। एक भक्त ने पूछा :

भक्त : भगवान, आपके नैरोग्य के लिए हम जो प्रार्थना कर रहे हैं, वह ठीक है या नहीं?

महर्षि : हाँ, सत्कर्म हमेशा वांछनीय होता है। अच्छे काम जरूर करने चाहिए।

वाचक : ज्यों-ज्यों महानिर्वाण का दिन समीप आता गया, भगवान अधिक-से-अधिक लोगों को अपने दर्शन देने लगे। आखिर को सन् 1950 ई. के 14 अप्रैल की शाम आ पहुँची। भगवान ने बैठना चाहा। भक्तों ने सहारा देकर उन्हें बैठा दिया। डॉक्टर ऑक्सीजन देने लगे, भगवान ने हाथ के इशारे से उन्हें मना कर दिया, फिर उनके अधरों पर एक अनिर्वचनीय मुसकान आई, आँखों से आनन्द के अश्रु चले और वे शान्त हो गए। जिस समय भगवान का शरीर छूटा, ठीक उसी समय आश्रम के पास ही एक उल्का नीचे से ऊपर को उड़ी और अरुणाचल के शिखर पर जाकर विलुप्त हो गई। पिता ने पुत्र को अपनी गोद में वापस बुला लिया।

[शोक-व्यंजक वाद्य ध्वनि]

[कोरस गीत]

नमो, नमो अरुणाचलवासी,
जीवनमुक्त, अकामी हे!
निर्विकार, निष्कलुष, निरामय,
नमो, नमो, नर नामी हे!
पुरुष परम निर्लिप्त, उदासी,
जय अद्वैत शिखर के वासी।
जय अनुपम, जय अनघ, अमृतमय,
जय-प्रकाश पथ गामी हे।
नमो, नमो, अरुणाचलवासी
जीवन-मुक्त, अकामी हे!

अप्रैल, 1968 ई.

महात्मा गांधी

[गम्भीर संगीत]

वाचक : प्रजहाति यदा कामान् सर्वान् पार्थ, मनोगतान्,
आत्मन्येवात्मना तुष्टः स्थितप्रज्ञः तदोच्यते।
यः सर्वत्रानभिस्नेहम् तत् तत् प्राप्य शुभाशुभम्
नाभिनन्दति न द्वेष्टि तस्य प्रज्ञा प्रतिष्ठिता।

स्थितप्रज्ञ के लक्षण क्या हैं, अर्जुन के यह पूछने पर भगवान ने कहा, 'हे पार्थ, जब मनुष्य मन में पैदा होने वाली सभी कामनाओं को छोड़ देता है और आत्मा द्वारा आत्मा में ही सन्तुष्ट रहता है, तब वह स्थितप्रज्ञ कहलाता है। जो सब कहीं निरासक्त रहकर शुभ या अशुभ पाने पर न खुश होता है, न रंज मानता है, उसकी बुद्धि स्थिर है।' गांधी जी की कथा, सच्चे अर्थों में, स्थितप्रज्ञ पुरुष की जीवन-कथा है।

वाचिका : किन्तु महात्मा गांधी तो राजनीति के आदमी थे? राजनीति में रहते हुए मनुष्य स्थितप्रज्ञ कैसे हो सकता है?

वाचक : हाँ, बहुत-से आदमी हैं, जिन्हें सन्त का बाना बनाकर संसार में लिप्त रहना पड़ता है, मगर गांधी जी सन्त थे, जिन्हें आजीवन राजनीति में रहना पड़ा। एक बार उन्होंने कहा भी था :

गांधी जी : सत्य मेरा परमेश्वर है। उसकी खोज मैं अहिंसा के द्वारा करता हूँ। स्वदेश और संसार की स्वतन्त्रता के लिए किए जाने वाले मेरे प्रयास उसी साधना के अंग हैं।

वाचक : गांधी जी के प्रयोग से भगवान ने मनुष्यों को शायद यह समझाया है कि जीवन का जो क्षेत्र सबसे कठिन और कराल है, धर्म का शुद्ध आचरण उसमें भी किया जा सकता है। और यह कितनी विलक्षण बात है कि गांधी जी के सामने जब संकटों का तूफान बड़े जोर से उमड़ा, उस समय उनकी स्थितप्रज्ञता और भी प्रखर हो उठी।

वाचिका : आपका तात्पर्य सन् बयालीस के भारत छोड़ो आन्दोलन से है?

वाचक : गांधी जी का सम्पूर्ण जीवन ही घटनाओं और कर्मों से खचाखच भरा हुआ था और राजनीति की दृष्टि से भारत छोड़ो आन्दोलन उनका सबसे बड़ा आन्दोलन था, किन्तु धर्म की दृष्टि से, नैतिकता की दृष्टि से उनके जीवन के अन्तिम चार वर्ष सबसे अधिक प्रधान थे।

वाचिका : इसके मानी ये हुए कि गांधीजी की जैसी परीक्षा आगा खां महल वाली जेल से रिहाई के बाद हुई, वैसी और पहले कभी नहीं हुई थी।

वाचक : गांधी जी का सारा जीवन संघर्ष, जांच, और परीक्षाओं में ही बीता था। और जांच उनकी आगा खां महल में भी कम नहीं हुई। महादेव भाई देसाई गांधी जी के दूसरे शरीर थे। उनकी मृत्यु इसी जेल में हुई। गांधी जी की सहधर्मिणी माता कस्तूरबा का शरीर-पात इसी जेल में हुआ। और जब गांधी जी का अपना स्वास्थ्य बहुत खराब रहने लगा, सरकार ने इक्कीस महीनों की नजरबन्दी के बाद उन्हें 6 मई, सन् 1944 को अचानक रिहा कर दिया।

वाचिका : महादेव भाई और कस्तूरबा को खोकर बापू जब जेल से निकले होंगे, तब उन्हें कैसा लगा होगा?

वाचक : जेल से निकलकर गांधी जी पूने की पर्णकुटी में पहुँचे, किन्तु इस समय महादेव और बा की याद उन्हें सता रही थी। वे आप-ही-आप बोल उठे :

गांधी जी : जो भी हो, मगर इससे अच्छी मृत्यु उन्हें नहीं मिल सकती थी। बा और महादेव, दोनों ने देवी स्वतंत्रता की बलिदेवी पर अपने प्राण न्योछावर कर दिए और अब अमर हो गए हैं। क्या जेल से बाहर जाकर मरने पर यह गौरव उन्हें प्राप्त हो सकता था?

वाचक : रिहाई के बाद पूने से गांधी जी बम्बई चले गए और जुहू पहुँचकर उन्होंने शक्ति-संचय के लिए पन्द्रह दिनों का मौन धारण किया। विश्राम के लिए वे पूने के प्राकृतिक चिकित्सा-केन्द्र में चले गए और वहाँ से उन्होंने वायसराय लार्ड वेवल को पत्र लिखा :

गांधी जी : भारत के बाहर और भीतर ऐसे बहुत-से लोग हैं,जो चाहते हैं कि सार्वजनिक हित में मैं कोई काम करूँ। लेकिन मैं तो बीमार हूँ। अगर मैं अच्छा भी होता तो कांग्रेस की कार्यकारिणी समिति का अभिप्राय जाने बिना मैं क्या कर सकता था? जब मैं जेल में था,

मैंने कार्यकारिणी समिति सदस्यों से मिलने के लिए आपकी इजाजत चाही थी। अब आजाद होकर भी मैं वही इजाजत चाहता हूँ। डॉक्टरों की आज्ञा मिलते ही, आप जहाँ कहेंगे, वहाँ मैं आपसे मिलूँगा।

वाचक : लेकिन वायसराय वेवल ने गांधी जी को समय नहीं दिया। गाँधी जी सन् बयालीस के भारत छोड़ो प्रस्ताव का अब भी समर्थन करते थे और यह बात वायसराय को नापसन्द थी। वायसराय ने जवाब दिया :

लार्ड वेवल : आप तो भारत छोड़ो प्रस्ताव पर अभी भी आरूढ़ हैं। ऐसे में हम लोगों की मुलाकात का कोई अच्छा नतीजा नहीं निकलेगा।

वाचक : गांधी जी और लार्ड वेवल के बीच खत-किताबत कुछ और हुई, मगर वायसराय इस बात पर अडिग खड़े रहे कि जब तक कांग्रेस और मुस्लिम लीग के बीच मतैक्य नहीं होता और ब्रिटिश सरकार उसका समर्थन नहीं करती, तब तक सरकार कोई भी नया कदम नहीं उठाएगी।

वाचिका : तब गांधी जी ने क्या किया?

वाचक : भारत की साम्प्रदायिक समस्या के तीन पक्ष थे। झगड़ा केवल कांग्रेस और मुस्लिम लीग के बीच नहीं था, एक तीसरी पार्टी अंग्रेज भी थे। वायसराय से निराश होकर गांधी जी ने जिन्ना साहब की ओर देखा।

वाचिका : जिन्ना साहब से बात किस आधार पर हुई?

वाचक : राजा जी ने मुस्लिम लीग की मांग को पूरा करने के लिए एक फार्मूला तैयार किया था, जो 'राजाजी फार्मूला' के नाम से मशहूर है। गांधी जी ने चाहा कि इसी फार्मूले के आधार पर जिन्ना साहब से बात-चीत की जाए। उन्होंने जिन्ना साहब को गुजराती भाषा में पत्र लिखा :

गांधी जी : भाई जिन्ना, एक समय था जब मैं आपको गुजराती बोलने के लिए उकसाया करता था, क्योंकि आपकी भी मातृभूमि गुजराती ही है। आज मैं फिर मातृ-भाषा में आपको पत्र लिख रहा हूँ। जेल से ही मैंने आपको लिखा था कि मैं आपसे मिलना चाहता हूँ। मैं चाहता हूँ कि हम लोग मिलें। मुझे इस्लाम या भारतीय मुसलमानों का शत्रु मत समझिए। मैं हमेशा आपका और मनुष्य जाति का सेवक और मित्र रहा हूँ। अब आप मुझे निराश न करें।

वाचिक : फिर क्या हुआ?

वाचक : जिन्ना ने तुरन्त तो समय नहीं दिया, मगर गांधी जी से मिलने के लिए वे तैयार जरूर हो गए। गांधी जी और जिन्ना मिलेंगे, इस समाचार से हिन्दू और मुसलमान, दोनों खुश जरूर हुए। दोनों धर्मों के लोगों ने मिलकर कई जगह प्रस्ताव पास किए कि गांधी-जिन्ना मिलन से एकता का कोई रास्ता निकल आवे। इस अवसर पर गांधी जी से एक पत्रकार ने पूछा :

पत्रकार : अगर जिन्ना साहब ने आपके प्रस्ताव को न माना या आपकी वार्ता यदि विफल हो गई, तब भी क्या आप राजा जी के फार्मूले का समर्थन करते रहेंगे?

गांधी जी : मैं मृत्यु से पहले मरने में विश्वास नहीं करता। मैं इस वार्ता में असफलता की शंका लेकर नहीं जा रहा हूँ।

वाचक : किन्तु वार्ता असफल हो गई। दो राष्ट्रों वाले सिद्धान्त पर जिन्ना अड़े हुए थे। उन्होंने गांधी जी को लिखा :

जिन्ना : यह स्पष्ट है कि हिन्दुओं को छोड़कर आप किसी का भी प्रतिनिधित्व नहीं करते। मुश्किल यह है कि आप अपनी स्थिति को नहीं समझते, न आपको समझाना मेरे बस की बात है।

वासक : और गांधी जी ने जिन्ना को लिखा :

गांधी जी : आप इस बात को मान क्यों नहीं सकते कि मैं भारत की पूरी जनता का प्रतिनिधित्व करना चाहता हूँ? क्या आप उसका प्रतिनिधित्व करना नहीं चाहते? क्या हर हिन्दुस्तानी के लिए यह उचित नहीं है कि वह पूरे भारत का प्रतिनिधित्व करे?

वाचक : इस वार्ता पर टीका करते हुए गांधी जी ने कहा :

गांधी जी : हमारी वार्ता और हमारे पत्राचार समानान्तर चलते रहे। वे एक-दूसरे को छू ही नहीं सके।

वाचिका : तो फिर जिच टूटी कैसे?

वाचक : संसार का जनमत भारतीय स्वाधीनता के पक्ष में आ गया था। खुद ब्रिटेन के लोग भी मानने लगे थे कि हिन्दुस्तान को गुलाम रखना असम्भव है। अतएव ब्रिटेन के प्रधानमंत्री की राय से वायसराय ने जून, सन् 1945 ई. में कांग्रेस कार्य-समिति के सदस्यों को छोड़ दिया और यह घोषणा की कि भारतीय स्वाधीनता के प्रश्न पर विचार करने को शिमले में एक सम्मेलन बुलाया जाएगा।

वाचिका : क्या इस सम्मेलन में गांधी जी भी सम्मिलित हुए थे?

वाचक : वायसराय ने यह सम्मेलन प्रतिनिधियों का बुलाया था। गाँधी जी ने कहा :

गांधी जी : मैं तो किसी का प्रतिनिधि नहीं हूँ। मैं तो व्यक्ति हूँ। मैं कांग्रेस का भी प्रतिनिधित्व नहीं कर सकता। फिर मैं इस सम्मेलन में कैसे भाग ले सकता हूँ?

वाचक : लेकिन वायसराय ने आग्रह किया :

लार्ड बेवल : मगर आपको इस सम्मेलन में मौजूद रहना ही चाहिए।

गांधी जी : अच्छा, तो जब तक यह सम्मेलन चलता है, तब तक मैं शिमले में मौजूद रहूँगा और सम्मेलन में आप मुझे आने को कहेंगे, तो दर्शक की हैसियत से मैं आ जाया करूँगा।

वाचक : किन्तु, शिमला सम्मेलन विफल हो गया, कुछ तो इस कारण कि जिन्ना साहब ने अपनी जिद नहीं छोड़ी और कुछ इसलिए कि ब्रिटेन के प्रधानमंत्री मिस्टर चर्चिल नहीं चाहते थे कि सम्मलेन कामयाब हो।

वाचिका : मिस्टर चर्चिल भारतीय स्वाधीनता के कट्टर शत्रु थे।

वाचक : किन्तु, सन् 1945 ई. में इंग्लैण्ड में जो आम चुनाव हुआ, उसमें चर्चिल की पार्टी हार गई और सरकार लेबर पार्टी ने बनाई। जब लेबर पार्टी के नेता मिस्टर एटली प्रधानमंत्री हुए, 16 सितम्बर, 1945 ई. को लन्दन और दिल्ली, दोनों जगहों से एक साथ यह घोषणा की गई थी कि भारत में भी आम चुनाव होगा और उन्हीं सदस्यों में से चुने हुए लोग भारत की संविधान सभा के सदस्य होंगे और यह संविधान सभा स्वतंत्र भारत का संविधान तैयार करेंगी।

वाचिका : आशा और निराशा के इस द्वन्द्व का गांधी जी पर क्या प्रभाव पड़ा?

वाचक : कोई प्रभाव नहीं। वे स्वराज्य को अधिक और दूसरे कामों को कम महत्त्व नहीं देते थे। शिमला सम्मेलन से लौटकर उन्होंने पूना में एक प्राकृतिक चिकित्सा-केन्द्र खोला और लोगों से वे कहने लगेः

गांधी जी : मेरी कल्पना के स्वराज्य में प्राकृतिक चिकित्सा का बहुत बड़ा स्थान है। स्वराज्य के लिए प्रशिक्षण में तीन प्रकार की पवित्रता चाहिए, तन की पवित्रता, मन की पवित्रता और आत्मा की पवित्रता।

वाचक : उन्हीं दिनों गांधी जी शान्ति निकेतन गए थे। वहाँ एक महिला ने पूछा :

इन्दिरा देवी : क्या आपको यह नहीं लगता कि यहाँ नृत्य और संगीत जरूरत से ज्यादा है?

गांधी जी : हाँ, मुझे भी शक है कि यहाँ जरूरत से ज्यादा संगीत है। खतरा यह है कि संगीत के इस स्वर में कहीं जीवन का संगीत न डूब जाए। हमारे लड़कों और लड़कियों को चाहिए कि वे यह समझें कि चलना कैसे चाहिए, बैठना कैसे चाहिए, खाना कैसे खाना चाहिए और अन्य सभी कर्म कैसे करने चाहिए। संगीत से मेरा यही अभिप्राय है।

वाचक : उसी यात्रा-क्रम में गांधी जी मिदनापुर जिले की एक सभा में गए और बोलने से पहले उन्होंने श्रोताओं से पूछा :

गांधी जी : क्या आप हिन्दुस्तानी समझते हैं?

कुछ लोग : जी हाँ।

कुछ लोग : जी नहीं।

गांधी जी : कितने दिनों में आप हिन्दुस्तानी सीख लेंगे?

सब लोग : एक साल में।

गांधी जी : हिन्दुस्तानी का प्रचार कांग्रेस के अठारह कार्यक्रमों में से एक है और सभी कार्यक्रम पूरे होने पर ही स्वराज्य मिलेगा। तो स्वराज्य आप कब तक हासिल करेंगे?

[सब लोग हँस पड़े]

वाचक : भारत में आम चुनाव सन् 1946 ई. में हुआ और उसमें सत्तर प्रतिशत मुस्लिम सदस्य मुस्लिम लीग के आ गए। 'भारत छोड़ो' का नारा गांधी जी ने दिया था। अब लीग वाले भी कहने लगे कि भारत जरूर छोड़ो, मगर उसे बाँटकर छोड़ो।

वाचिका : यह तो राष्ट्रीयता की पराजय थी!

वाचक : राष्ट्रीयता की पराजय नहीं, देश का दुर्भाग्य। गांधी जी देश की एकता की रट लगा रहे थे। आजाद हिन्द फौज के जो तीन नौजवान लालकिले में कैद थे, उनमें से एक हिन्दू था, एक सिख था और एक मुसलमान था। बम्बई में जल-सेना के जिन नाविकों ने विद्रोह किया था, उनमें भी सभी कौमों के लोग थे। मगर अंग्रेजों की कूटनीति के आगे इन बातों का कोई असर नहीं हुआ और मुस्लिम लीग पाकिस्तान की माँग को दिनोदिन तेज करती गई।

वाचिका : ऐसी अवस्था में इंग्लैण्ड की मजदूर सरकार ने क्या किया?

वाचक : मजदूर सरकार ने जनवरी, 1946 ई. में एक संसदीय शिष्टमंडल

को भारत भेजा और उस शिष्टमंडल के लौट जाने के बाद एक कैबिनेट मिशन इंग्लैंड से भारत आया। चूँकि भारतीय नेता खुद किसी निर्णय पर नहीं पहुँच रहे थे, अतएव कैबिनेट मिशन ने बीच की राह पकड़ी और एक नई योजना प्रस्तावित की, जिसके अनुसार भारत के प्रान्त तीन ग्रुपों में बंटने वाले थे। इस योजना पर गांधी जी की पहली प्रतिक्रिया अनुकूल हुई।

गांधी जी : इस योजना के भीतर वह बीज है, जो शोक और दर्द से भरे हुए इस देश को शोकविहीन बना सकता है।

वाचक : योजना पर विचार करने को सम्मेलन फिर शिमले में ही बुलाया गया। इसमें कांग्रेस और मुस्लिम लीग के चार-चार प्रतिनिधि सम्मिलित हुए थे और गांधी जी कांग्रेस कार्यसमिति के सलाहकार के रूप में शिमले में उपस्थित थे। किन्तु यह सम्मेलन भी असफल हो गया और 12 मई, 1946 ई. को उसकी असफलता घोषित कर दी गई। मगर कैबिनेट मिशन का संकल्प दृढ़ था। उसने संविधान परिषद् के निर्माण और अन्तरिम सरकार की रचना के बारे में अपना मन्तव्य प्रकाशित कर दिया। उस मन्तव्य पर राय देते हुए गांधी जी ने कहा :

गांधी जी : आज जो परिस्थिति है, उसमें ब्रिटिश सरकार इससे अच्छी योजना नहीं बना सकती थी। हाँ, योजना में हमारी अपनी कमजोरियों की भी झलक है। कांग्रेस और मुस्लिम लीग के बीच मतैक्य नहीं हो सका। यह मतभेद अंग्रेजों का किया हुआ है, ऐसा अगर हम कहें तो हम गलती करेंगे। अंग्रेज तो अब जल्दी-से-जल्दी अपना साम्राज्य यहाँ से समेट लेना चाहते हैं।

वाचक : इसके बाद घटनाएँ बड़ी तेजी से बढ़ीं। कांग्रेस की कार्यसमिति ने कैबिनेट मिशन की योजना स्वीकार कर ली। पीछे उसे मुस्लिम लीग ने भी स्वीकार कर लिया। किन्तु स्थिति फिर बिगड़ गई और मुस्लिम लीग ने 27 जुलाई को मिशन की योजना का बहिष्कार कर दिया। इतना ही नहीं, लीग ने गुस्से में आकर सीधी कार्रवाई का प्रस्ताव पास कर डाला और 16 अगस्त, 1946 ई. के दिन उसे आरम्भ करने का ऐलान भी कर दिया। इस प्रस्ताव के बारे में जिन्ना ने कहा :

जिन्ना : आज से हम वैधानिक आन्दोलनों से विदा ले रहे हैं। आज हमने एक पिस्तौल तैयार की है और हम इस हालत में भी हैं कि हम उसे चला सकें।

वाचक : अन्तरिम सरकार की रचना 2 सितम्बर को हुई। उस दिन लीग ने काला दिवस मनाया और गजनफर अली खां ने कहा :

गजनफर अली : हम इस सरकार की मुखालफत खूंरेजी से करेंगे।

वाचक : और जिन्ना साहब ने चेतावनी दी :

जिन्ना : हिन्दुस्तान एक ऐसे गृहयुद्ध के कगार पर है, जो उसे बर्बाद कर देगा।

वाचक : और गृहयुद्ध सचमुच आरम्भ हो चुका था। 16 अगस्त को सीधी कार्रवाई का आरम्भ कलकत्ते में हुआ, जहाँ मुस्लिम लीग की सरकार थी और 16, 17 तथा 18 अगस्त को कलकत्ते में वह मारकाट, खूंरेजी, लूट और बलात्कार हुए, जिनकी मिसाल पहले नहीं देखी गई थी। कलकत्ते से भड़ककर आग सिलहट पहुँची और वहाँ से भी आगे बढ़कर वह नोआखाली में फैल गई। लूटखसोट, मारकाट, खूंरेजी और अग्निकाण्ड नोआखाली में भी जोर से हुआ, मगर जबर्दस्ती धर्म-परिवर्तन और बलात्कार की घटनाएँ वहां इतनी हुईं कि चिन्ता सारे देश में छा गई।

वाचिका : इन अत्याचारों का प्रभाव गांधी जी पर क्या पड़ा?

वाचक : गांधी जी को कलकत्ते की मार-काट की खबर तब मिली, जब वे सेवाग्राम थे। आश्रमवासियों से उन्होंने कहा :

गांधी जी : अगर आपने आश्रम-जीवन के आदर्श को समझा होता, तो आज अपना पवित्र बलिदान करने को आप आग में कूद पड़े होते। लगता है, हमसे जो आशाएँ की जा रही हैं, हम उनके योग्य नहीं हैं। बलिदान का असर तभी हो सकता है, जब वह पवित्र हो, दुर्भावना से मुक्त हो और स्वेच्छा से किया गया हो। जो आग धधक उठी है, उसे केवल पवित्र बलिदान ही बुझा सकता है।

वाचक : उन्होंने और भी कहा :

गांधी जी : यह नहीं कहा जा सकता कि हम लोग गृहयुद्ध में पड़ गए हैं, मगर यह जरूर है कि हम उसके करीब हैं। अंग्रेजों को चाहिए कि वे किसी का भी पक्ष न लें। मगर आसार इसके उल्टे दिखाई देते हैं।

वाचक : देश का वातवरण इतना क्षुब्ध हो उठा कि गांधी जी की अहिंसा कसौटी पर आ गई। एक दिन उन्होंने कहा :

गांधी जी : इज्जत देने के बदले औरतों को अपनी जान दे देनी चाहिए। दाँतो से जीभ को काटकर औरतें मर सकती हैं। आत्महत्या के कुछ और तरीकों का मैं पता लगा रहा हूँ।

वाचक : एक दूसरे दिन उन्होंने कहा :

गांधी जी : अहिंसा व्यक्ति के लिए साध्य, समूह के लिए कठिन है। अतएव जो लोग वीरों की अहिंसा का पालन नहीं कर सकते, उन्हें आत्मरक्षा के लिए शरीर-बल का सहारा लेना चाहिए।

वाचक : 27 अक्टूबर को गांधी जी दिल्ली से सेवाग्राम जाने वाले थे, मगर उनके पहले ही नोआखाली से खबर आ गई। उन्होंने कहा :

गांधी जी : अब तो दिल्ली छोड़कर सेवाग्राम जाना नहीं है। अब या तो बंगाल जाऊँगा या यहीं आग में सीझता रहूँगा।

वाचिका : मगर नोआखाली का क्या हुआ?

वाचक : बंगाल से तीन नेता श्री सतीशचन्द्र दास गुप्ता, उनकी पत्नी श्रीमती हेमप्रभा देवी और सतीशसेन, गांधी जी से मिलने को दिल्ली आए और उन्होंने गांधी जी से कहा :

सतीशचन्द्र : नोआखाली तो पहले हम लोगों को जाने दीजिए। पीछे जरूरत हुई तो आप भी आइएगा।

गांधी जी : हाँ, आप नोआखाली जाइए। आपको हमारा आशीर्वाद प्राप्त है। और कहीं आप तीनों के तीनों मारे गए, तो विश्वास कीजिए, मेरी आँखों में शोक नहीं आनन्द के आँसू होंगे।

सतीशचन्द्र : मृत्यु तो निर्मल आनन्द होगी महात्माजी!

गांधी जी : लेकिन मेरी बातें ठीक से समझ लीजिए। आप इसलिए न जाइए कि मैं आपको जाने को कह रहा हूँ, बल्कि इसलिए जाइए कि आप स्वयं जाना चाहते हैं।

सतीशचन्द्र : इस स्पष्टीकरण की कोई आवश्यकता नहीं है।

वाचक : अपने बंगाल के साथियों को नोआखाली भेजकर गांधी जी खुद भी नोआखाली जाने की तैयारी करने लगे किन्तु इतने में खबर आ गई कि नोआखाली में मुसलमानों ने जो हिन्दुओं पर अत्याचार किया है, उसका बदला बिहार के हिन्दू अपने प्रान्त के मुसलमानों से ले रहे हैं। गांधी जी ने पंडित नेहरू को पत्र लिखते हुए कहा :

गांधी जी : बिहार से जो समाचार आए हैं, उनसे मैं काँप उठा हूँ। मेरा जो कर्त्तव्य है, उसे मैं भली-भाँति जानता हूँ। मैंने उपवास को टालने की कोशिश की है, मगर अब उसे और टालना मुश्किल है। मेरी अंतरात्मा कहती है, 'मूर्खतापूर्ण हत्याओं को देखने के लिए क्या तुम्हें जीवित रहना चाहिए? अगर लोग तुम्हारी बात को सुनने को तैयार नहीं हैं, तो स्पष्ट है कि तुम्हारे दिन गुजर चुके हैं।'

वाचक : किन्तु नोआखाली में नारियों पर जो अत्याचार हो रहा था, उसने गांधी जी को आपाद-मस्तक हिला दिया और वे 6 नवम्बर को नोआखाली के लिए रवाना हो गए। रवाना होने से पहले उन्होंने बिहार के नाम से एक अपील प्रकाशित की।

गांधी जी : मेरे सपने के बिहार ने मुझे धोखा दिया है। कोई मुझसे यह मत कहे कि बिहार में जो कुछ हुआ है, वह बंगाल का परिणाम है। दूसरे बुरे हैं, इससे हमारी बुराई पुण्य नहीं बन जाती। बिहार के हिन्दुओं को चाहिए कि वे मुसलमानों को ढाढ़स बंधाएँ, जो मुसलमान भय से भाग गए हैं, उन्हें मनाकर वापस लाएँ, उनकी रक्षा की जिम्मेदारी खुद उठाएँ और सरकार से कह दें कि फौज हटा ले। अगर यह नहीं हुआ तो मैं आमरण उपवास करूंगा।

वाचक : गांधी जी की अपील का बिहार पर बहुत अच्छा असर पड़ा। किन्तु नोआखाली पहुँचकर गांधी जी ने देखा कि लोगों का होश उड़ा हुआ है। जब वे चाँदपुर पहुँचे, बंगाली हिन्दू युवकों का एक दल उनसे मिलने आया। यह वही स्थान था, जहाँ के लोगों ने, बहुत पहले, चटगांव के शस्त्रागार पर डाका डाला था। इन युवकों के साथ गांधी जी की जो बात-चीत हुई, वह काफी महत्त्वपूर्ण थी।

युवक : बापू जी, आप जो यह कहते हैं कि औरतें अपनी जीभ को दाँतों तले दबाकर आत्महत्या कर लें, वह सब यहाँ नहीं चलेगा। आप नहीं जानते कि यहाँ क्या-क्या अत्याचार हुए हैं।

गांधी जी : मैं तुम्हें यह कहने को नहीं आया हूँ कि तुम मेरी वीरता का अनुसरण करो। तुम पारंपरीण वीरता का पालन कर सकते हो। किन्तु साफ है कि चटगाँव के शस्त्रागार पर डाका डालने वालों के बीच मैं तलवारें बाँटने नहीं आया हूँ। खेद का विषय यह है कि उन नौजवानों की संख्या नहीं बढ़ी।

युवक : बढ़ती कैसे? उनकी निन्दा जो हुई थी।

गांधी जी : किसने निन्दा की? यदि तुम्हारा तात्पर्य मुझसे हो तो मैं तो निन्दा करूँगा ही। मगर जनता ने उनकी निन्दा नहीं की थी।

युवक : जनता ने भी निन्दा की थी। मैं खुद उन डाकुओं में से एक हूँ।

गांधी जी : मैं इस पर विश्वास करने से इनकार करता हूँ। अगर तुम शस्त्रागार के डाकू होते तो मुझे कुत्सा और कलंक की कहानियाँ सुनाने को अब तक जीवित नहीं रहते।

युवक : तो जैसे भी हो, हम हथियारों से लड़ सकते हैं न?

गांधी जी : जैसे भी नहीं। हिंसा के भी अपने आचरण-सिद्धान्त हैं। औरतों, बच्चों, बूढ़ों और निहत्थों को मारना वीरता नहीं, कायरता है।

युवक : आप हिन्दुओं को आक्रमणशील होने की आज्ञा दे सकते हैं?

गांधी जी : बिहार के हिन्दुओं ने वही तो किया। नतीजा यह हुआ कि सारा बिहार, सारा भारत बदनाम हो गया और स्वतंत्रता-रूपी घड़ी की सुई पीछे की ओर खिसक गई। अपने हथियारों का उपयोग अच्छी तरह करो, उनका दुरुपयोग मत करो। बिहारियों ने हथियारों का दुरुपयोग किया है।

वाचक : चाँदपुर के बाद गांधी जी ने नोआखाली के गाँवों में पदयात्रा शुरू कर दी। चौमुहानी नामक गाँव के एक हिन्दू नवयुवक ने उनसे पूछा :

युवक : जो हालत अभी तक बीत रही है, उसमें दिलासा और सुरक्षा के लिए हम क्या करें?

गांधी जी : वीरता के साथ मरो। फौज और पुलिस को भूल जाओ। वे बेकार हैं।

युवक : लेकिन हम तो क्रोध से जल रहे हैं।

गांधी जी : तो इस आग को अपने आप की ओर मोड़ दो।

युवक : सहायता के लिए हम पुकारें किसको? कांग्रेस को, लीग को या अंग्रेजी सरकार को?

गांधी जी : नहीं, इनमें से किसी को भी नहीं। अपने आपका आह्वन करो, जिसका अर्थ है कि ईश्वर को पुकारो।

युवक : लेकिन हम तो लहू और मांस के प्राणी हैं। हमें कोई भौतिक अवलंब चाहिए।

गांधी जी : तो अपने लहू और मांस को पुकारो। अपने लहू और मांस को गन्दगी से मुक्त करो।

वाचक : एक महिला कार्यकर्ता ने पूछा :

महिला : शरणार्थियों के पुनर्वास के बारे में आप क्या कहते हैं?

गांधी जी : उन्हें न तो असम जाना है, न पश्चिम बंगाल। उनमें साहस होना चाहिए कि वे अपने पहले वाले घरों को लौट आएँ।

महिला : वह कैसे सम्भव होगा?

गांधी जी : तुम उन लोगों के बीच जाकर रहो और उनसे कहो कि तुम्हारा बाल भी बाँका हुआ, तो हम अपनी जान दे देंगे। तभी पूर्वी बंगाल में वीरांगनाएं पैदा होंगी।

वाचक : गांधी जी ने नोआखाली में गुजरे अत्याचारों की जो निशानियाँ

देखीं, उनसे उनका हृदय पिघल गया और वे अर्धोपवास पर रहने लगे। वे उजड़ी, सुनसान गलियों में घूमते थे, उन मुहल्लों में भटकते थे, जहाँ एक भी आदमी जीवित नहीं था। एक दिन वे इसी प्रकार घूम रहे थे कि एक कुत्ता उनके पास जाकर धीरे-धीरे उछलने और भौंकने लगा। लोगों ने उसे लाख हटाना चाहा, मगर वह गांधी जी के पास से नहीं हटा। तब गांधी जी ने कहा :

गांधी जी : इसे मत दुतकारो। देखते नहीं, यह कुछ कहना चाहता है?

वाचक : कुत्ते के पीछे चलते-चलते गांधी जी एक घर में पहुंचे जिसमें कई आदमियों के कंकाल पड़े थे। स्पष्ट ही, यह उस कुत्ते के मालिक का घर था और कुत्ता यह घर गांधी जी को दिखाना चाहता था।

वाचिका : जानवर में इतनी बुद्धि थी कि उसने गांधी जी को पहचान लिया, मगर आदमियों में इतनी भी अक्ल नहीं निकली।

वाचक : दर्द और अत्याचार, गम और परेशानी, भय और त्रास के दृश्य देखते-देखते गांधी जी ने एक लोमहर्षक निर्णय कर डाला और वह यह कि अपने सभी साथियों से उन्होंने कह दिया कि हर आदमी एक-एक गाँव लेकर बैठ जाए। मैं अब अकेला ही काम करूँगा।

एकाकी, हाँ, एकाकी हूँ
डंसना चाहे तो व्याल डंसे,
करुणा को जिसने ग्रसा,
बढ़े आगे, मुझको वह काल ग्रसे।

गीत

यदि तोर डाक सुने केउ ना आसे,
तबे एकला चलो रे।
एकला चलो, एकला चलो, एकला चलो रे!

वाचक : नोआखाली की यह यात्रा वीर की यात्रा थी, मसीहा की यात्रा थी, अपनी तपस्या के चरम शिखर पर चढ़े हुए महात्मा की यात्रा थी। यह ऐसी यात्रा थी, मानो आदमी नंगे पांव सांपों की बांबियों पर घूम रहा हो, मानो एक बूंद ओस चिलचिलाती धूप को चुनौती दे रही हो। श्रीमती मनुबेन गांधी ने अपनी डायरी में लिखा :

मनुबेन : बापू बड़ी कठोर मुद्रा में हैं। उन्होंने मुझे छोड़कर और किसी को भी साथ नहीं रखा है। अब तो उन्होंने चप्पल पहनना भी छोड़

दिया है। वे नंगे पांव घूम रहे हैं। वे कहते हैं। यहां इतने बेकसूर लोगों का खून हुआ है कि यह भूमि बलिदान की भूमि हो गई है। ऐसी पवित्र भूमि पर मैं चप्पल पहनकर कैसे घूम सकता हूँ। और पांव धोते समय जब मैं उनके तलवों में क्षत देखती हूँ, मेरी छाती फटने लगती है। मगर बापू को मैं कैसे समझा सकती हूँ?

वाचक : मनुबन ने और भी लिखा है :

मधुबेन : नंगे पांव चलने से बापू के पांव के अंगूठे में घाव हो गया। उसमें मैंने पट्टी बांध दी थी। एक दिन रास्ते में पट्टी कहीं खुलकर गिर गई। कर्नल जीवन सिंह का आदमी उसे खोजने को पीछे की ओर मुड़ा और काफी दूर चलकर पट्टी ले आया। इस पट्टी के मिलते ही बापू प्रसन्नता से खिल उठे और बोले :

गांधी जी : मुझे खुशी हुई। अगर हम प्रमाद के वश होकर इसी तरह चिथड़े खोते चलें, तो अन्त में हिन्दुस्तान की कितनी बड़ी नुकसानी होगी?

वाचक : गांधी जी जब गांव-गांव घूमते थे, उन्हें जो भी लोग मिलते, उन्हें वे सलाम करते थे। मगर मुसलमानों के बीच गांधी जी के लिए सर्वत्र अच्छा भाव नहीं था। वे गांधी जी के सलाम का जवाब नहीं देते थे। मगर लोग उनके मुँह से कुछ सुनना तो चाहते ही थे। गांधी जी लोगों से कहते :

गांधी जी : ईश्वर और अल्ला में भेद नहीं है। आपने यहाँ जो जुल्म किए हैं, उनके लिए आपको पछताना चाहिए। पछताने से हृदय शुद्ध हो जाता है। और असली पश्चात्ताप यह है कि जो हिन्दू आपसे डरकर भाग गए हैं, उन्हें मनाकर फिर वापस लाइए और उनसे कहिए कि वे निर्भय होकर आपके बीच बसें।

वाचक : गांधी जी सचमुच कठोर मुद्रा में थे। एक दिन वे बीमार हो गए और बालिका मनु घबरा गई। उसने प्रो. निर्मल कुमार बोस की मार्फत डॉक्टर सुशील नायर को बुलाना चाहा। मगर बात गांधी जी को मालूम हो गई। उहोंने मनुबेन से कहा :

गांधी जी : तुमने निर्मल बाबू को क्यों बुलाया? तुम सुशीला को क्यों बुला रही हो? तुम्हारा फर्ज था कि तुम राम राम जपती, जैसे मैं राम का नाम लेता रहा हूँ। मेरे सच्चे और अचूक वैद्य केवल भगवान है। जब तक उन्हें मुससे काम लेना है, वे मुझे अवश्य जीने देंगे। उसके बाद वे मुझे वापस बुला लेंगे, मगर पहले नहीं।

वाचक : एक बार जवाहरलाल जी बापू से मिलने को दिल्ली से नोआखाली

गए। बापू जब यात्रा पर निकले, जवाहरलाल जी ने देखा कि बापू को देखने के लिए लोगों की भीड़ उमड़ रही है। जवाहरलाल जी ने मजाक किया :

जवाहरलाल : बापू, यही आपकी अकेली यात्रा है?

गांधी जी : तुम एक बात भूल जाते हो। आखिर मैं महात्मा भी तो हूँ।

वाचक : किन्तु ऐसे विनोद के क्षण ज्यादा नहीं थे। गांधी जी के कुछ कार्यकर्ता मार डाले गए थे और यह खतरा हमेशा बना था कि और लोग भी मारे जा सकते हैं। गांधी जी ने अपने साथियों से एक दिन कहा :

गांधी जी : जिन्हें मुसलमानों के प्रति कुभाव हो, जिसके हृदय में इस्लाम के प्रति आदर का भाव नहीं हो, जो अपने गुस्से को रोकने में असमर्थ हों, उन्हें हमारा साथ छोड़ देना चाहिए। इस योजना में काम करके वे मेरा गलत प्रतिनिधित्व करेंगे।

वाचक : यह गांधी-धर्म था। किन्तु गांधी जी जिस खतरे में खड़े थे, उसका भी उन्हें ज्ञान था। एक मित्र को पत्र लिखते हुए उन्होंने लिखा :

गांधी जी : जिस काम में मैं यहां लगा हूँ, हो सकता है कि वह मेरे जीवन का आखिरी काम हो। अगर मैं यहां से जीवित और चोट खाए बिना लौटा, तो मेरा पुनर्जन्म होगा। मेरी अहिंसा की जैसी जाँच यहाँ हो रही है, वैसी जांच और कभी नहीं हुई थी।

वाचक : डॉक्टर राजेन्द्र प्रसाद जी के यह लिखने पर कि बिहारियों को होश आ गया है, अब आप अपना अर्धोपवास का व्रत त्याग दे, गांधी जी ने अपनी खुराक में वृद्धि कर दी। किन्तु नोआखाली का अन्धकार उनका पीछा करता रहा। एक पत्र में उन्होंने लिखा :

गांधी जी : मेरा वर्तमान मिशन मेरे जीवन का सबसे जटिल और कठोर मिशन है। अब मैं शत-प्रतिशत सचाई के साथ परमात्मा से कह सकता हूँ कि रात अंधेरी है और मैं घर से दूर हूँ, मुझे रास्ता दिखाओ। ऐसे अंधकार का अनुभव मैंने पहले कभी नहीं किया था और यह अंधेरी रात लम्बी भी मालूम होती है। ऐसे में दिलासे की केवल एक ही बात है कि मुझमें निराशा और घबराहट नहीं है। मैं हर हालत के लिए तैयार हूँ। या तो हिन्दू और मुसलमान मिलकर रहेंगे अथवा मैं अपनी जान दे दूंगा। भगवान की इच्छा पूरी हो।

वाचक : इस विषय परिस्थिति में गांधी जी की सारी शक्ति उनकी प्रार्थना से आती थी। एक दिन एक आदमी ने उनसे पूछा :

एक आदमी : क्या अपना काम करने के लिए ईश्वर से प्रार्थना की जरूरत होती है?

गांधी जी : ईश्वर को जरूरत नहीं होती, मनुष्य को होती है। प्रार्थना अपने हृदय को सत्य से भरने की आकुल इच्छा है। प्रार्थना अपने अन्तर का अनुसन्धान है। यह अपने-आपको पवित्र करने का प्रयास है। यदि सत्य के समुद्र की छाती पर तुम्हें तैरना है, तो तुम्हें शून्य के समान हल्क होना पड़ेगा।

वाचक : भाग्य और पुरुषार्थ के सम्बन्ध पर बोलते हुए एक दिन उन्होंने कहा :

गांधी जी : हमारी स्वतन्त्रता उस व्यक्ति के समान है जो जहाज की भीड़ में खड़ा है। फिर भी काम करने की आजादी हमें है। मगर हमारे कामों के परिणाम क्या होंगे, यह हमारे बस में नहीं है।

वाचक : एक दिन मनुबेन को समझाते हुए गांधी जी ने कहा :

गांधी जी : मेरा दावा सही है या गलत, इसे मेरी मृत्यु साबित करेगी। जब तक आदमी मरता नहीं, उसके बारे में सही राय बनाना कठिन है। अगर मैं बीमार होकर खाट पर मरा, तो मुझे तुम धरती का दूसरा रावण समझना। लेकिन अगर मैं राम नाम लेकर गिरा तो समझना कि यह आदमी ब्रह्मचारी और महात्मा था।

वाचक : नंगे पांव यात्रा, 77 साल की उम्र और भोजन की मात्रा बहुत थोड़ी, इन कारणों से गांधी जी को क्लांति बहुत सताने लगी। एक दिन लावण्यलता बहन ने निवेदन किया :

लावण्यलता : बापू जी, आपको कोई पुष्टई या टॉनिक लेनी चाहिए।

गांधी जी : मेरे लिए तो एक ही टॉनिक हो सकती है और वह है राम-नाम। मैं कब तक बचूंगा, यह अलग बात है। मगर इस शक्तिशाली मंत्र के रहते हुए या तो मैं बीमार नहीं पड़ूंगा या पड़ा तो चौबीस घंटों में अच्छा हो जाऊंगा। राम-नाम में आध्यात्मिक शक्ति है और वह मेरी आत्मा में भरी हुई है।

वाचक : गांधी जी की नोआखाली यात्रा मुस्लिम लीग की आंखों का कांटा बन गई थी। अतएव बिहार के दंगों की चर्चा चलाकर मुसलमान गांधी जी पर यह जोर डालने लगे कि वे नोआखली छोड़कर बिहार चले जाएं। खुद बंगाल के प्रधानमंत्री शहीद सुहरावर्दी गांधी जी से घबराये हुए थे। गांधी जी ने एक दिन उनसे पूछ था :

गांधी जी : यह क्या बात शहीद साहब, कि लोग आपको गुंडा कहते हैं?

शहीद : गांधी जी, ऐसी बातों पर जाना बेकार है। आपको क्या पता कि पीठे पीछे लोग आपको क्या कहते हैं।

गांधी जी : सो तो ठीक है, लेकिन कुछ लोग मुझे महात्मा भी समझते हैं, मगर आपको महात्मा कोई नहीं समझता।

वाचक : गांधी जी की सशरीर उपस्थिति की आवश्यकता कहीं थी, तो नोआखाली में थी, मगर बिहार में भी काम उपद्रव नहीं हुए थे। अतएव जब बिहार के मुसलमानों ने यह गुहार मचाई कि गांधी जी को बिहार आना चाहिए, तब गांधी जी इस पुकार को अनसुनी नहीं कर सके और 5 मार्च, 1947 ई. को वे बिहार पहुंच गए। पटने में पूछे जाने पर राजेन्द्र बाबू ने गांधी जी से कहा :

राजेन्द्र बाबू : मार-काट तो बन्द है, मगर बिहार के हिन्दुओ में पश्चात्ताप की भावना अभी भी ठीक से नहीं जगी है।

गांधी जी : लोगों को उसी पाप से बचाने को तो मैं यहां आया हूँ।

राजेन्द्र बाबू : आप आज्ञा दें कि हमें क्या करना चाहिए। हमें विश्वास है कि हम कामयाब होंगे।

गांधी जी : चंपारण की याद कीजिए। वहाँ तो कोई किसी को आज्ञा नहीं देता था। हर आदमी अपने आप काम करता था। इसी का चमत्कार वहां दिखाई पड़ा था। वही बात अब भी होनी चाहिए और तब हम मुस्लिम लीग का हृदय भी जीत लेंगे।

वाचक : प्रार्थना सभा में बोलते हुए उस दिन गांधी जी ने कहा :

गांधी जी : बिहार को मैं बराबर प्यार से अपना बिहार कहता रहा हूँ। मैंने सोचा था, मुझे सशर बिहार जाने की आवश्यकता नहीं होगी। मगर फटे हुए दूध पर बहस करना बेकार है। आपने भारी नुकसानी की है। उसे पूरा करना आपका ही काम है। आपने जैसा भयानक पाप किया है, आपका पश्चात्ताप भी वैसा ही महान होना चाहिए। जो जितना बड़ा पापी है, उसे उतना ही महान सन्त बनना चाहिए। जब मैं सुनता हूँ बिहार में हिन्दुओं ने बंगाल के अन्याय को रोक दिया, तब मेरा माथा शर्म से झुक जाता है।

वाचक : जो बात गांधी जी ने नोआखाली के हिन्दुओं को कही थी, वही बात उन्होंने बिहार के मुसलमानों से कही :

गांधी जी : आप भगवान की करुणा में विश्वास करें और आदमी से डरना छोड़ दें। जो लोग अपने घरों को छोड़कर भाग गए हैं, हिन्दुओं

का धर्म है कि वे उन्हें मनाकर वापस लाएं और उनकी पूरी हिफाजत का जिम्मा आप उठाएं। मुसलमानों के दिलों में खौफ समा गया है। हर हिन्दू का कर्तव्य है कि वह इस खौफ को निकाले। होली का त्योहार सामने है। मुझे उम्मीद है कि इस त्योहार को हिन्दू और मुसलमान मिलकर मनाएंगे।

वाचक : बिहार ने पाप तो बहुत किया था, मगर उसके भीतर पश्चात्ताप भी उसी जोर का जगा। गांधी जी मुस्लिम रिलीफ फंड के लिए भिक्षा मांग रहे थे। एक दिन एक अंधे भिखारी ने चार आने पैसे देकर उनके पांव पकड़ लिए। गांधी जी गद्गद हो उठे और बोले :

गांधी जी : यह चार आने का दान मेरे जानते चार करोड़ रुपयों का दान है, क्योंकि इस गरीब ने अपनी सारी पूंजी दान में दे दी है।

वाचक : एक दिन गांधी जी जब सिपारा गांव होकर चले जा रहे थे, गांव वालों ने उनकी मोटर रोक ली, उन्हें रुपयों की एक थैली भेंट की और एक पत्र उनके हाथ में रख दिया, जिसमें लिखा था :

मुखिया : बापू जी, आप हमारे पापों के लिए क्षमा करें। मुस्लिम भाइयों के जान-माल की जो नुकसानी हुई है, उसके लिए हमें शर्म है। यह छोटी-सी थैली हमारे पश्चात्ताप का प्रतीक है। आप हमें क्षमा करें। अब ऐसी वारदात यहां नहीं होगी।

वाचक : बिहार में जो सुधार हो रहा था, उसे गांधी जी समझते थे। एक प्रार्थना-सभा में उन्होंने कहा :

गांधी जी : जो लोग यह समझते हों कि मौजूदा हालत में हिंसा ही काम आ सकती है, उन्हें अपनी बात खुलकर बोलनी चहिए। मैं उससे दुःख नहीं मानूंगा लेकिन अहिंसा की असफलता देखने को मैं जिन्दा रहना नहीं चाहूंगा। अपने आदर्श की खोज करता हुआ मैं यहां मरता हूँ या वहां, इससे कोई फर्क नहीं पड़ता है। सारा हिन्दुस्तान मेरे लिए एक है। बिहार अगर सचमुच कोई उदाहरण पेश करता है, तो उससे सारे देश का भला होगा।

वाचक : सेन नामक गांव में भी गांधी जी को एक पत्र के साथ थैली भेंट की गई। पत्र में लिखा था :

मुखिया : जो कुछ हुआ है, उसके लिए हम लज्जित और दुखी हैं मगर दंगे के दिनों में हमारे गांव में हिन्दू-मुस्लिम दंगा नहीं हुआ। हम दोनों धर्मों के लोग पहले भी भाई-भाई बनकर जीते थे और आज भी भाई-भाई के समान रह रहे हैं।

वाचक : और भंडारी गांव में भी थैली भेंट की गई और गांव वालों ने पत्र लिखकर कहा :

मुखिया : जो कुछ हुआ है, उस पर हम लोग शर्मिन्दा हैं। हम आपके पांव की शपथ खाकर कहते हैं कि अब इस इलाके में हिन्दू-मुस्लिम कलह नहीं होगा। अपने पापों के लिए हम आपसे और ईश्वर से क्षमा मांगते हैं।

वाचक : बिहार की कई प्रार्थना-सभाओं में गांधी जी ने कहा :

गांधी जी : अंग्रेजों से लड़ना आसान है, मगर अपनी कमजोरियों से लड़ना मुश्किल काम है। शान्ति की कुंजी बिहार के हिन्दुओं के हाथ है। उन्हें चाहिए कि अपनी जान गंवाकर भी वे मुसलमानों की रक्षा करें और पुलिस से कहें कि वह पहरे पर से हट जाए। अपने-अपने इलाकों में शान्ति रखने की जिम्मेदारी कांग्रेस-जनों को लेनी चाहिए। उन्हें चाहिए कि शान्ति-रक्षा के प्रयास में वे अपनी जान दे दें।

वाचक : दंगे के दिनों में ऐसी अनेक शुभ घटनाएं हुई थीं, जब हिन्दुओं ने मुसलमानों की रक्षा के लिए अपनी जान की बाजी लगा दी थी। ऐसे सभी लोगों को बधाई देते हुए गांधी जी ने एक दिन कहा :

गांधी जी : गुस्से से पागल भीड़ों के बार से मुसलमानों को बचाने के लिए जिन मर्दों और औरतों ने अपनी जान की बाजी लगा दी, उन्हें मैं बधाई देता हूँ। मुझे खुशी है कि जो लोग फरार थे, वे अब आत्म-समर्पण कर रहे हैं। जो लोग अभी भी छिपकर फरार का जीवन बिता रहे हैं, उन्हें चाहिए कि वे अधिकारियों के सामने आत्म-समर्पण कर दें।

वाचक : 22 मार्च को पटने की प्रार्थना-सभा में बोलते हुए उन्होंने कहा :

गांधी जी : हिंसा की घटनाएं तो यहां ऐसी भयानक हुई हैं कि उन्हें देखते हुए मानवता से निराश हो जाना पड़ता है, लेकिन मैंने एक नए युग के उदय होने के भी लक्षण देखे हैं। गांव के लोग केवल पश्चात्ताप ही नहीं कर रहे हैं, वे ऐसा कोई भी काम करने को तैयार हैं जो प्रायश्चित्त के लिए मैं उन्हें बता सकूं।

वाचक : गांधी जी की बिहार-यात्रा बड़ी ही कामयाबी के साथ चल रही थी कि खबर आने लगी, नोआखाली में आग फिर भड़कने वाली है और आग पंजाब में भी फूट पड़ी है। इन दो जगहों में से पहले वे किधर जाएं, यह बात तय भी नहीं हो पाई थी कि

30 मार्च को वायसराय के निमंत्रण पर वे दिल्ली चले गए। वहां 1 अप्रैल को एशियाई देशों के महासम्मेलन में बोलते हुए उन्होंने कहा :

गांधी जी : अगर यह दुनिया एक होने वाली नहीं है, तो स्वेच्छा से मैं एक दिन भी इसमें जीना नहीं चाहता। बल्कि मेरी तो कामना है कि मेरे जीवन-काल में ही यह दुनिया एक हो जाए। आप लोग जो कई देशों से यहां आए हुए हैं, आपका कर्तव्य है कि दुनिया को एक बनाने के लिए भरपूर कोशिश करें। खुशी की बात है कि एशिया के लगभग सभी देशों के प्रतिनिधि यहां आए हुए हैं। तो क्या आप इसलिए एकत्र हुए हैं कि आपस में मिलकर आप यूरोप, अमरीका या दूसरे गैर एशियाई देशों के खिलाफ युद्ध करें? ऐसे विचार का मैं जोर से विरोध करूंगा। यह हिन्दुस्तान का मिशन नहीं है। अगर अहिंसा के मार्ग से स्वाधीन होकर हिन्दुस्तान किसी भी देश को दलित करना चाहेगा, तो मुझे घोर क्लेश होगा।

वाचक : पैगम्बर की जो हालत होती है, वही हाल गांधी जी का भी हुआ। मुस्लिम लीग के लोग गांधी जी को केवल हिन्दू समझते थे और हिन्दुओं का एक दल समझता था कि मुसलमानों के साथ सलूक करने में गांधी जी हिन्दू हितों का बलिदान कर रहे हैं। 29 जून, 1945 ई. को गांधी जी ट्रेन से पूना जा रहे थे कि रास्ते में उनकी ट्रेन उलटने की साजिश की गई। पूना पहुंचकर 30 जून की प्रार्थना-सभा में गांधी जी ने कहा :

गांधी जी : यह शायद सातवीं बार है जब दयालु भगवान ने मुझे मृत्यु के जबड़े में जाने से बच लिया है। मैंने किसी भी मनुष्य को हानि नहीं पहुंचाई है, न किसी को मैं अपना शत्रु समझता हूँ। तब कोई आदमी मेरी जान क्यों लेना चाहता है, यह बात मेरी समझ में नहीं आती। लेकिन आदमी का जन्म ही खतरों के बीच जीने के लिए होता है, अतएव यह दुर्घटना भी मेरी इस इच्छा को सबल बनाती है कि 125 वर्ष तक जीवित रहूँगा।

वाचक : किन्तु, अप्रैल, 1944 तक पंजाब के बहुत-से हिन्दू और सिख बेघरबार होकर दिल्ली चले आए थे औ वे निराशा, क्रोध और बदले की भावना से जल रहे थे। गांधी जी की प्रार्थना में कुरान की आयतें भी शामिल थीं। 1 अप्रैल को जब गांधी जी दिल्ली में प्रार्थना करने लगे, एक नौजवान खड़ा होकर चिल्ला उठा :

नौजवान : बस, बस। बन्द कीजिए। बहुत हो गया। अब हम यह नहीं बोलने देंगे। बहुत सुन लिया।

वाचक : नौजवान आगे बढ़कर गांधी जी की ओर चला और चीख-चीखकर कहता रहा :

नौजवान : आप यहां से चले जाइए। यह हिन्दू मन्दिर है। यहां मुसलमानों की प्रार्थना हम नहीं होने देंगे। आपने बहुत बार यह कह लिया, पर हमारी मां-बहनों की हत्या-पर-हत्या हो रही है। अब हम यह सहन नहीं कर सकते।

वाचक : लोग उस नौजवान को रोकने लगे मगर गांधी जी ने कहा :

गांधी जी : मेरे और इसके बीच कोई न आवे।

वाचक : लेकिन लोगों ने उस नौजवान को प्रार्थना-सभा से बाहर कर दिया। इस पर गांधी जी ने कहा :

गांधी जी : यह आपने ठीक नहीं किया। उस लड़के को आपने जबर्दस्ती निकाल दिया। ऐसा नहीं करना चाहिए था। वह गुस्से में था, प्रार्थना नहीं सुनना चाहता था। मैं किसी का विरोध करके प्रार्थना नहीं करना चाहता। अब आगे की प्रार्थना मैं छोड़ देना चाहता हूँ।

वाचक : पंजाब के बंटवारे का प्रस्ताव कांग्रेस ने गांधी जी की पीठ पीछे किया था। यह दर्द गांधी जी के कलेजे में कसक रहा था। उन्होंने कहा :

गांधी जी : पंजाब भी दीवाना हो गया। नोआखाली में भी ऐसे ही दीवानेपन से लोगों ने ज्यादतिया कीं, पर बिहार में नोआखाली से ज्यादा जंगलीपन हुआ और पंजाब में बिहार से भी ज्यादा।

वाचक : वायसराय के साथ जो गांधी जी की वार्ता चल रही थी, उसका उल्लेख करते हुए उन्होंने कहा :

गांधी जी : मेरे कहने के मुताबिक तो कुछ होगा नहीं। होगा वही, जो कांग्रेस करेगी। मेरी चलती कहां है? मेरा चलती होती, तो पंजाब न हुआ होता, न बिहार होता, न नोआखाली। आज कोई मेरी बात मानता नहीं। मैं बहुत छोटा आदमी हूँ। हाँ, एक दिन मैं हिन्दुस्तान में बड़ा आदमी था तब सब मेरी बात मानते थे। आज न तो कांग्रेस मेरी मानती है, न हिन्दू, न मुसलमान। कांग्रेस आज है कहां? वह तो तितर-बितर हो गई है। मेरा तो अरण्य-रोदन चल रहा है। आज सब मुझे छोड़ सकते हैं। पर ईश्वर मुझे नही छोड़ेगा।

वाचक : शोरगुल 2 अप्रैल की भी प्रार्थना-सभा में हुआ।

दो युवक : यह मन्दिर पब्लिक का है। हम आपको हरगिज यहां प्रार्थना करने नहीं देंगे।

सभी लोग : हम प्रार्थना सुनेंगे। हमें प्रार्थना चाहिए।

वाचक : कई लोग उन युवकों को हटाने लगे।

युवक : हम आपको प्रार्थना नहीं करने देंगे।

गांधी जी : सब लोग शान्ति से बैठे रहें। मैं जा रहा हूँ। इन भाइयों को कोई न छेड़े। ये भले ही अपनी विजय मान लें, पर यह क्या विजय है? मैं इतना ही कहूंगा कि यह हिन्दू धर्म का कत्ल हो रहा है।

वाचक : एक अन्य दिन कुरान की आयतों का विरोध करने वालों से गांधी जी ने कहा :

गांधी जी : मैं अच्छा पारसी हूँ, अच्छा मुसलमान हूँ, तभी अच्छा हिन्दू भी हूँ। मैंने बता दिया कि मैं भंगी हूँ, ईसाई हो, मुसलमान हूँ और हिन्दू तो हूँ ही। मैं हिन्दू हूँ तो मुसलमान भी हूँ और सिख तो करीब-करीब हिन्दू ही हैं।

वाचक : दो-एक दिन विरोध का आदर करते हुए गांधी जी ने प्रार्थन रोक दी। मगर फिर एक दिन उन्होंने कहा :

गांधी जी : एक बार प्रार्थना शुरू कर देने के बाद अगर चार ही आदमी मुझसे कहते कि प्रार्थना मत करो, तो मैं उनसे कहता आप मेरा गला काट सकते हैं, मैं राम-रहीम, कृष्ण-करीम कहता रहूँगा और दिल में रोष न लाकर सोचूंगा, भगवान इन्हें सन्मति दे।

वाचक : प्रार्थना-सभा में थोड़ी-बहुत गड़बड़ी रोज ही होती थी। एक दिन प्रवचन के क्रम में गांधी जी ने कहा :

गांधी जी : मैं तो हर मजहब के पैगम्बरों और सन्तों में विश्वास रखने वाला हूँ। मैं ईश्वर से प्रार्थना करूंगा कि मुझ पर इलजाम लगाने वालों पर मुझे गुस्सा न आए। इतना ही नहीं, मैं उनके हाथों मरने को भी तैयार रहूं। अगर मैं अपने यकीन पर मजबूती से कायम रहा, तो मैं सिर्फ हिन्दू धर्म की ही नहीं, इस्लाम की भी सेवा करूंगा।

वाचक : सारी दिल्ली, सारा पंजाब हिंसा और बदले की भावना से खौल रहा था। मगर गांधी जी के मुख से अमृत की ही बूंदें झरती थीं।

गांधी जी : मैंने यह कभी नहीं कहा कि आप लोग खतरे की सीटी सुनते ही भाग निकलें। हमें मरना है और मारकर नहीं मरना है। अहिंसा हिन्दू-धर्म का असली सार है, मुसलमान-धर्म का सार भी अहिंसा है और ईसाई-धर्म भी अहिंसा सिखाता है।

वाचक : 13 अप्रैल से 30 अप्रैल तक गांधी जी बिहार में रहे। इसी बीच वायसराय के उद्योग से गांधी जी और जिन्ना साहब के संयुक्त हस्ताक्षर से एक अपील निकली :

गांधी और जिन्ना संयुक्त : राजनीतिक ध्येयों की प्राप्ति के लिए हम हिंसक साधन अपनाने की नीति की निन्दा करते हैं और हमेशा के लिए उसे त्याज्य समझते हैं। भारत के सभी सम्प्रदायों, सभी धर्मों के लोगों से हमारी अपील है कि वे हिंसा और बदअमनी का कोई काम न करें, न कोई ऐसी बात बोलें या लिखें, जिससे हिंसा के कामों को उत्तेजना मिलती हो।

वाचक : एक मई को गांधी जी फिर दिल्ली पहुंच गए और 6 मई को उन्होंने जिन्ना साहब से मुलाकात की, मगर देश के विभाजन के प्रश्न पर दोनों नेताओं के बीच सहमति नहीं हो सकी। 7 मई की प्रार्थना-सभा में गांधी जी ने कहा :

गांधी जी : मैं पाकिस्तान बनाने में हाथ नहीं बँटा सकता। जिन्ना साहब जो करना चाहते हैं, उसको पूरी तौर से खतरनाक चीज समझते हुए, यह कैसे हो सकता है कि मैं उन्हें पाकिस्तान की स्वीकृति के दस्तखत दे दूँ? यह बात मैंने धीरज के साथ उनको सुना दी। हम आपस में लड़े नहीं। माधुर्य से ही हमने बातें कीं।

वाचक : किन्तु इस अपील का कोई असर नहीं हुआ। ज्यों-ज्यों 15 अगस्त नजदीक आने लगा त्यों-त्यो, सिन्ध सीमा-प्रान्त और पंजाब में उपद्रव बढ़ने लगे और गांधी जी शान्ति की रट लगाकर लोगों को समझाते रहे।

गांधी जी : सिन्ध के हिन्दुओं को डरने का कारण क्या है? वहां से मेरे पास खत आया है कि हिन्दू डर रहे हैं। क्यों डरें? वे राम-राम क्यों नहीं लेते?

वाचक : फिर एक दूसरे दिन उन्होंने कहा :

गांधी जी : आजकल एक अफवाह चली है कि गांधी बिहार में रहकर हिन्दुओं को कटवा रहा है। पर मैं बुलन्द आवाज में कहता हूँ कि सब-के-सब मुसलमान पागल बन जाएँ, तब भी हिन्दू पागल न बनें।

वाचक : बंगाल का बंटवारा हो गया, इस अंदेशे से कलकत्ते में फिर हवा बिगड़ने लगी और नोआखाली के हिन्दू भय से कांपने लगे अतएव 8 मई को गांधी जी को कलकत्ता जाना पड़ा। 15 मई को वे पटना गए और 24 मई को वे दिल्ली चले गए। यह आशा

किसी को नहीं रह गई थी कि देश अखंड रहेगा। फिर भी गांधी जी ने हार नहीं मानी थी।

गांधी जी : इसी तरह अगर मुसलमान भी तलवार उठाकर आते हैं और पाकिस्तान मांगते हैं, तो मैं कहूंगा, तलवार के जोर से पाकिस्तान नहीं ले सकते। पहले मेरे टुकड़े कीजिए और बाद में हिन्दुस्तान के। यदि सब इस प्रकार करेंगे, तो भगवान उनकी तलवार के टुकड़े कर डालेगा।

वाचक : चार सौ साल पहले कबीरदास जी ने कहा था, 'अरे इन दोउन राह न पाई।' अब महात्मा गांधी कह रहे थे :

गांधी जी : यह मैं मानने को तैयार हूँ कि मुसलमान ज्यादा बर्बादी कर रहे हैं। पर जब दोनों बुराई करते हैं, तब किसने ज्यादा बुराई की और किसने कम, यह जानना बेकार है। दोनों गलती पर हैं।

वाचक : किसी ने गांधी जी से पूछा :

एक आदमी : कहां तो आप पाकिस्तान के कट्टर विरोधी थे और कहां अब चुप लगा रहे हैं?

गांधी जी : मैं कबूल करता हूँ कि मुझे भी यह निर्णय अच्छा नहीं लगा है। लेकिन दुनिया में कई चीजें ऐसी होती हैं, जो अपने मन की नहीं होतीं, फिर भी हम उन्हें सहन करते हैं। इसी तरह इसे भी हमें सहन करना है।

वाचक : जुलाई आते-जाते गांधी जी का मोह भंग हो गया। किसी ने उनसे लिखकर पूछा :

एक आदमी : जो कुछ हुआ और हो रहा है उसमें से क्या रामराज्य पैदा होने वाला है?

गांधी जी : मैं ऐसा नहीं कह सकता कि इसमें से रामराज्य पैदा होगा। अंग्रेजों ने हमारे देश के दो टुकड़े बनाए और पीछे उसके दो डोमिनियन स्टेट्स भी बन जाते हैं। दोनों एक-दूसरे के दुश्मन बन गए, ऐसा मानकर जब वे चलते हैं, तो उसमें से रामराज्य या खुदाई राज्य कैसे पैदा हो सकता है?

वाचक : 29 जुलाई की प्रार्थना-सभा में गांधी जी ने कहा :

गांधी जी : मैं जो कहता हूँ कि 15 अगस्त को फाका करो और प्रार्थना करो, वह क्या है? मैं दुःख तो नहीं मानना चाहता, लेकिन दुःख की बात है कि हमारे पास खुराक नहीं है, कपड़ा नहीं है। आज एक आदमी बिगड़ जाता है और दूसरे आदमी को मार डालता है। तो

हम मौज करें और मिठाई खाएं, ऐसा उत्सव ऐसे अवसर पर कैसे मनाया जा सकता है?

वाचक : गांधी जी 15 अगस्त का दिन नोआखाली में मनाना चाहते थे। अतएव वे नोआखाली के लिए रवाना हो गए। पटना होकर अगस्त 8 को वे कलकत्ता पहुंचे। वहां सोदपुर आश्रम में भी उन्होंने कहा :

गांधी जी : 15 अगस्त का उपवास रखो, प्रार्थना करो और चरखे चलाओ। इसके सिवा उत्सव मानने का और कौन उपाय है? सब दिल जल रहे हैं, लोग भूखे मर रहे हैं, नंगे मर रहे हैं।

वाचक : किन्तु नोआखाली जाना बन्द नहीं था। 15 अगस्त के करीब आते ही कलकत्ते के हिन्दू गुस्से से भर उठे। वे 1946 के 16 अगस्त का बदला अब लेना चाहते थे। बहुत-से हिन्दू और मुसलमान गांधी जी के पास आए और उन्हें राजी करने लगे कि अभी आप नोआखाली न जाकर कलकत्ते की आग पर पानी डालिए। उस दिन प्रार्थना-सभा में गांधी जी ने कहा :

गांधी जी : अगर कलकत्ते की आग मेरे बुझाए बुझ सकती हो, तो मैं अपने प्राणों की भी आहुति देने को तैयार हूँ।

वाचक : 1946 में भय हिन्दुओं के भीतर समाया हुआ था। इस बार मुसलमान डरे हुए थे। प्रधानमंत्री शहीद सुहरावर्दी कुछ मुसलमानों के साथ आए और गांधी जी से अनुरोध करने लगे कि वे कलकत्ते में ठहर जाएं। गांधी जी ने कहा :

गांधी जी : ठहरना तो है ही। मगर जिस घर में मैं रहूंगा, उसी में आपको भी रहना होगा और हम लोग ऐसे इलाके में ठहरेंगे, जो सबसे ज्यादा खराब है।

वाचक : सबसे खराब मुहल्ला बेलियाघट्टा था, जहां से मुसलमानों को निकाल दिया गया था। गांधी जी और सुहरावर्दी उसी मोहल्ले के एक मुसलमान के मकान में जा ठहरे।

वाचिका : और हिन्दुओं ने कुछ नहीं कहा?

वाचक : 13 अगस्त को उस घर के सामने हिन्दुओं ने प्रदर्शन किया, गांधी जी को काले झण्डे दिखाए और सुहरावर्दी को काफी बुरा-भला कहा। किन्तु 14 अगस्त को समां ही कुछ और हो गया, जिसका विवरण श्री निर्मल कुमार बोस ने लिखा :

निर्मल बाबू : कलकत्ता लगभग हिन्दू और मुस्लिम इलाकों में बंट गया था। मगर 14 अगस्त को समां ही कुछ और था। सड़कों पर हिन्दू

और मुसलमान गले-गले मिल रहे थे और मुसलमान अपने हिन्दू दोस्तों को मस्जिदों में भी ले जा रहे थे।

वाचक : 15 अगस्त को स्वतंत्रता-दिवस के उपलक्ष में गांधी जी ने एक दिन उपवास रखा और बंगाल के नए गवर्नर श्री राजागोपालाचारी उनसे मिलने आए और भारत के गवर्नर जनरल लार्ड माउंटबेटन ने गांधी जी को सन्देश भेजा :

माउंटबेटन : पंजाब में हमने 55 हजार फौज भेज रखी है, मगर दंगा वहां बड़े पैमाने पर हो रहा है। बंगाल में हमारी सरहदी फौज केवल एक सिपाही की है, मगर वहां शान्ति है।

वाचक : किन्तु यह शान्ति अल्पायु निकली। 1 सितम्बर को गांधी जी नोआखाली जाने की तैयारी में थे कि 31 अगस्त की रात में ही हिन्दुओं ने उनके घर पर धावा बोल दिया और लोगों ने घर के भीतर घुसकर चीजों को तहस-नहस कर डाला। निर्मल बाबू ने लिखा है :

निर्बल बाबू : एक सितम्बर को सेंट्रल कलकत्ते में भयानक दंगा शुरू हो गया और मुसलमानों को जान के लाले पड़ गए। स्थिति इतनी भयानक हो उठी कि उसे संभालना पुलिस के लिए असम्भव हो गया। निदान वही हुआ, जिसकी आशंका की जा सकती थी। महात्मा गांधी ने अपना आमरण उपवास घोषित कर दिया।

वाचक : उपवास की घोषणा में गांधी जी ने कहा :

गांधी जी : पंजाब में आग लगी हुई है। मुझे कहा जा रहा है कि मैं पंजाब जाऊं। मगर आग तो यहां कलकत्ते में भी भड़क उठी है। अगर मेरे उपवास से कलकत्ते की आग बुझती है, तो उसका असर पंजाब पर भी पड़ेगा। अब यह कलकत्ता वालों के हाथ में है कि वे मुझे पंजाब जाने देते हैं या नहीं।

वाचक : चिंता सारे कलकत्ते में छा गई। गांधी जी से उनके एक व्यापारी भक्त ने पूछा :

व्यापारी : हमें क्या आज्ञा है?

गांधी जी : जाओ और अपनी जान दे दो। जिस इलाके में तुम रोजगार करते हो, उसमें शान्ति कायम करो। शान्ति कायम न हो सके, तो जिन्दा लौटकर मेरे पास मत आना।

वाचक : गांधी जी ने सरदार पटेल को पत्र लिखते हुए लिखा :

गांधी जी : राजाजी मुझे समझाने आए थे, मगर उनकी कोई भी दलील कारगर नहीं हुई। मेरे उपवास से किसी को घबराने की आवश्यकता

नहीं है। अगर नेताओं में ईमानदारी है, तो मार-काट बन्द हो जाएगी और मेरा उपवास भी खत्म हो जाएगा। लेकिन अगर मैं लोगों को दीवाना बनाने से नहीं रोक सकता, तो फिर मरने के सिवा मैं कर क्या सकता हूँ?

वाचक : उपवास केवल तीन दिनों तक चला, लेकिन उतने ही समय में कलकत्ते का हृदय हिल गया। दोनों ही धर्मों के लोग गांधी जी के पास झुंड-के-झुंड आने लगे। कोई दल वादा करने को आता था, कोई इकरारनामा लिखकर लाता था और कोई यह कहने को आता था कि हमारे इलाके में कोई वारदात नहीं हुई है। जब यह साबित हो गया कि चौबीस घण्टों के भीतर कहीं भी कोई वारदात नहीं हुई है, तब गांधी जी ने अपना उपवास तोड़ दिया और बयान देते हुए कहा :

गांधी जी : अच्छा किया कि लोगों ने लिखित इकरारनामे भी मुझे दिए हैं। मगर लिखित शब्दों के भरोसे मैंने उपवास नहीं तोड़ा है। विश्वास मैंने उनकी बातों का किया है। यह याद रखने की बात है कि जब कलकत्ते में शान्ति रहेगी, तभी नोआखाली और पंजाब भी शान्त होंगे।

वाचक : 9 सितम्बर, 1947 को गांधी जी दिल्ली आए, जहां से वे फिर कभी बाहर न जा सके। यह वह समय था, जब दिल्ली शरणार्थियों से भरी हुई थी और शरणार्थियों पर जो कुछ गुजरा था, उसकी याद करके हिन्दू और सिख क्रोध से जल रहे थे। दिल्ली के मुसलमान अपने-अपने घरों को छोड़कर जगह-जगह जमा होकर रह रहे थे। शरणार्थियों-शिविरों में क्रोध था, निराशा थी, गन्दगी थी और घोर रूप की अव्यवस्था थी। लोग छोटी-छोटी जगहों में जानवरें की तरह ठसाठस भरे थे। जो शरणार्थी थे, वे बेकसूर मुसलमानों का खून पी जाना चाहते थे। और दिल्ली के मुसलमान भय से थर-थर काँप रहे थे। गांधी जी घूम-घूमकर शिविरों को देखने लगे, सहमे हुए मुसलमानों को धीरज बांधने लगे। प्रार्थना- सभा में उन्होंने कहा :

गांधी जी : जिन्ना साहब ने कहा था कि पाकिस्तान के हिन्दू उनके भाई हैं मैं पाकिस्तान जाकर इस सचाई की जांच करना चाहता हूँ। मगर अभी तो यहाँ दिल्ली में ही दंगे हो रहे हैं। यहां शान्ति हो, तो पाकिस्तान जाऊँ।

वाचक : दूसरे दिन मुस्लिम लीग के एक बड़े नेता गांधी जी के पास आए और बोले :

नेता : यह वह पाकिस्तान नहीं है, जिसकी हमने कल्पना की थी। अब तो शहर की हिफाजत सिर्फ आप कर सकते हैं।

वाचक : किंग्सवे कैम्प की प्रार्थना-सभा में भीड़ बहुत थी। मगर जैसे ही कुरान की आयत पढ़ी जाने लगी, एक आदमी चिल्ला उठा :

एक आदमी : इन्हीं आयातों के पढ़ने का नतीजा है कि हमारी माताओं और बहनों की इज्जत उतारी गई है, हमारे सगे-सम्बन्धी मारे गए हैं। अब हम आपको कुरान की आयत पढ़ने नहीं देंगे।

दूसरा आदमी : गांधी जी को दूर करो। गांधी मुर्दाबाद।

तीसरा आदमी : अजी, सुन तो लेने दो कि गांधी जी क्या कहते हैं।

चौथा आदमी : हमें कुछ भी सुनना नहीं है। गांधी जी, लौट जाओ।

वाचक : सभा में कोलाहल मच गया और प्रार्थना रोक दी गई। गांधी जी वापस मोटर में जा बैठे। मगर भीड़ ने मोटर पर पत्थर फेंके। 12 सितम्बर को गांधी जी पुराने किले के शिविरों में गए। वहाँ भी भीड़ ने उन पर गुस्सा जाहिर किया।

[मोटर की आवाज]

एक आदमी : गांधी मुर्दाबाद।

दूसरा आदमी : गांधी, लौट जाओ।

तीसरा आदमी : हम सब कुछ गँवाकर आए हैं। हमें खून के बदले खून चाहिए।

चौथा आदमी : सारी फसाद की जड़ यही बुड्ढा है।

[भारी कोलाहल]

एक स्वयंसेवक : बापूजी, यहां खतरा है। ड्राइवर, मोटर को बढ़ाकर भीड़ से बाहर ले चलो।

गांधी जी : नहीं, मोटर मत बढ़ाओ। मैं इस भीड़ के साथ बात करूँगा।

वाचक : गांधी जी इतने कमजोर थे कि उनकी बोली सुनाई नहीं पड़ती थी। वे जो कुछ कहते, उसे एक दूसरा आदमी दुहराता जा रहा था :

गांधी जी : ईश्वर एक है। मैं हिन्दू, मुसलमान, सिक्ख और ईसाई में कोई भेद नहीं मानता। सब एक हैं।

कई लोग : बकवास है।

कई लोग : यही सब सुनाने आया है।

गांधी जी : मेरी प्रार्थना है कि आप शान्त रहें, गुस्से को छोड़ दें। खौफ भी छोड़ दें। आदमी चाहे जितना भी ताकतवर हो, वह हमारी रक्षा कर नहीं सकता। हमारी शरण तो भगवान ही दुरुस्त करेंगे और मेरी बात पूछो, तो मैं तो यहां करने या मरने को आया हूँ।

वाचक : शब्दों में कोई नया अर्थ नहीं था, मगर गांधी जी जिस दर्द से बोल रहे थे, उसका सुनने वालों पर असर पड़ा। उनमें से कई लोग रोने लगे। अभी जो गांधी जी के खून के प्यासे हो रहे थे, वे उनके भक्त हो गए। जब वह गांधी जी मोटर में बैठकर चले, भीड़ नारा लगाने लगी।

भीड़ : गांधी जी की जय। भारत माता की जय।

वाचक : उन्हीं दिनों काश्ममीर पर पाकिस्तानियों और अफरीदियों ने हमला किया और भारत सरकार को काश्मीर की रक्षा के लिए फौज भेजनी पड़ी। इस स्थिति पर टीका करते हुए गांधी जी ने कहा :

गांधी जी : मैं मानता हूँ कि इस हमले के पीछे पाकिस्तान सरकार का हाथ है। संघ सरकार ने अच्छा किया कि श्रीनगर की रक्षा के लिए तुरन्त फौज भेज दी। जैसे थर्मापोली की रक्षा करते हुए स्पार्टा के वीर मिट गए थे, उसी प्रकार अगर संघ सेना की टुकड़ी काश्मीर को बचाने की कोशिश में मटियामेट हो जाए, तो इसका मुझे जरा भी दुख नहीं होगा।

वाचक : हिन्दुस्तान और पाकिस्तान के बीच तनाव के बीसियों कारण थे। एक नया कारण और आ गया कि बंटवारे के हिसाब से पाकिस्तान के 55 करोड़ रुपए हिन्दुस्तान के पास निकलते थे। जब पाकिस्तान ने काश्मीर पर चढ़ाई की, तो भारत सरकार ने कहा अभी ये रुपए हम नहीं दे सकते। गांधी जी समझते थे कि यह बेईमानी की बात है। उन्होंने लार्ड माउंटबेटन से पूछा :

गांधी जी : इस बारे में आपका क्या विचार है?

माउंटबेटन : अगर भारत ने रुपए नहीं दिए, तो उस पर पहला कलंक लगेगा।

वाचक : उस दिन से गांधी जी ने कहना शुरू कर दिया कि भारत सरकार को चाहिए कि ये रुपए वह पाकिस्तान को दे दे। और ज्यों-ज्यों वे इस बात पर जोर देते थे, त्यों-त्यों हिन्दू उनसे नाराज होते जाते थे।

एक नागरिक : भला देखो तो, हिन्दुस्तान और पाकिस्तान की लड़ाई है और यह बुड्ढा तब भी कहता है कि पाकिस्तान के रुपए दे दो।

दूसरा नागरिक : इसलिए कि इन्हीं 55 करोड़ रुपयों से पाकिस्तान हिन्दुस्तान से लड़ सके।

तीसरा नागरिक : देश का बंटवारा हो गया, पाकिस्तान के हिन्दू तबाह हो गए, मगर गांधी जी के दिल से मुसलमान की तरफदारी नहीं गई।

वाचक : हिन्दुओं का यह हाल था और राष्ट्रवादी मुसलमान गांधी जी से कह रहे थे :

राष्ट्रवादी मुसलमान : हमारे लिए पाकिस्तान में कोई जगह नहीं हो सकती, क्योंकि पाकिस्तान की हमने मुखालफत की थी और यहां दिल्ली में भी हम नहीं रह सकते, क्योंकि हिन्दू और सिक्ख हमें फाड़कर खा जाना चाहते हैं। ऐसे में आप हम लोगों की मदद कीजिए और हमें इंग्लैंड भेज दीजिए।

वाचक : गांधी जी बिगड़ पड़े।

गांधी जी : आप राष्ट्रवादी मुसलमान होकर ऐसी बातें बोलते हैं।

वाचक : मगर फिर उन्होंने गंभीर होकर कहा :

गांधी जी : दिल्ली पर हमारा कब्जा ढीला हो रहा है। अगर दिल्ली गई, तो हिन्दुस्तान गया और हिन्दुस्तान गया, तो दुनिया में शान्ति न रहेगी।

वाचक : यह कोई जवाब नहीं था। उसी समय मन-ही-मन उन्होंने निश्चय किया, मैं आमरण उपवास करूंगा। राष्ट्रवादी मुसलमान गांधी जी से 11 जनवरी को मिले थे। 12 जनवरी की प्रार्थना-सभा में गांधी जी ने घोषणा की :

गांधी जी : मेरा लाचारगी मुझे सताती रही है। उपवास के आरम्भ होते ही यह लाचारगी खत्म हो जाएगी। अपनी जिन्दगी से बढ़कर ऐसी कोई भी कीमती चीज नहीं हो सकती, जिसे एक पवित्र मनुष्य बलिदान करे। उपवास मैं तब तोड़ूंगा, जब मुझे यह विश्वास हो जाए कि सभी सम्प्रदायों के हृदय आपस में एक हो गए हैं।

वाचक : उपवास 13 जनवरी को आरम्भ हुआ और उसका असर बड़ी तेजी से बढ़ने लगा। सरदार पटेल ने पूछा :

सरदार पटेल : हमारा क्या कर्त्तव्य है?

गांधी जी : सबसे पहले पाकिस्तान के रुपए दे देने चाहिए।

वाचक : एक सिक्ख मित्र ने पूछा :

सिक्ख : आपका यह फाका किसके खिलाफ है?

गांधी जी : हिन्दू और सिक्ख मुसलमानों को दिल्ली से न निकालें, मैं चाहता हूँ। मगर बात इतनी ही नहीं है। मेरे उपवास का उद्देश्य सबकी आत्मा में जागृति पैदा करना है।

वाचक : गांधी जी ने यह उपवास मुसलमानों के हित में रखा था, मगर मुसलमान ही इससे सबसे अधिक घबराए हुए थे। उन्होंने आकर कहा :

मुस्लिम नेता : हमारी अर्ज सुनिए और मुसलमानों के हक में अपना फाका खत्म कर दीजिए। गांधीजी, आप न रहे, तो मुसलमानों को मदद और दिलासा कौन देगा?

वाचक : काश्मीर के प्रधानमंत्री शेख अब्दुल्ला ने आकर कहा :

शेख अब्दुल्ला : काश्मीर को आपकी जितनी जरूरत आज है, उतनी पहले और कभी नहीं थी। आप काश्मीर की खातिर फाका तोड़ दीजिए।

वाचक : कितने ही तार विदेश से और कुछ पाकिस्तान से भी आए, मगर गांधी जी टस-से-मस न हुए। मौलाना आजाद ने ठीक कहा था :

मौलाना आजाद : अगर हम पत्थर की दीवार से अपना सिर फोड़ लें, गांधी जी तब भी नहीं हिलेंगे। बहस करके उन्हें और ज्यादा तकलीफ देना बेकार है। हम अब यह सोचने की कोशिश करें कि क्या करने से वे अपना उपवास तोड़ने को तैयार होंगे।

वाचक : उपवास को अभी 24 घंटे भी नहीं हुए थे कि केन्द्रीय मंत्रिमंडल की एक बैठक बिड़ला भवन में हुई और सरकार ने पाकिस्तान को 55 करोड़ रुपए देने की बात मान ली। मगर जो लोग गांधी जी से नाराज थे, उनका गुस्सा इस फैसले से और भी बढ़ गया। रात में पश्चिमी पंजाब के सिक्खों ने बिड़ला भवन के दरवाजे पर प्रदर्शन किया।

कुछ लोग : हमें खून के बदले खून चाहिए।
हम इन्तकाम लेकर रहेंगे।
गांधी जी को मर जाने दो।

वाचक : यह शोर जवाहरलाल जी को सुनाई पड़ा। वे दौड़कर आए और भीड़ को ललकारते हुए बोले :

जवाहरलाल : कौन कहता है कि गांधी जी को मर जाने दो? उसकी हिम्मत हो, तो यही बात वह मेरे सामने आकर कहे। गांधी जी से पहले उसे मुझे मारना होगा।

वाचक : शोर गांधी जी को भी सुनाई पड़ा। उन्होंने कहा :

गांधी जी : वे लोग क्या चिल्ला रहे हैं?

सेवक : कहते हैं, गांधी जी को मर जाने दो।

गांधी जी : वे कितने हैं?

सेवक : ज्यादा नहीं हैं।

वाचक : गांधी जी राम-राम जपने लगे। मृदुला साराभाई उस समय लाहौर में थीं। उन्होंने तार भेजा :

मृदुला : यहां हर आदमी यह जानना चाहता है कि वह गांधी जी की जान बचाने को क्या करे।

वाचक : हिन्दू और मुस्लिम नेताओं के झुंड-के-झुंड गांधी जी को यह कहने को आने लगे कि हम एकता पर आ गए है और दिल्ली में अब कोई गड़बड़ी नहीं होगी। हिन्दुओं, मुसलमानों और सिक्खों की एक सभा में जवाहरलाल जी ने कहा :

जवाहरलाल : गांधी जी हिन्दुस्तान की रूहानी जिन्दगी के प्रतीक हैं। वे अगर मर गए, तो हिन्दुस्तान की आत्मा मर जाएगी। एक पैगम्बर की नजर से उन्होंने देख लिया कि साम्प्रदायिक दंगे यदि चलते रहे, तो हमारी आजादी खत्म हो जाएगी।

वाचक : उपवास के जादू ने काम किया। सिक्ख स्वयं सेवकों के जुलूस सड़कों पर एकता के नारे लगाते हुए घूमने लगे।

जुलूस : जो बोले सो निहाल,
सत् श्री अकाल।
गांधी जी को बचाओ,
दंगा करना बन्द करो।
हिन्दू, मुस्लिम, सिक्ख, ईसाई,
आपस में हैं भाई-भाई।

वाचक : गांधी जी के उपवास से दिल्ली के सभी लोग घबरा उठे। एकता के पक्ष में सभाएँ होने लगीं, सभी कौमों के लोग आपस में गले-गले मिलने लगे, हिन्दू और सिक्ख मिलकर मुसलमानों को धीरज बँधाने लगे।

गांधी जी : दिल्ली के हिन्दुओं, मुसलमानों और सिक्खों के दल आपस में मिल गए, तो मेरी शर्त पूरी हो गई। मगर यह एकता ऐसी होनी चहिए कि दिल्ली से बाहर हिन्दुस्तान या पाकिस्तान में आग लगने पर भी, यहाँ की एकता को आँच नहीं आनी चाहिए। मेरे उपवास का एक ही जवाब है। हिन्दू और मुसलमान आपस में मिल जाएँ और दोनों डोमिनियन आपस में करीब आ जाएं।

वाचक : दिल्ली का ऐसा हृदय-मन्थन हुआ कि सारी हवा ही बदल गई। फिर सभी जातियों और फिरकों के 130 नेताओं की एक केन्द्रीय समिति डॉ. राजेन्द्र प्रसाद जी के सभापतित्व में बनी और सभी नेताओं के हस्ताक्षर से एक दस्तावेज तैयार हुआ, जिसका आमुख था कि :

तीन व्यक्तियों का
सम्मिलित स्वर : हम ऐलान करते हैं कि हमारी हार्दिक इच्छा है कि दिल्ली के हिन्दू, सिक्ख और मुसलमान जैसे पहले भाई-भाई की तरह रहते थे, वैसे ही फिर से रहेंगे। हम प्रतिज्ञा करते हैं कि मुसलमानों के मजहब, जान और माल की हिफाजत करेंगे और जो वारदातें इधर हाल में हुई हैं, वे दिल्ली में अब नहीं होंगी।

वाचक : शान्ति के इस इकरारनामे को पाकर 28 जनवरी को गांधी जी ने अपना उपवास तोड़ दिया। तब उन्हें पता चला कि दो दिनों से जवाहरलाल भी उपवास कर रहे थे। इतने में गांधी जी ने कहा :

गांधी जी : अरे, आर्थर मूर भी उपवास कर रहे थे। उन्हें फोन कर दो कि वे अपना उपवास अब तोड़ दें।

वाचक : आर्थर मूर ने फोन पर जवाब दिया :

आर्थर मूर : मुझे पहले ही खबर मिल गई थी। मैंने अभी-अभी कॉफी और सिगार पीकर अपना फाका तोड़ दिया है।

वाचक : लेकिन सबसे हृदय-द्रावक दृश्य वह था, जब एक सौ पर्दान-शीन मुसलमान औरतों ने बिड़ला-भवन में आकर गांधी जी से कहा :

कई औरतें : अल्लाह का लाख-लाख शुक्र कि उसने आपको बचा लिया। जिस दिन से आपने खाना नहीं खाया, उसी दिन से हम सब भी फाके पर रही हैं।

वाचक : शान्ति के प्रतिज्ञा-पत्र पर दस्तखत करने का दिल्ली में एक आन्दोलन ही शुरू हो गया और लगभग दो लाख लोगों ने प्रतिज्ञा-पत्र पर दस्तखत किए। 18 जनवरी की प्रार्थना सभा में गांधी जी ने कहा :

गांधी जी : मुझे पता चला है कि कल से हजारों शरणार्थी और दूसरे लोग मेरी सहानुभूति में उपवास कर रहे हैं। हजारों व्यक्तियों ने मेरे पास लिखित आश्वासन भेजे हैं कि लोगों के दिलों में परिवर्तन हो गया है और वे सबको भाई मानते हैं। सारी दुनिया से मेरे पास आशीर्वाद के तार आए हैं। क्या इस बात का इससे अच्छा सबूत हो सकता है कि मेरे उपवास में ईश्वर का हाथ था?

वाचक : दुनिया के नामी-नामी अखबारों ने इस घटना पर सम्पादकीय लेख लिखे और इस बात पर आश्चर्य प्रकट किया कि गांधी जी, बिना फौज और रुपयों की ताकत के, इतना बड़ा चमत्कार कर सकते हैं। मैन चेष्टर गार्जियन ने लिखा :

मै. गा. : गांधी जी यदि सन्तों के बीच राजनीतिज्ञ हैं, तो राजनीतिज्ञों के बीच वे सन्त भी हैं।

वाचक : न्यूज क्रानिकल ने लिखा :

न्यू. क्रा. : सतहत्तर साल के इस बूढ़े और कमजोर आदमी की रहस्यमयी आध्यात्मिक शक्ति ने दुनिया को हिला दिया है और उसे नई प्रेरणाओं से प्रेरित किया है।

वाचक : और वाशिंगटन पोस्ट ने लिखा :

वा. पो. : इस बात की जरूरत है कि पूरब और पश्चिम, दुनिया के दोनों ही भागों में गांधी जी के समान आध्यात्मिक और नैतिक शक्ति वाले पुरुष उत्पन्न हों।

वाचक : लेकिन समूह के भीतर जहाँ इतनी सद्भावना जाग्रत हुई, वहाँ कुछ व्यक्तियों के हृदय और भी क्रोध से जल उठे। गांधी जी की इस महान विजय से घबराकर वे सोचने लगे कि गांधी जी की हत्या कर दी जाए, वही ठीक होगा। 20 जनवरी की प्रार्थना सभा में एक बम का विस्फोट हुआ। इसका जिक्र करते हुए 21 जनवरी की प्रार्थना सभा में गांधी जी ने कहा :

गांधी जी : कल के बम फूटने की बात कर लूँ। लोग मेरी तारीफ करते हैं और तार भी भेजते हैं। पर मैंने बहादुरी नहीं दिखाई। मैंने तो यही समझा था कि फौज वाले कहीं प्रैक्टिस कर रहे हैं। बाद में सुना कि बम था। अगर सामने बम फूटे और मैं न डरूँ, तो आप देखेंगे और कहेंगे कि वह बम से मर गया, तो भी हँसता ही रहा। आज तो मैं तारीफ के काबिल नहीं हूँ। जिस भाई ने यह काम किया, उससे आपको या किसी को नफरत नहीं करनी चाहिए।

वाचक : गांधी जी ने और भी कहा :

गांधी जी : आप भी भगवान का नाम लेते हैं। हमला हो, कोई पुलिस भी मदद पर न आवे, गोलियाँ भी चलें और तब भी मैं स्थिर रहूँ और राम नाम लेता और आपसे लिवाता रहूँ, ऐसी शक्ति ईश्वर मुझे दे, तभी मैं धन्यवाद के लायक हूँ।

वाचक : 20 तारीख को जब बम फूटा, गांधी जी का सचमुच यह ख्याल नहीं था कि बम प्रार्थना-सभा में फूटा है। रेडियो के टेप पर वे सब बातें दर्ज हैं जो उन्होंने बम विस्फोट के समय कही थीं।

गांधी जी : अगर कुछ नहीं हो, तब भी हम घबरा जाएँ, तो फिर उस वक्त हमारी क्या हालत होगी, जब सचमुच कोई बात हो जाए? सुनिए, सुनिए, हर आदमी शान्त रहे। कहीं कुछ नहीं हुआ है।

वाचक : दिल्ली में तो शान्ति थी, मगर गांधी जी समझ रहे थे कि पगले लोग उनकी जान के पीछे पड़े हैं। एक दिन एक आदमी गांधी जी के माथे की तेलमालिश कर रहा था। गांधी जी ने कुछ सोचकर कहा :

गांधीं जी : अगर मैं बीमार होकर मरा, फोड़े या फुंसी से मरा तो तेरा काम होगा कि तू चीख-चीखकर कहे कि गांधी महात्मा नहीं था, ईश्वर का भक्त नहीं था। लेकिन अगर कोई आदमी गोली मार दे और मैं आह किए बिना भगवान का नाम लेता हुआ मरूं, तो मेरा दावा सही हो जाएगा।

वाचक : दिल्ली में शान्ति स्थापित करने के बाद गांधी जी सोच रहे थे कि अब उन्हें कहाँ जाना चाहिए। कलकत्ता या पाकिस्तान? मगर भगवान उनकी अब और अधिक परीक्षा लेना नहीं चाहते थे। 30 जनवरी, शुक्रवार को लगता है, उन्हें अपनी मृत्यु का पूर्वाभास होने लगा था। गांधी जी को कफ का आजार हो गया था। मनु गांधी उनके लिए दवा तैयार करने लगी, जिसे गांधी जी को रात को लेना था। गांधी जी ने मनु से कहा :

गांधी जी : कौन जानता है कि रात होते-होते क्या हो जाएगा या रात तक मैं जीवित भी रहूँगा या नहीं? रात तक मैं जीवित रह गया, तो दवा उसी वक्त तैयार कर लेना।

वाचक : उस दिन गांधी जी ने अपने सचिव श्री प्यारेलाल को उस वसीयत की कॉपी दी जिसे उन्होंने कांग्रेस के लिए तैयार किया था।

गांधजी जी : कांग्रेस अपना काम पूरा कर चुकी। अब उसे लोक-सेवक-संघ का रूप ले लेना चाहिए।

वाचक : 30 जनवरी की शाम को गांधी जी देर तक सरदार वल्लभ भाई पटेल से बात करते रहे। जब वे प्रार्थना के लिए चले, रास्ते में किसी ने उनसे कहा :

आदमी : बापू जी, काठियावाड़ के दो कार्यकर्ता आपसे मिलने आए हैं। उन्हें कब बुलाया जाए?

गांधी जी : उनसे कहो कि अगर मैं जिन्दा रहा, तो प्रार्थना के बाद उनसे मिल लूंगा।

वाचक : किन्तु प्रार्थना से पहले ही भगवान ने गांधी जी को अपने पास बुला लिया। जो हाल सुकरात का हुआ, मंसूर का हुआ, ईसा मसीह का हुआ, वही हाल गांधी जी का हुआ। रास्ते में गांधी जी ने आभा और मनु से कहा :

गांधी जी : आज मैं दस मिनट लेट हो गया। प्रार्थना में देर से पहुँचना मुझे अच्छा नहीं लगता।

वाचक : इतने में एक हत्यारे ने उनकी राह रोक ली। मनु उसका हाथ पकड़कर चिल्ला उठी :

मनु : हटो, सामने से हट जाओ। बापू की राह मत रोको।

वाचक : गांधी जी भीड़ के नमस्कार का उत्तर देने को दोनों हाथ जोड़े हुए थे कि इतने में :

ठाँय, ठाँय, ठाँय!

तीन गोलियाँ चलीं और गांधी जी :

गांधी जी : हे राम!

वाचक : कहकर धराशायी हो गए। हत्यारा पकड़ा गया, सभा में कोलाहल मच गया और सभी लोग आर्त्तनाद करने लगे।

[शोक-व्यंजक संगीत]

वैष्णव जन तो तेणे कहिए
जे पीर पराई जाणे रे!
पर दुःखे उपका करे तोय
मन अभिमान न आणे रे!

यात्रा-वृत्तान्त

सौराष्ट्र-भ्रमण

1. मिट्टी और मनुष्य

पृथ्वी की बनावट और मिट्टी के रूप-रंग के हिसाब से सौराष्ट्र राजस्थान और मालवे की जाति का है। इतिहास में भी ये तीनों भू-भाग, प्रायः एक ही समय चमके और फिर साथ ही अस्त भी हो गए। शिवाजी और महाराणा प्रताप को बाद में दे दें, तो कह सकते हैं कि भारत की सामरिक वीरता इन्हीं तीन प्रदेशों में अन्तिम बार चमक कर शान्त हो गई। विशेषतः, प्रभास और पाटण तो हिन्दू-सभ्यता के अस्तगामी सूर्य के चमकने के शिखर हैं। किन्तु, वीरता की जो भावना पहले समर-स्थली में चमकती थी, वह अब वाणिज्य में बदल गई है। सौराष्ट्र भारत का एक ऐसा प्रान्त है, जिसके बहुत-से वासी अब अफ्रीका, मलाया, सिंगापुर और भारत-सागर के अनेक द्वीपों में व्यापार करते हैं। सौराष्ट्र में भारत से बाहर का धन काफी मात्रा में आता है। अतएव, यहाँ अच्छे मकानों की संख्या काफी बड़ी है, यद्यपि उसी अनुपात में यहाँ लोग नहीं रहते हैं। पोरबन्दर देखने में छोटे कलकत्ते के समान लगता है, किन्तु आबादी उसकी कुल बीस हजार है।

सौराष्ट्र की दूसरी विशेषता यह है कि जब भारत के अन्य प्रान्त गाँवों से भरे हुए हैं, तब सौराष्ट्र, मुख्यतः, नगरों का प्रान्त है। इस प्रान्त की पूरी जनसंख्या का कोई एक-तिहाई अंश नगरों में रहता है और ये नगर बड़े ही सुन्दर, स्वच्छ और समृद्ध हैं। कारण यह है कि सारा का सारा सौराष्ट्र देशी राजवाड़ों से पटा हुआ था, जिनमें से कोई पचास राज्य तो ऐसे थे जो, सचमुच ही, राज्य कहे जा सकते थे। इन राजाओं में से प्रत्येक की यह इच्छा रहती थी कि कम-से-कम, उसकी राजधानी खूब ठाटदार रहे। इसलिए, सारे राज्य से निचोड़ा जाकर जो धन उनके खजानों में आता था, उसका काफी बड़ा हिस्सा वे अपनी राजधानियों पर खर्च करते थे।

सौराष्ट्र के नगरों में दस्तकारी और गृह-शिल्प का भी अच्छा प्रचार है और इसका कारण भी यही है कि यहाँ के राजे अपनी राजधानियों में भांति-भांति के शिल्पों को प्रश्रय दिया करते थे। इसके सिवा, पंडित और कवि, चारण और वन्दीजन, गवैये और कलाकार, चित्रकार और मूर्तिकार भी सौराष्ट्र में बहुत काफी हैं, क्योंकि इनके ऊपर राजाओं की विशेष कृपा रहती थी। कला की सेवा के लिए निश्चिन्तता और अवकाश

चाहिए और राजाओं की कृपा से अवकाश कलाकारों को खूब रहता था, जिससे सौराष्ट्र में कला की परंपरा अच्छे परिमाण में अब तक विद्यमान है।

सामाजिक प्रवृत्तियों की दृष्टि से भी सौराष्ट्र भारत का उल्लेखनीय अंग है। प्रत्येक नगर में वहाँ ऐसी अनेक संस्थाएँ हैं जो नारी-शिक्षा का काम करती हैं, नारियों में शिल्प का प्रचार करती हैं, बालकों की शिक्षा, व्यायाम, खेल-कूद, मनोरंजन आदि का प्रबन्ध करती हैं अथवा जनता में राष्ट्रभाषा का प्रचार कर रही हैं। ये प्रवृत्तियां भी कुछ तो राजवाड़ों के प्रोत्साहन से बढ़ीं और कुछ गाँधीजी के समय में। एक अन्य कारण यह भी दीखता है कि सौराष्ट्र में देश से बाहर जाकर धन कमानेवाले लोग बहुत हैं। ये लोग अपनी जन्मभूमि में तो कम रह पाते हैं, किन्तु, यहाँ की संस्थाओं की सहायता वे सानन्द करते हैं।

सौराष्ट्र की ग्रामीण जनता है तो कुछ पिछड़ी हुई, किन्तु, वह बिहार तथा उड़ीसा-जैसे प्रान्तों की जनता की तुलना में अधिक सुखी और निश्चिन्त है। यहाँ के गाँव के लोगों को रूखा-सूखा भोजन दोनों वक्त मिल जाता है और उनके बदन पर भी चिथड़े नहीं झूलते, साबित कपड़े होते हैं। एक विचित्र बात यह है कि सौराष्ट्र के नगरों में रहनेवाले लोगों की पोशाक तो वही है, जो भारत के अन्य नगरों में देखने को मिलती है; किन्तु यहाँ के गाँवों के लोग, प्रायः चुस्त पैजामा (जो घुटनों के ऊपर बहुत ढीला होता है) और कमर से ऊपर ही खत्म हो जानेवाली चुस्त मिरजई पहनते हैं, जिसका अधोभाग चुन्नरदार होने के कारण झालरनुमा दिखाई देता है। लड़के और जवान लोग भी हाथ में चांदी के कड़े और कानों में सोने के फूल पहने होते हैं। ये फूल कान की लटकन में नहीं, बल्कि, कर्णरन्ध्र के पास कान के मध्यभाग में छेद करके पहने जाते हैं। हाँ, औरतों की पोशाक वही है, जो मालवे या राजस्थान में प्रचलित है। भारत के अन्य भागों में किसान, प्रायः, नंगे बदन काम करते हैं, किन्तु सौराष्ट्र में आप उन्हें नंगे कभी नहीं देखेंगे। वे हल चला रहे हों अथवा बैलगाड़ी हाँक रहें हों, खलिहान में अनाज ओसा रहे हों या दाने मसल रहें हों, हर समय उनका पैजामा, उनकी मिरजई और उनकी पगड़ी या टोपी बदन पर मौजूद मिलेगी। ये किसान भारत के सबसे अधिक सीधे किसानों में से हैं, बल्कि, देशी राजवाड़ों का भय अभी उनके भीतर से निकला है और सरकारी आज्ञा की अवहेलना करने का साहस तो वे कर ही नहीं सकते। सौराष्ट्र में अभी श्री ढेबर भाई का राज्य है और ढेबर भाई सेवा-भावना और जनाराधना की दृष्टि से विनोबाजी के समगोत्री होंगे, इसलिए, सौराष्ट्र की जनता के सामने सरकार के खिलाफ सोचने का अभी कोई प्रसंग नहीं है। किन्तु, देशी राज्यों की जनता के भीतर आलोचना और प्रतिरोध की शक्ति का विकास तो होना ही चाहिए, अन्यथा प्रजातंत्र का स्वाद उसे कैसे मिलेगा?

२. भावनगर

सौराष्ट्र की मेरी यात्रा भावनगर से आरम्भ हुई। भावनगर में राष्ट्रभाषा-प्रचार-समिति का उत्सव चल रहा था, अतएव, सारा-का-सारा समय मुझे समिति की सभाओं में ही गुजार देना पड़ा। इस समारोह में गुजरात, सौराष्ट्र और कच्छ के प्रचारक पहली बार एकत्र हुए थे, अतएव, इन सभी प्रदेशों में राष्ट्रभाषा के लिए जो उद्योग चल रहा है, उसकी पूरी झांकी मुझे एक ही स्थान पर मिल गई। प्रचारकों ने बड़े उत्साह के साथ यह निर्णय किया कि राष्ट्रभाषा प्रचार समिति की ओर से पूज्य टंडनजी को एक थैली अर्पित की जाए।

राष्ट्रभाषा-प्रचार-सम्मेलन में कुछ सांस्कृतिक कार्यक्रम भी रखे गए थे। नाटक, प्रहसन, भावनृत्य और स्वरानुकृति (मिमिकरी), सब कुछ दिखाए गए, किन्तु, गरबा-नृत्य ने सबको मात कर दिया। इस नृत्य की विशेषता इसकी मर्यादा और शील हैं, अतएव, नृत्य के समय किसी को भी झेंपने की जरूरत नहीं होती। यह नृत्य, मुख्यतः, गृहस्थगृह की ललनाओं का नृत्य है, यद्यपि इसमें पुरुष भी साथ हो लेते हैं। मैंने इसके दो-तीन प्रकार देखे, जिनमें से एक में कुछ युवक भी गोल में साथ हो गए थे। विरावल में श्री पृथ्वीराज ने बताया कि उन्होंने जो गरबा-नृत्य देखा था उसमें देहात के बूढ़े लोग भी नाच रहे थे और उनके नृत्य में ओज का पूरा उभार था। राजकोट में एक सज्जन ने बताया कि सौराष्ट्र में गरबा-नृत्य भगवान श्रीकृष्ण की पौत्र-वधू ऊषा ने चलाया था। शार्ङ्गदेव-कृत 'संगीत-रत्नाकर' के अनिरुद्ध अध्याय में एक श्लोक आता हैं,

पार्वती त्वनुशास्तिस्म लास्यं बाणात्मजां उषाम्
तया द्वारवती गोप्यः सौराष्ट्रयोषितः।

अर्थात्—लास्य की शिक्षा पार्वती ने बाणासुर की बेटी ऊषा को दी, ऊषा ने द्वारकापुरी की गोपियों को और गोपियों से यह नृत्य सौराष्ट्र की ललनाओं में फैल गया।

यह भी सुना कि बाणासुर का राज्य कहीं अरब में था और उसकी राजधानी शोणितपुर में थी। अब यह स्थान शोण कहलाता है और अरब से कोई ढाई सौ मील पूर्वोत्तर की ओर वह अवस्थित है। ऐसा हुआ कि भगवान कृष्ण के पौत्र अनिरुद्ध समुद्री डाकुओं के द्वारा हरण कर लिए गए और चूंकि वे अत्यन्त सुन्दर थे, इसलिए, शोणितपुर के राजा ने उन्हें दास के रूप में खरीद लिया। पीछे राजा की बेटी ऊषा इस दास पर प्राणपन से मोहित हो गई। यह संवाद जब भगवान कृष्ण को मिला, तब उन्होंने जलसेना खड़ी करके बाणासुर पर चढ़ाई की और ऊषा तथा अनिरुद्ध को ब्याह कर द्वारका ले आए। यह भी कहा जाता है कि अनिरुद्ध की और भी पत्नियाँ थीं। इसलिए, बाणासुर ने भगवान कृष्ण से यह वचन ले लिया कि ऊषा के लिए वे राज्य का कोई खंड अलग कर देंगे। भगवान कृष्ण ने वैसा ही किया और जो राज्य ऊषा के लिए अलग किया गया, उसी की राजधानी ओखा नाम से अब तक वर्त्तमान है। ओखा द्वारका से उत्तर सौराष्ट्र के छोर पर पड़ता है। ओखा के बाद रामुद्र की एक

पतली खाड़ी है और उसके बाद कच्छ का प्रदेश। पहले यह सारा प्रदेश ऊषा-मंडल कहलाता था, जिसके केन्द्र में द्वारका पड़ती है।

भावनगर में श्री हरभाई त्रिवेदी रहते हैं, जिन्होंने बाल मनोविज्ञान का अच्छा अध्ययन किया है और उस विषय पर कुछ पुस्तकें भी लिखी हैं। यहाँ कुछ अच्छे गवैये और चित्रकार भी हैं। यह नगर मुझे संस्कृति के सुन्दर पीठ के समान दिखाई दिया। लोग भावुक और साहित्य-रसिक हैं। समाज-सेवा और विद्या-सेवा की भी इस नगर में अनेक प्रवृत्तियाँ चलती हैं।

भावनगर में ही भारत-सरकार का लवण-शोध-पीठ (Salt Research Institute) है, जिसके आचार्य डाक्टर माता प्रसाद ने हम लोगों को मिश्री की डली के समान स्वच्छ नमक की डलियाँ दिखलाईं। किन्तु, इस जिज्ञासा का ठीक समाधान नहीं मिला कि जब इतना स्वच्छ नमक देश में ही तैयार होने लगा है, तब बम्बई का मटमैला नमक बाजारों में क्यों बिक रहा है। विशेष करके आश्चर्य मुझे इसलिए हुआ कि डॉ. माता प्रसाद से हमें यह मालूम हुआ कि यह उजला नमक मटमैले नमक की अपेक्षा सस्ता भी है।

भावनगर में रहा तो मैं तीन दिन, किन्तु, नगर को ठीक से नहीं देख सका। सारा समय सभाओं और गोष्ठियों में निकल गया। भावनगर के पास ही (20 मील) पालीतान की पहाड़ी है, जिसपर जैन-मन्दिरों का समूह है। यह स्थान जैनों के लिए बड़ा ही पवित्र है। किन्तु, मैं वहाँ भी नहीं जा सका। निदान, नगर में फैले हुए कार्यक्रमों को किसी तरह समेट कर श्री जेठालाल जोशी, श्री रामेश्वर दयाल दुबे और पूना रा. भा. प्र. स. के कार्यकर्त्ता श्री शान्ति भाई के साथ मैं 25 मई की रात में राजकोट के लिए रवाना हो गया।

3. राजकोट से द्वारका

राजकोट में ही बापू ने दरबार वीरबाला के विरुद्ध सत्याग्रह किया था, यह बात मुझे बार-बार याद आने लगी और मित्रों को मैंने श्री रामसिंहासन सहाय मधुर की वह कविता सुनाई, जिसे मधुरजी ने इस सत्याग्रह के समय लिखा था:—

ऊपर अम्बर रोता है, नीचे धरनी अकुलानी,
यह मुकुट बेच दो राजा, यह महल बेच दो रानी।

उन बेकलियों के रथ पर, चढ़कर आई है आंधी,
दरबार वीरबाला में रो पड़ा हमारा गांधी।

इन कोटि-कोटि प्राणों में है एक आग तूफानी,
यह आग बुझाओ राजा, यह आग बुझाओ रानी।

और

यह धरती धँस जाएगी, है दो दिन की मेहमानी,
इतिहासों के पन्नों पर, उड़ते हैं राजा-रानी।

गांधीजी के प्रबोध के लिए राजा और रानी ने मुकुट और महल तो नहीं बेचे, लेकिन आंधी आने पर वे इतिहास के किनारे जरूर जा लगे। बल्कि, जूनागढ़ के नवाब साहब तो उड़कर पाकिस्तान पहुँच गए, जो इतिहास से भी ज्यादा दूर हो रहा है। नवाब साहब अगर भारत में रह गए होते, तो इतिहास, शायद, उन्हें सौराष्ट्र के प्रथम राजप्रमुख के रूप में याद करता।

26 मई को राजकोट से हम लोग द्वारका के लिए रवाना हुए। रास्ते में जामनगर रुककर हमने थोड़ा-सा नगर-दर्शन किया। जामनगर सुविख्यात जाम साहब की राजधानी है, जिन्हें प्रेमवश नगर-निवासी बापू कहा करते हैं। इस नगर में गृह-शिल्प का अच्छा प्रचार है। बटन तो इतने अच्छे बनते हैं कि बाहर से आनेवाले बटन भी उनके सामने मात हैं। किन्तु, कारखाने का मालिक बेचारा इस भय से इन पर 'मेड-इन-इंडिया' नहीं लिखता है कि देशी माल समझ कर देश के लोग इन्हें नहीं खरीदेंगे। यह भी हम भारतवासियों की स्वदेशी-प्रियता पर अच्छी फब्ती है।

जामनगर में देखने की सबसे विचित्र वस्तु सोलेरियम (Solarium) अथवा सूर्यप्रभा-मन्दिर है, जहाँ किरणों से रोगों का उपचार किया जाता है। अस्पताल भवन का ऊपरी हिस्सा हवाई जहाज के दो डैनों की तरह फैला हुआ है। नीचे सारा महल कील पर आधारित है और कील को यथाविधि घुमाते रहने से ऊपर के डैने भी घूमते जाते हैं, जिससे उनमें सहनेवाले रोगियों पर सूर्य की किरणें सीधी होकर पड़ती रहती हैं। श्वेत कुष्ठ, टयूबरक्लोसिस, टयूमर और एक्जिमा में इस उपचार से विशेष लाभ होता है। डाक्टरों ने हमें बताया कि इस प्रकार के सूर्यप्रभा-मन्दिर संसार में कुल तीन ही हैं, जिनमें से दो यूरोप में और एक भारतवर्ष में है। जामनगर में एक आयुर्वेदिक कॉलेज भी बना है, जो अत्यन्त भव्य और काफी विशाल है। आयुर्वेद पढ़ाने के लिए इतना बड़ा भवन देश में, शायद, और कहीं नहीं है।

जामनगर से हम लोग खम्भालिया आए। खम्भालिया भी परकोटों से घिरा हुआ ग्राम है, जो किसी-न-किसी राजा की राजधानी रहा होगा। यहाँ रा. भा. प्र. समिति का एक स्कूल चलता है और एक स्कूल का नाम भारतेन्दु हरिश्चन्द्र विद्यालय भी है। खम्भालिया में भारतेन्दु के नाम पर विद्यालय चलने का यह स्पष्ट अर्थ है कि भारत की जनता को राष्ट्रभाषा हिन्दी के लिए स्वाभाविक अनुराग है। इसी प्रकार, पूने में भी तुलसी-निकेतन नाम की एक संस्था कायम है। लोग भ्रमवश ही यह कह बैठते हैं कि हिन्दी अहिन्दी भाषियों पर लादी जा रही है। लादने-लदाने की कोई बात नहीं। देश ने स्वेच्छया हिन्दी को अंगीकार किया है। यह बात दूसरी है कि वैर-फूट की पूर्वजीय परंपरा कुछ विद्वानों के लोहू में जोर मारे और जनता को वे एकता की राह से भटका कर दूसरी ओर ले जाएँ।

खम्भालिया से हम लोग द्वारकापुरी की ओर चले। रास्ते में स्वाभाविक रूप से यह कल्पना उठने लगी कि यहीं कहीं यदुवंशियों की क्रीड़ास्थली रही होगी; यहीं कहीं अर्जुन द्वारका से स्त्रियों को लेकर आ रहे होंगे, जब उनपर दस्युओं ने वार किया और स्त्रियों को उनसे छीनकर वे ले भागे। खांडव-वन को भस्मसात् कर देनेवाले अर्जुन, कौरवों में से अनेक वीरों को अकेले ही पीछे की ओर हाँक देनेवाले अर्जुन, जिनके धनुष की टंकार से आकाश भर जाता था और शत्रुओं की सजी-सजाई सेनाओं की छाती हहर उठती थी, वे ही महात्मा वीर कुछ दस्युओं के हाथ से अपनी रक्षा में आई हुई स्त्रियों को नहीं बचा सके। क्या हो गया था उनके पौरुष को? कौन-सी शक्ति निकल गई थी उनकी भुजा से? क्या, सचमुच ही, ताकत मनुष्य का साथ तभी तक देती है, जब तक भाग्य उसके साथ है? धनुष और बाण वे ही थे, पार्थ भी पहले ही वाले थे, किन्तु,

काबा लूटीं गोपियाँ,
वै अर्जुन वै बान।

4. द्वारकापुरी

द्वारका पहुँचकर रात भर हम लोगों ने विश्राम किया। प्रातःकाल स्नान-ध्यान से निवृत्त होकर भगवान के दर्शन को गए। द्वारकाधीश के मन्दिर की विचित्रता यह है कि वह पश्चिम मुख है। मन्दिर के ऊपर कहीं-कहीं सपक्ष गजों और सपथ परियों तथा व्याघ्रों की मूर्त्तियाँ हैं, जिनकी रचना में यूनानी प्रभाव स्पष्ट दिखाई पड़ता है। मन्दिर के शिखर में सोपानवत् सात द्वार हैं। द्वारकाधीश की दाहिनी ओर बलरामजी का मन्दिर है, जिन्हें यहाँवाले त्रिकमजी कहते हैं।

कहते हैं, पहले यह मन्दिर सूर्य-मन्दिर था। बाद को चलकर इस मन्दिर में त्रिविक्रम की पूजा होने लगी। स्वर्गीय धर्मानन्द कौशाम्बी ने लिखा है कि सूर्य की पूजा भारत में बैबिलोन से आई थी। सम्भव है, बैबिलोन से आया हुआ धर्म पहले यहीं तटों पर प्रचलित हुआ हो। पीछे चलकर यही पूजा विष्णु की पूजा में बदल गई। बात मुझे कुछ-कुछ मेल खाती-सी लगती है, क्योंकि ऋग्वेद में जिस विष्णु का उल्लेख हैं, वे भी सूर्य-वाचक देवता हैं। यही विष्णु नारद-पंचरात्र, वसुदेव-संकर्षण और सात्वत-धर्म के मिश्रण की प्रक्रिया में चतुर्भुज विष्णु हो गए।

द्वारकावासी एक विद्वान् (श्री जोशीजी) ने बताया कि इस मन्दिर की सेवा क्षत्रपों ने की थी और उनके बाद फिर गुप्त राजाओं ने। वर्त्तमान मन्दिर के बारे में उनका मत है कि यह मुसलमानों के आगमन से पहले का है। द्वारका में जो शंकराचार्य का शारदा-पीठ है, उसे शंकराचार्य द्वितीय ने स्थापित किया था। कहते हैं, गुजरात के किसी मुस्लिम शासक ने एक बार इस मन्दिर की भी दुर्दशा की थी और उसकी

प्रतिमा को तोड़ डाला था। जब श्री वल्लभाचार्यजी यहाँ आए, तब उन्होंने मन्दिर को शून्य पाया। वर्त्तमान मूर्ति उन्हीं की पधराई हुई है।

शारदा-पीठ में आजकल जो शंकराचार्य हैं, संयोग से, वे उस दिन पीठ में ही थे। उनकी आकृति सरल, सौम्य और प्रभावोत्पादक है। उनसे मिलकर हृदय गद्गद हो गया। उनका शुभ नाम अभिनव सच्चिदानन्द है और वे आनन्द की मूर्त्ति हैं।

द्वारका में गोमती नदी समुद्र से मिलती है और यात्री इस संगम पर स्नान भी किया करते हैं। द्वारकाधीश के मन्दिर से दो मील अलग श्री रुक्मिणीजी का मन्दिर है। गोपी-सरोवर तो द्वारका से काफी दूर है। कहते हैं, जब भगवान स्वर्ग सिधार गए तब रुक्मिणीजी तो सती हो गईं, किन्तु, गोपियाँ इसी सरोवर में आकर स्वर्गवासिनी हुईं। इसीलिए, सारी द्वारका की मिट्टी काली, किन्तु, इस सरोवर की मिट्टी गोरी है। इसी मिट्टी को भक्त गोपीचन्दन कहते हैं।

द्वारका से लौटते समय मन में यह भाव जागा कि भगवान को मथुरा से भगाकर द्वारका पहुँचाने का पाप जरासन्ध ने किया था, जो बिहार का ही राजा था। किन्तु, भगवान भी खूब भागे—ऐसा भागे कि एकदम देश के पश्चिमी छोर पर चले गए। स्पष्ट ही, अगर समुद्र नहीं मिल जाता, तो वे कुछ और पश्चिम जा सकते थे।

5. पाटन की ओर

द्वारका से लौटकर हम खम्भालिया आए और उसी दम मोटर से पोरबन्दर के लिए रवाना हो गए। खम्भालिया से पोरबन्दर कोई 70-80 मील है और अधिकांश मार्ग ऐसा है कि बदन की हड्डियाँ एक दूसरे से टक्कर खाने लगती हैं। जब हम हिचकोला खा-खाकर एक दूसरे से टकरा रहे थे, तब श्री रामेश्वर दयाल दुबे ने एक सूक्ति कहीं—"यह हिचकोला नहीं है दिनकरजी! शरीर की हडिड्याँ आठ-अठे चौंसठ का पहाड़ा याद कर रही हैं।" सो आठ-अठे चौंसठ का पहाड़ा पढ़ते-पढ़ते हम संध्या तक पोरबन्दर पहुँच गए और समुद्र-तट पर बनी हुई एक सुन्दर अतिथिशाला में उतरे।

पोरबन्दर समुद्र के किनारे बसा हुआ है और ऊँचे-ऊँचे भवनों के आधिक्य के कारण यह अच्छा खासा कलकत्ता मालूम होता है, यद्यपि इसकी आबादी कुल बीस हजार है। भगवान कृष्ण के समय यहाँ सुदामाजी जन्मे थे और इसका एक नाम सुदामापुरी अब भी है। किन्तु, हमारे जमाने में तो सुदामापुरी ने और भी उत्तम पुण्य का परिचय दिया है, क्योंकि यही नगर विश्ववन्ध महात्मा गांधी का जन्मस्थान है। हम लोग पोरबन्दर पहुंचते ही कीर्त्ति-मन्दिर देखने को चले गए। कीर्त्ति-मन्दिर महात्मा गांधी का स्मारक है, जो उनके जन्मगृह को साथ लेकर खड़ा किया गया है। जिस कोठरी में गांधीजी जन्मे थे, वह कोठरी बड़े ही कौशल से कीर्त्ति-मन्दिर का अंगीभूत कर दी गई है। गांधीजी मां के उदर से जहाँ पृथ्वी पर उतरे थे, वहाँ स्वस्तिक चिह्न

बना दिया गया है, जिससे कीत्ति-मन्दिर की कल्पना करनेवाले व्यक्ति की सूझ का पता चलता यहाँ गांधीजी या कस्तूरबा की मूर्त्तियाँ नहीं, केवल चित्र हैं और धर्म का आडम्बर भी यहाँ कोई नहीं है। कीर्त्ति-मन्दिर में गांधीजी के जीवन की मुख्य-मुख्य घटनाओं की जो सूची अंकित की गई है, उसमें उनके चम्पारण-सत्याग्रह का उल्लेख नहीं है। यह बात मैंने वहाँ के कार्यकर्त्ता को तो सुझा दी है; अब देखें, वे इस दोष का मार्जन करते हैं या नहीं।

कीत्ति-मन्दिर भव्य, विशाल और प्राणप्रेरक स्मारक है। कीत्ति-मन्दिर के संग्रहालय में हमने एक दस्तावेज देखी, जो गांधीजी के जन्मस्थान के मकान की खरीदगी का मूल लेख है। खरीदार हैं गांधीजी के प्रपितामह श्री हर जीवन गांधी और यह कागज संवत् 1833 अर्थात् सन् 1776 ई. का है। इसकी भाषा तो गुजराती है, लेकिन, वह शुद्ध नागरी में लिखी हुई है। खरीदार, बेचनेवाले और सभी गवाहों के हस्ताक्षर भी नागरी में ही हैं। इस पर मुझे चकित होते देखकर एक साथी ने कहा कि आज से सिर्फ दो पीढ़ी पहले तक गुजराती पाठ्य पुस्तकों में कविताओं को नागरी लिपि में छापने का रिवाज था।

कीर्त्ति-मन्दिर से लौटकर हमने सुदामा-मन्दिर में भक्त-शिरोमणि श्री सुदामाजी के दर्शन किए। वस्तुतः, मन्दिर के मुख्य सिंहासन पर तो द्वारकाधीश ही विराजमान हैं। सिंहासन के नीचे दाईं ओर श्री सुदामाजी खड़े हैं।

दूसरे दिन, बड़े सबेरे हम लोग आर्य-कन्या-विद्यालय देखने गए, जिसे कोई सत्ताइस लाख रुपए खर्च करके सेठ नानजी भाई कालिदास ने बनवाया है। कीर्त्ति-मन्दिर भी इन्होंने ही बनवाया है और उसमें भी इन्होंने कोई चार लाख रुपए खर्च किए हैं। पोरबन्दर का आर्य-कन्या-विद्यालय, सचमुच ही, अपने ढंग की अकेली संस्था है। इसके भवन तो राजभवन को भी नीचा दिखाते हैं। नानजी भाई ने बालकों के लिए भी एक आर्य-विद्यालय बनवाया है जो शायद जूनागढ़ के पास है। किन्तु, इस विद्यालय को हम लोग देख नहीं सके।

पोरबन्दर से सौ मील भागकर हम लोग विरावल आए और अतिथिशाला में हम पहुँचे ही थे कि भाई पृथ्वीराजजी ने कमरे से निकलकर पूरे जय-जयकार के साथ हमारा स्वागत किया। वे अपनी मंडली को लेकर उन दिनों वहीं ठहरे हुए थे। फिर तो थोड़ी देर हमारे थके हुए मनों पर आनन्द की वृष्टि हो गई। पृथ्वीराज में कला का आनन्द हरदम तरंग पर रहता है।

संध्या होने के पूर्व ही हम लोग घूमने निकल गए। विरावल अच्छा खासा बन्दरगाह है। यहाँ से दो मील पर वह स्थान है, जहाँ पर भगवान कृष्ण को व्याधा का तीर लगा था। फिर, एक मील की दूरी पर वह स्थान है, जहाँ भगवान ने अपना शरीर छोड़ा था। इस स्थान को देहोत्सर्ग नाम से पुकारते हैं। देहोत्सर्ग उस स्थान पर है, जहाँ हिरन, कविला और सरस्वती नामक तीन नदियाँ समुद्र में गिरती हैं। कहते हैं, यहीं पर

भगवान ने पहले यदुवंशियों का श्राद्ध भी किया था। देहोत्सर्ग के पास ही वल्लभाचार्यजी की बैठक है, जिससे इस स्थल के सत्य होने का और भी प्रमाण मिलता है।

विरावल से तीन मील की दूरी पर प्रभास क्षेत्र है, जहाँ सोमनाथ का मन्दिर और प्राचीन किला है। सोमनाथ मन्दिर के समीप जाते-जाते हृदय खौलने लगा और इतिहास की स्मृतियाँ बुद्धि को अन्धा बनाने लगीं। जब सोमनाथ के नए मन्दिर का उद्‌घाटन हो रहा था, हिन्दुस्तान और पाकिस्तान के उर्दू अखबारों ने काफी कोलाहल मचाया था कि सोमनाथ का उद्धार क्यों किया जा रहा है। मगर काश! हमारे मुस्लिम भाई यह जान पाते कि सोमनाथ भारत के किस भाव का प्रतीक है! महमूद गजनी को लेकर बारी-बारी से पाँच बार मुसलमानों ने इस मन्दिर की दुर्दशा की और बारी-बारी से पाँच बार हिन्दू राजाओं ने उसे पहली ही नींव पर खड़ा किया। सोमनाथ-मन्दिर केवल मन्दिर नहीं रहकर भारत के स्वाभिमान और स्वतन्त्रता का प्रतीक बन गया था। जब भी मुसलमान राजाओं ने इस मन्दिर को ध्वस्त किया, तभी उनकी चुनौती किसी हिन्दू राजा ने स्वीकार कर ली और वह मन्दिर को फिर से उठाने के काम में जुट गया। सारा देश गुलाम था, किन्तु, आजादी की एक चिनगारी सोमनाथ मन्दिर में छिपी हुई थी, जिसे मुसलमान बार-बार बुझाना चाहते थे और हिन्दू उसे जीवित रखने को वलिदान पर वलिदान दिए जा रहे थे।

जब यह नया मन्दिर बनने लगा, लोगों ने प्रश्न उठाया कि मन्दिर नई नींव पर बने या पुराने मन्दिर के खंडहरों को तोड़कर पुरानी नींव पर। कहते हैं, सरदार पटेल का यह मत हुआ कि सोमनाथ का मन्दिर हर बार पुरानी नींव पर बनता आया है। इस बार भी वह पुरानी ही नींव पर बनेगा। अतएव, प्राचीन मन्दिर के खंडहर जतन से संवार कर एक संग्रहालय में सजा दिए गए और नए मन्दिर की नींव पुरानी जगह पर ही डाली गई। मन्दिर अभी बन नहीं पाया है। सिर्फ मंडप और प्राचीर बने हैं। चार लाख का काम हो गया है। छियानब्बे लाख का काम अभी और होना बाकी है। काम रुका हुआ इसलिए है कि समुद्री वायु से मन्दिर के पत्थर गलने लगे और प्रबन्धकों ने यह सोचा कि अभी और कुछ ठहरकर देख लें कि पत्थरों का क्या हाल होता है।

इस मन्दिर की एक महिमा यह भी है कि जैसे कन्याकुमारी से दक्षिणी ध्रुव तक पृथ्वी नहीं हैं, उसी प्रकार, सोमनाथ का मन्दिर भी पृथ्वी के अन्तिम छोर पर अवस्थित है और उसके भी दक्षिण में, दक्षिण ध्रुव तक, जमीन नहीं है। एक यही बात सोमनाथ मन्दिर की विलक्षणता को भली भांति प्रमाणित कर देती है। अगर हिन्दू-मुस्लिम-प्रश्न से हटाकर देखें, तब भी मात्र भौगोलिक कारण से, यह मन्दिर ऐसा है, जिसे देश को उसी शान से बनाना चाहिए, जिस शान से आज अच्छे से अच्छा मन्दिर बनाया जा सकता है। और इसमें मुस्लिम भाइयों के बुरा मानने की भी कोई बात नहीं है। महमूद गजनी और तत्कालीन हिन्दू-मुस्लिम-वैमनस्य, दोनों को इतिहास ने एक किनारे लगा

दिया है। अब जो शेष है, वह प्राचीन परंपरा का आदर मात्र है। इस आदर से किसी का भी अपमान नहीं होगा।

सोमनाथ से चलकर दूसरे दिन हम लोग जूनागढ़ पहुँचे। जूनागढ़ में दर्शनीय स्थान अनेक हैं। सबसे पहले तो वह शिला है, जिसपर अशोक, रुद्रदमन और स्कन्दगुप्त के अभिलेख मिलते हैं। तब दामोदर कुंड है, जिसमें नहाने को सन्त नरसी मेहता आया करते थे। जूनागढ़ नगर में एक मन्दिर है, जिसे लोग नरसी मेहता का चौड़ा कहते हैं। नरसी यहीं रहते थे और यहीं उन्होंने श्रीकृष्ण की रासलीला देखी थी। गिरनार पहाड़ी भी जूनागढ़ में ही है, जिसपर जैन-मन्दिरों की भरमार है और जहाँ जैन और हिन्दू यात्री धर्म-भाव से आते हैं। गिरनार के पास एक वैष्णव धर्मशाला भी है जो पूज्य टंडनजी की प्रेरणा से बनवाई गई है। गिरनार के जंगलों का यह महत्त्व है कि भारतीय सिंह अब केवल इन्हीं जंगलों में मिलते हैं। जूनागढ़ के चिड़ियाघर में दो सिंहनियाँ और एक सिंह हैं। सिंहनियों के नाम पूर्णिमा और ऊषा हैं। सिंह को लोग अरुण कहते हैं। सुनने में आया कि पूर्णिमा गिरनार के जंगल में रहती थी और चिड़ियाघर में वह आप से आप आ गई। बात यह हुई कि चिड़ियाघर के सिंह जब रात में गर्जन करते थे, तब उनकी आवाज सुनकर पूर्णिमा जंगल में विह्वल हो जाती थी। फिर, वह जंगल से चिड़िया घर में रात में खुद आने लगी और, इस प्रकार, प्रेम के कारण वह एक दिन चिड़ियाघरवालों के जाल में फँस गई।

6. फिर राजकोट

जूनागढ़ से हम लोग राजकोट आए। राजकोट में मित्रों ने एक साहित्य-सभा का आयोजन कर रखा था। इस सभा में इलाके के कई प्रसिद्ध कवि और चारण विशेष रूप से बुलाए गए थे। सभा देर तक चली और लोगों को उसमें बड़ा आनन्द आया। गुजराती में गजल का रिवाज जोरों से चल पड़ा है और गुजराती की गजलें काफी अच्छी होने लगी हैं। अकबर भाई और घायलजी की गजलें मुझे उत्तम जान पड़ीं। हिन्दी में गजल के जो प्रयोग चल रहे हैं, वे प्रायः उखड़े-उखड़े-से हैं। ऐसा लगता है, मानों गजल की पद्धति हिन्दी की मूल प्रवृत्ति के प्रतिकूल हो। हाँ, बच्चन के गीतों में और उनके अनुकरण पर बननेवाले अन्य कवियों के गीतों में गजल के कुछ खास गुण काफी स्वाभाविकता से जरूर पचे हैं।

इस सभा में मैंने सौराष्ट्र के दो सर्वश्रेष्ठ चारणों के दर्शन किए, जिनमें से एक का नाम मेरु भाई और दूसरे का श्री दुलाभाई काग है। दुला भाई को देखकर तो मैं दंग रह गया। उनकी स्मृति बड़ी विलक्षण है। ऐसा लगता है, मानों, सौराष्ट्र का सारा लोक-साहित्य उन्हें कंठस्थ हो। कथा-कहानी और लोक-गीतों की धारा उनके मुख से इस प्रकार झरती है, मानों, किसी महापर्वत के हृदय से अजस्त्र निर्झर-धारा झर रही

हो। बीच-बीच में वे टीका भी करते जाते हैं और उस प्रसंग में उद्धरणों का अम्बार लगा देते हैं।

श्री दुला भाई काग स्वयं भी अच्छे कवि हैं और गुजरात के लोक-साहित्य में वे नई चीजें भरते ही जा रहे हैं। दूसरे दिन, मुख्य मन्त्री श्री ढेबर भाई के निवास-स्थान पर उन्होंने विनोबाजी पर रचित अपनी एक हिन्दी कविता भी सुनाई जो काफी अच्छी थी। वे सभातुमुर और लोगों का मनोरंजन करने में बड़े पटु हैं। इसी प्रकार, सौराष्ट्र की जनता भी उन्हें बहुत चाहती है। केवल जनता ही नहीं, अमीर-उमरा, पंडित-ज्ञानी और मंत्रियों तथा अफसरों के भी वे श्रद्धाभाजन हैं। लोग जानते हैं कि दुला भाई जैसे लोग संस्कृति के सच्चे रक्षक एवं प्रहरी हैं इसलिए सर्वतोभावेन वे उनका सम्मान करते हैं। ऐसा सम्मान सिर्फ हिन्दी-क्षेत्रों में ही दुर्लभ है। यहाँ तो बड़े लोग साहित्यिकों की जमघट में जाने को हेठी मानते हैं और साहित्यकार अपनी जातिवालों की टाँग खींचने को ही अपना श्रेष्ठ सुकर्म।

सौराष्ट्र में भारतीय वीरता कभी जोर से चमकी थी। आज वहाँ वाणिज्य चमक रहा है। ऊँचे स्तर के वाणिज्य के लिए भी एक प्रकार की वीरता और साहस का भाव चाहिए। नानजी भाई सेठ से भेंट हुई, तो उन्होंने, बातों-बातों में, अपनी आत्मकथा शुरु कर दी और बताया कि बारह वर्ष की उम्र में वे पहले-पहल अफ्रीका गए थे। किन्तु, जिस नाव में वे यात्रा कर रहे थे, वह देशी नाव थी। तूफान आने से नाव डूबने लगी, इसलिए, लोगों ने नाव में से सारा बोझ निकालकर बाहर फेंक दिया। केवल कुछ चावल बचा लिया गया, जिसे ज्यों-त्यों खाकर लोग छह महीने तक समुद्र में निरवलंब भटकते रहे। आखिर, वे एक दिन मैडेगास्कर के तट पर जा लगे। इस तरह, उनकी जान बच गई। ऐसी मुसीबतों का सामना करने का जोश सौराष्ट्रवासियों में अब भी मौजूद है। जमीन तो उनकी अच्छी नहीं है, किन्तु ऊसर भूमि में वास करने से स्वभाव में जो साहस उपजता है, वह यहाँ के लोगों में यथेष्ट मात्रा में विद्यमान है। इधर उनपर गांधीजी के विचारों का भी प्रभाव पड़ा है। इन सारे गुणों से युक्त होने के कारण सौराष्ट्र के लोगों को मैं सौभाग्यशाली मानता हूँ। उनके सामने उज्जवल भविष्य है और वे देश के भविष्य को गढ़ने में अच्छा योगदान दे सकेंगे, ऐसा मेरा विश्वास है।

(देश-विदेश)

काश्मीर की सैर

वायु-मार्ग से काश्मीर जाने में रास्ते में हिमालय की पर्वत-श्रेणियों की शोभा तो दिखाई पड़ती है, किन्तु श्रीनगर उतर कर जब यात्री नगर के भीतर प्रवेश करता है, तब वह किंचित् निराश होकर सोचने लगता है कि क्या यही काश्मीर है, जिसकी उतनी बड़ाई सुनते थे। श्रीनगर, शिमला, नैनीताल और दार्जिलिंग से भिन्न प्रकार का नगर है। यह नगर ऊबड़खाबड़ पर्वत पर नहीं, प्रत्युत्, पहाड़ की समतल घाटी में बसा हुआ है। इसलिए, उसका ढाँचा समतल के ही नगरों का ढाँचा है। हाँ, जब हम नगर के उपान्त की ओर निकलते हैं, तब पहाड़ों की शोभा फिर आँखों के सामने आने लगती है। वैसे, यह नगर सर्वत्र झेलम नदी के दोनों तटों पर बसा हुआ है और नदी पर सात पुल हैं, जो नगर के दोनों भागों को परस्पर संयुक्त करते हैं। किन्तु, झेलम का पानी जून में भी स्वच्छ नहीं दिखाई देता। पर्वतों की गोद से जो स्फटिक के समान सैकड़ों उज्जवल झरने उतरते हैं, उनमें से अनेक झेलम में आ मिलते हैं। किन्तु, नगर-तट तक पहुँचते-पहुँचते यह नदी मटमैली हो जाती है।

समुद्र से पाँच हजार फीट की ऊँचाई पर, हिमालय के कंधे या ललाट पर कोई दो हजार वर्ग मील की एक यत्किञ्चित् समतल भूमि है, जिसमें पहाड़ भी हैं और झरने भी खेत भी हैं और नदियाँ भी हैं और वन तथा बाग भी। यही काश्मीर है। श्रीनगर में काश्मीर की सुषमाएँ तब प्रत्यक्ष होने लगती हैं जब हम डल झील की ओर निकलते हैं। डल श्रीनगर का प्राण है। यह झील चार मील लम्बी और कोई ढाई मील चौड़ी है और इसकी अधिक-से-अधिक गहराई बीस हाथ है। डल के पार्श्व में दो ओर ऊँची-ऊँची पर्वतश्रेणियाँ हैं, जिन पर हरियाली लदी हुई है और उसका नगर की ओरवाला भाग ऐसा है जो हाउस बोटों से भरा रहता है।

हाउस बोट उन नावों को कहते हैं जिनका उपयोग श्रीनगर में वासगृह के तौर पर किया जाता है। ये नावें चालीस से लेकर साठ हाथ तक लम्बी और कोई दस हाथ चौड़ी होती हैं। उनमें शयनकक्ष, रसोई-घर, भोजन करने का कमरा, ड्राइंग-रूम, स्नानागार, सभी कुछ होते हैं। यहीं नहीं, आप चाहें तो नाव की छत पर भी कुर्सियों पर बैठकर सारी झील की शोभा देख सकते हैं। श्रीनगर में ऐसी कोई दो हजार नावें हैं जिनमें से हर एक नाव छोटे-मोटे होटल का काम देती है। इन बड़ी नावों के अलावे,

डल झील में छोटी-छोटी रंग-बिरंगी डोंगियाँ भी हैं, जिन्हें शिकारा कहते हैं। ये शिकारे डल झील की टैक्सी गाड़ियाँ हैं। दिन ढलते ही आप देखेंगे कि यात्री शिकारों में बैठकर झील की सैर को निकल रहे हैं और यह सिलसिला कोई आठ बजे शाम तक चलता रहता है। गर्मी के दिनों में श्रीनगर में आठ बजे का समय वैसा ही झुटपुटा होता है जैसा दिल्ली में सात बजे शाम को दिखाई देता है। इन्हीं शिकारों पर मोदी और दूकानदार बिक्री की भांति-भांति की चीजें लेकर झील पर घूमते होते हैं और यही शिकारे हाउस बोटों में रसद और सामान भी पहुँचाते हैं। यही नहीं, आप चाहें तो अपनी हाउस बोट पर भी डल से वुलर झील तक घूम सकते हैं। आप अपने घर में बैठे लिखते-पढ़ते या गप्पें मारतें रहिए, घर आप से आप, आपको सारी झील की सैर करा देगा। इन नावों के भारतीय नाम, जहाँ तक मुझे याद है, केवल तीन ही दीखे—शीला, लाला-रुख और गुलोबुलबुल। बाकी सभी नावों के नाम अंग्रेजी ढंग पर रखे जाते हैं। मगर, अंग्रेजी नामों में भी कवित्व और बेफिक्री की गन्ध कम नहीं है। 'ग्रे डान', 'द ड्यूक ऑफ विन्डसर', 'मे फलावर', 'ईगल', 'नेपचुन, आदि नामों में भी दैनिक जीवन की रुक्षता को भुलाने की ईषत् शक्ति है और काश्मीर तो यात्री अपने आप को भूलने के लिए ही जाता है।

डल में पानी जहाँ कम है, वहाँ तैरनेवाले बाग भी मिलते हैं। अचरज की बात है कि श्रीनगर की झील में ऐसी जमीन है जो पानी के ऊपर तैरती है। इसी जमीन पर लोग तरकारी की खेती करते हैं और इसी जमीन को चोर चुराकर एक जगह से दूसरी जगह ले जाते हैं।

डल के समान काश्मीर में दो-एक और भी झीलें हैं। सब से बड़ी झील का नाम वुलर है जो प्रायः बारह मील लम्बी और पाँच मील चौड़ी है। यह झील तराई की पूर्वोत्तर सीमा के पास है तथा उस के पार्श्व में भी ऊँची-ऊँची पर्वत-श्रेणियाँ अपरिमित हरियाली का भंड़ार लिए खड़ी हैं। भारत भर में स्वच्छ जलवाली ऐसी कोई झील नहीं है जो आकार में वुलर के समान हो। बल्कि कहा जाता है, यह एशिया मात्र की सब से बड़ी झील है। वुलर का प्राचीन नाम महा पद्मसर है। किसी-किसी पंडित का यह भी अनुमान है कि वुलर का प्राचीन नाम उल्लोल रहा होगा, जिससे बिगड़ते-बिगड़ते वुलर नाम निकल आया है।

काश्मीर की तीसरी प्रमुख झील का नाम मानसबल है जो वुलर और डल, दोनों की अपेक्षा अधिक गंभीर है। मानसबल का जल गहरा और नील वर्ण का है तथा उसके किनारे-किनारे कमल के ऐसे सघन कुंज हैं कि फूलों और पत्तों की शोभा देखते ही बनती है। नीले जल पर हरे-हरे पत्ते और उन पर भांति-भांति के कमल के फूल, यह दृश्य इतना सुहावना लगता है कि मन वहाँ से हटना नहीं चाहता। कमल फूलों की बहार डल में भी है और जब मैं शिकारे पर बैठकर उन फूलों के बीच से निकलता तब ऐसा लगता था, मानों स्वर्ग अब कहीं पास ही छिपा होगा। किन्तु, मानसबल के

तो किनारे पर ही आनन्द की समाधि लग जाती है। कमलों की जैसी शोभा काश्मीर में है, वैसी देश में अन्यत्र, शायद ही कहीं होगी। मानसबल के किनारे बैठे-बैठे मन में अनायास यह भाव उठा कि, हो न हो, कालिदास ने काश्मीर में ही कमल की पूरी महिमा समझी होगी और यहीं उनके भीतर यह अनुभूति उत्पन्न हुई होगी कि कमल भारतवर्ष का राष्ट्रीय पुष्प है।

जब हम श्रीनगर से पहलगाँव जाने लगे, रास्ते में वह जमीन आई, जिसमें केसर पैदा होता है। मैंने सुन रक्खा था कि काश्मीर में केवल बारह बिघा जमीन है, जिसमें केसर की खेती होती है। किन्तु, यहाँ देखा कि केसर के खेत और नहीं तो आधा मील लम्बे तो होंगे ही। किन्तु मैं केसर के पौधे नहीं देख सका, क्योंकि केसर की फसल का वह समय नहीं था। आईने-अकबरी में अबुल फजल ने लिखा है कि जो आदमी किसी भी तरह खुश नहीं किया जा सकता, उसे फूलते हुए केसर के खेत में ले जाकर छोड़ दो। वह आप से आप आनन्द से भर जाएगा। कालिदास ने भी केसर के पौधों और फूलों की भूरि-भूरि प्रशंसा की है। केसर की खेती के योग्य जमीन सारे संसार में बहुत कम है। यह भारत का सौभाग्य है कि उसके ललाट के दाहिने कोने पर केसर लगा हुआ है।

पहलगाँव के रास्ते से ही जरा मुड़कर हम बेरीनाग गए। नाग काश्मीरी भाषा में चश्मे या झरने को कहते हैं। बेरीनाग उस झरने का नाम है, जहाँ से झेलम निकलती है। यह झरना कुंड बनाकर दीवारों और बरामदों से घेर दिया गया है। कहते हैं, यह स्थापत्य जहाँगीर के समय बना था, जिसके प्रमाण फारसी में अंकित दो शिला-लेख हैं बेरीनाग का पानी पिघले हुए नीलमणि के समान जगमग और सुनील है तथा उसमें छोटी-बड़ी सभी प्रकार की मछलियाँ निर्भीकता से उतराती रहती हैं, किन्तु, उस स्थान की असली शोभा तो कुंड से बाहर खड़े पर्वतों में बसती है। कुंड के पास पार्श्व में खड़ी पर्वत-श्रेणी अत्यन्त ऊँची है और उस पर खड़े वृक्ष आकाश को छूते-से जान पड़ते हैं। नीचे कुंड के सामने ही बड़े-बड़े चिनार के पेड़ हैं, जिनकी छाया में बैठते ही सारी श्रान्ति दूर हो जाती है। चिनार काश्मीर की सुषमा के जीवित स्तम्भ हैं। इस वृक्ष के तने काफी मोटे होते हैं, यहाँ तक कि काश्मीर में एकाध ऐसा भी चिनार है, जिसके तने की मोटाई चालीस हाथ के करीब होगी। छायादार वृक्षों में बट और पीपल भी उल्लेखनीय हैं, किन्तु काश्मीर में चिनारों की जो शोभा है, वह भारत में कहीं भी बट और पीपल में नहीं मिलती। काश्मीर में जहाँ भी दो-तीन चिनार खड़े हैं, वहीं सौन्दर्य के एक छोटे-से तीर्थ का निर्माण हो गया है। श्रीनगर के इम्पोरियम-बाग में जो शोभा है, वह चिनारों की शोभा है। खीरभवानी में जो मनोहारिता है, उसके आधार चिनार के पेड़ हैं, और शालीमार तथा निशात के बागीचों में भी फूलों और पत्तियों का सारा सौन्दर्य चिनारों की विशाल हरीतिमा की गोद में अठखेलियाँ करता है।

पहलगाँव के रास्ते में ही मटंड मिला, जिसका प्राचीन नाम मार्तंड है। मार्तंड नाम इस कारण कि यहाँ सूर्यदेव का मन्दिर है। मटंड पहुंचते ही पंडे इस जोर से टूटते हैं, जैसे वे जगन्नाथपुरी और रामेश्वरम् में भी नहीं टूटते। मार्तंड पहुँचकर यात्री शान्ति से कुछ देख सके, इसकी आशा बिल्कुल नहीं करनी चाहिए। वहाँ आप जितनी देर रहेंगे, वह सारा समय पंडों से बक-झक करने में बीत जाएगा।

पहलगाँव की घाटी कटोरे के आकार की है। चारों ओर ऊँची-ऊँची पर्वत-श्रेणियाँ हैं और कटोरे की पेंदी में पहलगाँव बसा हुआ है। पहलगाँव की घाटी में खड़ा होकर आदमी जब चारों ओर दृष्टि डालता है, तब उसे यह अनुभूत होने लगता है कि वह प्रकृति की अनन्तता से घिरा हुआ है। ऊँचे पर्वतों की विशेषता है कि वे मनुष्य के मन में उच्चता और विस्तार की वृद्धि करते हैं। इस मानसिक प्रसार का अनुभव पहलगाँव की घाटी में अनायास होने लगता है और मन के भीतर ये परम्परागत कल्पनाएँ आप से आप उठने लगती हैं कि यहीं से कहीं स्वर्ग का मार्ग जाता होगा, इसी के आस-पास कहीं कैलास का शिखर और देवताओं का देश होगा। यहि अमरन को ओक, यहीं कहुँ बसत पुरन्दर। और सचमुच, अमरनाथ का मार्ग पहलगाँव होकर ही जाता है। पहलगाँव में प्रकृति के भीतर जो शन्ति और उच्च प्रेरणाएँ विराजती हैं उनसे सहज ही, यह समझ में आ जाता है कि प्राचीन भारत के साधक हिमालय को तपोभूति क्यों कहते थे। हिमालय, सत्य ही देवतात्मा शैल है।

श्रीनगर से पहलगाँव आते-जाते रास्ते में जो पतली शुभ्र निर्झरिणी की धारा मिलती है, वह उछलती-गाती बहुत दूर तक यात्रियों के साथ चलती है। निर्झरिणी नामक जो कविता 'रेणुका' में संगृहीत है, उसकी रचना मैंने झरना देखे बिना की थी। किन्तु, पहलगाँव आते-जाते समय पार्श्ववाहिनी निर्झरिणी को देखकर मुझे लगा, वह कल्पना बहुत दूर तक ठीक है।

गति-रोध किया गिरि ने, पर, मैं द्रुत भाग चली घहराती हुई,
सरकी उपलों में भुजंगिनी-सी मैं शिला से कहीं टकराती हुई।

पत्थरों के बीच से निर्झरिणी सांपिनी के समान ही इधर-उधर मुड़ती चलती है।

काश्मीर की दूसरी शोभा-स्थली गुलमर्ग है। मर्ग काश्मीरी भाषा में चरागाह को कहते हैं। गुलमर्ग का अर्थ होगा पुष्पित चरागाह। यह शब्द चाहे जैसे भी निकला हो, किन्तु अर्थ इसका विलक्षण है। श्रीनगर से गुलमर्ग जाते हुए रास्ते में दोनों ओर सफदा के वृक्ष मिलने लगते हैं। इस सड़क को देखकर, बरबस, यूरोप की याद आ जाती है। और जलवायु तथा वनस्पति की दृष्टि से काश्मीर भारतवर्ष में यूरोप का नमूना माना भी जा सकता है। गुलमर्ग जाने के लिए टनमर्ग पहुँचकर सवारी छोड़ देनी पड़ती है। टनमर्ग मूल में है और गुलमर्ग शिखर पर। मूल से शिखर की ऊँचाई चार मील होगी। इस दूरी को पैदल या टट्टू पर चढ़कर तय करना होता है। अब, कभी-कभी, जीप गाड़ी भी ऊपर तक चली जाती है। गुलमर्ग का भी आकार पहलगाँव की तरह कटोरे का

ही आकार है। गुलमर्ग से कुछ ऊपर खिलनमर्ग की चोटी है, जिस पर गर्मी में भी बर्फ पड़ती रहती है।

गुलमर्ग, खिलमर्ग, सोनमर्ग और पहलगाँव, ये काश्मीर के मुख्य सौन्दर्य-स्थल हैं। किन्तु, हरवन में प्रकृति की जो छटा दिखाई पड़ती है, वह इनमें से किसी से भी कम नहीं है। फर्क यह है कि हरवन छोटी जगह है और वहाँ ठहरने आदि का प्रबन्ध नहीं है। असल में, हरवन श्रीनगर का जलागार है, जहाँ से पीने का पानी श्रीनगर ले जाया जाता है। हरवन से ही दो नहरें शालिमार और निशात के बागीचों में भी जाती हैं। किन्तु, हरवन की चोटी या दीवार पर से पर्वतों की जो ऊँचाई दिखाई पड़ती है, उसका मन पर अत्यन्त गहरा प्रभाव पड़ता है। यहाँ से आप जब पर्वतों की ओर देखते हैं तब आप को ऐसा महसूस होता है, मानों, आप संसार से निकल कर एक ऐसी जगह आ गए हैं, जहाँ केवल नीरवता, केवल नीरवता का सामाज्य है और आप बिल्कुल निःसंग हैं। फिर ऐसा अनुभव होने लगता हैं, मानों, आप की और इन पर्वतों की आत्माएँ एक हों और ये पर्वत आप के पूर्व-परिचित गुरु या मित्र रहे हों। हरवन पहुंचकर कुछ भी बोलने की इच्छा नहीं होती। मन निर्मुक्त होकर वहाँ की शान्ति में केवल तैरना चाहता है, केवल तैरना।

(देश-विदेश)

काव्य-भूमि काश्मीर

भारतीय संविधान ने देश की जिन चौदह भाषाओं को माना है उनमें काश्मीरी भाषा भी एक है। किन्तु, जम्मू और काश्मीर राज्य की राजभाषा काश्मीरी नहीं, उर्दू है। काश्मीरी भाषा की मुख्य कठिनाई यह है कि उसे लिपि नहीं है। यह भाषा पहले शारदा लिपि में लिखी जाती थी, किन्तु, शारदा का प्रचलन अब नहीं है। फिर, बारी-बारी से, यह भाषा फारसी और नागरी लिपियों में लिखी जाने लगी, किन्तु, ये लिपियाँ भी काश्मीरी के अनुरूप न निकलीं, यद्यपि, काश्मीर-निवासियों का मत है कि इन दोनों लिपियों में से नागरी काश्मीरी के बहुत अधिक अनुकूल पड़ती है। सन् 1949 ई. में तत्कालीन काश्मीरी सरकार ने काश्मीरी भाषा के लिए एक नई लिपि का प्रचलन किया, किन्तु वह लिपि भी चल नहीं सकी। परिणाम यह है कि अभी भी कुछ लोग इस भाषा के लिए फारसी लिपि का व्यवहार करते हैं और कुछ नागरी लिपि का। किन्तु, इससे बात बनती दिखाई नहीं देती। परिणामतः, आज भी काश्मीरी का प्रायः सारा प्राचीन साहित्य अप्रकाशित पड़ा है।

काश्मीर का प्राकृतिक सौन्दर्य इतना अद्‌भुत है कि उसे हम सहज ही कविता की भूमि कह सकते हैं। कालिदास के सम्बन्ध में अक्सर यह प्रश्न उठाया जाता है कि, हो न हो, वे काश्मीर के रहे होंगे। इस सम्बन्ध में रवि बाबू का विचार था कि और कोई तर्क ठहरे या नहीं, किन्तु काश्मीर में प्रकृति की जो अपार सुन्दरता विराजती है वह अपने आप में इस बात का प्रमाण मानी जा सकती है कि कालिदास काश्मीरी रहे होंगे। परन्तु, कालिदास काश्मीरी थे या नहीं, यह प्रश्न भले ही विवादग्रस्त हो, किन्तु, संस्कृति के महाकवियों और काव्य के प्रकांड आचार्यों में से एक लम्बी सूची उन लोगों की अवश्य है जो काश्मीरी थे। विशेषतः, संस्कृत का काव्यशास्त्र और शैव दर्शन, भारत की इन विद्याओं का वर्द्धन और विकास काश्मीर में हुआ। काव्यशास्त्र तो, एक प्रकार से, काश्मीर की ही देन है क्योंकि जिन आचार्यों ने काव्यशास्त्र-विषयक चिंतन को ज्ञान की चोटी पर चढ़ाया वे काश्मीरी थे। काश्मीर की पर्वतश्रेणियाँ, काश्मीर के वन, काश्मीर के सोते और झरने तथा काश्मीर की झीलें तथा जलवायु, इनमें प्रतिभा को स्फुटित करने की कोई बड़ी शक्ति छिपी होगी, अन्यथा, उतने से छोटे भूभाग में, एक के बाद एक, संस्कृत के जितने कवि और आचार्य उत्पन्न हुए उसका और क्या कारण हो सकता है?

संस्कृत में एक कवि भर्तृमेंठ नाम के हुए हैं, जिनका विवरण कल्हण की 'राजतरंगिणी' में मिलता है। कल्हण के विवरणानुसार, भर्तृमेण्ठ ने 'हयग्रीव-वध' नामक महाकाव्य लिखा था जिसका उल्लेख मम्मट ने भी किया है। यह काव्य अभी तक नहीं मिला है। किन्तु, भर्तृमेण्ठ कितने बड़े कवि थे, यह इस बात से जाना जा सकता है कि राजशेखर ने गर्वोक्ति करते हुए कहा कि पहले जो वाल्मीकि था, वही कालक्रम में भर्तृमेंठ हुआ और वही फिर भवभूति के रूप में आया और आजकल वही राजशेखर के रूप में वर्त्तमान है।

बभूव वल्मीकभवः पुरा कविः,
ततः प्रपेदे भुवि भर्तृमेण्ठताम्,
स्थितः पुनर्यो भवभूतिरेखया,
स वर्तते संप्रति राजशेखरः।

ये कविकुंजर मेण्ठराज काश्मीर के राजा मातृगुप्त के सभा-पंडित थे।

इसी प्रकार, हरविजय नामक शैव महाकाव्य के रचयिता रत्नाकर कवि काश्मीर-नरेश जयापीड़ की सभा में थे। जयापीड़ ने स्वयं बालबृहस्पति की उपाधि धारण की थी तथा उनका काल आठवीं सदी का अन्त या नवीं का आरम्भ माना जाता है। रत्नाकर के समय में महाकवि माघ का सुयश सारे देश में छाया हुआ था। कहते हैं, रत्नाकर ने अपने काव्य में माघ से प्रतिस्पर्धा की है। इसी समय, काश्मीर में शिवस्वामी नामक बौद्ध कवि हुए, जिन्होंने 'कप्फिणाभ्युदय' काव्य की रचना की। ग्यारहवीं सदी में यहीं आचार्य क्षेमेन्द्र उत्पन्न हुए, जिन्होंने संस्कृत में अनेक ग्रन्थों की रचना की, जिनमें से काव्यशास्त्र के दो ग्रन्थ, सुवृत्ति-तिलक और औचित्य-विचार-चर्चा के अलावे, दशावतारचरित महाकाव्य, रामायणमंजरी, भारतमंजरी और बृहत्कथामंजरी भी बहुत प्रसिद्ध हैं।

बारहवीं सदी के मध्य में होनेवाले महाकवि मंखक भी काश्मीरी थे। ये आचार्य रुय्यक के शिष्य और राजा जयसिंह के सभा-पंडित थे। मंखक शैव थे और उन्होंने श्रीकंठचरित नामक जो महाकाव्य लिखा, उसमें शंकर और त्रिपुर के युद्ध का वर्णन है। इसी महाकाव्य में सूर्यास्त का वर्णन करते हुए मंखक ने कहा है कि सूर्य कालगणक देव का सोने का मसिपात्र है। संध्या समय जब यह दावात उलट जाती है तब उसी की स्याही के ढरक जाने से सांर में अन्धकार व्याप्त हो जाता है। और श्रीहर्ष, वैसे तो, कान्यकुब्जेश्वर के सभा-पंडित, थे, किन्तु, काश्मीर में इनकी कविता का भी बड़ा मान था।

'विक्रमांकदेवचरित' के रचयिता बिल्हण और 'राजतरंगिणी' के रचरिता कल्हण बारहवीं सदी में हुए हैं। ये दोनों ग्रन्थ ऐतिहासिक महाकाव्य हैं और ये दोनों कवि काश्मीरी थे।

यदि काव्याचार्यों के नामों पर विचार किया जाए तो वामन, उद्भट, रुद्रट, आनन्दवर्धन, अभिनवगुप्त, कुंतक, महिम भट्ट, मम्मट, क्षेमेद्र और रुय्यक, ये सभी

आचार्य काश्मीरी मिलते हैं। यही नहीं, प्रत्युत्, सम्भावना यह है कि काव्यालंकार के रचयिता स्वयं भामह भी काश्मीर के रहे होंगे। यदि यह बात सत्य हो तो यह मानन में कोई असुविधा नहीं दीखती कि भरत के बाद, काव्यशास्त्र पर सुगंभीर चिंतन का आरम्भ काश्मीर में ही हुआ और वहीं वह अपने चरम विकास पर भी पहुँचा। काश्मीर के लिए यह कितने गौरव की बात है कि भारतीय काव्यशास्त्र के क्षेत्र में जो सात सर्वश्रेष्ठ नाम हैं (अर्थात् भामह, वामन, आनन्दवर्धन, अभिनवगुप्त, कुंतक, मम्मट और क्षेमेन्द्र) वे सातों के सातों काश्मीरी थे। कहते हैं, महाभाष्य-प्रदीप के लेखक कैयट और वेदभाष्य के कर्त्ता उब्बट भी काश्मीरी थे, प्रत्युत्, वे आचार्य मम्मट के छोटे भाई थे।

संस्कृत की धारा के अवरूद्ध हो जाने पर काश्मीर में हमें वह धारा दिखाई देती है जो जनता के मस्तिष्क नहीं, हृदय की धारा है। इस धारा का संस्कृत से कोई सम्बन्ध नहीं है, प्रत्युत्, अब वह काश्मीर की जनवाणी में प्रवाहित होती है तथा उसके भीतर हम जन-हृदय के उन सभी भावों की सहज अभिव्यक्ति पाते हैं, जो प्रेम और विरह के भाव हैं, जो प्राकृतिक सुषमाओं पर रीझने अथवा अगम और अगाध पर चकित होने के भाव हैं।

जब भारत में सूफी काव्यों की परंपरा आरंभ हुई, ठीक उन्हीं दिनों, काश्मीर में लल्लेश्वरी का जन्म हुआ। लल्लेश्वरी या लाल दे शैव मतावलम्बिनी थीं और उनके गुरु का नाम सिद्ध श्रीकंठ था। लल्लेश्वरीजी के माता-पिता श्रीनगर से चार मील दूर पन्द्रानथान में रहते थे, किन्तु, उनके पति पद्मपुर के वासी थे। ऐसा प्रतीत होता है कि लल्लेश्वरी की भगवद्भक्ति उनके पति को पसन्द न आई और उनका वैवाहिक जीवन उसी प्रकार दुःखमय हो गया, जैसा उनके बाद भारत में मीराबाई का होनेवाला था। लाल दे की अनुभूतियाँ वैसी ही वेधक और मार्मिक हैं, जैसी वे मीरा में दिखाई देती हैं। प्रत्युत्, कहना चाहिए कि दक्षिण की ओन्दाल, राजस्थान की मीरा और काश्मीर की लल्लेश्वरी, ये तीनों कवयित्रियाँ एक ही व्यथा से व्यथित हैं और उनकी कविताओं से जो शिक्षाएँ निकलती हैं, वे भी परस्पर समान हैं।

लल्लेश्वरीजी का काश्मीर में बड़ा नाम है और उनकी कविताओं पर क्या हिन्दू और क्या मुसलमान, सभी एक समान भक्ति रखते हैं। कबीर की कविता जैसे बानी और शब्द नाम से प्रचलित है, वैसे ही, लाल दे की कविताओं को वाक्य कहते हैं एवं उनके कितने ही वाक्य काश्मीर की सारी जनता की जिह्वा पर चढ़े हुए हैं। लल्लेश्वरी काश्मीरी कविता की परम देवी हैं और उनका आदर काश्मीरी-भाषी जनता के बीच उसी प्रकार से है, जैसे जातियों के सस्कार की रचना करनेवाले कवियों का हुआ करता है। अंग्रेजी में उनकी कविताओं के जो स्फुट अनुवाद मेरे देखने में आए हैं, उनमें से कई पदों में रहस्यवाद की पूरी गहराई दिखाई पड़ती है। एक पद जो मुझे बहुत पसन्द आया, हिन्दी-अनुवाद में इस तरह उतरा है—

मूर्त्ति पत्थर की होती है, और मन्दिर भी पत्थर का,
दिखाई पड़ता है क्या तुम्हें पन्थ इनमें अपने घर का?
मूर्त्ति के नीचे है जो छिपा, वही मन्दिर के बाहर व्याप्त,
बुद्धि आत्मा, दोनों का भेद, अरे ओ पंडित! करो समाप्त।

लाल दे के समय में एक और रहस्यवादी सन्त हुए जिनका नाम शेख नूरुद्दीन था, किन्तु, जिन्हें हिन्दू और मुसलमान, प्रेम से, नन्द ऋषि कहते थे। इस सन्त का नन्द ऋषि नाम आज भी चलता है, जो इस बात का प्रमाण है कि काश्मीर में हिन्दुओं और मुसलमानों की सामासिक संस्कृति खूब बढ़ी है। इनका एक नाम सहजानन्द भी था। नन्द ऋषि बचपन से ही सन्त स्वभाव के थे और वय आने पर उन्होंने घोर तपश्चर्या भी की थी। तपस्या से लौटने पर उनके भीतर काव्य फूट पड़ा तथा सभी रहस्यवादियों के समान उन्होंने धर्म के बाह्याचारों को तुच्छ बताना शुरु किया। पंडो, पुरोहितों और मुल्लाओं की उन्होंने आलोचना करनी आरंभ की तथा वे मनुष्य को आचार से निर्मल बनने का उपदेश देने लगे। धर्माचार्यों पर उन्होंने अच्छी फब्तियाँ कसी हैं। एक कविता में वे कहते हैं, "एक पुरोहित को मैंने यज्ञ की आग फूँकते देखा और दूसरे को ढोल बजा-बजाकर उपदेश देते हुए। किन्तु, ये स्वयं क्या करते हैं? इनके माथे पर बड़ी-बड़ी पगड़ियाँ होती हैं और राह में वे बड़ी सजधज से चलते हैं। लेकिन, धर्म का वेश धारण करने पर भी वे बकरे के मांस पर टूटे पड़ते हैं और चलते समय वे मांस पकाने का बरतन भी नहीं छोड़ते।"

काश्मीर में हिन्दू-मुस्लिम-प्रेम की जो परंपरा है, उसका एक सबूत यह भी है कि नन्द ऋषि की स्मृति में होनेवाले वार्षिक पर्व के समय उनके जन्म-स्थान के हिन्दू और मुसलमान, पर्व की अवधि तक, मांस नहीं खाते हैं।

नन्द ऋषि मस्त फकीर थे और अपनी फकीरी को वे अमीरी से बढ़कर मानते थे। उनके एक पद का हिन्दी-अनुवाद इस प्रकार है—

गुफा हमारी सुन्दरतर है स्वर्गिक राज भवन से,
जीर्ण-शीर्ण कंथा कोमलतर है रेशमी वसन से।
जीव-जन्तुओं से हिलना-मिलना हमको भाता है,
इसी खेल में वर्ष एक पल भर में कट जाता है।

इन दो कवियों की कविताएँ ज्ञानदायिनी हैं। किन्तु, इनके बाद, काश्मीरी भाषा में दो ऐसी कवयित्रियाँ उत्पन्न हुईं, जिनमें ज्ञान नहीं, आनन्द की धारा प्रधान मिलती है और दोनों की दोनों, विरह और विपत्तियों में तपकर इतनी मार्मिक कविताएँ कर गई हैं कि वे आज भी पढ़ने और सुननेवालों का हृदय हिला देती हैं। इनमें से एक का नाम अरिन माल और दूसरी का हब्बा खातून था।

अरिन माल किसी विद्वान् ब्राह्मण की पत्नी थीं। किन्तु, ऐसा दीखता है कि किसी कारण उन्हें विरह की असह्य वेदना सहनी पड़ी थी, जिसकी चोट उनकी प्रत्येक

कविता में विद्यमान है। और प्रकृति-प्रेम उनका ऐसा उन्मुक्त था कि उनकी वेदना फैलकर सर्वत्र काश्मीर के फूलों और पहाड़ों में छा गई है।

"सखी! एक दिन मैं प्रस्फुटित जुही के समान थी। किन्तु, प्रेम में घुल-घुलकर मेरा यह हाल हो गया कि अब मैं अरनी के गुलाब-सी दीखती हूँ। आह! मेरे प्रियतम फिर कब मेरे पास आयेंगे?

"भोर हो गया। अरी, ओ, जल्दी उठो; जब तक दिन नहीं चढ़ता, हम अपने प्रियतम की खोज में पर्वतों और घाटियों को छान डालें। मैं उन्हीं की प्रतीक्षा में आँख खोले बैठी हूँ। न जाने मेरे प्रियतम कब फिर मेरे पास आयेंगे!"

हब्बा खातून गाँव में जन्मी थीं, किन्तु उनके रूप और उनकी प्रतिभा ने उन्हें युसुफ शाह चक की रानी बना दिया। किन्तु, यह सौभाग्य टिकाऊ न हो सका और वे तुरन्त विरह और विपत्ति की उस भँवर में गिरफ्तार हो गईं, जो अनेक महान नारियों को अपनी गोद में लेती रही है। फिर तो उनके आँसू उनकी कविताओं में इस तरह उमड़े कि उन्हें पढ़कर सहृदयों को आज भी रोना आता है। और ये सहृदय विशेषकर वे हैं जो खेतों में हल अथवा डल या वुलर झील में नाव चलाते हैं। हब्बा खातून की कविता काश्मीर का हृदय है। संपूर्ण इतिहास में काश्मीरी भाषा ने उनसे और बड़ा कवि उत्पन्न नहीं किया। वे सच्चे अर्थों में जनता की कवयित्री हैं और उनकी कविताएँ काश्मीर की सभी श्रेणियों के लोगों में व्याप्त हैं। हब्बा की कविताओं में जो ध्वनि और संकेत मिलते हैं, वे प्राणों को कचोट डालनेवाले हैं।

"दूर-दूर तक के चारागाह (मर्ग) फूलों से खचाखच भर गए और तब भी तुम्हें मेरी वेदनाओं का ज्ञान न हुआ?"

"पहाड़ फूलों से भर गए। झीलों में फूल ही फूल दिखाई देते हैं। आओ, ऐसे में हम पहाड़ी मर्गों (चारागाहों) पर घूमने को चलें।"

"दूर के जंगलों में कमल पुष्पित हो रहे हैं। क्या अभी भी मेरी वेदना तुम्हारी समझ में नहीं आती?"

काश्मीरी कविता हब्बा खातून में अपने चरम विकास पर पहुँची, किन्तु, उसका प्रवाह वहीं अवरुद्ध नहीं हुआ। उन्नीसवीं सदी में काश्मीर में महमूद गामी नामक कवि हुए जिन्होंने प्रेम-कथाओं पर प्रबन्ध-काव्यों की रचना की। शीरी-फरहाद और युसुफ-जुलेखा पर विरचित उनके दो काव्य काश्मीर में काफी प्रसिद्ध हैं। उन्नीसवीं सदी में ही काश्मीरी के एक दूसरे कवि पंडित प्रकाश राम ने काश्मीर में रामायण लिखी, जो बहु-प्रशंसित काव्य है।

वर्त्तमान सदी के काश्मीरी के सब से बड़े कवि महजूर माने जाते हैं। दुर्भाग्यवश अब उनका भौतिक शरीर धरा-धाम पर नहीं है, किन्तु, उनका यशःकाय अभी शताब्दियों तक जीवित रहेगा। सन् 1951 ई. में मुझे उनसे मिलने का सौभाग्य प्राप्त हुआ था। वे अपनी कविताएँ बड़ी मस्ती से सुनाते थे। रवि बाबू जब काश्मीर गए थे

तब महजूर साहब ने उनसे भेंट की थी और महजूर की कविताएँ सुनकर रवि बाबू ने कहा था, आप काश्मीर के टैगोर हैं। यह कहानी मुझसे महजूर साहब ने ही कही थी। महजूर के समकालीन एक अन्य कवि आजाद साहब थे। वर्त्तमान सदी के कवियों में उनका भी बड़ा नाम है।

काश्मीरी के वर्त्तमान प्रतिष्ठित कवियों में पंडित जिन्दा कौल, मिरजा गुलाम हसन बेग आरिफ और श्री दीनानाथ नादिम मुख्य रूप से उल्लेखनीय हैं। पंडित जिन्दा कौल श्रीनगर भर में सबके श्रद्धाभाजन हैं। उनकी कविताओं पर इस वर्ष साहित्य अकादमी ने पाँच हजार रु. का पुरुस्कार भी दिया है।

और नादिम साहब भी बड़े ही प्रतिभाशाली कवि हैं। श्रीनगर में उनकी एक कविता मुझे उन्हीं के मुख से सुनने को मिली। मूल की भाषा तो मैं कुछ भी न समझ सका, किन्तु, नादिम साहब ने उसका जो अर्थ बताया, उससे मैं अत्यन्त प्रभावित हुआ। काश्मीरी भाषा सहज, सुकुमार और संकेतपूर्ण है। उसमें अभी कृत्रिमता का प्रवेश नहीं हुआ है। और काश्मीरियों का जीवन भी अभी काव्यमय है। इसीलिए, काश्मीरी भाषा में आज भी हृदय हिलानेवाली कविताएँ की जा सकती हैं।

हरियालियों की पगड़ियाँ बाँधे ऊँचे-ऊँचे पहाड़, राह में उछलते-गाते हुए निर्मल झरने और झीलों में राशि-राशि कमलों के कुंज, ये सब मिलकर काश्मीर को सपनों का देश, कविता का लोक बना देते हैं और वहाँ की कविता भी हरी, कोमल, उज्जवल और झरनों के समान ही स्फूर्तियुक्त है।

(देश-विदेश)

मेरी यूरोप-यात्रा

1. बम्बई से लंदन

12 नवंबर, 1955 ई. को पटने में शिक्षा-मंत्रालय की ओर से अचानक तार मिला कि आप 19 नवंबर को वारसा जाने की तैयारी कर सकते हैं या नहीं। ठीक उसी समय मैं अपने पूर्वनिश्चित कार्यक्रम के अनुसार दिल्ली रवाना हो रहा था। 14 नवंबर को दिल्ली में पूज्य पंडितजी के जन्मदिवस का समारोह था। प्रधानमंत्री के घर पर श्रद्धेय डॉ. राधाकृष्णन् से भेंट हुई। उन्होंने मिलते ही पूछा, "वारसा तुम जा रहे हो न?" मैंने सहमते हुए कहा, "यूरोप देखने की इच्छा तो अवश्य है। किन्तु, आप तो तुरंत जाने को कहते हैं। मैं कभी बाहर निकला नहीं हूँ। सोच रहा हूँ कि क्या करूँ।"

उपराष्ट्रपति के मुख से निकला, "स्कैंडलस! पोलैंड ने बड़ी आजिजी से भारत को अपना प्रतिनिधि भेजने को कहा है। निमंत्रण मैंने मैथिलीशरण और वल्लथोल को भिजवाये थे। किन्तु, वे लोग जाने में असमर्थ हैं। और अब अगर तुम भी अंग गिरा देते हो, तो यह कैसी बात होगी?"

पंडितजी वार्त्तालाप सुन रहे थे। अतएव, उन्होंने कहा, "ठीक ही तो कहता है। और जाने के पहले पचासों सूइयाँ कब लेगा?"

मगर, उपराष्ट्रपति चुप नहीं हुए। वे कहते ही गये कि कोई न कोई भारतीय प्रतिनिधि जाना ही चाहिए। मैं मन से तैयार तो था ही। शिक्षा-मंत्रालय को मैंने यात्रा की तैयारी करने को कह दिया और स्वयं भी सामग्रियाँ जुटाने लगा। दो-एक दिन बाद उर्दू के प्रसिद्ध कवि सागर निजामी के जाने का भी कार्यक्रम ठीक हो गया। इस प्रकार, हमारी विदेश-यात्रा 19 के बदले 22 नवंबर, 1955 ई. को आरम्भ हुई।

मगर, अपना देश छोड़ना कोई मामूली बात नहीं है। पास-पोर्ट, वीजा और इनकम-टैक्स क्लियरेंस आदि कागजों के साथ अनेक और प्रतिबन्ध भी हैं, जिन्हें पूरा किये बिना आप अपना देश नहीं छोड़ सकते। मेरी यात्रा का तो सारा प्रबन्ध शिक्षा-मंत्रालय ने किया। कहीं स्वयं मुझे ही सारी पैरवी करनी होती, तो मुझसे तो विदेश जाना पार नहीं लगता।

हम दिल्ली से 22 नवंबर की शाम को रवाना हुए। बम्बई में एयर इंडिया इंटरनेशनल का जहाज पकड़ा। जहाज बम्बई से कोई ग्यारह बजे रात में उड़ा। रास्ते

में हम मजे से सो गये। हवाई जहाजवाले यात्रियों को बड़ा आराम देते हैं। कुर्सी के आगे उन्होंने पैताना बना दिया, शरीर पर खूब मुलायम कंबल उढ़ाया और जब हमें नींद आने लगी, उन्होंने पास की बत्ती भी गुल कर दी। सुबह जगकर हम हाथ-मुँह धोकर जब तक तैयार हुए, तब तक जहाज काहिरा (कैरो) पहुँच रहा था।

भूगोल में पढ़ा था कि सूर्य पूरब में पहले और पश्चिम में बाद को दिखायी देता है एवं इसी हिसाब से समय भी पूरब में आगे रहता है। सो इसका सबूत कैरो में पाया। कैरो पहुँचने पर देखा कि हमारी घड़ी में दस बज रहे हैं, जबकि कैरो में सुबह छह का वातावरण था।

हवाई यात्रा, स्वभाव से ही, जरा संकट की यात्रा होती है और मुझ जैसे डरपोक लोग जब भी हवाई जहाज पर कदम धरते हैं, वे यह तो सोच ही लेते हैं कि आज तक तो जी लिया, अब अगर आगे भी जीना होगा, तो जहाज सकुशल धरती पर लौट आयेगा। शायद, यही भाव अधिकांश यात्रियों का होता होगा। इसीलिए, हवाईजहाज की मेजबाँ अत्यन्त सुशील और सबको दिलासा देनेवाली होती है। इसीलिए, हवाई जहाज में मनबहलाव के कागज रखे जाते हैं, जिन्हें आप उलटते जाइये, तो थोड़ा-बहुत मनोविनोद आपसे आप होता चलेगा।

अपने एयर इंडिया इंटरनेशनल में जो कागज-पत्र हैं, वे मनोविनोदपूर्ण तो हैं ही, उन पर भारतीयता की भी पूरी छाप है। पंखों, इश्तेहारों और फाइलों पर इन जहाजों में आपको यामिनी राय की चित्रकारी के अनुकरण मिलेंगे, गरुड़, मोर, हनुमानजी, धनुष, परशु, वाराह, तिरुपति के बालाजी, शंख, चक्र आदि की आकृतियाँ मिलेंगी, जो आपको बराबर याद दिलाती रहेंगी कि आप अपने देश के वातावरण में हैं। एयर इंडिया इंटरनेशनल का प्रचार-साहित्य खूब सजीव है। हमारा ट्रेड मार्क कलगीदार पगड़ी बाँधे हुए नवाब का चित्र है। कहीं तो यह नवाब सिर झुकाकर यात्रियों का स्वागत कर रहा है और कहीं वह आपके मनबहलाव के लिए लड़कियों के पीछे भाग रहा है। एक चित्र में यह भी देखा कि जहाज से उतरते समय एक यात्री महाशय मेज़बाँ का आलिंगन कर रहे हैं। उधर वह मेज़बाँ उन्हें आलिंगन में फँसाकर उनकी जेब की तलाशी ले रही है और उसमें से चम्मच और काँटे बरामद कर रही है। यह मजाक मुझे खूब पसन्द आया। चेतावनी की इस मीठी सूझ की बलिहारी है! मैं खुद भी प्रचारक का काम कर चुका हूँ। किन्तु, इस तरह का चमत्कार मुझे नहीं सूझा था।

काहिरा से उड़कर हम रोम आये, रोम से उड़कर जिनेवा और जिनेवा से उड़कर लंदन। रास्ते में विशेष रूप से उल्लेखनीय कोई बात नहीं हुई। रोम से उड़कर जब हम जिनेवा आ रहे थे, तब रास्ते में चालक ने बताया कि अब हम एलबा द्वीप पर से जा रहे हैं। उस समय मेरी घड़ी में अपराह्न का 7:50 बजा था और जहाज की घड़ी में 2:15 हुआ था। एलबा द्वीप में आबादी नहीं दिखायी पड़ी। केवल पहाड़ ही पहाड़ नजर आये। किन्तु, मन में यह बात उग आयी कि इसी बंजर द्वीप में नेपोलियन कैद

किया गया था। एक जनश्रुति चलती है कि जब नेपोलियन यहाँ कैद था, किसी ने उससे कहा कि इस जेल से भाग चलो। कहते हैं, उस समय नेपोलियन ने अंगरेजी में एक वाक्य कहा था, ABLE WAS I FRE I SAW ELBA। इस वाक्य को सीधे पढ़िये या उलटकर, बात एक ही बनती है। यहाँ से आगे माउण्ट ब्लैंक आया, जो मध्य यूरोप का प्रसिद्ध पहाड़ है। उस समय मेरी घड़ी में पौने नौ बजा था, किन्तु, पहाड़ पर अभी अच्छी धूप फैल रही थी।

जहाज में मेरे बायें सागर बैठे थे और उनके बायें एक यहूदी दंपती। जहाज लंदन पहुँचने को हुआ, हम लोग अपना सामान ठीक करने लगे। इतने में सागर ने कहा कि मेरा गुलूबन्द ग़ायब है और इतना ही नहीं, उन्होंने और भी कुछ कहा, जिसे बायें के मुसाफिर इसलिए नहीं सुन सके कि हम हिन्दी में बोल रहे थे।

इस घटना का वर्णन मैं इसलिए कर रहा हूँ कि सागर बिलकुल असावधान व्यक्ति हैं। जानें, इस यात्रा में वे क्या-क्या खोयेंगे। कल मैंने जहाज में ही उनसे कहा था कि अपनी चीजों का ख्याल रखिये, क्योंकि सब कुछ तो छोड़कर ही चले हैं। अब तो हर चीज जरूरी ही साथ है। मगर, लंदन हवाई अड्डे से कोई तीस मील दूर जाकर जब हम रात होटल में उतरे, तब सोने के समय सागर अचानक चीख उठे, "हाय, मैं तो अपना बैग ही मोटर में भूल आया।" क्या करता? उतनी रात को मैंने होटल के मैनेजर को जगाया और उस बेचारे ने हवाई अड्डे के अफसर को फोन किया कि एयर इंडिया की मोटर में भारत के एक यात्री का बैग रह गया है।

हमें बड़े भोर ब्रुसेल्स का जहाज पकड़ना था, अतएव, पौ फटते ही हम हवाई अड्डे पर पहुँचे ही थे कि एक व्यक्ति सागर का बैग लिये हुए उसकी खोज में घूम रहा था। सागर की जान में जान आयी और हम अंगरेज जाति की ईमानदारी एवं अंगरेज अफसरों और कार्यकर्ताओं की अद्भुत कर्तव्यनिष्ठा पर दंग रह गये।

ब्रुसेल्स (बेल्जियम)
24 नवंबर, 1955 ई.

2. लंदन से वारसा

24 नवम्बर को हम कोई साढ़े आठ बजे प्रातःकाल लंदन से ब्रुसेल्स के लिए उड़े। जिस कंपनी के जहाज में हमने यात्रा आरंभ की, उसका नाम सबीना है। जहाज अपेक्षाकृत छोटा था और मौसम खराब, इसलिए, रास्ते में बंपिंग काफी हुई। मैं, प्रायः मुरझा गया और कुछ-कुछ बीमार अनुभव करने लगा। जहाज में नाश्ते के लिए और चीजों के साथ भगवान के तृतीय अवतार का लाल-लाल मांस परोसा जाने लगा। दर्शन मात्र से मेरा जी मिचलाने लगा। मगर, करना क्या था? रोटी के एक टुकड़े के साथ एक प्याली कॉफी पीकर मैंने भी जलपान की विधि पूरी कर दी।

ब्रुसेल्स से वारसा की ओर पोलैंड का जहाज जाता है। इसलिए, वहाँ पहुँचकर हम जहाज से उतर गये। किन्तु, दफ्तर में पूछने पर पता चला कि वारसा जानेवाले जहाज में हमारे लिए जगहें सुरक्षित नहीं हैं। श्री वान जीन नामक एक हवाई अफसर ने हमें यह सूचना दी। हम तो यह सुनकर घबरा गये। 24 नवंबर की शाम तक हमें वारसा अवश्य पहुँच जाना था, अन्यथा, 25 नवंबर से वारसा में जो कार्यक्रम आरंभ हो रहा था, उसमें हम सम्मिलित नहीं हो सकते थे। जब वान जीन को यह मालूम हुआ कि हम पोलिश सरकार के अतिथि होकर वारसा जा रहे हैं, उस बेचारे ने काफी तत्परता दिखायी। एक ओर तो उसने जहाज के कैप्टन को फोन किया, दूसरी ओर बेल्जियम-स्थित पोलिश डेलीगेसी को पता चला कि भारत की भी एक डेलीगेसी ब्रुसेल्स में है। इसलिए, मैंने भी अपनी डेलीगेसी को फोन किया। किन्तु, फोन पर अपनी डेलीगेसी से जो बातें हुईं, उनसे इस विषय में कोई सन्देह नहीं रह गया कि हमारा देश भारत से बाहर होने पर भी भारत ही रहता है। निदान, मैं हतोत्साह होकर अपनी जगह पर आ बैठा। इतने में जीन वान की कोशिश काम कर गयी और पोलिश डेलीगेसी से एक नवयुवक हमें खोजता हुआ हमारे पास आ पहुँचा। उसने वान जीन के द्वारा हमें कहलवाया कि पोलैंड के दो यात्रियों को ब्रुसेल्स में रोककर उसने हम दोनों के लिए दो जगहों का प्रबन्ध कर दिया है। मेरा हृदय कृतज्ञता से भर गया तथा भारत और पोलैंड के सरकारी प्रतिनिधियों के बीच तुलना करके मैं, मन ही मन, कुछ लज्जित भी हुआ।

कोई ढाई बजे दिन में हम पोलिश जहाज से वारसा के लिए उड़े। एयर इंडिया और सबीना, दोनों कंपनियों के जहाज बाहर से भी खूबसूरत और स्वच्छ दिखायी देते हैं। किन्तु, यह पोलिश जहाज कुछ कुरूप-सा लगा। यात्रा, प्रायः, भयानक लगी। मौसम खराब था। हम बादलों से ऊपर उड़े जा रहे थे और नीचे सारा यूरोप धुओं से आच्छन्न था। बंपिंग बड़े जोर की थी। मेरा सिर चक्कर खाने लगा। ऐसे में भला कोई भोजन क्या करे? ज्यों-त्यों करके मैं अपने को सँभालता रहा। इतने में कोई पाँच बजे शाम को जहाज बर्लिन में उतरा। बर्लिन के हवाई अड्डे पर ही देखा कि भेंड़ और बकरी के बथान अलग-अलग हैं। एक ओर अमरीकी झंडों की कतार थी, दूसरी ओर रूसी झंडों की पाँत। वातावरण धुमैला और ईषत् अंधकारपूर्ण था तथा वर्षा भी हो रही थी।

बर्लिन के हवाई अड्डे पर हम पौन घंटा टिके होंगे। इस बीच, मैं चिट्ठी छोड़ने को हवाई अड्डे के डाकघर में गया। वहाँ जाकर क्या देखता हूँ कि काउण्टर पर एक लड़की खड़ी काम कर रही है। उसके चेहरे पर असीम विषाद की छाया दिखायी दी। मैं उसे सिर से पाँव तक निहारने लगा। उसके बदन पर कोट तो था, किन्तु, पाँव में मोजे नहीं थे। पाँव में मोजे का न होना हमारे देश के लिए कोई बात नहीं है। किन्तु, यूरोप में मैंने किसी भी व्यक्ति का पाँव नंगा नहीं देखा है। यह जाड़े का मौसम है। बिना मोजे के यहाँ कौन चल सकता है? इसके पाँव में मोजे नहीं हैं, यह सोचते-सोचते

मेरे मन में एक बात उठी कि हो न हो, यह पूर्वी जर्मनी की व्यथा की निशानी है। लड़की ने, शायद, मेरे मन की बात ताड़ ली। अतएव, वह अपने मनोभावों को छिपाने की कोशिश करने लगी। उसके चेहरे पर घबराहट अंकित हो गयी और मैं तुरंत वहाँ से हट गया।

कोई छह बजे के लगभग हम बर्लिन से उड़े। अब तो चारों ओर पूरा अंधकार था और अँधेरे के भीतर हम लिफाफे में बन्द जीव के समान उड़े जा रहे थे। वही बंपिंग, वही थकान, वही मिचलाहट। दबे-दबे मेरी आँख लग गयी और मैं सो गया। न जाने कितनी देर सोता रहा कि अचानक साग़र ने आवाज दी, "उठिये। हम वारसा आ गये।"

वारसा के हवाई अड्डे पर हमें लेने को कई साहित्यिक आये हुए थे। उनमें से अंगरेजी केवल प्रोफेसर ओलगियर्थ जानते हैं, जो कल से हमारे साथ हैं। कई लोगों ने पुष्पगुच्छ दिये, कइयों ने हाथ मिलाये और कइयों ने सिर झुकाकर हमारा अभिवादन किया। अड्डे पर वारसा रेडियो के आदमी आये हुए थे। उन्होंने हम दोनों से कुछ संदेश माँगे। मैंने अपनी और साग़र की ओर से दो-चार बातें कहीं, जिन्हें उन्होंने रिकॉर्ड कर लिया। कुछ पत्रकार भी आये हुए थे। वे ही बातें मैंने उनके समक्ष भी दुहरा दीं।

वारसा में हम होटल ब्रिस्टल में ठहराये गये हैं। यहाँ के सारे ठाट-बाट राजसी हैं। होटल बहुत बड़ा है। कई तल्ले हैं। हम चौथे तल्ले पर रखे गये हैं और लिफ्ट क्षण-क्षण चालू दीख रहा है। कालीनों और परदों को देखकर तो यही लगता है कि पोलैंड से बढ़कर धनी देश और नहीं होगा। मगर, रात ही एक सज्जन कह रहे थे, पोलैंड तो यूरोप का गाँव है। सोचता हूँ, जहाँ का गाँव ऐसा है, वहाँ के नगर कैसे होंगे। नगर यानी लन्दन, पेरिस और जिनेवा तथा मास्को। मास्को जाना तो नहीं होगा, लेकिन, बाकी शहर तो देखकर ही लौटेंगे।

हमारे पास जो ट्रैवलर्स चेक हैं, वे यहाँ चलेंगे या नहीं, यह नहीं जानता। यहाँ आते ही स्वागत-समिति ने पहला काम यह किया कि हम दोनों में से प्रत्येक को सात-सात सौ रुपये (यहाँ रुपये का नाम स्लोती है) दे दिये। ये दो सप्ताह के लिए काफी होंगे।

कल रात वारसा नगर क्या देखता? केवल होटल देखकर ही दंग रह गया। हाँ, रास्ते में जो संस्कृति-मंडप (पैलेस ऑव् कल्चर) दिखायी पड़ा, उसका प्रभाव बड़े जोर का है। और नहीं तो पचास तल्ले तो होंगे ही। और कैसा सुन्दर वह दीख रहा था बिजली के आलोक में! कहते हैं, यह भवन रूस का बनवाया हुआ है।

आज प्रोफेसर ओलगियर्थ आये, तब मैंने उनसे कहा कि अब नगर देखने को जी चाहता है। वे बोले, "जहाँ जी चाहे, जाइये। आदमी साथ रहेगा। इसलिए नहीं कि कानून से यह आवश्यक है, बल्कि, इसलिए कि इससे आपको सुविधा रहेगी।" मुझे

लगा, मानो, वे इस संदेह का खंडन कर रहे हों कि लौह-प्राचीर वाले देशों में विदेशी यात्रियों के भ्रमण पर रोक रहती है।

प्रोफेसर ओलगियर्थ ने आज एक नये दुभाषिये से परिचय कराया। इनका नाम देम्बोस्की है। ये चीन में पाँच वर्ष तक रह चुके हैं। कुछ-कुछ खांडु हो चले हैं, मगर, उम्र तीस से ऊपर नहीं होगी। वे चीनी जानते हैं और चीनी प्रतिनिधि से उसकी मातृभाषा में ही बात करते हैं।

ओलगियर्थ को भारत के विषय में पुस्तकीय ज्ञान काफी है। विचित्र बात है कि हिन्दी-उर्दू विवाद के विषय में भी उन्हें थोड़ा-बहुत मालूम है। बात निकली तो देम्बोस्की बोल उठे, "चीन की कठिनाई यह है कि बोलने में चीनी भाषाएँ परस्पर दूर हो जाती हैं, किन्तु, लिखी जाने पर वहाँ की सभी भाषाएँ सबकी समझ में आ जाती हैं। किन्तु, हिन्दी और उर्दू, ये बोली जाने पर समान हैं, केवल लिखी जाने पर वे दो भाषाएँ हो जाती हैं।"

ओलगियर्थ और देम्बोस्की को मैंने भारत की कई बातें बतायीं, जिनसे उनका भ्रम दूर हुआ। प्रसन्नता होती है कि ये लोग विदेश के बारे में इतनी अच्छी जिज्ञासा रखते हैं। फिर किंचित् घबराहट भी होती है कि बाहर की दुनिया तो इतनी जागरूक और सावधान है, मगर, हम भारतवासी कैसे हैं? कितने लोग हैं अपने देश में, जो अन्य देशों के बारे में इतनी जानकारी जमा करना चाहते हैं? और यदि बाहरवालों के विषय में अच्छी जानकारी रखनेवालों की संख्या अपने देश में न बढ़ी, तो क्या इससे हमारे देश की हानि नहीं होगी?

यूरोप को देखकर भारतवर्ष के संबंध में विकलता का बोध होता है। देश का बहुत बड़ा होना गुण भी है और दोष भी।

वारसा
25-11-55

3. वारसा की डायरी

26-11-55

कल नाश्ते पर एक अधेड़ पोलिश महिला से परिचय हुआ, जो अंगरेजी जानती हैं। उसके जरिये हंगरी के एक वयस्क कवि से बातें हुईं। उनका नाम, कदाचित्, सेबोक है। लंबे, गोरे, उम्र कोई 55 साल की, शील, सौजन्य और अहिंसा की प्रतिमूर्ति। कौन कहेगा कि ये हिंसाप्रिय सिद्धान्तों के घेरे में होंगे? वे बुडापेस्ट में रहते हैं। रवीन्द्रनाथ के प्रेमी हैं। रवीन्द्रनाथ ने बुडापेस्ट में रहकर कुछ कविताएँ लिखी थीं, यह बात उन्होंने बड़े ही गौरव से सुनायी। फिर कहने लगे, "मेरा देश तो आपके देश से बहुत छोटा है, किन्तु आपके देश की परंपरा का हम लोग बहुत आदर करते हैं।"

नाश्ते पर ही रूमानिया के एक कवि और इटली की एक कवयित्री से परिचय हुआ। कवयित्री बिलकुल छोटी-सी मैना है और उसके मुख से गद्य भी गीत बनकर निकलता है। रवीन्द्रनाथ की रचनाओं से परिचय इन लोगों ने भी दिखाया। रवि बाबू देश के सुयश को खूब बढ़ाकर गये हैं। क्या जानें, रवीन्द्रनाथ के देशवासी होने के कारण ही हम लोग भी उचित से अधिक सम्मान पा रहे हों।

''कुरुक्षेत्र'' के षष्ठ सर्ग का अंगरेजी अनुवाद साथ था। मैंने एक-एक प्रति सभी को भेंट कर दी। और तब कल शाम को रूमानिया के कवि ने भी अपनी एक पुस्तक लाकर मुझे भेंट की। यह पद्य-नाटक है। मगर, मैं तो उसे समझ नहीं सकता। फिर भी साथ ले जाऊँगा।

कल नाश्ते के बाद हम म्यूजियम देखने गये। कवि मित्स्केविच के सम्बन्ध में ही यह म्यूजियम सजाया गया है। कवि के जीवन की घटनाएँ चित्रों में दिखायी गयी हैं। यही इस म्यूजियम की प्रधान सजावट है। म्यूजियम का समारोह अच्छा रहा। उद्घाटन देश के संस्कृति-मंत्रीजी कर रहे थे। उन्होंने म्यूजियम के दरवाजे पर खड़े-खड़े ही भाषण दिया। तब सब लोग अन्दर गये।

म्यूजियम में हम दोनों पर विशेष दृष्टि थी। वह, शायद, इस कारण कि हम खास ढंग की पोशाक में थे और चेहरों से हम साफ भारतवासी मालूम होते थे। हमें देखकर आपस में लोग कुछ बोलते थे, जिसमें बार-बार ''प्रीमियर नेहरू'' यह नाम आता था। हम लोगों की फिल्म और फोटो कई बार, खासतौर से, लिये गये। बाहर निकला, तब बच्चों ने ऑटोग्राफ के लिए घेर लिया। ग़रज़ कि भारत नाम की फसल बहुत अच्छी कट रही है।

फिर हम बाजार देखने गये। किन्तु, त्राहि! त्राहि!! जूते का दाम एक हजार स्लोती, मनीबैग का साढ़े तीन सौ, ओवरकोट के दो हजार और वैनिटी बैग के साढ़े तीन सौ स्लोती। यह अर्थ-विधान भी कितना विचित्र है!

रास्ते में मेहतर, गाड़ीवान और कोयले के मजदूर देखे, जो भारत के समान ही गरीब लगते थे। एक जगह सड़क पर गन्दगी भी देखी। पोलैंड स्वच्छता में भारत से थोड़ा ही श्रेष्ठ है। मगर, श्रेष्ठ जरूर है।

अदम मित्स्केविच के शती-समारोह का पहला उत्सव कल शाम को संस्कृति मंडप में हुआ। इसमें पचास देशों के साहित्यकार और कोई साढ़े तीन हजार दर्शक आये हुए थे। संस्कृति-मंडप के जिस हाल में यह आयोजन हुआ, वह नीचे से ऊपर तक खचाखच भरा हुआ था। मंच पर अपने सहयोगियों के साथ पोलैंड के राष्ट्रपति विराजमान थे। उनके एक ओर तो रूस के कवि श्चीपाचोव और दूसरी ओर फ्रांस के कम्युनिस्ट नेता कजॉ बैठे हुए थे। कॉमरेड कजाँ की आकृति शीतल, सौम्य और पवित्र है। वे बूढ़े हैं, अत्यन्त बूढ़े हैं और मूँछें वे ग्रामीण के समान कतरकर रखते हैं। वे जब मंच पर पधारे, सारी सभा तालियों से गूँज उठी। फिर, राष्ट्रपति ने प्रत्येक देश से आये

हुए अतिथियों के नाम पढ़ने शुरू किये और हर नाम पर सभा निश्छल आनन्द से तालियाँ बजाती रही। जब कॉमरेड कजाँ का नाम पढ़ा गया, सभा आनन्द से उन्मत्त हो उठी और तालियाँ इतनी देर तक बजती रहीं कि कॉमरेड कज़ाँ रोने लगे और बार-बार संकेतों द्वारा उन्होंने सभा से शान्त होने का अनुरोध किया।

फिर, अदम मित्स्केविच के सम्बन्ध में कई विद्वानों के भाषण हुए। भाषण पोलिश, फ्रेंच, रूसी और जर्मन भाषाओं में हुए और भाषणों के अनुवाद केवल पोलिश भाषा में सुनाये गये। कितनी शान्ति! कैसा सौजन्य! कितना उत्साह! लोग जो भाषा नहीं जानते, उसमें दिये गये भाषणों को भी वे धीरज और शान्ति के साथ सुनते हैं। यह सच्चा राष्ट्रीय अनुशासन है। यह सच्चा अन्तर्राष्ट्रीय सौजन्य है। अपने देश की याद आयी। कितना भेद! वहाँ तो दिल्ली के लोग तमिल कविता के पाठ से ही अधीर हो जायेंगे और, सम्भव है कि कवि को कुछ क्लेश के साथ ही विदा करें।

कंसर्ट, गान और अदम मित्स्केविच की कविताओं के पाठ को लेकर यह उत्सव काफी देर तक चला। स्करजंका नाम की एक अभिनेत्री ने तो काव्य-पाठ द्वारा पूरे घंटे भर अद्भुत समाँ बाँध दिया। ऐसा लगा, मानो, मित्सकेविच की पूरी पुस्तक ही उसे कंठ हो। न जानें, हमारी अभिनेत्रियों में साहित्य का यह संस्कार कब उत्पन्न होगा। अथवा सम्भव है, ऐसा संस्कार उनमें अभी भी विद्यमान हो और हम उसके उपयोग से वंचित चले जा रहे हों।

27-11-55

कल हम नगर देखने गये थे। वारसा यूरोप की प्रसिद्ध पुरानी राजधानियों में से एक है। अनेक शताब्दियों तक राजपुरी बने रहने से नगरों में एक प्रकार का गौरव और गंभीरता आ जाती है। यह लक्षण वारसा में भी विद्यमान है। वारसा ने पोलिश जाति के उत्थान-पतन की अनेक लीलाएँ देखी हैं। किन्तु हिटलर के राज्यकाल में पोलिश जनता को जो विनाश हुआ, वह पहले कभी नहीं हुआ था। उस रावण के राक्षसों ने लाखों पोलों को बेगुनाह मार डाला और आक्रमण के क्रम में पूरे नगर का विध्वंस कर दिया। नगर बहुत कुछ बन चुका है। किन्तु, रचना के काम अभी बहुत बाकी हैं। नगर का एकाध अंश ठीक उसी रूप में पुनर्निर्मित हुआ है, जिस रूप में विनष्ट किया गया था। फिर भी, ध्वंस के कितने ही अवशेष ज्यों के त्यों खड़े हैं। नगर के हृदयद्रावक ध्वस्त अंशों को देखकर बर्लिन हवाई अड्डे की वह बालिका याद आयी, जिसके पाँव में मोजे नहीं थे। फिर यह भान हुआ कि उसके मोजे क्यों छीन लिये गये हैं। वारसा का ध्वंस राक्षसी-वृत्ति का परिणाम है और उस बालिका के नंगे पाँव प्रतिशोध की गवाही हैं। किन्तु गाँधीजी इस काण्ड पर क्या कहते?

हिटलर का क्रोध पहले यहूदियों पर टूटा था। उनका सफाया करके वह पोलों पर उतरा। नगर के उस भाग को भी देखा, जहाँ पहले यहूदी रहते थे। यहूदियों के विनाश

की स्मृति में एक स्मारक बनाया गया है, जो अत्यन्त भव्य है। मूर्तियों में एक ओर तो यहूदी जाति का संघर्ष खचित है, दूसरी ओर उसका ईश्वर के प्रति आत्म-समर्पण। क्या यही कम्युनिस्टों का ईश्वर-द्रोह है? मगर, पोलैंड कम्युनिस्ट था नहीं, लड़ाई के बाद हुआ है। अनुमान होता है कि कहीं न कहीं जाकर कम्युनिज्म भी उस परम्परा को स्वीकार कर सकता है, जिससे वह अभी भाग रहा है। नवनिर्माण की योजना के अनुसार नगर का अभी और प्रसार होगा, जिसका नक्शा हमें समझाया गया। किन्तु इस काम में अभी बीस वर्ष और लगेंगे।

राह में आते-जाते गाड़ीवानों को देखा। घोड़े छोटे, मोटे और पुष्ट हैं तथा उनके पाँव में लंबे-लंबे बाल होते हैं। कोचवान तोशक के पाजामे और कोट पहने हुए थे। बच्चे कनझप्पा टोपी पहनते हैं। यह जनता का निर्धन अंश है, जो कम्युनिज्म के देश में भी मौजूद है। निर्धनता केवल प्रस्तावों से दूर नहीं की जा सकती। उसे हटाने के लिए वर्षों काम करना होता है। यह काम पोलैंड और भारतवर्ष, दोनों देशों में हो रहा है। किन्तु, इसके लिए समय चाहिए।

लौटते समय युवकों और युवतियों का एक जुलूस देखा, जो गीत गाता हुआ सड़क पर से जा रहा था। सब उत्साह से उच्छल, सब हँसमुख, सब प्रसन्न। सन् 1930-32 ई. की याद आयी, जब युवकों में ऐसा उत्साह भारतवर्ष में भी था। मगर, अब अपने देश में वह बात नहीं रही। हमारे युवक सरकारों से रुष्ट हैं। यहाँ लोग काम करने में विश्वास करते हैं, भारत में वे यह सोच रहे हैं कि काम हम तब करेंगे जब, न जानें, क्या हो चुकेगा। और भारत में भी जो लोग काम करना चाहते हैं, वे अपना अरमान कहाँ जाकर पूरा करें? अपने देश में तो हम, सबके लिए, काम का दरवाजा भी नहीं खोल सके हैं। पोलैंड को देखकर यह बात सूझती है कि हम भी जब काम करने लगेंगे, तब राजनीति की बातें करना भूल जायेंगे। तत्परता अनुशासन से बढ़ती है और अनुशासन यहाँ रेजिमेंटेशन के अधीन है। तो क्या प्रजासत्ता का ढंग गलत है? मगर मैंने आँखों से इस बात का प्रमाण तो नहीं देखा है कि यहाँ का सारा का सारा अनुशासन रेजिमेंटेड ही है। कम्युनिस्ट देशों के विषय में जो पूर्व धारणाएँ किताबों से बन गयी हैं, सम्भव है, उन्हीं के कारण ऐसा दिखायी पड़ रहा हो। सोचने से तो यही लगता है कि अनुशासनहीनता निन्द्य है, किन्तु, रेजिमेंटेशन उससे भी निन्द्य वस्तु है। मगर, सिविल लिबर्टी के नाम पर लोग बकवास करते रहें और काम न करें, यह कौन अच्छी बात है? प्रजासत्ता की सफलता के लिए भी यह जरूरी है कि हम अपने अधिकारों के साथ अपने कर्त्तव्यों को पहचानें।

विस्तुला नदी को देखा, जो नगर के बीच से बहती है। जनवरी में यह नदी जम जायगी और लोग जूते पहनकर उस पर पैदल घूमेंगे। एक पार्क में छोटी-सी झील भी देखी, जिसका पानी जमने लगा है।

सड़कों पर बर्फ जमी हुई थी। हमारे शरीर पर भी बर्फ गिर रही थी। हवा ऐसी

कि कान जड़ हो गये थे। हमने कई बार अपनी नाक यह जानने को छुई कि वह मौजूद है या नहीं। इतनी कड़ाके की सर्दी है, फिर भी, काम करनेवाले काम कर ही रहे हैं। सड़कों पर जो लोग काम करते हैं, वे यहाँ भी मेज़ों पर काम करनेवालों के बीच किसी भी तरह खपाये नहीं जा सकते। सारी जनता अभी एकाकार नहीं हुई है।

आज नाश्ते पर पोलिश कवियों से बातें हुईं। मिस्र के नाटककार श्री अजीज अबाज़ा पाशा से भी वहीं परिचय हुआ। वे खुले दिल के खुशमिजाज आदमी हैं और हम लोगों से बात करने में औरों से अधिक दिलचस्पी लेते हैं। कह रहे थे, ''जब आप देश लौटें, तब कैरो जरूर उतरें। कैरो में साहित्यिकों से मिलकर आपको प्रसन्नता होगी।''

श्री पियरे लूवी फ्लुके से भेंट हुई। आप ब्रुसेल्स (बेल्जियम) से काव्य सम्बन्धी पत्रिका निकालते हैं, जो फ्रेंच भाषा में है। उन्होंने पत्रिका का वह अंक दिखाया, जिसमें स्वर्गीया सरोजिनी नायडू की तीन कविताओं के फ्रेंच अनुवाद छपे हैं। कहते थे कि भारत से कविताओं के अनुवाद भिजवाइये, तो मैं उन्हें प्रकाशित करूँ। मगर, कौन करेगा हिन्दी कविताओं का फ्रेंच अनुवाद?

लोग गाँधी टोपी से आकृष्ट हैं। इस टोपी को देखते ही उन्हें 'पंदित नेहरू' और 'इंदिया,' ये दो शब्द अनायास याद पड़ जाते हैं।

रात रूसी कवि श्चीपाचोव से खाने की मेज़ पर दुभाषिये के माध्यम से बातें हुईं। उन्होंने पूछा, ''आपने भारत कब छोड़ा?'' मैंने कहा, ''मिस्टर बुलगानिन और मिस्टर ख्रुश्चेव से मिलने के बाद।'' फिर साहित्य के विषय में बातें हुईं। उन्होंने कोई खास जिज्ञासा नहीं दिखायी। मैंने ही कहा, ''रूसी कहानियों, उपन्यासों और निबन्धों के जो नमूने भारत पहुँचते हैं, उनमें टॉलस्टाय, तुर्गनेव और डास्टावेस्की की ऊँचाई तो नहीं मिलती, फिर भी, वे काफी अच्छे होते हैं, मगर, रूसी कविताओं के विषय में हम लोग लगभग कुछ नहीं जानते। क्या आप बतलायेंगे कि आपके यहाँ कविताओं के विषय, मुख्यतः, क्या होते हैं?''

मेरा प्रश्न कुछ बहुत अच्छा नहीं था, मगर, उसके बहाने कविता के सम्बन्ध में कुछ वार्तालाप खुल सकता था। किन्तु, कवि ने उसे यह कहकर टाल दिया कि ''विषय मैं कहाँ तक बताऊँ? मास्को पहुँचकर मैं काव्य-संग्रहों की कुछ प्रतियाँ आपको भेज दूँगा। आप स्वयं देख लेंगे कि हमारे विषय क्या होते हैं।''

हिन्दी शब्द लोगों ने मेरे नाम के साथ जोड़ दिया है। वे समझते हैं कि, यह, शायद, मेरे नाम का ही अंश है। भारतीय को, शायद, वे हिन्दुस्की कहते हैं।

रात ही मित्स्केविच के नाटक 'फोरफादर्स इव' का अभिनय देखा, जो साढ़े चार घंटे चलता रहा। दृश्य, प्रायः 'मोनो लोग' के ही थे और बहुत लंबे-लंबे। मैं बार-बार सो जाता था। किन्तु, दृश्य बड़े ही सुहावने और सजीव थे। अर्थ नहीं समझने पर भी अनुमान होता रहा कि मित्स्केविच महाकवि रहे होंगे।

27-11-55 (चार बजे शाम)

अभी-अभी लंच खाकर ऊपर आया हूँ। आज यहाँ से 30-35 मील दूर एक गाँव में गया था, जिसका नाम स्कालिमुफ है। वहाँ ट्रेड यूनियन के केन्द्रीय समिति का प्रधान दफ्तर है। आज वहाँ अतिथियों के लिए गीत, नृत्य और कंसर्ट का आयोजन था। यूरोप की उद्‌दामता उसकी कलाओं में भी है। कोरस गान किस उत्साह से गाते हैं! कितने लोग! किन्तु, कैसी एकता है! केसकर साहब पाश्चात्य धुनें नहीं चाहते, किन्तु, यह कोरसवाली चीज तो अपने यहाँ भी चलनी चाहिए।

गायन बड़े जोर का रहा। उससे भी बढ़कर नृत्य था। नृत्य में व्यायाम का पुट अधिक रहता है। अपने देश में नृत्य की मुद्राएँ तन से अधिक मन को अभिव्यक्त करती हैं। यहाँ नृत्य में भी शारीरिक अभिव्यक्ति ही प्रधान है। लेकिन, सब मिलाकर नृत्य प्रभावोत्पादक होता है।

वारसा जैसे भरे-पूरे लंबे और पुष्ट लोग यहाँ नहीं थे। आखिर कलाकार ही तो ठहरे। वे हर देश में शरीर से कुछ सूक्ष्म होते हैं। अलबत्ते, वारसा में अभिनेत्री स्करजंका पहलवान-सी दीखती है। उसकी तुलना में यहाँ की नाचनेवाली लड़कियाँ बहुत नाटी हैं।

कलाकारों में पूरा उत्साह था। वे जी खोलकर अपने गुणों को प्रकट कर रहे थे। मगर, यहाँ के श्रोता भी खूब हैं। प्रशंसा में तालियाँ पीटने लगते हैं, तो रुकने का नाम ही नहीं लेते। कलाकारों से अधिक से अधिक प्राप्त करना ये खूब जानते हैं। बढ़ावा और प्रोत्साहन कला का मुख्य आहार है। यह आहार यूरोप में कला को खूब मिलता है। भारतवाले इस मामले में कजूंस हैं। हाँ, दिल्ली और मद्रास में प्रोत्साहन अच्छा दिया जाता है। इससे ज्ञात होता है कि कला को निश्छल प्रोत्साहन वही दे सकता है, जो स्वयं पूर्ण रूप से निश्छल और सुसंस्कृत है।

नाच खत्म होते ही लड़कों और लड़कियों ने हम दोनों को घेर लिया। फोटोवाले फोटो उतारने लगे। कलाकार चुहलें करने लगे और बाकी अतिथि हम लोगों का तमाशा देखने में लग गये। किसी ने मेरी टोपी उतारकर खुद पहन ली और अपनी टोपी मुझे पहना दी। समाँ ऐसा बँधा कि हम दोनों तमाशा बन गये। अजीज अबाजा साहब ने व्यंग्य कसा, "आज तो बस आपका ही दिन है। आप बड़े किस्मतवाले निकले।" अभी लंच पर फ्रेंच प्रोफेसर की पत्नी ने कहा, "आज तो आपको कई सफलताएँ प्राप्त हुई।"

नाचघर में यूनियन के कलाकारों ने कहा, "जब प्रीमियर नेहरू आये थे, तब भी हमने नाच दिखाया था।" एक लड़की को क्या हुआ कि वह आकर लिपट गयी और बोली कि तुम लोग मत जाओ। यहीं रहो और हमारे साथ नाचा करो। मैंने देम्बोस्की की ओर इशारा करके कहा कि ये हमें घसीटकर लिये जा रहे हैं।

नेहरूजी के कारण भारत पर अपार भक्ति जग पड़ी है। उसी का प्रसाद आज

हमें प्राप्त हुआ। पता नहीं, यह ध्यान देने की बात है या नहीं, किन्तु, किसी-किसी अतिथि की आँखों में हल्की ईर्ष्या जरूर थी।

आज लंच में पोलैंड के एक युवक कवि साथ बैठे थे। उन्होंने कई पोलिश कवियों से परिचय कराया। युवक कवि ने नेहरूजी की वारसा-यात्रा की कहानी सुनायी। कैसे लोग बारह बजे दिन में (यानी काम के समय) दफ्तर छोड़कर सड़कों पर आ गये थे, कैसे उनकी एक झाँकी के लिए जनता उद्वेलित और बेचैन थी तथा कैसे नेहरूजी कार से उतरकर लोगों से मिलते और बातें करते थे।

मैंने कवि से पूछा, "नेहरू के प्रति आप लोगों में ऐसी भक्ति कैसे उत्पन्न हो गयी?" वे बोले, "भारत और पोलैंड की विपत्तियाँ समान रही हैं। नेहरू ने भारत को आज़ाद कराया, आज वे उसका उद्धार कर रहे हैं। साथ ही, वे शान्ति के देवता हैं। उनके भाषण यहाँ अखबारों में खूब छपते हैं और हमारा सारा देश उनकी बातों को विश्वनेता की बातें मानकर पढ़ता है।"

नेहरूजी ने भारत का नाम उजागर कर दिया। उनके नाम से भारत का नाम है। यहाँ बेनीपुरी और नागार्जुन की वे गालियाँ याद आती हैं, जो उन्होंने पटना-उपद्रव के समय नेहरूजी को दी हैं। धन्य हैं हम भारतवासी!

जब हम कंसर्ट देख रहे थे, मेरा मन कहीं अन्यत्र घूम रहा था। भारत में हम लोग बहुत धीरे-धीरे चल रहे हैं। चलना हमें बहुत तेजी से चाहिए। दिल्ली और प्रान्तीय राज्य, सबकी गति तेज की जानी चाहिए। लद्धड़ और आलसी के समान पड़े रहना और कोई काम नहीं करके केवल सिविल लिबर्टी की बातें बघारना, इससे तो कोई भी देश प्रगति नहीं कर सकता। हमारे देश में केवल स्वतंत्रता ही स्वतंत्रता है। तत्परता, मुस्तैदी और कार्य-पटुता, ये गुण अभी बढ़ ही नहीं पाये हैं। मगर, दोष किसका है? हमारे झुंड के झुंड शिक्षित नवयुवक बेकार हैं। हर बेकार ग्रेजुएट एटम बम होता है। उसे काम दो, नहीं तो वह समाज को अराजकता के मार्ग पर ढकेल देगा।

साम्यवाद की दो उपलब्धियाँ यहाँ स्पष्ट दिखायी देती हैं। इस अंतर्राष्ट्रीय सम्मेलन में पूर्व और पश्चिम का, गोरे और काले का भेद नहीं है। यह, सचमुच, अंतर्राष्ट्रीय सम्मेलन है। साम्यवाद के घेरे में आनेवाले देश आपस में अत्यन्त सामीप्य का अनुभव करते हैं और साम्यवाद ने बेकारी तथा वर्गभेद का उन्मूलन तो कर ही दिया है।

आते-जाते, रास्ते में, लाल ओवरकोट वाली महिला से बातें हुईं। खूब तेज औरत है। भारत के बारे में तरह-तरह के प्रश्न पूछती है। छुआछूत, जातिवाद, ज्योतिषी, फकीर, भाषा और लिपि, यहाँ तक कि नेहरूजी के आवास, सबके बारे में उसने सवाल किये। फिर पूछ बैठी, "आपके बच्चे कितने हैं?" मैंने कहा, "भारत की दृष्टि से अधिक नहीं, केवल चार हैं।" वह ठठाकर हँस पड़ी और हँसते-हँसते ही बोली, "अजी, एक बहुत काफी होता।"

27-11-55 (रात के समय)

जितना कुछ देखा है, उस पर पक्की राय बनाना जोखिम की बात है। किन्तु, ऐसा लगता है कि सेक्स की तेजी बुर्जुआ समाज की विशेषता है। यहाँ सेक्स कुछ संयत दिखायी देता है। यहाँ की नारियों के मुख पर वे कृत्रिम साज-सिंगार और प्रसाधन कम हैं, जिनसे सेक्स में तेजी आती है और वह आक्रामक हो उठता है। यहाँ की नारियों में सहजता के भाव हैं। उनके चेहरों से यह नहीं झलकता कि वे सेक्स को छिपा रही हैं अथवा उसे प्रकट कर रही हैं। लिपस्टिक वगैरह तो थोड़ा-बहुत दिखायी देता है, किन्तु, केशों की सजावट में असावधानता है। नारियों के बाल भी क्रान्तिकारी ढंग से बिखरे हैं, कभी-कभी सामने कपाल पर से कतरे हुए भी। क्या जानें, यह नया क्रान्तिकारी फैशन ही हो। एक बूढ़ी महिला जरा चमक-दमक लिये आती हैं, कुछ बनी-ठनी-सी, जेवर पहनती हैं और उनके बोलने का ढंग भी जरा रईसाना है। ऐसा लगता है कि वे बुर्जुआ युग की यादगार हैं और इस महफिल में ठीक से फिट नहीं हो पाती हैं।

सड़कों पर जाड़े से बचने के लिए कान तो औरतों को भी ढँकना पड़ता है और जब नारी ने अपना सिर और कान ढँक लिये, तो उसका आधा सेक्स तो छिप ही जाता है। किसी मुस्लिम लेखक की एक बात याद आ जाती है कि नारी, चाहे तो, पुरुषों के बीच खड़ी रहकर भी सेक्स से विच्छिन्न रह सकती है। यहाँ की पोशाकें सेक्स को उभरने नहीं देतीं, न औरतों को सेक्स का कोई खास ख्याल है। नारियाँ पुरुषों की प्रेरणादात्री नहीं, उनकी समकक्षाएँ हैं। यदि यह उपलब्धि साम्यवाद की है, तो यह अच्छी बात है।

इटली की कवयित्री से आज फिर मुलाकात हुई। पुट्ठी भर की हलकी-छोटी मैना है। एक-एक शब्द पूरी शालीनता के साथ बोलती है, मानो, कोई पतली आवाज ग्रामोफोन से आ रही हो।

मर्दों और औरतों के बीच छुआछूत का यहाँ कोई भाव नहीं है। थियेटर से निकलते समय जब लोग ओवरकोट लेने जाते हैं, तब वे परस्पर घर्षित होते रहते हैं। मगर इसका कोई बुरा नहीं मानता। सेक्स का पाप-भाग, भय-भाग यहाँ नहीं सताता। सेक्स यहाँ छलपूर्ण नहीं, स्वाभाविक और निर्भीक है।

28-11-55

आज वारसा-विश्वविद्यालय के भारतीय विभाग में भारतीय कविता पर भाषण देने जाना था। भोर ही उठकर भाषण तैयार किया। यूनिवर्सिटी जाने पर पहले भाषा-तत्व-विभाग में गया। वहाँ तुर्की और अरबी वर्ग के छात्र अजीज अबाजा पाशा और टर्की के कवि ''कमेल'' के साथ बातें कर रहे थे। वहाँ से हम लोग इंडिया सेक्शन में गये। यह विभाग अभी दो सप्ताह पूर्व खुला है। ''कास्ट्स ऑव सदर्न इंडिया'' तथा

मैक्समूलर-कृत "सेक्रेड बुक्स ऑव दी ईस्ट" की जिल्दें वहाँ विशेष रूप से दिखायी पड़ीं। मैंने अपनी कई किताबों का एक सेट इस शाखा को उपहार में दिया। साथ में रामचरितमानस की भी एक प्रति तथा "शान्तिदूत" की एक कॉपी भी दी। इस शाखा की ओर से जिस अध्यापक ने भेंट स्वीकार की, उनका नाम यबोंएंस्की है।

भारतीय विभाग से हम लोग चीनी विभाग में आये। यहाँ प्रोफेसर एक चीनी सज्जन हैं, जिनका नाम चाङ्-चिङ्-क्वे है। मेरे साथ चीन के कवि श्री पियेन भी आये थे। चीन से क्लासिक ग्रन्थ यहाँ हाल में ही लाये गये हैं। अब तक कोई तीस पोलिश छात्र चीनी भाषा सीख चुके हैं। संस्कृत और पाली भी वारसा यूनिवर्सिटी में पढ़ायी जाती है। किन्तु, उस शाखा के प्राध्यापक प्रोफेसर स्लुस्कोविच आज यहाँ नहीं थे। वे यहाँ से दो सौ मील दूर रहते हैं और केवल वर्ग के दिन, सयम पर, आकर फिर वापस चले जाते हैं।

भारतीय शाखा में वापस आकर मैंने अपना निबन्ध पड़ा। अंगरेजी जाननेवाले कुल दस-बारह व्यक्ति ही वहाँ मौजूद थे। ओलगियर्थ ने भाषण की कॉपी ले ली है। वे इसका पोलिश अनुवाद पत्रों में छपायेंगे।

विदेशी भाषाएँ सिखाने का काम भारतवर्ष में भी चलता है। किन्तु, अपना देश इतना विशाल है कि यह प्रयत्न दाल में नमक के बराबर ही है। फिर भी, यह सत्य है कि विश्व की एकता तभी सम्भव होगी, जब हर देश में हर भाषा के जानकार, अधिक-से-अधिक संख्या में, तैयार होंगे।

आज संध्या समय वह अंतराष्ट्रीय कवि-सम्मेलन होगा, जिसमें भाग लेने को हम आये हैं। तय किया है कि "कुरुक्षेत्र" के षष्ठ सर्ग में से कुछ पंक्तियाँ पढूँगा। ओलगियर्थ कहते थे कि कविता का पोलिश अनुवाद अच्छा उतरा है।

29-11-55

रात का कवि-सम्मेलन भारत के हाथ रहा, इसमें कोई संदेह नहीं है। आज सागर ने बड़े तड़के अपनी बीबी को खत लिखा, "मुबारक हो, लो पोलैंड फतह हो गया।" मैंने कहा, "सागर साहब! कुछ यह भी ख्याल है कि तेनसिंह और हिलारी जब एवरेस्ट पर चढ़े थे, तब धीमे-धीमे यह मजाक भी चलता था कि ये लोग सच कहते हैं या झूठ, यह कौन बता सकता है? दोनों एक दूसरे के ही तो गवाह हैं।" सागर बोले, "मगर, दिनकर साहब! यहाँ तो फोटों मौजूद हैं। और क्या यहाँ के अखबारों में रिव्यू नहीं आयेगी?" सागर का मुस्तैद जवाब सुनकर हँसी आ गयी और हम दोनों एक दूसरे को देखकर देर तक हँसते रहे।

आज के एक अखबार में कई कवियों के कार्टून निकले हैं। एक कार्टून "हिन्दुस्की कवि दिनकर" का भी है। और सागर की प्रशंसा करते हुए अखबार ने लिखा है कि भारत में अभी कविता संगीत से सर्वथा भिन्न नहीं हो पायी है। टिप्पणी,

शायद, इस बात पर है कि रात मैंने कविता का पाठ भर किया था और सागर ने अपनी कविता तरन्नुम में पढ़ी थी।

रात कवि-सम्मेलन के इंटरवल में जो कवि बधाई देते हुए मुझसे लिपट गये थे, वे क्यूबा के हैं, स्पेनिश में कविता करते हैं और उनका नाम निकोलस गिलन है। और जो कवयित्री फोटो के समय बगल में आ खड़ी हुई, वे सिसली की हैं। ये बातें आज बारबारा ने बतायीं, जो रात ऑटोग्राफ लेने को आयी थी।

रात एक और मजाक रहा। कवि-सम्मेलन के इंटरवल में और उसकी समाप्ति के बाद, बधाई देनेवालों का ताँता लग गया था, किन्तु, लाल ओवरकोटवाली रमणी, जो कभी-कभी हमारी दुभाषिया बन जाती है, उस समय मेरे पास नहीं आयी। होटल लौटने पर उससे लाउंज में भेंट हुई, तब मैंने कहा, "इतने लोग मुझे प्रोत्साहन देते रहे, मगर, आप कहाँ रह गयीं? व्हाई डिड यू नॉट रन एण्ड कांग्रेचुलेट मी? (आप मुझे बधाई देने को दौड़कर क्यों नहीं आयीं?)," वह बोली, "मर्दों का काम है कि वे औरतों के पीछे दौड़ें। औरतों का तो मर्दों ने दिमाग़ ही खराब कर रखा है। वे मर्दों के पीछे क्यों दौड़ने जायँ? मगर, आप लोगों की कामयाबी बहुत बड़ी रही। बधाई के भूखे हों, तो अब ले लीजिये।"

कल तक लोग हम में जो दिलचस्पी लेते थे, आज उससे ज्यादा ले रहे हैं। आज दो कवियों ने पूछा, "रात क्या आपने संस्कृत में पढ़ी थी?" मैंने कहा, "नहीं। वह कविता हिन्दी में थी, जो संस्कृत की उत्तराधिकारिणी और हमारे संपूर्ण राष्ट्र की भाषा है।"

ओलगियर्थ बड़े मजाकिये हैं। आज नाश्ते के समय हमारे साथ स्पेन के कवि और उनकी सहधर्मिणी भी बैठी थीं। महिला अधेड़ उम्र की होंगी, मगर, सजीधजी, ठीक कविरानी ही मालूम होती हैं। वे अंगरेजी नहीं जानती हैं। तीन-चार बार उन्होंने पंडित नेहरू का नाम लिया। मैंने भाँपा तो जरूर कि वे हम से कुछ बोलना चाहती हैं, किन्तु, स्पेनिश का कोई दुभाषिया वहाँ उपलब्ध नहीं था। निदान, बेचारी ने अपना चाँदी का लॉकेट उतारकर मेरी ओर बढ़ा दिया। मैंने भी भावभंगी में यह बताते हुए कि लॉकेट अच्छा है और आपको खूब जेब देता है, उसे फिर उन्हें वापस कर दिया। इस पर, दोनों पति-पत्नी हँसने लगे। इतने में, ओलगियर्थ बोले, "लेकिन, मिस्टर दिनकर, जोड़ी बिलकुल अनरोमांटिक है।" ओलगियर्थ का लक्ष्य, शायद, कवि की ओर था, जो शरीर से कुछ भारी है।

अंगरेजी की व्यापकता का भारत में बड़ा शोर है। किन्तु, इस सम्मेलन में तो वह बिल्कुल लँगड़ी दीखती है। फ्रेंच जाननेवाले लोग बहार में हैं। यूरोप का प्रत्येक विद्वान, प्रायः, थोड़ी-बहुत फ्रेंच अवश्य जानता है। किन्तु, अंगरेजी के जानकार इस सम्मेलन में बहुत कम हैं। हमारी नाव तो तब तक अटकी रहती है, जब तक कोई अंगरेजीदाँ दुभाषिया न आ जाय।

30-11-55

कल पूर्वाह्न में वारसा यूनिवर्सिटी हाल में कवि-सम्मेलन हुआ। उपस्थिति बहुत अच्छी थी और उससे भी अच्छा लोगों का उत्साह था।

कल शाम को राष्ट्रपति की ओर से दावत थी। हम राष्ट्रपति से कुछ दूर पर घूम रहे थे कि उन्होंने बुलाकर हमें मुख्य स्थान पर ला खड़ा किया। वहीं रूस के राजदूत भी खड़े थे और रूस के कवि श्चीपाचोव भी। रूसी कवि से तो परिचय हो ही गया था, राष्ट्रपति ने भी हम दोनों का बाजाप्ता परिचय कराया और वे बोले, "अब आप दो कवियों के भीतर से दो महान् देश परस्पर मिल रहे हैं।"

इस दावत में अभिनेत्री स्करजंका भी निमंत्रित थीं। मैंने एक पोलिश कवि से उनके काव्य-पाठ की प्रशंसा की थी और यह भी कहा कि मेरी कविता का अनुवाद भी उन्होंने अच्छे ढंग से उपस्थित किया है। यह बात अभिनेत्री को मालूम थी, अतएव, उन्होंने चाहा कि मेरे साथ उनका फोटो लिया जाय। इस पर एक ग्रुप फोटो लिया गया।

इस अन्तर्राष्ट्रीय सम्मेलन की कई विशेषताएँ देखने में आती हैं। एक तो यह कि कोई किसी से तनिक भी अशिष्ट या उदासीन व्यवहार नहीं करता। न तो कोई कवि रूठता है, न किसी को यह अनुभूति सताती है कि लोग उसकी उपेक्षा कर रहे हैं। न चार कवि एकत्र होकर वहाँ अनुपस्थित कवि की निन्दा ही करते हैं। राजनीति तो यहाँ वार्तालाप से बिल्कुल बाहर की चीज है।

होटल में मस्ती और बेपरवाही का वातावरण छाया रहता है। सिगरेट के धुएँ प्रायः छोटी-मोटी बदली का रूप ले लेते हैं। हम से अधिक मित्रता मिस्र और टर्की के प्रतिनिधियों की बैठती जा रही है। यह, शायद, भौगोलिक सामीप्य के कारण।

होटल से बाहर के नागरिक भी अतिथियों का खूब सम्मान करते हैं। ऐसा लगता है, मानो, सारा नगर दायित्व के ज्ञान से दबा हुआ हो। सारा वातावरण विनय और निरहंकारिता का है। ऐसे में सांस्कृतिक आदान-प्रदान के कार्य ठीक से चल सकते हैं। यह ऐसा सम्मिलन है, जिसमें न तो कोई प्रस्ताव है, न कोई अपना मत कहने से घबराता है। यह विभिन्न मतावलंबी साहित्यिकों का मुक्त मिलन है। मुझे तो कहीं भी कोई रोक-टोक के लक्षण दिखायी नहीं देते।

पोल होने का गौरव, प्रायः प्रत्येक पोल के चेहरे से झलकता है। यह योग्य भी है। जातियाँ जब विपत्तियों के बीच से सही-सलामत निकलती हैं, उनके आध्यात्मिक तेज में वृद्धि हो जाती है।

4. क्रैकोव और पोज़न

क्रैकोव और पोज़न, वारसा के बाद, पोलैंड के सबसे नामी नगर हैं। क्रैकोव की विशेषता यह है कि वह किसी समय पोलैंड की राजधानी था और वहाँ यूरोप का अति

प्राचीन विश्वविद्यालय भी अवस्थित है। पोज़न का महत्त्व उद्योगों का केन्द्र होने के कारण है।

पहली दिसम्बर 1955 ई. को वारसा से क्रैकोव जाना था। क्रैकोव में अदम मित्स्केविच की समाधि भी है और उत्सव इस समाधि पर भी हुआ था। किन्तु, हम उस दिन क्रैकोव नहीं पहुँच सके।

पहली दिसम्बर को ही बर्लिन रेडियो का एक आदमी माइक लेकर होटल में आया और मुझसे भारतीय कविता पर अंग्रेज़ी में एक वार्ता रिकॉर्ड करवाकर ले गया। दिन भर शहर घूमकर हम रात की ट्रेन से क्रैकोव के लिए प्रस्थित हुए। अब देम्बोस्की हमारे साथ नहीं थे, प्रत्युत, इस बार दुभाषिये के रूप में हमारे साथ मिस्टर मित्सलो नामक युवक चले, अन्तर्राष्ट्रीय कमीशन के सिलसिले में हिन्द-चीन भी रह आये हैं। वे अंगरेजी खूब जानते हैं और तबीयत से भी निश्छल, उत्साही और मिलनसार हैं।

ट्रेन में जाते ही मित्सलो हमें होटलवाले डिब्बे में ले गये। डाइनिंग कार में भोजन करने को मजदूर और अफसर, सब आते हैं, मगर, उनके बीच कोई भेद नहीं दिखायी देता। वर्गहीनता का यह दृश्य हृदय को बहुत अच्छा लगा और मन के भीतर से यह पुकार निकली कि न जानें, अपने देश में यह दृश्य कब देखने को मिलेगा। अभी तो वहाँ लोकप्रिय मंत्रियों से भी बातें उनकी आँख देखकर ही की जा सकती हैं।

डाइनिंग कार में एक बात यह हुई कि एक पंगु भिखारी लाठी टेकता हमारी मेज पर आ पहुँचा। हम जब तक उससे बात करें-करें कि मित्सलो शरमा गये और उन्होंने पाँच स्लोती का एक नोट देकर उसे विदा कर दिया। मित्सलो से मन मिल गया था, इसलिए, मैंने उससे कहा, "अरे, इसमें भारतवासियों के सामने लजाने की क्या बात है? हमारे देश में तो भिखारी कदम-कदम पर मिलते हैं। यदि तुम्हारे देश में एक भिखमँगा दिख गया तो क्या बात है?" इस पर मित्सलो ने कहा, "आपके देश की समस्या और है। वहाँ आदमी अधिक और रोजगार अभी कम हैं। किन्तु पोलैंड में तो जितने रोजगार हैं, उतने आदमी ही नहीं मिलते। फिर भी, युद्ध में आहत इस आदमी के लिए हम अभी तक कुछ नहीं कर सके, इसका हमें दुःख है।" मगर, हिन्दुस्तान में हम अगर ऐसी बातों से दुःखी हों भी, तो इस दुःख को समझनेवाला कौन है?

खाते-खाते हम एक-दूसरे को अपने-अपने देश के मजाक सुनाने लगे। यह सिलसिला ऐसा जमा कि हम डाइनिंग कार में बैठे-बैठे ही क्रैकोव पहुँच गये। स्टेशन पर जब हम उतरे, मित्सलो ने हमारा परिचय क्रैकोव लेखक संघ के सभापति, नगर-निगम के अध्यक्ष तथा विश्वविद्यालय के प्रोफेसर दोब्रोबालस्की से कराया, जो हमारे स्वागत के निमित्त आये थे।

दूसरे दिन हम लोग मित्सकेविच की समाधि पर पुष्प चढ़ाने गये। कवि का शरीर-पात तो देश से बाहर हुआ था। बाद को, उनका फूल क्रैकोव के बैवल किले में गाड़ा गया, जहाँ पोलैंड के प्राचीन राजाओं की समाधि है। फिर, हम वह म्यूजियम

देखने गये, जो क्रैकोव के राजमहल में अवस्थित है। बैवल के किले में ही, मित्स्केविच के पार्श्व में पोलैंड के दूसरे कवि, स्लोवास्की की भी समाधि है।

राजमहल में घूमते समय जर्मन अत्याचार की कहानी छिड़ गयी। प्रोफेसर दोब्रोबालस्की म्यूजियम भी दिखाते जाते थे और यह भी कहते जाते थे कि पोलैंड पर अधिकार कर लेने के बाद जर्मनों ने इस राजमहल को अपना अड्डा बना लिया था; यहाँ वे शराब पीते थे, यहाँ वे नाचते थे, यहाँ उन्होंने सिनेमाघर बनवाया था और यहाँ वे कूदा-उछला करते थे। म्यूजियम में चित्रों का जो संग्रह है, वह काफी सुन्दर है।

क्रैकीव का विश्वविद्यालय सन् 1364 ई. में स्थापित हुआ था और उसे स्थापित करनेवाले पोलिश राजा का नाम काजिमिर महान् था। पेरिस की यूनिवर्सिटी इससे भी पुरानी है। प्रोफेसर ने मुझे यह भी बतलाया कि विश्व की प्राचीनतम यूनिवर्सिटी दसवीं सदी में ट्यूनिसिया में बनी थी। मैंने उनकी सूचना के निमित्त निवेदन किया कि भारत का प्राचीनतम विश्वविद्यालय तक्षशिला में था। विक्रमशिला और नालन्दा के विश्वविद्यालय तो ग्यारहवीं-बारहवीं सदी में आकर नाश को प्राप्त हुए।

क्रैकोव के गिरजाघर पर एक घंटाघर है, जिस पर प्रत्येक घंटा बीतने पर उतनी ही बार तुरही बजायी जाती है। कहते हैं, यह सिलसिला 14वीं सदी से चला आ रहा है और तुरही रुक-रुककर बजायी जाती है, जिसके साथ पोलैंड पर तातार-आक्रमण की कोई स्मृति संबद्ध है। कहते हैं, 14 वीं सदी में जब तातार लोग क्रैकोव नगर पर चढ़ आये, तब एक चौकीदार घंटाघर पर खड़ा होकर नगरवालों को सचेत कर रहा था कि दुश्मन कितनी दूर पर है। इतने में, एक तीर उसके गले में आ लगा। वह मरते दम तक रुक-रुककर आगाही की आवाज देता ही गया। उसी चौकीदार की याद में हर घंटे तुरही रुक-रुककर बजायी जाती है।

क्रैकोव की यात्रा इसलिए भी याद रहेगी कि वहाँ मेरे एक दाँत में दर्द हो गया। सागर के दाँत में भी, संयोग से, उसी दिन दर्द उठा था। अतएव, हम दोनों व्यक्ति अस्पताल ले जाये गये। वहाँ मर्द डॉक्टर कोई था ही नहीं और दाँत उखाड़ने के जो औजार थे, उनमें पूरा जंग लगा हुआ था। मेरा शरीर मधुमेह से पीड़ित है। अतएव, मैंने डाक्टरनी से कहा, "आप मेरे दाँत को मत उखाड़ें, केवल दर्द कम करने की दवा दे दें। दाँत उखड़वाना होगा, तो यह काम मैं लंदन में करूँगा।" मगर, मेरी कौन सुनता? एक डाक्टरनी ने दाँत को चटाक से तोड़ ही तो दिया। मैं उस पर काफी नाराज हुआ। मैंने कहा कि अगर दाँत का कोई टुकड़ा भीतर रह गया हो, तो मैं अब मर जाऊँगा और यही बात मैंने सागर से भी कही। डायबिटिक शरीर में नासूर हो जाय अथवा मसूड़े के भीतर दाँत का कोई टुकड़ा अटक जाय, तो रोगी की मृत्यु हो सकती है, यह संस्कार मेरे मन में बैठा हुआ था और अब भी है। अतएव, मैंने सागर से कहा, "आये तो हम दो व्यक्ति थे। किन्तु, लौटना अब आपको अकेले पड़ेगा। क्योंकि इस पिछड़े हुए देश में कौन मेरी वैसी देख-भाल करेगा, जैसी देख-भाल पटने के डॉक्टर किया करते हैं?" विचित्र

बात यह हुई कि डाक्टरनियाँ जिद करने लगीं कि दाँत टूटकर भीतर नहीं छूटा है। मैंने कहा कि एक्स-रे करके देख लो। और एक्स-रे के बाद डाक्टरनियों की गरदनें झुक गयीं। दाँत का एक खासा टुकड़ा, सचमुच ही, भीतर रह गया था। मगर, अब गुस्सा करने से क्या लाभ था? मैं ऑपरेशन की कुर्सी पर बैठ गया और एक डाक्टरनी किसी तरह की रुखानी से खोद-खोदकर दाँत निकालने लगी। दाँत जब साफ हो गया, तब मैं पेनिसिलिन लेकर वहाँ से चलता बना। मगर, बड़ी डाक्टरनी को धन्यवाद कि वह रात में मुझे होटल में देखने आयी और कुछ सेंक-साँक करके मुझे सुलाकर चली गयी। प्रभु की कृपा से घाव दो-तीन दिन में ही अच्छा हो गया। किन्तु डाक्टरी की दृष्टि से तुलना करता हूँ, तो मुझे अब भी यही दीखता है कि क्रैकोव अठारहवीं सदी में है, जबकि हमारा शहर पटना इक्कीसवीं सदी में पहुँच रहा है।

तीसरी दिसम्बर को लोग हमें क्रैकोव से ओसवेचिम ले जाना चाहते थे। यह स्थान क्रैकोव से कोई 50 मील उत्तर में है। वहाँ जर्मन अत्याचार का एक म्यूजियम कायम किया गया है। कहते हैं, लड़ाई के दिनों में जर्मनों ने कोई सत्तर लाख पोलों को जान से मार डाला। हत्या का यह काम ओसवेचिम में चलता था और कुछ अन्य जगहों पर भी। पोलिश मित्रों का कहना है कि जर्मन हत्यारे एक-एक पढ़े-लिखे, गुणवान पोल को मार डालना चाहते थे। कवि, पत्रकार, प्रोफेसर, शासक, जनसेवी, राजनीतिज्ञ और कलाकार, इनमें से वे किसी को भी जीवित छोड़ना नहीं चाहते थे। जीवित वे केवल उन्हें रखना चाहते थे, जो जर्मनों की बेगारी और मजदूरी कर सकें। मित्सलो ने हत्या की जो कहानियाँ सुनायीं, उन्हें याद करके आज भी उबकाई आती है। ढंग यह था कि सौ-दो सौ मर्द एक साथ पकड़वा कर मँगवा लिये जाते, उनका सिर मुँड़वा लिया जाता कि केशों से जर्मन कारखानों में ब्रुश बनवाये जा सकें और फिर सबको गोलियों के घाट उतार दिया था। हत्या उन्होंने नारियों की भी की। मेरे चकित होने पर मित्सलो ने कहा, "प्रोफेसर! नाजी हत्यारों में उतनी भी करुणा नहीं थी, जितनी व्यभिचारियों में होती है।" ओसवेचिम में एक वधालय भी था, जिसमें लोग बिजली में जीवित ही भून दिये जाते थे, क्योंकि लाखों लोगों को मारने में गोलियाँ व्यर्थ बर्बाद होतीं।

ये कहानियाँ सुनकर हमारा हृदय दहल गया। इसलिए, ओसवेचिम जाने से हमने इनकार कर दिया। म्यूजियम तो सिर्फ ओसवेचिम में ही है, किन्तु, जर्मनों के मृत्यु-शिविर दहाक, त्रेवलिंका और मैदानक नामक स्थानों पर भी चलते थे। पोलिश जाति समूल विनष्ट होने से बच गयी, इसे परमात्मा का ही अनुग्रह समझना चाहिए।

चौथी दिसम्बर को नौ बजे भोर में हम पोज़न पहुँचे और लोगों ने हमें होटल ओरबिस में ठहराया। यहाँ सबसे पहले हम टाउन हॉल देखने गये। यह हॉल पहले पहल 14वीं सदी में बना था, किन्तु, वह जल गया। तब दूसरी बार 1550 ई. में और तीसरी बार 1760 ई. में उसका निर्माण हुआ। फिर हिटलर के राक्षसों ने उसे बर्बाद

कर दिया। अब जो भवन खड़ा है, वह सन् 1950 ई. में तैयार हुआ है। भीतर तो नवीनता काफी चमकती है, किन्तु, बाहरी रूपरेखा पुरानी ही रखी गयी है। यह पोलों के परपंरा-प्रेम का प्रमाण है।

पोज़न का राष्ट्रीय म्यूजियम देखा। इसमें मित्स्केविच की विभिन्न मूर्तियाँ और भाँति-भाँति के चित्र हैं। चित्रों में कहीं तो वह दृश्य है, जिसमें कवि रोम से पोज़न आ रहे हैं, कहीं उन गाँवों के चित्र हैं, जहाँ उन्होंने पड़ाव डाले थे, कहीं उन दोस्तों के चित्र हैं, जिन्होंने उनकी सहायता की थी।

संगीत का एक म्यूजियम हमें अलग भी दिखाया गया। इसमें देश-देश के बाजे संगृहीत हैं। अपने देश के बाजे भी यहाँ दिखायी दिये। किन्तु, देखने की असल चीज़ें यहाँ शापेन के विषय में हैं। शापेन पोलैंड के संगीतज्ञ और कंपोजर थे। वे 19वीं सदी में हुए हैं। सारे देश को अपने गीतों से प्रमत्त करके वे जवानी में ही स्वर्ग सिधार गये। किन्तु, उनकी स्मृति यहाँ भली-भाँति सुरक्षित है। म्यूजियम में वह पियानो है, जिस पर वे गीत कंपोज करते थे। लकड़ी का उनका एक प्रोफाइल भी है, जिसमें उनका भावावेश स्पष्ट झलकता है। उनकी एक प्रतिमा भी है, जिसे हिटलरी भूतों ने नीचे से तोड़ डाला है। किन्तु, सबसे अपूर्व तो उनके करतल और उँगली की पोर्सलिन-प्रतिच्छवि है, जो बहुत ही कोमल और खूबसूरत मालूम होती है। कलाकार की जो उँगलियाँ पियानो पर खेलती थीं, उनकी प्रतिच्छवि बनवाने की सूझ के लिए रचयिता कलाकार को मैंने मन-ही-मन धन्यवाद अर्पित किया।

क्रैकोव और पोज़न में जी खूब लगता था। ये नगर तो कुछ वैसे बड़े नहीं हैं। किन्तु, वहाँ साहित्यिकता और हार्दिकता यथेष्ट है। साम्यवादी सभ्यता की नीरस झाँकी वारसा में अधिक, इन दो नगरों में बहुत कम है। यहाँ की नारियों में भी शृंगार और प्रसाधन की परंपराएँ अभी बदस्तूर चल रही हैं और धार्मिकता के लक्षण भी जनता में अभी शेष हैं। दोनों नगरों में लेखकों से हमारी बातें मुक्त भाव से हुईं। मैं तो सर्वत्र गाँधीवाद, रहस्यवाद और आध्यात्मिक विषयों पर ही बोलता था, किन्तु, कहीं भी श्रोताओं की ओर से अवरोध की कोशिश नहीं हुई। पोलों के बारे में मेरा यह भाव बना कि वे निश्छल, मिलनसार और खुले दिल के आदमी होते हैं। वे कम्युनिज्म को बदल देंगे, कम्युनिज्म उन्हें नहीं बदलेगा।

क्रैकोव में एक कैथोलिक कवयित्री से भेंट हुई। उनकी उम्र 63 साल की है और वे आक्सफोर्ड में पढ़ी हुई हैं। उन्होंने कहा, "मैं धार्मिक कविताएँ लिखती हूँ और कैथोलिक प्रेस उनका प्रचार करता है।" कम्युनिस्टों ने उनके काम में बाधा नहीं डाली है। बाधा का अनुभव उन्हें अपने धर्म-बन्धुओं से ही हुआ है।

मैंने पूछा, "इसके क्या मानी हैं?" वे बोलीं, "यही कि मेरे सबसे बड़े आलोचक कैथोलिक विद्वान ही रहे हैं।" और वे पूछ बैठीं, "क्या तुमने आलोचकों के हाथों मार नहीं खायी है?"

मुझे अपनी बातें याद करके हँसी आ गयी। बोला, "मैडम! मैं तो वह अभागा हूँ, जिसे बाप भी पीटता है और बेटा भी।" इस पर कवयित्री ठठाकर हँसने लगीं। फिर बोलीं, "हाँ, साहित्य में पीढ़ियाँ एक-दूसरे का रोब कम मानती हैं।"

उन्हीं से यह बात भी मालूम हुई कि पोलैंड में धार्मिक कविताएँ तो कैथोलिक प्रेस छापते हैं, किन्तु, बाकी हर रचना सेंसर के अधीन है। सेंसर जिसे पास नहीं करता, वह रचना प्रकाश में नहीं आती है और नामंजूर रचनाओं की नामंजूरी का कारण बताने का भी रिवाज नहीं है।

यह शुद्ध रेजिमेंटेशन का सबूत था, अतएव, मैंने कहा, "इस प्रकार बंधन में रहने से तो आपका साहित्य निष्प्राण हो जायगा।" किन्तु, इस सुस्पष्ट सत्य को भी कवयित्री ने स्वीकार नहीं किया। वे बोलीं, "साहित्य तो वही उत्तम होता है, जिसे जनसाधारण समझे और उससे आनन्द उठा सके। कला को भी जन-जीवन से संबद्ध होना चाहिए। पोलैंड में हम इसी उद्‌देश्य को सिद्ध करना चाहते हैं। यह अच्छा हुआ कि सरकार का ध्यान इस बात की ओर गया है। आपके यहाँ टैगोर हुए हैं। किन्तु, उनकी कविताएँ केवल पंडितों के लिए हैं। जनसाधारण के पल्ले वे क्या पड़ती होंगी? युद्ध के पहले पोलैंड में भी ऊँचा साहित्य लिखा जाता था। मगर, उन दिनों लेखकों की बातें लेखक ही समझते थे। जनता उन्हें ग्रहण नहीं कर पाती थी। मगर, आज जो नाटक लिखे जा रहे हैं, वे जनता की भी समझ में आते हैं।"

कवयित्री की बातें सुनकर मैं क्षण-भर को विचारों में डूब गया। दुनिया में महल भी हैं और झोंपड़ियाँ भी। उचित तो यह होगा कि सभी झोंपड़ियाँ महल बन जायँ। मगर, वह कार्यक्रम श्रम और समय से सिद्ध होगा। इसलिए, अधीर लोग महलों को तोड़कर वहाँ झोंपड़ियाँ बनाने का नारा लगा रहे हैं। तो क्या साहित्य में भी महल तोड़कर अब केवल झोंपड़ियाँ खड़ी की जायँगी? कवयित्री की बातें कुछ ठीक से समझ में नहीं आयीं। मैंने केवल यह कहा, "रवीन्द्र के बहुत-से गीत हम भी गाते हैं और वे ही गीत आप बंगाल के मछुओं से भी सुन सकती हैं।"

कवयित्री ने यह भी बताया कि जर्मन कवि गेटे-कृत फौस्ट के, पोलिश में, पाँच अनुवाद निकले हैं। एक अनुवाद उनका भी किया हुआ है। अनुवादों की कठिनाई का वर्णन करते हुए वे बोलीं, "यह गुनाह बेलज्जत-जैसा काम है। घोर परिश्रम के बिना आप किसी भी कलाकृति का अनुवाद नहीं कर सकते और अनुवाद कर लेने पर आप पाते हैं कि वह बिलकुल निर्जीव है।"

पोज़न की एक साहित्य-गोष्ठी में साहित्यिकों ने चाहा कि मैं भारतीय छन्दों के बारे में कुछ कहूँ और छन्दों के कुछ उदाहरण भी सुनाता चलूँ। मैंने हिन्दी और उर्दू के कितने ही छन्द उन्हें सुनाये। विशेषतः, ये "आयएम्बिक पेंटामीटर" और "बरवै" छन्द की तुलना उन्हें खूब पसन्द आयी।

'रेजिमेंटेशन' के पक्ष में चाहे जितनी भी दलीलें दी जायँ, किन्तु, पोलैंड के

साहित्यकारों से मेरी जो बातें हुईं, उनमें मैं इस निष्कर्ष पर पहुँचा हूँ कि साहित्य में रेजिमेंटेशन का प्रयोग यहाँ असफल हो चुका है और अब लेखक और कवि साहित्य के स्वाभाविक लक्ष्य की ओर मुड़ रहे हैं।

कविता इधर के देशों में, प्रायः, मर चुकी है। कवियों से मैंने बार-बार मिस्टिसिज्म के बारे में बातें कीं। सोचता था, रहस्यवाद का नाम सुनकर वे हँस देंगे। किन्तु, मेरी बात वे समझते ही नहीं थे। जब मैं समझाकर कहता, तब वे केवल यह कह उठते कि हमारे यहाँ ऐसी कविताएँ धार्मिक कोटि में रखी जायँगी।

('मेरी यात्राएँ' पुस्तक से)

अन्तर्राष्ट्रीय कवि-सम्मेलन

भारत में अब तक मैंने कोई पाँच सौ कवि-सम्मेलनों में भाग लिया है। इनमें से, दस-पाँच सम्मेलन ही ऐसे रहे होंगे, जिनमें उर्दू, बँगला या किसी अन्य भारतीय भाषा के कवि साथ रहे हों। अन्यथा, ये सभी सम्मेलन हिन्दी-कवियों के थे तथा उनके श्रोता भी हिन्दी जानने और समझनेवाले लोग थे। किन्तु, वारसा का अन्तर्राष्ट्रीय कवि-सम्मेलन इन सभी सम्मेलनों से भिन्न था। यह एक ऐसा सम्मेलन था, जिसमें तीस देशों के कोई पैंतालीस कवि उपस्थित थे और अधिकतर उनकी भाषाएँ भी परस्पर भिन्न थीं। हाँ, सुननेवाली जनता, विशेषतः, पोलैंड की थी, जो पोलिश बोलती है और रूसी जैसे-तैसे समझ लेती है।

यह अन्तर्राष्ट्रीय कवि-सम्मेलन पोलैंड के राष्ट्रीय कवि अदम मित्सकेविच की सौवीं निधन-तिथि मनाने को आयोजित किया गया था। अदम मित्सकेविच सन् 1798 ई. में जनमे थे और सन् 1855 ई. में उनका देहान्त हुआ। लिखना उन्होंने सन् 1820 ई. में आरम्भ किया और, प्रायः, चौदह वर्ष तक काव्य लिखकर सन् 1834 ई. से कविता लिखना उन्होंने छोड़ दिया। उनकी सबसे बड़ी कृति "पन ते दोश" है, जिसे मित्सकेविच ने सन् 1834 ई. में पूर्ण किया। पोलैंड का इतिहास भारत के राजपूतों के इतिहास से मेल खाता है। पोलिश जाति का इतिहास वीरता और बलिदान का इतिहास है, किन्तु, उसके समस्त बलिदान, अन्त में, विपत्तियों में विलीन होते रहे। अदम मित्सकेविच ने अपनी जाति की पीड़ाओं को अभिव्यक्ति दी तथा उसकी वीरता को उभारा। "पन ते दोश" में पोलिश जाति की वेदना और वीरता, दोनों का कलात्मक चित्रण हुआ है और, इसीलिए, यह काव्य पोलैंड का अप्रतिम राष्ट्रीय काव्य समझा जाता है। मित्सकेविच रूसी कवि पुश्किन और जर्मन कवि गेटे के मित्र थे एवं बायरन तथा शीलर का उन पर काफी प्रभाव था। विचित्र बात यह है कि पोलैंड का यह राष्ट्रीय कवि कभी भी अपने देश में न रह सका। उसकी सारी उम्र निर्वासन में बीती, बल्कि, अपना अधिकांश समय उसने फ्रांस में व्यतीत किया।

"पन ते दोश" लिखने के बाद, मित्सकेविच ने काव्य-रचना छोड़ दी, इससे यह नहीं समझना चाहिए कि उस समय तक उनकी काव्य-प्रतिभा का स्रोत सूख गया था। असल में, जिस उमंग से उच्छल होकर वे काव्य लिख रहे थे, उसी उमंग को आकार

देने के लिए उन्होंने कविता से अवकाश ग्रहण किया। उनके सामने पोलैंड को स्वाधीन करने का प्रश्न सबसे प्रमुख था। वे पोलैंड के केवल कवि ही नहीं थे, वरन्, उसके नेतृत्व का भार भी उन पर आ पड़ा था। इसी कर्त्तव्य को पूरा करने के लिए वे पत्रकार बन गये और जब पत्रकारिता भी अयथेष्ट दीखने लगी, तब राजनैतिक नेता बनकर उन्होंने पोलैंड के लिए क्रान्ति की सेना तैयार करने में अपने को लगा दिया। अर्थाभाव के कारण उन्होंने प्रोफेसरी भी स्वीकार की थी और कॉलेज में भी पोलिश छात्रों के भीतर क्रान्ति की भावना भरने के लिए वे बदनाम थे। कविता लिखना बन्द कर देने के बाद वे कहा करते थे, "सपनों के गीत कब तक गाता रहूँ? अब तो वह समय आ गया है, जब कवियों के हाथों उन सपनों को आकार दिया जाना चाहिए, जिनके वे अब तक गीत ही गाते रहे हैं।" मित्सकेविच रोमांटिक कवि थे। रहस्यवाद की कविता, कदाचित् उन्होंने नहीं लिखी। किन्तु, अपने अन्तिम दिनों में वे रहस्यवादी भी हो गये थे और अदृश्य के स्वप्न में प्रविष्ट होने को वे बहुत बेचैन थे।

मित्सकेविच के काव्य से मेरा परिचय नहीं था। इधर जो थोड़ा-बहुत परिचय हो पाया है, उससे मुझ पर यह प्रभाव पड़ा है कि वे, सचमुच, महाकवि थे एवं उनका स्थान गेटे, पुश्किन और बायरन से नीचे नहीं माना जा सकता। उनकी कविताओं के अनुवाद यूरोप की सभी भाषाओं में उपलब्ध हैं। अंगरेजी में उनकी कविताओं का अनुवाद कैलिफोर्निया के प्रोफेसर न्वायस ने किया है। एक और अनुवाद सुश्री मौदे बिग्स का है, जो सन् 1885 ई. में प्रकाशित हुआ था। यह अनुवाद न्वायस के अनुवाद से अधिक अच्छा लगता है। मित्सकेविच की कृतियाँ अरबी और तुर्की में भी आज से कोई पचास वर्ष पूर्व ही आ चुकी हैं।

पोलैंड तबाह और बर्बाद देश है। पिछली लड़ाई के समय हिटलर ने सत्तर लाख पोलिश मानवों का वध करवाया, जिनमें कलाकारों, मनीषियों और बुद्धिजीवियों की संख्या काफी बड़ी थी। अब तो वारसा फिर से बनकर तैयार हो गया है, फिर भी, वहाँ जाने पर ध्वंस की इतनी कहानियाँ सुनायी पड़ती हैं कि आदमी की यह जिज्ञासा आपसे आप समाधान पा जाती है कि रूस और पोलैंड शान्ति के लिए ऐसी घनघोर पुकार क्यों मचा रहे हैं। शान्ति की पुकार तानाशाही देशों की चाल नहीं है। वह निश्छल पुकार है। शान्ति-शान्ति चिल्लाकर वहाँ की जनता शान्ति ही चाह रही है, युद्ध नहीं।

लंदन, पेरिस, ब्रुसेल्स और जिनेवा को देखकर यूरोप के विषय में जो अनुमान हुआ, उससे तो यही कहा जा सकता है कि पोलैंड यूरोप का गाँव है। किन्तु, इस वर्णन से पोलैंड का अनादार नहीं होता। उदाहरणार्थ, पोलैंड में जो ग्रामीण हार्दिकता है, प्रेम-परिचय में वहाँ जो घनत्व है, वह लंदन और पेरिस में नहीं दिखायी पड़ा। मशीनों का उपयोग पोलैंड में भी हो रहा है, किन्तु, आदमी वहाँ मशीन से अभी बहुत कुछ ऊपर है। कदाचित्, यही कारण है कि लौह-प्राचीरों का देश होते हुए भी पोलैंड उन प्राचीरों से बहुत कुछ स्वतन्त्र है, प्रत्युत, जो कुछ मैंने वहाँ देखा, उससे मुझे तो यह कहने का कोई आधार

नहीं मिलता कि पोलैंड के चारों ओर कोई लक्ष्मण-रेखा भी विद्यमान है। लोग कला का आनन्द लेने में पटु हैं। कलाकारों का सम्मान वे उसी प्रकार करते हैं, जैसे भारतवासी देवताओं और मंत्रियों का।

मित्सकेविच का शताब्दी-समारोह मनाने के लिए निमंत्रण पोलिश एकेडेमी ऑव् साइंस की ओर से भेजे गये थे और क्या वैज्ञानिक, क्या कवि और क्या प्राध्यापक, अतिथियों के स्वागत में सारे के सारे पोलिश लोग हाथ बाँधे खड़े थे। अल्बानिया, चीन, फ्रांस, इंग्लैंड, दोनों जर्मनी, इटली, स्पेन, स्विटजरलैंड, रूस, टर्की, अमरीका, मिस्र, फिनलैंड, क्यूबा, बुलगेरिया, युगोस्लाविया, डेनमार्क, इजराइल आदि तीस देशों से कोई एक सौ वैदेशिक अतिथि वारसा पधारे हुए थे, जिनमें से आधे तो कवि थे, बाकी आधे लोग प्राध्यापक, विद्वान अथवा आलोचक रहे होंगे। भारत की ओर से मैं गया था और मेरे साथ उर्दू के प्रसिद्ध कवि सागर निजामी साहब थे। एक विचित्र बात यह देखी कि कवियों और विद्वानों के इस अन्तर्राष्ट्रीय मेले में अंगरेजी की नाव चल नहीं पाती थी। जिन्हें फ्रेंच भाषा का ज्ञान था, वे बड़ी आसानी से लोगों से मिल लेते थे, किन्तु एकमात्र अंगरेजी माध्यम का भरोसा रखने के कारण मुझे परिचय बढ़ाने में काफी दिक्कत हुई। फिर भी अंगरेजी के जरिये अथवा दुभाषिया मिल जाने के कारण मैं जिन लोगों के सम्पर्क में आ सका, उनमें से कुछ लोग काफी अच्छे व्यक्ति और ऊँचे साहित्यकार थे। इनमें से श्री पियरे लुई फ्लुके की सज्जनता से मैं काफी प्रभावित हुआ। फ्लुके साहब बेल्जियम के हैं और ब्रुसेल्स में रहते हैं। कविता के सम्बन्ध में फ्रेंच भाषा में वे दो पत्रिकाएँ निकालते हैं, एक वार्षिक और दूसरी मासिक, जिनका यूरोप में बड़ा नाम है। वार्षिक में सरोजिनी नायडू की कहारोंवाली कविता का फ्रेंच अनुवाद छपा था, जिसे उन्होंने मुझे बड़े उत्साह से दिखाया। रूस से सम्मेलन में तीन कवि आये हुए थे, जिनमें से मेरा परिचय श्री स्टीफेन श्चीपाचोव से अच्छा रहा। श्री श्चीपाचोव की उम्र 60 के करीब होगी। बड़ी ही प्रसन्न मुद्रा के व्यक्ति हैं। सारे समारोह में पोलिश लोग उनका सम्मान सर्वाधिक करते थे। वे एक तरह से इस समारोह में मीर-मजलिस बने हुए थे। लोगों से पता चला कि रूसी भाषा के लिरिक कवियों में श्री श्चीपाचोव का स्थान सर्वोच्च है। क्यूबा के स्पेनिश कवि श्री निकोलस गिलन भी खूब मिलनसार हैं। कविता के लिए उन्हें स्टालिन पुरस्कार भी मिला है। अन्तर्राष्ट्रीय कवि-सम्मेलन में कविता पढ़कर जब मध्यान्तर में मैं बाहर निकला, तब दौड़कर वे मुझसे लिपट गये। वे मेरे कमरे में भी जब-तब आकर भारतीय कविता के विषय में बातें करते थे। रूमानिया की एक कवयित्री थीं, जो मुझसे काफी हिलमिल गयी थीं। नाम तो उनका यांद नहीं है, किन्तु वे छोटी-सी गुड़िया-सी लगती थीं और जब भी बोलतीं, मालूम होता, कोई वीणा बज रही है। इसी प्रकार बुलगेरिया की कवयित्री ब्लागा दिमित्रोवा भी बड़ी मिलनसार हैं। छात्र-जीवन समाप्त करके अभी तुरन्त बाहर आयी हैं, किन्तु, कविता के क्षेत्र में उन्होंने अभी ही ख्याति प्राप्त कर ली है।

28 नवम्बर के संध्या समय अन्तर्राष्ट्रीय कवि-सम्मेलन वारसा के एक संगीत-भवन

में आरम्भ हुआ। हाल के भीतर हम लोग ग्रीन रूम की ओर से मंच पर लाये गये। एक क्षण के अन्दर मंच पर सभी कवि अपनी-अपनी जगह लेकर बैठ गये। मंच और श्रोता-समुदाय तथा दीर्घा पर जब मैंने दृष्टि डाली, मेरा हृदय आनन्द से भर गया। ऐसे सुसज्जित हॉल में मैंने पहले कभी कविता नहीं पढ़ी थी, न यही अनुमान था कि कवि-सम्मेलन में भी ऐसी शान्ति और भव्यता तथा गम्भीर सौन्दर्य का ऐसा वातावरण हो सकता है। मंच पर आगे की ओर छह कुर्सियों का अर्ध-मण्डल था, जिन पर बैठनेवाले व्यक्ति, कदाचित्, यूरोप के प्रसिद्ध साहित्यकार रहे होंगे। ऐसा अनुमान मैंने इसलिए लगाया कि रूसी कवि श्चीपाचोव इसी पंक्ति में बैठे या बिठाये गये थे। मैं और सागर साहब दूसरी पंक्ति में बैठे। मंच के बाईं ओर पोलैंड के लेखक-संघ के सभापति और पोलिश भाषा के ख्यातनाम कवि इवास्केविच अपने कार्यकर्ताओं को लेकर अलग बैठे थे। उन्हीं की मेज़ पर से कवियों के नाम पुकारे जाते थे। सम्मेलन में कई कवियों ने मित्सकेविच की कविताओं के अनुवाद अपनी भाषाओं में सुनाये। इनकी कविताओं के अनुवाद सुनाये नहीं गये। बाकी जो भी कविताएँ पोलिश या रूसी में नहीं थीं, उनके पोलिश अनुवाद भी सुनवाये जाते थे। इवास्केविच की मेज के पीछे ही एक और मेज थी जहाँ एक अभिनेत्री तथा दो युवक बैठे थे। अनुवाद सुनाने का काम इन्हीं लोगों का था।

हम में से सागर साहब ने मित्सकेविच पर एक नयी कविता लिख रखी थी, जिसका अंगरेजी अनुवाद भी वे भारत से साथ ले गये थे। मैं कोई नयी कविता न लिख सका था। किन्तु, कुरुक्षेत्र के षष्ठ सर्ग का अंगरेजी अनुवाद मेरे साथ था। यों भी, मैं कोई ऐसी कविता सुनाना चाहता था, जिसमें उस प्रयोग की झाँकी हो, जिसमें भारत लगा हुआ है, जिसमें उस भाव की कोई झलक हो, जो अति वैज्ञानिकता के विरुद्ध जग रहा है, जिसमें आत्मा के उस आकाश की ओर कोई संकेत हो, जिस पर बादल छाये जा रहे हैं। स्पष्ट ही, मेरी सारी आवश्यकताएँ कुरुक्षेत्र के षष्ठ सर्ग से पूरी होती थीं। अतएव, मैंने उसी के एक अंश का पोलिश अनुवाद करवाने को प्रोफेसर ओलगियर्थ को दे दिया। कवि-सम्मेलन के दिन मुझसे ओलगियर्थ कह गये थे कि आपकी कविता का पोलिश अनुवाद बड़ा ही स्वाभाविक उतरा है।

मैं आरम्भ में इस चिन्ता से कुछ-कुछ दबा हुआ था कि, न जानें, हिन्दी कविता सुनते समय श्रोताओं की क्या प्रतिक्रिया हो। किन्तु, धीरे-धीरे जब मैंने यह देखा कि सभी भाषाओं की कविताएँ जनता पूरे धीरज, बल्कि, उत्साह के साथ सुन रही है, तब मेरी चिन्ता जाती रही। सूची पर कवियों के नाम अक्षरानुक्रम से रखे गये थे। मेरा नम्बर बारहवाँ था। कविता पढ़ने के लिए कोई खास मेज नहीं रखी गयी थी। जब मेरा नाम पुकारा गया, मैं पंक्ति के आगे बढ़कर खड़ा हो गया। तालियाँ उसी प्रकार बजीं, जैसे सब के खड़े होने पर बजती थीं। और कविता पढ़ने के समय फिर शान्ति भी वैसी ही घनी हो गयी, जैसे सबके पढ़ते समय होती थी। किन्तु, कविता पढ़कर मैं ज्यों ही अपने

स्थान पर लौटा, तालियों की गड़गड़ाहट से भवन का रंध्र-रंध्र गूँज उठा। यह भी कोई असाधारण बात नहीं थी। असाधारणता तब दिखायी पड़ी, जब यह भान हुआ कि तालियाँ रुकनेवाली नहीं हैं। मैं अभिभूत हो उठा। कई कवियों ने आकर मुझसे हाथ मिलाया और कहा कि ऐसे समय आपको जनता के सामने खड़े हो जाना चाहिए। मैं खड़ा हो गया। किन्तु, तब तो जन-समुद्र में तरंगें और भी जोर से उठने लगीं। मैं चकित रह गया कि यह क्या चीज है। अर्थ समझे बिना इतना प्रोत्साहन! किन्तु भीतर से कोई बोल उठा, "यह तुम्हारे लिए नहीं है। यह उनकी अभ्यर्थना है, जो तुम्हारे पीछे खड़े हैं। यह गांधी की अभ्यर्थना है, यह रवीन्द्र की अभ्यर्थना है, यह जवाहरलाल का अभिनन्दन है, यह उस महाध्येय की प्रशंसा है, जिसे लेकर स्वतन्त्र भारतवर्ष संसार के सामने खड़ा हुआ है।" तुरन्त अपने ही मन के भीतर से किसी मसखरे ने आवाज दी, "और यह उस अचकन, चुस्त पाजामा और गाँधी टोपी का भी चमत्कार है, जिसके कारण तुम सबसे अलग पहचाने गये हो। तब बुद्धि बोली, "इसके सिवा, एक और बात है कि अब यूरोप की कविताएँ पढ़कर सुनाने के लिए नहीं, मन ही मन बाँचकर समझने के लिए लिखी जाती हैं। यह बाजी भारतीय कविता का वह गुण मार रहा है, जिसका विकास मंच पर हुआ है।" मुझे समाधान मिल गया। फिर भी, गुण-ग्राहक जन-समुदाय के सम्मुख मैं सम्मान में विनत रहा।

मेरे पढ़ने के बाद मेरी कविता का पोलिश अनुवाद पोलैंड की सुप्रसिद्ध अभिनेत्री स्करजंका ने सुनाया। स्करजंका की आवाज़ में वह पौरुष है, जिसे गरजता हुआ दर्द कह सकते हैं। एक सभा में उसने मित्सकेविच की एक लंबी कविता का पाठ कोई घंटे भर तक किया था और सारी सभा उसके काव्य-पाठ पर दंग रह गयी थी। आज भी उसके काव्य-पाठ का जादू अनोखा रहा। जनता फिर तरंगित हो उठी और फिर मुझे बार-बार उठकर सभा-समुद्र को शिरसा नमन करना पड़ा।

19 कवियों के काव्य-पाठ के बाद मध्यान्तर हुआ और हम लोग चाय पीने को ग्रीन रूम में आ गये। अब सभी कवियों ने मुझसे हाथ मिलाना आरम्भ किया और सबके सब बधाई देने लगे। बुलगेरिया की कवयित्री दिमित्रोवा तथा अन्य दो कवियों की पत्नियाँ फोटो के लिए खड़ी हो गयीं तथा ऑटोग्राफ लेने के लिए लड़कों और लड़कियों ने ग्रीन रूम पर धावा बोल दिया।

सागर साहब का नम्बर उनतीसवाँ था। उनका काव्य-पाठ मध्यान्तर के बाद हुआ। उन्होंने, सदा के अनुसार, आज भी, अपनी कविता तरन्नुम में पढ़ी। फिर तो सभा में आनन्द का कोलाहल छा गया। तरन्नुम की शायरी और तराना लगानेवाले सागर निजामी! बधाइयाँ ऐसी बरसीं कि कुछ मत पूछिये।

सम्मान तो हमारा भारतवासी होने के कारण पहले से ही था, किन्तु, अन्तर्राष्ट्रीय कवि-सम्मेलन के दूसरे दिन से उसमें स्पष्ट वृद्धि हो गयी। हाँ, कवि-सम्मेलनों में सफलता पानेवाले कवि के प्रति जो द्वेष भारत में अनायास फैलता है, उसकी बानगी वारसा में

भी देखी। कवि-सम्मेलन के दूसरे दिन रात के समय मैं और सागर डाइनिंग हाल में भोजन करके सिगरेट पी रहे थे। पास की मेज पर फिनलैंड के एक कवि बैठे थे। शायद, कुछ नशे में रहे होंगे। हमें सुनाकर बोले, "अगली बार जब मैं कविता सुनाने आऊँगा, तब अपनी वायलिन साथ लाना हरगिज नहीं भूलूँगा।" चोट करारी थी और सागर को वह लग भी गयी। मगर, मुस्कुराते हुए ही उन्होंने कहा, "समझ गया। यह चोट मुझ पर है।" इस पर बेचारा फिनिश कवि झेंप गया और शर्म छिपाने को कहने लगा, "नहीं, मैं यह कहना चाहता था कि कविताएँ मैं भी गा सकता हूँ। आप लोग मेरे कमरे में चलिये। मैं अपनी कविताएँ आपको गाकर सुनाऊँगा।" सौजन्य के कारण हम कवि के साथ उनके कमरे में गये और उन्होंने अपनी कविताएँ गा-गाकर हमें सुनायीं भी। मगर कहाँ सागर की तरन्नुम और कहाँ ऊँघते फिनिश कवि का ऊँघता गीत! हम थोड़ी देर बैठकर अपने कमरे में चले गये।

अन्तर्राष्ट्रीय कवि-सम्मेलन का एक आयोजन वारसा युनिवर्सिटी में भी हुआ, जहाँ छात्रों, छात्राओं तथा प्राध्यापकों ने कवियों का स्वागत बड़े ठाट से किया। हम लोगों ने यहाँ भी वे ही कविताएँ सुनायीं, जो पहले दिन सुनायी थीं और उनके पोलिश अनुवाद भी सुनाये गये। मेरे बाद कविता पढ़ने को इंग्लैंड के कवि लारी ली खड़े हुए। ली साहब जरा मस्त तबीयत के आदमी हैं। मेरी तरफ देखकर उन्होंने अपनी कविता का शीर्षक घोषित किया—"बॉम्बे अराइवल दैट इज़ द फर्स्ट इंगलिशमैन लैंडिंग इन बॉम्बे।" मुझे लगा, ली मुझे देखकर ही यह कविता सुना रहे हैं। इसलिए, मैंने भी एक हल्की चोट की, "मिस्टर ली, यू कुड राइट ए मोर एलेगेंट पोयम ऑन बॉम्बे डिपार्चर नाउ।" ली से जवाब देते नहीं बना। उन्होंने हाथ जोड़कर मुझे प्रणाम किया जैसे मैं करता था। सभा में जोर का ठहाका उठा जिसमें हम लोगों की भी हँसी शामिल थी। श्चीपाचोव अंगरेजी नहीं जानते हैं। इसलिए, दुभाषिये के द्वारा उन्हें इस मजाक का हाल बताना पड़ा। फिर तो वे भी खूब हँसे।

वारसा में अन्तर्राष्ट्रीय कवि-सम्मेलन हुआ और वह बहुत ही सफल रहा। जनता ने उनका भी हौसला बढ़ाया, जिनकी कविताएँ वह समझ सकती थी, और उनका भी जिनकी कविताओं के केवल अनुवाद ही उसके पल्ले पड़े। किन्तु, यदि हम भारत की चौदह भाषाओं के कवियों को एक मंच पर एकत्र करें तो क्या होगा? क्या जनता प्रत्येक भाषा के कवि को निश्छल प्रेम देगी? या जो भाषा वह नहीं समझती है, उसकी कविताएँ सुनते समय बेवकूफी की हँसी हँसेगी? यदि शान्त रहकर निश्छल सत्कार देगी, तो भारत भी सुसंस्कृत देश है। यदि नहीं, तो संस्कृति के अभिमानी इस प्राचीन देश को अभी पोलिश जाति से भी कला-प्रेम और सौजन्य की शिक्षा लेनी चाहिए।

('मेरी यात्राएँ' पुस्तक से)

पोलैंड की भाषा और साहित्य

पोलिश भाषा स्लाव-परिवार की है। पूज्यवर राहुलजी कहा करते थे कि स्लाव भाषाएँ संस्कृत के बहुत समीप हैं। इसके कुछ थोड़े प्रमाण मुझे भी मिले। एक दिन मैं ओपेरा देख रहा था कि बाहर निकलने की हाजत हुई। अब जो बाहर निकला, तो अंगरेजी जाननेवाला कोई व्यक्ति नहीं। मैंने जब 'बाथ', 'ट्वायलेट', 'यूरिनल', अनेक शब्द कहे, तब एक आदमी मेरा अभिप्राय समझ गया और उसने 'नीज़े', 'नीज़े' कहकर नीचे जाने का संकेत किया। और, सचमुच, 'त्वायलेत' नीचे ही था। पीछे पता चला कि मांस को पोलिश भाषा में म्यांसो कहते हैं, पीने को पिच, माता को मातका, भ्राता को व्रात और आँख को ओको। इसी प्रकार, गोमांस के लिए वहाँ गव्यादीन शब्द चलता है। सम्मेलन में बाहर से प्रोफेसर रेगमे भी आये हुए थे। उनकी आकृति शुद्ध ब्राह्मण की-सी लगी। वे यूरोप में अभी संस्कृत के सबसे बड़े ज्ञाता समझे जाते हैं। उन्होंने भी कहा कि ट्यूटनिक और लातीनी भाषाओं की अपेक्षा स्लाव भाषाएँ संस्कृत के अधिक समीप हैं, जिससे यह अनुमान होता है कि भारत और स्लाव देशों के आर्यों के पूर्वज कुछ अधिक समय तक साथ रहे होंगे।

परशियन भाषा भी संस्कृत के अत्यन्त समीप थी, किन्तु, सतरहवीं शताब्दी में उसका चलन रुक गया। अब लिथूनियन भाषा ही ऐसी है, जो स्लाव भाषाओं में संस्कृत के सर्वाधिक निकट है। रूसी कवि श्चीपाचोव रूसी भाषा में ही बोलते थे और उस समय बराबर मुझे संस्कृत वाक्यों की यति याद आती थी।

पोलैंड में मुझे यह भी जानने की इच्छा हुई कि यहाँ विज्ञान के पारिभाषिक शब्दों का क्या हाल है। क्या पोलैंडवालों ने अपने शब्द बनाये हैं या वे अन्तर्राष्ट्रीय शब्दों को ही लेकर काम चला रहे हैं? पता चला कि पोलैंड में विज्ञान के, प्रायः, आधे से अधिक शब्द पोलिश हैं अथवा वे अन्तर्राष्ट्रीय शब्दों के पोलीकृत रूप हैं। वैसे बहुत-से चालू अन्तर्राष्ट्रीय शब्दों के लिए भी पोलैंड में पोलिश शब्द ही चलते हैं। उदाहरणार्थ, पोलैंडवाले ऑक्सीजन को 'लेन' (Tlen) कहते हैं और हाइड्रोजन को वोदोराद (Wodorod)। Wodor वाटर से बना होगा, जिसका अर्थ है वह तत्व जिससे जल उत्पन्न होता है। यहाँ अपने देशवासियों की विचित्र रुचि की याद आयी, जिन्हें हाइड्रोजन आसान और जलाणु कठिन मालूम होता है। इसी प्रकार, कार्बन को वहाँ वेगील (Wegiel) कहते

हैं, जिसका अर्थ कोयला है। प्रोफेसर लांगे से इस विषय पर बात हुई तो उन्होंने बताया कि पोलैंड की सामान्य रुचि सभी शब्दों के पोलीकरण की ओर थी। किन्तु, विज्ञान की प्रगति जिस तेजी से हुई, उस तेजी से पोलिश भाषा उसे पचा नहीं सकी। यहाँ मैं फिर अपने देश की बात सोचने लगा। पोलैंड में तो, खैर, विज्ञान की थोड़ी बहुत राष्ट्रीय परंपरा भी थी, किन्तु, हमने तो जो कुछ सीखा है, अंगरेजी के जरिये ही सीखा है। हम क्या करें? यदि पोलिश भाषा तेजी से विज्ञान को न पचा सकी, तो भारतीय भाषाएँ उसे पचा सकेंगी क्या? प्रश्न दो प्रकार के हैं। एक तो विज्ञान का पूरा यूरोपीय उत्तराधिकार हमें भारतीय भाषाओं में ले आना है। दूसरे, विज्ञान का मौलिक चिन्तन भी, कभी न कभी, हमें भारतीय भाषाओं में करना है। कोष रचकर हम अंगरेजी शब्दों के प्रतिशब्द तो दे सकते हैं, किन्तु, प्रतिशब्दों में जिन्दगी की गर्मी तभी आ पायेगी, जब वे सम्यक् प्रयोग में आयेंगे। मुझे यह भासने लगा कि अंगरेजी शब्दों के भारतीय प्रतिशब्द जरूर बनाये जायँ, किन्तु, उन प्रतिशब्दों में अंगरेजी रूपों के चलन के लिए भी द्वार मुक्त रहना चहिए। नहीं तो, विज्ञान में हम गच्चे खा जायेंगे। राष्ट्रीयता के जोश में हमें विज्ञान की प्रगति को नहीं रोकना है। विज्ञान, स्वभाव से ही, अन्तर्राष्ट्रीय है।

प्रोफेसर लांगे हमारे योजना-आयोग के भी सलाहकार हैं। उन्हें देखा कि लिखकर वे हिन्दी सीख रहे हैं। उनके घर में संस्कृत का व्याकरण और वेदों के भाष्य भी दिखायी पड़े। 19वीं सदी में यूरोप में संस्कृत साहित्य के प्रति जो उत्साह जगा था, उसकी लहर पोलैंड में भी फैली थी। स्लावनिक भाषाओं में खोज करते-करते लोग संस्कृत तक जा पहुँचे और संस्कृत का अनुवाद वे अपनी भाषाओं में प्रकाशित करने लगे। उपनिषदों के कई पोलिश अनुवाद मैंने प्रोफेसर लांगे के यहाँ देखे। कुछ जिल्दें भारतीय धर्म पर भी देखीं। स्वेंचित्स्की नामक एक विद्वान् ने 19वीं सदी में भारतीय साहित्य पर एक मोटी जिल्द पोलिश भाषा में प्रकाशित की थी। भारतीय धर्म पर पुस्तक प्रोफेसर शायर ने लिखी। शायर पिछले युद्ध में मारे गये।

जिन-जिन देशों में साम्यवाद पहुँचता है, वहाँ साहित्य साम्यवादी दर्शन के अनुसार नियंत्रित कर दिया जाता है। साम्यवादी दर्शन में धर्म की प्रशस्ति नहीं चल सकती, क्योंकि धर्म अफीम का काम करता है। साम्यवादी दर्शन में रहस्यवाद निन्दनीय समझा जाता है, क्योंकि वह मनुष्य की भावना और विचार को अनुपयोगी दिशा की ओर ले जाता है। साम्यवादी दर्शन में ऐसे साहित्य के भी चलने देने की मनाही है, जिससे समाज में विलासिता या कदाचार बढ़ते हों अथवा आत्महत्या, निराशा और उदासी का प्रचार होता हो। युद्ध के बाद पोलैंड में भी साहित्य का यह नियंत्रण हुआ, किन्तु नियंत्रण से निकला हुआ साहित्य जनता को रुचिकर न हो सका। अतएव, अब वहाँ नियंत्रण ढीला कर दिया गया है। फिर भी, वह मौजूद है। लेखक और कवि तो सचेत साम्यवादी होने के कारण रहस्यवाद और रोमांसवाद की रचनाएँ नहीं करते, किन्तु, जनता में दोनों के लिए चाव है, अन्यथा मित्सकेविच और

स्लोवास्की की कविताओं को वह चाव से नहीं पढ़ती।

पोलैंड ओपेरा का देश है। इंग्लैंड में नाटक अच्छे होते हैं, किन्तु, ओपेरा तो बस पोलैंड के ही देखने योग्य हैं। मैंने पोलैंड के अनेक नगरों में कई ओपेरा देखे और सबके सब मुझे अच्छे लगे। किन्तु, यहाँ भी स्पष्ट दिखलायी पड़ा कि मंच का सांस्कृतिक महत्त्व पोलैंड के शासकों के सामने स्पष्ट है और वे मंचों से कोई भी ऐसी चीज दिखलाने के विरुद्ध हैं, जिससे साम्यवादी दर्शन को धक्का लगता हो। वहाँ प्रत्येक नाटक का मोड़ साम्यवादी दर्शन की ओर होता है। इसे स्पष्ट करने के लिए, उदाहरण के तौर पर, एक ओपेरा की व्याख्या करूँगा। क्रैकोव में मैंने एक ओपेरा देखा, जो शीरीं-फरहाद की कहानी पर विरचित है। इसकी रचना नाजिम हिकमत नामक एक तुर्की नाटककार ने की है, जो अब स्वदेश से निर्वासित होकर रूस में रहते हैं। कहानी में फरहाद चित्रकार के रूप में दिखलाया गया है। शीरीं बीमार है। उसकी बड़ी बहन देश की रानी है। रानी अपने सौन्दर्य की बलि देकर शीरीं को अच्छा करती है। शीरीं का फरहाद से प्रेम हो जाता है और रानी भी फरहाद पर, मन ही मन, मरने लगती है। इसलिए, फरहाद और शीरीं का ब्याह नहीं हो पाता। तब ईरान में अकाल पड़ता है और रानी फरहाद से कहती है कि यदि तुम पहाड़ काटकर जनता के लिए पानी ला सको, तो शीरीं तुम्हें मिल जायगी। फरहाद इस कार्य में सफल हो जाता है। पानी आने लगता है किन्तु, नहर में अभी और काम बाकी है। फरहाद जनता का पूजनीय वीर हो जाता है और सारी जनता उसके इशारों पर चलने लगती है। इस स्थिति से घबराकर या प्रसन्न होकर रानी शीरीं को फरहाद के पास भेज देती है। शीरीं फरहाद से कहती है कि अब कोई रुकावट नहीं है, इसलिए, आओ हम ब्याह कर लें। किन्तु, फरहाद इस प्रस्ताव को यह कहकर ठुकरा देता है कि अभी जनता के बहुत-से काम बाकी हैं। अभी और ठहरो। विवाह हम जनता का सारा कार्य पूरा करके करेंगे। स्पष्ट ही, इस नाटक की शिक्षा यह है कि कर्तव्य प्रेम से बड़ा है और समाज की आवश्यकता के लिए व्यक्ति को अपनी भावनाओं का बलिदान करना ही चाहिए।

नाटक देखते-देखते अपने देश की याद आयी। सुना था, जब 'देवदास' फिल्म पहले पहल निकली, तब कलकत्ते की झील में नगर के अनेक युवक प्रेमियों ने आत्म-हत्याएँ की थीं। और, इस दुष्परिणाम के बावजूद 'देवदास' अति उत्तम चित्र माना जाता है। हमारे साम्यवादियों में भी विचित्रता है। जहाँ विरोध करना ध्येय है, वहाँ तो वे उनका भी विरोध करते हैं, जो प्रगतिशीलता की राह पर बहुत आगे जा चुके हैं। और, जहाँ उन्हें विरोध नहीं करना है, वहाँ वे रहस्यवादियों की भी उड़-उड़कर तारीफ करते हैं। प्रगतिशीलता की जो कसौटी भारत में तैयार हुई थी, उसे साम्यवादियों ने संदिग्ध बना डाला। यदि यह कसौटी सन् 1935 ई. से बरकरार चली आयी होती, तो हमारे यहाँ भी स्वस्थ साहित्य को बहुत बल मिला होता।

('मेरी यात्राएँ' पुस्तक से)

पोलैंड की अर्थ-व्यवस्था के कुछ मनोरंजक पहलू

साम्यवादी राज्य की एक विशेषता यह भी है कि वहाँ, प्रायः, प्रत्येक व्यक्ति को कुछ-न-कुछ काम करना पड़ता है। पोलैंड में यह पता तो नहीं चला कि बैठकर खानेवाले को वहाँ कोई दंड दिया जाता है या नहीं, किन्तु, काम करने की प्रवृत्ति वहाँ, प्रायः, सबमें दिखायी पड़ी। पिता, पति या संरक्षक की कमाई पर जीना, कदाचित्, दंडनीय नहीं है, क्योंकि दो-एक पोलिश मित्रों को जान गया हूँ, जिनकी पत्नियाँ काम नहीं करतीं। फिर भी, देश की अधिकांश नारियाँ स्वयं काम करती हैं और परिवार की आय केवल पुरुषों के अर्जन पर ही निर्भर नहीं है। श्रम का महत्त्व वैसे तो सारे यूरोप में है और उसका सुफल पोलैंड भी पा रहा है।

एक दिन वारसा का बाजार देखने गया, तो वहाँ का हाल देखकर दंग रह जाना पड़ा। सभी दूकानें वहाँ सरकार की होती हैं। यह, प्रायः, देखने में आता है कि एक ही मकान के अन्दर विभिन्न तल्लों पर आपको सभी सामान मिल जाते हैं। अपने यहाँ की पान की दूकान के सदृश कुछ अत्यन्त छोटी-छोटी दूकानें भी दिखायी पड़ीं, जिनके बारे में मुझे बतलाया गया कि वे सरकारी नहीं हैं। किन्तु, यह साधारण बात है। विस्मित होने की बात यह रही कि चीजों के दाम सुनकर तबीयत चकरा गयी। एक जोड़ी साधारण जूते का दाम एक हजार स्लोती (रुपये) लिखा था। औरतों के मामूली वैनिटी बैग वहाँ साढ़े तीन सौ के मिलते हैं। और साबुन की एक टिकिया का दाम पैंतीस रुपये होता है। सागर ने एक मामूली छड़ी खरीदी, जिसके लिए बाईस रुपये देने पड़े। मैंने एक गुड़िया खरीदी, जिसके 98 रुपये लगे। किन्तु, इस स्थिति का अंदाज हमें होटल में ही लग गया था, क्योंकि वहाँ से हम जो सिगरेट खरीदते थे, उसके बीस के पैकेट का दाम साढ़े बारह रुपये देना पड़ता था।

हम लोग जिस होटल में ठहराये गये थे, उसका नाम होटल ब्रिस्टल था और उसका ठाट बड़ा ही अमीराना था। मेरे मन में यह जिज्ञासा उठी कि इसमें जो व्यक्ति रोज भोजन करेगा, उसे क्या देना होगा। हिसाब लगाने पर पता चला कि होटल ब्रिस्टल में 30 दिनों तक रोज एक समय नाश्ता और दो समय भोजन का खर्च बारह सौ रुपये से ऊपर होगा।

अब मैं यह जानने की कोशिश करने लगा कि यहाँ वेतन का क्या सिलसिला है।

पता चला कि पोलैंड के मंत्री प्रति मास साढ़े सात हजार स्लोती पाते हैं और उपमंत्री कोई छह हजार स्लोती। प्रोफेसर का वेतन चार हजार और असिस्टेंट प्रोफेसर का तीन हजार स्लोती है। अखबार के प्रधान संपादक साढ़े चार हजार के लगभग पाते हैं और मेहतरों का मासिक वेतन पन्द्रह सौ स्लोती है। हाँ, मजदूरों में कोयला खान के मजदूर बहुत अच्छे हैं। उनका मासिक वेतन तीन से साढ़े तीन हजार तक है। इसके अतिरिक्त, उन्हें घर और पोशाक मुफ्त मिलती है और समय-समय पर उन्हें इनाम भी दिये जाते हैं।

जैसा कि पहले बता चुका हूँ, पोलैंड में कवियों और कलाकारों का बड़ा सम्मान है और यह सम्मान केवल वाचिका ही नहीं, आर्थिक भी है। प्रत्येक अभिनेता और अभिनेत्री को राज्य की ओर से प्रति मास दो हज़ार रुपये वेतन दिया जाता है। इसके सिवा, प्रत्येक खेल के उन्हें पाँच सौ रुपये रॉयल्टी के तौर पर मिलते हैं। कवि की जो पुस्तक प्रकाशन के लिए स्वीकार की जाती है, राज्य की ओर से उसकी रॉयल्टी की काफी बड़ी रकम उसे प्रकाशन के पूर्व ही मिल जाती है। पुस्तक की प्रतियाँ बिकीं या नहीं, इस स्थिति का कवि की मुख्य आय के साथ कम संबंध है या कह सकते हैं कि कोई संबंध नहीं है, क्योंकि बाद के संस्करणों पर रॉयल्टी नाममात्र को ही दी जाती है।

यह अच्छी स्थिति है, किन्तु, इसे हम संतोषजनक नहीं कह सकते। इसलिए, मैंने जानना चाहा कि इसके सिवाय कवि की और क्या आय है। पता चला कि प्रत्येक कवि किसी-न-किसी अखबार के दफ्तर में भी काम करता है, जहाँ से उसे दो से लेकर साढ़े तीन हजार रुपये तक मिल जाते हैं। अभी तो शान्ति-समिति के भी बहुत-से काम फैले हुए हैं और लिखनेवालों की आय का एक जरिया वह भी है। भारत की तरह, वहाँ के कवि रेडियो में काम करते हैं। असल में, पोलिश कवि की आमदनी के अनेक रास्ते हैं, जैसे—रेडियो, सिनेमा, पत्र-पत्रिकाओं, ग्रामोफोन, मंच और नाटक में ली जानेवाली कविताओं की रॉयल्टी और प्रसिद्ध होते ही विभिन्न नगरों की ओर से मिलनेवाले पुरस्कार। भारत में तो अभी यह परम्परा ही नहीं बनी है कि नगर-विशेष अपनी पसन्द के कवि को बुलाकर उसे पुरस्कृत करें।

पोलैंड में अनेक बार यह सुना कि यहाँ का सबसे सुखी वर्ग कवियों और कलाकारों का वर्ग है। इस वर्ग की आय भी अधिक है और उसे आय-कर भी कम देना पड़ता है। पोलैंड के इनकम टैक्स कानून में कवियों के लिए खास रियायत रखी गयी है। कवि और कलाकार पोलैंड में भी करोड़पति नहीं हैं, किन्तु, वहाँ वे अमीर जरूर हैं और यह सुख केवल उन्हीं को नहीं है, जो बहुत प्रसिद्ध हैं, बल्कि, उन सभी लोगों को, जो कला का पेशा अख्तियार किये हुए हैं। प्रसिद्ध होते ही पोलैंड के कवि अपने देश के सांस्कृतिक दूत हो जाते हैं और सरकार उन्हें बाहर भेजती ही रहती है। यह ठीक है कि अधिक रुपये जमा करके वे उद्योग या व्यापार खड़ा नहीं कर सकते,

किन्तु, तब वे मकान खरीद सकते हैं, मोटर ले सकते हैं तथा चित्र और मूर्तियाँ खरीदकर अपने घरों को सजा सकते हैं।

पोलैंड में औसत प्रोफेसर को जो वेतन मिलता है, उसे न्यून समझना चाहिए। किन्तु, जो प्रोफेसर बाहरी काम कर सकते हैं (अर्थात् अनुवाद का काम, पुस्तक लिखने का काम आदि) वे बाहर से वेतन की अपेक्षा अधिक कमा लेते हैं। प्रोफेसर एबांस्की खुद अनुवाद वगैरह से वेतन की अपेक्षा अधिक पैसे कमा लेते हैं। उन्हीं ने यह भी बताया कि कोयला-खान के मजदूर कभी-कभी इतने पैसे कमा लेते हैं कि उनकी आमदनी कवि और प्रोफेसर की आमदनी से भी बढ़ जाती है।

पोलिश किसान, अधिक से अधिक, 50 बीघे जमीन रख सकता है। जो किसान अपने बाल-बच्चों के साथ स्वयं खेती करते हैं, उन्हें सरकार की ओर से भी सहायता दी जाती है और उन्हें आय-कर भी नहीं देना पड़ता। किन्तु, जो किसान खेती के लिए मजदूर रखते हैं, उन्हें सरकारी सहायता तो दी ही नहीं जाती, उल्टे, उन पर इनकम टैक्स भी लगाया जाता है।

पोलैंड की आर्थिक व्यवस्था में दो सिद्धान्त हैं, जो बहुत अच्छे हैं। एक तो नियत कार्य-समय से फाजिल काम करने के लिए विशेष प्रोत्साहन, जिससे प्रत्येक सुयोग्य व्यक्ति का सारा समय काम में लगा रहे। और, दूसरा, उन कामों के लिए अधिक वेतन देना, जो स्वास्थ्य के लिए बुरे और जीवन के लिए संकटपूर्ण हैं। यदि मेहतरों की आमदनी चार हज़ार प्रति मास होती, तो पोलैंड की आर्थिक व्यवस्था की हम और प्रशंसा करते।

('मेरी यात्राएँ' पुस्तक से)

यूरोप कैसा लगा?

पोजन से लौटकर हम वारसा आए। उस दिन संस्कृत से प्राध्यापक डॉ. स्लुस्कोविच भी वारसा में ही थे। अतएव, उन्होंने कृपापूर्वक मुझे घर बैठे ही दर्शन दिए और भारत से अपना प्रगाढ़ प्रेम दिखाया। उनका स्वभाव सरल और चित्त निर्मल मणि के समान है।

वारसा से हमने आठ दिसम्बर को लन्दन की ओर प्रस्थान किया। ब्रुसेल्स हम लगभग नौ बजे रात में पहुँचे। पता चला कि लन्दन में सघन कुहासा लगा हुआ है, इसलिए, जहाज आज रात भर नहीं जाएगा। हवाई कम्पनी ने रात भर के लिए हमें ब्रुसेल्स होटल में ठहरा दिया। यह भी अच्छा ही हुआ, क्योंकि ब्रुसेल्स ठहरने का हमारा कार्यक्रम नहीं था। फिर भी, भाग्य ने हमें जबर्दस्ती ब्रुसेल्स शहर दिखला दिया।

रात में हम खाने-पीने और शहर देखने को बाहर निकले। एक अंग्रेज यात्री हमारे साथ हो गए और घूम-घूमकर उन्होंने थोड़ी ही देर में सारा शहर दिखला दिया। मध्य रात्रि के विद्युत-प्रकाश में ब्रुसेल्स मुझे अत्यन्त सुहावना दिखाई पड़ा। इस नगर की नैश श्री लन्दन से भी अच्छी है।

प्रातःकाल हम उड़कर लन्दन पहुँचे। अड्डे पर दूतावास से एक सज्जन आए हुए थे। उन्होंने हमारे ठहरने का इंतजाम रसल स्क्वायर के इम्पीरियल होटल में करवा दिया था। होटल में उतरने के बाद हमें ऐसा अनुभूत हुआ कि हम अपने घर आ गए हैं, क्योंकि अब हम एक ऐसे देश में पहुँच गए थे, जहाँ भाषा की दीवार नहीं थी।

लन्दन जितने दिन रहा, बड़े आनन्द से रहा। किरण, वीरेन्द्र, वटुकदेव आदि मित्र तो थे ही, वहाँ भारत और बिहार के बीसियों मित्रों से भेंट हो गई और विदेश का वातावरण जाता रहा।

लन्दन नगर का रूप-रंग कलकत्ते के समान है। फर्क यह है कि लन्दन कलकत्ते का बड़ा भाई मालूम होता है। यह भी कि लन्दन में सुरंग होकर चलनेवाली गाड़ियाँ हैं, जो कलकत्ते में नहीं हैं। और कलकत्ते में जो चमक चौरंगी की है, कुछ बड़े पैमाने पर, वही चमक लन्दन के पिकेडली सरकस में मिलती है। एक विचित्रता यह भी देखी कि लन्दन के ऊँचे आलीशान मकान बाहर से काले और मटमैले दीखते हैं। लोगों ने बताया कि लन्दनवाले मिजाज से पुरातनता के प्रेमी हैं और मकानों में पुरानेपन की झलक को वे पसन्द करते हैं।

भारतीय छात्रों ने यह भी बताया कि लन्दन में काले-गोरे का भेद काफी चलता है, यद्यपि अंग्रेजों का यह दोष आसानी से पकड़ाई नहीं देता। कभी-कभी ऐसा होता है कि किराए का मकान लोग फोन पर ठीक कर लेते हैं। किन्तु जब वे मकान लेने पहुँचते हैं, तब उनका काला रंग देखकर मकान-मालिक अपनी बात को पलट देता है और स्पष्ट कह देता है कि अभी पाँच मिनट पहले वह मकान किसी दूसरे किराएदार को दे चुका है। जहाँ-तहाँ यह भी सुना कि जब अंग्रेजों को यह मालूम होता है कि आगन्तुक पाकिस्तानी नहीं, हिन्दुस्तानी है, तब उनके चेहरे उतर जाते हैं। ये सारी बातें जानकर मन को क्लेश पहुँचा और ब्रिटिश जाति के स्वभाव के इस पक्ष से निराशा हुई।

छात्रों ने यह भी बताया कि हम जब अकेडेमिक भाषणों में भी अमेरिका की ओलाचना करते हैं, तब यह बात अध्यापकों द्वारा नोट कर ली जाती है और इसका प्रतिशोध अध्यापक कटूक्तियों द्वारा निकालते हैं। पर यही कटूक्ति अन्य देशों के छात्रों को नहीं सुननी पड़ती। मुझे ऐसा भासित हुआ कि कम-से-कम पी-एच.डी. की उपाधि के लिए युवकों को वर्षों तक इंग्लैंड में सड़ाना अनावश्यक है। मैंने अधिक छात्रों को इंग्लैंड से आजिज और परेशान तथा घर लौटने को अत्यन्त लालायित पाया। क्या यह नहीं हो सकता कि पुस्तकालयों एवं विश्रुत विद्वानों की संगति से लाभ उठाने को छात्र कुछ थोड़े दिनों के लिए इंग्लैंड भेजे जाएँ, बाकी वे थीसिस लिखने का काम यहाँ स्वदेश लौटकर ही करें? और यहाँ से थीसिस की प्रतियाँ तो परीक्षा के निमित्त कहीं भी भेजी जा सकती हैं।

जब हम यूरोप भ्रमण कर रहे थे, उस समय रूस के नेता बुलगानिन और ख्रुश्चेव भारत में मौजूद थे। उनके स्वागत-सत्कार और नीति-आख्यान के सम्वाद सारे संसार में छप रहे थे और सारा पश्चिमी यूरोप उन दिनों भारत से जला हुआ था। लोग तो हमारी आकृतियों से ही यह समझ जाते थे कि हम हिन्दुस्तानी हैं। फिर, जब उन्हें यह मालूम होता कि हम कम्यूनिस्ट देश से आ रहे हैं, तब उनका मुँह बिदक जाता। ब्रुसेल्स में एक अजनबी यूरोपियन मुझे सुनाकर बोला, "पोलैंड जाना कौन बड़ाई की बात है? पोलैंड गन्दा देश है।" जिस अंग्रेज ने हमें ब्रुसेल्स शहर घुमाया था, वह भी रह-रहकर पोलैंड और रूस की निन्दा करता जाता था। एकाध व्यक्ति ने यह भी सवाल किया कि क्या भारत कम्यूनिस्ट हो रहा है? लोगों को कोई भी बात ठीक से समझाना कठिन था। भारत कम्यूनिज्म के तानाशाही रूप का विरोधी है, इसमें मैंने किसी भी यूरोपियन का विश्वास नहीं देखा। सब यही समझते थे कि भारत के लोग 'फेलो ट्रैवलर' हैं। उन दिनों हमारे राजदूत भी इसी समस्या को लेकर परेशान थे।

रूस तो मैं गया नहीं, जिससे यह जान सकूँ कि वहाँ कम्यूनिज्म की उपलब्धियाँ कैसी हैं। हाँ, बिल्ली को देखकर जैसे बाघ का अनुमान होता है, वैसे ही पोलैंड को

देखकर रूस की कल्पना की जा सकती है। किन्तु, रूस की उपलब्धियाँ बहुत बड़ी हैं, यह सब लोग कहते हैं। फिर भी, इंग्लैंड, फ्रांस और स्विट्ज़रलैंड में समृद्धि और सभ्यता का जो रूप दिखाई पड़ा, वह बहुत ही उत्तम है। उसमें नफासत है, बारीकी है और है वह सुगन्ध, जो व्यक्ति की स्वतन्त्रता से फैलती है। लन्दन, ब्रुसेल्स और पेरिस में भारत के ही समान वेश्यावृत्ति का प्रत्यक्ष प्रमाण मिलता है, किन्तु कम्यूनिज्म जहाँ-जहाँ गया है, इस दोष को उखाड़ता गया है। मगर एक दूसरी बात भी है, जिसे भुलाना कठिन है। चेकोस्लोवाकिया बड़ा ही उन्नत देश था। किन्तु अब वह कम्यूनिज्म के अधीन है। वहाँ हम लोग थोड़ी देर के लिए ही उतरे थे। होटल में नाश्ता करने को गए, तो सामने जो रोटी आई, उसे हम किसी भी तरह निगल नहीं सके। पता नहीं, यह दरिद्रता का सबूत था या कुप्रबन्ध का। मेरा साधारण मत यह बना है कि कम्यूनिज्म स्वभाव से स्थूल है। बारीकी और नफासत उसे बुर्जुआ समाज से सीखनी होगी। बुर्जुआ के विनाश के साथ अगर बारीकी और नफासत भी विदा हो गई, तो इससे संस्कृति की हानि होगी।

लन्दन में एक पत्रकार मुझसे कुछ बात करने आए। जब उन्होंने देखा कि मैं रेजिमेंटेशन से रुष्ट हूँ, उनका हौसला बढ़ गया और वे मुझसे बातें निकालने की कोशिश करने लगे। मैंने निवेदन किया कि "भारतीय को तो रूस और इंग्लैंड बहुत कुछ समान दीखते हैं। जहाँ तक प्रजातन्त्री ढाँचे का सवाल है, उसे हम कबूल कर चुके हैं और इस पद्धति से अगर साम्यवादी विचारवाले लोग प्रभुत्व में आ गए, तो हम तो उसे भी प्रजातन्त्र ही कहेंगे बशर्ते कि साम्यवादी लोग आगे भी प्रजासत्ता को खुलकर चलने दें। विरोध हमारा तानाशाहों की हिंसात्मक पद्धति से है। उसे हम भी रोकना चाहते हैं। इससे ऊपर संस्कार और विचारों का जो स्तर है, वहाँ आप सभी पाश्चात्य लोग समान हैं। तानाशाहों ने विज्ञान का सहारा लेकर मनुष्य के मन के चारों ओर लक्ष्मण-रेखा खींच दी है। किन्तु, वैसी ही रेखा अन्य देशों में भी है, यद्यपि इस रेखा को तानाशाह ने नहीं, व्यक्तियों ने स्वेच्छा से खींचा है। इसीलिए तो एमर्सन और थुरो, रोम्यांरोलां और टॉलस्टाय तथा इलियट आपके यहाँ विदेशी लगते हैं। भारत गरीब देश है और गरीब लोग पहले रोटी चाहते हैं। इसलिए जहाँ तक समाज में समत्व लाने का सवाल है, हम कम्यूनिज्म के सार को प्रजातन्त्री ढंग से अपने यहाँ लाना चाहते हैं। हमारे यहाँ खोना तो बहुत कम लोगों को पड़ेगा। अतएव, हमें रूस और चीन से भय नहीं लगता। भय हमें तब लगता है, जब हम यह देखते हैं कि वैज्ञानिक सुविधाओं की अधीनता स्वीकार करके मनुष्य अपने सूक्ष्म रूप से दूर होता जा रहा है। और भारत के इस पिछले भय का कारण केवल रूस ही नहीं, इंग्लैंड और अमेरिका भी है। यूरोप और अमेरिका समृद्ध देश हैं, अतएव उनकी समस्या कम्यूनिज्म का अवरोध हैं। एशिया निर्धन महादेश है। अतएव हम वह मार्ग खोज रहे हैं, जिस पर चलकर हम सामाजिक समत्व को प्रजातन्त्री ढंग से ला सकें।" यह सुनकर पत्रकार

भाई का उत्साह ठंडा पड़ गया। आश्चर्य मुझे तब हुआ, जब वे क्षण भर मौन रहकर बोला, ''तो सचमुच ही भारत लाल होनेवाला है?''

मैंने कहा, ''लाल नहीं, श्वेत होनेवाला है। हम अपनी क्रान्ति गांधी जी के नेतृत्व में पूरी कर चुके हैं। वह श्वेत क्रान्ति थी और आगे भी इसी श्वेत क्रान्ति के फल प्रकट होते रहेंगे। भारत पहुँचकर चाहे तो कम्यूनिज्म अहिंसा का वरण कर लेगा अथवा हमीं अहिंसा के द्वारा वे परिणाम प्राप्त कर लेंगे, जिनके लिए कम्यूनिस्टों को हिंसा, पाप, मार-काट, तानाशाही, दलन, बन्धन और अत्याचार का सहारा लेना पड़ता है। विनोबा जी और जयप्रकाश जी जो वैचारिक आन्दोलन चला रहे हैं, उसका नाम साम्यवाद नहीं, प्रत्युत साम्य-योग है, सिंथेसिस थ्रू इक्वेलिटी है।''

लन्दन से उड़कर हम जिनेवा आए। जिनेवा सही अर्थों में अन्तर्राष्ट्रीय शहर है। जिनेवा शहर की आबादी केवल एक लाख है, जिसमें से आधे लोग प्रायः विदेशी होंगे। स्विट्‌जरलैंड देश में चालीस लाख लोग बसते हैं, जितने लोग अकेले कश्मीर में होंगे। मगर यह देश अत्यन्त समृद्ध है। विश्व की अन्तर्राष्ट्रीय राजधानी होने के कारण सभी देशों का धन बहकर इस देश में पहुँच जाता है। अब स्विट्‌जरलैंड के बाद वह चाहे जहाँ जाए। इस देश का प्रत्येक वयस्क व्यक्ति बैंक एकाउंट रखता है। हमारे दूतावास के एक अफसर ने कहा कि भारत चाहे तो यहाँ से जितना भी कर्ज ले सकता है।

स्विट्‌जरलैंड की स्थायी सेना बहुत थोड़ी है। लेकिन यहाँ के हर व्यक्ति के पास बन्दूक और कारतूस हैं और प्रतिवर्ष उसे सैनिक शिक्षा दी जाती है। केवल तीन घंटे की नोटिस पर वहाँ पच्चीस लाख की सेना खड़ी की जा सकती है। कहते हैं, इसी भय से लड़ाई के समय हिटलर ने स्विट्‌जरलैंड की ओर कदम नहीं बढ़ाए। कदम बढ़ाता, तो लोग डटकर उसका सामना करते। युद्ध के समय यह देश तटस्थ था और तटस्थ होने के कारण ही यह देश-देश के जासूसों का अड्डा भी बना हुआ था। प्रायः, सारे-के-सारे अन्तर्राष्ट्रीय षड्‌यन्त्र यहीं सोचे और गढ़े जाते थे।

जिनेवा शहर लेमा झील के किनारे बसा हुआ है। झील की एक तरफ फ्रांस शुरू हो जाता है। इस झील का पानी निर्मल सुनील रंग का है। हमारे दूतावास के अध्यक्ष श्री पद्मनाभर का घर भी झील के ही तट पर है। वैसे तो सारा यूरोप होटलों का देश है, किन्तु जिनेवा तो खास कर होटलों का ही शहर है।

जिनेवा में हम विश्व पार्लियामेंटरी सम्मेलन के महामन्त्री श्री आन्द्रे वोन से मिलने गए। वे उसके ठीक एक दिन पूर्व भारत से जिनेवा लौटे थे। उन्होंने हमारे देश की भूरि-भूरि प्रशंसा की और कई चित्र दिखलाए, जिन्हें वे भारत से अपने साथ ले गए थे। उन्होंने राष्ट्रपति डॉ. राजेन्द्र प्रसाद से अपनी भेंट का जिक्र किया और वे बोले, ''आपके प्रेसिडेंट अत्यन्त विनम्र व्यक्ति हैं। उनकी विनम्रता उनकी आकृति पर स्पष्ट अंकित रहती है। किन्तु जब मैं उनसे हाथ मिला रहा था, मुझे भासित हुआ कि उनकी विनम्रता के भीतर से कोई अप्रतिम महत्ता मुझे झाँक रही हो। मैंने अनेक महापुरुषों

से हाथ मिलाए हैं, किन्तु डॉक्टर प्रसाद से हाथ मिलाने की बात तो मैं भूल ही नहीं सकता।" मैंने इस पर श्री वोन को धन्यवाद दिया और कहा कि आपके इस निश्छल संस्मरण का आख्यान अपने देशवासियों से मैं अवश्य करूँगा।

जिनेवा से हम तीन-चार दिन के लिए ट्रेन से पेरिस चले गए और वहाँ से फिर जिनेवा लौट आए। पेरिस की मस्ती, रंगीनी और बेफिक्री की कहानी सारी दुनिया में मशहूर है। बारह महीने तीस दिन पेरिस में यात्रियों का ताँता लगा रहता है। मेरा खयाल है, वहाँ नगर में बेफिक्री का जो समाँ है वह इन्हीं यात्रियों के आधिक्य के कारण। पेरिस में कार्यव्यस्तता और परेशानी का दौर नहीं दिखाई दिया। जिसे भी देखो, घूम रहा है, मजे ले रहा है, आनन्द की खोज में मँडरा रहा है। लन्दन में ठीक इसके विपरीत वातावरण है। लन्दन में कलकत्ते की तरह भागदौड़ है। पेरिस में लोग काशी की तरह निर्द्वन्द्व घूमते हैं। लन्दन कारखाना है, पेरिस को कला का म्यूजियम कहना चाहिए। लन्दन के होटलों में कामकाजू आदमी ज्यादा आते हैं। पेरिस के होटलों में हमने चित्रकारों को काम करते और लेखकों को कुछ लिखते-पढ़ते भी देखा।

पेरिस की एक विचित्रता यह भी देखी कि दिन में बाजार और सड़कें हलकी रहती हैं, किन्तु सन्ध्या होते ही सड़क पर जिन्दगी दौड़ने लगती हैं और रात ज्यों-त्यों भींगती है, मोटरों की भाग-दौड़ में वृद्धि होती ही जाती है। मुझे बार-बार लगता कि रात में भीड़ लगानेवाले लोग पेरिस के नहीं होंगे, उनका बहुत बड़ा अंश विदेशी रहता होगा। किन्तु इस विषय में मैं कोई पक्की राय नहीं बना सका। मेरा खयाल है, पेरिस में और नगरों की अपेक्षा 'नाइट क्लब्स' भी कुछ अधिक होंगे, अन्यथा रात में सड़कों के व्यस्त होने का कोई खास कारण नहीं दीखता। यूरोप में आनन्द लेना लोग खूब जानते हैं और पेरिस आनन्द का केन्द्र है। दिन में तो यात्री लुब्र (चित्रगार), गिमे म्यूजियम, इफेल टावर, पैलेस द वर्सेल्स आदि दर्शनीय स्थानों में घूमते रहते हैं, किन्तु रात होते ही सब-के-सब साँजे-लिजे पहुँच जाते हैं। कलकत्ते में जो स्थान चौरंगी का और लन्दन में पिकेडली सरकस का है, पेरिस में वही स्थान साँजे-लिजे का मानना चाहिए। फर्क केवल यह है कि चौरंगी और पिकेडली सरकस साँजे-लिजे की तुलना में बहुत हीन हैं। साँजे-लिजे का अर्थ, सुना है, स्वर्ग की गली होता है और साँजे-लिजे में, सचमुच ही, होटलों के बाहर और भीतर स्वर्ग लोटता है।

पेरिस से जिनेवा लौटते समय पेरिस स्टेशन पर काफी कष्ट हुआ। कारण यह था कि स्टेशन के कर्मचारी अंग्रेजी नहीं जानते थे और जिससे भी बात की, पता चला कि अंग्रेजी का ज्ञाता कोई नहीं है। केवल इशारों और संकेतों के द्वारा हम ट्रेन में सवार हुए और बड़ी मुश्किल से जिनेवा वापस आए।

ट्रेन में दो-एक घंटा खड़ा रहने के बाद मुझे एक महिला के पार्श्व में जगह मिली। ईश्वर की असीम अनुकम्पा का बोध तब हुआ, जब मैंने देखा कि वे अंग्रेजी बोल सकती हैं। मुझे तो ऐसा भान हुआ कि समुद्र में अचानक कोई टापू मिल गया हो।

मैं उनसे बातें करने लगा और उनका दो साल का बच्चा मुझसे ऐसा हिल गया कि वह मुझे छोड़कर कहीं जाता ही नहीं। मैंने बच्चे की माँ से पूछा कि यह क्या बात है? वे बोलीं कि "इसके पिता भी काले हैं।" मैंने पूछा, "क्या आपके पति एशियाई हैं?" उन्होंने बताया, "नहीं, हैं तो फ्रेंच ही, मगर मेरे समान गौर नहीं हैं।" मन ही मन मुझे हँसी आ गई कि भारत में गौर समझी जानेवाली चमड़ी भी यूरोप में काली ही समझी जाती है।

पोलैंड में देखा कि अखबार वहाँ आकार में छोटे होते हैं और उनके पन्ने भी दो-चार ही होते हैं। किन्तु, पश्चिमी यूरोप में अखबारों का आकार-प्रकार बड़ा होता है एवं उनमें पन्ने भी अधिक होते हैं। मगर इन पन्नों में रहता क्या है? जो अखबार अधिक बिकते हैं, जिनकी प्रतियाँ मैंने ट्रेनों, सुरंग-ट्रेनों और वायुयानों में सबसे अधिक देखीं, उनमें कुत्सा और कलंक की कहानियाँ ही ज्यादा छपती हैं। किसी मोटर ड्राइवर और उसकी पत्नी से मिलकर किसी को धोखा दिया था और परिणामतः दोनों गिरफ्तार हो गए थे। जिस दिन वे रिहा हुए, उनकी कहानी एक अखबार के मुख-पृष्ठ पर बड़ी ही शान से प्रकाशित देखी। अपने देश में तो ऐसे समाचार-पत्रों में स्थान भी मुश्किल से पाते हैं, और इस मामले में मैं भारतीय पत्रकारों की रुचि को ही श्रेष्ठ मानता हूँ।

नाइट क्लबों के सामने नंगे या अधनंगे चित्र, अखबारों में कलंक और व्यभिचार की उत्तेजक कहानियाँ एवं बुकस्टालों पर भद्दी किताबें और नंगे चित्रों का व्यापार, इन सबसे कोई बात निकलती है। विज्ञान की सुविधाओं ने यूरोप में आदमी को बहुत कुछ स्वतन्त्र कर दिया है, किन्तु आदमी वहाँ यह जानता ही नहीं कि अवकाश का समय कैसे गुजारना चाहिए। स्थूल आनन्द भोगते-भोगते वह इस धरातल पर आ गया है कि आनन्द का स्वाद लेने को भी उसे आघात चाहिए। यही आघात लोगों को जुर्म और व्यभिचार की कहानियों से प्राप्त होता है, जिन्हें वे बड़े ही चाव से पढ़ते हैं। सुर्रियलिस्ट चित्रकार, अपने ढंग पर, मनुष्य को यही आघात देते हैं और इसी आघात की सामग्री वहाँ के नाइट क्लबों में भी मौजूद है।

('मेरी यात्राएँ' पुस्तक से)

मेरी जर्मनी-यात्रा

मार्च, 1968 में जर्मन दूतावास के संस्कृति-सचिव और मेरे मित्र श्री आलफ्रेड व्यूरफेल ने यह विचार प्रकट किया कि मुझे एक बार पश्चिमी जर्मनी की भी यात्रा करनी चाहिए। मार्च में मेरा स्वास्थ्य बहुत अच्छा नहीं था, अतएव मैंने निवेदन किया कि स्वास्थ्य जरा सुधर जाए तो जाऊँगा। आलफ्रेड साहब ने इसे मेरी मंजूरी मान ली, जो ठीक ही था। जर्मन सरकार से निमन्त्रण आने और भारत सरकार की मंजूरी पाने में मार्च और अप्रैल, दोनों महीने बीत गए। इन दो महीनों में भी तेरा मिजाज ठीक से नहीं सुधरा था। तब भी नया देश देखने की उमंग में मैंने 15 दिनों की यात्रा पर निकलने की तैयारी पूरी कर ली और 1 मई को मैं लुफ्तहंसा विमान से यात्रा पर निकल पड़ा। यह बात मुझे यात्रा पर निकलने के बाद मालूम हुई कि मेरा मिजाज, सचमुच ही ठीक नहीं था और लम्बी यात्रा पर मुझे नहीं निकलना चाहिए था।

जैसे भारत की अन्तर्राष्ट्रीय-उड्डयन-सेवा का नाम एयर-इंडिया इंटरनेशनल है, उसी प्रकार पश्चिमी जर्मनी की उड्डयन-सेवा का नाम लुफ्तहंसा है। लुफ्तहंसा विमान काफी आराम देनेवाला है और उसकी तुलना एयर-इंडिया इंटरनेशनल से मजे में की जा सकती है।

पालम से हमारा जहाज 1 मई की रात में 9 बजकर 15 मिनट पर उड़ा। कोई दो या डेढ़ घंटे बाद वह कराची उतरा। मुझे यह देखकर कौतूहल हुआ कि भारत और पाकिस्तान के बीच अब समय में भी फर्क आ गया है। पाकिस्तान की मिट्टी पर खड़ा होने का मेरा यह पहला ही अवसर था। हवाई अड्डे पर घूमते हुए तबीयत में गुदगुदी पैदा होती रही और उन मुसलमान दोस्तों की याद आती रही, जो भारत छोड़कर पाकिस्तान चले गए हैं। सबसे अधिक याद आई तमन्नाई की, जो गया जिले के वासी थे और सन् 1946 के दंगों से घबराकर पूर्वी बंगाल चले गए थे। फिर याद आई भाई जोश मलीहाबादी की, जिन्होंने बुढ़ापे में नया भविष्य खोजने को भारत छोड़ दिया था। फिर ध्यान में यह बात आई कि कराची भी कभी भारतवर्ष ही था। मगर अब दिल्ली और कराची के बीच केवल मित्रता का अभाव ही नहीं है, वे दोनों परस्पर शत्रु का व्यवहार करते हैं। वैसे कराची रास्ते में एक पड़ाव भर था, लेकिन कराची के हवाई-अड्डे पर मेरा मन भावों से आन्दोलित हो उठा और बार-बार यह अनुभूति पैदा

हुई कि हिन्दुओं और मुसलमानों की किस्मत जरूर खराब थी, नहीं तो भारत का विभाजन रोका जा सकता था। कितनी बुरी बात है कि एक देश के दो टुकड़े हो गए और अब दोनों टुकड़े आपस में लड़ते हैं और जब लड़ाई होती है, दोनों देशों के कवि लड़ाई की कविताएँ लिखते हैं। अपना गुनाह याद आया क्योंकि सन् 1965 की लड़ाई के समय क्रोध की कविता मैंने भी लिखी थी।

हमारा जहाज कराची, तेहरान, कैरो और रोम होकर फ्रांकफुर्त जानेवाला था। तेहरान में तो मैं जहाज से नहीं उतरा, लेकिन कैरो में उतरना पड़ा, गरचे अभी रात खत्म नहीं हुई थी। रोम आया तब यूरोप में भोर हुआ था और मेरी घड़ी में 12-50 हुआ था। जब मैं फ्रांकफुर्त पहुँचा, वहाँ के हवाई-अड्डे की घड़ी में 8-25 हुआ था। दिल्ली से चलकर फ्रांकफुर्त अपनी घड़ी से हम 15 घंटे 35 मिनट में पहुँचे थे। अन्तर्राष्ट्रीय यात्राओं में समय का फर्क देखकर मुझे बराबर कौतूहल होता है और बदले हुए समय के साथ सामंजस्य बिठाने में मुझे बराबर थोड़ी कठिनाई होती है।

अपनी घड़ी के हिसाब से यदि मैं चलता, तो मुझे छह बजे भोर में ही हाथ-मुँह धो लेना चाहिए था। लेकिन समय का धोखा मेरे आचरण का समर्थन करता रहा, क्योंकि यूरोप में अभी मुश्किल से सवा आठ बजा था।

दिल्ली में जहाज पर चढ़ रहा था, तब एक जर्मन विद्वान भी जहाज में चढ़े थे और मुझसे उन्होंने कहा था कि मैं फ्रांकफुर्त में आपसे मिलूँगा। लेकिन फ्रांकफुर्त में उनसे भेंट नहीं हुई। उस जहाज से एक भारतीय महिला भी उतरी थीं, लेकिन वे इस भाव से घूम रही थीं, मानो उनका यह परिचित शहर हो। मुझसे उनकी कोई बातचीत नहीं हुई। फ्रांकफुर्त से मुझे स्टुटगार्ट जाना था। हवाई अड्डे पर बैठा मैं सोच रहा था कि आगे के ठौर-ठिकाने का पता किससे लूँ कि एक जर्मन महिला मेरे पास आकर खड़ी हो गई और मुझसे पूछ बैठी, "आप भारत से आनेवाले अतिथि मिस्टर दिनकर तो नहीं हैं?" मैंने कहा, "हाँ, मेरा नाम दिनकर ही है।" फिर उन्होंने मेरे हाथ में एक कागज थमा दिया, जिसमें जर्मनी का मेरा कार्यक्रम दर्ज था—कहाँ-कहाँ मुझे जाना होगा, कहाँ कौन मुझे लेने आएगा और कहाँ किस होटल में ठहरना होगा। लेकिन आगे चलकर अनुभव हुआ कि इंटरनेशंस के सेक्रेटेरियेट ने कागज पर मेरे लिए जैसी मुस्तैदी दिखाई थी, ठीक वैसी ही मुस्तैदी वे लोग नहीं दिखा सके, जिन्हें हर स्टेशन पर मुझे लेने को तैयार रहना था।

फ्रांकफुर्त हवाई अड्डे पर लघुशंका करने गया, तो ट्वायलेट की प्रभारी महिला ने पैसे माँगे। यह एक नया अनुभव था। अतएव बैंक के काउंटर पर जाकर मुझे पैसे भुनाने पड़े। वह औरत यह नहीं समझ पा रही थी कि उसे कितने पैसे लेने चाहिए। मैंने उसके सामने मुट्ठी खोल दी, उसने एक व्यक्ति से कुछ पूछा और फिर उसने पच्चीस पैसे उठा लिए। प्यास बुझाने को मैंने कोकाकोला खोजा, पर वह कहीं भी उपलब्ध नहीं था। निदान मैंने पेप कोला पिया, जिसके लिए एक रुपया पच्चीस पैसे देने पड़े।

दिल्ली से फ्रांकफुर्त तक की उड़ान वैसे तो ठीक ही थी। लेकिन मैं अनजाइना का रोगी हूँ। या तो मुझे ऑक्सीजन की कमी महसूस हो रही थी अथवा मुझे यह भ्रम हो गया था कि साँस में काफी हवा नहीं मिल रही है, मैं सारी रात परेशान ही आया। एक बार थोड़ी देर कुछ जाप भी किया। इससे हृदय में शान्ति आ गई।

अपने देश के पालम, सान्ताक्रुज और दमदम के हवाई अड्डे बड़े समझे जाते हैं, किन्तु फ्रांकफुर्त के हवाई अड्डे के सामने वे कुछ नहीं हैं। फ्रांकफुर्त हवाई अड्डे पर मैंने जितने जहाज एक साथ खड़े देखे, उतने और कहीं नहीं देखे थे। हाँ, उनसे भी अधिक हवाई जहाज बर्लिन के हवाई अड्डे पर दिखाई पड़े थे।

स्टुटगार्ट

फ्रांकफुर्त से उड़कर स्टुटगार्ट मैं 2 मई के दोपहर दिन में पहुँचा। यहाँ हवाई अड्डे पर कोई दिक्कत नहीं हुई, क्योंकि अड्डे पर मिस रेखार्त मौजूद थीं—बीस-पच्चीस की उम्र, लम्बा बदन, अनाकर्षक चेहरा और पाँवों में घुटनों तक बूट पहने हुए। वे मुझे एक होटल में ले गईं, जिसका सही उच्चारण मैं सीख नहीं सका। रेखार्त को विदा करके मैं स्नान, पूजा-ध्यान आदि कर्म में लगा। फिर नीचे उतरकर मैंने भोजन किया और फिर कमरे में आकर सो रहा। लेकिन नींद नहीं आई। एक तरह से करवटें बदलते-बदलते ही शाम हो गई। शाम को मिस रेखार्त फिर आईं और मुझे लेकर टेलीविजन टावर पर चली गईं। यह टावर 211 मीटर ऊँचा है। उसी टावर के रेस्तराँ में हमने भोजन किया। टावर पर से सारा शहर ऐसा दिखाई देता था, मानो हम उसे हवाई जहाज पर से देख रहे हों। होटल से जब हम टावर पर जा रहे थे, मोटर को एक जगह सुरंग होकर गुजरना पड़ा था।

तीन मई को शुक्रवार था। नाश्ता करके तैयार होते-होते दिन के दस बज गए। मैं होटल से निकलकर सड़क पर चहलकदमी करता रहा। पश्चिमी जर्मनी अत्यन्त सुखी देश है। झुंड-के-झुंड नर-नारी दिन भर सड़कों पर आते-जाते रहते हैं। शेरवानी और चुस्त पायजामे में होने के कारण मेरी ओर एक नजर हर आदमी फेंकता था, मगर बात करने की नौबत किसी से भी नहीं आई। मिस रेखार्त अपने नियत समय पर आईं और मुझे इंडोजर्मन सोसायटी में ले गईं। इस समाज के सचिव डॉ. रायसेल हैं। वे बड़े ही मृदुभाषी और कुलीन प्रतीत हुए। भारत के बारे में उनकी जानकारी भी अच्छी है। पश्चिमी जर्मनी में गांधी शताब्दी-समारोह बड़े पैमाने पर मनाया जानेवाला है। डॉ. रायसेल ने कहा कि इस अवसर पर सत्तर व्याख्यान आयोजित करने का प्रस्ताव है।

गांधी-शताब्दी-समारोह भारत में भी मनाया जाएगा, लेकिन वह सम्भवतः आनुष्ठानिक होगा। लेकिन देश से बाहर जाने पर गांधी जी की चर्चा सुनकर खुशी होती है। भारत भारत को ही लेकर अभी बेहाल है। अन्तर्राष्ट्रीय समस्याओं को वह

भाव के स्तर पर अभी नहीं समझ रहा है। लेकिन जर्मनी में अन्तर्राष्ट्रीय समस्याएँ प्रमुख दिखाई देती हैं। और जर्मनी के मनीषियों का विचार है कि गांधी जी इन समस्याओं को अहिंसक ढंग से सुलझा सकते हैं। अहिंसा गांधी जी का सबसे बड़ा अवदान है। इसी अवदान के कारण मनुष्यता उन्हें आवश्यक समझती है।

इंडो-जर्मन समाज से लौटा, तब मिस्टर लेन्स नामक एक लेखक मिलने आए। लिखना उन्होंने सन् 1948 के बाद आरम्भ किया है और अब तक ये आठ पुस्तकें प्रकाशित कर चुके हैं, जिनमें अधिक पुस्तकें उपन्यास की हैं। मैंने मिस्टर लेन्स से कहा, "आप लोग तो काफी सुखी होंगे। सुना है, यूरोप में जिसकी एक किताब कामयाब हो गई, वह भी जिन्दगी-भर के लिए निश्चिन्त हो जाता है!"

मिस्टर लेन्स बोले, "नहीं, केवल कलम के सहारे यहाँ भी जीना कठिन है। हमारे देश में केवल पाँच लेखक ऐसे हैं, जिनकी सालाना आमदनी एक से दो लाख रुपये तक है। बाकी लेखकों को लेखन के साथ कुछ अन्य काम भी करना पड़ता है। मैं भी केवल लेखक नहीं हूँ। कुछ और काम भी करता हूँ।"

मिस्टर लेन्स ने होटल में हमारे साथ ही भोजन किया। भोजन करते समय छात्र-अनुशासनहीन की बात छिड़ गई। मिस्टर लेन्स ने बताया, "छात्रों की अनुशासनहीनता का मूल कारण यह है कि उनमें श्रद्धा का अभाव हो गया है। श्रद्धा का अभाव एक रोग है, जो नई सभ्यता के साथ बढ़ता जाता है। एक ही छत के नीचे रहनेवाले पिता का भाव और है तथा पुत्र का कुछ और। पिता में श्रद्धा अभी मरी नहीं है, लेकिन लगता है, पुत्र में श्रद्धा का जन्म ही नहीं हुआ। हम लोग नहीं जानते कि छात्रों की अनुशासनहीनता कहाँ जाकर रुकेगी।"

मिस्टर लेन्स तो भोजन के बाद चले गए, लेकिन हम लोग दो बजे के लगभग टुइबिंगन के लिए रवाना हो गए। यह एक प्रकार की तीर्थयात्रा थी। टुइबिंगन विश्वविद्यालय अत्यन्त प्राचीन है। प्रसिद्ध दार्शनिक हीगेल यहीं पढ़ाया करते थे। इसी स्थान पर महाकवि होल्डन लीन भी रहते थे। यहाँ एक मीनार है, जिसे होल्डरलीन मीनार कहते हैं। मैंने उस घर को भी देखा, जिसमें होल्डरलीन अपनी विक्षिप्तावस्था में रहते थे। होल्डरलीन की कविताएँ मैंने अंग्रेजी अनुवाद में पढ़ी हैं और कुछ का हिन्दी में अनुवाद भी किया है। होल्डरलीन पर मेरी श्रद्धा अपार है। होल्डरलीन मीनार के पास पहुँचकर मैं भावाभिभूत हो उठा और नीचे झुककर वहाँ की मिट्टी उठाकर मैंने मस्तक पर लगा ली।

टुइबिंगन में मैंने मिस्टर एर्डमन से भी मुलाकात की। ये विशुद्ध साहित्यिक रुचि के प्रकाशक हैं। एशिया और यूरोप तथा अफ्रीका की कई भाषाओं की कविताओं का अनुवाद इन्होंने जर्मन में प्रकाशित किया है तथा जर्मन कविताओं के अनुवाद अन्य भाषाओं में भी निकलवाए हैं। इन्हीं की प्रेरणा और सहयोग से श्री बुद्धदेव बसु ने होल्डरलीन की कविताओं का अनुवाद बंगला में प्रकाशित किया है। एर्डमन ने इस

पुस्तक की एक प्रति मुझे भेंट की। उनकी इच्छा यह है कि होल्डरलीन की कविताओं का हिन्दी-अनुवाद भी इसी तरह प्रकाशित किया जाए। भारत की कहानियों और नई कविताओं का भी जर्मन अनुवाद उन्होंने प्रकाशित किया है।

यूरोप में प्रकाशकों के पास रीडर हुआ करते हैं, जो एक तरह के साहित्यिक सलाहकार होते हैं। मिस्टर एर्डमन ने मुझे अपने रीडर से मिलाया और मैंने उनकी सूझ-बूझ और साहित्य-ज्ञान की प्रशंसा की।

टुइबिंगन से स्टुटगार्ट लौटते-लौटते शाम हो गई। चूँकि रात में ओपेरा देखने का कार्यक्रम था, इसलिए खाना सात बजे शाम को ही खा लिया। शाम को हम ला बोहेम ओपेरा देखने गए। इसके कम्पोजर कोई इटैलियन सज्जन हैं और उनका नाम पुच्चिनी है। ओपेरा सामान्यतः अच्छा था, किन्तु उतना अच्छा नहीं, जितना अच्छा ओवेरा रूस या पोलैंड में देखा था। किन्तु यह राय उस व्यक्ति की है, जो रूसी, पोलिश और जर्मन भाषाएँ नहीं जानता है। आँखों से नृत्य और अभिनय देखना और दुभाषिए से कभी-कभी कुछ समझ लेना, बस इतनी पूँजी पर ही मैं अपनी राय कायम कर सका हूँ।

दिल्ली के जर्मन दूतावास के सचिव श्री आलफ्रेड की एक बहन हैं कुमारी एलिजाबेथ जिनसे मेरी मुलाकात दिल्ली में ही हुई थी। आलफ्रेड साहब ने उन्हें सूचना दे दी थी कि अमुक तारीखों पर मैं स्टुटगार्ट रहूँगा। अतएव चार मई को कुमारी एलिजाबेथ होटल में ही मुझसे मिलने को आ गईं।

एलिजाबेथ ने मुझसे पूछा, "कहिए, जर्मनी कैसी लग रही है?"

मैंने कहा, "मेरी रुचि बहुत सीमित है। सड़क, मकान और होटल देखते-देखते ऊब गया हूँ। इच्छा थी कि यहाँ साहित्यिकों से मिलूँगा। मगर कार्यक्रम का वही पक्ष कमजोर है।"

एलिजाबेथ बोलीं, "मैंने तो आपको भारत में ही कहा था कि हमारे देश में लोग व्यस्त रहते हैं। कोई विदेशी अतिथि आ रहा है, इस आशा में पलक पाँवड़े बिछानेवाले लोग यहाँ नहीं मिलेंगे। फिर भी नया देश घूमने में मजा तो मिलता ही है!"

मैंने निवेदन किया, "मजा खाक है। दुनिया में जहाँ भी जाओ, होटलों में रहो। और सारे संसार भर में होटलों की जिन्दगी एक ही समान है। लगता है, होटलों ने सारे विश्व को एक बना डाला है।"

एलिजाबेथ भारत के दोष बताने लगीं। बोलीं, "सारे संसार में सफाई एक समान नहीं है। इस होटल की सफाई देखिए। लड़के असबाबों को किस तरह साफ रखते हैं! वहाँ भारत में भी असबाब झाड़े जाते हैं। लेकिन असबाबों पर जभी उँगली लगाओ, उँगली में जरा-सी धूल लग ही जाती है।"

जब मैंने एलिजाबेथ को यह बताया कि मैं बिहार का हूँ, उन्हें एक टिप्पणी और जड़ने का मौका मिल गया। बोलीं, "भाई से मिलने को मैं हर दूसरे-तीसरे साल भारत

जाती रहती हूँ। जब बिहार में सूखे से अकाल पड़ा था, मैं भारत में ही थी। यहाँ यूरोप में सुना था, भारत में लोग अन्न के बिना मर रहे हैं। लेकिन दिल्ली में यह देखकर मैं दंग रह गई कि पार्टियों में भोजन तरह-तरह के परोसे जाते हैं और मात्रा में इतने अधिक कि उन्हें खाना मुश्किल होता है। क्या जिस देश के एक भाग में अकाल पड़ा हो, उस देश के दूसरे भाग में अन्न इस तरह बर्बाद किया जाना चाहिए?''

एलिजाबेथ का कहना सही था, इसलिए मैंने उसका प्रतिवाद नहीं किया। मगर मन में यह विचार आए बिना नहीं रहा कि राष्ट्रीयता और समाजवाद ऊँची जातियों के लक्षण हैं। जर्मनी का ढाँचा पूँजीवादी भले ही हो, मगर नागरिकों का दृष्टिकोण समाजवाद से रिक्त नहीं है।

एलिजाबेथ को विदा करके हम ब्लैक फारेस्ट घूमने को निकल पड़े। जर्मनी के देहात सघन नहीं हैं। कई मील चलने पर एक गाँव के दर्शन होते हैं। सड़क की एक तरफ जंगल था, दूसरी तरफ दूर-दूर तक बिछी नन्ही घास जिसमें पीले रंग के फूल होते हैं। दृश्य तो बड़ा ही सुहावना था, मगर 30-35 मील चलने के बाद ही मुझे महसूस हुआ कि मुझे रक्तचाप चढ़ आया है और वह जोर पर है। सिर में धीमे चक्कर का आभास हो रहा था। अतएव मैंने मिस रेखार्त से कहा कि स्टुटगार्ट लौट चलो, मुझे रक्तचाप चढ़ आया है।

मिस रेखार्त उदास होकर बोलीं, ''बड़ी अफसोस की बात है। बीस मील आगे वह स्थान है, जहाँ लोग हमारा इन्तजार कर रहे होंगे। हमें आज भोजन भी वहीं करना है।''

लेकिन मेरा मिजाज बहुत ही खराब हो रहा था, अतएव मैंने आग्रह किया कि ''जोखिम उठाने से फायदा क्या है? हमें वापस हो जाना चाहिए।''

निदान रेखार्त को ड्राइवर से कहना पड़ा कि गाड़ी मोड़ लो। गाड़ी मोड़ ली गई और हम स्टुटगार्ट वापस हो गए। रेखार्त का मिजाज उदास ही रहा। वह बोलीं, ''अब तक कोई मेहमान बीमार नहीं पड़ा था। आपकी बीमारी पर मुझे अफसोस है।'' रेखार्त की बात सुनकर मुझे ग्लानि हुई। लेकिन और उपाय क्या था? मैं तो सचमुच बीमार था।

स्टुटगार्ट पहुँचकर मैंने भोजन नहीं किया, दवा खाकर चुपचाप सो गया। तीन बजे उठा, तब मिजाज ठीक मालूम हुआ। रेखार्त तब तक आ गईं। मैं चंगा हो गया हूँ, यह जानकर उनकी चिन्ता दूर हो गई। फिर हम लोगों ने चाय पी। चाय पीकर हम अभी तैयार ही हुए थे कि डॉ. हाइमो राव आ गए। वे भारत देख चुके हैं। डॉक्टर राव हमें अपने घर ले गए और अपने परिवार से उन्होंने हमारा परिचय कराया।

डॉ. हाइमो राव के घर हम दो घंटे रहे होंगे। वहाँ दुबारा चाय पीनी पड़ी और कुछ खाना भी पड़ा। बातचीत के क्रम में यहाँ भी छात्र अनुशासहीनता की बात चल पड़ी। मैंने कहा, ''डॉक्टर राव, छात्र-अनुशासनहीनता तो भारत में भी बड़े पैमाने पर चल

रही है, लेकिन उसका एक खास कारण है। भारत भयानक रूप से गरीब देश है और लड़कों को अपना निश्चित भविष्य नहीं दिखाई पड़ता, इसलिए वे बेचैन हैं। किन्तु जर्मनी तो सुखी-सम्पन्न देश है। यहाँ के लड़के इतने उच्छृंखल क्यों हो रहे हैं?"

डॉ. हाइमो बोले, "आपने अनुशासनहीनता का कारण ठीक समझा है। जब सुरक्षा का अभाव होता है, तभी बेचैनी उत्पन्न होती है। बुर्जुआ इसलिए निश्चिन्त हैं कि उसके पास आमदनी के जरिए हैं, बीमा की पालिसी है, घर है और मोटर कार है और वह समझता है कि ये चीजें निश्चित रूप से उसके पास रहनेवाली हैं। किन्तु नौजवान समझते हैं, बुर्जुआ अन्धा है। वह नहीं जानता कि उसकी हर चीज खतरे में है। बुर्जुआ का भविष्य डावाँडोल है। जिन कारणों से दुनिया में युद्ध नहीं रुक रहे हैं, उन्हीं कारणों से अनुशासनहीनता नहीं रुकेगी। बड़े बूढ़ों की किसी भी धारणा में लड़कों का विश्वास नहीं है। यहाँ जर्मनी में तो वे यह कहते हैं कि जिसकी भी उम्र बीस साल से ज्यादा हो गई, उसका विश्वास मत करो।"

डॉ. हाइमो ने आगे कहा, "यूरोप में छात्रों की चिन्ता का एक और कारण है। वे सोचते हैं कि यूरोप रहेगा या मिट जाएगा। यूरोप का रहना या उसका एक रहना एक ही बात है। यूरोप एक हो गया, तो उसका नाम यूनाइटेड स्टेट्स ऑव यूरोप होगा। सारे यूरोप की एक संसद अभी भी है। उसका हेड क्वार्टर्स अलसस लोरेन में है। यूरोप की हर एक संसद के प्रतिनिधि इस यूरोपीय संसद में जाते हैं। वे सारे यूरोप के लिए कानून तो नहीं बनाते, मगर सलाह वे सभी देशों को देते हैं।"

मैंने कहा, "यह तो शुभ लक्षण है कि यूरोप राष्ट्रीयता से अन्तर्राष्ट्रीयता की ओर जा रहा है।"

हाइमो बोले, "सच पूछिए तो राष्ट्रीयता का यूरोप में कोई भविष्य नहीं है। इंग्लैंड भी कॉमन मार्केट में पहुँचकर रहेगा। अभी मुश्किल यह है कि डि गाल की चलती है और डि गाल अंग्रेजी-भाषियों को पसन्द नहीं करता। लेकिन डि गाल के दिन भी लद चुके हैं। यहाँ जर्मनी में तो लोग उसका मजाक उड़ाते हैं।"

मैंने पूछा, "डि गाल अंग्रेजी-भाषियों के विरुद्ध क्यों हैं?"

हाइमो ने कहा, "जब डि गाल निर्वासन में थे, अंग्रेजी-भाषियों ने उनके साथ अच्छा सलूक नहीं किया था।"

फिर हाइमो बोले, "और लड़कों को पागल बनानेवाली समस्या बर्लिन की भी समस्या है। जरा सोचिए कि लड़के उच्छृंखल क्यों नहीं हों? बर्लिन दो टुकड़ों में बँटा हुआ नगर है। आधी बर्लिन पश्चिमी जर्मनी की है, दूसरी आधी एक तरह से रूस की है। और जो बर्लिन जर्मनी की है, उसमें भी जर्मनी का जहाज उतर नहीं सकता। लड़के समझते हैं, हमारी सारी राजनीति दूषित हो गई है। इसलिए वे राजनीति का विश्वास नहीं करते।"

म्युनिख

स्टुटगार्ट से म्युनिख तक मुझे ट्रेन से जाना था। म्युनिख का जर्मन नाम मंचन है। 5 मई को मैं तैयार होकर 9 बजे भोर में स्टेशन आया। रेखार्त ने टिकट मेरे सुपुर्द किया और मैं ट्रेन में अकेला सवार हो गया। तुर्रा यह कि जिस कम्पार्टमेंट में मेरी सीट थी, उस कम्पार्टमेंट में दूसरा और कोई नहीं था।

लेकिन ट्रेन की यह यात्रा सुखद नहीं रही। इस यात्रा में भी मुझे ऑक्सीजन की कमी महसूस होने लगी। भय लगने लगा कि कहीं दिल का दौरा पड़ गया, तो यहाँ सेवा करनेवाला कौन है। निदान मैं श्री माँ और महर्षि रमण का स्मरण करने लगा। और पहले की भाँति इस बार भी नाम-स्मरण से शान्ति मिल गई। भगवान से मैंने याचना की कि अगर दिल का दौरा पड़ना है, तो वह विदेश में नहीं पड़े, स्वदेश पहुँचने के बाद पड़े।

मंचन स्टेशन पहुँचा तो यह देखकर निराश हो गया कि स्वागतार्थी कोई नहीं है। निदान मुझे सामान खुद ही उतारने पड़े और उन्हें कुली को देकर मैं स्टेशन से बाहर निकला। स्टेशन से बाहर आकर कुली को देने के लिए मैं बक्से से पैसे निकाल ही रहा था कि एक महिला ने टोका, "क्या आप मिस्टर दिनकर हैं?" मेरी जान पलट आई। यह श्रीमती लंगेन थीं, जो मुझे लिवाने आई थीं। वे मुझे लेकर शहर पहुँचीं और मुझे उन्होंने रेजीना होटल में ठहरा दिया।

स्टुटगार्ट से मैं पूजा-ध्यान करके चला था। अतएव होटल में भोजन करके मैं सो गया। सोकर मैं कोई ढाई बजे उठा, तो फोन मिला कि श्रीमती लंगेन नीचे मेरा इन्तजार कर रही हैं। उन्होंने कहा, सबसे पहले आपको लेडीस कैथेड्रल देखना चाहिए, क्योंकि वह यहाँ का तीर्थ-स्थान है। हम लोग कैथेड्रल पहुँचे और वहाँ की सफाई और शान्ति का मुझ पर गहरा प्रभाव पड़ा। मिसेज लंगेन ने बताया कि वह कैथेड्रल बैराक शैली का नमूना है। द्वितीय विश्व युद्ध में यह ध्वस्त हो गया था। लड़ाई के बाद यह फिर से पुरानी शैली में ही बनाया गया है। यहाँ माँ मेरी की मूर्ति को मैंने प्रणाम किया और आशीर्वाद के जल से अपने को सिक्त किया।

कैथेड्रल से निकलकर हम एक चित्रशाला देखने गए। चित्रशाला काफी सम्पन्न है और उसमें एक मूल चित्र लियोनार्डो द विंसी का भी है। म्युनिख कला की दृष्टि से समृद्ध नगरी है।

हिटलर ने अपनी नात्सी पार्टी की स्थापना म्युनिख में ही की थी। हम वह एस्क्वायर देखने गए, जहाँ हिटलर अपनी फौज का परेड करवाता था। अब इस एस्क्वायर पर एक अमेरिकी भवन है, जो दिल्ली-स्थित अमेरिकी दूतावास की याद दिलाता है।

आजकल म्युनिख में धरती के नीचे (सब-वे) बनाई जा रही है। मैं म्युनिख में

जिस तरफ को भी गया, यहाँ देखा कि गड्ढे खोदे जा रहे हैं और मिट्टी के ढेर लगे हुए हैं। म्युनिख में एक ओपेरा हाउस दिखाने का दुभाषिए का खास आग्रह था। ओपेरा हाउस देखने गया। मिसेज लंगेन ने बताया कि यह हाउस रोकोको शैली का नमूना है।

शाम का खाना खिलाने को मिसेज लंगेन मुझे प्याजली रेस्तराँ में ले गईं। यहाँ खाने के समय लोक संगीत और लोकनृत्य हुआ करता है। हॉल बहुत बड़ा है। खाने की मेजों पर कोई पाँच सौ आदमी रहे होंगे। सबका ध्यान खाने की मेज से ज्यादा नृत्य के मंच पर था। गीत ऐसे गाए जा रहे थे, जिनमें जगह-जगह समाज की घटनाओं और उसके नेताओं पर फब्तियाँ कसी गई थीं। लोग खूब हँस रहे थे। मैं सोचने लगा, यदि भारत में भी समाज की आलोचना करनेवाले गीतों का प्रचलन होटलों में हो जाए, तो होटल समाज-सुधार के मंच बन जाएँ।

6 मई को हम म्युनिख से 100 मील दूर, आल्प्स की गोदी में बसे एक गाँव में गए। इस गाँव का नाम ओबरामरगाड है। यह गाँव ईसाइयों के बीच सारे संसार में प्रसिद्ध है, क्योंकि यहाँ हर दसवें साल प्रभु ईसामसीह के जीवन पर 'पैसन प्ले' किया जाता है। यह नाटक सबसे पहले सन् 1833 ई. में खेला गया था और तब से हर दसवें साल उसका अभिनय बड़े पैमाने पर किया जाता है। 1833 से पहले इस इलाके में प्लेग का बड़ा जोर था और हर साल हजारों लोगों की मृत्यु हो जाती थी। 1833 में जनता घबराकर प्रभु ईसामसीह की शरण गई और 'पैसन प्ले' खेलने लगी। कहते हैं, पैसन प्ले का आरम्भ जिस वर्ष किया गया, उसी वर्ष से प्लेग की महामारी रुक गई। यह कार्यक्रम मनोरंजन का नहीं, धर्म-साधना का है। सारे संसार के लोग यहाँ आते हैं। उनमें अनेक की मनोवांछाएँ पूरी होती हैं।

'पैसन प्ले' में भाग लेनेवाले अभिनेताओं के लिए यह जरूरी है कि वे बाहर के नहीं, इसी गाँव के हों। अभिनय के लिए दाढ़ी लगाई नहीं जाती, बढ़ाई जाती है। अगला पैसन प्ले 1970 में होगा। इसके लिए तैयारी कई वर्षों से चल रही है। अधिकांश सीटें सुरक्षित करवाई जा चुकी हैं और जिन अभिनेताओं को मंच पर दाढ़ी के साथ उतरना है, वे दाढ़ी अभी से बढ़ा रहे हैं। मिस्टर प्रेसिंगर से भेंट हुई, जो ईसा का अभिनय करेंगे। उनकी दाढ़ी बढ़ी हुई है और वे लगभग ईसा के समान लगते हैं।

थिएटर में कोई 5,000 सीटें हैं। नाटक की पोशाकें धर्म-भाव से जुगाई जाती हैं। नाटक में भाग 500 आदमी लेते हैं, जिनमें से 120 आदमियों को बोलना पड़ता है। एक महिला हमें उस हॉल में ले गई, जिसमें पोशाकें टँगी हुई थी। उसने हमें एक-एक पोशाक की महिमा और उपयोगिता बताई और कहा कि इन पोशाकों को हम बहुत ही पवित्र समझते हैं।

इस गाँव में लकड़ी की मूर्तियाँ तराशने का रोजगार है। लोग हमें इस रोजगार के

नमूने दिखाने को कई दुकानों पर ले गए। हमने गाँव के भीतर जाकर एक किसान का घर देखा। घर में गाय, साँढ़, घोड़े और सूअर दिखाई पड़े। बहुत-सी घास भी जुगाकर रखी हुई थी। स्पष्ट है कि जहाँ सूअर का बथान होगा, वहाँ बदबू थोड़ी जरूर रहेगी। किसान ने फख्र के साथ कहा कि पैसन प्ले में एक साल मैंने भी काम किया है।

दिन भर घूमते-फिरते रहने पर भी मैं इस जर्मनी-यात्रा का पूरा लुत्फ नहीं उठा सका, क्योंकि ऑक्सीजन की कमी मुझे रोज सताती रही। ओबरामरगाड गाँव में जब मैं पैसन प्ले की पोशाकें देख रहा था, उस समय भी मुझे ऑक्सीजन की कमी महसूस होने लगी। उसी हालत में मैंने सभी कार्यक्रम पूरे किए और भोजन किया और उसी हालत में मैं म्युनिख को वापस आ गया। म्युनिख पहुँचकर थोड़ा विश्राम करने के बाद मैं चंगा हो गया। तब तक मिसेज लंगेन मेरे लिए डॉक्टर बुलाकर ले आईं। डॉक्टर ने LANICOR नामक दवा लिखी। वह दवा मैंने खा ली और रात भर मैं गहरी नींद सो सका।

7 मई को नाश्ता करने के बाद कुछ आलस्य-सा लगा। मैं कोई साढ़े नौ बजे सो गया और नींद साढ़े बारह बजे खुली। मिसेज लंगेन आईं और मुझे भोजन कराने ले गईं। उन्होंने कहा, डॉक्टर अभी फिर आएँगे। लेकिन डॉक्टर आए नहीं।

अतएव काफी इन्तजार करने के बाद हम रेजिडेंस म्यूजियम देखने को चले गए। म्यूजियम से लौटकर मैं कमरे में ही रहा। मिसेज लंगेन सवा सात बजे आईं और मुझे ओपेरा दिखाने को ले गईं। ओपेरा से लौटकर मैं 9 बजे होटल वापस आया। खा-पीकर सोया, मगर नींद बराबर टूटती रही और ऑक्सीजन की कमी का भान होता रहा। जी करता था, होटल से बाहर जाकर सड़क पर घूम आऊँ, लेकिन होटल से बाहर निकला नहीं। यात्रा पर आने का पश्चात्ताप होता रहा और सोचता रहा कि अब अगर देश से बाहर जाना पड़ा, तो अकेला नहीं जाऊँगा।

8 मई को दुबारा रेजिडेंस म्यूजियम देखने गया। फिर होटल में आकर भोजन और विश्राम किया। तीन बजे दिन में मिस रूथ कोहलर के घर जाना था। मिस रूथ वैसे तो मिजाज से मॉडर्न चित्रकार हैं, किन्तु पेशा उनका भित्ति चित्रकारी है और चर्च की परम्परा के अनुसार वे भित्ति चित्रकारी करती हैं।

मिस रूथ एक मकान की चौथी मंजिल पर रहती हैं और मेरा सीढ़ियों पर चढ़ना मना है। जब चार मंजिलों की चढ़ाई सामने आई, मैं मन ही मन हनुमान चालीसा का पाठ करने लगा। लेकिन क्या करता? जैसे-तैसे चौथी मंजिल पर चढ़ा और वहाँ पहुँचकर मिस रूथ के दर्शन किए। मिस रूथ को देखते ही लगा कि उनकी प्रकृति सरल और मिजाज खुला है। मगर वे हर समय कन्धे उचकाती रहती हैं और आँखों को मटकाती रहती हैं, जिससे मैंने अनुमान लगाया कि उनकी मानसिक प्रतिक्रिया बाहर के अंग-संचालन में अपनी अभिव्यक्ति खोजती है। मिस रूथ ने अपने चित्र

दिखाए। फाइल के सभी चित्र परम्परा से जुड़े थे, लेकिन दीवारों पर जो चित्र लगे थे, वे सबके सब एब्सट्रैक्ट थे।

मिस रूथ के घर पर ही मिस्टर रोडरिक मेंजल सपत्नीक मिलने आए। मिस्टर रोडरिक लेखक हैं और उनकी पत्नी चित्रकार। वे बाल-साहित्य को चित्रित करने का काम करती हैं। दोनों ही प्राणी बहुत भले दिखाई पड़े। मिस्टर रोडरिक खुले दिल के आदमी हैं और अपनी राय जाहिर करने में उन्हें जरा भी हिचक नहीं होती। वे मॉडर्न चित्रकारी को फालतू समझते हैं।

उन दिनों मैं पिकासो की एक प्रेमिका की लिखी किताब, लाइफ विद पिकासो बड़े गौर से पढ़ रहा था। इसलिए पिकासो का नाम चर्चा में आ गया। मिस्टर रोडरिक बोले, ''1905 तक पिकासो द्वितीय श्रेणी का अच्छा चित्र बनाता था। किन्तु उसके बाद वह केवल अटकलबाजी (स्पेकुलेसन) करता रहा है। जिसे लोग एब्सट्रैक्ट चित्रकारी कहते हैं, वह पूरी-की-पूरी अटकलबाजी है।'' मिस रूथ ने रोडरिक के मत का खंडन किया, किन्तु रोडरिक और भी कठोरता से बोलने लगे। उन्होंने केवल एब्सट्रैक्ट चित्रकारी को ही नहीं लथेड़ा, बल्कि एब्सट्रैक्ट काव्य को भी उसके साथ जोड़ दिया।

मिस्टर रोडरिक हमें दिखाने को अपनी कई किताबें ले आए थे। उनमें से कोई एक किताब मैंने रख ली। सन् 1935 ई. के आसपास रोडरिक टेनिस चैम्पियन की हैसियत से भारत आए थे और घूमते-घामते महर्षि रमण का आश्रम देख आए थे। भारत में रहते समय और बाद को अध्ययन के द्वारा उन्होंने भारत-धर्म से अच्छा परिचय प्राप्त किया है। महर्षि रमण की साधना के बारे में उन्होंने जिज्ञासा प्रकट की और ब्रंटन की थोड़ी निन्दा की। पाल ब्रंटन ने पहले तो महर्षि की प्रशंसा लिखी थी, बाद को उनका विश्वास हिल गया था। यह बात रोडरिक को पसन्द नहीं थी। मैंने महर्षि की महिमा का थोड़ा बखान किया, जिसे रोडरिक ने बहुत पसन्द किया। रोडरिक भारतीयता पर श्रद्धा करते हैं। उनका विचार है कि अशोक पर वे जर्मन में कोई किताब शीघ्र लिखेंगे।

बर्लिन

उसी दिन शाम के जहाज से मैं बर्लिन के लिए रवाना हुआ। जब बर्लिन के हवाई अड्डे पर पहुँचा, यह देखकर घोर निराशा हुई कि मुझे लिवाने को कोई नहीं आया था। लेकिन मुझे मालूम था कि बर्लिन में मुझे एम जू होटल में ठहरना है, अतएव बड़ी मुश्किल से टैक्सी करके मैं एम जू होटल पहुँचा। होटल में मैं जैसे ही पहुँचा, एक नौजवान हाजिर हो गया और बोला, ''क्या आप भारत से आए हैं?'' मैंने कहा, ''हाँ, भारत से मैं ही आया हूँ, मगर आपको हवाई अड्डे पर आना चाहिए था।''

कमरे में पहुँचकर मैंने सामान रखा और चाय पीकर घूमने को बाहर निकल गया। बर्लिन बड़ा शहर है, समृद्ध शहर है, चकमक और रौनकदार है। दुकानें इतनी मनोहर हैं कि हर दुकान के सामने पाँव ठिठक जाते हैं और आगे बढ़ने की इच्छा शिथिल हो जाती है। एक जगह स्केटिंग का खेल चल रहा था, उसे काफी देर तक मैं देखता रहा। स्टुटगार्ट और म्युनिख में युवकों और युवतियों का व्यवहार थोड़ा संयम लिए हुए था। लेकिन बर्लिन आधुनिकता का अखाड़ा है। सड़कों पर अनेक युवक और युवतियाँ हिप्पी की किस्म के थे। और अनेक जोड़े निर्द्वन्द्व होकर भरी सड़क पर चुम्बन का खेल खेल रहे थे। संसार के जो भी नगर आधुनिकता के जितने ही बड़े अखाड़े हैं, वहाँ काम उतना ही स्वाधीन और स्वच्छन्द होता है अर्थात् लोक-लज्जा का बन्धन वह स्वीकार नहीं करता।

शहर घूमते हुए बर्लिन का मेमोरियल चर्च देखा, जो बड़ा ही विराट है। उसके टावर पर भी चढ़ा, क्योंकि यहाँ लिफ्ट का प्रबन्ध था। टावर पर से शहर का दृश्य अद्‌भुत दिखाई देता है।

बर्लिन का बाजार बड़ा ही लुभावना है। 9 मई को मैं फिर बाजार घूमने निकला और छोटी-छोटी कई चीजें मैंने खरीदीं। बाजार से लौटकर साहित्य-संघ (लिटररी कोलिक्यम) के दफ्तर में गया और उसके सचिव मिस्टर हासेन क्लेवर से मुलाकात की। उन्होंने जर्मन साहित्य की गतिविधियाँ समझाईं और यह कहा कि जर्मनी में नाटकों ने नया रूप ग्रहण किया है, जिसके उजागर प्रमाण ब्रेख्ट के नाटक हैं।

साहित्य-संघ से निकलकर हम आर्ट अकेडेमी के मन्त्री मिस्टर लोय फलर से मिलने गए। मिस्टर फलर ने मुझे चित्रों की प्रदर्शनी दिखाई। इस प्रदर्शनी में इंग्लैंड के चित्रकारों की कृतियाँ प्रमुख रूप से प्रदर्शित की गई थीं। मिस्टर फलर ने बताया कि जिन चित्रकारों के चित्र यहाँ सजाए गए हैं, उनकी उम्र 25 और 35 के बीच है।

प्रायः सभी चित्र एब्सट्रेक्ट शैली के थे और मूर्तियाँ सारी-की-सारी बेढब और नवीन थीं। कला में नवीनता की जो बाढ़ आई है, उससे मालूम होता है कि हमारी पीढ़ी की दुनिया गुजर चुकी है और हम लोग दूसरों की दुनिया में किराए पर जी रहे हैं।

आर्ट अकेडेमी का क्षेत्र केवल चित्रकारी और मूर्ति तक ही सीमित नहीं है, उसके क्षेत्र में स्थापत्य का भी स्थान है। और अकेडेमी की ओर से नाटक, काव्य और उपन्यास के विषय में भी गोष्ठियाँ आयोजित की जाती हैं। मिस्टर फलर ने हमें बताया कि फ्रांज काफका, टामस मान और रिल्के पर जो गोष्ठियाँ हुई थीं, वे काफी कामयाब रहीं और उसके कार्यवृत्त साहित्य केन्द्रों में चाव से पढ़े गए हैं।

बर्लिन विश्व की विराट नगरी है। उसमें ओपेरा थिएटर अट्ठारह हैं। एक ओलिम्पिया नामक स्टेडियम है, जिसमें एक लाख दर्शक बैठ सकते हैं। एक बोटैनिकल गार्डन है, जिसमें 25 ग्रीन हाउस अवस्थित हैं। यूरोपा सेंटर नाम का एक बाजार है,

जो यूरोप का सबसे बड़ा बाजार माना जाता है। यह बाजार क्या है, एक पूरा शहर है! इसका उद्घाटन सन् 1965 ई. में हुआ था। यह बाजार बीस हजार वर्गमीटर में फैला हुआ है। इसका कार्यालय भवन 22 महल का है। इसके जो गलियारे हैं, उनकी कुल लम्बाई एक मील से कुछ ऊपर है। इस बाजार में दो सिनेमा हैं, कई रेस्तराँ हैं, कई कैबरे हैं तथा स्केटिंग और मिनिगोल्फ का भी इन्तजाम है। बाजार में घूमने से कल्पना होती है कि स्वर्ग धरती पर लोट रहा है और कुबेर का सारा धन यहाँ बिछा हुआ है। चीजें तो जिधर देखो, उधर ही लुभावनी थीं और निमन्त्रण दे रही थीं, मगर मैं तो सभी लोगों के बीच निष्कंचन और दरिद्र था। बाजार घूमते समय मुझे मन मसोसकर रह जाना पड़ा और सारे बाजार से मैं उसी प्रकार गुजर गया, जैसे संन्यासी बिना कुछ लिए-दिए मधुवन से गुजर जाता है।

बर्लिन में नाइट-क्लब भी बहुत हैं और नग्नता में वे पेरिस के नाइट क्लबों के भी कान काटते हैं। गाइड ने मुझसे पूछा भी कि कहिए, तो किसी नाइट-क्लब का भी कार्यक्रम बनाया जाए। मैंने निवेदन किया कि नाइट-क्लब मैं पेरिस में एक बार देख चुका हूँ। अब तो चर्च और कैथेड्रल में ही बार-बार जाने की इच्छा है।

सो एक दिन कैसर विलहेम स्मारक चर्च देखने गया। यह चर्च द्वितीय विश्वयुद्ध में बर्बाद हो गया था। इसका नया निर्माण सन् 1961 ई. में हुआ है। इसके 207 फुट ऊँचे टावर का भग्नावशेष अभी मौजूद है, जो युद्ध की भीषिका की याद दिलाता है।

वैसे तो बर्लिन में बहुत कुछ देखने का मौका मिला, किन्तु बर्लिन के विख्यात चिड़ियाखाने (जू) को देखकर आँखें निहाल हो गईं। मुझे चिड़ियाखाना देखने का खास शौक है और जहाँ भी अच्छा चिड़ियाखाना होता है, उसे मैं अवश्य देखने जाता हूँ। कलकत्ते और दिल्ली के चिड़ियाखाने तो मुझे विशेष रूप से प्रिय हैं और सुयोग मिलते ही मैं उन्हें बार-बार देखने जाता हूँ। किन्तु बर्लिन के चिड़ियाखाने का जवाब नहीं है। इसमें 12,000 जानवर हैं और उन्हें भली-भाँति पाला जाता है। यह जर्मनी का सबसे बड़ा और पुराना चिड़ियाघर है और संसार के प्रमुख चिड़ियाघरों में भी इसका अन्यतम स्थान है।

चिड़ियाखानों में मरियल जानवरों को देखकर दया आती है, तकलीफ होती है। किन्तु बर्लिन के चिड़ियाखाने के जानवर खूब पुष्ट और प्रसन्न दिखाई दिए। उत्तरी ध्रुव के भालू मैंने नहीं देखे थे। यहाँ उनके अनेक पुष्ट जोड़ों को देखकर मन आनन्द से भर गया। गोरिल्ला बन्दर भी अब तक मैंने चित्र में ही देखा था। बर्लिन के चिड़ियाघर में उसके साक्षात् दर्शन हुए। भगवान रामचन्द्र की सेना कितनी शक्तिशालिनी रही होगी, इसका अनुमान गुरिल्ला को देखने से मजे में किया जा सकता है।

चिड़ियाखाने में एक मछलीघर भी है, जिसमें रंग-बिरंग की मछलियाँ पाली जाती हैं। किन्तु सबसे विचित्र घड़ियाल घर है। यहाँ लगभग उतनी ही गर्मी है, जितनी

दिल्ली में मई महीने में होती है। घड़ियालों को गर्मी अनुकूल पड़ती है, अतएव उनके लाभ के लिए घड़ियालघर का तापमान ऊँचा रखा जाता है।

बर्लिन ज्ञान, सौन्दर्य और संस्कृति का केन्द्र है। जर्मनी की राजधानी वह सन् 1871 ई. में बना था और तब से उसका विकास होता ही आया था। द्वितीय विश्वयुद्ध में यह नगर ध्वस्त हो गया था, किन्तु अब ऐसा लगता है मानो ध्वंस ने उसका स्पर्श भी न किया हो। यह नगर हरा है, ताजा है, फूलों की तरह सुन्दर और सुखदायी है।

द्वितीय विश्वयुद्ध की समाप्ति के बाद मित्रराष्ट्रों ने जर्मनी के साथ बर्लिन का भी बँटवारा कर दिया। पूर्वी जर्मनी और पूर्वी बर्लिन रूस के प्रभाव-क्षेत्र में गए तथा पश्चिमी जर्मनी और पश्चिमी बर्लिन अमेरिका, इंग्लैंड और फ्रांस के प्रभाव-क्षेत्र में रहे। लेनिन ने कहा था कि बर्लिन जिसके हाथ में है, उसके हाथ में जर्मनी रहेगी और जर्मनी जिसके हाथ में है, उसके हाथ में यूरोप होगा। युद्ध जब जाते हैं, दर्द का निशाना छोड़कर जाते हैं। द्वितीय विश्वयुद्ध ने दर्द का जो सबसे बड़ा निशान छोड़ा है, वह जर्मनी और बर्लिन के बँटवारे में मौजूद है।

यह आम बात है कि स्वतन्त्रता-प्रेमी व्यक्ति साम्यवादी देशों से भागकर प्रजातन्त्र के भीतर पनाह खोजते हैं। बँटवारे के बाद पूर्वी बर्लिन के लोग भी भागकर पश्चिमी जर्मनी में शरण खोजने लगे। इस स्थिति पर रोक लगाने के लिए साम्यवादियों ने पश्चिमी और पूर्वी बर्लिन के बीच 25 मील लम्बी दीवार खींच दी और उसे काँटेदार तारों से छा दिया। कहते हैं, जितनी सामग्री से यह लम्बी दीवार बनाई गई है, उतनी सामग्री से एक छोटा-मोटा शहर बसाया जा सकता था और जितना तार उसे छाने में लगा है, उतने तार से भूमंडल के चारों ओर तार का एक घेरा लग सकता था। आज पश्चिमी और पूर्वी बर्लिन दो बँटे हुए शहर हैं। उनके बीचोबीच लम्बी दीवार है और उस पर 210 टावर हैं, जिन पर पहरेदार बैठे रहते हैं। प्रेसिडेंट केनेडी यह दीवार देखने आए थे और उन्होंने कहा था, "लोग कहते हैं कि भविष्य साम्यवाद का है। सच्चाई समझने को उन्हें बर्लिन आना चाहिए।"

एक बार ख्रुश्चेव भी पूर्वी बर्लिन में इस दीवार पर आए थे और उन्होंने कहा था, "सुनता हूँ, अमेरिकी राष्ट्रपति को यह दीवार देखकर असन्तोष हुआ था; किन्तु उसे देखकर मुझे तो सन्तोष ही होता है।"

बर्लिन के दो टुकड़े हैं। एक टुकड़े में पूँजीवाद की दुकान है और दूसरे में साम्यवाद की। पूँजीवाद की दुकान में रौनक है, धन और माल की अधिकता है, आने-जानेवालों की भीड़ है, खुले जीवन का उत्साह और उमंग है। साम्यवाद की दुकान में संयम है, कड़ाई है, वैराग्य का वातावरण है और भीड़ वहाँ कम है।

साम्यवादी लोग कड़ाई तो बहुत रखते हैं, किन्तु पर्यटकों को वे पूर्वी बर्लिन जाने की इजाजत दे देते हैं। शर्त यह रखी जाती है कि पर्यटकों के साथ पश्चिमी बर्लिन या पश्चिमी जर्मनी का कोई नागरिक न हो। मुझे पूर्वी बर्लिन दिखाने का काम जिन

सज्जन को सौंपा गया, वे भारतीय थे। बर्लिन का मेरा जर्मन गाइड मुझे उस सीमा पर छोड़कर लौट गया, जहाँ साम्यवादियों का परमिट दफ्तर है। मेरे भारतीय गाइड मोटर चलाना जानते थे, अतएव परमिट हम दो ही व्यक्तियों की ली गई।

परमिट दफ्तर में कड़ाई बहुत अधिक थी और क्यू में खड़े लोगों को, जिनमें ज्यादा अमेरिकी पर्यटक थे, परमिट मेज तक पहुँचने में काफी देर लग रही थी। उम्मीद थी कि मेरे भारतीय होने का कुछ लाभ यहाँ भी पहुँचेगा। शायद कुछ पहुँचा, भी, क्योंकि हमारी कार की जाँच शीशे से नहीं की गई। और कारों की जाँच कार के नीचे शीशे लगाकर की जा रही थी। यह भी हुक्म हुआ कि आप पाँच रुपयों के पूर्वी जर्मनी के सिक्के खरीद लीजिए। यह काम सभी पर्यटकों को करना पड़ा। यह एक तरह से विदेशी मुद्रा अर्जित करने का उपाय है।

सीमा से आगे बढ़ने पर देखा कि पूर्वी बर्लिन की सड़कें और मकान भी उतने ही शानदार हैं, जितने पश्चिमी बर्लिन के। और हो भी क्यों नहीं? युद्ध के अन्त तक दोनों बर्लिन एक ही थे। किन्तु, साज-सजावट और समृद्धि का प्रदर्शन यहाँ कम दिखाई पड़ा। पूँजीवाद और साम्यवाद के दर्शन परस्पर भिन्न हैं। पूँजीवाद का दर्शन उन्मुक्तता का दर्शन है और साम्यवाद भोग में संयम को महत्त्व देता है। दोनों बर्लिन में इन दोनों दर्शनों का महत्त्व, वातावरण में ही, दिखाई देता है। पश्चिमी बर्लिन में हँसते-चहकते नरनारियों की भीड़ मिलती है। पूर्वी बर्लिन में भीड़ के दर्शन नहीं होते। सड़कें प्रायः सूनी दीखती हैं और बाजारों में वह रौनक और रेलपेल नहीं है, जो मास्को और लेनिनग्राद में दिखाई देती है।

पूर्वी बर्लिन से लौटने के बाद हम बर्लिन दीवार को पश्चिम की तरफ से देखने लगे। कई जगह जर्मन में नारे लिखे हुए थे। एक नारा अंग्रेजी में भी था, हियर बिगिन्स द कांसेंट्रेशन कैम्प।

दीवार बन जाने पर भी, पहरों के 210 टावर बनाने पर भी, पूर्वी बर्लिन से भागकर लोग पश्चिमी जर्मनी में आते ही रहते हैं। कई बार लोग सुरंग बनाकर भागते हैं, कई बार बसों और कारों के द्वारा। और अकसर भागने की कोशिश करनेवालों की जान चली जाती है अथवा उन्हें जेलों में सड़ना पड़ता है। बर्लिन विश्व-राजनीति का गहरा घाव है।

सन् 1960 तक बर्लिन को बाँटनेवाली यह दीवार नहीं थी। उसकी जगह पर कँटीले तारों का घेरा था। दीवार सन् 1961 में बनने लगी और सन् 1964 में वह कंक्रीट की बन गई। कहते हैं, पूर्वी बर्लिन की सुरक्षा के लिए दीवार के किनारे-किनारे बंकर भी बने हैं, जिनकी संख्या 245 है।

केवल देश और शहर ही नहीं बँटे हैं। कितने ही परिवार बँट गए हैं, कितने ही रिश्ते बिना टूटे टूट गए हैं। दीवार के दोनों ओर तड़पते हुए हृदय हैं, जिन्हें हिटलर अपनी क्रूरता की कहानी कहने को छोड़ गया है।

बर्लिन का घाव इतना नाजुक है कि बर्लिन के लोग अपना दर्द खोलने में भी घबराते हैं। जर्मनी की एकता का बाधक कौन है? रूस। क्या अमेरिका अपना घेरा उठाने को तैयार होगा? शायद नहीं!

तो फिर सारा दोष रूस का कैसे है? कोई उत्तर नहीं। वह भविष्य दूर दीखता है, जब उस दर्द की कहानी खुलकर कही जाएगी, जिसे दीवार के दोनों ओर जनता भोग रही है।

बर्लिन महान है, लेकिन उसके सपने में प्रेत घूमते हैं। बर्लिन खूबसूरत है, लेकिन उनके कलेजे में गाँस गड़ी हुई है।

बर्लिन मैंने केवल तीन दिन देखा, लेकिन पूर्वी बर्लिन को देख लेने के बाद मुझे लगा, भगवान शायद वेदना की यही लीला, राजनीति-रूपी साँपिनी का यही दंश दिखाने को मुझे जर्मनी ले आए थे। हिटलर अपना तांडव करके चला गया। रूजबेल्ट, स्टालिन और चर्चिल भी जा चुके हैं। बच गई है जनता, जनमी है नई जनता, जो उन महापुरुषों के न्याय का कुपरिणाम भोग रही है। चर्चिल ने लिखा है कि जर्मनी का बँटवारा जिस आसानी के साथ हुआ, उस आसानी के साथ किसान भी अपना खेत नहीं बाँटता है। रूजवेल्ट, स्टालिन और चर्चिल, तीन कुर्सियों पर बैठे विजय की मस्ती में गप्पें मार रहे थे। इतने में चर्चिल ने एक कागज पर टेढ़ी-मेढ़ी लकीरें खींचकर कहा, यह जर्मनी का विभाजन है। और स्टालिन ने मीन-मेख किए बिना उसे मंजूर कर लिया।

बर्लिन के बाद मेरा कार्यक्रम वोन और फ्रांकफुर्त जाने का था, किन्तु ऑक्सीजन की कमी का एहसास मुझे पूरा भीरु बना हुआ था। अतएव मैंने फैसला किया कि अब बर्लिन से ही दिल्ली लौट जाना ठीक है। बर्लिन से मेरी वापसी यात्रा 12 मई की शाम को शुरू हुई। फ्रांकफुर्त में वह जहाज पकड़ना था, जो दिल्ली जाता है। फ्रांकफुर्त हवाई अड्डे पर जर्मनी के पाँच सिक्के अड्डे की फीस के रूप में देने पड़े। सीट सुरक्षित करवाकर मैं मुसाफिरखाने में बैठा ही था कि एक लड़का पास आकर बैठ गया और बोला कि, "मैं पाकिस्तान का हूँ। आपको हिन्दुस्तानी जानकर आपके पास बैठने की बात सूझी कि उर्दू में आपसे थोड़ी बात करूँगी।" मैंने कहा, "आपका लहजा तो बिहारी मालूम होता है। आपका परिवार कहाँ से उखड़कर पाकिस्तान में बसा है?" लड़का बोला, "हम लोग बिहार से पाकिस्तान आए हैं।"

मैं जरा गमगीन होकर बोला, "मेरे भी एक दोस्त पाकिस्तान में बसते हैं। वे गया जिले के थे और उनका नाम तमन्नाई था।" मेरी बात सुनते ही लड़का उछल पड़ा और बोला, "चचा, मैं तो उन्हीं तमन्नाई साहब का लड़का हूँ।" इस परिचय से मुझे भारी आनन्द हुआ और तब से हम दोनों साथ ही रहे।

13 मई के भोर को हम कराची पहुँचे। तमन्नाई साहब अपने लड़के को लेने के लिए हवाई अड्डे पर पहुंचे हुए थे। जब उन्होंने सुना कि मैं हवाई अड्डे पर मौजूद हूँ, वे दौड़कर मुझसे मिलने आए और बड़े ही प्रेम से मिले।

कराची से दिल्ली तक की उड़ान वैसे तो ठीक ही थी, लेकिन पालम हवाई अड्डे पर उतरते समय जहाज में इतनी आवाज होने लगी कि लगा, अब कुछ होने ही वाला है। सभी मुसाफिर घबराने और काँपने लगे। मैंने भी जेब से रुद्राक्ष की माला निकाल ली। लेकिन जहाज सकुशल जमीन पर उतर गया और मेरी यात्रा पूरी हो गई।

जान बची और लाखों पाए। घर के बुद्धू घर को आए।

('मेरी यात्राएँ' पुस्तक से)

पीकिंग की डायरी

उस दिन उपन्यासकार लाओ-से ने कहा था और कल कवि लीची ने भी बताया कि नए चीन में सरकारी अफसरों से भी मजदूरी करवाने की प्रथा है। नौकरशाही के अहंकार को तोड़ने के लिए, समय-समय पर उन्हें भी खेतों या कारखानों में भेजा जाता है। वहाँ वे नकली श्रमदान नहीं करते, बल्कि बरस-दो-बरस रहकर हाथ से काम करते हैं। वेतन पहले साल उन्हें अफसर वाला ही दिया जाता है। मगर दूसरे वर्ष वे वही मजदूरी पाते हैं, जो और मजदूरों को दी जाती है। पता नहीं, यह कहाँ तक ठीक है। मेरा खयाल है, खेतों या कारखानों में अफसर शौकिया जाते होंगे या फिर वे लोग, जिन्हें सरकार दंडित करना चाहती है।

रात यहाँ 'स्वान लेक' नामक सोवियत बैले देखा। अद्भुत था। यह भी देखा कि यहाँ हर शनिवार को पीकिंग होटल में चीनी लोग यूरोपियनों की तरह बाल डाँस नाचते हैं।

पीकिंग से कोई तीस मील पर एक सैनिटोरियम है, जिसमें एशिया भर के राजयक्ष्मा के रोगियों का इलाज किया जाता है। आज (3-11-57) प्रातःकाल किसी नरेश कुमार का पत्र आया कि मैं बिहार के मुँगेर जिले का निवासी हूँ। यहाँ चीनी सरकार के खर्च से अपना इलाज करवा रहा हूँ। हिन्दुस्तान के और भी रोगी यहाँ हैं। सबकी इच्छा है कि आप थोड़ी देर के लिए यहाँ आ जाएँ और हमें अपनी संगति का लाभ दें।

आज दिन का भोजन मिस्टर पाइ (श्रीयुत परांजपे) के यहाँ हुआ। भोजन पर अल्मोड़े के श्री जानकी वल्लभ जी आए थे, जो विदेशी भाषा-विभाग में काम करते हैं; श्री पुरुषोत्तम प्रसाद जी आए थे, जो यहाँ कई वर्षों से हैं और चीनी भाषा पढ़ाते हैं। एक चीनी प्रोफेसर भी आए हुए थे।

भोजन से लौटकर 'काउंटर रिवोल्युशनरी क्राइम्स' का म्यूजियम देखने गया। क्रान्ति की राह में बाधा डालनेवालों के फोटो यहाँ टँगे हैं और उन्हें जो यातनाएँ दी गईं, उनके भी ब्यौरे टँगे हुए हैं। कई लड़के और लड़कियाँ गरज-गरजकर लोगों को समझा रहे थे कि क्रान्ति को धोखा देना क्या है और उन गद्दारों के साथ चीन में कैसा व्यवहार किया जाता है। सेठ, जमींदार, धनी लोग, गुंडागर्दी से जीविका

कमानेवाले, चोर, डाकू, उचक्के और बदमाश—इन सबकी कीर्ति-कथाएँ प्रचारक गरज-गरजकर लोगों को सुना रहे थे। यह साम्यवादी सरकार का प्रचार-मोर्चा है।

चीन में नई मानवता के निर्माण का ढंग यह है कि सरकार व्यक्तियों की गरदन पर सवार है। उनकी आँखों के सामने किताबें खुली हुई हैं और कानों में प्रचार-मन्त्र फूँका जा रहा है।

सवा तीन बजे शाम को सैनिटोरियम गया। नरेश कुमार मुँगेर जिले के नहीं, बेगूसराय सब डिविजन के नौजवान हैं। भारत के और भी नौजवान वहाँ मिले। पाँच-सात युवतियाँ भी इलाज करवा रही थीं। जो लोग शैयारूढ़ नहीं थे, उन्होंने मुझे घेर लिया। फिर मुझे कविताएँ भी सुनानी पड़ीं और उनसे देर तक बात भी करनी पड़ी। फिर आटोग्राफ लेने की होड़ मच गई। आज मुझे मालूम हुआ कि मेरी भी याददाश्त अच्छी है। कोई 25 आटोग्राफ लिखे और एक पद दो जवानों की बही में नहीं लिखा। 'नए सुभाषित' अभी हाल ही में छपा है। वे सुभाषित ही काम आ गए।

फिर लड़के मुझे उन रोगियों से भी मिलाने को ले गए, जिन्हें खाट से उतरना मना था। अरब, अफगानिस्तान और ईरान के रोगी वहाँ मैंने देखे। एक-दो रोगी देखने से यूरोपियन-से लगते थे।

यह सैनिटोरियम वैसे तो मानव-सेवा की संस्था है, किन्तु यहाँ के इलाज से चंगा होनेवाला आदमी क्या चीन के उपकार को कभी भूल सकेगा? फिर इससे इस बात पर भी प्रकाश पड़ता है कि साम्यवाद अन्तर्राष्ट्रीय आन्दोलन है और साम्यवादी चाहे जिस किसी भी देश का हो, चीन की सरकार उसकी सेवा करने को तैयार है।

सैनिटोरियम में रोगी युवकों और युवतियों के मनोरंजन में मेरी इतनी शक्ति खर्च हो गई कि सवा छह बजे जब मैं पीकिंग होटल लौटा, तब मैं थकावट से चूर था और लगता था, अपनी सारी शक्ति अस्पताल वालों को दे आया हूँ। मधुमेह शायद जोर पर है।

माओ के जिस भाषण से चीन में सुधार-आन्दोलन का सूत्रपात हुआ, वह भाषण उन्होंने 27 फरवरी, सन् 1957 ई. को दिया था। सुनता हूँ, दल के नेताओं ने उस समय माओ का विरोध किया था, यानी उनसे निवेदन किया था कि आप आलोचना का जो सिलसिला चलाना चाहते हैं, उससे चीन का भला नहीं होगा। किन्तु, माओ की प्रतिष्ठा बहुत बड़ी है। अन्ततः दल के नेताओं को उनकी बात से सहमत होना पड़ा।

आलोचना का प्रवाह अप्रैल में आरम्भ हुआ और 30 मई के आते-आते वह विकराल हो उठा। तब पार्टी के कान खड़े हुए। उसने देखा कि कोई गुप्त संगठन है, जो इस छूट का दुरुपयोग करके सरकार के प्रभाव को कम करना चाहता है। तब पीपुल्स डेली में लेख पर लेख आने लगे और जिन लोगों ने मूलभूत सिद्धान्तों पर हमला किया था, उन्हें दक्षिणपन्थी बताया जाने लगा। दक्षिणपन्थी का अर्थ पहले मामूली था, लेकिन अब वह गद्दार, देशद्रोही, मानवता के शत्रु और समाजवाद के दुश्मन का पर्याय बन गया है।

रूस के राष्ट्रपति बोरोशिलोव जब यहाँ आए थे, तब चू-एन-लाइ ने उनके सम्मान में सोलह हजार छात्रों को पार्टी दी थी।

जनमत तैयार करने के लिए यहाँ नौजवान बड़े-बड़े जुलूस निकालते हैं और नारा लगाते हैं कि "हम देहात नहीं जाएँगे, तो कौन जाएगा?" मुझे इस नारे में अपनी कविता 'चलो कवि, वनफूलों की ओर' की प्रतिध्वनि सुनाई देती है।

गाँव और शहरों में देशभक्ति और राजनीति की शिक्षा प्रचार द्वारा ही दी जा रही है। जिस आदर्श पर चीनी राज्य खड़ा है, उसका अध्ययन और उस पर विचार-विमर्श यहाँ हर कार्यालय में होता है। सप्ताह में आधा दिन सभी कार्यकर्ता मिलकर साम्यवादी सिद्धान्तों की व्याख्या पर प्रवचन सुनते हैं। इस विषय का साहित्य भी उन्हें प्रचुर मात्रा में दिया जाता है।

दक्षिणपन्थियों का देश में सामाजिक बहिष्कार चल रहा है। दफ्तर में काम करके वे चुपचाप चले जाते हैं, क्योंकि कोई उनसे बात करना नहीं चाहता। अपने परिवार के लोग भी उनसे अच्छे मुँह बात नहीं करते। यह है सरकारी प्रचार की महिमा।

पीकिंग में मैंने बार-बार इच्छा प्रकट की कि किसी तरह मुझे कवि एचिङ् और मादाम तिङ्-लिङ् से मिला दीजिए। लेकिन इस जिज्ञासा का मुझे कभी कोई सीधा जवाब नहीं दिया गया। एचिङ् चीन के महाकवि हैं। मादाम तिङ् लिङ् विख्यात उपन्यास-लेखिका हैं। वे जवानी से ही साम्यवादिनी रही हैं। सन् 1934-35 ई. में मोओत्से तुंग मादाम तिङ्-लिङ् के बड़े भारी प्रशंसक थे। उस समय उन्होंने तिङ्-लिङ् को 'साम्यवाद की सबसे उज्ज्वल शिखा' कहकर उनकी बड़ाई की थी और उन पर एक कविता भी लिखी थी। वही मादाम तिङ्-लिङ् आज साम्यवाद की विरोधिनी समझी जा रही हैं और उनसे लेखक-संघ के दफ्तर में जमादारिन का काम लिया जा रहा है।

इंस्टीट्यूट आव लिट्रेचर के सभापति श्री हो ची फान जब मुझसे मिलने आए, मैंने उनसे भी एचिङ् और तिङ्-लिङ् के बारे में पूछा। श्री फान ने कहा, "एचिङ् विवाहित नारियों के साथ सरोकार बढ़ाते हैं। वे आर्ट अकादमी के सभापति भी होना चाहते थे। लेकिन पार्टी को यह बात पसन्द नहीं थी। इसीलिए एचिङ् रूठ गए।" मादाम तिङ् लिङ् के बारे में श्री फान ने इतना ही कहा, "अभी आपको उनसे मिलने नहीं जाना चाहिए। वे बहुत दुखी हैं।" श्री फान के एक सहायक श्री पियन हैं। वे भी मिलने को आए। श्री फान ने कहा चीन में चालीस साल से नीचे के कवियों में लीची सर्वश्रेष्ठ हैं।

पोलैंड और हंगरी में जो कांड हुए, उन पर माओ की प्रतिक्रिया यह हुई थी कि दोष दोनों ओर हैं। हंगरी के नेता लोकप्रिय नहीं थे, वे जनता पर लादे गए थे। यह भी कि रूस को अपनी फौज इतने दिनों तक हंगरी में नहीं रखनी थी। माओ यह भी समझते थे कि दोनों देशों में साम्यवादी दलों के भीतर अफसरियत भर गई थी।

रूसी क्रान्ति की वर्षगाँठ यहाँ धूम-धाम से मनाई जा रही है। कमकरों के कलचर पैलेस में रूसी भाषा की हजारों पुस्तकें सजी थीं, बिक रही थीं, लोग उन्हें चाव से उलट-पलट रहे थे, पढ़ रहे थे।

पीकिंग में जिधर जाता हूँ, उधर ही मार्क्स, एंजिल्स और स्टालिन की बड़ी-बड़ी तस्वीरें लगी दिखाई देती हैं। साथ में माओ की भी तस्वीर जरूर होती है। चीन के देवता अब लाओत्से, कनफ्युसियस और बुद्ध नहीं हैं। चीन के नए देवता मार्क्स, एंजिल्स, स्टालिन और माओ हैं।

रूसी सीखने की ओर जनता में भारी प्रवृत्ति है। लगता है, रूसी भाषा चीन की दूसरी भाषा बन जाएगी।

विज्ञान छात्र चीनी में पढ़ते हैं। डॉक्टर और इंजीनियर चीनी भाषा द्वारा तैयार किए जाते हैं। चीन के भिन्न-भिन्न प्रान्तों पर भिन्न-भिन्न विदेशी शक्तियों ने अधिकार कर रखा था। किन्तु सारा देश गुलाम नहीं हुआ था। नाम में चीन स्वतन्त्र था और मांचू वंश के राज्यकाल में भी शिक्षा और शासन की भाषा चीनी ही थी। वही परम्परा कुमिताङ् के शासन-काल में भी चली और वही परम्परा अब जोर से ऊपर आ रही है।

सेक्स के अपराधों के लिए यहाँ कड़े दंड हैं। जो कुछ सुनता हूँ, उससे निष्कर्ष यह निकलता है कि चोरी और बदमाशी देश से उठ गई है। वातावरण इतना संयम है कि नर और नारी निर्द्वन्द्व होकर विचरते हैं।

जिसके हाथ में फावड़ा और कुदाल है, वह अपने को देश का बादशाह समझता है। कल्चर पैलेस में प्रेमियों की जोड़ियाँ काफी स्वतन्त्रता से घूमती मिलीं। लड़कियाँ लिपस्टिक नहीं लगाती हैं, न ज्यादा बनाव-सिंगार करती हैं। पोशाक और बनाव से लड़के और लड़कियाँ गरीब मालूम होते हैं, मगर प्रेम का रस उन्हें प्राप्त है और जीवन का ढंग सुन्दर दीखता है।

भारत में लड़कियाँ जब कॉलेज जाने लगती हैं, तब गरीब माता-पिता भी उनकी नफासत पर हैसियत के मुताबिक खर्च करते हैं। किन्तु चीन के विश्वविद्यालयों में नफासत की प्रवृत्ति बिलकुल है ही नहीं।

मैंने यह इच्छा प्रकट की थी कि मैं कोई गाँव भी देखूँगा। सो एक दिन गाइड और दुभाषिए के साथ में पीकिंग से कोई चालीस मील दूर एक गाँव में गया। रास्ते में धान और शकरकन्द के खेत आस-पास मिले। खेतों का सारा दृश्य बिहार-जैसा था, सिवाय इसके कि धान और शकरकन्द के खेत बिहार में अगल-बगल नहीं दिखाई देते।

जो गाँव मैं देखने गया, वह बिलकुल असम्पन्न था और जिस किसान के दरवाजे पर मैं उतरा, वह बिलकुल गरीब था। दरवाज़े पर न गाएँ थीं, न बैल, न सूअर, न मुर्गियाँ। रसोईघर में अलमुनियम के एक बरतन में थोड़ी-सी मछली पक रही थी। घर

में चौकी या खाट भी नहीं थी। मिट्टी के चबूतरे जरूर थे, जिन पर लोग शायद पुआल डालकर सोते होंगे।

प्रधानमन्त्री से मुलाकात

4 नवम्बर को दिन का भोजन करने के लिए मैं श्री भतकमकर जी के घर गया, जो हमारे दूतावास में प्रथम सचिव हैं। वहाँ भोजन पर श्री नटवर सिंह भी आ गए थे। देखने में वे फुर्तीले और तेज मालूम होते हैं। भगवान की कृपा से मेधा भी अच्छी पाई है। खा-पीकर दो बजे दिन में होटल लौटा, तब बू ने (दुभाषिए ने) कहा कि प्रधानमन्त्री श्री चू-एन-लाइ आपसे चार बजे मिलेंगे और सात बजे शाम को पीकिंग रेडियो के लोग आपसे वार्ता रिकॉर्ड करने आएँगे। इसलिए दो से साढ़े तीन बजे तक हिन्दी में मैंने एक छोटी-सी वार्ता तैयार कर दी और उसे अंग्रेजी में लिख डाला। मेरी वार्ता हिन्दी और चीनी में प्रसारित होनेवाली थी। मैंने अंग्रेजी में उसे इसलिए लिख दिया कि चीनी अनुवाद ज्यादा सहूलियत के साथ किया जा सके।

प्रधानमन्त्री के घर पर मैं समय से 15 मिनट पहले ही पहुँच गया। घर मँझोले आकार का था और तड़क-भड़क उसमें कुछ भी नहीं थी। बरामदा भी मामूली-सा ही था और उसी में कुछ कुर्सियाँ और मेज करीने से रखी हुई थीं। अपने देश में मन्त्रियों के घर में जो रंग-बिरंगे परदे झूलते हैं, कालीनें बिछी होती हैं, चू-एन-लाइ के घर पर यह सब कुछ नहीं था। चीन की किफायतसारी और व्यावहारिक बुद्धि का असर एक बार और ताजा हो गया।

ठीक चार बजे प्रधानमन्त्री अपने घर से निकले और बरामदे में पड़ी हुई कुर्सी पर बैठ गए। मैं जब उनसे हाथ मिला रहा था, ठीक उसी समय श्रीमती सुशीला नायर भी आ पहुँचीं और प्रधानमन्त्री ने उनका बड़े आदर के साथ स्वागत किया। फिर हम लोग चीन की चाय पीने बैठे गए। चीन की चाय यानी गर्म पानी और चाय की हरी पत्तियाँ, न चीनी, न दूध। मैंने एक दिन श्री लीची से कहा था, "आपके पूर्वज बड़े बुद्धिमान थे, इसी से गर्म पानी पीने का वे रिवाज जारी कर गए। मगर हम लोगों की जीभ पर इस चाय का कोई भी स्वाद नहीं चढ़ता है।" लीची ने कहा था, "आप सिगरेट पीते हैं, इसीलिए इस चाय का बारीक मजा नहीं ले सकते। जरा सिगरेट छोड़कर देखिए कि यह चाय कितनी स्वादिष्ट है।"

प्रधानमन्त्री के साथ बातें पाँच बजे शाम तक होती रहीं। चीन के मूल निवासी हान्स जाति के लोग हैं और उनकी जनसंख्या 94 प्रतिशत है। बाकी जो 6 प्रतिशत लोग हैं, वे अल्पसंख्यक हैं और मुख्यतः चीन की सीमाओं पर बसे हुए हैं। प्रधानमन्त्री ने बताया कि चीन की 60 प्रतिशत जमीन वहाँ है, जहाँ 6 प्रतिशत अल्पसंख्यक बसते हैं, विशेषतः सीमाओं पर यानी मंगोलिया और तिब्बत की ओर। हान्स जाति, जो

जनसंख्या का 94 प्रतिशत है, उसके कब्जे में देश की केवल 40 प्रतिशत खेती लायक जमीन है।

चीन की 60 प्रतिशत जमीन ऐसे इलाकों में पड़ती है, जहाँ यातायात नहीं है, खेती की सुविधाएँ नहीं हैं। इस जमीन को जोत में लाना बहुत ही कठिन कार्य है। फिर भी इस जमीन को जोत में लाए बिना चीन का कल्याण नहीं है। चीन में कुल आबाद जमीन 11 करोड़ हेक्टर है। पिछले साल यानी सन् 1956 ई. में कुल उपज 19 करोड़ टन हुई थी। यदि औद्योगिक उपजवाली जमीन को मिनहा कर दें, तो उपज 90 लाख हेक्टर में अठारह करोड़ टन हुई है। अर्थात् चीन में उपज प्रति हेक्टर दो टन के हिसाब से पड़ती है। किन्तु जापान की उपज प्रति हेक्टर 6-7 टन है। अतएव चीन को उपज के मामले में उसी धरातल को छूना है, जो जापान का धरातल है।

प्रधानमन्त्री ने यह भी कहा कि "चीन में खाद और सिंचाई की समस्या बड़ी प्रचंड है। खाद भी जापान चीन की अपेक्षा चौगुनी पैदा करता है। चीन में भी सिंचाई की योजना पर तेजी से काम हो रहा है। 1956 से 1967 की अवधि में सिंचाई का काम खूब आगे बढ़ जाएगा और उम्मीद है कि तब हम 33 प्रतिशत खेतों की सिंचाई कर सकेंगे। चीन में जंगल नहीं हैं, यह दूसरी बड़ी बाधा है। भारत और पाकिस्तान में जंगल हैं, यह अच्छी बात है। हम भी जंगल नए सिरे से लगा रहे हैं। जंगल नहीं रहने से जमीन उड़ती जाती है। 15-20 साल में हम इस हानि को रोक सकेंगे।"

फिर प्रधामन्त्री ने मुझसे पूछा, "चीन में क्या-क्या चीजें आपको पसन्द आई हैं?"

मैंने कहा, "वैसे तो सारा देश ही मुझे पसन्द है, मगर बच्चों और क्रिसैंथमम के फूलों को देखकर तो आँखें निहाल हो जाती हैं। खुशी की बात यह है कि इन दोनों की संख्या भी यहाँ खूब है।"

प्रधानमन्त्री मजाक की तल्खी को ताड़ गए। बोले, "क्या किया जाए? गत वर्ष यहाँ डेढ़ करोड़ बच्चे जनमे हैं। सफाई और स्वास्थ्य की सुविधाओं के प्रचार से मृत्यु की दर घट रही है। समाज में क्रान्ति के बाद से स्थायित्व भी बढ़ा है। उसी अनुपात में विवाह की भी प्रवृत्ति बढ़ी है। अतएव, बच्चे अगर आते हैं, तो आएँ। हम उनका स्वागत करते हैं। साथ ही हमने भी परिवार-नियोजन की कुछ योजनाएँ चला रखी हैं।"

किन्तु प्रधानमन्त्री को परिवार-नियोजन से उतनी आशा नहीं थी, जितनी सिंचाई और खाद की वृद्धि से। उनका खयाल था कि बंजर जमीन को जोत के अन्दर लाकर और खाद तथा सिंचाई की सुविधा बढ़ाकर चीन इतना अनाज पैदा कर लेगा कि उससे उसकी बढ़ती हुई जनसंख्या का पालन हो सके। जंगलों की आवश्यकता पर वे बार-बार जोर देते थे और कहते थे कि वन मुझे वैसे ही चाहिएँ, जैसे भारत, पाकिस्तान और अफगानिस्तान में हैं।

भारत और चीन की तुलना करते हुए प्रधानमन्त्री चू-एन-लाइ ने कहा, "चीन भारत की तुलना में अधिक पिछड़ा हुआ है।" सुशीला जी बोलीं, "यह तो चीनी विनम्रता है।" श्री चू-एन-लाइ ने कहा, "नहीं, विनम्रता नहीं, यह बात आँकड़ों से भी सिद्ध की जा सकती है। इसके सिवा, आपने देखा होगा कि यहाँ चीन में लोग खाते भी बहुत हैं।" सुशीला जी बोलीं, "मैं खुद जब से चीन आई हूँ, कुछ ज्यादा खाने लगी हूँ।" मैंने कहा, "चीन की जलवायु सुशीला जी को जितनी लाभदायक हुई, उतनी मुझे नहीं हो सकी। मेरी खुराक यहाँ आकर कुछ घट गई है। मगर मैं जोर देकर कहूँगा कि चीन के लोग भारतीयों से ज्यादा नहीं खाते हैं।" प्रधानमन्त्री बोले, "खाते हैं। मैंने दिल्ली और लाहौर में भी लोगों को खाते देखा है और यहाँ पीकिंग में भी देखता हूँ।"

श्री चू-एन-लाइ फ्रेंच बहुत अच्छी जानते हैं, मगर अंग्रेजी बहुत कम। फिर भी अंग्रेजी के दो-एक कटर-मटर वाक्य उनके मुख से भी निकल गए। यहाँ दिल्ली में यह कानाफूसी चला करती थी कि चू-एन-लाइ अंग्रेजी जानते हैं, किन्तु इंग्लैंड से घृणा होने के कारण अंग्रेजी नहीं बोलते। इसलिए सुशीला जी बोल उठीं, "श्रीमन, आप तो अंग्रेजी जानते हैं। फिर अंग्रेजी में बात क्यों नहीं करते? अगर मैं चीनी भाषा जानती, तो मैं चीनी में ही आपसे बात करती।" प्रधानमन्त्री ने कहा, "हिंडी-हिंडी।"

मैंने सुशीला जी से कहा, "सुन लीजिए सुशीला जी! प्रधानमन्त्री कह रहे हैं कि यदि मैं हिन्दी जानता, तो उस भाषा में आपसे जरूर बात करता। अंग्रेजी जानने पर भी मैं आपसे अंग्रेजी में बात नहीं करूँगा। काश, यह शिक्षा भारत के वे लोग ले सकते, जो हिन्दी जानते हुए भी हिन्दी में बात करना अपनी शान के खिलाफ समझते हैं!"

फिर यांगसे नदी की बात चली। चीन में यह नदी 'शोक की नदी' समझी जाती है। उसकी बाढ़ से हर साल बर्बादी होती है। प्रधानमन्त्री ने मेरी ओर उँगली उठाकर सुशीला जी से कहा, "यांगसे इतनी खराब नदी है, मगर इनकी जातवाले (यानी कवि) उस नदी की भी प्रशंसा के गीत गाते हैं।" मैंने निवेदन किया, "बिहार में भी शोक की एक नदी है, जिसका नाम कोसी है। मगर कवि कोसी की प्रशंसा के गीत नहीं गाते। सरकार अब उस पगली नदी को बेड़ी पहना रही है।"

प्रधानमन्त्री बार-बार कृषि और अनाज की उपज बढ़ाने की बात करते रहे। उन्होंने कहा, "हमने खेती के विकास के लिए एक चालीस-सूत्री योजना बनाई है। अभी उस योजना पर सारे देश में चर्चा छिड़ी हुई है। वह योजना सफल हो जाए, तो अनाज का उत्पादन चीन में बढ़ जाएगा।" श्री लीची से उन्होंने कहा, "आप हमारी चालीस-सूत्री योजना की एक-एक प्रति इन लोगों को अवश्य दे दीजिएगा।"

मुलाकात पाँच बजे शाम को खत्म हुई और मैं तुरन्त भागा-भागा दूतावास पहुँचा, जहाँ श्रीमती राजेन नेहरू ने एक छोटी-सी सभा बुला रखी थी। दफ्तर तब तक बन्द हो चुका था, फिर भी दो टाइपिस्ट भाइयों ने मेरी वार्ता के दोनों संस्करण टंकित कर

दिए। तब तक दूतावास के कर्मचारियों को मैं अपनी कविताएँ सुनाता रहा। राजदूत तो सभा में नहीं थे, किन्तु उनकी आत्मा श्रीमती राजेन नेहरू सभा में मौजूद थीं और उसमें जीवन डाल रही थीं।

होटल मैं सात बजे शाम को लौटा और खाना खाकर ज्योंही ऊपर अपने कमरे में आया, पीकिंग रेडियो के लोग वार्ता रिकॉर्ड करने को पहुँच गए।

उस रोज दिन में इतना थक गया था कि रात में ठीक से नींद नहीं आई। तब भी छह बजे भोर में ही बिस्तर छोड़ देना पड़ा, क्योंकि आठ बजे थैंचिंग जाने के लिए स्टेशन पहुँचना जरूरी था। मैं ठीक समय पर स्टेशन पहुँच गया। कवि लीची और दुभाषिया मेरे साथ चले। विदा देने की श्री सिंग ये भी स्टेशन पर आए थे।

('मेरी यात्राएँ' पुस्तक से)

थैंचिंग की डायरी

थैंचिंग मैं 5 नवम्बर को पहुँचा। यह औद्योगिक नगर है और जमशेदपुर से मिलता-जुलता है। एक समय यहाँ इंग्लैंड, आस्ट्रिया, अमेरिका और फ्रांस की कोठियाँ थीं और सबके अलग-अलग इलाके थे। बहुत दिनों तक जापानी भी इस शहर के एक हिस्से पर कब्ज़ा किए हुए थे। चीन सिद्धान्ततः कभी गुलाम नहीं हुआ था, मगर मांचू-वंश का राज्य थोड़े इलाके पर चलता था। चीन के बाकी हिस्से किसी-न-किसी विदेशी सत्ता के अधीन थे। भारत और चीन के बीच यही फर्क था। भारत एक देश के अधीन था, इसलिए गुलामी के दिनों में भी यहाँ रेल, तारवर्की, आदि के काम काफी फैले। मगर चीन को लूटते तो सभी थे, लेकिन पूरे चीन को रेल और तार द्वारा एक करने का काम वहाँ नहीं हुआ।

क्रान्ति के साथ थैंचिंग का थोड़ा सम्बन्ध है। अव्वल तो यह श्रमिकों का नगर है, इसलिए क्रान्ति का समर्थन यहाँ ज्यादा रहा। चू-एन-लाइ यहीं पढ़ते थे। अपने छात्र-जीवन में एक बार वे यहीं गिरफ्तार भी हुए थे। क्रान्ति के आरम्भिक दिनों में माओत्से तुंग भी यहाँ छिपे हुए थे।

यह औद्योगिक नगर है। यहाँ सरकार के कॉटन मिल पाँच हैं। कॉटन के दो कारखाने ऐसे हैं, जो सरकार और निजी मालिकों के सहयोग से चलते हैं। लोहे और बिजली के भी कारखाने यहाँ बड़े-बड़े हैं। एक निटिंग मिल है। उसे देखने गया। सारी चीजें जनसाधारण के उपयोग के लिए बनती दिखाई पड़ीं। बनियाइन, सूती स्वेटर, अंडर वियर, मिरजई और कोट--ये काफी संख्या में तैयार हो रहे थे। रंग यहाँ केवल नीला ही नहीं चलता। और भी रंग काम में लाए जाते हैं। छींटों की भी छपाई काफी होती है।

मजदूरों का एक संस्कृति-महल यहाँ भी है। यह महल सन् 1953 ई. में बना था। भवन बड़ा ही भव्य है। उसमें चित्रकला, संगीत, नाटक, सिनेमा और नृत्य– सबके कार्यक्रम चलते हैं। जिन कलाकारों का सम्बन्ध बुर्जुआ समाज से रहा है, साम्यवादी उनका पूरा विश्वास नहीं करते। ये लोग कमकरों के भीतर से भिन्न-भिन्न प्रकार के कलाकार पैदा कर रहे हैं, क्योंकि ऐसे ही कलाकार सर्वहारा डिक्टेटरशिप के प्रति हृदय से वफादार हो सकते हैं।

शाम का वक्त था। एक और जगह कमकरों का मनोरंजन-केन्द्र देखने गया। गेट पर ही देखा कि लोग ढोल और झाल बजा रहे हैं। भीतर जाकर देखा तो बहुत-से मजदूर कैरम, पच्चीसी, चौसर और ताश खेलते दिखाई पड़े। एक कमरे में गया, तो देखा कि लड़कियाँ मेकअप कर रही हैं। शायद यह किसी नाटक की तैयारी थी।

किंडर गार्टन देखने गया, तो वहाँ साल-दो-साल के बच्चे बहुत दिखाई पड़े। अनेक छोटे बच्चे पलनों में बैठे या लेटे थे। पलने रेलिंगदार होते हैं, जिससे बच्चे गिरें नहीं। एक औरत दो बच्चों को खाना खिला रही थी और दोनों को अलग-अलग चम्मचों से खिला रही थी। साम्यवादी देशों में बच्चों की जैसी देखभाल की जाती है, वैसी देखभाल जवानों और बूढ़ों की नहीं। बच्चे निर्मल हाँड़ी हैं, जिसमें अभी किसी भी तरह की खुशबू या बदबू नहीं पड़ी है। राज्य उन्हें प्यार से पालता है और अपने ढाँचे में ढालता जाता है। ये ही बच्चे जवान होकर साम्यवाद के सुदृढ़ स्तम्भ बनेंगे। किंडर गार्टन के सभी बच्चे स्वस्थ और स्वच्छ थे। उनके बदन पर के कपड़े भी खुशनुमाँ और मुलायम थे।

निटिंग मिल में जो सेक्रेटरी हमें घुमा रहा था, मजदूरों के साथ उसका सलूक बराबरी का था। सेक्रेटरी का वेतन यहाँ 90 य्वान है। मजदूरों का अधिक-से-अधिक वेतन 70 य्वान और कम-से-कम 33 य्वान होता है। मैंने कहा, "यहाँ तो चीजें भारत से दुगुनी महँगी हैं। फिर 33 य्वान में मजदूरों का गुजारा कैसे होता होगा?" सेक्रेटरी बोले, "ज्यादातर नौजवान अभी क्वाँरे हैं। उन पर पारिवारिक बोझ नहीं है। इसलिए उनका गुजारा हो जाता है।"

थैंचिंग में भी सड़कों के अगल-बगल लोगों की भारी भीड़ मिली। मगर लड़कियाँ अब सभी चोटियोंवाली ही नहीं मिलतीं, बहुत-सी ऐसी भी हैं, जिनके बाल बाब ढंग से कतरे हुए हैं।

मुझे बताया गया कि क्रान्ति के पहले औरतें यहाँ भी घरों के भीतर यानी पर्दों में रहती थीं। बाल-डाँस केवल शहर के अमीर-उमराव नाचते थे। लेकिन क्रान्ति के बाद औरतें पूरी तरह से आजाद हो गईं। अब वे सड़कों पर तथा होटलों और कारखानों में सर्वत्र घूम सकती हैं और काम कर सकती हैं। ये औरतें अब अवकाश का समय संस्कृति-महल में बिताती हैं और वहाँ बड़े मजे से बाल डाँस नाचती हैं।

केवल आठ वर्षों में इतना बड़ा परिवर्तन कैसे हो गया, सोचकर आश्चर्य होता है।

रात में थैंचिंग होटल में स्थानीय लेखकों के साथ डिनर हुआ। डिनर में थैंचिंग लेखक-संघ के सभापति श्री फुङ्च आए हुए थे, उपन्यासकार श्री वाङ् लिंग आए हुए थे, श्री लाओ चुंग आए हुए थे जो चेक भाषा से चीनी में अनुवाद करते हैं।

इस गोष्ठी में भी मैंने कवि एचिङ् और मादाम तिङ् लिङ् की चर्चा छेड़ दी। श्री फुङ्च का भी विचार है कि ये दोनों लेखक जन-जीवन से दूर हो गए हैं। एचिङ् और

तिङ् लिङ् के विरुद्ध लोग कोई भी बात बोल सकते हैं, जिनसे उनकी निन्दा ध्वनित हो और यह सिद्ध होता हो कि पार्टी ने उनके साथ जो सलूक किया है, ठीक ही किया है। श्री वाँग लिंग ने कहा कि एक बार श्री एचिङ् ने उनसे कहा था कि "जानते हो कि दुनिया में मैंने जो कुछ देखा है, उसमें सर्वश्रेष्ठ दृश्य कौन था? पेरिस में एक लड़की ने दूर से मेरी ओर चुम्बन का इशारा किया और मैंने भी दूर से ही हवा में उसे चूम लिया। यह दृश्य मेरे जीवन की सबसे बड़ी उपलब्धि है।" श्री वांग लिंग ने और भी कहा कि "ये दोनों लेखक जीवन को आनन्द का पर्याय मानते हैं और वर्तमान संघर्ष को महत्त्व नहीं देते। इसलिए वे दक्षिणपन्थी हो गए हैं। मादाम तिङ् लिङ् में तो अहंकार की मात्रा बहुत है।"

लेखकों ने यह भी जानना चाहा कि मैं कविताएँ किस प्रकार की लिखता हूँ। यह प्रश्न काफी गोल-मटोल था, लेकिन प्रसंग के अनुसार मैंने जवाब दिया कि, "कविताएँ मैं केवल आनन्द के लिए भी लिखता हूँ और क्रान्तिकारी भी। मैं संस्कार से रोमांटिक कवि हूँ। जहाँ तक राजनीतिक दृष्टिकोण की बात है, मेरी एक कविता का नाम 'दिल्ली और मास्को' है, जिसमें मैंने मास्को की वन्दना की है, किन्तु साम्यवाद की आलोचना।"

फिर मैंने विनोबा जी के भूदान-आन्दोलन का जिक्र किया। विनोबा जी का नाम लेखकों ने सुना ही नहीं था। जब मैंने भूदान की सभी व्याप्तियाँ बता दीं, उनमें से एक ने कहा, "चीन में इसे हम पेजेंट फिलासाफी यानी देहाती दर्शन कहेंगे।"

डिनर से दस बजे रात में मैं होटल लौटा। थोड़ा-सा सोया। उसके बाद लीची और बू आ गए। झटपट सामान बाँधकर हम एक बजे रात में स्टेशन पहुँच गए, क्योंकि एक बजे की ट्रेन से ही हमें नानकिंग के लिए प्रस्थान करना था।

('मेरी यात्राएँ' पुस्तक से)

नानकिंग की डायरी

थैंचिंग से हमारी गाड़ी 1 बजकर, 51 मिनट पर खुली। थोड़ी देर के बाद हमने शान्तुंग प्रान्त में प्रवेश किया। दूसरे दिन 12 बजे के लगभग चुइ फू स्टेशन आया। यह कनफ्युसियस का जन्मस्थान है। सांस्कृतिक दृष्टि से यह सारा प्रान्त कनफ्युसियस का प्रान्त समझा जाता है।

भारत में हम चाहे जिस किसी ट्रेन से भी चलें, स्टेशन पर और गाड़ी में भीड़ काफी मिलती है। लेकिन चीन में बड़ी आफियत है। स्टेशन भी खाली, गाड़ी में भी भीड़ का बिलकुल अभाव। उस पर तुर्रा यह कि ट्रेनें भी कम ही चलती हैं। इसका कारण क्या हो सकता है? अभी शायद यहाँ की जनता के पास पैसे नहीं हैं या घूमने-फिरने का शौक नहीं है। अथवा हो सकता है कि रेजिमेंटेड समाज में घूमना-फिरना बहुत कम होता हो। ऐसा इसलिए सोचना पड़ता है कि यहाँ हर आदमी अपनी पहचान का कार्ड (आइडेंटिटी कार्ड) लिए चलता है और टिकट खरीदने के समय उसे अपना कार्ड दिखलाना पड़ता है। यह देखकर और भी निराशा हुई कि यहाँ मालगाड़ियों का भी यातायात कम है।

लखनऊ, दिल्ली, मद्रास, बम्बई और हावड़ा की तो बात ही क्या, चौबीस घंटे के सफर में कहीं पटने-जैसा भी स्टेशन नहीं मिला। इसका कारण यह है कि जो देश चीन का शोषण करते थे, वे केवल उसका शोषण ही करते थे, बदले में सुविधाओं का प्रबन्ध करने की उन्हें कतई चिन्ता नहीं थी। कुछ यह बात भी है कि यहाँ की सरकार प्राथमिकता के हिसाब से चल रही है। पहले बारूद और बम चाहिए, उसके बाद मालों के उत्पादन में वृद्धि। स्टेशनों के मकान पचास साल बाद भी सुधारे जाएँ, तो हर्ज क्या है?

चीन में आडम्बर का अभाव है। पीकिंग भी बहुत पुराना शहर है, मगर वह दिल्ली के समान नहीं है और नई दिल्ली के समान तो बिलकुल ही नहीं। उसी प्रकार थैंचिंग जमशेदपुर के समान जरूर है, मगर जशेदपुर की स्वच्छता और चाकचिक्य थैंचिंग में है ही नहीं। खुद नानकिंग का रूपरंग कलकत्ते-जैसा है। विदेशियों का बसाया हुआ है। शायद लन्दन के मॉडल पर बना है। कहीं-कहीं बिलकुल कलकत्ते के समान लगता है।

रास्ते में ट्रेन से देखा कि खेतों के बीच आड़ें नहीं हैं। इससे मैं इस निष्कर्ष पर पहुँचा कि, हो-न-हो, यह सामूहिक खेती का दृष्टान्त है। कहीं-कहीं 20-50 आदमी एक ही खेत पर काम कर रहे थे।

रास्ते में तीन-सवा तीन बजे के लगभग एक जलाशय समुद्र-जैसा दिखाई पड़ा। शायद कोई बड़ी झील थी। एक जगह उसमें से कोई नहर काटी जा रही थी और कोई एक हजार आदमी काम पर जुटे हुए थे। मशीनें कोई भी दिखाई नहीं पड़ीं। चीन के पास रजामन्द कमकर काफी हैं अथवा यह कि डिक्टेटर का हुक्म कड़ा होता है। अतएव जो काम मशीनों से किया जाना चाहिए, वह काम यहाँ हाथों से पूरा कर दिया जाता है। यह भी एक ऐसा दृश्य था, जिससे भारत शिक्षा ले सकता है।

हलों में कहीं भैंसे दिखाई देते थे, कहीं बैल। अब गाएँ, भेंड़ें, और बकरियाँ भी दिखाई देने लगी हैं।

ट्रेनें यहाँ अपेक्षाकृत खाली तो जाती हैं, मगर उनमें रेडियो का प्रोग्राम चलता रहता है। सुबह में ट्रेन जब एक स्टेशन पर रुकी, मुझे यह देखकर बड़ा कौतुक हुआ कि स्टेशन पर खड़े सभी कर्मचारी और यात्री एक ही प्रकार की कसरत करने लगे। पूछने पर दुभाषिए ने बताया कि यह हमारा राष्ट्रीय अनुशासन है। आठ बजे भोर में रेडियो से कसरत का प्रोग्राम प्रसारित किया जाता है और जो जहाँ होता है, वहीं वह रेडियो के आदेश और संकेत के अनुसार कसरत करने लगता है।

यहाँ प्लेटफार्मों पर पूड़ी, तरकारी और मिठाइयाँ नहीं बिकतीं। हर जगह मांस बिकता है। सबसे अधिक लोकप्रिय चीज भूनी हुई चिड़िया है, जो मुसल्लम होती है। मांस-खोरों में चीनी लोग, शायद, सबसे आगे बढ़े हुए हैं। जमीन, खेती, पशुधन आदि में तो चीन भारत के समान लगता है, मगर खान-पान में भारत का जो मिलान यूरोप के साथ है, वह चीन के साथ नहीं है।

नानकिंग हम काफी रात गए पहुँचे। यांगसे नदी को हमने बार्ज द्वारा पार किया, जैसे सिमरियाघाट और मोकोमाघाट में पहले मालगाड़ी के डिब्बे बार्ज द्वारा पार किए जाते थे। नगरी में प्रवेश करते ही मैंने देखा कि वह नवोढ़ा की तरह सजी है। रूसी क्रान्ति के उत्सव में सारा नानकिंग दीपों का हार पहनकर जगमगा रहा था।

तीन गाड़ियाँ लेकर चार सज्जन हमें लेने को आए थे। मैंने कहा, "आपने बड़ी कृपा की कि इस कुसमय भी आप स्टेशन आए।" लेखक-संघ के सभापति ने कहा, "चीनी कवियों को पिछली रात में बाहर घूमने की आदत होती है।" मुझे इस पर एक मजाक सूझा, मगर उसे मैंने दबा लिया, कुछ तो थकावट के कारण और कुछ इस भय से कि दुभाषिया उसका अनुवाद शायद न कर सके।

मैं नानकिंग होटल में ठहराया गया। यह होटल बड़े ठाट का है। कुनमिंग, शेंगतू, पीकिंग और थैंचिंग, सर्वत्र होटलों में ठहरा था, मगर ऐसा होटल कोई नहीं था। कमरा स्वच्छ और सुशोभन है। एक जग है जिस पर चीनी चित्रकला बेतरह जगमगा रही है।

बीच में एक वृद्ध है। उसके दोनों ओर दो युवतियाँ खड़ी हैं। बेड लाइट में लाल रेशम का पर्दा है और लाल ही फुदनी। बस, सुहाग-कक्ष यानी कोहबर के कमरे के समान लगता है। और तो और दुलाई और कम्बल भी रसिकता के भाव जगाते हैं।

7 नवम्बर को डायरी देखने से पता चला कि आज कार्तिक पूर्णिमा है। नया यज्ञोपवीत मेरे बक्से में था। इसलिए स्नान करके मैंने यज्ञोपवीत बदला और दुर्गा कवच का पाठ किया। कल इनसुलीन नहीं ली थी, मगर खाया खूब था। अतएव आज चीनी 2 प्रतिशत दिखाई पड़ी।

रात को जो लोग स्वागत को आए थे, उनमें से तीन के नाम ये हैं :

1. **श्री चौ छन**

आलोचक हैं, प्रोफेसर हैं, वैदेशिक सांस्कृतिक सम्पर्क विभाग के उप-सभापति हैं। सभापति शहर में नहीं हैं, नहीं तो वे ही आए होते।

2. **श्री वू पेथा**

नाटककार हैं, सीधे-सादे आदमी हैं, थोड़ी अंग्रेजी भी जानते हैं। लाल कमरे का स्वप्न नामक चीनी उपन्यास को इन्होंने नाटक का रूप दिया है। आज यह नाटक हम देखेंगे।

3. **श्री स्वन वांग**

प्रोफेसर और कवि हैं।

नाश्ता करके हम दस बजे नगर-दर्शन को बाहर निकले। हम यानी मैं, कवि लीची, दुभाषिया वू और श्री वू पेथा। सबसे पहले हम चीन के गांधी, स्वर्गीय सनयात सेन की समाधि पर गए। यह समाधि एक सुन्दर पहाड़ी (पर्पुल माउंटेन) के पृष्ठाधार पर बनाई गई है। नीचे कंक्रीट का बना सीढ़ियों का ढाल है। उसे पार करके सीढ़ियों पर चढ़ना होता है। काफी चढ़ाई के बाद समाधि का मन्दिर आता है। मन्दिर में सामने के कक्ष में सनयात सेन की खड़ी मूर्ति है। पीछे कक्ष में, जहाँ उनकी अस्थि गाड़ी गई होगी, एक समाधि है, जिस पर सनयात सेन की सोती हुई मूर्ति है। सारे भवन में चीन का परम्परागत अपना स्थापत्य है। बाहर धूपदानी और कड़ाह भी है, जैसी धूपदानी और कड़ाह लामा मन्दिर में, विंटर पैलेस में और स्वर्ग मन्दिर में देखा था। मकान की छत का बाहरी रंग नीला है, जो चीन का राष्ट्रीय रंग है। चीन में सभी पुराने मकानों के छप्पर बाहर से नीले रंग के होते हैं।

इस समाधि के पार्श्व में सटे हुए चीड़ के वन हैं। वनों के ऊपर एक और चोटी है। उस पर भी चीड़ और देवदार के वृक्ष सुशोभित हैं।

मैंने पूछा, "यह समाधि तो चियाङ् काइ शेक ने बनवाई होगी?"

श्री वू पेथा ने कहा, "नहीं, कुमिताङ् पार्टी ने।"

स्पष्ट है कि चीन के साम्यवादी चियाङ् काइ शेक को उतना भी सुयश देना नहीं चाहते, जिस पर उसका अधिकार है।

सनयात सेन की समाधि से थोड़ी दूर पर लिंको मन्दिर है। मन्दिर एक प्रकार के वन में है। चीड़, देवदार और पतले-पतले बाँसों के वृक्ष और नीचे जमीन पथरीली और साफ। मौसम इतना सुहावना था कि उस वन से निकलने को जी नहीं चाहता था। चीनी कवि का वह पद याद आया, जिसे मैंने नए सुभाषित में दिया है। लगता है, बाँसों के ऐसे ही किसी कुंज में बैठकर चीनी कवि ने यह कविता लिखी होगी :

वेणुवन की छाँह में बैठा अकेला,
मैं कभी वंशी, कभी सीटी बजाता हूँ।
खूब खुश हूँ, आदमी कोई नहीं आता।
चाँद केवल रात में आ झाँकता है।
सूर्य पर दिन में चला जाता बिना देखे।
कौन दे उसको खबर इस कुंज में कोई छिपा है?

मुल्क गरीबी में भी सलीके से चलाया जा सकता है, यह शिक्षा यहाँ कदम-कदम पर मिलती है। स्टेशन में लोहे की रेलिंग नहीं है, बाँस की जाफरी लगी है। होटल में जूतियाँ सींक की देते हैं और हैंगर बाँस के।

दुकानों और मकानों की सजावट में लाल कपड़ों पर सुनहले रंग के अक्षर लिखने का रिवाज है। कहीं-कहीं दरवाजों पर लाल कपड़ों की बनी झालरदार झंडियाँ भी दिखाई देती हैं।

यहाँ लोग खखारते और थूकते बहुत हैं। जगह-जगह थूकदानी रखी मिलती है। जिसे खाँसी, सर्दी या जुकाम है, वह मुँह पर जाबी लगाए हुए चलता है।

रूसी क्रान्ति दिवस मनाने का उत्साह चारों ओर लहरा रहा है। सर्वत्र लाल रंग, सर्वत्र पोस्टर। कुछ पोस्टर ऐसे, जिनमें 1917 से 1957 तक के रूसी इतिहास की झाँकी मिल जाती है।

इस उद्यान का नाम अब लिंको पार्क है। पार्क में लकड़ियों से बना एक हॉल है और एक पगोडा कोई आठ महल का, बहुत कुछ कुतुब मीनार-जैसा। स्थानीय आर्ट कॉलेज के बहुत-से छात्र वहाँ बैठे लैंडस्केप पैंटिंग कर रहे थे।

पहले यह पार्क कुमितांग के अफसरों का विहार-स्थल था। लेकिन साम्यवादी सरकार ने इसे जनता के लिए उन्मुक्त कर दिया है।

लिंको पार्क से हम मिंग वंश के सम्राट की समाधि देखने लगे। यहाँ सामने जानवरों की बहुत-सी प्रतिमाएँ हैं—सिंह की, हाथी की, ऊँच की, घोड़े की। श्री वू पेथा ने बताया कि ये मूर्तियाँ 15वीं सदी की हैं। यह जगह काफी ऊँचाई पर है। यहाँ से सनयात सेन की समाधि साफ दिखाई देती है और पहाड़ की चोटी पर स्थित वेधशाला भी।

जब हम लौटने लगे, तब जानबूझकर सनयात सेन रोड से होकर आए। चौक पर सनयात सेन की प्रतिमा लगी हुई है।

जिस वास के कारण कुनमिंग और शेंगतू में खाना अच्छा नहीं लगता था, देखता हूँ, वह इस देश की राष्ट्रीय वास है। जहाँ भी चार चीनी एकत्र मिलते हैं, उनके शरीर से वही वास आती-सी लगती है। पीकिंग में बनियाइन धुलने को दी थी। आज उसे निकाला, तो उससे भी वही वास आने लगी। बनियाइन मुझसे पहनी नहीं गई।

8-11-57 के प्रातःकाल नानकिंग की मशहूर झील देखने को गया। यह झील नानकिंग के नगर-प्राचीर के बाहर पड़ती है। इस झील में चार टापू हैं, जो बड़ी ही खूबसूरती से एक-दूसरे से मिला दिए हैं। इन टापुओं का जितना अच्छा उपयोग किया जा रहा है, उसे देखकर चीन-निवासियों की सुरुचि पर श्रद्धा होती है। चीन में खाने-पीने की आदतों में चाहे जो गन्दगी हो (और यहाँ थूक भी लोग भारत से ज्यादा फेंकते हैं) किन्तु सौन्दर्य-प्रेम चीनियों में बहुत है। झील में किनारे-किनारे सर्वत्र डोंगियाँ और नावें लगी हैं, जिनमें बैठकर लोग सैर को निकलते हैं। पानी के ऊपर जितनी भी जमीन है, सब बाग-बगीचों से भरी है। बगीचे वैसे फुलवारियों के समान हैं, मगर उनमें चीड़ के पेड़ काफी हैं। साथ-साथ अनार के पेड़ खूब मिलते हैं। पेड़ों के पत्ते झर गए थे, फिर भी एक कठोर सौन्दर्य चारों ओर छाया हुआ था।

टापू में एक जगह बाँसों का ही वन दिखाई पड़ा। न जाने, यह प्रकृति की लीला है या आदमी का करतब, यहाँ बाँस का बीट नहीं होता। हर दो बाँसों के बीच एक-दो हाथ की दूरी होती है। कोंपल बीट में नहीं निकलकर बाँस से एक-दो हाथ अलग जाकर निकलते हैं। इस वेणुवन की भी भूमि स्वच्छ थी। एक जगह आराम करने को कुछ कुर्सियाँ रखी हुई थीं। हमने थोड़ी देर वहाँ विश्राम किया और बाँसों के अद्भुत वन की शोभा का पान करते हुए उस चीनी कवि को याद किया, जिसने ऊपर उद्धृत कविता लिखी होगी।

आज वू के सिवा हम तीनों कवि ही थे। लीची तो अंग्रेजी जानते नहीं। दुभाषिए के जरिए उन्होंने अपनी पसन्द की कविताएँ सुनाईं और उसी के जरिए मैंने भी उन्हें दो-एक कविताओं का अर्थ समझाया।

चीन में जो मजदूर हैं, वह अपने को शासक समझता है। छुट्टी के वक्त सभी मजदूर अब इन टापुओं में आनन्द से विचरते हैं। क्रान्ति के पूर्व ये टापू भी अमीरों के आरामगाह रहे होंगे। एक जगह स्केटिंग के लिए सीमेंट का एक मैदान दिखाई पड़ा। पचासों लोग पाँवों में स्केट बाँधे स्केटिंग कर रहे थे। झुंड-के-झुंड मर्द और औरत आनन्द से उडेलते हुए घूम रहे थे। जगह-जगह चायशालाएँ खड़ी हैं। सैकड़ों कुर्सियाँ बिछी हुई हैं। जहाँ भी जी चाहे, बैठ जाइए और दो-चार प्याले चाय के पीकर आगे बढ़िए।

एक जगह मैदान में ही छोटा-सा मंच है, जिस पर लोक-नृत्य या नाटक होता होगा। मैदान भी कई हैं। एक मैदान में एक चिड़ियाखाना भी है। जब हम चिड़ियाखाने की ओर जाने लगे, एक द्वीप हमें फूलों का मिला। आह, क्या विचित्रता थी! फूलों का

मंडप, फूलों की मेज, फूलों की दीवार, फूलों की लिखावट, फूलों की नदी और फूलों का ही पुल। फूलों से प्यार करनेवाले लोगों में शायद चीन के ही लोग सबसे आगे होंगे। या सम्भव है, उनके साथ हमें जापानियों को भी गिनना पड़े। फूलों के पौधों की जड़ें तो गमलों में हैं, मगर कमाचियों से डालियों को बाँधकर ऐसा समाँ तैयार किया गया है कि लगता है, फूलों की बड़ी-बड़ी चौकोर, गोल या तिकोनी मेजें आपके सामने बिछी हुई हैं। इस टापू में फूलों की अजब बहार देखकर आँखें निहाल हो गईं। नानकिंग का चिड़ियाखाना पीकिंग वाले चिड़ियाखाने से छोटा है, फिर भी वह अपने ढंग की चीज है।

शाम को वेधशाला देखने गए। काफी ऊँचाई पर है यह वेधशाला। चढ़ाई में कुछ थकान भी आ गई। वेधशाला से लौटकर हम यांगसे नदी का दृश्य देखने गए। यहाँ किनारे पर काफी गन्दे और गरीब लोग दिखाई दिए। किन्तु, गन्दगी और गरीबी से क्या बिदकना! वह तो भारत की भी विशेषता है।

कल शाम को बाजार गया था कई छोटी-मोटी चीजें खरीदने। रात में ड्रीम आव् द रेड चैम्बर का नाटक देखने गया। कथा को नाटक का रूप देनेवाले वू पेथा भी साथ ही थे। चीज मुझे ठीक नाटक नहीं, ड्रामा ओपेरा के समान लगी। आधा नाटक देखकर ही होटल लौट आया।

आज झीलवाले द्वीपों में छोटे-छोटे बच्चों के कई झुंड दिखाई पड़े। वे सबके-सब किंडर गार्टन स्कूलों से आए हुए थे और उनकी शिक्षिकाएँ उनके साथ थीं। सभी बच्चे हृष्ट-पुष्ट, स्वच्छ और तन्दरुस्त थे। स्कूलों में, स्पष्ट ही, भोजन उन्हें अच्छा दिया जाता होगा। उनके शरीर पर कपड़े भी काफी थे, रुई से भरे, रंग-बिरंगे और चटकीले। सभी बच्चों के चेहरे लाल थे। एक जगह बच्चे मुझे सम्बोधित करके कुछ बोलने और तालियाँ बजाने लगे। दुभाषिए ने बताया, "ये कह रहे हैं, चाचा, आप अच्छी तरह हैं न?"

कल शाम नानकिंग म्यूजियम देखने गया था। वहाँ एक शिवलिंग देखा। एक गाय की मूर्ति देखी। गाय का थन शिवलिंग का स्पर्श कर रहा है और गाय मुँह घुमाकर उसे चाट रही है। यह दुर्लभ मूर्ति किसी खुदाई में मिली है। स्पष्ट ही, यह इस बात का प्रमाण है कि प्राचीन काल में चीन में केवल बौद्ध धर्म ही नहीं पहुँचा था, बल्कि वैदिक धर्म भी। यही बात मैंने म्यूजियम की निरीक्षण-पुस्तिका में लिख दी।

मधुमेह जोर पर है। आज भी जाँचने पर चीनी 2 प्रतिशत दिखाई पड़ी। इनसुलीन काम नहीं कर रही है। जिस दिन आया था, उसी दिन इनसुलीन का केस गर्म जगह पर रख दिया था। बस, गर्मी लगने से ही वह खराब हो गई।

चीन में चित्रकारी ऊँचे दरजे की है। फोटोग्राफी तो बिलकुल घटिया किस्म की लगती है।

('मेरी यात्राएँ' पुस्तक से)

शंघाई की डायरी

9 नवम्बर को हम नानकिंग से शांघाई के लिए चले। गाड़ी 9 बजकर 14 मिनट पर खुली और 3 बजकर 9 मिनट पर शांघाई पहुँच गई। शांघाई पहुँचते ही स्मृति में एक प्रकार की सिहरन महसूस हुई। जब सन् 1935 ई. में मुसोलिनी ने अबीसीनिया पर आक्रमण किया था, मैंने एक कविता लिखी थी, जिसका शीर्षक था 'मेघरंध्र में बजी रागिनी'। उस कविता में एक जगह मैंने शांघाई का भी आह्वान किया था :

दज़ला! चेत, फुरात! सजग हो,
जाग, जाग ओ शांघाई!
लाल सिन्धु, बोलो किस पर यह
घटा घुमड़ छाने आई।

शांघाई में जिस होटल में मुझे ठहराया गया, वह बड़े ठाठ का था। कमरा इतनी ऊँचाई पर था कि खिड़की से बाहर झाँकते ही सारा शहर ओर-छोर तक दिखाई पड़ता था।

शांघाई दक्षिणी चीन का बहुत बड़ा शहर है, शायद सबसे बड़ा। नानकिंग से शांघाई तक की यात्रा दिन ही दिन में पूरी हो गई। रास्ते में सारा दृश्य वही था, जिसे हम भारत में देख सकते हैं। गाँव, बगीचे, खेत, नाले, गायें, भैंसें आदि। भैंस के सींग बड़े-बड़े और गायों का रंग लाल। उमठे, घूमे हुए, वर्तुलाकार सींगोंवाली भैंस चीन में कहीं भी दिखाई नहीं पड़ी। दक्षिणी चीन में घुसते ही गाँव भी बड़े-बड़े मिलने लगे। कई गाँव तो चुनटे हुए मकानों की अधिकता के कारण बिलकुल उजले-से लगे, जैसे समृद्ध गाँव भारत में भी रेल से चलते समय अकसर दिखाई देते हैं। लेकिन जनता मिली-जुली दिखाई पड़ी। रईसों को अलग से पहचानना मुश्किल हो गया है, मगर काफी गरीब लोग आसानी से दिखाई पड़ जाते हैं।

दक्षिणी चीन में रेलवे स्टेशनों पर मुसाफिर भी बहुत मिलने लगे और ट्रेन में भीड़ भी दिखाई पड़ने लगी। बार-बार खखारने की आदत उत्तर और दक्षिण में एक समान है। दक्षिण में भी जहाँ जाओ, बच्चों की भरमार दिखाई देती है। दक्षिण में भी भारतीय मानदंड के हिसाब से लोग खूबसूरत तो नहीं हैं, फिर भी उत्तर की अपेक्षा वे ज्यादा अच्छे लगते हैं।

रास्ते में एक झील मिली थी, जो काफी बड़ी थी। आज भी स्टेशनों पर भुनी हुई मुर्गियाँ बिक रही थीं। दुनिया के मांसखोरों में चीनी शायद सबसे आगे होंगे। रात नानकिंग में श्री वू पेथा ने बताया था कि छिपकिली, चेरा, गिरगिट और नेवले को यहाँ के लोग नहीं खाते। हाँ, कानूटून में साँप, कुत्ता और बिल्ली—सब खाए जाते हैं। साँप तो बहुत ही कीमती पत्तल माना जाता है। ट्रेन से देखते हुए मुझे अकसर यह भासित हुआ कि सहयोग खेती का रिवाज दक्षिण में भी चालू हो गया है।

चीन के बौद्ध लोग पश्चिमी स्वर्ग में विश्वास करते थे, जहाँ अमिताभ का निवास है। नए चीनियों का यह मत है कि यह पश्चिमी स्वर्ग भारत ही था। सुखावटी व्यूह में कहा गया है कि अमिताभ युद्ध पश्चिमी स्वर्ग में विहार करते हैं। मेरा सोचना यह है कि सुखावटी व्यूह के प्रचार के कारण ही चीन के बौद्ध लोग पश्चिमी स्वर्ग में विश्वास करने लगे। किन्तु, संस्कार यह बन गया कि चीन की जनता सभी अच्छी बातों को भारत से ही आई हुई समझने लगी।

9 नवम्बर को ही आठ बजे रात में शांघाई की नैश सुन्दरता को निहारने के लिए बाहर निकला और दो घंटे घूमकर फिर होटल में वापस आ गया। शांघाई लन्दन और कलकत्ते के काट का शहर है और इसका निर्माण अंग्रेजों ने किया था। जो कुछ देखा, उसमें सबसे उल्लेखनीय स्थान 'जन मनोरंजन महल' है। यह मकान नहीं, मकानों का समूह है और हर मकान सीढ़ियों और गलियारों के जरिए दूसरे मकान से जुड़ा हुआ है। यह पूरा महल तिलिस्मी लगता है। अवश्य ही, यह बदमाशी के लिए बनाया गया होगा। लोगों ने मुझे बताया भी कि पहले यह महल वेश्याओं का अड्डा और बदमाशों का विहार-स्थल था। क्रान्तिकारी सरकार के आने के पहले शांघाई की हर पाँचवीं औरत वेश्या थी और हर रात हजार-पाँच सौ मामले छुरेबाजी, बलात्कार, लूट अथवा हत्या के हुआ करते थे। जब क्रान्तिकारी सरकार स्थापित हुई, माओत्से-तुंग खुद शांघाई आए और वेश्याओं की सभा में उन्होंने भाषण दिया कि यह रोजगार तुम्हें आज ही से छोड़ देना है। जैसे दूसरे लोग काम करके यानी मजदूरी करके खाते हैं, वैसे ही तुम्हें भी मजदूरी करके अपना जीवन निर्वाह करना है। कुछ वेश्याओं ने फरियाद की, "हम विवाह करना चाहती हैं।" माओत्से-तुंग की अपील पर पच्चीस हजार नौजवान आगे बढ़े और पच्चीस हजार अभागिनों को वे वधू बनाकर अपने घर ले गए।

जो विशाल भवन पहले बदमाशों का अड्डा था, उसे क्रान्ति-सरकार ने जनता का मनोरंजन महल बना दिया। अब हजारों की संख्या में लोग रोज यहाँ आते हैं और नाटक, ओपेरा, पपेट ओपरा और वैले देखकर मौज मनाते हैं। जनता कहीं तो कनसर्ट सुनती है, कहीं शतरंज खेलती है, कहीं सरकस देखती है। कार्नीवल के बहुत-से स्वस्थ मनोरंजन यहाँ जमा हैं और बीस हजार लोग रोज शाम को यहाँ आनन्द लेते हैं। एक खुला मंच भी है, जहाँ दस हजार दर्शक बैठ सकते हैं। इस संस्था

का मुझ पर बड़ा ही अनुकूल प्रभाव पड़ा और क्रान्ति-सरकार की मैंने मन ही मन काफी प्रशंसा की।

10 नवम्बर के प्रातःकाल लुशुन की समाधि देखने गया। लुशुन चीनी भाषा के बहुत बड़े लेखक और विचारक थे। उन्होंने अपने समय में क्रान्तिकारियों का भी साथ दिया था। वर्तमान सरकार के नेता उनके नाम का बहुत सम्मान करते हैं। समाधि के चारों ओर उपवन लगा है। फिर फूलों की वे ही कतारें, वे ही मेजें, वे ही दीवारें और फूलों के वे ही मेहराब। समाधि के चारों ओर प्रकृति मानो आनन्द में विहार कर रही है। ढेर-के-ढेर क्रिसेंथमम के फूल और फूलों के ही समान ढेर के ढेर बच्चे, जो उपवन में घूम रहे थे। एक जगह बच्चों के बीच बैठकर मैंने फोटो उतरवाया, जो अभिज्ञान के रूप में मेरे पास है।

समाधि के प्राचीर-पट पर सोवेनीर का वाक्य माओत्से तुंग के हाथ से लिखवाकर यहाँ उतारा गया है। समाधि के पास लुशुन म्यूजियम के द्वार पर जो वाक्य है, वह श्री चू एन लाइ के हस्तलेख में है। म्यूजियम में लुशुन के विषय में बहुत-सी चीजें हैं। खासकर लुशुन की कुमिताँग-विरोधी प्रवृत्ति और साम्यवादियों के प्रति सहानुभूति की बातों को जोर देकर दिखलाया गया है। यह म्यूजियम भी साम्यवाद के प्रचार का ही पीठ है। मैंने म्यूजियम की निरीक्षण-पुस्तिका में अपना मत हिन्दी में लिखा और अंग्रेजी में उसका अनुवाद दे दिया, जैसा मैंने नानकिंग म्यूजियम में किया था।

लुशुन की समाधि से लौटकर हम लोग जेड बुद्ध का मन्दिर देखने गए। सामने के मन्दिर में बुद्ध की तीन विशाल प्रतिमाएँ काठ की हैं। पीछे के मन्दिर में भी प्रतिमा काठ की ही है। ऊपर के तल्ले पर जो मन्दिर है, उसमें सोये हुए बुद्ध की प्रतिमा जेड की है। मुझे तो वह प्रतिमा स्फटिक की-सी लगी, लेकिन लोगों ने बताया यह धातु स्फटिक नहीं, जेड है। एक दूसरे मन्दिर में बुद्ध की खड़ी प्रतिमा है, जो जेड की है।

मन्दिर के महन्थ हमें एक दूसरे कमरे में ले गए और वहाँ उन्होंने हमें बहुत-सी प्राचीन पाँडुलिपियों और अनेक पुराने चित्रों के दर्शन कराए। उन्होंने बताया, ये सारी पाँडुलिपियाँ संस्कृत ओर पाली से अनूचित ग्रन्थों की हैं। इन पाँडुलिपियों के बारे में बोलते हुए महन्थ मुझसे समीपता का अनुभव करने लगे थे।

यहाँ के सभी मन्दिरों में आरती और धूप-दीप जल रहे थे। आज पूजा का कोई विशेष पर्व था। पचासों बूढ़ी स्त्रियाँ श्रद्धा से बुद्ध की प्रार्थना और उन्हें प्रणाम कर रही थीं, पूजा की वेदी पर अगुरु जला रही थीं, प्रतिमा की आरती कर रही थीं, लाल-लाल मोमबत्तियाँ जलाकर अर्पित कर रही थीं।

पुजारी ने बताया कि रोज सौ से दो सौ व्यक्ति पूजा के लिए आते हैं। पिछली बुद्ध-पूर्णिमा के अवसर पर एक पक्ष में कोई लाख लोग आए थे। पीकिंग से तो धर्म प्रायः विदा हो चुका है। शांघाई में देखें कि वह कब तक ठहरता है।

चीन में घूमते हुए मुझे अपने दोष और चीनियों के गुण बार-बार दिखाई पड़ते

हैं। अब तक चीन में कहीं भी एक भी नाम-पट चीनी के सिवा किसी अन्य भाषा में दिखाई नहीं पड़ा है। शांघाई अंग्रेजों का गढ़ था, किन्तु, यहाँ भी अंग्रेजी कहीं दिखाई नहीं पड़ती है। लोग यूरोपीय शब्द नहीं जानते हैं, अतएव बातचीत में कोई भी व्यक्ति चीनी बोलते समय किसी भी यूरोपीय शब्द का व्यवहार नहीं करता। हर विषय और प्रत्येक अर्थ का चीनी शब्द प्रचलित है। चीनियों का विज्ञान चीनी में है। चीन में अंग्रेजी के अखबार भी कहीं दिखाई नहीं पड़ते। फ्रेंच और रूसी के अखबार जहाँ-तहाँ दिखाई देते हैं। विपद की बात यह है कि चीन और भारत के बीच अच्छी दोस्ती है और भारत के लोग अपनी भाषाओं में भी अंग्रेजी के शब्द घुसेड़ देते हैं। भारतवासियों से सम्पर्क बढ़ाने के लिए चीनियों ने हिन्दी सीखना शुरू किया था। मगर उन्होंने देखा कि भारतीय लोग अंग्रेजी फेंटकर अपनी भाषा बोलते हैं। अतएव चीनियों को लगा कि भारतवासियों के साथ सम्यक सम्पर्क के लिए अंग्रेजी सीखना भी जरूरी है। अब चीन के हिन्दी पढ़नेवाले छात्र सप्ताह में दो घंटे अंग्रेजी भी पढ़ने लगे हैं।

जो विदेशी चीनी नहीं जानता, वह खिड़कियों की राह से चीन को नहीं देख सकता है। उसे तो उसी दरवाजे से जाना होगा, जिस दरवाजे से चीनी लोग उसे ले जाना चाहेंगे। राजनयिक दृष्टि से यह बहुत बड़ी सुरक्षा की गारंटी है। एक हम हैं, जो अपना आँगन छोड़कर अपना सारा काम सारी दुनिया के प्लेटफार्म पर करते हैं। नतीजा यह है कि हमारे रहस्य हमारे अपने किसान और मजदूर नहीं समझ पाते, मगर वही रहस्य विदेशियों की समझ में आसानी से आ जाता है।

एक बात यहाँ और अच्छी है। सुना है, यहाँ के दफ्तरों में अफसर और क्लर्क, दोनों साथ बैठकर अपने दफ्तरों की स्थिति पर विचार-विमर्श करते हैं यानी इस बात की छानबीन करते हैं कि कोई काम समय पर क्यों नहीं हो सका तथा किस योजना में कौन-सी रुकावट आ गई है। परस्पर विचार करने से वे एक-दूसरे की कठिनाई को समझ लेते हैं और फिर ऐसा प्रबन्ध करते हैं कि काम समय पर ठीक से पूरा हो जाए और बर्बादी कम हो।

10 तारीख के अपराहन में मैं निकला, तो एक जगह शॉपिंग करने लगा। वहाँ से मजदूरों की कॉलोनी में गया। आज रविवार होने के कारण किंडर गार्टन खाली थे। मजदूरों के मुहल्ले के भीतर जाकर थोड़ी देर घूमा। खूब सफाई है। सड़कें चौड़ी हैं। गलियाँ भी काफी चौड़ी हैं। सड़कों के दोनों किनारे पेड़ लगाए गए हैं। यह सड़क नहीं, वीथी है। हर मुहल्ले में पार्क है। इन पार्कों में बच्चे और नौजवान, सभी खेल रहे थे। कपड़े सुखाने को लम्बी-लम्बी अरगनियाँ टँगी हुई हैं। प्रायः हर घर के पीछे छोटा-सा (आठ-दस फीट चौड़ा) बाग है। हाँ, ऊपर की मंजिलों में रहनेवाले मजदूर बागों का सुख नहीं पा सकते। यह मजदूर राज्य है, स्वामी विवेकानन्द जिसे शूद्र राज्य कहते थे। अतएव यह उचित ही है कि मजदूरों की सुख-सुविधा का खास प्रबन्ध हो।

जितना थोड़ा कुछ देखा है, उससे यह आभास मिलता है कि हाथ-कमकर और

मेज-कमकर के बीच भेद यहाँ कम है। दोनों को प्रायः एक ही प्रकार का मकान मिलता है। हाँ, जिसके बाल-बच्चे ज्यादा हैं, उसे कोठरियाँ एक-दो अधिक मिल जाती हैं।

क्रान्ति की विजय के समय शांघाई में कोई छह लाख आदमी बेकार थे। अब बेकारों की संख्या 60 हजार है, जिसमें पढ़े-लिखे लोग भी शामिल हैं।

पूर्वोत्तर चीन में अभी भी जापानी भाषा के जानकार काफी हैं। दक्षिण में अंग्रेजी के जानकार ज्यादा माने जाते हैं। मगर मैं तो यही राय लेकर जाऊँगा कि अंग्रेजी यहाँ बहुत कम लोग समझते हैं।

बातचीत में कवि लीची से मैंने कहा, ''रूसी भाषा पर आप लोग आजकल ज्यादा जोर दे रहे हैं।'' लीची ने खंडन करते हुए कहा, ''नहीं, जोर हम लोग चीनी भाषा पर देते हैं। रूसी का स्थान वही है, जो अंग्रेजी, जर्मन या फ्रेंच का।''

चीन में एक लिपि की समस्या बहुत ही कठिन है। लुशुन ने भी चीनी भाषा के लिए लिपि-सुधार का आन्दोलन उठाया था और लातीनी लिपि अपनाने की सलाह दी थी।

हर कारखाने में मजदूरों के अपने क्लब होते हैं। इसके सिवा, शांघाई नगरपालिका के अन्दर मजदूरों के 12 बड़े-बड़े क्लब हैं। रात मजदूरों का एक अत्यन्त विराट क्लब देखा था। आज दूसरा क्लब देखने जाऊँगा। वहाँ से एक चीनी फिल्म भी देखने जाना है, जिसकी कथा लुशुन की लिखी हुई है। यह फिल्म खासकर मेरे लिए और इतालवी शिष्टमंडल के लिए दिखाई जा रही है, ऐसा दुभाषिए वू ने कहा है।

जिस होटल में ठहरा हुआ हूँ, उसका नाम चिङ् चङ् यानी रंगीली नदी है। यह 15 तल्लों का मकान है। मैं नवें तल्ले पर हूँ और मेरे कमरे का नम्बर 908 है।

लिली कम्पनी की इनसुलीन यहाँ नहीं मिलती। डॉक्टर ने यहाँ की इनसुलीन दी है। आज सुबह उसकी 12 यूनिट ली थी। फिर भी कमजोरी कुछ ज्यादा ही है। नाड़ियाँ फनफना रही हैं। जहाँ सूई लगाई थी, वह जगह कुछ फूल गई है।

शांघाई में एक सड़क का नाम नानकिंग रोड है। एक समय यह शहर दो हिस्सों में बँटा था। एक हिस्से में ब्रिटेन था, दूसरे में इंटरनेशनल सेटलमेंट। बाद को इंटरनेशनल सेटलमेंट में जापान भी आ घुसा था। एक समय शहर फ्रांस और ब्रिटेन, दोनों के अधीन था।

एक साहब मिले, जिनकी दिलचस्पी एशिया के संगठन से थी। मैंने कहा, ''एशिया में खतरे के छह कारण मौजूद हैं।'' वे बोले, ''जहाँ तक तैवाँ (फारमोसा) का सम्बन्ध है, वह खतरा दूर हो जाएगा। हम लोग शान्तिपूर्ण ढंग से तैवाँ को मुक्त करनेवाले हैं।''

लुशुन ने 25 साल तक डायरी लिखी थी। उनके समाधि भवन में सभी जिल्दें सुबद्ध रूप में रखी हुई हैं। लुशुन का जन्म इसी इलाके के एक गाँव में हुआ था। म्यूजियम में बर्नार्ड शा के साथ उनका एक फोटो भी टँगा है।

दस नवम्बर की शत को मजदूरों का कलचर क्लब देखने गया। यह भवन

विशाल है और मेरे होटल के पास ही खड़ा है। यह पहले फ्रेंच क्लब था यानी फ्रांसीसियों के नैश विहार का अड्डा। अब यह सारी जनता के लिए खोल दिया गया है। बाल रूम में चीनी युवक-युवतियाँ यूरोपीय ढंग से नाच रहे थे। इन्होंने इस नाच को अपना लिया है। वू ने बताया, कितने ही जोड़े गाँवों में भी बाल डाँस करते हैं। धुन तो चीनी बज रही थी, मगर कदम यूरोपीय उठ रहे थे।

नारियों की आजादी सन् 1911 की क्रान्ति में शुरू हुई और तब से बराबर बढ़ती ही आई है। अब तो नर-नारी बिलकुल समान हैं। यूरोप की स्वतन्त्रता हासिल करके नारियाँ उछलती-कूदती चलती हैं।

इस क्लब में भी कई जगह नाटक और ओपेरा हो रहे थे, सिनेमा हो रहा था, बालकों की क्रीड़ाएँ चल रहीं थीं। गरज कि फ्रांस के द्वारा बनवाए गए मकान का जनता अच्छा उपयोग कर रही है।

क्लब से हम फिल्म स्टूडियो गए। स्टूडियो में ही एक छोटा-सा सिनेमा हॉल है। इतालवी शिष्ट-मंडल के आने पर खेल शुरू हुआ। खेल का नाम था 'नव वर्ष का बलिदान'। इसका कथानक यह है कि एक विधवा है, जो इच्छा के विरुद्ध दूसरी शादी करती है। फिर उसका पति और पुत्र मर जाते हैं, अतएव वह अपने पुराने मालिक के पास नौकरी करने को चली जाती है। लेकिन पुराने मालिक को वह प्रसन्न नहीं कर सकती और नौकरी से निकाल दी जाती है। इसके बाद उस औरत की मृत्यु हो जाती है। यह कथा चालीस साल पहले लुशुन ने लिखी थी।

इस फिल्म में धर्म के खिलाफ बड़े जोर का प्रचार है। यह औरत पहले पूजा करने को देव-मन्दिर में जाया करती थी। लेकिन उस पर विपत्तियाँ इस जोर की आती हैं कि धर्म में से उसका विश्वास समाप्त हो जाता है। आखिर क्रोध में भरकर वह कुल्हाड़ी लेकर मन्दिर का चौखट काटने लगती है। मरने से पहले वह बुदबुदाती है, "क्या मरने के बाद आत्मा रहती है? जीवन तो इतना दुखी रहा। मरने के बाद जाने क्या होगा?"

11 नवम्बर को शांघाई रेडियो से एक नौजवान आया और कह गया कि कल वार्त्ता रिकॉर्ड करने आऊँगा। उसी दिन किसी तरह दो घंटे का समय निकालकर अंग्रेजी में एक वार्त्ता लिखी और टाइप करवाने को उसे कान्सलेट में दे आया। 12 नवम्बर को रेडियो के लोग टेपरिकॉर्डर लेकर आए और वार्त्ता रिकॉर्ड करके ले गए। 11 नवम्बर को ही कान्सलेट में श्री चारी और श्री कुमेर सिंह से भेंट हुई और उनसे बहुत सारी जानकारी हासिल हुई।

चीन के देहातों में गरीबी भारत से अधिक है। लोगों की खाने-पीने की आदत साफ नहीं है। उस दिन सिनेमा में देखा कि नायक किसी भेड़िए या जंगली कुत्ते को मारकर लाता है और रसोईघर में ढेर कर देता है। नगरपालिका की ओर से शांघाई का मल जमा करके नाव में भरा जाता है और उसे सुचाओ नाले से कहीं अन्यत्र ले

जाते हैं। कर्मचारी उसी नाव पर खाते-पीते रहते हैं।

भारत में कंजूमर गुड्स ज्यादा बन रहा है, यहाँ अभी सारा जोर हेवी गुड्स पर है। हम जनता की आवश्यकता के अनुसार उत्पादन करते हैं, यहाँ उत्पादन का सक्ष्य युद्ध लड़ने की शक्ति बढ़ाना है। हमारे यहाँ लोहा इस समय 1.10 मिलियन टन तैयार होता है, किन्तु चीन साढ़े पाँच मिलियन टन पर पहुँच गया है। हम साल भर में सवा मिलियन टन कोयला निकालते हैं, चीनवालों का आँकड़ा 5-6 मिलियन टन है।[1]

सन् 1949 और सन् 1953 के बीच यहाँ (यानी चीन में) वध-लीला हुई थी और लगभग अस्सी लाख आदमी मारे गए थे। यह आँकड़ा विदेशी लोग बतलाते हैं। चीनवालों का कहना है कि इतने लोग मारे नहीं गए थे। क्रान्ति की विजय के पूर्व शांघाई लुटेरों, हत्यारों, गुंडों, बदमाशों और वेश्याओं का अड्डा था। उन दिनों शहर में छुरेबाजी आदि से लगभग चार हजार हत्याएँ रोज की जाती थीं। अतएव कहा जा सकता है कि नई सरकार ने अव्यवस्था रोककर लोगों को जीने के लिए लाचार कर दिया है।

कानून खत्म करके साम्यवादियों ने बदमाशी को खत्म कर दिया। तब भी अस्सी लाख आदमियों का वध बहुत होता है। भारत में हम कानून के भरोसे जी रहे हैं। बदमाशी कानून से भी रोकी जा सकती है, मगर उसमें खर्च बहुत पड़ता है। हमारे सामने आदर्श इंग्लैंड का है, यानी लक्ष्य अमीर का और शरीर कंगाल का। इंग्लैंड में कानून और न्याय की प्रक्रिया की प्रगति में सारा समाज सहयोग देता है। भारत में लोग बाधा डालते हैं। सरकार यदि किसी बड़े मुकदमे में फँस गई, तो उसे उतना खर्च करना पड़ता है, जितने में महीनों तक एक हजार आदमी परवरिश पा सकें। इंग्लैंड को साम्राज्य से आमदनी नहीं होती, तो वह ऐसी अच्छी न्याय-व्यवस्था चला सकता था या नहीं, इसमें सन्देह है। दुतरफा बुराइयों के चक्कर में हैं। धन नहीं है इसलिए चोरी है और चोरी है, इसलिए धन नहीं है। धन नहीं है इसलिए न्याय का उत्तम प्रबन्ध नहीं कर सकते और न्याय का उत्तम प्रबन्ध नहीं है, इसलिए धन के उत्पादन में बाधा पड़ती है। इस दुरवस्था का अन्त करने का केवल एक ही उपाय है, यानी कुछ अनडेमोक्रेटिक कानून। देश में चोरी और बदमाशी नहीं रुकेगी, तो समृद्धि भी नहीं होगी और बदमाशी के रहते हुए समृद्धि हो भी गई, तो उसमें शान क्या है।

चीन में सचमुच ही बुद्धिजीवियों को शारीरिक श्रम करना पड़ता है। वे सप्ताह में 5-6 घंटे हाथ से काम करते हैं। इसके सिवाए दफ्तर के समय भी सबको आधा घंटा व्यायाम करना पड़ता है। ऊपर के अफसर से लेकर नीचे के चपरासी तक सब कोट उतारकर एक साथ खड़े हो जाते हैं और व्यायाम करते हैं। 'एक ही शफ में खड़े

1. अब भारत में लोहे का उत्पादन बढ़कर छह टन हो गया है।

हो गए महमूदो अयाज'।

थिएटरों में भी यही हाल है। आपकी एक ओर कोई गरीब मजदूर हो सकता है और दूसरी ओर कोई फिल्म-स्टार। लगता है, चावल गेहूँ, मूँग, मटर, कोदो और सामा—सभी अनाज एक साथ मिला दिए गए हैं। यही वर्गहीन समाज है। शांघाई के उप-महापौर स्टेशन पर कुली का भी काम कर डालते हैं। यहाँ खास सावधानता पार्टी-काडर को नौकरशाही के दोष से बचाने पर है। इसलिए उन्हें हाथ से भी काम करने को कहा जाता है। इस तरह के उपदेश गांधी जी भी देते थे और वे जो कहते थे, उसे बरतते भी थे। किन्तु, जब उनके चेले राजगद्दी पर आए, उन्होंने गांधी जी को भुला दिया।

सुना है, पार्टी के एक नेता यहाँ इसलिए गोली से उड़ा दिए गए कि क्रान्ति के बाद भी उन्होंने धन जमा करना चाहा था, पक्षपात किया था और जनता में उनकी बदनामी हो गई थी।

कलम, बन्दूक, हथौड़े और हल में यहाँ भेद नहीं है। कोशिश यह है कि बारी-बारी से एक ही आदमी चारों का इस्तेमाल कर सके।

अमीरी तो अभी आई नहीं है, गरीबी का वितरण हो गया है। आप चाहे जितने भी चालाक हों, अपने लिए आप उस आराम को मुहैय्या नहीं कर सकते, जो आराम सर्व-साधारण को उपलब्ध नहीं है। सिनेमा-घरों में रईसाना सीटें नहीं हैं। कौन कहाँ बैठेगा, इस पर कोई बन्धन नहीं है। अतिथियों को भी ये लोग सबसे अलग रईसाना ढंग से नहीं बिठा सकते। कहते हैं, उससे देश की प्रथा बिगड़ जाएगी।

12 नवम्बर के प्रातःकाल मैं फिल्म-स्टूडियो गया। वहाँ से लौटकर हमने मिस्टर चिङ् ई के घर पर भोजन किया। भोजन पर चीनी भाषा के एक प्रोफेसर तथा दो-एक लेखक भी आए हुए थे। बाकी दल हमारे दूतावास का था। चिङ् ई के घर से खाकर लौटा, तब थोड़ा आराम करने का वक्त मिल गया।

12 नवम्बर को 9 बजे भोर में शांघाई रेडियो के अफसर आए और मेरी वार्त्ता रिकॉर्ड करवाकर ले गए। शाम को उन्होंने वार्त्ता की फीस 50 य्वान भेजी और एक फोटो भी भेजा, जो रिकॉर्ड करते समय लिया गया था। चीन से लौटते समय मुझे रंगून लौटना है और वहाँ अखिल बर्मी हिन्दी साहित्य सम्मेलन के वार्षिक अधिवेशन का सभापतित्व करना है। बर्मा वालों ने तार दिया था कि मैं उस तिथि की सूचना तार से ही भेजूँ, जिस तिथि को रंगून में मैं मौजूद रहूँगा। यह तार मैंने चीनी लेखक-संघ के दफ्तर से भिजवाया था। अतएव, पैसा हाथ में आते ही मैंने 12-60 य्वान की रकम लेखक-संघ को भिजवा दी।

12 नवम्बर की ही शाम को फुहतान विश्वविद्यालय के वैदेशिक भाषा-विभाग में गया। बहुत-से छात्र और प्राध्यापक इन्तजार कर रहे थे। भाषण यहाँ अंग्रेजी में देना था। 40-45 मिनट बोला। विषय था—कला कला के लिए या कला जीवन के लिए।

पता चला कि विदेशी भाषा सीखनेवालों में रूसी और अंग्रेजी का अनुपात 2 और 1 का है। हर दो रूसी पढ़नेवाले छात्रों के पीछे एक छात्र अंग्रेजी पढ़ता है।

विदेशी भाषा-विभाग में रूसी भाषा की पत्र-पत्रिकाएँ और पुस्तकें बहुत दिखाई पड़ीं। फिर भी पूछने पर जवाब यही मिला कि यहाँ रूसी और अंग्रेजी में भेदभाव नहीं है। स्पष्ट ही यह इस बात के खंडन का प्रयास था कि चीन रूस के सांस्कृतिक और राजनीतिक प्रभाव में ज्यादा आ रहा है।

छात्रों ने भारतीय छात्रों की खैरियत पूछी। एक छात्र ने यह सवाल किया कि भारत में चीनी भाषा पढ़ाने का कोई प्रबन्ध है या नहीं? भारत की भाषाविषयक स्थिति को समझने की भी जिज्ञासा दिखाई पड़ी। मैंने चीन की भाषाविषयक कठिनाई की अपनी जो जानकारी छात्रों को बताई, उससे वे थोड़ा चमत्कृत हुए।

आज कुछ लेखकों के साथ भी मैं लगभग गोलमेज सम्मेलन में मिला। मैंने जानना चाहा कि समाज की नई व्यवस्था के अधीन वे कोई कठिनाई महसूस करते हैं या नहीं। प्रायः सभी ने कहा, कोई कठिनाई नहीं है और हम लोग खूब प्रसन्न हैं।

मैंने सोवियत रूस की बात चलाई और कहा कि वहाँ क्रान्ति को चालीस वर्ष हो चुके हैं, मगर साम्यवादी रूस में डोस्टावास्की, टालस्टाय और चेखब के जोड़ का एक भी लेखक पैदा नहीं हुआ है। हाँ, विज्ञान और नाट्य-मंच की तरक्की काफी हुई है। लेखकों ने कहा, जिस समाज के डोस्टावास्की आदि लेखक थे, वह बहुत पुराना था। लेखकों ने उस समाज को भली-भाँति समझ लिया था और पहले से आती हुई शैली का उन्हें पूरा अभ्यास था। इसीलिए वे उतने महान लेखक हो सके। समय बीतने पर नया साहित्य भी उतना ही श्रेष्ठ होगा।

मैंने कविता, नाटक और उपन्यास का भेद बताया और कहा कि नाटक और उपन्यास उबर भी जाएँ, किन्तु, मुझे लगता है कि रेजिमेंटेशन से कविता की निश्चित रूप से हानि होगी। कवि लीची ने मेरे मत का विरोध किया। किन्तु श्री चिङ् ने कहा कि "कविता के बारे में कठिनाई हो सकती है, क्योंकि साहित्य की वह बहुत ही बारीक विधा है। मैंने खुद हार मानकर उपन्यास को अपना लिया है।"

मेरे बारे में यहाँ यह भ्रम उत्पन्न हो गया है कि मैं फिलासफर भी हूँ। भारत में स्थित चीनी दूतावास से मेरा जो परिचय आया होगा, उसमें शायद यह बात भी कही गई होगी। पीकिंग, नानकिंग और शांघाई, तीनों शहरों में मेरा परिचय देते हुए एक बात बराबर कही गई है कि मैं कवि होने के साथ फिलासफर भी हूँ। जान पड़ता है, यहाँ आलोचना और कला विषयक दार्शनिक चिन्तन भी दर्शन में ही समाविष्ट हैं।

विश्वविद्यालय में चीनी के प्रोफेसर ने यह बतलाया था कि उच्च कक्षाओं में और दर्शन कक्षा में कनफ्युसियस और लाओत्से का साहित्य पढ़ाया जाता है।

चीनी विश्वविद्यालयों में परीक्षा भारत के समान नहीं है। आधी परीक्षा लिखित और आधी मौखिक होती है। पीकिंग में वल्लभ जी ने बताया था कि हिन्दी पढ़नेवाले

छात्रों की परीक्षा वे ही लेते हैं। पूर्ण अंक 100 नहीं, केवल 5 होता है। 3 पानेवाला पास समझा जाता है, 4 पानेवाले की श्रेणी द्वितीय समझी जाती है और 5 में 5 पानेवाला छात्र प्रथम श्रेणी में उत्तीर्ण समझा जाता है। यदि 4 और 5 के बीच दुविधा हो, तो परीक्षक 4 ही अंक देते हैं।

बेकारी शिक्षितों में भी है। हाँ, शिक्षित औरतों को नौकरियाँ जल्दी मिल जाती हैं।

कल जो सुना था कि अराजकता के समय शांघाई में रोज चार हजार हत्याएँ होती थीं, उसका लोगों ने आज खंडन किया। हत्याएँ रोज होती थीं, मगर चार हजार नहीं।

श्री चिङ् हार्वेस्ट (फसल) नामक पत्र के सम्पादक हैं। इस पत्र के अब तक कुल दो अंक निकले हैं। पत्र में कविता, नाटक, उपन्यास और निबन्ध–सभी चीजें छापी जाती हैं। पत्र 50 हजार छपता है और सारी प्रतियाँ चार दिनों के अन्दर बिक जाती हैं। पत्र का सम्पादन शांघाई में और प्रकाशन पीकिंग में होता है।

12 तारीख को दिन का भोजन अपने कौन्सल श्री चारी के घर किया। आज राजनयिक सेवा के कई कर्मचारियों से भेंट हुई। उनसे बातें करने पर मन दुखी और उद्विग्न हो उठा। नेपाल में भारत के प्रति ईर्ष्या है। वही ईर्ष्या इंडोनेशिया में भी है। सब समझते हैं कि भारत अहंकारी है और अपने को हमसे श्रेष्ठ समझता है। बर्मी-सरकार भारतीयों को नागरिकता देना नहीं चाहती। आवेदनों में से प्रायः सब-के-सब खारिज किए जा रहे हैं। सीलोन में सात लाख मजदूरों पर अत्याचार है। इन्हीं मजदूरों ने सीलोन को समृद्ध बनाया है। चाय और रबड़ आज भी वे ही पैदा करते हैं। असली झगड़ा पूँजी और श्रम का है। मजदूरों को पूँजीपति अपने अँगूठे के नीचे रखना चाहता है। पूँजीपतियों की दृष्टि में सबसे सरल उपाय यह है कि मजदूर जिस जमीन पर काम करता हो, उस पर उसका नागरिक अधिकार मत होने दो, नहीं तो उसे अवरोध का औजार मिल जाएगा। फिर भी नेहरू जी सीलोन में उन्हीं हाथों से मालाएँ ग्रहण करते हैं, जिन हाथों से मजदूरों का गला घोंटा जा रहा है। पूर्वी अफ्रीका में भी पंडितजी छात्रों को छात्रावृत्तियाँ दे रहे हैं, छात्रावास दे रहे हैं, मगर कीनियावालों के लिए प्यारे अंग्रेज ही हैं, हिन्दुस्तानी लोग उनकी आँख के काँटे हो रहे हैं। चीनी भाषा जानता, तो यहाँ की जानकारी पक्की होती। फिर भी, लोगों के शीलस्वभाव और मुद्राओं को देखकर जो राय बनती है, वह यह है कि चीनी जाति आदर्शप्रिय जाति नहीं है, वह परिणामवादी है, प्रागमैटिक है। यह जाति कब किसका शत्रु और कब किसका मित्र बन जाएगी, कहना कठिन है। चीन अमेरिका बनना चाहता है। वह मोटर चाहता है, मशीन चाहता है। ताकत चाहता है; सुयश, दबदबा और प्रताप चाहता है। उसके सामने साधन का कोई महत्त्व नहीं है। जो भी राह उसे सिद्धि की ओर जाती दीखेगी, उसे वह बेखटके पकड़ लेगा। वह बहुत बड़ी तैयारी में है। पंडितजी ने अच्छा किया कि भारत को चीन के साथ मैत्री की राह पर डाल दिया है। किन्तु आदर्शप्रिय भारत की प्रागमेटिक चीन से समता किस बात को लेकर है या

होगी?

चीन में साम्यवाद के मुआफिक आबोहवा है। चीन में परम्परा रही है कि जमीन व्यक्ति की नहीं, देश की है। व्यक्ति को जमीन जोतने का अधिकार है। पहले भी जो आदमी जमीन नहीं जोतता था, वह जमीन पर से अपना अधिकार खो बैठता था। जमींदार भी उसी जोत के हक का मालिक था। उसके मन के भीतर भी यह संस्कार था कि जमीन उसकी नहीं, पूरे देश की है। विनोबा जी कहते हैं, सबै भूमि गोपाल की। चीन के संस्कार के साथ इस नारे का कुछ-न-कुछ मेल है।

चीन भारत के ही समान पुरानी सभ्यता वाला देश है। जब भी नगरों का विकास होता है, गाँव के लोग गाँव छोड़कर शहरों में आने लगते हैं। ऐसी घटना शायद कनफ्युसियस के समय में घटी थी। अपनी अर्जित विद्धत्ता का उपयोग करने के लिए अथवा मजदूरी की खोज में बहुत-से लोग नगरों में आने लगे। शायद उसी स्थिति को रोकने के लिए कनफ्युसियस ने उपदेश दिया था कि (1) तुम उसी जमीन में गाड़े जाओ, जिस पर तुमने जीवन भर काम किया है। तथा (2) पूर्वजों की कब्र की पूजा करो। इस उपदेश की आर्थिक व्याप्ति यह थी कि लोग जमीन को न छोड़ें। चीन देश की यह परम्परा साम्यवादियों को सहायक हुई है। असल में, चीन की आज की कृषि-नीति उसकी प्राचीन परम्परा का पुनरुज्जीवन है।

चीनी बात के पक्के होते थे। हजार तक का कारोबार यहाँ मौखिक चलता था। इकरारनामे पर दस्तखत नहीं होते थे, मुहर लगाई जाती थी। फिर भी मुहर की जालसाजी नहीं होती थी।

चीन में लाओत्से हुए जरूर, किन्तु चीन के मन पर उनका आधिपत्य नहीं हुआ। इस देश के मन पर राज्य कनफ्युसियस का रहा था। और कनफ्युसियस ईश्वर-पूजन की शिक्षा नहीं देते थे। शिक्षा वे पूर्वज के पूंजन की देते थे। धर्म का कभी भी कोई बड़ा प्रभाव यहाँ नहीं था। अतएव धर्म को दबाने की बात यहाँ लगभग फालतू-सी लगती है।

चीन में सिनेमा का काम पिछड़ा हुआ है। यहाँ भी व्यावहारिक बुद्धि काम करती है। सिनेमा बनाने से ज्यादा जरूरी काम भूखों के लिए अन्न जुटाना है, विज्ञान-भवन बनाने से ज्यादा जरूरी गरीबों के लिए झोंपड़ी बनाना है और कविता-कहानी से ज्यादा जरूरी काम वयस्क और प्राथमिक शिक्षा का प्रचार है।

रूसी खुले दिल का आदमी होता है। धर्म तो रूस से भी निकल गया, मगर लोगों की भावना में उसका निशान बाकी है अर्थात् आदर्श की रक्षा के लिए रूस धार्मिक जोश से लड़ सकता है। दोस्त होने पर रूसी प्रेम भी बड़े उत्साह से करता है। किन्तु चीनी में यह लक्षण नहीं है। वह चतुर, मीनमेखकारी और घोर रूप से भौतिकवादी होता है। वह पुराने दोस्त छोड़ सकता है, नए दोस्त बना सकता है। खासकर अपरिमित संख्या में टेकनीशियन भेजकर रूस ने चीन की भारी मदद की है। इसका

प्रतिदान चीन क्या देगा, यह आगे पता चलेगा। अभी तो यहाँ के लोग रूस को भी अपना ही देश समझते हैं।

तैवाँ की समस्या सुलझ जाए, अमेरिका से दुश्मनी घट जाए, तो चीन में आजादी अधिक होगी और सम्भवतः तब रूस के साथ चीन की मैत्री भी शिथिल हो जाएगी।

कहते हैं, क्रान्ति के दौरान चीन के साम्यवादियों को रूस ने कदम-कदम पर धोखा दिया था। मुक्ति-सेना में एक भी हथियार रूसी नहीं था, सारे-के-सारे अमेरिकी शस्त्र थे। माओ का बराबर रूस से मतभेद रहा था। रूस का सारा जोर मजदूरों पर था, मगर माओ की सेना के आधार किसान थे। क्रान्ति का समर्थन यदि किसानों ने नहीं किया होता, तो चीन में क्रान्ति सफल नहीं होती।

चीन में पार्टी काडर के लोग बुद्धिजीवी ब्राह्मण हैं। उन्हें ऐश की जिन्दगी नसीब नहीं हो सकती। उन्हें सोचना है। उन्हें तपस्या करनी है। उन्हें आहुतियाँ देनी हैं। उन्हें आराम नहीं मिल सकता। वे अगर आराम करेंगे, तो सारी शृंखला टूट जाएगी।

सेना क्षत्रिय है। उस देश-रक्षा के सिवा कोई और काम नहीं करना है।

मजदूर वैश्य है, जो कच्चे माल को पक्का बनाता है। वह असली राजा है। वह फावड़ा उठाए बादशाह के समान चलता है और जो कुछ चाहता है, उसे तुरन्त प्राप्त कर लेता है। और चीन के वर्तमान समाज का शूद्र किसान है। शूद्र, यानी समाज की टाँग। चीन का सारा समाज किसान के कन्धों पर खड़ा है।

पार्टी काडर यानी ब्राह्मण को निश्चिन्तता नहीं है। उसके धड़ के ऊपर रखा हुआ सिर बराबर चक्कर में रहता है। इतना दबाव है! इतने बन्धन हैं! न जाने, विस्फोट कहाँ से पैदा हो जाए। और न जाने, किसकी गरदन कितने दिनों तक सुरक्षित है!

ब्राह्मण तो बुद्धिजीवी भी हैं, किन्तु जो बुद्धिजीवी शासन के तन्त्र में नहीं हैं, वे लगभग बेअसर हैं। देश की असली स्वामिनी कला नहीं, राजनीति है।

झीलों का नगर हांग-चौ

13 नवम्बर के भोर हम साढ़े आठ बजे ट्रेन से निकले और साढ़े दस बजे हांग-चौ पहुँच गए। शहर पुराना है और कभी यह किसी राजा की राजधानी भी था। शहर के बीचोबीच एक लम्बी झील है। तीन ओर पहाड़ हैं। पहाड़ों की ढाल पर आबादी है। शहर का ज्यादा हिस्सा झील के दक्षिणी तट पर है। शहर की जनसंख्या आठ लाख है।

शहर की सुन्दरता पानी से बढ़ती है। प्राकृतिक सौन्दर्य भी वहीं चमकता है, जहाँ झील, सरोवर, झरने और फव्वारे हैं। हमारे देश में श्रीनगर है, जो झीलों का नगर कहा जा सकता है। श्रीनगर की छटा बेजोड़ है, मगर मैंने जितनी जगहें देखी हैं, उनमें हांग-चौ ही है, जिसकी तुलना श्रीनगर से की जा सकती है।

दोपहर के बाद शहर देखने को नाव पर निकला। झील में कई टापू हैं और हर

टापू में ऐसे मकान, जो मन्दिर के समान दिखाई देते हैं। मकान हैं, मकानों के चारों ओर उद्यान हैं, फूल हैं, हरियाली है और सर्वत्र सौन्दर्य ही सौन्दर्य है। कोई आश्चर्य नहीं कि चीनी कविता में प्रकृति का सौन्दर्य लहरें लेता है। झील में मजदूर नावों पर विहार कर रहे थे। यहाँ और जो भी चीज अभी हासिल नहीं हुई हो, मगर गरीबों को प्राकृतिक सौन्दर्य का सुख लूटने की पूरी आजादी मिल गई है।

फूलों का प्रेम तो चीनियों की नस-नस में है। खाने-पीने का तरीका भद्दा, किन्तु फूलों का बेहद शौक। यों चित्रकारी, नाटक और ओपेरा में भी चीन भारत से आगे है। चीनियों का स्वास्थ्य भी उत्तम है। तोंद कहीं दिखाई नहीं देती। लोग शरीर से हलके-फुलके और पतले तथा रंग से गोरे हैं। बीमारी और प्राकृतिक प्रकोप सहने की शक्ति उनमें काफी होनी चाहिए। क्या हुआ, अगर इनका खाना हमें पसन्द नहीं आता है?

पीकिंग में दोस्तों ने कहा था कि हांग-चौ जाइए, तो उड़न पहाड़ (फ्लाइंग माउंटेन) अवश्य देखिएगा। सो बड़ी आतुरता के साथ हम उड़न पहाड़ देखने को चले। हांग-चौ के जो लेखक हमारे साथ थे, उन्होंने बताया, "पहाड़ पर कुछ लिखा हुआ है, जो यहाँ किसी से पढ़ा नहीं जाता है।"

उड़न पहाड़ आसपास के अन्य पहाड़ों से असम्बद्ध है। उसका पत्थर भी और पहाड़ों से भिन्न किस्म का है। पहाड़ पर बुद्ध की मूर्तियाँ भारतीय ढंग से खचित हैं। पहली ही मूर्ति के सामने शिला पर नागरी अक्षरों में लिखा है 'ॐ मणिपद्मे हुं।' प य के समान लिखा गया है। मैंने मन्त्र पढ़कर अपने लेखक मित्र को सुना दिया और यह भी बता दिया यही वह नागरी लिपि है, जिसमें संस्कृत, हिन्दी, मराठी और नेपाली भाषाएँ लिखी जाती हैं।

पहाड़ के पास ही एक विशाल बुद्ध-मन्दिर है। परम्परा है कि इस मन्दिर की स्थापना किसी भारतीय श्रमण ने की थी। मन्दिर के महन्थ प्रौढ़ वय के सीधे-सादे आदमी हैं। मुझे भारतीय जानकर वे मुझसे बड़े ही प्रेम से मिले और बोले कि यह मन्दिर तो आपका ही है। फिर घुमा-फिराकर उन्होंने बड़े प्रेम से मुझे मन्दिर दिखलाया। यहाँ की बुद्ध की प्रतिमा बारह हाथ ऊँची थी। ऐसा हुआ कि क्रान्ति से पहले ही धरन गिरने के कारण वह मूर्ति टूट गई। अब क्रान्तिकारी सरकार ने यह निश्चय किया है कि यह मूर्ति फिर से बनवाकर स्थापित की जाए। तब से पुनर्निर्माण का काम जारी है।

एक कलाकार ने मूर्ति का डिजाइन तैयार कर दिया था। किन्तु, उसके बाद प्रधान मन्त्री चू-एन लाइ हांग-चौ आए और मन्दिर में आकर उन्होंने प्रतिमा के डिजाइन का निरीक्षण किया। उनका विचार यह हुआ कि पहले इस मन्दिर में जैसी मूर्ति थी, डिजाइन उससे भिन्न प्रकार का है। अतएव उन्होंने उस डिजाइन को रद्द कर दिया और आज्ञा दी कि यहाँ की मूर्ति जैसे भारतीय पद्धति के अनुसार बनी हुई

थी, नई मूर्ति भी ठीक उसी डिजाइन की बननी चाहिए। मूर्ति का आसन पद्मासन होना चाहिए और सिर पर घुँघराले बाल दिखाए जाने चाहिए। अब मूर्ति उसी ढंग की बनाई जा रही है। चन्दन काठ की यह मूर्ति ठीक बारह ही हाथ की बनेगी। यहाँ बुद्ध की प्रतिमा काठ की बनती है। और उसे खूब सुनहले रंग से भर देते हैं। अपनी-अपनी रुचि है।

महन्थ जी ने बताया कि फरवरी और मार्च महीनों में दर्शनार्थी बहुत अधिक आते हैं। उनकी संख्या किसी-किसी दिन बीस-पच्चीस हजार तक पहुँच जाती है। सरकारी नीति यह है कि मन्दिर के अहाते के भीतर कोई भी नास्तिक धर्म के विरुद्ध प्रचार नहीं कर सकता। किन्तु, मन्दिर के अहाते के बाहर महन्थ भी धर्म का प्रचार नहीं कर सकते। सरकार मन्दिरों को सहायता देती है, यह पुराने लोगों को खुश रखने की नीति है। नहीं तो भीतर से सरकार धर्म का उन्मूलन ही कर रही है।

उड़न पहाड़ के बारे में यहाँ दो कहानियाँ प्रचलित हैं।

पहली कहानी यह है कि जहाँ अब उड़न पहाड़ है, वहाँ पहले एक भारतीय साधु रहता था। उसे सहज ज्ञान से यह ज्ञात हुआ कि भारत से एक पहाड़ उड़कर हांग-चौ आ रहा है। किन्तु यहाँ पहाड़ उतरनेवाला था, वहाँ एक गाँव था। साधु ने गाँववालों से कहा, तुम लोग गाँव खाली करके अलग चले जाओ, नहीं तो पहाड़ के नीचे दब जाओगे। मगर गाँववालों ने साधु की बात नहीं मानी। फिर साधु ने एक लीला रची। वह एक नवयुवक की वधू को लेकर भाग गया। फिर क्या था? गाँव के सभी लोग उसके पीछे दौड़े और गाँव खाली हो गया। इतने में ही भारत से आया हुआ पहाड़ उस गाँव में उतर गया और आज तक वह वहीं अवस्थित है।

दूसरी कहानी यह है कि उड़न पहाड़ पर एक भारतीय साधु तपस्या और ध्यान कर रहा था। उसकी समाधि इतनी कड़ी थी कि पल भर को भी वह पहाड़ से नहीं टलता था। गर्मी, जाड़े और धूप में भी वह पहाड़ पर नंगे बदन बैठा रहता था। गाँव के लोग उसकी इस तपश्चर्या से घबरा गए। आखिर, एक दिन गाँववाले उसके पास आए और बोले, "बाबा, यहाँ क्यों जान दे रहे हो? चलो, हम गाँव में ही तुम्हारे लिए एक कुटी बनवा देंगे।" साधु ने उत्तर दिया, "यह पहाड़ मेरे देश से आया है और मैं इसी पर अपने देश से बैठकर आया हूँ, अतएव, मैं यहाँ से नहीं हटूँगा।" लोगों ने कहा, "इसका क्या प्रमाण है कि यह पहाड़ तुम्हारे देश से आया है और तुम इस पर बैठे हुए आए हो?" साधु ने कहा, "तुम प्रमाण चाहते हो? तो लो, सुनो, मेरे साथ दो बन्दर भी भारत से मेरे साथ ही आए हैं। विश्वास न हो, तो बन्दरों को गुफा के भीतर देख लो।" लोगों ने गुफा में झाँका, तो वे दंग रह गए। दो बन्दर सचमुच वहाँ बैठे हुए थे। बस, लोगों को विश्वास हो गया कि पहाड़ सचमुच भारत से उड़कर आया है।

यह पहाड़ भीतर से अनेक जगहों पर खोखला बताया जाता है। वह आस-पास के पहाड़ों से भी भिन्न है। अतएव परम्परा उसे भारत से आया हुआ समझती है।

इधर भारत में पौराणिक कथा यह प्रचलित है कि पहले पहाड़ों के पंख होते थे और वे इच्छानुसार एक स्थान से दूसरे स्थान तक जा सकते थे। क्या पता, कोई पहाड़ उड़कर सचमुच ही चीन चला गया हो?

14 नवम्बर को अचानक याद आया कि आज दिल्ली में पंडितजी का जन्मदिन मनाया जा रहा होगा। होटल से निकलते-निकलते साढ़े नौ बज गया। सबसे पहले हम गीत-नृत्य कार्यक्रम में गए। यह साम्यवाद का बहुत बड़ा शौक है। धर्म और आराधना को हटाकर साम्यवाद खाली जगहों को नृत्य और गीत से भरता है। नृत्य पार्टी की लड़कियाँ और लड़के हमारी प्रतीक्षा कर रहे थे। ज्यों ही मोटर रुकी, वे ताली बजाते हुए हमारी ओर को दौड़े। इस झुंड में एक लड़की वह भी थी, जिसने कल स्टेशन पर पुष्पगुच्छ दिया था। हम उनके बीच कोई एक घंटा ठहरे। लड़कों की कसरतें देखीं। लड़कियों के गीत सुने। कुछ लोक-नृत्य भी देखा। फिर सभी बच्चे घेरकर शोर मचाने लगे कि एक फोटो भी होना चाहिए। सो एक फोटो भी हुआ और सबकी पीठ थपथपाकर हम उनसे विदा लेकर आगे बढ़े।

गीत-नृत्य से निकलकर हम रनिंग टाइगर नामक झरना देखने गए। रास्ते में चाय की खेती देखी, जो बहुत अच्छी थी। एक वेणुवन भी देखा, जो दो मील लम्बा था। बाँस को देखकर मेरा हृदय उल्लास से भर जाता है। मेरी जन्मस्थली में बाँसों के बगीचे हमारे घर के पास ही थे। उन्हीं के परिवेश में मेरा बचपन बीता था। अतएव बाँसों से मुझे खास प्यार है। बाँसों के वन में घूमने का सुख नानकिंग में भी लूटा था। यहाँ भी मन ललच उठा और मैं वेणुवन में विहार करने लगा। यहाँ के बाँस हड़ौती या चाव न होकर लम्बे, मोटे पोरोंवाले हैं। सारे-के-सारे बाँस खूब सुडौल हैं, मानो, साँचे में ढालकर बनाए गए हों। अपने देश के बाँसों की अपेक्षा यहाँ के बाँसों के पत्ते भी काफी छोटे और संख्या में कम होते हैं। बाँसों में करची (टहनियाँ) भी थोड़ी ही निकलती हैं और कोंपल बाँस से दो-एक फुट अलग जाकर निकलता है। चीन में हड़ौती या चाव बाँस कहीं नहीं दीखा। जितने भी बाँस हैं, उत्तम कोटि के हैं। इसीलिए इस देश में बाँस उद्योग काफी बढ़ा है। वेणुवन पर्वत की चढ़ाई पर है, जहाँ किसानों की अच्छी खासी आबादी है। पर्वत के नीचे झरने बहते हैं। इन्हीं झरनों का पानी बाँस के पाइप के जरिए ऊपर ले जाया जाता है।

रनिंग टाइगर में झरने के पास एक बाघ की मूर्ति बनी हुई है। अब एक जीवित बाघ भी ऊपर पिंजड़े में रखा गया है। यहाँ का पानी खनिजों से मुक्त है। चाय घर तो सर्वत्र ही मिलते हैं। यहाँ की चाय भी सारे चीन में सर्वश्रेष्ठ मानी जाती है। सो रनिंग टाइगर पर हमने सर्वोत्तम जल से बनी सर्वोत्तम चाय का मजा लिया। लीची ने उस चाय की बहुत-बहुत बड़ाई की और एक औंस खरीदकर मुझे दी भी। एक औंस चाय का टिन समेत मूल्य साढ़े तीन रुपये के लगभग लगा।

यहाँ मैंने ली और वू से कहा, "यह चाय नहीं है। आपके पुरखे बहुत ही होशियार

थे। उन्होंने गर्म पानी पीने का एक बहाना निकाल दिया है।" वू बोला, "इस चाय में चीनी और दूध तो मिलाना ही नहीं चाहिए। गर्म पानी भी विधि से ही डालना होगा। और इस चाय के साथ खाना और सिगरेट पीना भी ठीक नहीं है, क्योंकि तब इसका स्वाद आपको नहीं मिलेगा, क्योंकि वह बहुत ही बारीक है।" मैंने कहा, "मगर भारत में तो लोग पान खाते हैं। कत्था, चूना और सुपारी से थुथरी हुई जीभ पर इस चाय का स्वाद कैसे चढ़ेगा?"

रनिंग टाइगर देखने के दौरान हमने ल्यूह नामक एक पगोडा भी देखा, जो 13 तल्लों का है। आज भी फूलों की बहार देखकर आँखें धन्य हो गईं।

अपराहन में हम तीन बजे निकले और पहले जेड झरने पर गए। यहाँ भी बुद्ध मन्दिर है और कई कुंड हैं, जिनमें सुनहरी मछलियाँ विहार करती हैं। यहाँ एक मूर्ति अमिताभ की भी बताई गई, यद्यपि वू ने उसका परिचय अवितवो कहकर दिया।

फिर हम येलो ड्रैगून केव पर गए। जहाँ से झरना निकलता है, वहीं पीले ड्रैगून की मूर्ति है और झरना उसी के मुख से निकलता है। पहाड़ को यहाँ काटकर खोहनुमाँ बना दिया गया है, जैसे नमूने पीकिंग के बागों में भी दिखाई पड़े थे।

तब हम लोनली माउंटेन देखने गए। यहाँ हमने कोई 50 तिब्बती आदमी देखे, जो शायद सिंकियांग के थे। सरकार चाहती है कि अल्पसंख्यक समुदाय के लोग हान्स इलाकों में आएँ और जी भरकर घूमें, जिससे उन्हें विश्वास हो जाए कि हान्स जाति के लोग अल्पसंख्यकों से घृणा नहीं करते हैं।

लोनली माउंटेन (एकान्त पर्वत) पर कई कवियों की समाधियाँ हैं। एक समाधि उस कवि की भी है, जिसे लीची अपना गुरु समझते हैं। एक कवि यहीं रहकर मनोरंजन के लिए पक्षी पालते थे। सम्राट ने उन्हें कोई पद देना चाहा, तो उन्होंने स्वीकार नहीं किया। वे यहाँ बीस साल तक रहे थे। वे अविवाहित थे, मे-फ्लावर को वे अपनी वधू और सारस पक्षी को पुत्र समझते थे। नई सरकार ने उनकी समाधि के चारों ओर खूब मे-पुष्प लगा दिए हैं।

इस स्थान से आगे बढ़ने पर सन् 1911 के क्रान्तिवीरों की समाधि है। शिलालेख यहाँ अंग्रेजी में हैं। बस इतनी ही अंग्रेजी मुझे सारे चीन में दिखाई पड़ी है, वरना यहाँ तो साइन-बोर्ड, दुकानों के नामपट्ट, साबुन, दरी, तौलिया सब पर के लेख चीनी अक्षरों में ही होते हैं।

फिर हम असली और नकली रेशम का कारखाना देखने गए। एक हजार से ऊपर कर्मचारी यहाँ काम करते हैं। करघे कोई दो सौ चल रहे थे। मगर हाथ से नहीं, बिजली से। डिजाइनिंग अनुभाग में गया, तो कला की कारीगरी देखकर दंग रह गया। इन डिजाइनों के चित्र सजावट के लिए बाजार में भी बिकते हैं। मैंने बाजार जाने पर छह चित्रपट खरीद लिए।

कभी-कभी मुझे हांग-चौ श्रीनगर से श्रेष्ठ लगता है। झील, पहाड़ और वन अपने

श्रीनगर में भी हैं। लेकिन यहाँ सर्वत्र कुंच-ही-कुंच हैं, राह की बगल में, सड़कों के किनारे और घरों के आगे भी और पीछे भी। यहाँ श्रीनगर की भी शोभा है और नैनीताल की भी। स्थान इतना मनोरम है कि यहाँ से जाने की तबीयत नहीं होती। लेकिन जाना तो पड़ेगा ही। आज 15 नवम्बर है। 24 नवम्बर तक रंगून पहुँचना अनिवार्य है। और अभी कान्टून, हांगकांग और बैंकाक देखना बाकी है।

('मेरी यात्राएँ' पुस्तक से)

कान्टून की डायरी

हांग-चौ नगर छोड़कर चलने को जी नहीं चाहता था, मगर लाचारी थी। 15 नवम्बर को हमारा जहाज हांग-चौ से साढ़े नौ बजे भोर में उड़ा और साढ़े तीन बजे कान्टून पहुँचा। उड़ान लगातार नहीं थी। जहाज रास्ते में नानचिंग में भी उतरा था। नानचिंग वह जगह है, जहाँ चू-एन लाइ ने लाल सेना की नींव रखी थी। नानचिंग में जो खाना सामने आया, वह बिलकुल ही खराब था और मुझसे कुछ भी खाया नहीं गया। कान्टून पहुँचकर स्नान करते और तैयार होते-होते शाम हो गई। कान्टून में भोजन अच्छा मिला। खा-पीकर हम रात में नगर देखने को निकले। कई सड़कों पर बत्तियाँ थीं ही नहीं। पूछने पर पता चला कि पावर हाउस मरम्मत में है।

16 नवम्बर शनिवार को हम निर्यात किए जानेवाले मालों की प्रदर्शनी देखने गए। प्रदर्शनी देखकर मैं हैरत में आ गया। चीन लगता है, संख्या और परिमाण का देश है। चीन की जनसंख्या जितनी बड़ी है, प्रदर्शन का आधार भी उतना विशाल था। प्रदर्शनी देखकर मन पर यह भाव जम गया कि दस्तकारी और कला के माल में चीन सारे संसार में नाम कर सकता है। कान्टून चीन का सबसे दक्खिनी शहर है और वह हांगकांग के बिलकुल पास है। जो व्यापारी हांगकांग जाते हैं, उनमें से अधिकांश कान्टून जाकर निर्यात किए जानेवाले चीनी माल की प्रदर्शनी देख आते हैं। इससे चीन के मालों का विज्ञापन होता है और उनकी बिक्री भी बढ़ती है। इसीलिए बिक्रीवाले मालों की प्रदर्शनी और कहीं नहीं लगाकर कान्टून में लगाई जाती है।

प्रदर्शनी में पोर्सलीन, पत्थर, क्ले, हाथी दाँत, लकड़ी, रेशम, लैकर आदि से निर्मित जो सामग्रियाँ प्रदर्शित थीं, वे देखनेवालों के मन को मोह रही थीं। ये माल नहीं, जेवर हैं, जिन्हें पाकर कोई भी ड्राइंगरूम सजावट से चमक सकता है। जभी तनाव और दुश्मनी की हवा रुकी, ये सामान सारे संसार में फैल जाएँगे। कालीनों की चित्रकारी गजब की थी और बरतन भी बड़े ही खुशनुमाँ और लुभावने थे।

मशीन टूल विभाग का भी प्रभाव जबर्दस्त पड़ता है। चीनी लोग मुद्रण यन्त्र भी बाहर भेजने को तैयार हैं। सीने की मशीनें भी निर्यात की जाती हैं तथा कागज भी बाहर भेजा जाता है। साइकिल तो खैर भारत भी खूब बनाता है, मगर फाउंटेन पेन बनाने में चीनी लोग हमसे आगे निकल गए हैं।

गाइड ने बताया कि प्रदर्शनी में 13 हजार किस्म की चीजें और 30 हजार नमूने हैं। पिछले साल जो प्रदर्शनी हुई थी; उसमें 13 हजार किस्म की 50 हजार चीजें थीं। उस साल भी सैकड़ों विदेशी व्यापारी प्रदर्शनी देखने को आए थे। मगर 13 हजार किस्म की चीजों में सूप और डगरे की भी गिनती है, लाल मिर्च, भाँति-भाँति के अनाज और खानों में पाई जानेवाली चीजें भी उनमें शामिल हैं। यूरोप में अनाज और भोजन की थाली के बीच बहुत-से रोजगार खड़े हो गए हैं। उन रोजगारों का आरम्भ चीन में भी हो रहा है।

प्रदर्शनी में दवाइयाँ भी थीं और चीन की जड़ी-बूटी भी। बहुत-से सर्जिकल औजार भी थे। पियानो और वायलिन भी निर्यात के लिए तैयार हैं। कपड़ों में मखमल कई रंग के थे, लकड़ी के सामान भी थे और फरनीचर भी।

13 नवम्बर को ही चुंग शांय विश्वविद्यालय देखने गया। वहाँ घंटे भर अंग्रेजी पढ़नेवाले छात्रों के बीच रहा। एक प्रोफेसर भी मौजूद थे। कई तरह की बातें हुईं। पूछने पर एक लड़के ने कहा, "मुझे बायरन और शेली बहुत पसन्द हैं।" मैंने कहा, "आप उन्हें पलायनवादी मानते हैं या नहीं?" बेचारे को जानकारी बहुत कम थी। मैं ही बोलता गया साहित्य के सामाजिक उद्देश्य पर, लेखक और पाठक के सम्बन्ध पर तथा इस विषय पर कि व्यक्ति और समाज की भावना कला में कैसे अभिव्यक्त होती है। मालूम होता है, समकालीनता पर मैंने कुछ अधिक जोर दे दिया। पास बैठे प्रोफेसर बोले, "लेकिन कभी-कभी जो कवि अपने समय में प्रशंसित नहीं होता, वह आनेवाली पीढ़ियों से प्रशंसा प्राप्त करता है।" मैंने कहा, "हाँ, ऐसा होता है। हमारे यहाँ एक कवि भवभूति हुए हैं। उन्होंने इस सम्बन्ध में एक मार्मिक उक्ति कही है जो अकसर उद्धृत की जाती है।"

फिर मैंने लड़कों से पूछा, "अच्छा, यह बताइए कि अभी चीन का सबसे बड़ा कवि कौन है?" एक छात्र बोला, "कु मू रो।" दूसरे ने कहा, "एचिंग।" जब लड़कों के साथ विश्वविद्यालय के अहाते में घूमने निकला, तब झगड़े का फैसला हो गया। नम्बर 1. कु मू रो, नम्बर 2. एचिंग, नम्बर 3. हो ची फान और तें चिन और नवयुवक कवियों में सर्वश्रेष्ठ लीची।

रास्ते में लड़कों से साँप, कुत्ता, बिल्ली, झींगुर, भेड़िया आदि खाने के बारे में भी बातें हुईं। ये लोग घृणा नहीं मानते। कहते हैं, कुत्ते का मांस पौष्टिक होता है। वह बूढ़े और कमजोर लोगों के लिए खास तौर से मुफीद है। अलबत्ते झींगुर के बारे में एक लड़के ने घृणा अभिव्यक्त की।

यह विश्वविद्यालय सनयात सेन का स्मारक है। सनयात सेन का एक नाम चुंग शांय भी था। यह विश्वविद्यालय उसी नाम पर है। विश्वविद्यालय में सनयात सेन हॉल है। उसमें जनता के तीन सिद्धान्त नामक हिन्दी पुस्तक भी देखने को मिली।

सनयात सेन जब लन्दन में थे, तब गिरफ्तार हो गए थे और जहाज में चीन ले जाए

जा रहे थे। उस समय उन्होंने अपने एक अंग्रेज मित्र को चिट्ठी लिखी थी, "मैं पकड़ लिया गया हूँ। जहाज मँगनी किया जा चुका है। ये लोग मुझे कैद करके चीन लिए जा रहे हैं और वहाँ मुझे मार डालेंगे। मुझे इस गिरफ्तारी से छुड़ाने का प्रबन्ध करो।"

जब सनयात सेन राष्ट्रपति हो गए, उन्होंने अपने इसी अंग्रेज मित्र को लिखा, "मैंने इस पद को निःस्वार्थ भाव से स्वीकार किया है, जिससे मैं चीन को मौत के जबड़े में से निकाल सकूँ।"

ये सारे पत्र स्मारक हॉल में प्रदर्शित हैं।

छात्रों को यह सुनकर आश्चर्य हुआ कि भारत के छात्र विज्ञान और टेक्नोलॉजी अब तक अंग्रेजी में ही पढ़ते हैं। जो प्रोफेसर साथ थे, उन्होंने कहा, "पंडित नेहरू की तो आशा है कि अगले दस वर्षों में सब जगह भारतीय भाषाएँ आ जाएँगी।"

विश्वविद्यालय की वाटिका में देखा कि बहुत-से छात्र और छात्राएँ कुदाल चला रहे हैं। फिर देखा, छात्रों और छात्राओं का एक दल गाड़ी में ईंटें ढो रहा है। किसी भी छात्र या छात्रा के चेहरे पर ग्लानि या नाराजी का भाव नहीं था। सभी उत्साहपूर्ण और प्रसन्न थे।

रास्ते में यहाँ भी आदमियों द्वारा खींचे जाते हुए ठेले दिखाई पड़े। एक-दो ठेलों में औरतें भी जुती हुई थीं। अजब बात है। जानवर को मारकर खा जाएँगे और जानवरों का काम खुद करेंगे।

चेयरमैन माओ ने विरोधों (कांट्राडिक्शन) पर जो भाषण दिया था, वह 26 पेज का है। वह भाषण मुझे कल रात मिला। रात से लेकर अभी तक उसे पूरा पढ़ गया। माओ गजब के आदमी हैं। कविता भी वे लिखते हैं। मगर इस भाषण में न कवित्व है, न भावना, न दर्शन, न उलझन, न व्यर्थ की चिन्ता और परेशानी। सर्वत्र केवल काम, काम और काम। भाषा भी विचित्र है। दोष दिखाने का तरीका भी बड़ा स्पष्ट है। यह दोष जनता का है, इसे यों सुधारो। यह दोष पार्टी का है, इसे इस तरह सुलझाना चाहिए। और यह ऐब नौकरशाही का है, इसे इस प्रकार दूर करना चाहिए। मार्क्सवाद मनुष्य को पूर्णरूप से व्यावहारिक बना देता है।

नए चीन की कई बातें बहुत ही अच्छी हैं। अगर अफसर भी हाथ से काम करते हैं, तो यह अच्छी बात है। शारीरिक श्रम मनीषियों के लिए भी विहित है, यह अच्छी बात है। तथा कवि, कलाकार और प्रशासन के सचिव का वेतन एक है, यह बहुत अच्छी बात है। घूस लेने या देने का यहाँ रिवाज नहीं है, यह कितनी अच्छी बात है।

प्रथम विश्वयुद्ध का नतीजा हुआ रूस का जन्म। द्वितीय विश्वयुद्ध के बाद 90 करोड़ लोग साम्यवाद के झंडे के नीचे आ गए। चेयरमैन माओ का खयाल है कि अगर तीसरा विश्वयुद्ध हुआ, तो सारी दुनिया समाजवादी हो जाएगी और साम्राज्यवाद की दुकान दुनिया से उठ जाएगी। बात वैसे ठीक लगती है, लेकिन समाजवादी देशों को यदि साम्राज्यवाद का लोभ हो गया, तब क्या होगा?

हम शाम को खा-पीकर निकले और कान्टून का विख्यात कल्चरल पार्क देखने को गए। यह वह अहाता है, जहाँ जापान ने बम गिराया था। मुक्ति के बाद उसी अहाते में यह पार्क बना है। इस पार्क में भी फूलों की सजावट देखने ही लायक है। फूलों की मेज, फूलों की चिड़िया, फूलों का ही बड़ा-सा ड्रैगून और सामने दीवार पर बने घास के हर बोर्ड पर फूलों से ही लिखा हुआ शान्ति-वाक्य। सारा वातावरण ही फूलों और हरियाली से लहलहा रहा है।

कुछ और आगे बढ़ने पर इस विशाल सांस्कृतिक उद्यान में मेले का दृश्य दिखाई देने लगा। औरतों, मर्दों, बूढ़ों और बच्चों को मिलाकर दस हजार से कम लोगों की भीड़ नहीं होगी। एक जगह चक्करवाला झूला लगा था। लोग क्यू बनाकर लम्बी कतार में खड़े थे। कोई घोड़े पर बैठना चाहता था, कोई कुर्सी पर और कोई हवाई जहाज पर।

आगे बढ़ने पर पीकिंग ओपेरा की भीड़ मिली। हम थोड़ी देर रुके, फिर आगे बढ़े। न पोशाक, न मेक-अप, न नाटक के दृश्य। केवल गाना हो रहा था। और आगे बढ़ने पर सरकस का अखाड़ा मिला। चीनी लोग सरकस का हुनर अच्छा जानते हैं। मगर बड़े-बड़े चमत्कार देखने पर भी भीड़ ताली नहीं पीटती। लोग शायद अभ्यस्त हो गए हैं। रोज ही तो ये खेल होते हैं।

ये तो मैदान में चलनेवाले खेल थे। एक हॉल में झाँककर देखा, तो इन-डोर खेल चल रहे थे और बहुत-से मजदूर कतार बाँधकर खड़े उन्हें देख रहे थे।

खेल के मैदान से हटकर मत्स्य-संग्रहालय है, जहाँ रंग-रंग की मछलियाँ देखने को मिलती हैं। बगल में ही मरे हुए जलचरों का म्यूजियम है। तरह-तरह की मछलियाँ, तीन-चार शार्क और एक व्हेल भी है। सब-के-सब कान्टून समुद्र के तट पर पाए गए थे। व्हेल तो अभी 1953 में ही पकड़ा गया था।

और आगे बढ़ने पर स्थानीय दस्तकारी का म्यूजियम मिलता है। पत्थर, पोर्सलीन, चीनी-मिट्टी, लकड़ी, बाँस और नारियल से बनी हुई वस्तुओं की तराश और चित्रकारी देखकर मन विमुग्ध हो गया। फिर चीन के अल्पसंख्यकों की पोशाकें हैं और उनकी दस्तकारी के नमूने।

सारे पार्क में और नहीं तो आधी संख्या प्रेमियों के जोड़ों की थी। हर लड़की किसी लड़के के साथ, हर लड़का किसी लड़की का कोट पकड़े हुए। चीन में नारी होना शाप था। अब वह वरदान हो गया है। और देखिए, किस लड़की को यह फिक्र है कि उसके कपड़े मोटे और भद्दे हैं? किसको इस बात की चिन्ता है कि उसके पाँवों में फकत कपड़े के जूते हैं और उसके बाल करीने से सजे हुए नहीं हैं? न मुँह पर मेक-अप, न ओठों पर लिपस्टिक। मगर जीवन का आनन्द वह लूट रही है। इसके विपरीत, भारत में पति महाराज अपनी पत्नी को साथ लेकर तब तक नहीं घूमेंगे, जब तक वह जरा बन-ठनकर तैयार न हो जाए।

चीन में नई मानवता का जन्म हो रहा है। उसे झुठलाने की कोशिश बेकार है। चोरी नहीं, बदमाशी नहीं, अपहरण और शोषण नहीं। है तो केवल प्रेम है, स्वास्थ्य है, कसरत और व्यायाम है। फूल, हरियाली, पार्क, मंच, नृत्य, गान, कला और साहित्य—सब पर अधिकार खुरदुरे हाथवालों का। रईस खत्म हैं। कमकर आजाद हैं। कमकरों की संख्या विशाल होती ही है। उनकी भीड़ में रईसों का पता ही नहीं चलता है।

17 नवम्बर को नौ बजे निकला। पहले उस स्थल पर गया, जहाँ सन् 1926 ई. में माओत्से-तुंग ने किसानों का सम्मेलन किया था। उस सम्मेलन में किसान सभी प्रान्तों से आए थे। जिस कोठरी में माओ काम करते थे, उसमें एक मेज, एक लैम्प, एक चौकी और दो कुर्सियाँ रखी हुई हैं। वह हॉल भी देखा, जिसमें माओ और चू-एन लाइ किसानों को क्रान्ति की शिक्षा देते थे। उस समय के असबाब साबित तो क्या रहे होंगे, माडल के तौर पर वैसे ही असबाब रख दिए गए हैं। फिर एक कतार में उन शिक्षकों के चित्र हैं, जो किसानों को क्रान्ति का पाठ पढ़ाते थे। माओ और चू-एन लाइ के सिवा इस कतार में कुमूरो का भी एक चित्र है।

फिर वह स्थान देखा, जहाँ 1911 ई. की क्रान्ति में गोली चली थी और कोई एक हजार आदमी मारे गए थे। यह स्मारक सन् 1921 ई. में बना था। मुख्य द्वार के मेहराब पर जितनी ईंटें हैं, उन्हें प्रवासी चीनियों ने भेजा था। हर एक ईंट पर तद्देशीय चीनी संस्था का नाम खुदा है। सभी शहीदों के नाम पर एक ही बृहत् स्तूप है, जिस पर घास लगाई हुई है और जो गोल हरीतिमा के बहुत बड़े गुम्बद-सा दिखाई देता है। स्तूप बहुत ऊँचाई पर है, इसलिए नीचे से ऊपर तक लम्बी सीढ़ियाँ बना दी गई हैं।

फिर हम 72 शहीदों की समाधि पर गए। यहाँ कान्टून म्यूजियम भी है। यह जगह पहाड़ की चोटी पर है, जहाँ से सारा शहर दिखाई देता है। आज हमारे साथ लीची और वू के सिवा श्री हन पे प्यन् भी थे। ये एशियाई लेखक संघ के सिलसिले में भारत भी गए थे। अच्छे नवयुवक साहित्यकार हैं। चाय घर में जब हम जरा सुस्ताने को बैठे, हमने कुछ देर तक साहित्यालाप भी किया।

18 नवम्बर को चीन से रुखसत होना था, अतएव 17 के अपराह्न सारा समय चीजों को इस बैग से निकालकर उस बैग में रखने में चला गया। इसी बीच दुभाषिया वू आ गया और काम करते समय मैं उससे थोड़ा-सा वार्त्तालाप भी करता रहा।

चियाङ् काइ शेक के बारे में बोलते हुए वू ने कहा, उनके बाप किसान थे। बाढ़ वगैरह की विपत्ति के कारण चियाङ् काइ शेक के माँ-बाप अलग हो गए। माँ ने किसी सौदागर से विवाह कर लिया। उसी के नाम पर चियाङ् काइ शेक का नाम चियाङ् पड़ा। पहले उनका नाम कुछ और था। जवानी में शांघाई में उन्होंने अच्छा जीवन नहीं बिताया, इससे उनका पौरुष नष्ट हो गया। मादाम सूंग से उनके कोई सन्तान नहीं है। पहली स्त्री से एक पुत्र है। दूसरा पुत्र भी है, जिसे उन्होंने गोद लिया है। सनयात

सेन के साथ उनका एक फोटो है, जिसके बल पर वे अपने को सनयात सेन का शिष्य बताते हैं। वैसे सनयात सेन के शिष्य वे नहीं हैं।

मैंने कहा, "वू, मगर सनयात सेन ने चियाङ् को मास्को भेजा था। इससे तो यही आभास मिलता है कि चियाङ् काइ शेक सनयात सेन के विश्वासपात्र थे।"

वू बोला, "हाँ, भेजा तो सही, मगर चियाङ् ने वहाँ किया क्या? ट्राटस्की से मिलता रहा। असली सोवियत नेताओं की उसने संगति ही नहीं की।"

मैंने कहा, "ट्राटस्की से मिलना भी तो मानी रखता है।"

वू बोला, "मानी क्या रखता है? ट्राटस्की तो प्रतिक्रियागामी था, काउंटर रिवोल्यूशनरी था?"

वू ने यह भी बताया कि हांगकांग, बैंकाक और बर्मा में कुमिताङ् के एजेंट हैं और वे चीनी साम्यवादियों को मारने की कोशिश में रहते हैं। बाण्डुंग के समय जो विमान दुर्घटना हुई थी, उसका कारण हांगकांग ही था। यही नहीं, अमेरिकियों द्वारा सिखाए गए कुमिताङ् के एजेंट पैराशूट से चीन के भीतर पहाड़ों में उतरते हैं और रेडियो के जरिए और देशों में तरह-तरह की अफवाहें फैलाते हैं। कारखानों को क्षति पहुँचाना उनका खास ध्येय होता है।

वू ने यह भी कहा कि चियाङ् काइ शेक ने दक्षिणी अमेरिका में जमीन खरीद रखी है, मकान भी खरीद रखा है। संकट आने पर भागकर वे वहीं चले जाएँगे।

17 नवम्बर की रात चीन में मेरी आखिरी रात थी। उस रात जो बिदाई का भोज हुआ, उसमें कई लेखक शरीक हुए। अब तक लोगों को मालूम हो गया था कि खाद्याखाद्य के मामले में मैं चीनियों की कुछ आदतों से घबराने लगता हूँ। अतएव एक दोस्त ने मुझे घबराहट में डालने को कहा, "मिस्टर दिनकर, आज तो आपको साँप का भी माँस परोसा जाएगा। यह कान्टून है। आपको तो पता ही है कि कुत्ते और साँप का माँस खूब पसन्द किया जाता है।"

मैंने कहा, "आप लोगों का कोई ठिकाना नहीं। आपका मजाक भी सत्य हो सकता है। तो सुन लीजिए कि आज मैं शुद्ध निरामिषभोजी रहूँगा।"

पीकिंग में अपने राजदूत श्री रतन कुमार नेहरू ने बताया था कि जब डॉ. राधाकृष्णन् चीन गए थे, उन्हें भी बिदाई का भोज कान्टून में ही दिया गया था। राधाकृष्णन् जी को भोज दिन में दिया गया था। उस समय चीनियों ने बहुत बड़े शील का पालन किया और मेज पर न तो शराब आने दी, न माँस और मछली। मगर डॉ. राधाकृष्णन् को बिदा देने के बाद अफसरों ने रात में जो भोज किया, उसमें उन्होंने कुत्ते के मांस की भी डिश चला दी।

दोस्तों ने मुझ पर इतना रहम जरूर किया कि मेरी बिदाई में दिए जानेवाले भोज की मेज पर उन्होंने कोई भी अभक्ष्य चीज नहीं परोसी।

खाने की मेज पर बातें काफी खुलासे से हुईं। श्री हम प्ये छान ने कहा, "मिस्टर

दिनकर, आप चीन को काफी देख चुके हैं। हम लोगों के बारे में आपका जो मत बना हो, उसे निश्छलता से कह डालिए। हम लोग भाई-भाई हैं। परदे और दुराव की अब क्या जरूरत है?"

मैंने कहा, "प्यारे, चीन तो मुझे बहुत अच्छा लगा है। खासकर क्रिसेंथमम के फूल और बच्चे तो यहाँ देखने ही लायक हैं। केवल एक बात है, जिसे हाथ जोड़कर कहना चाहता हूँ।"

उन्होंने कहा, "वह कौन-सी बात है?"

मैंने कहा, "यह कि कुत्ते का मांस खाना छोड़ दो। हम लोग इसे बहुत बुरा समझते हैं।"

सभी लोग ठठाकर हँसने लगे और फिर यही कहने लगे कि यह मांस तो चीन में बहुत मुफीद समझा जाता है।

18 को बिदाई की वेला भोर ही आ गई। सभी दोस्त मुझे बिदा देने को स्टेशन तक आए। बिदा लेते समय मेरी आँखें भींग गईं। कवि लीची की भी आँखें सजल हो आईं। जैसे-तैसे मैं ट्रेन पर चढ़ा और दस मिनट बीतते-बीतते हांगकांग पहुँच गया।

हांगकांग में भी भारतीय कान्सेलेट है। वहाँ के अफसर मुझे लिवाने को स्टेशन आए हुए थे। उन्होंने मिलते ही सावधान करना शुरू किया, "यहाँ काफी होशियारी से रहिएगा। जेब कट सकती है। सामान चोरी जा सकता है और जान भी खतरे में पड़ सकती है।"

मैंने कहा, तो फिर एक रात से ज्यादा मैं इस शहर में नहीं टिकूँगा। बैंकाक जानेवाले जहाज में आप सीट कल ही के लिए ठीक करवा दीजिए।

('मेरी यात्राएँ' पुस्तक से)

मेरी मॉरिशस यात्रा-1

जब प्रधानमन्त्री के दफ्तर से फोन आया कि मुझे दो सप्ताह के लिए मॉरिशस जाना है, मेरी पहली प्रतिक्रिया आलस्य और थकावट की हुई। फिर मैंने कहा, अपने डॉक्टर से पूछकर बताऊँगा। अगर वे इजाजत दे देंगे, तब जाने की बात सोचूँगा। मगर अकेला जाने की बात मैं सोच नहीं सकता। आपको मेरी पसन्द का एक साथी जरूर देना होगा। डॉक्टर साहब ने कहा, आप कमजोर जरूर हैं, मगर डॉक्टरी कारणों से मैं आपको सफर पर निकलने से रोक नहीं सकता। इस प्रकार निश्चित हुआ कि मैं अकेला नहीं, हिन्दी के वर्चस्वी कवि डॉ. शिवमंगलसिंह सुमन के साथ यात्रा करूँगा।

यात्रा पर मैं दिल्ली से 15 जुलाई को, बम्बई से 16 जुलाई को और नैरोबी से 17 जुलाई को मॉरिशस के लिए रवाना हुआ। विदेशों की यात्रा मैंने काफी की है और जब भी अवसर अनुकूल रहा है, मैंने दुनिया की और सर्विसों को छोड़कर बराबर एयर इंडिया इंटरनेशनल को पसन्द किया है। सच पूछिए, तो अपने देश की दो-चार चीजों का मुझे बड़ा ही फख्र है। मैं निश्चयपूर्वक मानता हूँ कि संस्कृति की जो विरासत भारत के पास है, वैसी विरासत किसी और देश के पास नहीं है। उसी दृढ़ता के साथ मैं यह भी मानता हूँ कि जैसी सर्विस एयर इंडिया इंटरनेशनल की है, वैसी सर्विस दुनिया की किसी और कम्पनी की नहीं है। यह दुख की बात है कि जो हिन्दुस्तानी एयर इंडिया इंटरनेशनल और संसद के सचिवालय को इतनी योग्यता से सँभाले हुए हैं, उन्हीं के भाई-बन्द देश की और जिम्मेवारियों को सँभालने में ढिलाई दिखा रहे हैं। भारतवासियों में संसार का नम्बर एक देश बनने की सारी खूबियाँ मौजूद हैं। फिर भी कोई बात है, जो उनकी खूबियों को उभरने नहीं देती। मगर ये खूबियाँ उभरकर रहेंगी और भारत को संसार के प्रथम श्रेणी के देशों की पंक्ति में प्रवेश करने से कोई शक्ति रोक नहीं सकेगी। व्यक्ति टूटते हैं तो टूटें, दल बिखरते हों तो बिखर जाएँ, पद्धति को भी टूटना हो तो वह टूट जाए, मगर हिन्दुस्तान बहुत आगे निकलनेवाला है।

इधर से जाते समय नैरोबी (कीनिया) में मुझे एक रात और दो दिन ठहरने का मौका मिल गया। अतएव मन में यह लोभ जग गया कि मॉरिशस के भारतीयों और अफ्रीकियों से मिलने के पूर्व हमें अफ्रीका के शेरों से मुलाकात कर लेनी चाहिए। बाण जब राजा हर्षवर्धन से मिलने गए थे, तब राजा के पास पहुँचने में उन्हें देर हो गई थी,

क्योंकि राजा से मिलने के पूर्व वे उसके हाथियों से मिलने चले गए थे। मेरे सामने तो ऐसी कोई बाधा ही नहीं थी। जहाज दूसरे दिन शाम को मिलनेवाला था। अतएव, हम जिस दिन नैरोबी पहुँचे, उसी दिन हाइ कमिश्नर श्री भाटिया के साथ नेशनल पार्क में घूमने को निकल गए।

नैरोबी का नेशनल पार्क चिड़ियाघर नहीं है। वह शहर से बाहर बहुत बड़ा जंगल है, जिसमें घास अधिक, पेड़ बहुत कम हैं। लेकिन जंगल में सर्वत्र अच्छी सड़कें बिछी हुई हैं और पर्यटकों की गाड़ियाँ उन पर दौड़ती ही रहती हैं। हमारी गाड़ी को भी काफी देर तक दौड़ना पड़ा, मगर सिंह कहीं भी दिखाई नहीं पड़े। हिरन और जिराफ तो कई दीखे। एक जगह सड़क पर दो मोटरें खड़ी थीं और उन पर तरह-तरह के बन्दर और लंगूर चढ़े हुए थे। पर्यटक लोग इन बन्दरों को कभी-कभी फल या बिस्कुट खाने को दे देते हैं। अतएव मोटर के रुकते ही बन्दर उसे घोर लेते हैं। एक जगह कुछ भैंसें दिखाई पड़ीं जिन्हें बायसन कहते हैं। किन्तु भाटिया जी ने बताया कि ये भैंसें बायसन नहीं हैं। ये बायसन और नील गाय के बीच के जीव हैं, जिन्हें हिन्दू भी खाने में दोष नहीं मानते।

बड़ी दूरी तय करने के बाद या यों कहिए कि दस-बीस मील के भीतर हर सड़क छान लेने के बाद, हम उस जगह जा पहुँचे, जहाँ सिंह उस दिन आराम कर रहे थे।

वहाँ जो कुछ देखा, वह जन्म-भर कभी नहीं भूलेगा। कोई सात-आठ सिंह लेटे या सोए हुए थे और उन्हें घेरकर आठ-दस मोटरें खड़ी थीं। तुर्रा यह कि सिंहों को यह जानने की कोई इच्छा ही नहीं थी कि हमें देखने को आनेवाले लोग कौन हैं। मोटरों और शीशे चढ़ाकर उनके भीतर बैठे लोगों की ओर सिंहों ने कभी भी दृष्टिपात नहीं किया, मानो हम लोग तुच्छातितुच्छ हों और उनकी नजर में आने के योग्य बिलकुल नहीं हों। हम लोग वहाँ आधा घंटा ठहरे होंगे। इस बीच एक सिंह ने उठकर जँभाई ली, दूसरे ने देह को ताना, तीसरे ने सोई हुई सिंहनियों की देह चाटी, मगर हमारी ओर किसी भी सिंह ने नजर नहीं उठाई। हम लोग पेड़-पौधे और खरपात से भी बदतर समझे गए।

इतने में कोई मील-भर की दूरी पर हिरनों का एक झुंड दिखाई पड़ा, जिनके बीच एक जिराफ बिलकुल बेवकूफ की तरह खड़ा था। अब दो जवान सिंह उठे और दो ओर को चल दिए। एक तो थोड़ा-सा आगे बढ़कर एक जगह बैठ गया, लेकिन दूसरा घास के बीच छिपता हुआ मोर्चे पर आगे बढ़ने लगा। सोच-विचार आदमी करता है और इसी कारण उससे भूल हो जाती है। किन्तु, पशु अपनी इर्स्टिकट (सहज प्रवृत्ति) से चालित होते हैं। इसीलिए पराजय तो उनकी होती है, मगर गलतियाँ वे नहीं करते।

हिरनों के झुंड ने ताड़ लिया कि उन पर सिंहों की नजर पड़ रही है। अतएव वे चरना भूलकर चौकन्ने हो उठे। फिर ऐसा हुआ कि झुंड से छूटकर कुछ हिरन एक तरफ को भाग निकले, मगर बाकी जहाँ-के-तहाँ ठिठके खड़े रहे। हम दूर से भी हिरनों

की चिन्ता को समझ सकते थे, किन्तु जिराफ हमें चिन्तित दिखाई नहीं पड़ा। हमने समझा या तो सिंह जिराफ को नहीं छूते हैं अथवा जिराफ भाग्य में अधिक विश्वास करता है। बाकी हिरन ठिठके हुए इसलिए खड़े थे कि सिंह उन्हें देख रहे थे और सहज प्रवृत्ति हिरनों को यह समझा रही थी कि खतरा किसी भी तरफ भागने में हो सकता है। सुमन और प्रेम जी के पुत्र आनन्द की इच्छा यह थी कि हम लोग देर तक रुकें और किल (मारना) देखकर जाएँ। किन्तु समय छह से ऊपर हो रहा था और सात बजे तक नेशनल पार्क का फाटक बन्द हो जाता है। फिर प्रेम जी ने यह भी कहा कि शिकार अभी नहीं होगा। शिकार सिंह सूर्यास्त के बाद किया करते हैं और शिकार वे झुंड का नहीं करते, बल्कि उस जानवर का करते हैं, जो भागते हुए झुंड से पिछड़ जाता है। अब यह बात समझ में आई कि हिरन भागने को निरापद नहीं समझकर एक गोल में क्यों खड़े थे।

मुझे ऐसा महसूस हो रहा था कि मेरा रक्तचाप बढ़ रहा है। अतएव मैंने तय कर लिया कि अब घर लौटना चाहिए। सुमन को इस बात का मलाल सारी यात्रा में रहा कि मेरी ही जल्दबाजी के कारण वह 'किल' नहीं देख सका।

यह प्रसंग तकाजा करता है कि मैं कीनिया का कुछ वृत्तान्त यहीं दूँ। किन्तु, मेरा विचार वह वृत्तान्त लौटती बार देने का है। अभी तो हम मॉरिशस पहुँचने की जल्दी में हैं। हाँ, एक बात यहीं कह दूँ, कि बम्बई से नैरोबी आते समय हमारा जहाज अदन में उतरा था। हमने पूरे हवाई अड्डे को फौज के कब्जे में पाया। अड्डे का आधे से अधिक भाग तो बममारों से पटा हुआ था। बाकी भाग पर भी स्टेनगन लिये हुए गोरे सिपाही घूम रहे थे। मैं अपना हाथ-बैग लिए हुए उतरा था। सुना था, अदन फ्री पोर्ट है, अतएव, चीजें वहाँ सस्ती बिकती हैं। लेकिन हालत कुछ और थी। शहर के भीतर गोरों और अरबों के बीच मारपीट चल रही थी। इसलिए, पोर्ट की दुकानों तक जाने का रास्ता ही बन्द था। इसलिए, हमें ठहरने की जगह पर ही ठहरना पड़ा। जब हम लौटे, एक गोरा सिपाही मेरे बैग की तलाशी लेने लगा। और चीजें तो उसने छोड़ दीं, मगर हाजमे की गोलियों की एक शीशी को वह जाँच की नजर से निहारने लगा। मैंने हँसकर उससे अंग्रेजी में कहा, "देखते क्या हो यार! ये तो हिन्दुस्तान की आयुर्वेद की गोलियाँ हैं, बम नहीं। तुम्हें विश्वास नहीं हो तो कहो, आधी शीशी अभी निगल जाता हूँ।" सिपाही को भी मेरी बात से हँसी आ गई और उसने मेरा बैग मुझे वापस दे दिया।

नैरोबी से मॉरिशस तक हम बी.ओ.ए.सी. के जहाज में उड़े। सर्विस तो इसकी भी खूब है, लेकिन फिर भी वह एयर इंडिया की सर्विस से कुछ हीन ही पड़ती है। बी.ओ.ए.सी. का जहाज नैरोबी से चार बजे शाम को उड़ा और पाँच घंटों की निरन्तर उड़ान के बाद जब वह मॉरिशस पहुँचा, तब वहाँ रात के लगभग दस बज रहे थे। रात थी, अँधेरा था, पानी बरस रहा था। मगर जब भी हमारे स्वागत में बहुत काफी लोग

खड़े थे। भारतीय दूतावास से श्री प्रधान आए थे, जो वहाँ काउंसल हैं। सार्वजनिक लोगों में श्री जयनारायण राय, श्री सूरज मंगल भगत, श्री सोमदत्त बखोरी, मॉरिशस आर्य-सभा के प्रधान, जो पोस्ट मास्टर जनरल हैं, श्री उमाशंकर गिरजानन आदि सज्जनों के नाम उल्लेखनीय हैं। जयनारायण बाबू और भगत सिंह तो इस प्रेम से मिले, मानो वे वर्षों के मुलाकाती रहे हों। हवाई अड्डे के स्वागत का समाँ देखकर यह भाव जगे बिना नहीं रहा कि हम जहाँ आए हैं, वह छोटे पैमाने पर भारत ही है। जयनारायण बाबू और भगत जी ने पं. बनारसीदास चतुर्वेदी का कुशल-क्षेम पूछा और मुझे वह पत्र दिखाया, तो चौबे जी ने उन्हें मेरी यात्रा के बारे में लिखा था।

हवाई अड्डे से मित्र हमें होटल मस्करीन ले गए, जो क्युरपिप में है। कयुरपिप में वर्षा हो रही थी और जलवायु हवाई अड्डे की जलवायु से काफी भिन्न थी। हवाई अड्डे पर हमें थोड़ी गर्मी-सी लग रही थी। क्युरपिप में आते ही जाड़ा लगने लगा। भोजन तो हमने जहाज में ही कर लिया था! अतएव, उस रात खाना नहीं खाया और हम हाथ-मुँह धोकर सो गए। श्री राधामोहन गजाधर हवाई अड्डे पर नहीं पहुँच सके थे, किन्तु वे होटल में हमारा इन्तजार कर रहे थे। वे इस साल के चुनाव में उम्मीदवार थे। बड़ी मुश्किल से समय निकालकर मिलने आए थे। हम मॉरिशस में जितने भी दिन ठहरे, उनसे फिर दूसरी बार मुलाकात नहीं हुई।

सोते-सोते मैं कमरे में पड़ा हुआ प्रचार-साहित्य उलटने लगा। 'मॉरिशस हिन्द महासागर का मोती है', 'मॉरिशस हिन्द महासागर का सितारा है', 'छुट्टियाँ मनाने को मॉरिशस अवश्य आइए' आदि-आदि। किन्तु छुट्टियाँ मनाने का समय हमें कम मिला। जब तक हम मॉरिशस रहे, कुछ-न-कुछ काम हर रोज करते रहे, सांस्कृतिक सम्पर्क का काम, मॉरिशस की समस्याएँ समझने का काम, हिन्दी के प्रति जगी हुई चेतना बढ़ाने का काम और भारत के समाचारों से अधीर हिन्दुस्तानियों को धीरज बँधाने का काम।

मारीच से मॉरिशस द्वीप

मॉरिशस द्वीप भूमध्य रेखा से कोई बीस डिग्री दक्खिन और देशान्तर रेखा 60 के बिलकुल पास, किन्तु उससे पच्छिम की ओर बसा हुआ है। यह छोटा-सा टापू मादागास्कर से 500 मील और अफ्रीका के निकटतम समुद्र-तट से 1250 मील पूरब की ओर है। ग्लोब पर देखना चाहें, तो आस्ट्रेलिया तो पश्चिम की ओर निगाह दौड़ाते चलिए। अफ्रीका की ओर चलते-चलते, आस्ट्रेलिया से पच्छिम की ओर हिन्द महासागर में जो पहला द्वीप मिलेगा, उसका नाम रोड्रिग है और रोड्रिग से ठीक पश्चिम मॉरिशस पड़ता है। रोड्रिग का आकार बहुत छोटा है, किन्तु मॉरिशस की लम्बाई 29 मील और चौड़ाई कोई 30 मील है। वैसे पूरे मॉरिशस द्वीप का रकबा 720 वर्गमील आँका जाता

है। यह द्वीप हिन्द महासागर का मोती है, भारत-समुद्र का सबसे खूबसूरत सितारा है। उसकी वर्तमान जनसंख्या आठ लाख से कुछ कम है। किन्तु, इस जनसंख्या का 67 प्रतिशत हिन्दुस्तानी खानदान के लोग हैं और केवल हिन्दुओं की संख्या 53 प्रतिशत के आसपास पड़ती है। टापू के बाकी लोग अफ्रीकी नस्ल के हैं, जो सामान्यतः क्रेयोल नाम से पुकारे जाते हैं। इसके सिवा, टापू में चीनियों की संख्या 25000 तथा खालिस गोरों की लगभग दस हजार है।

मॉरिशस गन्ने का देश है। शहर खत्म होते ही गन्ने के खेत शुरू हो जाते हैं और गाँव गन्ने के खेतों के भीतर से झाँकते दिखाई देते हैं। मॉरिशस घूमते-घूमते आदमी को यह साफ महसूस होने लगता है कि यहाँ शहर और गाँव नहीं, केवल गन्ने के खेत हैं। श्री सोमदत्त बखोरी ने, जो जन्म से मॉरिशस निवासी और हिन्दी के कवि हैं, मॉरिशस पर एक कविता लिखी है, जिसमें उन्होंने अपनी देशमाता को गन्ने की साड़ी से विभूषित बताया है।

सारे जग को छोड़ के पीछे
आई कहाँ से जननी मेरी,
मेरी पालिका?
हिन्द महासागर के बीच
नील गगन के नीचे
पहने साड़ी ईख की,
पर्वतों की मालिका।

कहते हैं, जहाँ अब हिमालय है, वहाँ पहले समुद्र था और जहाँ अब भारत-समुद्र लहराता है, वहाँ एक बड़ा महादेश था। अफ्रीका से लेकर आस्ट्रेलिया तक यह महादेश फैला हुआ था। बहुत प्राचीन काल में अफ्रीका और आस्ट्रेलिया के बीच आदि मानवों का अनेक बार आना-जाना हुआ था, जिसके निशान भारत की भी आदिम जातियों की भाषाओं और रीति-रस्मों में मौजूद हैं। अफ्रीका और आस्ट्रेलिया के बीच फैले हुए इस महादेश का नाम लिमूरिया था। किसी अत्यन्त भयानक प्राकृतिक उपद्रव के कारण यह महादेश अचानक नीचे धँस गया और जहाँ पहले जमीन थी, वहाँ सागर लहराने लगा। इस क्रम में केवल पर्वतों की वे चोटियाँ ही ऊपर रह सकीं, जो बहुत ऊँची थीं। मॉरिशस और उसके पास का द्वीप रियूनियन ऐसे ही पाताल में धँस जानेवाले पर्वतों की ऊँची चोटियों पर बसे हुए हैं। मॉरिशस के चारों ओर कोरल रीफ है, जहाँ समुद्र की लहरें किनारे से कोई मील भर दूर ही टूटती हैं। इस कारण मॉरिशस के सभी समुद्र-तट निरापद हैं, वे क्रीड़ा के क्षेत्र हैं, जहाँ पर्यटक मनमाने ढंग से समुद्र-स्नान और भाँति-भाँति की किलोलें और विहार करते हैं। दुनिया में जितने भी रमणीय, निरापद और क्रीड़ा के योग्य समुद्र-तट हैं, उनमें मॉरिशस के सागर-तटों का बड़ा ही ऊँचा स्थान है।

इस द्वीप का पता सबसे पहले किसने लगाया, यह बात बहुत स्पष्ट नहीं है। कहते हैं, ईस्वी सन् से कोई पाँच सौ वर्ष पूर्व फोनीसियन लोग यहाँ आए थे, मगर टापू में उनका अब कोई भी निशान नहीं है। फिर जब मलय जाति मलाया से पश्चिम चलकर मादागास्कर में बसने जा रही थी, तब उस जाति के लोग भी मॉरिशस होकर गए थे, मगर उनकी सभ्यता का भी अब कोई निशान नहीं है। अलबत्ते, इस बात का कुछ प्रमाण है कि सातवीं सदी में अरब लोग यहाँ आया करते थे और विश्राम लेकर फिर नौकाओं के लंगर उठा लेते थे।

उस समय इस टापू में आबादी थी नहीं, केवल भाँति-भाँति के पक्षी यहाँ विहार करते थे। उनमें से एक जाति के पक्षी का नाम डोडो था। मॉरिशस के प्राच्य-विद्या-विशारद प्रोफेसर विष्णुदयाल के मत से शुद्ध उच्चारण डोडो नहीं, दोदो होना चाहिए। अक्तूबर, 1965 की सरस्वती में प्रो. विष्णुदयाल जी का एक लेख दोदो पक्षी पर प्रकाशित हुआ था। उनके मतानुसार दोदो किसी भारी मुर्गी के समान था और उड़ने की ताकत उसमें नहीं थी। वह डगमग पाँवों से धरती पर घूमता था; स्वयं निरामिषभोजी था, अतएव उसे यह आशंका नहीं थी कि टापू में कोई ऐसा जीव आ जाएगा, जो दोदो को खाकर अपना जीवन-निर्वाह करेगा।

कहते हैं, सन् 1507 ई. में पुर्तगाल के लोग मॉरिशस आए और उन्होंने ही इस पक्षी का नाम डोडो रखा जिसका अर्थ बुद्धू या बेवकूफ होता है। लेकिन पुर्तगाली लोग मॉरिशस में देर तक नहीं ठहरे। अतएव, इस पक्षी का नाम तो उन्होंने डोडो या बुद्धू रख दिया, मगर उसके खानदान को वे खत्म नहीं कर सके।

मॉरिशस का असली इतिहास सन् 1658 ई. से शुरू होता है, जब हालैंड की डच ईस्ट इंडिया कम्पनी ने इस द्वीप में अपने जहाजों का अड्डा बनाया। वह अड्डा आज के ग्रांड पोर्ट के पास था। मॉरिशस में डच लोग, असल में, सन् 1598 ई. में ही पहुँच चुके थे और उन्होंने ही अपने राजा मौरिस के नाम पर इस द्वीप का नाम मॉरिशस रखा था। डचों के आगमन के बाद से ही यह टापू आबाद होने लगा और तरह-तरह के लोग यहाँ आकर बसने लगे। हिरन, मवेशी, ऊख और बहुत-से अन्य पौधे इस टापू में डचों के लाए हुए हैं। बदले में मॉरिशस में एबोनी (संस्कृत नाम कोबिदार का युग पत्रक) के जितने पेड़ थे, उन्हें काटकर वे अपने देश ले गए। यही नहीं, चूँकि डोडो पक्षी उड़ नहीं सकता था, अतएव उन्होंने उसे पकड़कर खाना शुरू कर दिया और अन्त में उन्होंने डोडो के खानदान को ही खत्म कर डाला। डोडो संसार में और कहीं भी नहीं, केवल मॉरिशस में होता था। विष्णुदयाल जी के अनुसार, "देवदत्ति नामक डच राज्यपाल ने लिखा है कि 1698 ई. में एक भी जीवित दोदो मॉरिशस में न रहा।" फिर भी मॉरिशस का एक नाम डोडो द्वीप अब भी चलता है और अंग्रेजी में 'डेड लाइफ डोडो' नाम से जो कहावत चलती है, वह उस खानदान पर भी लागू होती है, जिसका एक भी सदस्य जीवित नहीं बचा हो।

मगर डच लोग भी मॉरिशस में स्थायी रूप से नहीं रहे। सन् 1712 ई. में टापू में प्लेग का प्रकोप फैला। उसी समय सारे-के-सारे डच टापू को छोड़कर भाग गए। जब टापू डचों से खाली हो गया, तब सन् 1715 ई. में उसी फ्रेंच ईस्ट इंडिया कम्पनी ने पकड़ लिया और उसका नया नाम 'फ्रांस का द्वीप' रख दिया।

मॉरिशस पर फ्रांसीसियों का अधिकार सन् 1715 ई. से लेकर लगभग सन् 1815 ई. तक रहा। इन सौ वर्षों के भीतर इस द्वीप में फ्रेंच भाषा की जड़ पाताल तक पहुँच गई। सन् 1815 ई. से आज तक मॉरिशस अंग्रेजों के कब्जे में रहा है और अंग्रेजों ने द्वीप की राजभाषा अंग्रेजी को बना रखा है, मगर आज भी मॉरिशस में संस्कृति की भाषा फ्रेंच है और जनता की भाषा क्रेयोल, जो फ्रेंच का ही अपभ्रष्ट रूप है।

क्रेयोल भाषा का जन्म भी एक विचित्र प्रकार से हुआ। फ्रांसीसी मालिकों को ऊख की खेती सँभालने के लिए दासों की जरूरत हुई और दास वे अफ्रीका से लाने लगे। इन्हीं दासों ने अपने फ्रेंच मालिकों से बातचीत करने को एक नई भाषा को जन्म दे दिया, जिसका नाम अब क्रेयोल चलता है और वह जाति भी क्रेयोल समझी जाती है, जो या तो अफ्रीकी नस्ल की है या अफ्रीकी और फ्रांसीसी नस्लों के मिश्रण से पैदा हुई है।

जिन दिनों की यह कहानी है, उन दिनों इंग्लैंड और फ्रांस के बीच युद्ध चल रहा था। मॉरिशस उस समय भी सामरिक दृष्टि से अत्यधिक महत्त्वपूर्ण था और मॉरिशस को अड्डा बनाकर फ्रांस इंग्लैंड के जहाजों पर बराबर आक्रमण कर बैठता था। अतएव, अंग्रेज बराबर इस घात में थे कि फ्रांसीसियों को धकियाकर वे इस टापू पर अधिकार कर लें। इस कार्य में सन् 1815 ई. में अंग्रेजों को सफलता मिल गई। तब से यह द्वीप अंग्रेजों के अधीन रहा है। मगर अब इंग्लैंड मॉरिशस को स्वाधीन कर देने की प्रतिज्ञा कर चुका है[1] और आशा है कि अगले छह महीनों में मॉरिशस स्वाधीन हो जाएगा और राष्ट्रसंघ के सदस्यों में एक और सदस्य की वृद्धि हो जाएगी।

सन् 1835 ई. तक आकर यह प्रत्यक्ष हो गया कि फ्रांस के द्वारा मॉरिशस में लाए गए दास दास बनकर काम करने को तैयार नहीं थे। दास-प्रथा पुरानी हो चुकी थी और सभी देशों के ऊँचे लोग इस प्रथा के विरुद्ध हो गए थे। जब अंग्रेजों ने देखा कि दासों से अब काम नहीं चलता, उनकी नजर हिन्दुस्तान की ओर गई, जहाँ के मजदूर सस्ती मजदूरी पर भी काम करने को तैयार थे। इस प्रकार सन् 1835 ई. से भारत के मजदूर मॉरिशस जाने लगे और सन् 1870 ई. के आते न आते, मॉरिशस में हिन्दुस्तानियों की संख्या दो लाख हो गई, गरचे तब तक गोरे और हब्शी, कुल मिलाकर एक लाख तक पहुँचे थे। तब से मॉरिशस में हिन्दुस्तानी बराबर दो-तिहाई रहे हैं।

---

1. मॉरिशस 1968 के मार्च में स्वाधीन हो गया।

मॉरिशस में चीनियों का आगमन सन् 1850 ई. के आसपास शुरू हुआ। वे ज्यादातर कारीगरी, व्यापार या दुकानदारी करने को आए थे। उनमें से बहुत-से लोग काफी रुपये बनाकर अपने देश को लौट गए। लेकिन मॉरिशस में आज भी चीनियों की संख्या 25 हजार है और दुकानदारी के ज्यादा कामों पर उन्हीं ने कब्जा कर रखा है। मॉरिशस में चीनी आपस में एकजुट होकर रह रहे हैं। उनके भीतर जैसी एकता है, वैसी एकता और किसी भी सम्प्रदाय में नहीं है। केवल 25 हजार चीनी अपनी भाषा में दो दैनिक और एक साप्ताहिक पत्र निकालते हैं और उन्हें शान से चलाते भी हैं। उनकी हर दुकान पर आपको चीनी अक्षरों में नाम-पट्ट मिल जाएँगे, लेकिन हिन्दुओं और मुसलमानों की दुकानों पर नागरी या फारसी अक्षर देखने को भी नहीं मिलेंगे।

इस प्रकार मॉरिशस में हिन्दू, मुसलमान, अंग्रेज, फ्रेंच और हब्शी तथा चीनी—इन सभी सम्प्रदायों के लोग बसते हैं। हब्शी क्रेयोल के भीतर समाहित हैं और क्रेयोल को ही यहाँ का आदिवासी माना जाता है। किन्तु, राजनीति में सामान्यतः क्रेयोलों, फ्रांसीसियों और अंग्रेजों का दल एक है तथा हिन्दुस्तानियों का अलग।

चीनी लोग काफी सावधानता से चलते हैं। कहीं तो वे क्रेयोल लोगों के साथ हैं और कहीं हिन्दुस्तानियों के। इसी प्रकार कोई चीनी फारमोसा का भक्त है और कोई माओ चीन का। सन् 1962 ई. में जब चीन ने भारत पर आक्रमण किया, तब मॉरिशस के और चीनी चाहे जो भी सोचते रहे हों, मगर हिन्दुओं के पड़ोस में रहनेवाले चीनी माओ के खिलाफ थे और माओ के खिलाफ उन दिनों उन्होंने कविताएँ भी लिखी थीं।

मॉरिशस के मुसलमानों का हाल इससे कुछ ज्यादा दर्दनाक है। बाप-दादे तो उनके भी हिन्दुस्तान से ही गए थे, मगर जब से पाकिस्तान वजूद में आया है, मुसलमान अपने को पाकिस्तानी समझने लगे हैं। जब मैं मॉरिशस में था, मेरे कान में यह भनक पड़ी थी कि भारत-पाक युद्ध के समय मॉरिशस के कुछ मुसलमान पाकिस्तान की मदद के लिए स्वयंसेवक भेजने की भी बात सोच रहे थे।

यही नहीं, मॉरिशस में रहनेवाले तमिल भी अपने को हिन्दू नहीं, तमिल समझना चाहते हैं, गरचे पूजा वे भी भगवान शिव की ही करते हैं। सौभाग्य की बात है कि मॉरिशस को सर शिवसागर रामगुलाम के समान नेता मिला हुआ है, जो सबको समेटकर एक साथ चला रहे हैं। सन् 1848 ई. से लेकर आज तक रामगुलाम मॉरिशस के मुख्यमन्त्री रहे हैं और आशा है कि अगले छह महीनों में वे ही आजाद मॉरिशस के प्रथम प्रधानमन्त्री भी होंगे।

मॉरिशस छोटे पैमाने पर भारतवर्ष ही है। वहाँ हिन्दू, उर्दू, तमिल, तेलुगु और मराठी बोलनेवाले हिन्दुस्तानी हैं। चूँकि भारत से मॉरिशस जानेवाले ज्यादा लोग बिहार के थे (खुद सर शिवसागर रामगुलाम के दादा बिहारी थे), अतएव, मॉरिशस में क्रेयोल

के बाद ज्यादा लोगों की घर की भाषा भोजपुरी है। सभी प्रकार के हिन्दुस्तानियों के बीच तो भोजपुरी चलती ही है, कभी-कभी वे चीनी और क्रेयोल भी भोजपुरी बोल लेते हैं, जो भोजपुरी-भाषियों के पड़ोस में रहते हैं।

प्रोफेसर विष्णुदयाल का मत है कि भारतीयों को मॉरिशस द्वीप का पता था और इसे वे श्वेत द्वीप कहते थे। उन्होंने सातवलेकर जी के वेद-परिचय प्रथम भाग (पृ. 145) का उद्धरण दिया है, जिसमें कहा गया है कि "आज का मादागास्कर जो है, उसके पास का टापू श्वेत द्वीप है।"

मॉरिशस के हिन्दुओं के बीच एक लोक-प्रथा प्रचलित है कि मारीच ने मरते समय भगवान राम से यह वरदान माँग था कि मैं हमेशा आपका नाम सुनता रहूँ। भगवान ने ज्योंही मारीच के शव का स्पर्श किया, वह मोती में परिणत हो गया। उस मोती को उठाकर भगवान ने बड़े जोर से दक्षिण की ओर फेंक दिया। वही मोती 720 वर्गमील का मॉरिशस द्वीप है। किन्तु युगों तक मारीच की अत्मा को भगवान राम का नाम सुनने का अवसर नहीं मिला। तब कलियुग के जवान होने पर हिन्दुस्तानी और खासकर बिहारी लोग तुलसीकृत रामायण लेकर मॉरिशस द्वीप आए। तब से मारीच की आत्मा रामजी का नाम हर रोज सुनती है, क्योंकि हर रोज मॉरिशस में रामायण का पाठ होता है, नामधुन होती है, हरि-कीर्तन होता है।

शास्त्रों में समुद्र-यात्रा की मनाही होने पर भी कुछ भारतीयों ने उस कुत्सित आज्ञा को नहीं माना और वे समुद्र पार करके विदेश जाते रहे। ऐसे भारतीयों में पहला नम्बर बिहारियों का रहा। उनके बाद तमिल-भाषियों, तेलुगु-भाषियों, गुजरातियों और पंजाबियों को स्थान देना पड़ेगा।

चारों ओर नीले-हरे समुद्र से घिरा हुआ, प्राकृतिक सुषमाओं का यह अद्‌भुत द्वीप, बहुत सदियों से पर्यटकों का आकर्षण केन्द्र रहा है। अमेरिका के बेजोड़ व्यंग्यलेखक मार्क ट्वेन यहाँ आए थे। उन्होंने लिखा है, "भगवान ने पहले मॉरिशस का निर्माण किया और उसी के नमूने पर बाद को बैकुंठ बनाया।" विकासवाद के प्रवर्तक चार्ल्स डारविन ने इस द्वीप में भी अनुसन्धान किया था। बेरनार्द दे सें प्यर फ्रेंच के अमर लेखक हो गए हैं। वे इस टापू में तीन वर्ष रहे थे और यहीं के जीवन पर उन्होंने 'पॉल और विर्जिनी' नामक उपन्यास लिखा था। पॉल-विर्जिनी उपन्यास किशोरों को बड़ा ही प्रिय लगा था। नेपोलियन ने बेरनार्द दे सें प्यर से पूछा था, "आप पॉल और विर्जिनी के समान दूसरा उपन्यास कब लिखेंगे?"

पॉल और विर्जिनी के अनुवाद संसार की अनेक भाषाओं में निकले थे। उसका एक हिन्दी अनुवाद प्रो. विष्णुदयाल जी ने किया है। किन्तु, बंगला में इस उपन्यास का अनुवाद सन् 1851 ई. में ही हो चुका था। पॉल-विर्जिनी का यह बंगला अनुवाद रवीन्द्रनाथ ठाकुर ने अपने बचपन में पढ़ा था और जीवन भर वे मॉरिशस जाने का सपना देखते रहे।

किन्तु रवीन्द्रनाथ तो नहीं, गांधी जी मॉरिशस गए थे। सन् 1901 ई. में जब वे दक्षिण अफ्रीका से भारत लौट रहे थे, उनका जहाज मॉरिशस में विश्राम लेने लगा और वह 21 दिनों तक विश्राम लेता रहा। गांधी जी एक दिन गवर्नर के मेहमान रहे थे। गांधी जी 30 अक्तूबर, 1901 को 'नौसेरा' नामक जहाज से मॉरिशस पहुँचे थे। मॉरिशस में उनके स्वागतार्थ जो सभा हुई, उसमें पहले वे गुजराती में बोले थे, बाद को अंग्रेजी में। ''गांधी जी ने समारोह में उपस्थित मेहमानों और खासतौर पर मेजबान को धन्यवाद दिया। उन्होंने कहा कि द्वीप के चीनी उद्योग को जो अभूतपूर्व सफलता मिली है, उसका श्रेय प्रवासी भारतीयों को है। उन्होंने इस बात पर जोर दिया कि प्रवासी भारतीयों को अपनी मातृभूमि में होनेवाली घटनाओं का परिचय रखना अपना कर्तव्य समझना चाहिए तथा राजनीति में भी दिलचस्पी लेते रहना चाहिए।''

बैरिस्टर डॉ. मणिलाल 11 अक्तूबर, 1907 ई. को मॉरिशस पहुँचे थे। वे पहले भारतीय बैरिस्टर थे, जिन्होंने मॉरिशस की अदालतों में काम करना शुरू किया था। मॉरिशस जाने की प्रेरणा उन्हें गांधी जी से मिली थी। मणिलाल मॉरिशस में केवल चार साल रहे, मगर उसी अवधि में उन्होंने प्रवासी भारतीयों के भीतर एक नई जिन्दगी पैदा कर दी। वे टापू में घूम-घूमकर सभाएँ करते थे और हिन्दी में भाषण देते थे। मॉरिशस में हिन्दुस्तानी नामक प्रथम हिन्दी साप्ताहिक उन्हीं के समय 15 मार्च, 1909 ई. को निकला था। 1910 ई. में मॉरिशस में कुछ सिख सिपाही ठहरे हुए थे। उनकी मदद से मणिलाल जी ने उसी साल आर्य समाज की स्थापना की और 'आर्य पत्रिका' नामक साप्ताहिक का प्रकाशन आरम्भ किया। पहले मॉरिशस में विवाह का पंजीकरण केवल अंग्रेजी अथवा फ्रेंच में होता था। डॉक्टर मणिलाल के ही उद्योग से एक नया आर्डिनेंस निकला, जिसके अनुसार विवाह की रजिस्ट्री 'हिन्दुस्तानी, या तमिल' में भी जायज मानी जाने लगी।

हिन्दमहासागर में छोटा-सा हिन्दुस्तान

मॉरिशस वह देश है, जिसका कोई भी हिस्सा समुद्र से पन्द्रह मील से ज्यादा दूर नहीं है। मॉरिशस वह देश है, जहाँ की राजभाषा अंग्रेजी, मगर संस्कृति की भाषा फ्रेंच है। मॉरिशस वह देश है, जहाँ के अंग्रेज अपने नौकरों से फ्रेंच में बोलते हैं। मॉरिशस वह देश है, जहाँ की जनसंख्या के 67 प्रतिशत लोग भारतीय खानदान के हैं तथा जहाँ 53 प्रतिशत लोग हिन्दू हैं। मॉरिशस वह देश है, जहाँ आर्य समाज की स्थापना सिख सिपाहियों के सहयोग से की गई थी। मॉरिशस वह देश है, जिसकी राजधानी पोर्टलुई की गलियों के नाम कलकत्ता, मद्रास, हैदराबाद और बम्बई हैं तथा जिसके एक पूरे मोहल्ले का नाम काशी है। मॉरिशस वह देश है, जहाँ बनारस भी है, गोकुल भी है और ब्रह्मस्थान भी। मॉरिशस वह देश है, जहाँ माध्यमिक स्कूलों को कॉलेज कहने का

रिवाज है। मॉरिशस वह देश है, जहाँ पुरोहित सरकार से वेतन पाते हैं। मॉरिशस वह देश है, जहाँ ब्राह्मण, क्षत्रिय और वैश्य तो हैं, मगर शूद्र कोई नहीं है।

मॉरिशस में हिन्दू कोई चार लाख हैं। उनमें ब्राह्मणों और क्षत्रियों की सम्मिलित संख्या लगभग चार हजार है। बाकी जो भी लोग हैं, अपने को वैश्य कहते हैं। इस मामले में मॉरिशस के हिन्दुओं ने जो सुधार किया है, वह भारत के हिन्दुओं के लिए भी अनुकरणीय है। अमेरिका से लौटने पर स्वामी विवेकानन्द ने मद्रास में कहा था, "हिन्दुओ, जात-पाँत का झगड़ा तुम्हें खा जाएगा। हर जाति के लोग सभा में एकत्र होकर ऐलान कर दो कि तुम ब्राह्मण हो। भारत केवल ब्राह्मणों का देश हो जाए, इसमें बुराई की बात क्या है? लेकिन सच्चा ब्राह्मण बनने को तुम सब लोगों को संस्कृत भी अवश्य पढ़नी चाहिए।" मॉरिशस में यह उपदेश शायद नहीं पहुँचा था, मगर वहाँ के हिन्दुओं ने, अपने-आप, बहुत दूर तक स्वामी जी के विचारों को कार्य का रूप दे दिया है। संस्कृत सब लोग तो नहीं पढ़ते हैं, किन्तु, ब्राह्मण महासभा की ओर से संस्कृत की कुछ थोड़ी पढ़ाई का वहाँ प्रबन्ध है और भारतीय विद्या भवन की संस्कृत की परीक्षाएँ मॉरिशस में भी चलती हैं।

चूँकि मॉरिशस के हिन्दुओं में से अधिकांश बिहार और उत्तर प्रदेश के लोग हैं, इसलिए हिन्दी का मॉरिशस में व्यापक प्रचार है। मॉरिशस की हिन्दी प्रचारिणी सभा जीवित-जाग्रत संस्था है। उसके प्रधान मॉरिशस के लोकप्रिय जननायक श्री जयनारायण राय और उसके महामन्त्री श्री सूरज मंगर भगत हैं। भगत-परिवार हिन्दी का अनन्य सेवक है। शमा-महफिल एक है, यह घर का घर परवाना है। श्री गिरिधारी भगत जी इसी परिवार के सदस्य थे, जिन्होंने हिन्दी प्रचारिणी सभा को अपना पचास हजार का सर्वस्व दान कर दिया था। इसी परिवार ने श्री ब्रजेन्द्र मधुकर को जन्म दिया है, जो हिन्दी के अच्छे गीतकार हैं और जिनकी कई पुस्तकें प्रकाश में आ चुकी हैं। स्वर्गीय श्री नन्दन ठाकुर एक दूसरे महापुरुष हुए हैं, जो पेशे से हज्जाम थे, किन्तु जिन्होंने अपना सर्वस्व हिन्दी प्रचारिणी सभा को दान कर दिया था। सभा के तत्त्वावधान में 182 प्राथमिक स्कूल और कोई बारह माध्यमिक स्कूल चलते हैं। सभा की सारी जरूरतें चन्दे से पूरी होती हैं और चन्दा उगाहने का काम जयनारायण बाबू ने इस जोर से किया है कि मॉरिशस में हिन्दी के वे 'महाभिक्षु' माने जाते हैं।

मॉरिशस की राजभाषा अंग्रेजी, किन्तु संस्कृति की भाषा फ्रेंच है। मगर जनता वहाँ क्रेयोल बोलती है। क्रेयोल का फ्रेंच से वही सम्बन्ध है, जो सम्बन्ध भोजपुरी का हिन्दी से है। और क्रेयोल के बाद मॉरिशस की दूसरी जनभाषा भोजपुरी को ही मानना पड़ेगा। प्रायः सभी भारतीय भोजपुरी बोलते अथवा उसे समझ लेते हैं। यहाँ तक कि भारतीयों के पड़ोस में रहनेवाले चीनी भी भोजपुरी बखूबी बोल लेते हैं। किन्तु, मॉरिशस की भोजपुरी शाहाबाद या सारन की भोजपुरी नहीं है। उसमें फ्रेंच के इतने संज्ञापद घुस गए हैं कि आपको बाज-बाज शब्दों के अर्थ पूछने पड़ेंगे।

हिन्दी के सिवा, मॉरिशस में मराठी, तेलुगु, तमिल उर्दू और गुजराती का भी प्रचार है। मॉरिशस के मुसलमानों में से अधिकांश गुजरात के हैं। राजनीति की दृष्टि से भारत और पाकिस्तान के द्वन्द्व से उनके भीतर चाहे जो भी दुविधा पैदा होती हो, मगर अपनी मातृभाषा गुजराती के लिए उनके भीतर अच्छा उत्साह है। जैसे भारत में हिन्दी को अन्तःप्रान्तीय भाषा बनाने का आन्दोलन अहिन्दी भाषियों ने उठाया, उसी प्रकार, मॉरिशस में भी हिन्दी प्रचार का अधिक कार्य अहिन्दी भाषियों ने किया है। सन् 1935 ई. के आसपास मॉरिशस से तीन हिन्दी साप्ताहिक निकले थे, जिनमें से एक के सम्पादक श्री नरसिंह दास थे, जिनकी मातृभाषा तेलुगु थी, दूसरे के सम्पादक मराठीभाषी पं. आत्माराम और तीसरे के बंगला-भाषी पंडित काशीनाथ थे। मैं जब मॉरिशस में था, मित्रों ने मेरा परिचय श्री रमास्वामी तुलसी से यह कहकर कराया था कि तुलसी जी की मातृभाषा तेलुगु है, लेकिन वे स्कूल में हिन्दी पढ़ाते हैं तथा रेडियो पर तेलुगु का कार्यक्रम सँभालते हैं। अभी-अभी यह सुनकर मुझे गम्भीर शोक हुआ कि ऐसे राष्ट्रीय व्यक्ति का अभी हाल में ही अचानक देहावसान हो गया।

हिन्दी, तमिल, तेलुगु, मराठी और उर्दू की पढ़ाई पर मॉरिशस के अभारतीय लोग हँसते हैं, किन्तु, भारतीय खानदान के लोग अपनी भाषाओं को छोड़ने को तैयार नहीं हैं। यह अत्यन्त शुभ लक्षण है। खासकर हिन्दी की महिमा सभी भारतीय समझते हैं। हिन्दी और भोजपुरी मॉरिशस-निवासी भारतीयों को एक सूत्र में बाँधे हुए है और मॉरिशस को भारत के साथ बाँधने का काम भी हिन्दी ही कर रही है। मॉरिशस के वर्तमान प्रीमियर सर शिवसागर रामगुलाम भोजपुरी भाषी हैं। सत्तारूढ़ होने के बाद उन्होंने सरकारी स्तर पर भी भारतीय भाषाओं का प्रवेश प्राथमिक वर्गों में करा दिया है। किन्तु, यह अत्यन्त आवश्यक प्रतीत होता है कि माध्यमिक स्कूलों में भी हिन्दी का प्रवेश करा दिया जाए। मॉरिशस में हिन्दू संस्कृति की रक्षा का काम तुलसीदास जी की रामायण ने किया है। यदि माध्यमिक स्कूलों में हिन्दी की पढ़ाई शुरू हो जाए, तो भारतीय संस्कृति का गढ़ मॉरिशस में अभेद्य हो जाएगा।

मॉरिशस के हिन्दू और मुसलमान अपने-अपने धर्मों पर कठोरता से आस्था रखनेवाले हैं। मॉरिशस पर जब यूरोपवालों ने अधिकार किया, तब मालिकों के काम अफ्रीका और मादागास्कर से लाए गए हब्शी दास करते थे। जब दास-प्रथा का अन्त हो गया, हब्शियों में विद्रोह की भावना आ गई और उन्होंने खेतों में काम करने से इनकार कर दिया। इसी स्थिति को सँभालने के लिए भारत से लोग मजदूर के रूप में मॉरिशस ले जाए जाने लगे। मॉरिशस को अंग्रेजों ने सन् 1810 ई. में जीता। इस चढ़ाई में अंग्रेजों के साथ नौ हजार भारतीय सिपाही भी आए थे। इसके मानी ये हुए कि मॉरिशस-विजय में भारतीय भी अंग्रेजों के हिस्सेदार थे।

ऐसा भी प्रमाण मिलता है कि कुछ भारतीय मजदूर अंग्रेजों की विजय के पूर्व ही

मॉरिशस पहुँच चुके थे। लेकिन अधिक संख्या में मॉरिशस वे सन् 1830 ई. के बाद से जाने लगे।

जो हब्शी दास थे, उन्होंने आँख मूँदकर ईसाइयत को कबूल कर लिया। इसलिए गोरे लोग उनके प्रति सहानुभूतिशील हो गए। किन्तु, हिन्दुस्तानी लोग अपने धर्म पर डटने लगे और जितना ही उन्होंने ईसाई बनने से इनकार किया, गोरे उनसे उतने ही खफा रहने लगे, उन्हें दबाने लगे, उनकी उपेक्षा करने लगे। सन् 1834 ई. से लेकर सन् 1947 ई. तक मॉरिशस के हिन्दुओं ने बड़े-बड़े अत्याचार सहे। नौकरी पाने के लोभ में बहुत-से हिन्दू क्रिस्तान भी हो गए। किन्तु ये मुसीबतें सतही रहीं। हिन्दुत्व के मूल को ईसाई पादरी और शासक बिलकुल ही हिला नहीं सके।

हिन्दुस्तानियों से गोरे और ईसाई लोग केवल इसीलिए नहीं जलते थे कि हिन्दुस्तानी अपने धर्म और मजहब की रक्षा के लिए सभी कष्ट सहने को तैयार थे। जलने का कारण यह भी था कि भारतीय लोग मितव्ययी थे। वे जो कुछ कमाते थे, उसमें से पैसे बचाकर खेती के लिए जमीन खरीदते जा रहे थे। नौकरी में ईसाइयों के साथ पक्षपात था। अतएव, भारतीय लोग कृषि और वाणिज्य, दोनों पर अधिकार करते जा रहे थे। आज भी मॉरिशस की अवस्था यह है कि क्रेयोल जाति के लोग नौकरी के लिए बेहाल रहते हैं अथवा मिस्तरी का काम खोजते हैं। उनके पास अपनी जमीन नहीं है, अपने घर नहीं हैं। मगर मॉरिशस की सारी खेती पर, मालिक या मजदूर की हैसियत से, भारतीयों का एकछत्र अधिकार है। चीनी लोग केवल वाणिज्य पर जीते हैं, किन्तु भारतीयों के हाथ में वाणिज्य भी है और कृषि भी। वे पुरुषार्थी हैं। हाथों से काम करने में वे शरमाते नहीं हैं। फिर ऐसे अध्यवसायी वर्ग की उन्नति को रोक कौन सकता है?

मॉरिशस में ऊख की खेती और उसके व्यवसाय को जो सफलता मिली है, भारतीयों के कारण मिली है। और अब स्कूलों, कॉलेजों और सरकारी नौकरियों में भी भारतीयों का प्रवेश तेजी के साथ हो रहा है। मॉरिशस की असली ताकत भारतीय लोग ही हैं। सारा मॉरिशस कृषि-प्रधान द्वीप है, क्योंकि चीनी वहाँ का प्रमुख अथवा एकमात्र उद्योग है। किन्तु भारतीय वंश के लोग यदि इस टापू में नहीं गए होते, तो ऊख की खेती असम्भव हो जाती और चीनी के कारखाने बढ़ते ही नहीं।

भारत में बैठे-बैठे हम यह नहीं समझ पाते कि भारतीय संस्कृति कितनी प्राणवती और चिरायु है। किन्तु, मॉरिशस जाकर हम अपनी संस्कृति की प्राणवत्ता का ज्ञान आसानी से प्राप्त कर लेते हैं। मालिकों की इच्छा तो यही थी कि भारतीय लोग भी क्रिस्तान हो जाएँ। किन्तु भारतीयों ने अत्याचार तो सहे, लेकिन प्रलोभनों को ठुकरा दिया। वे अपने धर्म पर डटे रहे और जिस द्वीप में भगवान ने उन्हें भेज दिया था, उस द्वीप को उन्होंने छोटा-सा हिन्दुस्तान बना डाला। यह ऐसी सफलता की बात है, जिस

पर सभी भारतीयों को गर्व होना चाहिए। अजां की आवाज और शंखों की ध्वनि जैसे भारत में गूँजती है, वैसे ही वह मॉरिशस में भी सुनाई पड़ती है।

मॉरिशस के प्रत्येक प्रमुख ग्राम में शिवालय होता है। मॉरिशस के प्रत्येक प्रमुख ग्राम में हिन्दू तुलसीकृत रामायण का पाठ करते हैं अथवा ढोलक और झाँझ पर उसका गायन करते हैं। मॉरिशस के हिन्दुओं में से दो-तिहाई लोग सनातनी और एक-तिहाई लोग आर्यसमाजी हैं। एक समय भारत की तरह मॉरिशस के हिन्दुओं के बीच भी सनातन धर्म और आर्यसमाज को लेकर भयानक संघर्ष मचा था। किन्तु प्रोफेसर विष्णुदयाल-जैसे सुलझे और कर्मठ नेताओं के प्रचार से यह संघर्ष अब क्षीण हो गया है। विष्णुदयाल जी मॉरिशस के अप्रतिम ज्ञान-साधक हैं, जो मुझे लगभग ऋषि के समान लगे। उन्होंने मन्त्र फूँका कि "सनातनी और आर्यसमाजी का भेद आपसी भेद है। इस द्वीप में तो हम सभी लोग हिन्दू हैं और हिन्दुत्व के बल पर ही हम सिर उठाकर चल सकते हैं।"

मॉरिशस के मन्दिरों और शिवालयों को मैंने अत्यन्त स्वच्छ और सुरम्य पाया। स्पष्ट ही, यह ईसाई गिरजों का प्रभाव है। कितना अच्छा हो, यदि हम भारत में भी अपने मन्दिरों और तीर्थस्थानों को उतना ही स्वच्छ और सुरम्य बनाना आरम्भ कर दें, जितने स्वच्छ वे मॉरिशस में दिखाई देते हैं।

मॉरिशस के हिन्दू पुरोहित संस्कृत का शुद्ध उच्चारण कर सकते हैं और विवाह आदि संस्कार वे मन्त्रों के साथ बड़ी स्वच्छता से सम्पन्न करते हैं।

भारत के पर्व-त्योहार मॉरिशस में भी प्रचलित हैं। किन्तु वर्ष का सर्वश्रेष्ठ धार्मिक पर्व शिवरात्रि है। मॉरिशस के मध्य में एक झील है, जिसका सम्बन्ध हिन्दुओं ने परियों से बिठा दिया है और उस झील का नाम अब परी-तालाब हो गया है। तीर्थ और कुछ नहीं, मनुष्य की धार्मिक भावनाओं के प्रतीक हैं। तुलसीदास जी ने लिखा है कि स्त्रियाँ अपने ही हाथों से दीवारों पर छाप डालकर उसकी पूजा करती हैं और इसी से उनकी मनोकामनाएँ पूर्ण होती हैं। धर्म असल में विश्वास का ही नाम है।

अपनो ऐपन निज हथा
तिय पूजहिं निज भीति।
फरइ सकल मनकामना
तुलसी प्रीति-प्रतीति।

परी-तालाब भी हिन्दुओं की ऐकान्तिक भक्ति के कारण पुण्यधाम हो उठा है। परी-तालाब केवल तीर्थ ही नहीं, दृश्य से भी पिकनिक का स्थान है। किन्तु, वहाँ पिकनिक पर जानेवाले लोग अपने साथ मांस-मछली नहीं ले जाते, न अपवित्रता का वहाँ कोई व्यापार करते हैं।

शिवरात्रि के समय सारे मॉरिशस के हिन्दू श्वेत वस्त्र धारण करके कन्धों पर काँवर लिए जुलूस बाँधकर परी-तालाब पर आते हैं और परी-तालाब का जल बोझकर

अपने-अपने गाँव के शिवालय को लौट जाते हैं तथा शिवजी को जल चढ़ाकर अपने घरों में प्रवेश करते हैं। ये सारे कृत्य वे बड़ी ही भक्ति-भावना और पवित्रता से करते हैं। सभी वयस्क लोग उस दिन उजली धोती, उजली कमीज और उजली गाँधी टोपी पहनते हैं। हाँ, बच्चे हाफ पैंट पहन सकते हैं, लेकिन गांधी टोपी उस दिन उन्हें भी पहननी पड़ती है। परी-तालाब पर लगनेवाला यह मेला मॉरिशस के प्रमुख आकर्षणों में से एक है और उसे देखने को अन्य धर्मों के लोग भी काफी संख्या में आते हैं। कहते हैं, कन्धों पर काँवर उठाए हुए तथा शुभ्र वस्त्रों से भूषित लोगों की यह भीड़ भक्ति जगानेवाली होती है तथा इस एक मेले में हिन्दुत्व के गौरव की जैसी वृद्धि होती है, वैसी किसी और कार्य से नहीं।

मॉरिशस के भारतीयों के बुरे दिन अब खत्म हो गए। मॉरिशस अब शीघ्र ही स्वाधीन होने जा रहा है और गोरे चाहे जो भी उपाय करें, भारतीयों का प्रभुत्व इस द्वीप पर छाकर रहेगा। जरूरत इस बात की है कि मॉरिशस-निवासी अपने भविष्य को ठीक से पहचानें। इस द्वीप भर से हिन्दुओं को आपसी भेदभाव भुलाकर परस्पर एक हो जाना चाहिए। इसी प्रकार हिन्दुओं और मुसलमानों के बीच भी पक्की एकता होनी चाहिए तथा हिन्दू-मुस्लिम एकता के संगम पर द्वीप के ईसाइयों को भी एकत्र हो जाना चाहिए, क्योंकि इन सभी लोगों की किस्मत एक है। 'हिन्दू, मुस्लिम और ईसाई, आपस में हैं भाई-भाई', इस नारे की जितनी जरूरत हिन्दुस्तान को है, उतनी ही जरूरत मॉरिशस-निवासियों को भी है।

प्रवासी हिन्दी साहित्य

बंगाल से बाहर भारत के किसी भी प्रदेश में बंगला में जो कुछ लिखा जाता है, उसे बंगाल के साहित्यिक प्रवासी बंगला साहित्य कहते हैं। किन्तु हिन्दी-भाषी प्रदेशों से बाहर हिन्दी में जो कुछ लिखा जाता है, उसे प्रवासी हिन्दी साहित्य कहने का रिवाज नहीं है। हिन्दी आरम्भ से ही अन्त-प्रान्तीय भाषा रही है और हिन्दी में लिखनेवाले लेखक और कवि भारत के प्रायः सभी भाषा-क्षेत्रों में उत्पन्न होते रहे हैं। हिन्दी, स्वभावतः ही, भारत की राष्ट्रभाषा है। अतएव हिन्दीवालों को कभी यह सूझा ही नहीं कि जो साहित्य हिन्दी प्रदेशों के बाहर लिखा जा रहा है, उसे प्रवासी हिन्दी साहित्य कहा जाए। हाँ, भारत से बाहर हिन्दी में अगर कहीं कुछ लिखा जाता है, तो उसे हम प्रवासी हिन्दी साहित्य की संज्ञा दे सकते हैं। और भारत से बाहर केवल मॉरिशस ही वह देश है, जहाँ प्रवासी हिन्दी साहित्य का निर्माण हो रहा है।

मॉरिशस में हिन्दी की प्रधानता कैसे हुई, यह काफी रोचक प्रसंग है। इतिहास से पता चलता है कि मॉरिशस जब फ्रांस के अधिकार में था, तभी भारतीयों का एक दल सन् 1727 ई. में, दास के रूप में, मॉरिशस पहुँचा था। इस दल के लोग बंगाल से गए

थे, जिसके मानी ये होते हैं कि वे बिहार, बंगाल, उड़ीसा और असम के रहे होंगे। बाद को फ्रांसीसी शासक जब मॉरिशस की राजधानी पोर्ट लुई का निर्माण करने लगे, तब वे दक्षिण भारत से बहुत-से मजदूरों को मॉरिशस ले गए। सम्भव है, ये लोग मालाबार के रहे हों। ये लोग गरीब होने पर भी स्वधर्माभिमानी थे, अतएव गोरे उन्हें मालाबारी कहकर चिढ़ाने लगे। आज भी मालाबारी शब्द मॉरिशस में गाली का शब्द है और मॉरिशस के भारतीय मालाबारी कहे जाने पर अपमान का अनुभव करते हैं।

पीछे सन् 1834 ई. में अंग्रेज भारत से बहुत-से मजदूरों को पाँच-पाँच वर्ष के ठीके पर मॉरिशस ले जाने लगे। इनमें से सभी मजदूर केवल हिन्दी-भाषी प्रान्तों के नहीं थे, किन्तु, बिहार और उत्तर प्रदेश के मजदूरों की संख्या बहुत बड़ी थी। उन्हीं के साथ तुलसीदास की रामायण और भोजपुरी भाषा मॉरिशस पहुँची और कालक्रम में वह सभी हिन्दुस्तानियों की भाषा बन गई। भोजपुर के लोग, स्वभाव से ही, जरा कड़ियल होते हैं। अपनी गरीबी झेलते हुए उन्होंने अपने धर्म और संस्कृति की रक्षा जिस साहस और लगन के साथ की, उससे गोरे मालिक उनसे नाराज रहने लगे। मगर सत्य कभी-कभी विरोधी के मुख से भी उद्‌गीर्ण हो जाता है। एक गोरे शासक ने लिखा था कि "हिन्दुस्तानियों को छोड़कर धरती पर और कोई जाति नहीं है, जो व्यावहारिक जीवन में अपनी सभ्यता और संस्कृति का इतना उत्तम परिचय देती हो।" मॉरिशस में भोजपुरी भाषा का प्रचलन देखकर सानन्द आश्चर्य होता है। बिरहा और आल्हा मॉरिशस में खूब चलते हैं। विवाह के अवसर पर औरतें जो गीत गाती हैं, वे, वे ही गीत हैं, जो भोजपुर के इलाकों में गाए जाते हैं। एक समय रामलीला और इन्दरसभा का मॉरिशस में खूब प्रचार था। मॉरिशस में हिन्दी का आधार भोजपुरी रही है। यदि मॉरिशसीय भारतीयों ने भोजपुरी को न बचाया होता, तो आज तक हिन्दी की लता मुरझा गई होती।

किन्तु मॉरिशस की भोजपुरी वही भोजपुरी नहीं है, जो बिहार और उत्तर प्रदेश के भोजपुरी इलाकों में बोली जाती है। क्रेयोल एक प्रकार की अपभ्रष्ट फ्रेंच भाषा है, जिसका मॉरिशस में व्यापक प्रचार है। क्रेयोल के बहुत-से शब्द भोजपुरी में इस तरह घुल-मिल गए हैं, जिन्हें निकालना अब आसान नहीं है। और इन शब्दों को भोजपुरी से बाहर निकाल फेंकना कोई अच्छा काम भी नहीं है, क्योंकि तब भोजपुरी कृत्रिम और पंडिताऊ भाषा बन जाएगी।

अंग्रेजी के जितने शब्द हिन्दी में प्रवेश पा सके हैं, उनसे कहीं अधिक फ्रेंच शब्द मॉरिशस में भोजपुरी के भीतर पैठ गए हैं। फ्रेंच भाषा में दुकान के लिए बुचिक शब्द चलता है। भोजपुरी ने उसे बुदिक बनाकर आत्मसात् कर लिया है। 'जरा दुकान से आता हूँ' कहना होगा, तो मॉरिशस की भोजपुरी में कहेंगे, 'तनी बुदिक से आवतानी'। मोटर को फ्रेंच में 'ल ओतो' कहते हैं। भारतीयों ने से 'लोतो' बना लिया है। फ्रेंच में कुएँ को 'दांपुई' कहते हैं। भोजपुरी में वह 'दांपी' बन गया है। यथा, दांपी (कुएँ) से

पानी ले आब। इसी प्रकार ऊख को मॉरिशस की भोजपुरी में 'कान' (सूगर कान से) कहते हैं। फ्रेंच में सड़क को 'शेमे' कहते हैं। भोजपुरी में उसे 'सीमा' कहते हैं। फ्रेंच में कमरे को 'ल शाम' कहते हैं। भोजपुरी ने कमरे के लिए 'लाशाम' शब्द बना लिया है। फ्रेंच में मेज को 'लताबुल' कहते हैं। भोजपुरी ने मेज के लिए 'लताब' शब्द बना लिया है। अंग्रेजी के कैम्प का फ्रेंच उच्चारण 'दकां' है। दकां यानी कैम्प में। भोजपुरी में कैम्प के लिए 'दक्कां' शब्द चल गया है। 'ऊ त दक्कां में रहत बारे'। वह तो कैम्प में रहता है। फ्रेंच में गाड़ी को 'शरेत' कहते हैं। भोजपुरी में भी गाड़ी के लिए 'शरेत' शब्द ही चलता है। फ्रेंच में चक्के को 'लरू' कहते हैं। भोजपुरी में चक्के के लिए 'लरू' चल गया है। फ्रेंच में फँसना के लिए 'माइये' क्रिया चलती है। भोजपुरी में भी फँसने को 'माइये' कहते हैं। फैक्टरी के लिए फ्रेंच शब्द 'मूलिन' है। भोजपुरीवालों ने उससे 'मूला' शब्द बना लिया है। जब मोशिये ला जेस की फैक्टरी चालू हो गई, तब मजदूरों ने गीत बनाया था, 'चले लागल हो, मूसे लाजेस के मुलवा चले लागल हो।'

साहित्य और कला के विकास के लिए थोड़ा-बहुत अवकाश, थोड़ी-बहुत निश्चिन्तता अपेक्षित होती है। किन्तु मॉरिशस के भारतीय आज तक केवल जीवित रहने के संघर्ष में फँसे रहे। अगर इस संघर्ष में ढील आ गई होती, तो वे मिट गए होते, उनकी संस्कृति विनष्ट हो गई होती। यह बड़ी बात हुई कि नाना कष्टों को झेलकर वे जीवित रहे; नाना प्रलोभनों को ठुकराकर, भाँति-भाँति के अत्याचारों को सहकर उन्होंने अपने धर्म और संस्कृति की रक्षा की। अतएव इसमें कोई आश्चर्य नहीं है कि मॉरिशस के भारतीय अपने साहित्य का विकास नहीं कर सके हैं। फिर भी जो कुछ वे कर रहे हैं, उस पर हमें गर्व होना चाहिए।

भारतीयों ने मॉरिशस को आबाद किया, भारतीयों ने वहाँ ऊख की खेती और चीनी के व्यवसाय को कामयाब बनाया और भारतीय ही गोरों की आँखों में खटकते रहे। कारण? सिर्फ यह कि गरीबी की हालत में भी अपने धर्म और संस्कृति को छोड़ने को वे तैयार नहीं थे। शासक जानते थे कि भारतीयों को उनकी भाषाएँ मिल गईं, तो उनकी भारतीयता और भी पुष्ट हो जाएगी। अतएव उन्होंने भारतीय भाषाओं के शिक्षण का कोई भी इन्तजाम नहीं किया। तब सन् 1859 ई. में एडोल्फ प्लेविज नामक एक जर्मन ने भारतीयों की दुरवस्था से द्रवित होकर एक आन्दोलन चलाया और 9,401 भारतीयों के हस्ताक्षर से एक आवेदन सरकार के पास भेजा। किन्तु सरकार ने भारतीय भाषाओं को तब भी स्वीकार नहीं किया। यह आवेदन केवल अंग्रेजी में ही नहीं, हिन्दी और तमिल में भी तैयार किया गया था।

इसके बाद सन् 1885 ई. में मॉरिशस में नया संविधान लागू किया गया, जो 1948 ई. तक कायम था। इस संविधान के अनुसार वोट का अधिकार हर शिक्षित व्यक्ति को दिया गया था और प्रावधान यह भी था कि भारतीय अगर केवल अपनी

भाषा में साक्षर हों, तो उनके लिए उतना काफी होगा। इससे भारतीयों को अपनी भाषा में साक्षरता प्राप्त करने की प्रेरणा प्राप्त हुई।

इस प्रकार मॉरिशस में भारतीय भाषाओं अथवा हिन्दी का कोई उल्लेखनीय कार्य उन्नीसवीं सदी में हुआ या नहीं, यह विषय महत्त्वहीन है। उनके कार्य बीसवीं सदी में ही आरम्भ हुए और मॉरिशस में हिन्दी का इतिहास इसी सदी का इतिहास है। गांधी जी मॉरिशस सन् 1901 में गए थे और उन्होंने अपना भाषण गुजराती में भी दिया था। फिर उन्हीं की प्रेरणा से डॉ. मणिलाल सन् 1907 ई. में मॉरिशस गए और उन्होंने ही मॉरिशस में आर्य समाज की स्थापना की तथा हिन्दी के पहले साप्ताहिक पत्र 'हिन्दुस्तानी' का प्रकाशन 15 मार्च, सन् 1909 ई. को आरम्भ किया।

मॉरिशस के हिन्दी-सेवियों में आरम्भ में सबसे उल्लेखनीय नाम पंडित आत्माराम का है, जो मराठी-भाषी थे। किन्तु बारी-बारी से उन्होंने हिन्दुस्तानी, आर्य-पत्रिका, आर्यवीर, जागृति और आर्योदय, इन पाँच साप्ताहिकों का सम्पादन किया। आत्माराम जी ने हिन्दी में 'मॉरिशस का इतिहास' और 'हिन्दू मॉरिशस' नामक दो ग्रन्थ भी लिखे, जो बहुत ही लोकप्रिय हुए। कहते हैं, उन्होंने कुल मिलाकर चौदह पुस्तकें लिखी थीं, जिनमें से तीन के नाम 'मॉरिशस में भगवान', 'शिवाजी' और 'लक्ष्मीबाई' थे। डॉ. मणिलाल के उद्योग से सरकार ने 1912 ई. में यह स्वीकार कर लिया था कि भारतीयों के विवाह यदि हिन्दुस्तानी, हिन्दी या तमिल में पंजीकृत होंगे, तो वे जायज समझे जाएँगे। लेकिन 1936 ई. तक भारतीय भाषाओं के प्रति सरकार का जो रुख था, उसकी आलोचना करते हुए पं. आत्माराम ने अपनी पुस्तक में सवाल किया था, "क्या हमें गीता और रामायण भी अंग्रेजी में पढ़नी होगी?"

मॉरिशस के अन्य हिन्दी लेखकों में सर्वश्रेष्ठ नाम पंडित विष्णुदयाल का है। वे सन् 1933 ई. से लेकर सन् 1939 ई. तक भारत में थे। यहाँ रहते हुए उन्होंने कलकत्ते और लाहौर में अध्ययन किया था। वे मॉरिशस जब लौटे, समाज की कुरीतियों पर क्रान्तिकारी जोश के साथ टूट पड़े। उन्हीं के मुख से हिन्दी सुनकर मॉरिशस के हिन्दुओं को हिन्दी की शक्ति का ज्ञान हुआ। श्री विष्णुदयाल जी का ज्यादा समय अंग्रेजी और फ्रेंच में लिखने में गया है, किन्तु प्रवासी हिन्दी साहित्य में भी उनका नाम सभी नामों से ऊपर रखने के योग्य है। उन्होंने 'पाल और विर्जिनी' नामक फ्रेंच उपन्यास का अनुवाद हिन्दी में किया है। इस उपन्यास के लेखक बेयनार्ड द सें प्ये ने फ्रेंच में एक और कहानी 'शोमिये एंजियन' (भारतीय कोठरी) के नाम से लिखी थी। इस कहानी का नायक एक यूरोपियन है, जो सुख की खोज में भटकता-भटकता भारत पहुँचता है और एक गरीब भारतीय किसान के घर में उसे सुख और शान्ति का ज्ञान होता है। विष्णुदयाल जी ने सें प्ये की इस कहानी का भी अनुवाद हिन्दी में किया है। इसके सिवा 'मेरी कोठरियाँ' और 'मेरी बंगाली कोठरियाँ' के नाम से उन्होंने अपनी आत्मकथा भी लिखी है। विष्णुदयाल जी के बहुत-से हिन्दी लेख भारतवर्ष में

छपे थे। उन लेखों के संग्रह 'विष्णुदयाल रचनावली' और 'विष्णुदयाल लेखावली' के नाम से प्रकाशित हुए हैं। विष्णुदयाल जी ने 'गीता का अद्भुत सन्देश' नाम से भी एक अद्भुत पुस्तक लिखी है। भारतीय संस्कृति की महिमा के प्रचार के लिए विष्णुदयाल जी ने फ्रेंच और अंग्रेजी में जो ढेर के ढेर लेख लिखे हैं, भारतवासियों के लिए उनके अनुवाद हिन्दी में भी निकलने चाहिए।

मॉरिशस के जननायक श्री जयनारायण राय की दो पुस्तकें अंग्रेजी में हैं। किन्तु हिन्दी में 'जीवन-संगिनी' नाम से उन्होंने जो नाटक लिखा है, वह बड़ी ही श्रेष्ठ कृति है।

श्री मुनीश्वर लाल चिन्तामणि की तीन पुस्तकें निकली हैं : (1) प्रथम किरण, (2) शान्ति निकेतन की ओर तथा (3) लोकप्रिय गीत।

श्री सोमदत्त जी बखोरी हिन्दी के बड़े ही होनहार कवि और लेखक हैं। 'हिन्दी साहित्य की एक झाँकी' के नाम से उन्होंने हिन्दी साहित्य का एक छोटा इतिहास लिखा है तथा उनकी नए ढंग की कविताएँ 'मुझे कुछ कहना है' के नाम से अभी निकली हैं।

श्री ब्रजेन्द्रकुमार मधुकर हिन्दी और भोजपुरी, दोनों ही भाषाओं में कविताएँ लिखते हैं। उनका स्वर ललित और उनकी कविताएँ गेय हैं। कोई आधा दर्जन काव्य-संग्रह, उनके निकल चुके हैं, जिनमें से एक की भूमिका पं. सुमित्रानन्दन पन्त जी ने लिखी है और एक की श्री कृष्णदेव प्रसाद जी गौड़ ने।

एक अन्य कवि श्री ब्रजभूषण माथुर हैं, जिनकी 'रणभेरी' नामक कविता-पुस्तक मेरे पास है। मेरे पास 'कवि-सम्मेलन' नामक एक और पुस्तक है, जिसमें सर्वश्री मुनीश्वर लाल चिन्तामणि, रविशंकर कौलेश्वर, जयरुद दोसिया, गौतम रिसाल, ब्रजेन्द्र कुमार भगत तथा सोमदत्त बखोरी की कविताएँ संगृहीत हैं।

जब मैं मॉरिशस में था, वहाँ के लेखक-संघ की ओर से 'नए अंकुर' नामक एक छोटी-सी पुस्तिका प्रकाशित हुई थी, जिसमें सर्वश्री मुनीश्वर लाल चिन्तामणि, हरिनारायण सीता, मोती तोरल, केशवदत्त चिन्तामणि, इन्द्रदेव भोला तथा धर्मवीर घूरा--इन छह कथाकारों की कहानियाँ संगृहीत हैं।

प्रवासी हिन्दी-साहित्य का विवरण अधूरा रहेगा, अगर डॉ. रामप्रकाश के उज्ज्वल नाम का उसमें उल्लेख न किया जाए। डॉ. रामप्रकाश स्वर्गीय डॉ. रघुवीर के शिष्य हैं। फ्रेंच, अंग्रेजी और हिन्दी पर उनका समान अधिकार है। अभी मॉरिशस में वे 'भारतीय भाषा-शिक्षण-विभाग' के निदेशक हैं। नवीन हिन्दी पाठमाला के नाम से उन्होंने छह पुस्तकें प्रकाशित की हैं, जो विलक्षण हैं। ऐसे पाठ्यग्रन्थ अभी फ्रेंच और अंग्रेजी में भी नहीं निकले हैं।

दिवंगत लेखकों में एक लेखक पं. रामावत थे, जिन्होंने हिन्दी का व्याकरण लिखा था। बंगला-भाषी स्वर्गीय पं. काशीनाथ ने भी छात्रों के लिए तीन पाठ्यपुस्तकें हिन्दी

में लिखी थीं। पं. लक्ष्मीनारायण चतुर्वेदी 'रसपुंज' भारत से मॉरिशस गए थे। वहाँ रहते हुए उन्होंने कविता की दो पुस्तकें प्रकाशित कराईं, जिनमें से एक का नाम 'रसपुंज कुंडलिया' तथा दूसरी का 'शताब्दी-सरोज' है। इसी प्रकार पं. हरिप्रसाद रिसाल मिश्र ने 'छन्द वाटिका' और 'भजन-माला' नामक दो पुस्तकें लिखी थीं।

मॉरिशस में जब मैं प्रो. विष्णुदयाल जी से मिला, उन्होंने मुझे कई पुस्तकों के साथ एक और जिल्द दी, जिसमें पोर्ट लुई में छपी निम्नलिखित पुस्तकें भी सम्मिलित हैं : (1) सत्यनारायण की जय, (2) सनातन होली बहार, (3) सनातन धर्म का झंडा, (4) स्वास्थ्य शिक्षा।

पिछले साठ वर्षों में मॉरिशस में अनेक हिन्दी पत्र-पत्रिकाएँ निकलीं और निकलकर फिर बन्द हुई हैं। अभी जो हिन्दी का पत्र जीवित हैं, उनमें से 'आर्योदय' और 'कांग्रेस' साप्ताहिक हैं, 'जनता' अर्ध-साप्ताहिक और 'जमाना' पाक्षिक है। किन्तु अभी भी उस जोरदार हिन्दी साप्ताहिक की राह देखी जा रही है, जो सभी भारतीयों का अपना पत्र बन सके।

('मेरी यात्राएँ' पुस्तक से)

मॉरिशस यात्रा-2

मेरी मॉरिशस-यात्रा में कीनिया-यात्रा भी शामिल थी। इच्छा थी कि यात्रा-विवरण के क्रम में मैं दोनों देशों का अनुभव बताऊँगा। किन्तु अपने देशवासियों को मैं मॉरिशस की जानकारी जरा ज्यादा तफसील में देना चाहता था। अतएव यात्रा-विवरण का क्रम तोड़कर मैंने तीन निबन्ध लिख डाले, जो इस अध्याय के पूर्व आप पढ़ चुके हैं।

मॉरिशस हम 17 जुलाई, 1967 ई. को पहुँचे। हमारा जहाज जब मॉरिशस के हवाई अड्डे पर उतरा, वहाँ बूँदाबाँदी हो रही थी। हवाई अड्डे से हम होटल मस्करीन पहुँचाए गए, जो क्युरपिप शहर में है और समुद्र के धरातल से 2000 फुट की ऊँचाई पर बसा हुआ है। क्युरपिप की जलवायु लन्दन की जलवायु के समान है। हर समय जाड़ा और हर समय फुहार। और क्युरपिप से 15 मील दूर पोर्ट लुई है, जहाँ जाड़ा पड़ता ही नहीं है। मैं चाहता था कि सुमन और मैं अगल-बगल के कमरों में रहें। लेकिन इसकी सुविधा नहीं हो सकी, अतएव मैं नीचे ठहरा और सुमन ऊपर के कमरे में चले गए।

मॉरिशस हम लोग 17 जुलाई से लेकर 5 अगस्त तक ठहरे थे। मगर हर दिन का रोजनामचा मैं नहीं लिखूँगा। हमारे जाने से मॉरिशस की हिन्दू जनता में उत्साह की भारी लहर उठ गई थी और लोग चाहते थे कि हम देश की हर बस्ती में जाएँ और लोगों से मिलें। चूँकि मॉरिशस का रकबा केवल सात सौ वर्गमील है, इससे हम पूरा मॉरिशस घूमकर देख सके। प्रायः हर रोज एक, दो या तीन सभाएँ होती थीं और प्रायः हर रोज कोई-न-कोई पार्टी भी अवश्य होती थी। मैं शरीर और मन, दोनों से अत्यन्त खिन्न था। सभाओं में मैं थोड़ी ही देर बोलता था। बाकी समय को सुमन को अपने भाषणों से भरना पड़ता था। पार्टियों में भी मुझसे ज्यादा देर खड़ा रहना पार नहीं लगता था। मैं किसी कुर्सी पर स्थावर माल की तरह बैठ जाता था और सुमन जी घूम-घूमकर लोगों से मिलते और बातें करते थे। उनके शरीर में ताकत है, मिजाज में बश्शासी है और वे केवल सभा-चतुर ही नहीं हैं, लोगों से मिलने-जुलने में भी विनम्र और होशियार हैं। मेरी तो उन्होंने एक भी बात नहीं टाली। उन्हीं के सौहार्दपूर्ण सहयोग से हमारी मॉरिशस-यात्रा कामयाब हो सकी।

जिस दिन हम मॉरिशस पहुँचे, उसके दूसरे दिन शाम को दाऊद सेठ के यहाँ

भारतीय राजदूत की पार्टी थी। इस पार्टी में हम लोग भी आमन्त्रित थे। यह मॉरिशस के बड़े लोगों की पार्टी थी। देश के प्रायः सभी बैंकर, उद्योगपति और व्यापारी इस पार्टी में आए हुए थे। औरतें कपड़ों और जेवरों से खूब सजी हुई थीं और अच्छे भोजन से बना हुआ रक्त उनके अंगों में दमक रहा था। यह पार्टी ज्यादातर उन हिन्दुस्तानियों की थी, जो मॉरिशस में अब धनवान हो गए हैं। शराब का दौर तो खैर मॉरिशस में उसी तरह चलता है, जैसे वह यूरोप में चलता है। इसी पार्टी में मैंने पहले-पहल जुवाल को देखा, जो उस समय सर शिवसागर रामगुलाम से मोर्चा ले रहे थे। यह चुनाव की गर्मी का वक्त था। सेठ दाऊद भी रामगुलाम के उम्मीदवार का विरोध कर रहे थे। लेकिन यह देखकर मुझे खुशी हुई कि सेठ दाऊद के भी मत में सर शिवसागर रामगुलाम से बड़ा देशभक्त और कोई नहीं है। उसी पार्टी में मुझे गोवर्धन जी से भेंट हुई, जिनके एक भाई दिल्ली के सुप्रीम कोर्ट में वकालत करते हैं। सब मिलाकर मेरा मत बना कि सेठ दाऊद शरीफ मुसलमान हैं।

19 जुलाई को हम लोग एक तिलक की रस्म में शामिल हुए। इस विवाह में लड़की भूमिहार की थी और लड़का राजपूत का। मुझे यह अन्तर्जातीय विवाह बहुत ही अच्छा लगा। पंडित जी जो मन्त्र पढ़ रहे थे, वे बिलकुल शुद्ध थे। औरतें जो गाने गा रही थीं, वे ठीक वे ही गाने थे, जो विवाह के अवसर पर बिहार में गाए जाते हैं।

मॉरिशस में समाज-सुधार की एक बात मुझे बहुत पसन्द आई। मॉरिशस के सभी हिन्दू केवल तीन जातियों में विभक्त हैं—बाबा जी यानी ब्राह्मण, बाबू जी यानी क्षत्रिय, बाकी सब वैश्य हैं। शूद्र वहाँ कोई है ही नहीं। मगर, वैश्य बाबा जी और बाबू जी से थोड़ा खिंचे रहते हैं। जातियों की समस्या का मॉरिशस ने कुछ थोड़ा समाधान कर लिया है यानी अनन्त जातियों को समेटकर उसने तीन जातियाँ बना ली हैं। किन्तु उचित समाधान वह है, जिसका संकेत मद्रास भाषण में स्वामी विवेकानन्द ने किया था। हर जाति के हिन्दू सभा करके घोषित कर दें कि वे ब्राह्मण हैं और ब्राह्मणत्व की प्रतिष्ठा पाने को वे थोड़ी संस्कृत जरूर सीख लें।

उसी दिन हम संगीत और नृत्य स्कूल देखने गए। नन्दकिशोर और उनकी पत्नी कीर्तिकर भारत से यहाँ नृत्य और गीत का प्रचार करने को आए हुए हैं। उनका काम अच्छा चल रहा है। औरत मर्द मिलाकर कोई 100 छात्र हैं, जो इस स्कूल में शिक्षा पा रहे हैं।

19 जुलाई को ही एयर इंडिया इंटरनेशनल का जहाज इनआगरल फ्लाइट पर मॉरिशस आया हुआ था। रात में हाई कमिश्नर की पार्टी थी। पार्टी में तरह-तरह की बातें चलीं और एक विषय कल्चर का भी छिड़ गया। उस पर मैंने एक छोटा-सा प्रवचन ही दे डाला, जिसे सुमन ने बहुत पसन्द किया।

20 जुलाई को हम गवर्नर सर रैनी से मिलने गए। गवर्नर बहुत पढ़े-लिखे आदमी

हैं। उनकी बीवी और बेटा भी साहित्य के रंग में रंगे हुए हैं। कविता में उनकी दिलचस्पी देखकर मैंने 'वायस आव हिमालया' की एक कापी उन्हें भेंट की।

श्री सोमदत्त बखोरी और श्री जयनारायण राय तो प्रायः नित्य ही हमसे मिलते रहे और नित्य ही उनके साथ घूमना-फिरना भी होता रहा। सोमदत्त जी के आग्रह से हम पोर्टलुई के मेयर से भी मिलने गए, जो चीनी खानदान के हैं। मेयर के यहाँ से विदा लेकर हम प्रोफेसर वासुदेव विष्णुदयाल के घर गए। विष्णुदयाल जी ने एक समय मॉरिशस में हिन्दी और हिन्दुत्व का आन्दोलन बड़े जोर से चलाया था और उस सिलसिले में अनेक कष्ट भी सहे थे। उनके कमरे में गांधी जी और विनोबा जी के चित्र देखकर परम सन्तोष हुआ। भारतीय संस्कृति के विषय में किस विदेशी विद्वान ने कहाँ, क्या लिखा है, यह विष्णुदयाल जी को भली-भाँति मालूम है। भारतीय संस्कृति के विषय में अंग्रेजी, हिन्दी और फ्रेंच में विष्णुदयाल जी ने बहुत लिखा है और वह सब-का-सब श्लाघ्य और संग्रहणीय है।

मॉरिशस में ओरियंटल भाषाओं के निदेशक श्री रामप्रकाश हैं। वे स्वर्गीय डॉ. रघुवीर के शिष्य हैं और बड़े ही तेजस्वी पुरुष हैं।

भाषा के बारे में इस टापू की समस्या लगभग वही है, जो भारत की है। एक हद तक त्रिभाषा सूत्र यहाँ भी चलता है। किन्तु, प्रमुख भाषाएँ अंग्रेजी और फ्रेंच हैं। वैसे राजभाषा अंग्रेजी ही है और फाइलें अंग्रेजी में ही लिखी जाती हैं। लेकिन टेलीफोन की भाषा यहाँ फ्रेंच है, क्योंकि फ्रेंच यहाँ की हवा में है और वह सुगमता से लोगों की जीभ पर चढ़ जाती है।

चैनपुर (सारन) के विश्वनाथप्रसाद सिंह की बेटी मालती यहाँ गजाधर परिवार में ब्याही हुई है। मालती की तीन साल की बच्ची उससे फ्रेंच में बोलती है। मैंने मालती से कहा, "तू इसे हिन्दी बोलना क्यों नहीं सिखाती है?" मालती बोली, "मैं क्या करूँ? मैं इससे हिन्दी में बोलती हूँ, मगर जवाब वह फ्रेंच में देती है।"

मॉरिशस में भारतीय भाषाएँ कहाँ तक टिकेंगी, यह मुझे संदिग्ध दीखता है। माँ-बाप घर में भोजपुरी बोलते हैं, मगर बच्चे अंग्रेजी, फ्रेंच या क्रेयोल बोलना पसन्द करते हैं। अंग्रेजी और फ्रेंच स्कूलों में अनिवार्य हैं, लेकिन भारतीय भाषाएँ केवल पढ़ाई जाती हैं। अभी भारतीय भाषाओं का प्रवेश प्राइमरी तक सीमित है। अब यह सोचा जा रहा है कि वे माध्यमिक स्कूलों में भी पढ़ाई जाएँ।

प्रदर्शनी देखने गया, तो उसमें हिन्दी, तमिल, तेलुगु, मराठी और उर्दू के कक्ष दिखाई पड़े। तमिल कक्ष में तिरुवल्लुवर, कम्बन और भारती के चित्र भी देखे। भारती का सन्देश अखिल भारतीयता का सन्देश था, अखंडता का सन्देश था, देशभक्ति का सन्देश था। वह सन्देश जैसे तमिलनाडु में कमजोर हुआ है, वैसे ही मॉरिशस में भी।

यहाँ के भारतीय मॉरिशस को अपनी जन्मभूमि मानते हैं, यह शुभ लक्षण है। प्रोफेसर विष्णुदयाल जी ने कहा, "मैंने आप लोगों के नाम सुनते ही भाई से कहा था,

अमुक-अमुक फ्रेंच महालेखकों के बाद यह दूसरी बार दिनकर और सुमन मॉरिशस आ रहे हैं। इस यात्रा का कोई बड़ा परिणाम होना चाहिए।"

विष्णुदयाल जी ने यह भी कहा कि रवीन्द्रनाथ मॉरिशस आने का सपना देखा करते थे। उनकी कल्पना थी कि समुद्र-तट पर घूमूँगा, पेड़ों की छाया में विश्राम लूँगा और विर्जिनी से प्यार करूँगा। गांधी जी यहाँ आए थे, तब वे गवर्नर के घर ठहरे थे।

रामयाद जी यहाँ असिस्टेंट प्रिंसिपल सेक्रेटरी हैं। एक दिन उनके साथ समुद्र-तट पर घूमने की ठहरी। रास्ते में पालमा नाम का गाँव मिला। मॉरिशस पूरा-का-पूरा नगरीकृत देश है। शहर के बाद ऊख के खेत शुरू हो जाते हैं और खेतों के बाद शहर आ जाते हैं। कहीं-कहीं खेतों में झोंपड़ियाँ दीखती हैं। मर्द प्रायः सब-के-सब हाफ पैंट में मिलते हैं, बच्चे स्कर्ट पहने हुए। चेहरों से पता नहीं चलता कि कौन हिन्दुस्तानी हैं और कौन नहीं। हाँ, हब्शी अपने बाल से अलग पहचाने जाते हैं। हिन्दुस्तानी लोग उन्हें 'कटुआ' कहते हैं। कभी-कभी कोई लड़की मिल जाती है, जिसके होंठ हब्शी जैसे मोटे होते हैं और रंग साफ दिखाई देता है। यह वर्णसंकरता का प्रभाव होगा। लोगों की चाल-ढाल पर यूरोप का असर है। मिलते ही वे हाथ नहीं जोड़ते, 'नाड' देते हैं। सड़कें बहुत हैं और बड़ी अच्छी हालत में।

हम समुद्र-तट पर पहुँचे, तो दृश्य बड़ा ही सुहावना लगा। किनारे पर चीड़ के-से लम्बे-लम्बे पेड़ हैं, जिन्हें यहाँ फिलाओ कहा जाता है। समुद्र स्नान करनेवालों के लिए अच्छा सुथरा घाट है। कपड़े बदलने के लिए तट पर छोटे-छोटे घर बने हुए हैं। समुद्र-तट पर हमने कुछ कोरल चुना और मस्ती में आकर सुमन ने हिमालय नामक कविता सुनाई, जिसकी रचना उसने काठमांडू में की थी।

समुद्र से लौटते समय हमने सड़क के किनारे एक स्कूल और मन्दिर देखा। मन्दिर का नाम नागरी और रोमन में 'वृन्दावन सार्वजनिक केन्द्र' लिखा है। मन्दिर के सामने गांधी जी की मूर्ति खड़ी है, जिसके एक ओर रामायण और गीता है तथा दूसरी ओर चरखा। नीचे शिलालेख है, जिस पर भारत के झंडे का चक्र बना है। मूर्ति के नीचे पंडित सुमित्रानन्दन पन्त की पंक्तियाँ लिखी हैं।

तू सुद्ध, बुद्ध आत्मा केवल,
हे चिर पुराण, हे चिर नवीन।

शुद्ध न लिखकर लिखनेवाले ने सुद्ध लिखा है।

दीवार पर ॐ अंकित है। यह मन्दिर आर्य समाज का है, फिर भी उसके भीतर शिवलिंग स्थापित है। हमने उस मूर्ति के सामने जटाकटाहसंभ्रमम् का सस्वर पाठ किया है। नीचे एक गुफा है, जिसमें सप्तमातृकाओं की मूर्तियाँ हैं। सुमन गुफा में जाकर भुसना सिन्दूर ले आया, जिसे हम लोगों ने ललाट पर धारण किया। रास्ते में जो घर मिले, उनमें हनुमान जी की पताकाएँ जरूर थीं।

जयनारायण बाबू ने हमारी यात्रा में खूब दिलचस्पी ली। एक रोज वे हमें न्यू ग्रोव

गाँव की ओर ले गए। वहाँ से लौटकर हम श्री उमाशंकर गिरिजानन जी के घर आए और वहीं हमने भोजन किया। जयनारायण बाबू ने स्थानीय अंग्रेजी पत्र में हमारे बारे में दो-एक लेख भी लिखे। बखोरी जी ने मेरी एक कविता का फ्रेंच अनुवाद भी छपवाया। जयनारायण बाबू का एक कॉलेज है 'मॉरिशस कॉलेज'। इस कॉलेज में हम चाय पर निमन्त्रित थे। कोई पाँच सौ व्यक्ति उस पार्टी में आए होंगे। मैंने तो संक्षिप्त भाषण देकर अपनी जवाबदेही पूरी कर दी, शायद एक कविता भी पढ़ी थी। किन्तु सुमन जी मौज में आ गए और देर तक काव्य-पाठ करते रहे। जयनारायण बाबू ने मेरे कान में कहा भी, 'चाय ठंडी हो रही है।' पर मैंने उन्हें इशारों से समझा दिया, 'टोकिए मत। शेर अभी जोश में है।'

हमारे स्वागत में जो भी सभा आयोजित की जाती थी, उसका प्रारम्भ 'ॐ द्यावा शान्तिः' मन्त्र से होता था। सभा के आदि और अन्त में भारत का राष्ट्रगान भी रिकॉर्ड पर बजाया जाता था।

प्रधानमन्त्री के प्रमुख सचिव डॉ. हजारी सिंह के यहाँ जो पार्टी हुई, वह काफी अच्छी और उच्च कोटि की थी। उसमें लेखक, कवि, पंडित और पत्रकार खासतौर से बुलाए गए थे। इस पार्टी में फ्रेंच की प्रसिद्ध कवयित्री रेमोंद द कवेर्न आई हुई थीं। उनकी उम्र 65 से कम नहीं है, मगर वे गहनों और कपड़ों से खूब सजी हुई थीं। मिजाज उनका खुला है और बात करने का ढंग अत्यन्त रोचक है। उन्होंने अप्सरा नाम की एक लम्बी कविता फ्रेंच में लिखी है, जिसमें कई हजार पंक्तियाँ हैं। इस कविता में ब्रह्मा, विष्णु, महेश और काली के सामने अप्सरा का नृत्य दिखाया गया है। मुझे यह कवयित्री इतनी पसन्द आईं कि मैं उन्हीं के पास बैठा रह गया। सुमन जी घूम-घूमकर अतिथियों की दिलजोई करते रहे। 1967 के क्रिसमस के अवसर पर इस कवयित्री ने मुझे ग्रीटिंग कार्ड भेजा था, जिसमें दो-चार बड़ी प्यारी सतरें उन्होंने अपने हाथ से लिखी थीं।

With you I was between sky and earth, flesh and soul, life and death, shades and light, and always in love.

कवेर्न की कविताएँ फ्रांस में भी पढ़ी जाती हैं। मॉरिशस में एक और कवि हैं, जिन्हें यह सम्मान प्राप्त है। उनका नाम मालकोम द शाजाल है। किन्तु, वे पार्टी में नहीं आए थे। वे भीड़-भड़क्के से अलग रहनेवाले जीव हैं। जब हजारी सिंह ने उन्हें आने को कहा, उन्होंने निवेदन किया, ''अकेले में डॉ. दिनकर से मिलना होता, तो मैं आ सकता था। पार्टी में आना मुश्किल है।'' यह भी सुना कि पार्टियों में कवेर्न का ही आना दुर्लभ समझा जाता है। लेकिन शाज़ाल वहाँ नहीं जाते, जहाँ कवेर्न, जाती हैं।

28 जुलाई को हाई कमिश्नर के यहाँ जो पार्टी हुई, उसमें प्रधानमन्त्री भी आए थे और गवर्नर भी। गवर्नर सपरिवार आए थे। 'वायस आव् हिमालया' का पारायण गवर्नर ने भी किया था और उनके पुत्र ने भी। मैंने निवेदन किया, ''अनुवाद सुपाठ्य

नहीं उतरा है। आपको कविताएँ पसन्द तो क्या आई होंगी।'' उन्होंने कहा, ''नहीं, बिल्डिंग ए हाउस मुझे खूब अच्छी लगी।'' फिर गवर्नर के लड़के ने पूछा, ''यह पीपल क्या चीज है।'' मैंने नोट किया कि लड़के ने कविताएँ ध्यान से पढ़ी हैं। फिर मैंने उसे पीपल की महिमा समझाई।

गवर्नर का लड़का अति आधुनिक है। कविताएँ वह हर तरह की पढ़ता है, किन्तु रुचि उसकी विचित्र है। कहने लगा, ''आडन केवल पद्यकार हैं। कविताएँ वे कहाँ लिखते हैं?''

फिर लड़के ने कहा, ''मैं तो आधुनिक कविताओं से बिलकुल ऊब गया हूँ। भारत परम्परा का देश है। आशा है, आपके यहाँ सभी रोमांटिक कविताएँ खत्म नहीं हुई हैं और लोगों को अच्छी कविताएँ पढ़ने को मिल जाती हैं।''

यह अजब रोग है। बहुत-से आधुनिक कविता के प्रेमियों की भी काव्यतृषा रोमांटिक कविताओं के बिना शान्त नहीं होतीं। बाहर वे डंका आधुनिक कविता का पीटते हैं, मगर एकान्त में शेली, कीट्स और टैगोर को पढ़ते हैं।

मैंने लड़के को समझाया कि भारत में सभी रोमांटिक कविता जीवित है, लेकिन जिस तरह की आधुनिक कविताओं से आप त्रस्त हैं, वैसी कविताएँ भारत में भी ढेर-की-ढेर लिखी जा रही हैं।

भरत और भारत का रोमन में हिज्जे एक ही होता है। लेडी रैनी इन दो शब्दों को मेरी एक कविता में देखकर चकरा गई थीं। सो उन्हें भी दोनों शब्दों का अर्थ समझाना पड़ा।

लेडी रैनी एक दूसरी महिला से यह चर्चा करने लगीं कि नए लड़के बीटल की तरह रहना चाहते हैं, वे माँ-बाप की पसन्द-नापसन्द की परवाह नहीं करते। लेडी रैनी के लड़के से तो मेरी काफी बातचीत हुई थी। वह भी बाल बीटल की ही तरह रखता है। दूसरी महिला, जो कवयित्री भी हैं, बोलीं, ''द्वितीय विश्वयुद्ध के समय स्थिति डावाँडोल थी। उस अनिश्चित वातावरण में जो बच्चे पैदा हुए, वे विद्रोही हो गए हैं।'' मैंने कवयित्री से निवेदन किया कि ''यह तो ठीक है, मगर कारण कुछ और भी हैं। आप अपनी जवानी में अपने माँ-बाप से अधिक आधुनिक थीं या नहीं?'' कवयित्री ने कहा, ''हाँ, यह भी ठीक है। आधुनिकता पीढ़ी-दर-पीढ़ी बढ़ती जा रही है। मगर हालत अब बहुत खराब है।''

फिर लेडी रैनी ने रॉबर्ट फौस्ट की बात चलाई। मैंने कहा, ''आज से पचास वर्ष बाद अंग्रेजी कविता के इतिहास में इलियट को एक पैरा तथा रॉबर्ट फौस्ट को एक पेज जगह मिलेगी।'' लेडी रैनी ने कहा, ''यह सम्भव है, क्योंकि इलियट क्षण के कवि हैं।''

मॉरिशस का सबसे बड़ा गाँव त्रियोल है। एक सभा उस गाँव में भी हुई। उसमें प्रधानमन्त्री सर शिवसागर रामगुलाम भी आए थे तथा स्वामी कृष्णानन्द और स्वामी

अखिलानन्द भी मौजूद थे। त्रियोल का मन्दिर भी बहुत बड़ा है और वह खूब स्वच्छ है। मॉरिशस के प्रत्येक मन्दिर में मैंने स्वच्छता और सुव्यवस्था देखी। यह शायद ईसाई पड़ोसियों का प्रभाव है। किन्तु, भारत के हिन्दुओं ने ईसाइयों से कुछ नहीं सीखा। भारत में हिन्दुओं के जो भी मन्दिर हैं, गन्दे और अस्वच्छ हैं तथा खुद पुजारी भी साफ नहीं रहते। हाँ, दक्षिण भारत के मन्दिरों में थोड़ी व्यवस्था अवश्य दिखाई पड़ती है।

सुमन और मैंने टेलीविजन पर कई बार कविताएँ पढ़ीं, मैंने दो व्याख्यान भी दिए। कविताएँ मैंने कुरुक्षेत्र और रश्मिरथी से पढ़ी थीं। इसके सिवा मैंने कुछ अन्य ओजस्विनी कविताओं का भी पाठ किया था। एक दिन एक सज्जन ने कहा, "मुस्लिम हलकों में चर्चा चल रही है कि डॉ. दिनकर हिन्दुओं के भीतर जोश उभार रहे हैं।" मैंने कहा, "मैं अपने देश में भी जोश और उत्साह उभारता रहा हूँ, लेकिन वह हिन्दू जोश नहीं है, जवानी का जोश है, मानवीय भावनाओं का जोश है। जो लोग आपसे यह कहें, उन्हें समझा दीजिए कि कविता अगर हिन्दू जोश की होती, तो मैं मिली-जुली संस्कृति पर व्याख्यान क्यों देता?" नन्दलाल जी ने कहा था कि, "मिली-जुली संस्कृति वाला भाषण बहुत पसन्द किया गया है। आप उसे अंग्रेजी में लिख दें, तो हम उसे छपवाना चाहते हैं।" लेख मैंने अंग्रेजी में तैयार भी कर दिया, लेकिन हाई कमिश्नर ने कहा, "अभी मौका चुनाव का है। लेख नहीं छपवाइए, वही बेहतर रहेगा।"

2 अगस्त को सोकर उठा, तब गोवर्धन जी ने कहा, मॉरिशस टाइम में आप लोगों के विरुद्ध लेख निकला है। लेख मैंने मँगवाकर देखा। वह इस भ्रम में लिखा गया था कि डॉ. सुमन और डॉ. दिनकर का अप्रत्यक्ष उपयोग चुनाव के काम के लिए किया जा रहा है। हमारे सारे भाषण सांस्कृतिक विषयों पर हो रहे थे। हम पहले से ही काफी सावधान थे। अब हम और सावधान हो गए। बड़ौदा सिनेमा हॉल में जो सभा हुई, उसमें चुनाव का कोई गीत गाया जानेवाला था। मैंने उसे रोक दिया और कहा कि चुनाव की चर्चा करनी हो तो हम लोगों को निकल जाने दीजिए। हमारे जाने के बाद अगर सभा नहीं टूटी, तो आप उसका मनचाहा उपयोग कर सकते हैं। आयोजकों ने हमारी बात मान ली, जिसके लिए मैं उन्हें धन्यवाद देता हूँ।

मॉरिशस में ऐसे कई रईस हैं, जिनका एक घर शहर में और दूसरा समुद्र-तट पर है। समुद्र-तट का मजा लेने को एक दिन और एक रात हम गोवर्धन जी के समुद्र-तट वाले मकान में जा टिके। यहाँ का दृश्य अत्यन्त सुहावना था। जी करता था कि यहाँ एक मास टिकने का मौका लगे, तो गई हुई कविता जरूर वापस हो जाएगी। लेकिन हमारे पास समय का सर्वथा अभाव था। मैंने तो समुद्र-तट पर केवल घूमने का ही आनन्द लिया, किन्तु सुमन ने स्नान भी किया।

मॉरिशस का गजाधर परिवार बड़ा ही यशस्वी और लोकप्रिय है। इस वंश के महापुरुष स्वर्गीय तिलक सिंह गजाधर प्रतापी पुरुष थे। ये लोग जाति से भूमिहार ब्राह्मण हैं और बिहार के भूमिहारों से उनका घनिष्ठ सम्बन्ध है। जब हम गोवर्धन जी

के समुद्र-तट वाले घर में ठहरने लगे, बिहार की पाँच-छह लड़कियाँ एक साथ आकर पाँव पर गिरीं। भारत का विरह उन्हें बहुत सताता है। नन्दिनी को तो भारत छोड़े 17 साल हो चुके हैं। उसने कहा, "चाचा जी, उधर भारत आजाद हुआ, इधर मैं वन्दिनी हुई।"

मैंने कहा, "वन्दिनी नहीं, गृहस्वामिनी बनी है। ब्याह के बाद लड़कियाँ दो-एक बार जल्दी-जल्दी पीहर जाती हैं। मगर बाल-बच्चे हो जाने के बाद कौन नारी पीहर की याद में घुलती है? तुम लोगों को स्वस्थ और सुखी देखकर मैं तो खुश ही हूँ। यह बात जब तुम्हारे पिता सुनेंगे, तब वे भी खुश हो जाएँगे।"

होटल से हटकर मैं दो-एक दिन श्री मुरली गजाधर के घर रहा। मैं बेतरह थक गया था, अतएव बेटियों और दामादों ने मेरी बहुत अच्छी सेवा की। खास करके खेमराज ने तो कमाल कर दिया।

('मेरी यात्राएँ' पुस्तक से)

बाल-साहित्य

चित्तौर का पहला साका

तेरहवीं शताब्दी के अन्तिम चरण में जब राणा लखुमसी मेवाड़ के राजसिंहासन पर आसीन हुए, तब मेवाड़ अपने पूरे प्रताप के साथ उत्तरी भारत में देदीप्यमान हो रहा था। बप्पा रावल और खुमान तथा राणा समरसी की वीरता की कहानियों के बीच, मेवाड़ अपना मस्तक ऊँचा किए हुए, देशभर की प्रतिष्ठा का पात्र हो रहा था और राजे तथा महाराजे इस बात को मानने लगे थे कि हिन्दुओं का सूर्य, सचमुच ही, चित्तौर के कोट पर बसता है। कहते हैं, वीरवर बप्पा ने पश्चिम में खुरासान तक अपना लोहा बजाया था और जब वे मरे, तब उनके अन्तिम संस्कार का अधिकार किसे मिलना चाहिए, इस बात को लेकर उनके सैकड़ों पुत्रों के बीच लड़ाई उठ खड़ी हुई थी, जिनमें से कुछ तो राजपूत थे और कुछ यवन-कुमारियों के गर्भ से उत्पन्न होने के कारण वर्णसंकर-सन्तान, जिन स्त्रियों से बप्पा ने अपने विजय-अभियान के सिलसिले में ब्याह किए थे। राणा खुमान के राज्य-काल में, अरब के खलीफा अलमायूँ ने चित्तौर पर चढ़ाई की थी, किन्तु, खुमान की तलवार के सामने उसे मुँह की खानी पड़ी थी और वह हारकर अपने देश को वापस चला गया था। राणा खुमान ने अपने जीवनकाल में कोई चौबीस भयानक लड़ाइयाँ लड़ी थीं और इन सभी लड़ाइयों में उन्होंने अद्भुत वीरता और अत्यन्त उज्ज्वल चरित्र का परिचय दिया था। खुमान के तेज, शौर्य और प्रताप की स्मृति आज भी जीवित है। मेवाड़ में जब भी किसी के पाँव डगमगाते हैं, या किसी को छींक आती है, तभी पास का आदमी कह उठता है, 'खुमान बचाएँ'।

इसी प्रकार, राणा समरसी ने भी अपने बाहुबल से भारतवर्ष की प्रतिष्ठा में वृद्धि की। पृथ्वीराज चौहान को शहाबुद्दीन से जब-जब लड़ाइयाँ लड़नी पड़ीं, उन्होंने बराबर राणा समरसी से सहायता माँगी और राणा ने भी प्रत्येक बार दिल्ली पहुँचकर, दुश्मनों के खिलाफ, राजपूत सेना का नेतृत्व किया। यहाँ तक कि शहाबुद्दीन के ही खिलाफ, लड़ते-लड़ते, उन्होंने वीरगति पाई और उनकी विधवा पत्नी, महारानी पृथा ने सती-विधि से ज्वाला के विमान पर चढ़कर स्वर्ग में उनसे साक्षात्कार किया।

जब राणा लखुमसी सिंहासन पर आरूढ़ हुए, तब उनकी अवस्था छोटी थी।

अतएव, राज्य के संचालन और उसकी रक्षा का भार उनके चाचा भीमसिंह पर था। भीमसिंह का ब्याह चौहान-वंश की राजकुमारी पद्मिनी के साथ हुआ था, जो अपने समय में अद्वितीय सुन्दरी समझी जाती थीं। कहते हैं, पठान सुलतान अलाउद्दीन खिलजी ने चित्तौर पर जो विख्यात घेरा डाला था, वह इसलिए नहीं कि वह मेवाड़ को अपने अधिकार में लाना चाहता था; बल्कि, इसलिए कि उसने महारानी पद्मिनी के रूप की इतनी अधिक प्रशंसा सुनी थी कि वह उनसे जबर्दस्ती ब्याह करने के लिए आतुर हो उठा था। कई महीनों तक घेरा डाले रहने पर भी जब राजपूतों ने उसके सामने हार नहीं मानी, तब अलाउद्दीन ने एक कुत्सित नीति से काम लिया। उसने भीमसिंह को सन्देश भेजा कि अगर, किसी प्रकार, पद्मिनी के दर्शन उसे करा दिए जाएँ तो वह इतने से ही सन्तुष्ट होकर घेरा उठा लेगा। शर्त अपमानजनक थी, किन्तु नगर-निवासियों पर आए हुए संकट को दूर करने के लिए भीमसिंह ने इस सुधार के साथ शर्त को स्वीकार कर लिया कि रानी पद्मिनी किसी ऐसी जगह छिपकर खड़ी रहेंगी, जहाँ से उनका प्रतिबिम्ब आईने में दिखाई पड़ता हो। अगर सुलतान चाहें, तो इस प्रकार उन्हें देख सकते हैं।

अलाउद्दीन ने बात मान ली और राजपूतों की परम्परागत सच्चाई का फायदा उठाकर, बिना किसी अंग-रक्षक को साथ लिए हुए, वह राजमहल में आ पहुँचा। उसने राजपूतों के चरित्र में जो विश्वास दिखलाया था, उसका प्रभाव भीमसिंह पर भी पड़ना उचित ही था। अतएव, लौटती बार वे भी निःशस्त्र होकर एवं अंगरक्षकों को साथ लिए बिना ही सुलतान के साथ किले से नीचे उतर आए। अलाउद्दीन तो ऐसा मौका चाहता ही था। उसने भीमसिंह को गिरफ्तार कर लिया और यह घोषणा करवा दी कि जब तक रानी पद्मिनी सुलतान के पास नहीं जाएँगी, तब तक भीमसिंह भी कैद से रिहा नहीं किए जाएँगे।

जब यह दुःसंवाद चित्तौर के किले के भीतर पहुँचा, चारों ओर उदासी छा गई। रानी पद्मिनी ने और कोई उपाय न देखकर अपनी प्रतिष्ठा की रक्षा का आप ही प्रबन्ध करके सुलतान के पास जाना निश्चित किया। किन्तु, उनका यह निश्चय देखकर उनके चाचा गोरा तथा उनके किशोरवय भतीजे बादल ने एक दूसरी ही युक्ति सोच निकाली। उन्होंने सुलतान के पास यह खबर भेज दी कि रानी पद्मिनी सुलतान के सामने उपस्थित होने को तैयार हैं। शर्त यह है कि वे एक रानी की तरह अपनी सहेलियों की डोलियों के साथ आएँगी तथा जब वे सुलतान के शिविर में पहुँचें, तब शिविर में सुलतान के सिवा और लोगों को मौजूद नहीं रहना चाहिए। जिस प्रकार अलाउद्दीन की चाल को राजपूतों ने नहीं समझा था, उसी प्रकार, गोरा-बादल की युक्ति भी अलाउद्दीन की समझ में नहीं आई और उसने पूरे उत्साह के साथ रानी पद्मिनी की शर्त को कबूल कर लिया। फिर क्या था? गोरा-बादल के नेतृत्व में सात सौ डोलियाँ किले से नीचे उतरीं, जिनमें से प्रत्येक डोली में एक-एक राजपूत सरदार

बख्तर-झेलम पहनकर तैयार बैठा था और जिसे ढोनेवाले छह-छह कहार भी और कोई नहीं, बल्कि, चित्तौर के चुने-चुनिन्दे बहादुर नौजवान थे।

अलाउद्दीन ने परदे का बहुत बड़ा इन्तजाम कर रखा था। उस परदे के भीतर डोलियों के पहुँचते ही, सुलतान को खबर दी गई कि रानी अपने पति भीमसिंह से कुछ देर के लिए आखिरी मुलाकात करना चाहती हैं। सुलतान को भला इस छोटी-सी माँग पर क्या आपत्ति हो सकती थी? एक सरदार, पद्मिनी के बहाने, भीमसिंह के शिविर में चला गया और वहीं से उसने भीमसिंह को घोड़े पर बिठाकर बाहर निकाल दिया। विलम्ब देखकर अलाउद्दीन कहने ही वाला था कि रानी अब भीमसिंह के शिविर से बाहर आवें कि इतने में ही "हर हर महादेव" का नारा लगाते हुए राजपूत काल बनकर दुश्मनों की छावनी पर टूट पड़े। कहते हैं, उस दिन सिर्फ पाँच हजार राजपूतों ने पठानों के व्यूह में घुसकर ऐसा प्रलय उपस्थित किया कि पठान जान लेकर जिधर-तिधर भागने लगे और अलाउद्दीन का महीनों से डाला हुआ घेरा, बात की बात में, तहस-नहस हो गया।

अलाउद्दीन अपनी जान लेकर चित्तौर से भाग खड़ा हुआ। राजपूतों में भी गोरा के साथ, प्रायः तीन-चौथाई से अधिक सरदार खेत रहे। इन सारे समाचारों के साथ जब वीर बालक बादल, अनेकों घावों के साथ, किले में वापस आया, उसके पहले ही भीमसिंह किले में पहुँच चुके थे। गोरा की स्त्री को यह समाचार मिल चुका था कि उसके पतिदेव ने वीरगति प्राप्त कर ली है। फिर भी, उन्होंने बालक से पूछा कि 'बेटे! जरा अपने चाचा की कीर्त्ति तो कहो।" बादल ने उत्तर दिया—"माँ, चाचा की बातें क्या पूछती हो? वे तो आज की लड़ाई में अपनी जिन्दगी की फसल काटने गए थे और दुश्मनों की गरदनें उन्होंने काटीं भी खूब। दुश्मनों की लाशों की कालीन बिछाकर वे उस पर लेट गए और एक पठान सरदार की लाश का तकिया बनाकर वे वीरता की लाल सेज पर सदा के लिए सो गए हैं। उनकी कीर्त्ति का बखान कौन करे, जब इसके लिए उन्होंने अपने एक भी दुश्मन को जीवित नहीं छोड़ा?" गोरा की स्त्री इस संवाद से उल्लसित हो उठी और यह कहते हुए उसने सती-धर्म का पालन किया कि "बादल, मुझे जल्दी है। कहीं ऐसा न हो कि विलम्ब देखकर तुम्हारे चाचा मुझसे नाराज हो जाएँ।"

चित्तौर के पहले घेरे की, संक्षेप में, इतनी ही कथा है। किन्तु, चित्तौर ने अलाउद्दीन के हृदय में अपमान की जो शलाका घुसेड़ दी थी, उससे उसका हृदय बराबर जलता रहा। अतएव, बहुत वर्षों के बाद, उसने विशाल सेना लेकर चित्तौर पर फिर घेरा डाला। अब तक राज्य का पूरा भार राणा लखुमसी के हाथ में आ चुका था और वे लगभग एक दर्जन कुमारों के पिता भी बन चुके थे। अलाउद्दीन बड़ी ही जिद मारकर चित्तौर के द्वार पर डटा हुआ था और इधर किले का एक-एक राजपूत इस आन पर अड़ा था कि जब तक एक राजपूत-बच्चा भी जीवित है, तब तक किले की

रक्षा से वह बाज नहीं आएगा। मगर, यह मुट्ठी भर लोगों के साथ एक पहाड़ का मिलान था; छोटे-छोटे झरनों से समुद्र का सामना था। चित्तौर के किले में रूह थी, जवानी और जोश था, मर-मिटने की उमंग और अरमानों की रवानी थी। लेकिन, सब कुछ होते हुए भी किले के रक्षकों की संख्या अत्यन्त सीमित थी। आरम्भ से ही, हर राजपूत जानता था कि इस बार किले का बचाव एक असम्भव बात है। किन्तु, माँ के दूध के साथ-साथ हर राजपूत बच्चा निर्भीकता और बलिदान की भावना का पान करता था। अतएव, ध्वंस को अनिवार्य जानकर भी वह उसके मुख में इज्जत और वीरता के साथ प्रवेश करना चाहता था।

संकट सघन होता गया। चित्तौर की बाँहें थकीं तो नहीं, किन्तु संघर्ष के मारे वे ढीली पड़ने लगीं। बात यहाँ तक जा पहुँची कि राणा को यह चिन्ता सताने लगी कि किसी तरह अगर मेरे बारह बेटों में से एक भी बच जाए तो सिसोदिया वंश का दीपक बुझने से बचे। एक रात अपने पलँग पर लेटे हुए वे सिसोदिया वंश के भविष्य को लेकर इसी प्रकार चिन्तित हो रहे थे कि, कहते हैं, चित्तौर की देवी की छाया संगमरमर के खम्भों के बीच से 'मैं भूखी हूँ, मैं भूखी हूँ' कहती हुई उनके पलँग की ओर बढ़ने लगी। राणा ने देवी को पहचान लिया और चिल्लाकर वे बोल उठे—"हमारे आठ हजार नौजवान अभी-अभी तुम्हारा ग्रास बन चुके हैं। क्या अब भी तुम्हारा पेट खाली है?" देवी ने उत्तर दिया—"मुझे राजवंश का रक्त चाहिए। किरनिया, किरीट, छत्र और चँवर धारण करनेवाले बारह राजकुमार अगर मेरी भेंट नहीं चढ़ाए जाते, तो चित्तौर का सिंहासन तुम्हारे वंश के अधिकार में नहीं रहेगा। अतएव, अपने बारह पुत्रों में से प्रत्येक को तीन दिनों तक सिंहासन पर रखो और चौथे दिन उसे मोरचे पर भेज दो। यही एक रास्ता है, जिससे चित्तौर की रक्षा की जा सकती है।"

पता नहीं, यह कहानी सच है या झूठ। सम्भव है, यह कोरी कवि-कल्पना हो। सम्भव है, यह राणा की अपनी ही चिन्ता की प्रतिध्वनि हो अथवा यह भी सम्भव है कि राणा लखुमसी ने चित्तौर के वीरों के हृदय में वीरता की आखिरी ज्वाला भड़काने के लिए प्रचंड बलिदान की यह अद्भुत युक्ति सोच निकाली हो। किन्तु, यह सच है कि उन्होंने जब इसकी घोषणा अपने दरबार में की, तब उनके बेटों के बीच मृत्यु के मुख में सबसे पहले जाने के लिए बदाबदी मच गई। बारह राजकुमारों में से एक भी पीछे रहना नहीं चाहता था। आखिर फैसला यह हुआ कि सभी कुमार अपनी उम्र के हिसाब से अपना अवसर पाएँगे। राणा ने बड़ी ही मुश्किलों से अपने दूसरे पुत्र अजयसिंह को सबसे पीछे जाने से रोके रखा। प्रत्येक राजकुमार तीन दिनों तक राजा रहता था और चौथे दिन वह दुश्मनों की फौज से टकराकर अपनी जान दे देता था। सारा चित्तौर अपनी साँस के अन्तिम तनाव पर था। राजकुमारों का मंगल-अभिषेक, फिर मृत्यु के मुख में प्रविष्ट होने के लिए उनकी आतुरता और उमंग, चित्तौर की प्रतिष्ठा की रक्षा करने के लिए उनका गाजे-बाजे के साथ किले से नीचे उतरना और

फिर उनकी मृत्यु का निश्चित संवाद, ये सारी बातें चित्तौरवासियों में अद्‌भुत वीरता का संचार कर रही थीं और प्रत्येक नर-नारी मृत्यु से मिलकर अपने कर्तव्य को पूरा करने के लिए उन्मत्त हो रहा था।

जब ग्यारह कुमार बलिदान चढ़ गए, राणा की हड्डियों में बलिदान के आखिरी जोश ने टक्कर मारा। उन्होंने सरदारों को बुलाकर कहा—"आज पूर्णाहुति का दिन है। सिसोदिया वंश को कायम रखने के लिए मैंने निश्चय किया है कि अजयसिंह यहाँ से कैलबारा के किले में भेज दिए जाएँ, जहाँ उनकी रक्षा और पालन का समुचित प्रबन्ध किया जाए। देवी का बारहवाँ ग्रास आज मैं खुद बनूँगा। जौहर की तैयारी हो और सभी सरदार मेरे साथ किले से नीचे उतरें।"

राणा की ललकार सुनते ही नगर में बधावे बजने लगे। बलिदान की आखिरी लहर सारे चित्तौर में दौड़ गई। स्त्रियाँ अपना अन्तिम शृंगार सजाने लगीं, मानो, सुहाग की रात आज फिर लौट आई हो। बेटे माताओं के चरण छूने लगे, बहनें भाइयों को तिलक लगाने लगीं। पत्नियाँ अपने पतियों की कमर में तलवारें बाँधने लगीं। अबोध बच्चे भी आपस में एक-दूसरे को फेटे कसने और तलवारें सजाने में मदद देने लगे। सब आनन्द के साथ एक-दूसरे से आखिरी बार मिलकर जीवन-भर की भूल-चूक माफ कराने लगे और फिर तुरन्त चित्तौर की आत्माएँ दो दलों में विभक्त हो गईं। पुरुषों का दल किले से बाहर की ओर चला, जहाँ पठान सेना के रूप में अजेय काल खम ठोंककर चित्तौर की मर्दानगी को ललकार रहा था और नारियाँ—सहस्रों नारियों का झुंड किले के भीतर उस स्थान की ओर चला, जहाँ अग्नि-देव प्रज्वलित होकर चित्तौर की माताओं और बहनों की इज्जत को अपनी लपटों से ढँक देने को उल्लसित हो रहे थे। 'हर हर महादेव' की एक तुमुल ध्वनि हुई और रानी पद्‌मिनी ने, जो सभी नारियों के पीछे-पीछे चल रही थीं, जौहर के आँगन में पहुँचकर उसका दरवाजा बन्द कर दिया।

'हर हर महादेव' की एक तुमुल ध्वनि हुई और सभी राजपूत किले के नीचे दुश्मनों के दल पर बाज की तरह टूट पड़े। अलाउद्‌दीन के लिए राजपूतों की यह भयंकर वीरता कोई नई बात नहीं थी। वह इसके लिए तैयार होकर आया था और राजपूतों की जो मर्दानगी उसके अपने सिपाहियों में नहीं थी, उसकी पूर्ति उसने अपरिमित संख्या और अपार सामग्रियों से कर ली थी। स्वभावतः ही, राजपूत उस वीरता से लड़े जिस वीरता से वे लोग लड़ते हैं, जिन्हें जीने का जरा भी लोभ नहीं रह जाता है। मगर, परिणाम वही हुआ, जिसकी आशा करके, वे अपनी रमणियों को अग्नि को सौंपकर घर से बाहर आए थे। चित्तौर की एक पीढ़ी साफ हो गई। मेवाड़ के गढ़ मटियामेट हो गए, गाँव उजड़ गए और देहातों में खेती करनेवाला कोई नहीं रहा।

अलाउद्‌दीन ने जब मूँछों पर ताव देते हुए चित्तौर के किले में प्रवेश किया, तब

तक पद्मिनी के साथ चित्तौर की सभी नारियाँ भस्म में परिणत हो चुकी थीं। तब भी, कहते हैं अलाउद्दीन ने अपनी इस महान विजय पर काफी खुशियाँ मनाईं। मगर, जिस चीज की उसने आधी जिन्दगी तक तलाश की थी, जिस रत्न को पाने के लिए उसने इतना संघर्ष किया था, वह उसे प्राप्त नहीं हुआ। इस विफलता का बोध होते ही, वह चित्तौर के शासन का भार झालवार के सरदार मालदेव को सौंपकर खुद दिल्ली लौट गया।

इतिहास में यह घटना 'चित्तौर का पहला साका' के नाम से विख्यात है।

हठी हम्मीर

अजयसिंह का राज्याभिषेक कैलबारा में ही हुआ। कैलबारा अरावली की तराई में एक शिखर पर बसा हुआ नगर था। मेवाड़ का समस्त गौरव, चारों ओर से सिमटकर, अब इसी छोटे-से नगर में केन्द्रित हो गया था और राणा अजयसिंह अपने बचे-खुचे सरदारों के साथ यहीं राज करते थे। उनके पिता राणा लखुमसी ने उन्हें आदेश दिया था कि सौ वर्ष पूरा करने पर (यानी मृत्यु के समीप आने पर) तुम अपना उत्तराधिकार अपने भाई अरसी के पुत्र को सौंप देना। अरसी के पुत्र का नाम हम्मीर था, जिसकी उम्र अभी कुल बारह वर्ष की थी।

मेवाड़ के कमजोर हो जाने के कारण आसपास के पहाड़ी सरदार सिर उठाने लगे। इनमें से एक सरदार का नाम मुंज था, जिसने एक बार शेरो नाला पर चढ़ाई कर दी, जिस नाले की तराई में राणा अजयसिंह छिपे हुए थे। इतना ही नहीं, बल्कि, तराई से लौटते हुए मुंज ने अजयसिंह के मस्तक पर भाले से वार करके उनका बड़ा ही अपमान किया था। इस अपमान की आग विवशता में पड़े हुए राणा के हृदय को कुरेद रही थी और वे प्रत्येक दिन यही सोचते हुए जागते और सोते थे कि इस अपमान का बदला कैसे चुकाया जाए।

सजुंसी और अजुंसी नामक उनके अपने दो बेटे भी 15-16 वर्ष के हो गए थे, जिस उम्र तक राजपूतों को अपने भविष्य की निश्चित सूचना दे देनी चाहिए। किन्तु, ये कुमार कुछ वैसे ही निकले। निदान, उनके भतीजे हम्मीर ने वैर-प्रतिशोध का बीड़ा उठाया। उस समय हम्मीर की उम्र, मुश्किल से तेरह-चौदह वर्ष की रही होगी। राणा और उनके सरदारों ने बालक हम्मीर को बहुतेरा समझाया कि वह हठ न करे। विशेषतः, अजयसिंह को अपने पिता के आदेश का ख्याल था। साथ ही, बालक हम्मीर में जो तेज़ लहरा रहा था, उसे अकाल ही वे काल की चपेट में जाने देना नहीं चाहते थे। मेवाड़ की हालत नाजुक थी। उसकी शक्तियाँ बिखर गई थीं। कहीं कोई सहायक या मददगार भी नहीं था। ऐसी अवस्था में हम्मीर भला मुंज से किस प्रकार लोहा ले सकता था? लोगों ने बड़ी ही आतुरता के साथ कई दिनों तक हम्मीर को समझाया-बुझाया। किन्तु, वीर बालक ने किसी की भी एक न सुनी।

उसने सभी सरदारों के सामने राणाजी से निवेदन किया—"महाराज, आप जिस

व्यथा से दिन-रात जल रहे हैं, वह मुझसे और देखी नहीं जाती। मेरी उम्र पर नहीं जाइए। मैं बप्पा रावल और खुमान, समरसी तथा लखुमसी-जैसे नर-नाहरों का वंशधर हूँ और मेरी नसों में भी वही लोहू प्रवाहित हो रहा है, जो उन प्रातःस्मरणीय वीरों की धमनियों में प्रवाहित होता था। लीजिए, मेरी यह अन्तिम प्रतिज्ञा है कि या तो दुष्ट मुंज का मस्तक अपने भाले पर गाँथे हुए मैं आपके चरणों में अपना अभिनन्दन अर्पित करने को वापस फिरूँगा या फिर कैलबारा आकर आपको अपना मुख ही नहीं दिखाऊँगा।''

इतना कहकर हठी हम्मीर बिजली की गति से दरबार से बाहर निकल गया और सारी सभा उसकी इस भीष्म-प्रतिज्ञा पर सन्न रह गई। शान्तनु-पुत्र गांगेय ने जब आजीवन कौमार्य की प्रतिज्ञा की थी, तब लोगों ने उन्हें भीष्म नाम से अभिहित किया था। और हम्मीर की इस प्रतिज्ञा के बाद लोग उसे 'हठी हम्मीर' के नाम से पुकारने लगे।

कुछ ही दिनों बाद, हम्मीर घोड़े पर चढ़ा हुआ तथा मुंज की गरदन को रिकाब में लटकाए हुए कैलबारा में वापस आया। बड़ी ही विनम्रता के साथ उसने मुंज के मस्तक को अपने चाचा के सामने रखते हुए उनसे निवेदन किया—''महाराज! ठीक से देख-भाल लीजिए कि यह सिर आपके उसी दुश्मन का है या नहीं।''

अजयसिंह का उत्तराधिकारी कौन होगा, इस बात में अगर किसी को कोई सन्देह रहा हो तो बालक हम्मीर की इस वीरता ने उसे एकदम दूर कर दिया। अजयसिंह के दो पुत्रों में से एक का कैलबारा में ही देहावसान हो गया और दूसरे, सजुंसी अपने भाग्य का दरवाजा खटखटाते हुए दक्खिन की ओर चले गए, जहाँ उन्होंने उस वंश की नींव डाली, जिस वंश में आगे चलकर महाराज शिवाजी ने जन्म ग्रहण किया।

सन् 1301 ई. में, राणा हम्मीर मेवाड़ की गद्दी पर बैठे और अपनी पहली ही टीका-दौड़ में उन्होंने मुंज के राज्य पर अधिकार कर लिया। इतना ही नहीं, प्रत्युत, चित्तौर के किले को छोड़कर उन्होंने धीरे-धीरे मेवाड़ की समस्त भूमि को भी अधिकृत कर लिया और मेवाड़ की बिखरी हुई शक्तियाँ एक बार फिर उनके नेतृत्व में संघटित होने लगीं। उनकी इस बढ़ती को देखकर अलाउद्दीन के द्वारा नियुक्त चित्तौर के किले का स्वामी मालदेव मन-ही-मन घबराने लगा तथा और कोई उपाय नहीं देखकर उसने हम्मीर के साथ शादी-ब्याह का नाता जोड़कर उसे प्रसन्न करने का निश्चय किया।

ब्याह का नारियल भेज दिया गया। लेकिन, मालदेव के प्रति मेवाड़ के सरदारों के हृदय में घृणा को छोड़कर दूसरा कौन-सा भाव हो सकता था? सरदारों ने हम्मीर से निवेदन किया कि मालदेव-जैसे नीच की लड़की के साथ मेवाड़ के राणा का सम्बन्ध नहीं हो, यही गौरव की बात है। किन्तु, राणा हम्मीर का कुछ और ही भाव था। उन्होंने कहा—''नारियल लौटाना ठीक नहीं है। विवाह से अपमान चाहे जितना

भी हो, लेकिन, एक बार मैं उस पुण्यभूमि पर खड़ा तो हो सकूँगा, जिस भूमि का चप्पा-चप्पा हमारे पूर्वजों के पवित्र शोणित से अभिषिक्त है।''

राणा हम्मीर सिर्फ पाँच सवारों के साथ ब्याह करने को चित्तौर पधारे। किले के फाटक पर तोरण का अभाव देखकर उन्हें शंका हुई और वे सोचने लगे कि, हो न हो, दाल में कुछ काला है। किन्तु, अगवानी के लिए आए हुए मालदेव के पुत्र वनवीर को सामंतों के साथ फाटक पर विद्यमान देखकर उनकी शंका दूर हो गई और उन्होंने मंडप में बैठकर ब्याह कर लिया। किन्तु, इसके बाद ही, एकान्त पाकर नव-विवाहिता वधू ने उनसे कहा—''मैं विधवा हूँ। मेरा एक बार ब्याह हो चुका है; यद्यपि, मैंने पति को कभी देखा भी नहीं और विवाह के बाद ही, मैं तुरन्त विधवा हो गई।'' सुनते ही, हम्मीर को काठ मार गया। विधवा से ब्याह! सिसोदिया वंश का मालदेव के द्वारा यह अपमान! हम्मीर क्रोध में आकर कुछ अतर्कित कार्य कर बैठने की सोच ही रहे थे कि उनकी दृष्टि युवती के अश्रुसिक्त कपोल पर पड़ी। वीरवर हम्मीर ने उसकी आँखों में निस्सहायता और समर्पण के करुणापूर्ण भावों को उमड़ते देखा, मानो वे आँखें कातरता के साथ विनय कर रही हों कि ''मैं निरपराध गाय हूँ। मैं पवित्र और निष्कलंक हूँ। मैं क्रोध नहीं, करुणा की पात्री हूँ। अब अगर आप क्रोध करते हैं तो उसकी पहली लपट मुझी को भस्मसात् कर डालेगी। जो कुछ हुआ, उसे भूल जाइए और अपनी विख्यात वीरता के समान अपरिमित उदारता का भी परिचय देकर मुझे अंगीकार कीजिए।''

राणा हम्मीर का वीर हृदय करुणा की इस मौन पुकार से द्रवित हो गया। एक क्षण वे मौन रहकर कुछ सोचते रहे। फिर उन्होंने युवती की बाँह पकड़कर कहा—''हाँ, हम्मीर वीर भी है और क्रान्तिकारी भी। जिस परिस्थिति में मैंने आपका पाणिग्रहण किया है, उसमें शास्त्रों की कठोरता मनुष्यता के आह्वान के सामने पराजित होगी। उठिए, आप मेरी राजमहिषी हैं।''

फिर दोनों मिलकर चित्तौर के उद्धार की योजना पर विचार करने लगे। रानी ने राणा हम्मीर से कहा कि चित्तौर के किले में इन दिनों जाल नामक सामंत की खूब चलती है। वह अगर आपके साथ हो जाए तो चित्तौर का उद्धार बात की बात में हो सकता है। अतएव, ऐसा कीजिए कि दहेज में उसे ही माँग लीजिए।

हम्मीर ने वैसा ही किया और जब वे सपत्नीक चित्तौर से कैलबारा की ओर वापस जाने लगे, तब उनके साथ जाल सामंत भी विद्यमान था।

इस विवाह के परिणामस्वरूप कुमार खेतसी का जन्म हुआ। उनके जन्म के थोड़े ही दिनों बाद रानी ने चित्तौर के किले में अपने माँ-बाप के पास यह सूचना भेजी कि कुमार बराबर बीमार रहता है। अतएव, मैं चाहती हूँ कि उसे लेकर एक बार चित्तौर आऊँ और देवी के चरणों में उसे लिटाकर उनसे अपने पुत्र के स्वास्थ्य की भिक्षा माँगूँ। रानी की माँग को उनके माँ-बाप ने सानन्द स्वीकार कर लिया और वे समय

देखकर दलबल के साथ उन दिनों चित्तौर पधारीं, जब मालदेव कहीं बाहर निकला हुआ था।

अवसर को अनुकूल जानकर जाल ने अपना जाल बिछाया और सारी सेना एवं सभी सामन्तों को चित्तौर के गौरव की याद दिलाकर अपने पक्ष में कर लिया। राणा हम्मीर भी छिपे-छिपे चित्तौर पहुँच गए थे। सेना के पक्ष में आते ही वे प्रकट हो गए और बड़े ही ठाट के साथ वे अपने पूर्वजों के राजसिंहासन पर पहली बार अभिषिक्त किए गए। मालदेव जब वापस आया, तब फाटक के बाहर ही उस पर तीर बरसने लगे। वह हक्का-बक्का होकर पीछे की ओर भागा और अलाउद्दीन के वारिस सुलतान महमूद को नई घटना से अवगत कराने के लिए दिल्ली चला गया। किन्तु, इधर वर्षों के बाद चित्तौर के किले पर सिसोदिया वंश की सूर्य-पताका एक बार फिर अनोखी शान से लहराने लगी।

दिल्ली का सुलतान मेवाड़ के इस आकस्मिक उत्थान से एकदम जल उठा और उसने बड़ी भारी सेना के साथ चित्तौर पर चढ़ाई कर दी। किन्तु, हम्मीर भी एक वीर थे। उन्होंने भी राजपूत-शक्तियों का संगठन करके सिंगोली में सुलतान महमूद से कठिन मोर्चा लिया। लड़ाई कई दिनों तक घनघोर रूप से चलती रही और अन्त में, विजय सिसोदिया वंश के हाथ रही तथा महमूद हम्मीर के हाथों कैद हो गया। कहते हैं, चित्तौर के कारागार में उसने कोई तीन मास व्यतीत किए और तब अजमेर, रणथम्भौर और नागौर के किलों के साथ छह लाख रुपए जुर्माना देकर, वह अपनी मुक्ति खरीदकर दिल्ली वापस जा सका।

मालदेव तो मुँह दिखाने के योग्य नहीं था। अतएव, वह कहीं भाग गया। किन्तु उसके बेटे वनवीर ने हम्मीर की सेवा में उपस्थित रहने की इच्छा प्रकट की। राणा ने उसे इज्जत की एक जगह देकर उससे कहा--"खाओ, काम करो और चित्तौर के प्रति वफादार रहो। स्मरण रखो कि अब तुम तुर्कों के नौकर नहीं, बल्कि, अपनी ही जाति के एक हिन्दू शासक के अधीन हो।"

राणा हम्मीर जैसे ही बहादुर, वैसे ही बुद्धिमान और उदार थे। उन्होंने मेवाड़ की छिन्न-भिन्न शक्ति को संगठित करके उसे सुदृढ़ बना डाला और जब वे मरे, तब मेवाड़ एक बार फिर अपने उत्कर्ष की चोटी पर चमक रहा था।

मेवाड़-मुकुट राणा साँगा

मेवाड़ की वीरता के इतिहास में राणा साँगा का स्थान उसकी मुकुटमणि का स्थान है। उनके अधीन मेवाड़ को जो समृद्धि प्राप्त हुई, उसका जैसा गौरव और उत्कर्ष बढ़ा, वह सब अप्रतिम और अभूतपूर्व था। किन्तु, दुर्भाग्यवश, उनके बाद ही मेवाड़ की गौरव-पताका झुकने लगी और उसके पतन का आरम्भ हो गया। वीरता की किरणें तो उसके बाद भी छिटकती रहीं, किन्तु इन किरणों से शोभा, समृद्धि की नहीं, बल्कि पतन और विनाश की ही बढ़ती दिखाई देती है।

राणा साँगा के समय दिल्ली में लोदी वंश का राज्य जैसे-तैसे चल रहा था। पठानों का उत्कर्ष समाप्त-प्राय था और देशी राजवाड़े जहाँ-तहाँ अपना सिर उठाने लगे थे। दिल्ली से काशी तक, कुछ नहीं तो चार राजवाड़े राज कर रहे थे। मालवा का राजा गुजरात से मिला हुआ था, किन्तु मेवाड़ के राणा के सामने वह भी हतप्रभ और निस्तेज था। मेवाड़ के राणा जब युद्ध क्षेत्र में जाते थे, तब उनके अधीन अस्सी हजार घुड़सवार, बड़े-बड़े सात राजे और नौ राव, एक सौ चार सामन्त और पाँच सौ हाथी चलते थे। बाबर से युद्ध करने के पहले, उन्होंने दिल्ली और मालवा के विरुद्ध अठारह लड़ाइयाँ लड़ी थीं और सभी लड़ाइयों में विजयश्री ने उन्हीं का वरण किया था। उनके राज्य का विस्तार पिलाखल और सिन्धु नदियों तक हो गया था और पूरा राजस्थान तथा उसके आसपास के छोटे-बड़े राज्य उनके आतंक में थे। ऐसा दीखता था कि दिल्ली के राजभवन पर मेवाड़ की ही पताका उड़कर रहेगी और सारा भारतवर्ष राणा साँगा के अधीन एकता और स्वतन्त्रता प्राप्त करके सुखी एवं सम्पन्न हो जाएगा। किन्तु, विधि-विधान कुछ और ही था!

जब राणा साँगा मेवाड़ के उत्कर्ष को अपनी प्रतापी भुजाओं के ऊपर उठाकर समस्त भारतवर्ष को चमत्कृत कर रहे थे, तब हिन्दूकुश के पार एक मुगल नौजवान अपनी किस्मत का दरवाजा खोलने के लिए मारा-मारा फिर रहा था। फरगना का नवयुवक बादशाह बाबर भी राणा साँगा की तरह ही विपत्ति की गोद में पलकर बड़ा हुआ था। कहावत है कि मर्दों को जब विपत्ति की वायु के थपेड़े सहने पड़ते हैं, तब उनकी हिम्मत की तलवार और भी तेज हो जाती है। सन् 1494 ई. में जब बाबर सिर्फ बारह वर्ष का था, वह एक छोटे-से राज्य का उत्तराधिकार पाकर सिंहासनारूढ़ हुआ। सोलह वर्ष

की आयु में उसने समरकन्द को जीत लिया तथा और भी कई छोटे-छोटे राज्य उसके अधीन हो गए। फिर किस्मत ने पलटा खाया और एक-एक करके सभी राज्य उसके हाथ से निकल गए। बाबर का आरम्भिक जीवन सफलताओं और असफलताओं की एक लड़ी के समान था। आज वह बादशाह है; और कल ही बादशाहत गँवाकर उसे नई-नई लड़ाइयों की तैयारियाँ करनी पड़ रही हैं। इस प्रकार के जीवन से ऊबकर उसने कुछ थोड़े-से बहादुर साथियों के साथ हिन्दूकुश को पार किया और बरसों तक पंजाब तथा काबुल के पास भटकता रहा। अन्त में, दिल्ली के सुलतान इब्राहीम लोदी से उसकी आखिरी लड़ाई ठन गई, जिस लड़ाई में लोदी मारा गया। उसकी सेना तितर-बितर हो गई और दिल्ली का राज्यसिंहासन बाबर के हाथ लगा।

दिल्ली की बादशाहत मिलते ही, बाबर की आँख हिन्दुस्तान के कोने-कोने को छानने लगी। स्पष्ट ही, उसके सबसे बड़े शत्रु मेवाड़ के राणा संग्रामसिंह थे जिनकी साँसों की गर्मी से दिल्ली का कलेजा सहम रहा था। मगर, बाबर ने डरना नहीं सीखा था। एक वन में दो सिंह नहीं रह सकते थे। राणा साँगा का भयंकर प्रतिद्वन्द्वी हिन्दुस्तान में आ चुका था। अतएव न तो राणा साँगा बाबर को बर्दाश्त कर सकते थे, न बाबर राणा संग्राम को। निदान, दोनों ओर से, लड़ाई की तैयारियाँ शुरू हो गईं।

सन् 1527 ई. के फरवरी महीने में बाबर ने आगरा और सिकरी से कूच किया, क्योंकि उसे खबर लगी थी कि राणा साँगा राजस्थान की, प्रायः समस्त सेनाओं के साथ इधर ही बढ़ रहे हैं। 11 फरवरी को तातारों की 1500 सेना के साथ, बैना अथवा सिकरी के मैदान में मुगल सेना के साथ राणा साँगा की मुठभेड़ हो गई और उन्होंने बात की बात में उस सेना को तहस-नहस कर डाला। बाबर ने नई फौज भेजी, मगर उसका भी सर्वनाश तत्क्षण कर दिया गया। बाबर ने फिर नई टुकड़ियाँ भेजीं और उनका भी वही हाल हुआ। लड़ाई से जान बचाकर जो लोग बाबर के पास लौटे, उन्होंने राजपूतों की वीरता का ऐसा लोमहर्षक वर्णन किया कि बाबर के बाकी सिपाहियों का भी कलेजा बैठ गया और सब-के-सब, बाबर की ओर कातर एवं आतंकित दृष्टि से देखने लगे।

किन्तु, बाबर घबरानेवाला मर्द नहीं था। उसने मोर्चे का संचालन अपने हाथ में लिया और खंदकें खोद-खोदकर उनमें बन्दूकें लगा दीं। मगर, तब तक राणा साँगा ने उसे दो तरफ से घेर लिया और बाबर अपनी सारी सेना के साथ, एक तरह से घेरे में आ गया। लड़ाइयाँ रोज ही चलती रही और जीत भी रोज ही राजपूतों की होती रही। खुद बाबर की दृष्टि में भी एक-एक कर सारी परिस्थितियाँ राजपूतों के अनुकूल थीं। यहाँ तक कि मुगल सेना के ज्योतिषी को भी मुगलों की जीत की कोई आशा नहीं रह गई थी।

ऐसी निराशापूर्ण स्थिति में बाबर एक क्षण को अन्तर्मुखी हो गया और अपनी आत्मा की गहराई में डूबकर उसने भगवान से सहायता की याचना की। उसने अपने

आत्मचरित्र में लिखा है कि "एक दिन जब मैं घोड़े पर चढ़कर मोर्चे का निरीक्षण कर रहा था, मेरे भीतर से एक आवाज आई कि अल्लाह के नाम पर कोई कुर्बानी करो। मैंने अपने भीतर ढूँढ़कर देखा तो मुझे पता लगा कि शराबखोरी का पाप मेरी वर्तमान कठिनाई का कारण है। अतएव, ईश्वर के सामने मैंने सौगन्ध खाई कि मैं शराब कभी नहीं पिऊँगा। फिर, मैंने शराब के सारे बरतन मँगवाकर उन्हें तुड़वा डाला और उनके टुकड़ों को भिखमंगों में बँटवा दिया।"

किन्तु, इतने से ही सिपाहियों में उत्साह नहीं आ सकता था। उलटे, इसका तो यही असर हो सकता था कि स्वयं बाबर की भी धीरता छूटी जा रही है। बाबर ने अन्यत्र लिखा है, "इस लड़ाई में हमारी सेना के बड़े और छोटे, सभी बहादुर भय से थर-थर काँप रहे थे। शिविर भर में एक आदमी भी ऐसा नहीं था जो हिम्मत की कोई बात बोले और एक व्यक्ति भी ऐसा नहीं था जो दिलेरी की राय दे। मेरे वजीर और अमीर भी चुप थे, मानो उनके मुँह में जीभ ही नहीं हो। अन्त में, अपनी सेना की पस्तहिम्मती से आजिज आकर मैंने एक युक्ति सोच निकाली। अपने सभी अमीरों, वजीरों और अफसरों को एकत्र करके मैंने उन्हें यह कहकर ललकारा कि "मेरे जवाँमर्द सिपाहियो! जन्म लेने के बाद आदमी को मरना ही पड़ता है। हममें से प्रत्येक को एक-न-एक दिन संसार छोड़कर जाना ही पड़ेगा और तब केवल ईश्वर ही बच जाएगा जो अमर तथा अपरिवर्तनशील है। जीवन के भोज में जिसे भी निमन्त्रण मिला है, उसे मृत्यु के प्याले पर मुँह लगाए बिना विदा लेने की इजाजत नहीं है। मर्त्यलोक की सराय में डेरा डालनेवाले हर मुसाफिर को एक दिन शोक के महल से खाली हाथों वापस जाना होगा। तब सोचो कि बदनामी के साथ जीने की अपेक्षा सम्मान के साथ मृत्यु को वरण करना कितना अच्छा काम है!"

"परमात्मा ने बड़ी कृपा की कि हमें इस भयंकर विपत्ति में डाल दिया, क्योंकि इस अवस्था में अगर हम लड़ते हुए मारे गए तो हम शहीद कहलाएँगे और कहीं हमारी जीत हो गई तो हम ईश्वर के गाजी और धरती के शासक होकर गौरव के साथ जिएँगे। इसलिए हम सभी लोग आज ईश्वर के नाम पर शपथ खाएँ कि युद्ध, मार-काट और संघर्ष से हम तब तक विमुख नहीं होंगे, जब तक हमारे प्राण हमारे शरीरों से निकल नहीं जाएँ।"

बाबर ने शपथ की जो विधि निर्धारित की, उसे सभी लोगों ने लिया और ईश्वर की सौगन्ध खाने के बाद सारी फौज की पस्ती, मर्दानगी और उत्साह में परिवर्तित हो गई। जहाँ एक क्षण पहले भय और आतंक छाया हुआ था, वहाँ उत्साह और उमंग की नई लहरें दौड़ने लगीं। "हमें लड़ाई के मैदान में से विजय के बिना जीवित नहीं लौटना है।" इस भयंकर प्रतिज्ञा का आधार लेकर बाबर की काँपती हुई फौज चट्टान बनकर खड़ी हो गई और विजयलक्ष्मी ने मन-ही-मन दोनों दलों में से अपने लिए एक दल को चुन लिया।

राणा साँगा ने बाबर को दो सप्ताह का समय क्यों दिया, इस रहस्य का उद्घाटन, शायद, कभी भी नहीं हो सकेगा। इस दो सप्ताह के समय ने राजपूतों के दुर्भाग्य की वृद्धि की; क्योंकि समय के सुयोग से लाभ उठाकर बाबर ने सन्धि की वार्ता चला दी और राजपूतों की ओर से रायसीन का सामन्त सिल्लैदी राजपूत बनाकर बाबर के शिविर में भेजा गया। सन्धि तो नहीं हुई, किन्तु सिल्लैदी जब मुगल शिविर से वापस आया, तब उसके हृदय में वही पाप समा चुका था, जो जयचन्द के हृदय में जनमा था, जिसने मालदेव के मन को काला किया था और जो आगे चलकर मानसिंह और मीरजाफर के दिलों में उत्पन्न होनेवाला था।

बाबर ऐसा नायक नहीं था जो लोहे को ठंडा होने देता। उसने तुरन्त ही शिविर तोड़कर कूच का फरमान निकाला और दो मील आगे बढ़कर नया मोर्चा तैयार करके राजपूतों पर आक्रमण कर दिया। राजपूत आज जिस ईमानदारी से लड़े, उससे अधिक ईमानदारी से लड़ने का उदाहरण इतिहास में नहीं मिल सकता। मगर, बाबर की बन्दूकें उसका सबसे प्रबल हथियार थीं और राजपूत उन बन्दूकों के पास पहुँचने में अफसल होते रहे। तब भी, लड़ाई का नतीजा काफी डाँवाडोल था कि इतने में ही भाई ने भाई को धोखा दिया। रायसीन का सामन्त अपनी टुकड़ी के साथ बाबर से जा मिला और उसने राजपूत सेना के व्यूह की दुर्बलता का भेद मुगल सेना को बता दिया। फिर क्या था? युद्ध का निर्णय घंटों में हो गया। एक भारतवासी की दुर्वृत्ति से लाँछित होकर भारत-लक्ष्मी ने मेवाड़ का साथ छोड़ दिया और वे मानो, राजपूत की गद्दारी से चिढ़कर विजयी बाबर के साथ हो गईं।

लड़ाई का मैदान घोड़ों, हाथियों और आदमियों की लाशों से एकदम पट गया था। राणा के चारों ओर उनके चुने-चुनिन्दे सरदारों की लाशें बिछी हुई थीं और उनका हाथी उन्हें लेकर युद्ध से बाहर भागा जा रहा था। मेवाड़ के विख्यात राणा संग्रामसिंह को भाग्य ने आज पहली बार धोखा दिया था। बाबर की हिम्मत, दिलेरी और धैर्य अपना काम कर गए। सिसोदिया वंश के इस पराजय का दृश्य सूर्य से नहीं देखा गया और वह अपना मुँह छिपाने के लिए लज्जा के लाल समुद्र में डूब गया।

बाबर को विजय तो मिली, किन्तु उसकी सेना का अंग-अंग जर्जर हो गया। अतएव वह अपने दुश्मन का पीछा नहीं कर सका। इस जीत की खुशी में उसने 'गाजी' की पदवी धारण की, जिसे उसके सभी उत्तराधिकारियों ने कायम रखा और वह युद्ध क्षेत्र से अपनी राजधानी को लौट गया।

राणा साँगा मैदान से वापस आने पर चित्तौर नहीं गए। उन्होंने यह कहकर मेवाड़ की पहाड़ियों में शरण ली कि जब तक विजय नहीं मिलती, तब तक चित्तौर में कदम नहीं रखूँगा। वे अगर जीवित रहते तो, सम्भव है, उनकी प्रतिज्ञा पूरी हो जाती। किन्तु उसी वर्ष उनका मेवाड़ की पहाड़ी में ही देहान्त हो गया। और इतिहास को शंका है कि उनकी मृत्यु किसी घाती के द्वारा दिए गए विष का परिणाम थी।

राणा साँगा मँझोले कद के पुष्ट जवान थे। उनका रंग गोरा और अंग का एक-एक पुट्ठा कसा हुआ था। उनकी आँखें बहुत बड़ी-बड़ी थीं, जिनकी विरासत उनके सभी उत्तराधिकारियों को मिली हुई-सी मालूम होती हैं। जब वे मरे, तब मृत्यु को उनका सर्वांग नहीं, प्रत्युत, खंड ही प्राप्त हुआ। उनकी एक आँख बचपन में ही भाई के साथ झगड़ने में फूट चुकी थी; उनकी एक बाँह भी दिल्ली के लोदी वंश के सुलतान के साथ लड़ाई में बर्बाद हो चुकी थी; तथा उनकी एक टाँग भी तोप के गोले से खराब हो गई थी। इसके सिवा, उनके बदन पर तलवारों और भालों के अस्सी घावों के निशान थे। जहाँ उनका दाह-संस्कार हुआ था, वहाँ पर बहुत दिनों तक एक स्तूप खड़ा-खड़ा राष्ट्र को उनकी अप्रतिम वीरता की याद दिलाता रहा। कालक्रम में अब वह स्तूप धराशायी हो गया है। किन्तु, मेवाड़ के इतिहास के साथ राणा साँगा की जो ज्वलंत स्मृति अंकित है, वह न तो अब तक मलिन हुई है, न आगे मलिन होनेवाली है।

चित्तौर का दूसरा साका

सिकरी की अभिशप्त रणभूमि में मेवाड़ के गौरव का जो सूर्य आहत होकर गिरा, वह गिरा ही रह गया। ऐसा लगता है कि चित्तौर की भाग्यलक्ष्मी राणा साँगा के साथ मेवाड़ की पहाड़ी में ही सती हो गई। राजपूतों ने बलिदान की ज्वलन्त सरणी को तो राणा साँगा के बाद भी जारी रखा और आगे के इतिहास में महाराणा प्रताप की घनघोर तपस्या एवं अद्भुत स्वातन्त्र्य-प्रेम की ज्वाला भी अपने अप्रतिम तेज से विभासित हुई; किन्तु चित्तौर की लाँछित भाग्यलक्ष्मी फिर उस गढ़ पर वापस नहीं फिरी। मेवाड़ का, राणा साँगा के बाद का इतिहास दीपक की अन्तिम लौ का इतिहास है। यह वह समय है जब मेवाड़ की वीरता की परम्परा, कुछ तो समय के तकाजे पर और कुछ अपने गौरव की स्मृति से प्रेरित होकर भभक-भभककर जलती है। किन्तु, इस भभकने का कोई निश्चित परिणाम नहीं निकलता। समय के तकाजे पर रमणियाँ, पहले की तरह ही स्वेच्छा से ज्वालाओं में कूद पड़ती हैं और सिसोदिया कीर्ति के रक्षक शूरमा बात-बात पर कट मरते हैं, किन्तु इस बलिदान का कोई भी नतीजा नहीं निकलता। फिर भी संसार की वीरता के इतिहास में मेवाड़ का अध्याय इन्हीं बलिदानों को लेकर अपने-आप पर अभिमान करता है।

सफलता पाई अथवा नहीं,
उन्हें क्या ज्ञात? दे चुके प्राण;
विश्व को चाहिए उच्च विचार?
नहीं; केवल अपना बलिदान!

राणा साँगा के बाद उनका तृतीय पुत्र रतन गद्दी पर बैठा। सिकरी की विजय के बाद, बाबर ने मेवाड़ के राज्य-प्रबन्ध में कोई हस्तक्षेप नहीं किया और वह सीधे आगरे को वापस लौट गया। अतएव रतन को अपने पाँच वर्षों के राज्य-काल में किसी भी कठिनाई का सामना नहीं करना पड़ा। किन्तु उसके बाद विक्रमाजीत के राणा पद पर आसीन होते ही, सामन्तों और सरदारों में विभेद पड़ गया। और लोग नए राणा के प्रति अनादर का व्यवहार करने लगे। विक्रमाजीत ढीले चरित्रवाला मनुष्य था और उसके राज्य-काल में चित्तौर की अवस्था बड़ी ही चिन्तनीय हो गई थी। राज्य की पुलिस का कहीं भी कोई रोब नहीं रह गया था और चोर तथा लुटेरे खुलेआम लोगों के धन-माल पर हाथ साफ कर लेते थे।

इस दुरावस्था से लाभ उठाकर गुजरात के सुलतान बहादुर शाह ने चित्तौर पर चढ़ाई कर दी और चाहा कि वह अपने पूर्वजों के अपमान का बदला जी खोलकर चुका ले। उसने पहली चढ़ाई बूँदी पर की, जहाँ राणा विक्रमाजीत अपना पड़ाव डाले हुए थे। बहादुरशाह मांडू की सेना के साथ अपनी भी अपार सेना लेकर आक्रमण को निकला था, मगर फिर भी, विक्रमाजीत ने अपने वंश की प्रतिष्ठा के अनुरूप उससे डटकर मोर्चा लिया। किन्तु, विक्रमाजीत के लिए सिपाहियों के हृदयों में आदर और उत्साह का अत्यन्त अभाव था। साथ ही अच्छे-अच्छे रावल और सरदार अपनी-अपनी सेनाएँ लेकर चित्तौर की रक्षा के लिए चल पड़े थे, जहाँ राणा साँगा का गर्भान्ध शिशु उदयसिंह असहाय अवस्था में पड़ा हुआ था।

राजपूताने में चित्तौर का नाम ही शायद पवित्रता और प्रेरणा का प्रतीक बन गया था और उसकी रक्षा का प्रश्न आते ही, चारों ओर के राजे और सरदार अपना आपसी भेदभाव भुलाकर एक हो जाते थे। इस बार भी उन्होंने पारस्परिक द्वेष और कलह को भुलाकर चित्तौर की पुकार के सामने एक होकर माथा टेक दिया। चित्तौर के राजवंश के सभी नातेदार अपनी-अपनी सेनाओं के साथ चित्तौर की गौरव-रक्षा के लिए अपना शोणित बहाने को आ पहुँचे। मगर, बहादुरशाह भी इस बार बन्दूकों और बारूद के नानाविध प्रयोगों से काम ले रहा था। इन नए शस्त्रों के सामने, जिनकी राजपूत अब तक उपेक्षा करते आ रहे थे, चित्तौर के रक्षकों की हिम्मत ढीली पड़ने लगी। ऐसे समय में, राजमाता जबाही बाई आगे आईं और वीरों को ललकारते हुए वे लड़ाई के मैदान में बख्तर-झेलम पहनकर स्वयं उतर गईं। राजपूतों की क्षणिक पस्ती के समय दिलेरी की चिनगारी भड़काने का काम हमेशा ही उनकी देवियाँ किया करती थीं और जब कोई देवी तलवार उठाकर मैदान में उतर पड़ती थीं, तब राजपूतों में वीरता का एक उन्माद-सा छा जाता था। जबाही बाई के नेतृत्व में बहादुरशाह को उन्होंने एक जबर्दस्त मोर्चा दिया, किन्तु अपनी रणनेत्री के साथ, प्रायः सारे-के-सारे जवान खेत ही रह गए।

अब बाकी सरदारों ने आपस में विचार करना आरम्भ किया कि इस विपत्ति के समुद्र से पार कैसे जाया जा सकता है और वे अन्त में इस निर्णय पर पहुँचे कि जब तक एक किरीटधारी राणा बलिदान नहीं होगा, चित्तौर की देवी सन्तुष्ट नहीं होगी और न चित्तौर के गौरव की रक्षा ही की जा सकेगी। विक्रमाजीत चित्तौर से बाहर था। अतएव, देवला के महाराज इस मरण-किरीट को सोत्साह धारण करने के लिए आगे बढ़े। मेवाड़ का प्रतापी राजमुकुट देवला के किशोर-वय महाराज के मस्तक पर रखा गया। पंडितों ने ऋचाएँ पढ़ीं और उनका मंगलाभिषेक किया गया। गाजे-बाजे के बीच मेवाड़ की राजपताका उनके मस्तक पर फहराने लगी और "हर हर महादेव" के गगनभेदी जयनाद के साथ राजपूत सरदार उन्हें लेकर मृत्यु की ओर चल पड़े।

बालक उदयसिंह बूँदी के महाराज के हवाले कर दिया गया और चित्तौर की

देवियों ने जौहर की तैयारी शुरू कर दी। समय बिलकुल थोड़ा था। बहुत से वीर गढ़ से नीचे उतर चुके थे। मार-काट का गर्जन और हाहाकार किले की हवा में प्रतिध्वनि भरता हुआ मँडरा रहा था। अतएव उदयसिंह की माता और राणा साँगा की विधवा पत्नी, रानी करुणावती ने नगर भर की रमणियों को बुलाकर उनका एक जुलूस बनाया। आगे-आगे थीं महारानी करुणावती और उनके पीछे थीं हजारों वीर क्षत्राणियाँ जो क्षत्राणी होकर जन्म लेने के कारण, अपने महान धर्म का पालन करने को अग्नि में प्रवेश करने जा रही थीं। जौहर के विशाल प्रांगण का द्वार खुला और एक-एक करके सभी नारियाँ प्रज्वलित अग्नि में प्रविष्ट होकर स्वाहा हो गईं।

इसके बाद नगर-द्वार भी खोल दिया गया और देवला के महाराज के नेतृत्व में सभी राजपूत अन्ध वीरता और निराशा के भयानक उन्माद में मृत्यु से टकराने को समर में कूद पड़े। किले के भीतर से होनेवाले काल के इस महाविस्फोट को देखकर बहादुरशाह की क्या गति हुई होगी, यह अनुमान करने की बात है। किन्तु, चित्तौर का तो यह आखिरी दिन आ पहुँचा था और उसकी एक पीढ़ी आज फिर साफ हो जाने को उमड़ पड़ी थी। इस घेरे और लड़ाई में सब मिलाकर कोई 32000 राजपूत समाप्त हो गए और लगभग उसी परिमाण में नारियों का भी बलिदान हुआ। लौह और आग से खेलते हुए राजपूत तथा वीर क्षत्राणियाँ मेवाड़ के गौरव पर एक बार फिर आबाल-वृद्ध न्यौछावर हो गए। आकाश में देवताओं ने जय-जयकार किया। नक्षत्र बलिदान के इस तेज से चकाचौंध में पड़ गए और वायुमंडल में एक प्रतिध्वनि उठी कि वीरों की पराजय भी इतनी शानदार होती है।

प्रकृति की गति तथा विधि का विधान बड़ा ही विचित्र है। कभी-कभी बादल टूटकर उस समय बरसते हैं, जब खेत के पौधे थोड़े-से ही जल के अभाव में सूख गए होते हैं। महारानी करुणावती ने एक बार अपनी राखी भेजकर हुमायूँ को अपना धर्मबन्धु नियुक्त किया था और हुमायूँ ने अपने पिता के शत्रु की विधवा के द्वारा प्रदत्त इस गौरव पद को वीरोचित उत्साह से स्वीकार किया था। जब राजमाता जबाही बाई लड़ाई में काम आ गईं, करुणावती ने निराशा से आजिज आकर अपने धर्मबन्धु की याद की और चित्तौर तथा अपने बालक उदयसिंह की रक्षा का दायित्व सँभालने को उससे साग्रह-अनुरोध किया।

हुमायूँ वीर बाप का वीर बेटा था। उसके चरित्र में वह बहादुरी कूट-कूटकर भरी थी जो नारियों के आह्वान पर पहाड़ों से भी टक्कर लेने को तैयार रहती है। करुणावती का सन्देश जब उसके पास पहुँचा तब वह बंगाल में कुछ विद्रोहियों के दमन में संलग्न था। किन्तु, करुणावती धर्मविधि से उसकी बहन हो चुकी थी और हुमायूँ उसका राखीबन्द भाई था। फिर एक भाई अपनी बहन के अनुरोध की उपेक्षा कैसे कर सकता था? हुमायूँ के चरित्र में जो कुछ भी अच्छाइयाँ थीं, उसके वीर-हृदय में नारी-जाति के लिए जो कुछ भी सम्मान था, उसने जाग्रत होकर उसका बंगाल में ठहरना असम्भव

बना दिया। हुमायूँ को अपना कर्तव्य निश्चित करने में जरा भी देर नहीं लगी। सन्देश पढ़ते ही उसने दूत से गरजकर कहा—"हाँ, बहिन करुणावती से जाकर कह दो कि चित्तौर की रक्षा की जाएगी और जरूर की जाएगी, चाहे इस काम में हमें रणथम्भौर ही क्यों नहीं गँवाना पड़े।" और स्वयं उसने बंगाल से कूच का हुक्म दे दिया।

अपनी सारी सेना के साथ हुमायूँ घोड़ा दौड़ाता हुआ चित्तौर की ओर चल पड़ा जहाँ उसके आगमन की पल-पल प्रतीक्षा की जा रही थी। करुणावती के लिए एक-एक दिन पहाड़ हो रहा था। उसी प्रकार, हुमायूँ भी दो दिनों का रास्ता एक दिन में तय करने को घोड़े पर चाबुक फटकार रहा था। यह भी एक अजीब बात थी। करुणावती के पतिदेव ने सिकरी के मैदान में हारते-हारते भी हुमायूँ के पिता के छक्के छुड़ा दिए थे। किन्तु, आज उसी साँगा की पत्नी के उद्धार और त्राण के लिए बाबर का बेटा बंगाल से राजस्थान तक की धूल छानता हुआ बेतहाशा दौड़ रहा था। यह मानव-चरित्र की उज्ज्वलता का एक ज्वलन्त दृष्टान्त है। यह इस बात का प्रमाण है कि मनुष्य जब धर्म और सम्प्रदाय तथा कलह और द्वेष के बन्धनों से मुक्त होकर अपने हृदय के शुभ भावों से प्रेरित होकर आगे बढ़ने लगता है, तब उसके चरित्र से ऐसी रोशनी फैलती है, जिससे वर्तमान ही नहीं, प्रत्युत, भविष्य भी आलोकित होता है।

हुमायूँ जब चित्तौर पहुँचा, तब करुणावती के सती हो जाने के संवाद से उसका हृदय विदीर्ण हो गया। बंगाल से वह इस अरमान के साथ दौड़ा था कि अपनी धर्म-बहिन की रक्षा करके वह उसके धन्यवाद और उसकी प्रशंसा का अधिकारी होगा तथा संसार के सामने वह इस बात का एक नमूना पेश कर सकेगा कि बहिन की अनुरोध-रक्षा के लिए भाई किसी भी कीमत को बड़ा नहीं समझता है। किन्तु, पूर्व इसके कि हुमायूँ अपना कर्तव्य पालन करके रानी करुणावती के दरवाजे पर अपने धर्म-बन्धुत्व का उपहार पाए, रानी करुणावती अपनी सहेलियों के साथ स्वर्ग सिधार चुकी थीं।

तब भी जो काम करना था, उसे हुमायूँ ने बड़ी तत्परता से पूरा किया। बहादुरशाह तो हुमायूँ के आगमन से ही भयभीत होकर चित्तौर से निकल भागा। मांडू के सरदार पर भी हुमायूँ की कड़ी नजर पड़ी और उसने उसका राज्य छीनकर मेवाड़ के अधीन कर दिया। कायर विक्रमाजीत अभी भी चित्तौर से बाहर, घाटियों और जंगलों में अपने आपको छिपाकर फिर रहा था। हुमायूँ ने उसे खोजवाकर चित्तौर वापस मँगवाया और अभयदानपूर्वक उसें फिर से गद्दी पर बिठाकर स्वयं अपनी राजधानी को लौट गया।

पन्ना धायी का अपूर्व बलिदान

हुमायूँ की कृपा से विक्रमाजीत मेवाड़ की गद्दी पर वापस तो आ गया, किन्तु उसका निंद्य आचरण पद-पद पर उसका बाधक बना रहा। अन्त में, सरदारों ने आजिज आकर उसे अपदस्थ कर दिया तथा राणा साँगा के छोटे भाई पृथ्वीराज के पुत्र वनवीर को राज्य का प्रधान बना डाला।

वनवीर, एक प्रकार से राणासाँगा के गर्भान्ध पुत्र उदयसिंह का रक्षक नियुक्त किया गया था, जिसकी अवस्था उस समय मुश्किल से छह साल की रही होगी। किन्तु, चित्तौर का पहला सरदार होते ही, उसके मन में और भी महत्वाकांक्षाएँ उठने लगीं तथा उसने अपदस्थ राणा तथा साँगा के एकमात्र वंशधर नन्हे बालक उदयसिंह का काम तमाम करके अपने मार्ग को निष्कंटक बना लेना चाहा।

कहते हैं, आधी रात का समय था। चित्तौर के राजमहल में सभी लोग खा-पीकर सोने जा रहे थे। केवल दासियाँ और दास ही खाने-पीने को बाकी रह गए थे कि इतने में राजमहल में भीषण कोलाहल सुनाई पड़ा। उदयसिंह की धायी, पन्ना नामक वीर क्षत्राणी, जिसने अद्भुत बलिदान के द्वारा इतिहास में अपने लिए एक आदर का स्थान बना लिया है, उदयसिंह को सुलाकर किसी काम से बाहर आई थी कि जूठी पत्तलें समेटकर फेंकने के लिए आए हुए बारी ने उसे यह सूचना दी कि वनवीर ने राणा की हत्या कर डाली है। पन्ना धायी राजमहल में काम करते-करते कुचक्रों और षड्यन्त्रों के अवसरों की भीषणता को खूब समझने लगी थी। उसे यह ताड़ते देर नहीं लगी कि इस प्रकार की हत्या कभी भी एक अंक पर नहीं रुकती है। राणा के बाद साँगा के राजकुमार की ही बारी आएगी, यह सोचकर उसने सोए हुए राजकुमार को उठाकर पत्तलों की टोकरी में डाल दिया और उस बारी के माथे पर चढ़ाकर महल से बाहर निकाल दिया।

इसके बाद, पन्ना ने वह काम किया जिसके कारण, हम आज तक उसके पवित्र नाम पर अपना मस्तक झुकाते हैं। उसने निश्चित रूप से समझ लिया था कि हत्यारा वनवीर उदयसिंह को खोजते हुए, उसके कक्ष में अब आता ही होगा। अतएव, जल्दी-जल्दी उसने अपने पेट से जनमे हुए, ठीक उदयसिंह की ही उम्र के बालक को उदयसिंह की सेज पर सुला दिया और स्वयं आसन्न संकट की प्रतीक्षा करती हुई वहीं पास में खड़ी हो गई।

पन्ना का अनुमान सोलहो आने सत्य निकला। राणा की हत्या का पाप लिए हुए पागल वनवीर तुरन्त ही उदयसिंह की कोठरी में दाखिल हुआ और काल के समान क्रुद्ध होकर उसने पन्ना से पूछा कि—"कुँवर कहाँ है?" पन्ना के मुँह से कोई बात नहीं निकली। उसने सिर्फ पलँग की ओर इशारा किया और उस दुष्ट ने तुरन्त ही सोते हुए निरपराध बालक के कलेजे में अपनी तलवार घुसेड़ दी।

पन्ना धायी का कलेजा, अवश्य ही फौलाद का रहा होगा क्योंकि अपनी कोख से जनमे हुए पुत्र की निर्मम हत्या के इस हृदय-विदारक दृश्य को उसने पूरे धैर्य के साथ देखा और जब वनवीर अपने को कृतकार्य मानकर वापस चला गया, तब उसने बच्चे की लोहू से लथपथ लाश को उठाकर घर से बाहर किया और रनिवास के क्रन्दन तथा विलाप के बीच, आँगन में ही उसका दाह-संस्कार सम्पन्न किया। सभी लोगों ने यह समझा कि उसके आँसू और विलाप राणा साँगा के दिवंगत पुत्र के लिए हैं और सभी को यह जानकर घोर व्यथा हुई कि साँगा के वंश का नन्हा-सा प्रदीप इस निष्ठुरता के साथ निर्वापित कर दिया गया।

इन सारे कृत्यों के बाद, पन्ना राजमहल से बाहर आई और उस निर्दिष्ट स्थान पर पहुँची, जहाँ वफादार बारी माथे पर टोकरी लिये उसकी राह देख रहा था। जब पन्ना धायी बारी से मिली, कुमार तब तक भी गाढ़ी नींद में सो रहा था। रातोंरात, उन्होंने बेरी नदी पार कर अधिक-से-अधिक दूरी नाप डाली। अब सवाल यह था कि कुमार को कहाँ छिपाया जाए। पन्ना देवला के महाराज सिंहराव की शरण में गई। देवला के बाघजी नामक एक सामन्त चित्तौर की रक्षा में प्राण गँवा चुके थे। अतः यह आशा उचित ही थी कि उनके वंशधर चित्तौर के आशा-प्रदीप की रक्षा का दायित्व खुशी-खुशी स्वीकार करेंगे। किन्तु सिंहराव ने खतरों की व्याख्या के साथ कुमार को रखने से इनकार कर दिया। पन्ना डोंगापुर के रावत की भी सेवा में उपस्थित हुई, किन्तु आशंकाओं की कल्पना से वे भी काँप उठे और उन्होंने भी राणा साँगा के पुत्र को शरण देना स्वीकार नहीं किया।

निदान, पन्ना भीलों के आश्रय में इधर-उधर समय व्यतीत करने लगी, और अन्त में, वह राणा कुम्भोजी के द्वारा निर्मित कुमलमीर के किले में पहुँची, जहाँ आसाशाह नामक सरदार चित्तौर के सूबेदार की हैसियत से इस इलाके का शासन करता था। आसाशाह ने जो सारा किस्सा सुना तो उसके रोंगटे खड़े हो गए और वह भी बगलें झाँकने लगा। किन्तु उसकी माता कुछ अधिक साहसी थी। उसने शाह को बहुत कुछ ऊँचा-नीचा समझाया और, अन्त में यह तय हुआ कि कुमार आसाशाह का भतीजा घोषित किए जाएँ और इसी रूप में वे कुमलमीर में रहें।

कुमलमीर के किले में उदयसिंह सात वर्षों तक छिपे रहे। भेद आगे तक भी छिपा रह जाता, किन्तु राजकुमार के रंग-ढंग, चाल-ढाल और गौरवपूर्ण व्यवहार से सोनीगुरा के सरदार को यह भ्रम हो गया कि यह लड़का शाह का भतीजा नहीं हो सकता है।

बात कानोंकान फैलने लगी और एक-एक कर चित्तौर घराने के सभी नातेदार कुमार को पहचानने के लिए कुमलमीर में आने लगे। अन्त को, रहस्य का उद्घाटन खुद पन्ना धायी और उस बारी ने सभी सरदारों के सामने ही कर दिया।

फिर क्या था? कुमलमीर के किले में ही मेवाड़ के सरदारों का एक दरबार किया गया जिसमें आसाशाह ने उदयसिंह को कोटारियों के चौहान की गोद में रख दिया जो उन दिनों मेवाड़ के सरदारों में सबसे पुराने और सबसे अधिक प्रतिष्ठावान् थे। उन्होंने उदयसिंह को सलामी देकर उनके हाथ की रोटी खाई और सभी लोगों को विश्वास दिलाया कि यह बालक और कोई नहीं, स्वयं राणा साँगा का राजकुमार है। उसी दिन बालक उदयसिंह का कुमलमीर के किले में राज्याभिषेक हुआ और मेवाड़ के प्रायः सभी प्रतिष्ठित सरदारों ने उन्हें अपनी भक्ति अर्पित की।

वनवीर के दुर्व्यवहार से चित्तौर के लोग बहुत ही आजिज आ गए थे। अतएव, उदयसिंह के अभिषेक के बाद उन्होंने वनवीर के विरुद्ध विद्रोह का झंडा ऊँचा किया और उसे सिंहासन से उतारकर चित्तौर में राणा उदयसिंह के राज्य की घोषणा कर दी। वनवीन अपनी जान, परिवार और धन के साथ दक्खिन की ओर चला गया, जहाँ कालक्रम में, वह नागपुर के भोंसला वंश का प्रतिष्ठापक हुआ।

उदयसिंह के कुमलमीर से चित्तौर लाए जाने का हाल तत्कालीन कवियों ने बड़े ही ओज के साथ लिखा है। "कुमलमीर से विदाई" का गीत मेवाड़ की देवियाँ आज भी बड़े ही उत्साह के साथ गाती हैं और बड़े-बूढ़ों के मुख से चित्तौर के इस द्वितीय उद्धार की गाथा को बच्चे सुनते नहीं अघाते हैं।

चित्तौर का तीसरा साका

राणा उदयसिंह राणा साँगा के पुत्र और महाराणा प्रताप के पिता थे। लेकिन, अपने पिता और पुत्र में से किसी का कोई भी प्रमुख लक्षण उनके चरित्र में नहीं था। मेवाड़ का इतिहास उन्हें एक कायर राजा के नाम से याद करता है। आश्चर्य है कि महाराणा प्रताप के यशस्वी पिता होने का पुण्य उन्हें कैसे प्राप्त हो गया है।

उनमें मेवाड़ के राणा-पद के अनुरूप एक भी गुण नहीं था। और वीरता, जो सिसोदिया वंश की सबसे बड़ी थाती रही है, वह भी उनमें नाममात्र को नहीं थी। वे अपना समय भोग-विलास और निद्रा में बिताना चाहते थे और अगर हुमायूँ की स्थापित की हुई परम्परा कायम रहती तो, शायद वे अपने इस उद्‌देश्य में सफल भी हो जाते। किन्तु उनके दुर्भाग्य से जिस साल कुमलमीर के किले में उनका राज्याभिषेक हुआ, उसी साल अमरकोट में राजमुकुट, सेना और सर्वस्व से विहीन भटकते हुए हुमायूँ को एक पुत्र-रत्न की प्राप्ति हुई जिसका नाम अकबर रखा गया।

अकबर का जन्म मुसीबत की गोद में हुआ था जब उसका पिता दिल्ली के सिंहासन से पदच्युत होकर पंजाब, अफगानिस्तान और ईरान की धूल फाँकता फिर रहा था। अतः उसका बचपन तूफानों के पलनों में बीता। भूकम्प ने उसे गोद में हलराया और विपत्तियों का बलदायक दूध पी-पीकर वह जवान हुआ। बाबर ने भी हुमायूँ का लालन-पालन ऐसी ही प्रतिकूल परिस्थितियों में किया था जब किसी दिन वह तख्त पर सोता था और किसी दिन उसे रोटियों के लाले पड़े होते थे। अकबर ने अपने जीवन के आरम्भिक बारह साल हर तरह की तकलीफों में गुजारे जब उसके पिता को राज सुख तो क्या, जिन्दगी की मामूली जरूरतें, यहाँ तक कि प्राण-रक्षा की भी सुविधाएँ प्राप्त नहीं थीं।

मगर, मुसीबतों की शिक्षा जीवन की सबसे बड़ी शिक्षा होती है। विपत्तियाँ ही वे विद्यालय हैं, जहाँ पर सीखे हुए पाठ मनुष्य को जीवन भर काम देते हैं। राजमहल के सुखों में पला हुआ बारह वर्ष का राजकुमार, शायद अपने हाथ से पानी भी नहीं पीता हो। किन्तु बारह साल की उम्र का अकबर इतना मेधावी, मेहनती, शूरमा और निर्भीक हो गया था कि हुमायूँ ने सरहिंद की लड़ाई की कमान अपने बेटे के सुपुर्द कर दी और अकबर ने उस लड़ाई को जीतकर यह सिद्ध कर दिया कि योग्यता अनिवार्यतः उम्र

के ही साथ नहीं आती है।

अकबर जब दिल्ली के राजसिंहासन पर आरूढ़ हुआ, उस समय भी वह बालक ही था, किन्तु बैरमखाँ की मदद और अपनी सूझ से उसने मुगल-राज्य को पहले ही साल से सुदृढ़ बनाना आरम्भ कर दिया। 25 वर्ष का होते-होते उसने समस्त राजपूताने को अपने अधिकार में कर लिया और उसके उदीयमान प्रताप के सामने सभी राजे और सरदार निस्तेज पड़ने लगे। सारे राजस्थान में मेवाड़ ही एक ऐसा राज्य बच गया था जो स्वाधीन था; जिसने अन्धड़ तूफान के कितने ही भयानक दौर देखे थे और दुर्भाग्य की घूर्णियों में पड़कर भी बार-बार उससे साबित निकल आया था।

मेवाड़ की ऐंठ हिन्दुस्तान का गौरव, किन्तु दिल्ली के सुलतानों की आँखों का काँटा रही थी और हुमायूँ ने मेवाड़ के साथ चाहे जितनी भी उदारता क्यों नहीं बरती हो, उसका महत्वाकांक्षी प्रतापी पुत्र उसे भी स्वाधीन छोड़ने को तैयार नहीं था। निदान, स्वयं बादशाह के नेतृत्व में विशाल मुगल सेना ने चित्तौर पर चढ़ाई की और नगर को चारों ओर से घेरकर अकबर राजस्थान ही नहीं, बल्कि हिन्दुस्तान की सबसे अहंकारी जाति के आत्म-समर्पण की प्रतीक्षा करने लगा।

मेवाड़ के तत्कालीन राणा के चरित्र में राजकीय गुणों का जो सर्वथा अभाव था, मानो, उसी ने चित्तौर के दुर्भाग्य के प्याले को लबरेज कर दिया। सिसोदिया वंश की देवी ने बप्पा रावल से प्रतिज्ञा की थी कि वह चित्तौर के किले को तब तक नहीं छोड़ेगी, जब तक बप्पा की एक भी सन्तान चित्तौर की रक्षा के लिए अपना राज-रक्त अर्पण करने को तैयार रहेगी। अलाउद्दीन के द्वारा किए गए आक्रमण के समय सिसोदिया वंश के बारह किरीटधारी राजकुमारों ने चित्तौर की लाल पताका की रक्षा करते हुए उसके नीचे अपने प्राण दिए थे। चित्तौर के दूसरे साका के समय शहादत का सबसे चमकीला राजमुकुट देवला के किशोरवय महाराज के मस्तक पर चढ़ा था। किन्तु इस तीसरे और सबसे भयंकर साका के समय चित्तौर के राणा को अपने प्राण प्यारे हो गए। चित्तौर की इज्जत बराबर ही राज-रक्त से सिक्त होकर बढ़ती आई थी। किन्तु इस बार उदयसिंह से राज-रक्त देते नहीं बना। अतएव गहलोत वंश की किस्मत की जो डोरी चित्तौर के राजसिंहासन से बँधी हुई चली आ रही थी, वह हमेशा के लिए छिन्न हो गई।

इतिहासकार फरिस्ता का कहना है कि अकबर ने चित्तौर पर एक ही बार चढ़ाई की और उसी चढ़ाई में उसने उसे जीत लिया। किन्तु चारण-काव्य में एक और चढ़ाई का वर्णन मिलता है, जिस चढ़ाई में राणा उदयसिंह की एक अवैध पत्नी ने मुगल सेना के व्यूह में घुसकर वार किया था और जो अकबर के सिर पर अपनी तलवार घुमाकर वापस आई थी। इस चढ़ाई में मेवाड़ के राजपूतों ने अपनी मर्दानगी का जो परिचय दिया, उससे घबराकर अकबर ने घेरा उठा लिया। किन्तु शीघ्र ही उसे पता चला कि चित्तौर के किले में आन्तरिक शान्ति नहीं है। इस संवाद से प्रोत्साहित होकर उसे आधे

रास्ते से ही लौटना पड़ा और चित्तौर से वह तब तक वापस नहीं फिरा जब तब कि उस अभिमानी राज्य का गौरव-चूड़ मिट्टी में लुंठित नहीं हो गया।

कहते हैं, दूसरी बार चित्तौर को घेरकर अकबर अभी बैठा ही होगा कि राणा उदयसिंह की रूह काँपने लगी और वे अपने बाल-बच्चों के साथ किले को छोड़कर भाग गए। किन्तु उनके भाग जाने से चित्तौर अनाथ नहीं हुआ। मेवाड़ के गौरव का सूर्य डूबने जा रहा था। मगर, यह कैसे सम्भव था कि जो सूर्य एक हजार वर्षों तक इतने तेज से चमक रहा था उसका डूबना कलंकपूर्ण और शान से बिलकुल खाली होता? उदयसिंह के भागते ही, हिम्मत की हिलती दीवार को कोंड वंश के प्रतापी वीर सहीदास ने बढ़कर सहारा दिया। वे अपनी बड़ी फौज के साथ सूर्यद्वार पर जा डटे और दुश्मन को किले में घुसने से रोकने लगे। सूर्यद्वार पर ही सहीदास ने वीरगति पाई, जहाँ उनका स्मारक अब तक विद्यमान है।

देवला रावत, कोटारिया और बन्दला के सरदार, दिल्ली के महाराज पृथ्वीराज के वंशधर, ग्वालियर के तोमर युवराज, झालवर के राव और देवला के सरदार में से प्रत्येक ने किले के द्वार पर भीषण युद्ध किया और जब तक उनके तन में दम बाकी रहा, उन्होंने दुश्मनों को दरवाजा लाँघने नहीं दिया। स्पष्ट ही, उनका उत्साह सौगुना बढ़ गया होता अगर उन्हें यह अनुभव करने का सुयोग प्राप्त होता कि मेवाड़ के राणा कहीं से बहादुरी और वीरता के इस नजारे को देख रहे हैं।

फिर भी, कुर्बानी की आग उसी निर्भीकता और तेज के साथ प्रज्वलित होती रही, जिस निर्भीकता और तेज के साथ वह पहले प्रज्वलित हुई थी। बूढ़ों ने अपनी उजली दाढ़ी को अपने ही रुधिर से लाल कर लिया; गुलाब के फूल के समान अल्हड़ बच्चे किले की द्वार भूमि को अपने ताजे तथा पवित्र लोहू से सींचते रहे, यहाँ तक कि अनेक वीर रमणियाँ भी आँचल का कछोटा बनाकर तलवार ले-लेकर व्यूह में पिल पड़ीं और मरने के पूर्व उन्होंने मुगलों के रुंड-मुंड के ढेर पर जी-भर कर चंडी-नृत्य किया।

किन्तु, मेवाड़ के इतिहास के इस काले अध्याय में जिनके नाम आज भी तेज अंगारों की तरह चमक रहे हैं, वे दो महारथी-जयमल और फत्ता थे। वीर-शिरोमणि जयमल और फत्ता की प्रशस्ति स्वयं अकबर की लेखनी से लिखी गई है। चित्तौर के सर्वश्रेष्ठ सोलहो घरानों में बेदनौर और कैलबा के घरानों का बड़ा ही आदरपूर्ण स्थान था। जयमल और फत्ता इन्हीं दो घरानों के नवयुवक सरदार थे—जयमल बेदनौर के और फत्ता कैलबा के।

सूर्यद्वार पर जब वीरवर सहीदास का बलिदान हुआ, तब कमान की जिम्मेवारी फत्ता पर आई। फत्ता की उम्र केवल सोलह साल की थी। उनके पिता चित्तौर के एक पहले घेरे में काम आ चुके थे और उनकी माता अपने एकलौते बेटे के पालन-पोषण के लिए ही सती नहीं होकर जीने को लाचार हुई थीं। फत्ता की वीरमाता ने अपने बेटे को केसरिया बाना पहनाकर चित्तौर के लिए मर-मिटने का हुक्म दिया। किन्तु इस

आशंका से कि बेटा कहीं अपनी नई दुलहिन के मोह में पड़कर शैथिल्य न दिखलावे, उन्होंने अपनी पुत्रवधू को भी वीर-वेष में सजाकर, भाले के साथ, लड़ाई के मैदान में उतार दिया और खुद भी एक तलवार लेकर मुगलों के व्यूह में कूद पड़ीं।

बालिका को भाले के साथ किले से नीचे उतरकर लड़ाई में अपनी सास के साथ मरते देखकर, चित्तौर के राजपूत वीरता के भयानक आवेश में पागल हो उठे। फत्ता ने प्राणपण से लड़ाई लड़ी। उस वीर बालक का साहस और दिलेरी देखकर सारी सेना दंग थी और ऐसा लगता था, मानो उसके सामने अकेले डटकर लोहा लेनेवाला बहादुर, मुगल-सेना में कोई आया ही नहीं था। उसने, अकेले ही इतने अधिक दुश्मनों की गरदनें उड़ाईं कि उस दिन की लड़ाई में उसी का झंडा सबसे ऊँचा रहा और फत्ता की इसी वीरता के लिए चित्तौर के तीसरे साका के इतिहास में उसका नाम अत्यन्त आदर के साथ लिया जाता है।

मगर, संख्या में मुगल अपार थे। आखिर को कई चुने-चुनिन्दे मुगल वीरों ने फत्ता को घेर लिया, और एक साथ ही चारों ओर से भीषण प्रहार करके उसे भयानक रूप से घायल कर दिया।

फत्ता घायल होकर चित्तौर की मिट्टी को अपना अन्तिम प्रणाम निवेदित कर रहे थे, तभी लड़ाई की कमान अपने हाथ में लेकर जयमल मैदान में आए। उधर किले के भीतर लड़ाई के अवश्यम्भावी परिणाम के विषय में किसी को भी कोई सन्देह नहीं रह गया था। जयमल ने लड़ाई में उतरने के पहले जौहर का हुक्म दे दिया था। किले के आठ हजार राजपूतों ने साथ मिलकर पान का अन्तिम बीड़ा खाया और सब-के-सब, केसरिया बाना पहनकर, चित्तौर के गौरव की अपने प्राणों से अन्तिम पूजा करने को तैयार हो गए। किले का दरवाजा खोल दिया गया, और झुंड के झुंड राजपूत गरुड़ के समान मुगलों की सेना पर टूट पड़े। 'हर हर महादेव' और 'एक लिंग की जय' के नारों के बीच प्रलय का नृत्य आरम्भ हो गया तथा अकबर विस्मित होकर वह दृश्य देखने लगा, जिसकी आवृत्ति उसे फिर कभी देखने को नहीं मिली।

इस लड़ाई में चित्तौर के सरदारों का आखिरी बार सफाया हो गया। सिसोदिया वंश के जो भी मित्र और नातेदार उस समय मौजूद थे, प्रायः सब-के-सब चित्तौर की बलिवेदी पर बलिदान हो गए। ऐसे लोगों की संख्या अत्यन्त अल्प थी जिन्हें मृत्यु ने आत्मसमर्पण के द्वारा कलंकित होने के लिए अपने मुख से उगल दिया था। अन्य लोगों के साथ सिर्फ चित्तौर के राजवंश के कोई 1700 निकटवर्ती सम्बन्धियों ने इस लड़ाई में अपने प्राण विसर्जित किए।

चित्तौर के तीसरे साका के समय जो जौहर हुआ, उसमें लड़ाई में मरे हुए सरदारों और सिपाहियों की वीर पत्नियों के साथ सती होनेवाली हजारों रमणियों में नौ रानियाँ, पाँच राजकुमारियाँ और दो दूध-पीते शिशु भी थे।

अकबर ने बड़े ही गर्व से यह दावा किया है कि जयमल की मृत्यु उसी के हाथ

से हुई और इस घटना का उल्लेख अबुल-फजल तथा जहाँगीर भी अपने-अपने वर्णनों में बड़े ही फख्र के साथ करते हैं; चित्तौर के विजेता ने, इस लड़ाई के बाद, अपने यशस्वी शत्रुओं के प्रति काफी उदारता दिखलाई और जयमल तथा फत्ता की विशाल मूर्तियाँ बनवाकर उसने उन्हें दिल्ली के मुख्य द्वार पर स्थापित किया। सन् 1663 ई. में जब प्रसिद्ध यूरोपीय यात्री बर्नियर दिल्ली आया था, तब ये दोनों मूर्तियाँ दिल्ली में मौजूद थीं। इनके बारे में बर्नियर ने लिखा है कि—"दिल्ली में प्रवेश करते ही दर्शक को जो पहली दो प्रमुख वस्तुएँ दिखलाई पड़ती हैं, वे हैं दो हाथियों पर बैठे हुए दो योद्धाओं की प्रतिमाएँ। इन्हें देखकर दर्शक के हृदय में जिस विशाल आतंक की अनुभूति होती है, उसका वर्णन नहीं किया जा सकता।" स्पष्ट ही, प्रतिमाओं की यह भयंकरता उस भय की छाया रही होगी जो अकबर के हृदय में चित्तौर की रणभूमि में उत्पन्न हुआ होगा।

इस प्रकार चित्तौर के तीसरे साका का अन्त हुआ और मेवाड़ का स्वातन्त्र्य-सूर्य, जो एक हजार वर्षों तक, जब-तब बादलों के द्वारा कवलित कर लिए जाने पर भी, फिर-फिर उदित होकर बड़ी ही शान से चमकता रहा था, अकबर के प्रताप के आलोक में विलीन हो गया।

राणा उदयसिंह चित्तौर के सिंहासन से वियुक्त होकर चार बरसों तक जीवित रहे। इस बीच अरावली की तराई के मुख पर अपने द्वारा पहले के बनाए हुए उदय सागर नामक सरोवर के पास उन्होंने नौचौकी नामक राजमहल बनवाया, जिसके चारों ओर एक नगर बस गया। उदयसिंह ने इस नगर का नाम उदयपुर रखा, जो तभी से मेवाड़ की राजधानी रहा है।

गौरव की अन्तिम शिखा—महाराणा प्रताप

उदयसिंह के मरने के बाद, मेवाड़ की गद्दी उनके वीर पुत्र महाराणा प्रताप को मिली, जो मेवाड़ के राणाओं में सबसे अधिक प्रख्यात और पूजनीय माने जाते हैं। उनका राज्याभिषेक चित्तौर में नहीं हुआ, न वे अपने पराक्रम से चित्तौर को जीतकर उस भूमि पर अपना शरीर ही छोड़ सके, जिस पर उनके पुरखों ने जन्म लेकर अपना शरीर-त्याग किया था।

यदि केवल सांसारिक उपलब्धि की दृष्टि से देखा जाए तो प्रताप सारी जिन्दगी संघर्ष मचाते रहने पर भी उस वस्तु को नहीं प्राप्त कर सके जो उनका वास्तविक लक्ष्य थी। वह मेवाड़ को स्वाधीन करके चित्तौर के किले पर सिसोदिया वंश की राज-पताका को निर्भीकता से फहराना चाहते थे और उनकी कामना थी कि भारतवर्ष तुर्कों की अधीनता से मुक्त होकर अपनी स्वतन्त्र सत्ता को फिर से प्राप्त करे। सो मरने के पहले उन्होंने मेवाड़ की अधिकांश भूमि को तो स्वाधीन कर लिया था, किन्तु चित्तौर पर उनका अधिकार नहीं हो सका।

फिर भी जीवन-भर उन्होंने जिस अद्भुत वीर-चरित्र का परिचय दिया, उससे प्रभावित होकर मेवाड़ का इतिहास उन्हें बप्पा और खुमान तथा हम्मीर और साँगा से अधिक पूजनीय मानता है और जब अन्य सभी राणाओं को हम केवल राणा विशेषण से अभिहित करते हैं, तब 'महाराणा'—जैसा अत्यन्त आदरणीय विशेषण केवल प्रताप के लिए प्रयुक्त किया जाता है। वे मेवाड़ ही नहीं, प्रत्युत, समस्त भारतवर्ष के इतिहास में एक अनुपम नायक के रूप में पूजित हो रहे हैं, तथा उनका स्थान उन कुछ थोड़े-से महापुरुषों के बीच है, जिनसे हिन्दुस्तान वीरता और बलिदान की प्रेरणा लेता रहा है।

महाराणा प्रताप का जीवन स्वतन्त्रता के एक ऐसे पुजारी का जीवन था, जो राज-पाट, धन-दौलत, यहाँ तक कि जीवन के साधारण-से-साधारण सुखों की भी बलि देकर अपनी स्वतन्त्रता को अक्षुण्ण रखने में ही जीवन की सार्थकता मानता है।

चित्तौर के छिन जाने से सिसोदिया वंश की जातीय प्रतिष्ठा को जो धक्का लगा था, उसकी स्मृति को जीवित रखने के लिए उन्होंने विलास की प्रत्येक सामग्री का उपयोग अपने तथा अपने अनुयायियों के लिए निषिद्ध कर दिया। चाँदी और सोने

के बर्तनों को छोड़कर वे केले के पत्ते पर खाने लगे, राज-शय्या का बहिष्कार करके उन्होंने पुआल और खरपात को अपनी सेज बनाया; तथा चित्तौर की पराजय के स्मृति-स्वरूप उन्होंने यह आज्ञा जारी की कि मेवाड़ की सेना का नगाड़ा जुलूस के आगे नहीं, बल्कि उसके पीछे बजेगा। आज भी मेवाड़ के राजा बर्तनों के नीचे पत्तल धरकर खाते हैं और आज भी उनकी शय्या के नीचे एक मुट्ठी तृण अवश्य बिछाया जाता है।

मेवाड़ की भुजा बहुत ही कमजोर हो गई थी और आसपास के सभी राजे प्रतिष्ठा के लोभ अथवा आजादी की कड़वाहट से घबराकर अकबर की अधीनता में चले गए थे। फिर भी महाराणा ने हिम्मत नहीं हारी और ध्वंसीकरण की नीति अपनाकर उन्होंने मेवाड़-वासियों को ग्रामों तथा नगरों को छोड़कर पहाड़ियों में आ बसने को बाध्य किया जिससे मेवाड़ की भूमि उपजाऊ न रहकर दिल्ली के बादशाह को निमन्त्रण नहीं दे सके। राजपूतों के जिन घरानों ने अपनी बेटियाँ ब्याह में देकर दिल्ली के बादशाह के साथ सम्बन्ध जोड़ लिया था उन सभी घरानों से महाराणा ने सम्बन्ध-विच्छेद कर लिया, यहाँ तक कि वे उनका छुआ हुआ पानी भी नहीं पीते थे।

महाराणा की इन कहानियों को सुन-सुनकर अकबर का कलेजा कटता था। किन्तु महाराणा उसकी ओर कभी भी मुखातिब नहीं हुए। लगभग पच्चीस वर्षों तक वे मेवाड़ की स्वाधीनता के दीपक को बड़े ही यत्न से पहाड़, घाटी, जंगल और बियाबान में छिपाते फिरे। महीनों उन्होंने घास की रोटियों पर गुजारा किया; सप्ताहों वे बाल-बच्चों के साथ उपवास करते रहे और सारी जिन्दगी उन्हें सपरिवार कैद और मृत्यु का खटका लगा रहा। किन्तु, इन सारी तकलीफों को वे बड़ी ही प्रसन्नता से झेलते रहे। मानसिंह उनसे इसलिए भी जलता था कि इतनी तकलीफों के रहते हुए भी प्रताप का अहंकार क्यों नहीं टूटता है। किन्तु प्रताप का अहंकार एक दैवी वरदान था, जो सिर्फ सत्रहवीं सदी के हिन्दुस्तान में ही नहीं, बल्कि आगे की पीढ़ियों में भी हिन्दुस्तान का मुख उज्ज्वल करने को उत्पन्न हुआ था। यह एक ऐसा अहंकार था, जिसे याद करके भारतवासी गुलामी के गाढ़े दिनों में भी एक आत्मिक सन्तोष पाते रहे और जो आज भी हमारा मस्तक ऊँचा किए हुए है।

बहुत अच्छा हुआ होता, अगर चित्तौर की राजधानी महाराणा के हाथ आ गई होती। बहुत अच्छा हुआ होता, अगर वे अपने पूर्वजों के समान शूरता के सुयश के साथ राजसुख के भी उपभोक्ता हुए होते और बहुत अच्छा हुआ होता अगर वे छत्र और चँवर के साथ सोते-जागते और अन्त में छत्र और चँवर के ही नीचे राज-मृत्यु भी प्राप्त करते।

किन्तु, तब शायद इतिहास उनके लिए दूसरे प्रकार का स्थान बनाता और तब, शायद साधारणजनों के वे जीवनादर्श भी नहीं होते। हम इस बात के लिए जरा भी

विलाप नहीं करते हैं कि महाराणा को सम्पूर्ण विजय क्यों नहीं मिली! उलटे, हम तो इसीलिए उनके कृतज्ञ हैं कि पराजय और विपत्ति के बीच भी उनकी मर्दानगी की रीढ़ कड़ी रही। भारत-सम्राट अकबर की अहर्निश की छानबीन के बावजूद, उन्होंने स्वतन्त्रता के दीपक को बुझने नही दिया; यह बात ही मानो राणा प्रताप को स्वतन्त्रता की खोज करनेवाले असंख्य मानवों का अनुपम नेता बना देती है।

हल्दीघाटी की विख्यात लड़ाई में हार जाने के बाद महाराणा ने कुमलमीर के प्राचीन किले में आश्रय लिया, जहाँ अब तक कोई भी दुश्मन चढ़ाई करने को नहीं आ सका था! किन्तु, अब महाराणा को छोड़कर और था ही कौन, जिसके भय से मुगल सिपाही राजस्थान की बीहड़ पहाड़ियों में जाने से डरते? निदान, शाबाज नामक सेनापति के नायकत्व में मुगल सेना ने कुमलमीर पर भी धावा किया। महाराणा ने कुमलमीर के किले पर मुगलों से भयंकर मोर्चा लिया। किन्तु वे अभी थके भी नहीं थे कि एक दूसरे कारण से उन्हें कुमलमीर छोड़कर भागना पड़ा! बात यह हुई कि किले में एक ही कूप था, जिसका जल किले के राजपूत पीने के काम में लाते थे। जब महाराणा के आदमियों ने कई दिनों तक हार नहीं नहीं मानी, तब आबू के देवरा सरदार ने अपनी जाति के प्रति गद्‌दारी का काम किया और कुछ अभक्ष्य वस्तुएँ डलवाकर कुएँ के पानी को पीने के योग्य नहीं रहने दिया। शाबाज खाँ की बन्दूकें और तलवार राणा को पीछे नहीं हटा सकी थीं। किन्तु इस गद्‌दार राजपूत की दुष्कृति ने उन्हें किले को छोड़ने पर मजबूर कर दिया!

कुमलमीर से निकल भागने पर महाराणा गोगुंडा किले की ओर गए। किन्तु, वहाँ राजा मानसिंह ने पहले से ही सेना बिठा रखी थी। उदयपुर पर मुहम्मद खाँ का कब्जा हो गया था और चौंड़ का किला फरीद खाँ के अधीन था। महाराणा को पकड़ने के लिए दुश्मनों ने चारों ओर जाल बिछा रखा था और कदम-कदम पर उनके लिए खतरे मौजूद थे। उनके छिपने की जितनी भी जगहें थीं, सभी पर मुगलों का पहरा बैठा हुआ था और कुछ हिन्दू तथा मुसलमान, दोनों ही मिलकर राणा का, घाटी-घाटी और खोह-खोह में, पीछा कर रहे थे। मगर जब भी दुश्मन समझते थे कि प्रताप कहीं हाँफता हुआ मर रहा होगा, तभी वे न जाने किस कौशल से कुछ आदमी इकट्‌ठा करके मुगल सेना पर धावा बोल देते थे और पहर भर मार-काट मचाकर फिर कहीं चम्पत हो जाते थे। राज्य और सेना से हीन तथा धन-दौलत से एकदम रहित होकर महाराणा ने गुरिल्ला-कौशल को अपनाया था और वे अपनी जिन्दगी-भर मुगलों को चैन से नहीं सोने देने पर तुले हुए थे।

महाराणा प्रताप का कलेजा किस धातु का बना हुआ था, इस पर सारा इतिहास विस्मय करता है। पहाड़ की खोह में भी उनके परिवार को यह भय लगा रहता था कि कहीं दुश्मन के आदमी आकर गिरफ्तार न कर लें। उनके बच्चे भोजन के लिए

उनके सामने ही रोते-बिलखते रहते थे और अगर भोजन तैयार भी हो गया तो प्रायः उसे परोसा हुआ छोड़कर ही सभी लोगों को अचानक भाग खड़ा होना पड़ता था।

एक रोज उनकी महारानी और पुत्रवधू ने सामा घास की कुछ रोटियाँ पकाईं और प्रत्येक बच्चे को एक-एक रोटी देकर कहा कि आधी अभी खा लो तथा आधी को कल सुबह खाने के लिए रख छोड़ो; क्योंकि कोई ठिकाना नहीं है कि इसके बाद अब रोटियाँ फिर कब मिलेंगी।

राणा प्रताप बगल में ही लेटे-लेटे अपनी कठोर विपत्तियों पर विचार करते हुए महान चिन्ता में निमग्न थे कि इतने में ही उनकी बेटी आर्त्त स्वर में चीख उठी। राणा मानो किसी नींद से जगे और पूछने पर उन्हे जो कुछ मालूम हुआ, उससे उनका वीर हृदय भी अचानक पिघलकर पानी हो गया और जीवन में शायद पहली बार उनकी आँखें सजल हो गईं। बात यह थी कि उनकी बेटी ने अपने हिस्से की जो आधी रोटी कल के लिए रख छोड़ी थी, उस पर किसी नेवले की नजर पड़ गई और वह झपटकर लड़की के सामने से उस रोटी को लेकर भाग गया।

मेवाड़ के महाराणा की बेटी रोटी के एक छोटे-से टुकड़े के अभाव में इसलिए रो रही थी कि अब कल वह क्या खाएगी!

राणा प्रताप के हृदय को एक जबर्दस्त धक्का लगा। एक क्षण को उनका मन विचलित हो गया और उन्होंने अकबर के पास सन्देश भेजा कि मैं तुमसे सन्धि करने को तैयार हूँ। इस सन्देश को पाते ही अकबर का हृदय आनन्द से उछलने लगा और उसने दरबार में महोत्सव मनाने की इच्छा प्रकट की।

खुशी में आकर उसने बीकानेर के सरदार महाराज पृथ्वीराज की ओर पत्री बढ़ा दी, क्योंकि उसके हिन्दू-सामन्तों में एक पृथ्वीराज ही थे जो हर समय दरबार में प्रताप की प्रशंसा किया करते थे। पृथ्वीराज ने बाहर से इतना ही कहा कि चिट्ठी फर्जी मालूम होती है। किन्तु भीतर-ही-भीतर उनका हृदय विदीर्ण हो ग़या और महाराणा के पास उन्होंने कुछ दोहे लिख भेजे जो राजस्थान में आज भी बड़े ही चाव से पढ़े जाते हैं। दोहों में उन्होंने लिखा था कि "हिन्दुओं की समस्त आशा आप पर है और तब भी महाराणा उसका त्याग कर रहे हैं। अगर प्रताप नहीं होते तो अकबर की तुला पर सभी राजपूत एक हो चुके थे। अकबर तो हमारी जाति के बाजार में दलाल है। उसने उदय के बेटे को छोड़कर और सबों को खरीद लिया है। सिर्फ प्रताप को खरीदने की जुर्रत उसमें नहीं है। अकबर के बाजार में बहुतों ने निराशा से हारकर अपमान से समझौता कर लिया है। हिन्दुत्व की इज्जत सिर्फ हम्मीर की सन्तान को लेकर जी रही है। अकबर अमर होकर नहीं आया है, और न उसका इकबाल ही हमेशा कायम रहेगा। समय आ रहा है जब सभी राजपूत प्रताप के सामने जाकर उनसे अपने क्षत्रियत्व के उद्धार की याचना करेंगे।"

पृथ्वीराज के दोहों ने वह काम किया, जो दस हजार सिपाही नहीं कर सकते थे। पृथ्वीराज का पत्र पढ़ते ही प्रताप की हिलती हुई आस्था फिर से अचल हो गई। किन्तु मेवाड़ में किसी भी स्थान को निरापद नहीं जानकर उन्होंने यह निश्चय किया कि मातृभूमि को छोड़कर कहीं सिन्धु के किनारे चले जाएँ और वहीं से दिल्ली पर आक्रमण करने की तैयारी करें। अपने बाल-बच्चों और चुने हुए सिसोदिया सरदारों को लेकर वे अरावली के पश्चिम की ओर उतर गए और प्रायः राजस्थान की सीमा को वे पार कर रहे थे कि इतने में एक घटना घटी, जिससे उन्हें अपनी योजना को बदल देना पड़ा। भामासाह नामक एक राजपूत सरदार उनके मन्त्री रह चुके थे। उन्हें जब प्रताप के महाभिनिष्क्रमण की सूचना मिली, वे दौड़े हुए उनके पास गए और कहा कि "मेरे पास बहुत-सा धन एकत्र हो गया है, जिससे पच्चीस हजार सिपाही बारह वर्षों तक नौकरी में रखे जा सकते हैं। मैं वह सम्पूर्ण धन आपके चरणों में अर्पित करता हूँ और प्रार्थना करता हूँ कि आप अपने पूर्वजों की भूमि का त्याग न करें।"

महाराणा को मानो अँधेरे में प्रकाश मिल गया। भामासाह के धन से उन्होंने, बात-की-बात में एक सेना खड़ी कर ली और जब मुगलों को इस भ्रम ने निश्चितता दे रखी थी कि प्रताप कहीं छिपकर आखिरी दिन बिताना चाहते हैं, तभी वे अचानक देवियर की छावनी में शाबाज खाँ पर अनभ्र वज्र के समान टूट पड़े। मुगल सेना लड़ना छोड़कर भाग खड़ी हुई और महाराणा ने उसका पीछा किया। इस एक ही झपट्टे में महाराणा ने देवियर, अमैती और कुमलमीर के साथ कोई बत्तीस किलों पर कब्जा कर लिया। दीर्घकालीन संघर्ष के कारण उनके नाम में जो आतंक भर गया था, उससे डरकर कहीं भी मुगलों की फौज उनके सामने नहीं डट सकी और प्रायः हर जगह कम-से-कम बर्बादी के साथ उन्हें विजय प्राप्त होती गई। रास्ते में मानसिंह का अपमान करने के लिए उन्होंने अम्बर राज्य पर भी छापा मारा और उसके बाजारों को लूट लिया। अब वे चित्तौर, अजमेर और मंगलगढ़ को छोड़कर एक बार फिर समस्त मेवाड़ के स्वामी हो गए और उदयपुर राजधानी भी उनके हाथ आ गई।

इस अभियान में महाराणा की जो स्वतन्त्र अथवा अपेक्षाकृत अबाध गति रही, उसका कारण कुछ लोग तो यह बतलाते हैं कि अकबर दक्खिन-विजय में संलग्न था। अतएव उसे राजपूताने की ओर जाने की फुरसत नहीं थी और कुछ यह कि अबुल फजल महाराणा के वीर चरित्र का बहुत बड़ा प्रशंसक हो गया था और अकबर ने उसके मत को स्वीकार करके महाराणा की ओर से आँखें फेर ली थीं। कारण चाहे जो भी हो, किन्तु महाराणा ने अपनी मूँछ ऊँची रखी और अकबर फिर उनसे टकराने को नहीं आया।

किन्तु, शत्रु के द्वारा दिखलाई गई उपेक्षा का यह भाव महाराणा के लिए तलवार

के घावों से भी अधिक कष्टदायी था। वे घृणा, प्रतिशोध और आक्रमण का प्रतिरोध करने में सुख पा सकते थे, किन्तु अकबर की उपेक्षा उनके हृदय में काँटे की तरह चुभनेवाली चीज थी। यों भी, मेवाड़ की इस नवार्जित स्वाधीनता को वे स्वाधीनता नहीं मानते थे। उदयपुर को घेरनेवाली अरावली की चोटियों पर से वे रोज ही चित्तौर की ओर ममता और विवशताभरी आँखों से देखा करते थे। चित्तौर की वह पावन-भूमि, जिस पर न जाने कितनी बार जौहर की ज्वाला ने किलोल किया और न जाने कितनी माताओं ने अपनी कुर्बानी दी; चित्तौर की वह पावन-भूमि, जिसके चप्पे-चप्पे पर महाराणा के पूर्वजों के शोणित के निशान थे और चित्तौर की ऐसी पावन-भूमि पर महाराणा प्रताप को ही जाने का अधिकार नहीं!

उनके मन की आँखों के सामने चित्तौर का दर्प-दीपित गौरवपूर्ण इतिहास झाँकियों में प्रकट होता और वे ध्यानमग्न होकर देखते कि ये हैं अल्हड़ नौजवान बप्पा रावल, जिन्होंने गोरी-वंश की कलंगी को जीतकर अपने माथे पर लगा लिया है; और ये हैं महान योद्धा राणा समरसी, जो राजपूतों की स्वाधीनता की रक्षा के लिए कगार के किनारे युद्धक्षेत्र में पृथ्वीराज चौहान के साथ मरने जा रहे हैं; और यह है राणा अरसी के राजमुकुटधारी बारह वीर कुमारों का जुलूस, जिनमें से प्रत्येक के मस्तक पर सिसोदिया वंश की लाल पताका अद्भुत गौरव से लहरा रही है।

राजकुमार मैदान में उतरते हैं और चित्तौर की देवी ऊपर की चोटी पर से झुककर किले की द्वार भूमि को राज-रक्त से सिक्त होते देखती है। राज-रक्त! हाँ, राज-रक्त का छिड़काव, जिससे चित्तौर की भाग्यलक्ष्मी प्रसन्न होकर चित्तौर में ही बनी रहें। और अब आते हैं देवला के वीर महाराज, जिन्होंने चित्तौर की देवी को प्रसन्न करने के लिए स्वेच्छा से मृत्यु का मुकुट धारण किया है। जयमल और फत्ता का तो कहना ही क्या? कोंडावत की यह राजकुमारी भी धन्य है, जो भाला ताने हुए शत्रुओं के व्यूह में पिली पड़ रही है! और अब चित्तौर की दीवारों पर बादलों का धुँधलापन छा रहा है, जिसमें मुँह छिपाए राणा उदयसिंह चित्तौर के गौरव को धोखा देकर भागे जा रहे हैं।

महाराणा प्रताप चित्तौर के उज्ज्वल अतीत और संदिग्ध भविष्य को देखकर उदास हो जाते थे। मगर, कोई उपाय नहीं था। विपत्ति की गहराइयों में तैरते-तैरते उनका हृदय क्लांत हो गया था और प्रायः जवानी में ही वे विश्रान्ति ढूँढ़ने को ढह पड़े। अपने अन्तिम दिनों में वे बार-बार सरदारों को यही चेतावनी देते थे कि "मेवाड़ अभी स्वाधीन नहीं हुआ है। गरीबी, मुसीबत और तकलीफों को गले लगाकर जीते रहने की अपनी पावन प्रतिज्ञा पर अभी अटल रहो; क्योंकि सुख और विलास मनुष्य को कायर बना देते हैं।" कहते हैं, सरदारों ने उन्हें दुखी देखकर आश्वासन दिया और उनके सामने सौगन्ध खाई कि "जब तक मेवाड़ की स्वाधीनता उसे प्राप्त नहीं हो

जाती, हम महलों का निर्माण होने नहीं देंगे। हम गरीबी में रहकर अपनी आजादी की लगन को जीवित रखेंगे तथा हम किसी भी ऐसे सुख की ओर लोभ से नहीं देखेंगे, जिससे हमारे हृदयों के प्राचीर में लोभ अपना विवर बना सके।"

अपने वीर सरदारों के मुख से इस सुयोग्य आश्वासन को सुनकर महाराणा की आत्मा ने पूरी शान्ति के साथ इहलोक से प्रस्थान किया।

संस्कृति है क्या?

संस्कृति और सभ्यता—ये दोनों दो शब्द हैं और उनके मानी भी अलग-अलग होते हैं। सभ्यता मनुष्य का वह गुण है जिससे वह अपनी बाहरी तरक्की करता है। संस्कृति मनुष्य का वह गुण है जिससे वह अपनी भीतरी उन्नति करता है, दया, माया और परोपकार सीखता है, गीत-नाद, कविता, चित्र और मूर्ति से आनंद लेने की योग्यता हासिल करता है। एक वह भी समय था जब आदमी को घर बनाना नहीं आता था, जब वह पेड़ की छाया या पहाड़ की खोह में वास करता था, जब उसे खेती करनी भी नहीं आती थी और वह कंद-मूल या जंगली जीवों का गोश्त खाकर गुजारा करता था, जब उसे कपड़ा बुनना भी नहीं आता था और वह या तो नंगा रहता था या पेड़ों की छाल या जानवरों की खाल पहनकर अपनी लाज छिपाता था। इस हालत को मनुष्य की असभ्यता की हालत कहते हैं। लेकिन इस हालत से निकलकर आदमी ज्यों-ज्यों आगे बढ़ा त्यों-त्यों वह सभ्य होता गया, यानी जब आदमी खेती करके अनाज उपजाने लगा, अनाज या गोश्त को आग से पकाकर खाने लगा, घर बनाकर रहने और कपड़े बुनकर उन्हें पहनने लगा, तब वह असभ्यता से निकलकर सभ्यता में आने लगा। आज भी रेलगाड़ी, मोटर और हवाई जहाज, लम्बी-चौड़ी सड़कें और बड़े-बड़े मकान, अच्छा भोजन और अच्छी पोशाक—ये सभ्यता की पहचान हैं और जिस देश में इनकी जितनी ही अधिकता है उस देश को हम उतना ही सभ्य मानते हैं। मगर संस्कृति इन सबसे कहीं बारीक चीज है। वह मोटर नहीं, मोटर बनाने की कला है, मकान नहीं, मकान बनाने की रुचि है। अच्छे भोजन का सामान हम सभ्यता के जरिये पैदा करते हैं, लेकिन जिस ढंग से हम भोजन करते हैं और जिस कला से हम उसे खाते हैं वह हमारी संस्कृति कहलाती है। हर सभ्य आदमी संस्कृत भी होता है, ऐसा नहीं कहा जा सकता; क्योंकि अच्छी-से-अच्छी पोशाक पहननेवाला आदमी भी तबियत से नंगा हो सकता है, और नंगा होना संस्कृति के खिलाफ बात है। संस्कृति धन नहीं, गुण है। संस्कृति ठाट-बाट नहीं, विनय और विनम्रता है।

एक कहावत है कि सभ्यता वह चीज है जो हमारे पास है, लेकिन संस्कृति वह गुण है जो हममें छिपा हुआ है। हमारे पास घर होता है; कपड़े-लत्ते होते हैं; गाय, भैंस, बैल,

घोड़े, हाथी, मोटर और हवाई जहाज भी होते हैं, मगर ये सारी चीज़ें हमारी सभ्यता के सबूत हैं जिनसे यह जाना जा सकता है कि जिन्दगी की मोटी और बाहरी सुविधाएँ हमने कहाँ तक हासिल की हैं लेकिन संस्कृति इतने मोटे तौर से दिखलाई नहीं देती; वह बहुत ही सूक्ष्म और महीन चीज है और वह हमारी हर पसन्द, हर आदत में छिपी रहती है। मकान बनाना सभ्यता का काम है, लेकिन; हम मकान का कौन-सा नक्शा पसन्द करते हैं—यह हमारी संस्कृति बतलाती है; कपड़ा तैयार करना सभ्यता का काम है, लेकिन उसकी डिजाइन कैसी हो—यह हमारी संस्कृति बतलाती है; हथियार गढ़ना सभ्यता का काम है, लेकिन उस हथियार से किसी को मारना ठीक है या नहीं, यह बतलाना संस्कृति का काम है। आज दुनिया में बड़े-बड़े बम और दूसरे हथियार बन रहे हैं, क्योंकि सभ्यता के मामले में दुनिया बहुत आगे बढ़ गई है, लेकिन संस्कृति पुकार-पुकारकर कह रही है कि इन बमों और हथियारों को काम में मत लाओ, क्योंकि इनसे दुनिया बर्बाद हो जाएगी।

एक बात और है कि आदमी के भीतर जो छह विकार (काम, क्रोध, लोभ, मद, मोह और मत्सर) हैं, वे प्रकृति के दिए हुए हैं। मगर ये विकास अगर बेरोक छोड़ दिए जाएँ तो आदमी इतना गिर जाए कि उसमें और जानवर में कोई भेद नहीं रह जाए। इसलिए आदमी इन विकारों पर रोक लगाता है और कोशिश करता है कि उसमें काम को बढ़ना नहीं, घटना चाहिए; गुस्से को ज्यादा नहीं, कम होना चाहिए। और लोभ, मोह, मद, मत्सर को भी एक हद में रहना चाहिए। इन दुर्गुणों पर जो आदमी जितना ज्यादा काबू कर पाता है, उसकी संस्कृति भी उतनी ही ऊंची समझी जाती है। संस्कृति का काम आदमी के दोष को कम, उसके गुण को अधिक बनाना है। आदमी भी एक तरह का जानवर ही है, लेकिन जानवर के गुण यानी पशुत्व को छोड़कर वह जितना ही आगे बढ़ता है, उसकी संस्कृति भी उतनी ही अच्छी होती जाती है।

संस्कृति का स्वभाव है कि वह आदान-प्रदान से बढ़ती है। जब दो देशों या जातियों के लोग आपस में मिलते हैं, तब उन दोनों की संस्कृतियाँ एक-दूसरे को प्रभावित करती हैं। एक जाति का धार्मिक रिवाज दूसरी जाति का रिवाज बन जाता है और एक देश की आदत दूसरे देश के लोगों की आदत में समा जाती है। इसलिए संस्कृति की दृष्टि से वह जाति या वह देश बहुत ही धनी समझा जाता है जिसने ज्यादा-से-ज्यादा देशों या जातियों की संस्कृतियों से लाभ उठाकर अपनी संस्कृति का विकास किया हो। ऐसे देशों में भारत का नाम बहुत ही आदर के साथ लिया जाता है, क्योंकि यहाँ के लोग संस्कृति के मामले में बड़े उदार रहे हैं। यही नहीं, बल्कि हम जिसे अपनी संस्कृति कहते हैं, वह एक जाति या कुछ थोड़े-से लोगों की संस्कृति नहीं है, बल्कि बहुत पुराने समय से जो अनेक जातियाँ इस देश में आती रही हैं उन सभी संस्कृतियों के प्रभाव हमारी भारतीय संस्कृति पर पड़ते रहे हैं और उन्हीं प्रभावों को

ठीक से अपने भीतर पचाकर हमारी संस्कृति इतनी विशाल और उदार हो गई है कि आज वह सारी दुनिया की संस्कृति का आईना बन सकती है।

यह भी ध्यान देने की बात है कि भारतीय संस्कृति का जब-जब किसी विदेशी संस्कृति से मिलन हुआ, तब-तब हमारी संस्कृति में एक नई ताजगी आ गई। असल में, भारतीय संस्कृति में वसंत ॠतु बड़े पैमाने पर चार बार आई है, और इन चारों मौकों पर हमारी फुलवारी में जो लहलहाहट पैदा हुई, जो फूल खिले, वे हमारी संस्कृति को आज भी ताजा बनाए हुए हैं। इन चार अध्यायों में पहला अध्याय वह है जब आर्य इस देश में आए और द्रविड़ जाति से मिलकर उन्होंने उस संस्कृति की नींव डाली जिसे हम हिन्दु अथवा भारतीय संस्कृति कहते हैं। दूसरा अध्याय वह है जब कि यह संस्कृति कुछ पुरानी हो गई और उसके खिलाफ महात्मा बुद्ध और महावीर ने विद्रोह किया जिसके फलस्वरूप बहुत-सी रूढ़ियाँ दूर हुईं और यह संस्कृति एक बार फिर से नवीन हो गई। तीसरा अध्याय वह है जब इस देश में मुसलमान आए और हिन्दू-धर्म का इस्लाम से सम्बन्ध हुआ। और चौथा अध्याय वह है जब भारत की मिट्टी पर हिन्दुत्व और इस्लाम, दोनों का सम्बन्ध ईसाई धर्म और यूरोप के विज्ञान और बुद्धिवाद से हुआ। आगे के पन्नों में इन्हीं चार अध्यायों की कहानी बहुत ही संक्षेप में कही जाएगी।

हिन्दू-संस्कृति कैसी जन्मी?

भारत दुनिया के सबसे पुराने देशों में से है यानी सभ्यता और संस्कृति इस देश में उस समय फैल चुकी थी जबकि दुनिया का बहुत अधिक भाग असभ्य था। लोगों का अंदाज है कि आज से आठ हजार साल पहले भी भारत में सभ्यता थी जिसके निशान मोहंजोदरो और हड़प्पा की खुदाइयों में मिले हैं। लेकिन उस समय का इतिहास आसानी से नहीं मिलता। फिर भी जो सबूत मिलते हैं, उसके बल पर यह कहा जाता है कि बहुत पुराने समय में (शायद आठ हजार साल से भी पहले) इस देश में एक तरह के आदिम मनुष्य रहते थे जो हब्शियों की जाती के रहे होंगे। हिन्दमहासागर के टापुओं में जो हब्शी लोग हैं उनके पूर्वज भारत से ही इन टापुओं में गए होंगे। लेकिन भारत में हब्शी-खानदान लगभग खत्म हो चुका है। अनुमान यह है कि या तो वे अपने पीछे आनेवाले आग्नेय लोगों के हाथों मार डाले गए या उनसे घुल-मिलकर एक हो गए। अब हब्शियों के थोड़े-से निशान दक्षिण भारत की कुछ आदिम जातियों में अथवा आसाम की नागा जाति में बचे हुए हैं। लेकिन उनके शब्दों, आदतों और रिवाजों में से कई आज तक भी शेष हैं। हब्शियों के बाद इस देश में आग्नेय जाति के लोग आए। इनका आग्नेय नाम इसलिए पड़ा कि ये भारत और यूरोप के अग्निकोण में अधिक पाए जाते हैं। भारतवर्ष के कोल और मुंडा जाति के लोग आसाम, बर्मा और हिन्द-चीन की मोन-खमेर जाति, निकोबर टापू के निकोबरी और इंडोनेशिया वगैरह के बहुत-से काले लोग इसी आग्नेय जाति के माने जाते हैं। भारतवर्ष में इस जाति की संतान आजकल खास तौर से जंगलों में रहती है और आदिम जातियों के झुंड में विलीन है। लेकिन एक समय इस देश में इस जाति का खूब दबदबा था और सच पूछिए तो इस देश में सभ्यता का आरम्भ इसी जाति ने किया था। शुरू में इस जाति ने हब्शी और मंगोल जातियों से शादी-विवाह किए और बाद में इनका शादी-सरोकार द्रविड़ और आर्य जातियों के साथ भी हुआ। इसलिए समझना चाहिए कि आर्यों और द्रविड़ों ने मिलकर जिस धर्म या संस्कृति की नींव डाली, उस पर केवल आग्नेय जाति का ही प्रभाव नहीं पड़ा, बल्कि आग्नेय लोगों के जरिए कुछ प्रभाव हब्शी और मंगोल जातियों का भी आया।

आग्नेय जाति की देन

आग्नेय खानदान के लोग आज भी हमारे साथ हैं और अक्सर वे जंगलों में रहते हैं। मगर उनके शब्द और रस्म-रिवाज सिर्फ उन्हीं तक सीमित नहीं हैं, बल्कि वे सारे देश में फैले हुए हैं। सच तो यह है कि जिसे हम हिन्दू-संस्कृति कहते हैं, उसके ऊपर आग्नेय जाति का भी पूरा प्रभाव है। उदाहरण के लिए मांग में सिन्दूर लगाने का रिवाज आग्नेय जाति से चला है, क्योंकि इस जाति के लोग पशु का बलिदान देने पर उसके लहू का टीका लेना शुभ मानते थे। देवर और जेठ की प्रथा भी आग्नेय समाज से आई है। चंद्रमा को देखकर तिथि गिनने की परिपाटी आग्नेय जाति ने निकाली थी। चावल की खेती इस देश में आग्नेय जातिवालों ने शुरू की थी। और फसल को कटते और फिर जनमते देखकर पुनर्जन्म की कल्पना भी सबसे पहले उन्हीं ने की थी। पत्थर के टुकड़े को देवता मानने का रिवाज़ भी सबसे पहले उन्होंने चलाया था। आग्नेय लोग नदी को कहीं तो खोंग कहते थे, कहीं कंग या कियाँग। पंडितों का अन्दाज है कि संस्कृति का गंग या गंगा शब्द इसी खोंग शब्द के वजन पर बना है। यहाँ यह याद रखना चाहिए कि गंगा यद्यपि एक नदी का नाम है, लेकिन गांवों में अक्सर किसी भी नदी में नहाने को गंगा नहाना कहते हैं। इसी तरह आग्नेय जातिवालों के बीच जो कथा-कहानियाँ प्रचलित थीं। उनमें से कितनी ही द्रविड़ समाज में चलने लगीं और फिर आर्यों के यहाँ भी आ गईं। लोगों का अनुमान है कि रामायण में पंपापुर के वानरों की जो कथा है, वह पहले आग्नेय लोगों के समाज में प्रचलित थी। पीछे जब आर्य, द्रविड़ और आग्नेय सभी जातियों को लेकर एक समाज बना तब यह कहानी आर्यों के यहाँ भी आ गई। यह भी समझा जाता है कि बीस तक की कोड़ी मानकर गिनने की प्रथा आग्नेय जातिवालों की चलाई हुई है जो अब तक मौजूद है।

अभी हाल तक लोग यह मानते आए थे कि हिन्दू धर्म में जो कुछ है, वह आर्यों का दिया हुआ है। लेकिन इधर जो नई खोज हुई है, उससे यह मत कट गया है। अब अधिक विद्वान यह मानते हैं कि जब आर्य इस देश में आए, तक एक ऊंची सभ्यता यहाँ पहले से ही मौजूद थी। असल में हब्शियों के बाद आनेवाली आग्नेय जाति के लोगों ने ही इस देश में सभ्यता का आरम्भ किया था। आज आग्नेय वंश के लोग

भारत के जंगलों में बसते हैं और कुछ लोग डोम, भुंइयाँ और मुसहर जातियों में भी हैं। ये लोग आज के भारत में सबसे नीचे हैं, सबसे गरीब हैं और उनमें पढ़ाई-लिखाई का भी चलन कम है। मगर इन्हीं पिछड़े हुए लोगों के पूर्वजों ने भारत में खेती शुरू की थी और द्रविड़ों के आने के पूर्व इस देश के वे ही मालिक थे।

द्रविड़ जाति

कहते हैं, द्रविड़ जाति के लोग भी इस देश के आदिनिवासी नहीं हैं। उनके पूर्वज कहीं रूम सागर के पास रहते थे जो मिस्र और यूनान के पास है। वहीं से द्रविड़ लोग तीन-चार झुंडों में भारत आए। ऐसा मानने का एक कारण यह भी है कि बलूचिस्तान में एक जगह कुछ थोड़े-से लोग रहते हैं जिनकी भाषा का नाम ब्रहुई है। यह भाषा द्रविड़ों की भाषा से मिलती-जुलती है। अतएव लोगों का खयाल है कि जब द्रविड़ लोग रूम सागर से भारत आ रहे थे तब उनकी कोई टुकड़ी बलूचिस्तान में रह गई थी। ब्रहुई बोली उसी टुकड़ी की यादगार है।

द्रविड़ जाति बहुत ही सभ्य जाति थी। उसके आने के पहले भारत में आग्नेय जाति ही प्रमुख थी। लेकिन आग्नेय जाति के लोग मामूली खेती—बाड़ी करके गुज़ारा करते थे और द्रविड़ लोग शहर या नगर बसाने में भी होशियार थे। जहाँ आकर द्रविड़ों ने आग्नेय लोगों को जंगलों में भगा दिया और खुद भारत में फैल गए। द्रविड़ों के आने के बाद इस देश में सभ्यता ने बहुत तरक्की की, बल्कि हिन्दू धर्म का जो रूप हम आज देखते हैं उसका बहुत बड़ा हिस्सा द्रविड़ों के समय ही तैयार हो चुका था। और तो और, बंगाल के प्रतिद्ध विद्वान आचार्य क्षितिमोहन सेन का विचार है कि किसी-न-किसी प्रकार की जाति-प्रथा भी इस देश में आर्यों के आने के पहले से ही मौजूद थी और आर्यों ने लाचार होकर उसे कबूल कर लिया।

आर्यों ने लाचार होकर द्रविड़ों की बहुत-सी बातें कबूल कीं, इसके कई सबूत हैं। असल में आर्यों के आने के पूर्व इस देश में सभ्यता और धर्म—दोनों काफी बढ़ चुके थे और आर्य उन्हें छोड़ नहीं सकते थे। बात यों हुई कि लड़ाई और मार-काट में तो आर्यों से द्रविड़ ही हारे, लेकिन धर्म और सभ्यता के मामले में सच्ची हार आर्यों की हुई, क्योंकि जिन लोगों को आर्यों ने लड़ाई में जीत लिया था, उन्हीं लोगों से उन्हें संस्कृति की शिक्षा लेनी पड़ी।

आर्य और द्रविड़ जब पास-पास बस गए और उनकी दुश्मनी खत्म हो गई तब दोनों जातियों ने एक दूसरे को प्रभावित करना शुरू किया और लेन-देन का यह काम इतना बंढ़ा कि दोनों जातियों के लोग एक हो गए। उनमें शादी-विवाह होने लगे, उनके देवी-देवता एक हो गए, उनके धर्म-कर्म और सामाजिक रिवाज़ में भी एकता

आ गई। उन दिनों धर्म और संस्कृति की जो एकता कायम हुई, वह आज तक मौजूद है। हिमालय से लेकर हिन्द महासागर तक चले जाइए, आपको हर जगह हिन्दू धर्म का एक ही रूप दिखाई देगा। सब जगह शंकर के मन्दिर हैं, विष्णु के मन्दिर हैं, देवी के मन्दिर हैं और सब जगह लोग चन्दन लगाकर संस्कृत मन्त्रों से ही देवताओं की पूजा करते हैं। दक्षिण के हिन्दू तीर्थ करने को उत्तर आते हैं और उत्तर के हिन्दू लाखों की संख्या में हर साल दक्षिण के तीर्थों में जाया करते हैं। रामेश्वरम्, श्रीरंगम, श्री बालाजी, कन्याकुमारी और कांजीवरम्—ये हिन्दुओं के लिए उतने ही पवित्र हैं जितने विश्वनाथ, बद्रीनाथ और द्वारिका। हमारे सभी शास्त्र-पुराण और आगम-निगम भी एक हैं। यह एकता जमकर इतनी मजबूत हो गई है कि अब यह कहना कठिन हो गया है कि हिन्दूधर्म को कौन-सी बात द्रविड़ों ने दी है और कौन-सी बात आर्यों ने।

द्रविड़ों की देन

फिर भी अटकल और अन्दाज से यह समझा जाता है कि शिव की पूजा आर्यों की देन नहीं है। यह पूजा आर्यों के आने के पहले से ही भारत में प्रचलित थी। मोहंजोदरो और हड़प्पा में जो सभ्यता थी वह आर्यों से पहले की थी और इन जगहों पर खुदाई करने पर जो निशान मिले हैं उनमें शिव की पूजा के सबूत हैं। शिवपुराण, वामनपुराण और कूर्मपुराण में शिव जी की जो कथा मिलती है उससे भी मालूम होता है कि आर्य ऋर्षि शिव जी की पूजा को पसन्द नहीं करते थे, लेकिन उनकी स्त्रियाँ शिव को पूजना चाहती थीं। इस पर से विद्वानों ने यह अन्दाज लगाया है कि हो-न-हो, शिव जी की पूजा द्रविड़ों के यहाँ प्रचलित थी। जब द्रविड़ों की कन्याएँ आर्य ऋषियों के घर बहू बनकर आईं तब वे अपने पिता के घर से शिव जी की पूजा का रिवाज भी लेती आईं। ऋषि तो इस पूजा को नहीं चाहते थे, लेकिन पत्नियों के दबाव में पड़कर उन्हें इसे कबूल करना पड़ा।

इसी प्रकार, देवी की पूजा भी द्रविड़ों में चली थी और वहीं से वह आर्यों के यहाँ प्रचलित हुई। विष्णु की पूजा के बारे में भी लोगों का खयाल है कि इस पूजा में कुछ बातें आर्यों की हैं और कुछ द्रविड़ों की। आर्यों के मुख्य देवता इन्द्र थे। संस्कृत में विष्णु का एक नाम उपेन्द्र है जिसके मानी है 'छोटा इन्द्र या इन्द्र का छोटा भाई।' इससे यह अनुमान निकलता है कि विष्णु की पूजा इन्द्र की पूजा के बाद चली और इन्द्र को विष्णु से श्रेष्ठ बनाए रखने के लिए ही आर्यों ने विष्णु को इन्द्र का छोटा भाई कहा। लेकिन इन्द्र की पूजा तो खत्म हो गई और विष्णु की पूजा घर-घर में फैल गई।

पंडितों का एक मत यह भी है कि धर्म की जो-जो बातें द्रविड़ों के यहाँ से आईं, वे स्त्रियों और जनसाधारण में खूब प्रचलित हो गईं। और जो-जो बातें आर्यों ने कहीं, वे पंडितों तक ही सिमटकर रह गई है। इसका एक सबूत पूजा और होम का रिवाज है। आर्य यज्ञ के प्रेमी थे और होम किया करते थे, यह बात सभी लोग जानते हैं। किन्तु होम आज केवल पुरोहित और पंडित ही किया करते हैं। बाकी जनता तो पत्र-पुष्प लेकर पूजा ही करती है। पंडितों का मत है कि पूजा की प्रथा द्रविड़ों में प्रचलित थी और वहीं से यह सारे देश में फैली है।

सबसे विचित्र बात तो यह है कि भक्ति की प्रथा भी द्रविड़ों में प्रचलित थी और

वहीं से धीरे-धीरे यह सारे देश में फैल गई। पद्मपुराण और श्रीमद्भागवत में कथा है जिसमें भक्ति नारद जी से कहती है कि मेरा जन्म द्रविड़ देश में हुआ, कर्नाटक देश में मैं बढ़कर जवान हुई, महाराष्ट्र में थोड़े दिनों तक रही और गुजरात जाकर मैं बूढ़ी हो गई। उत्तर भारत के साधुओं के बीच भी एक दोहा प्रचलित है:

भक्ति द्राविड़ ऊपजी, लाए रामानन्द,
परगट कियो कबीर ने सात द्वीप, नौ खंड।

यही नहीं, बल्कि, आज तेरह सौ वर्षों से हिन्दू-धर्म को जिलानेवाले, उसे ऊँचा उठाकर सारे भारत में फैलानेवाले जो भी साधु, महात्मा और पंडित पैदा हुए, वे ज्यादातर द्रविड़ देश अर्थात् दक्षिण भारत में ही पैदा हुए हैं। स्वामी शंकराचार्य निम्बार्क, मध्व और वल्लभ तथा रामानुजाचार्य—ये सभी महात्मा दक्षिण में जन्मे थे, लेकिन सारा भारतवर्ष उन्हें अपना गुरु मानता है। सच तो यह है कि आज हिन्दू-संस्कृति का असली गढ़ दक्षिण देश ही है। वहीं मन्दिरों की शोभा है, वहीं धर्म का जीता-जागता रूप है और दक्षिण जाने पर ही पता चलता है कि पुराने हिन्दू-धर्म का रूप कैसा उजागर था।

मिली-जुली संस्कृति

ऊपर जो कुछ लिखा गया है, उससे यह साफ मालूम होता है कि हिन्दू-समाज की रचना न तो केवल आर्यों ने की और न द्रविड़ों ने, बल्कि दोनों जातियाँ जब मिलकर एक हो गईं तभी हिन्दू-समाज का जन्म हुआ और इस समाज में उन लोगों को भी जगह मिल गई जो हब्शी और आग्नेय खानदानों के थे। आर्य, द्रविड़, और हब्शी—ये सभी लोग एक ही समाज के सदस्य हो गए और सबके धर्मों का निचोड़, सबके रस्म-रिवाज एक जगह आकर मिल गए। आर्यों ने वेदों की रचना की, उपनिषदें लिखीं और ब्राह्मण-ग्रन्थ बनाए। लेकिन, आगे चलकर जब पुराण लिखे जाने लगे तब वे सारी-की-सारी कहानियाँ पुराणों में घुस पड़ीं जो या तो आग्नेय समाज में प्रचलित थीं या द्रविड़ों और आर्यों के समाज में। इस तरह किसी को कोई शिकायत नहीं रही, क्योंकि सबकी बातें और सबके विचार आर्यों के साहित्य में स्थान पाने लगे।

यहाँ एक बात खटक सकती है कि सब लोग एक समाज में आ गए—यह ठीक है, लेकिन क्या जाति-प्रथा को लेकर लोगों में जलन नहीं फैलती होगी? इसका जवाब है कि उन दिनों अत्याचार को लोग सह लेते थे। फिर यह बात भी है कि शुरू में जाति-प्रथा उतनी कड़ी नहीं थी और एक जाति के लोग दूसरी जाति के लोगों से शादी-विवाह कर सकते थे। नागजाति अनार्य जाति थी, लेकिन नागों की बेटी उलूपी से अर्जुन ने विवाह किया था। इसी प्रकार, जरत्कारु ऋषि का ब्याह नागराज वासुकि की बहन से हुआ था। खान-पान में जाति का भेद नहीं था, यह बात भी वैदिक साहित्य से जानी जाती है। बहुत-से द्रविड़ ऋषि वेद लिखते और पढ़ते थे, और आर्यों के वे पुरोहित भी होते थे। भेदभाव पीछे जाकर बढ़ा जिसने जाति-प्रथा को दूषित बना दिया।

आर्यों और द्रविड़ों के जरिए रचा गया यह समाज बहुत उदार था। आर्यों के आने के बाद भी समय-समय पर इस देश में और भी अनेक जातियाँ आईं, लेकिन वे सब-की-सब हिन्दू-समाज में डूब गईं। बुद्धदेव के समय में इस देश में मंगोल जाति के लोग आए। सिकन्दर के समय से यहाँ यूनीनी लोग आने लगे। इसी तरह से यूची आए, शक आए, आभीर और हूण आए, लेकिन वे सब-के-सब हिन्दू हो गए और जैसी जिसकी संस्कृति थी उसे समाज में वैसा ही स्थान मिल गया। इस प्रकार, उनमें

बहुत-से लोग ब्राह्मण माने गए, बहुत-से क्षत्रिय, वैश्य और शूद्र। हिन्दू-संस्कृति की पाचन-शक्ति बहुत बड़ी थी और जो भी लोग इस देश में आते गए, उन्हें इस संस्कृति ने अपने भीतर बिल्कुल पचा लिया। आज यह कौन कह सकता है कि उसके पूर्वज आर्य या द्रविड़ थे? मंगोल, यूनानी, शक, यूची, हुण और आभीर–वे केवल शूद्र ही नहीं हुए थे; बहुत लोग क्षत्रिय, वैश्य और ब्राह्मण बनकर भी हिन्दू-समाज में समा गए।

महावीर और बुद्ध का विद्रोह

अच्छी बात भी काल पाकर खराब हो जाती है और उसमें सुधार लाना जरूरी हो जाता है। आर्य और द्रविड़ सभ्यताओं के मिलकर एक होने में कुछ देर लगी यानी शिव की पूजा, विष्णु की पूजा, देवी की पूजा जिनपर जनता की श्रद्धा है, वे बातें देर से पनपीं। शुरू में ऐसा हुआ कि समाज में वही धर्म प्रधान हो उठा जिसे आर्य चाहते थे और जिसका निचोड़ वेदों में मिलता है। यही भी हुआ कि द्रविड़ भंडार से आने वाली चीज़ें विशाल जनता की चीज़ें थीं जिन्हें ऊंचे दरजे के आर्य-पंडित फैलने देना नहीं चाहते थे। वेदों के समय ब्राह्मणों ने जो धर्म चलाया, वह यह था कि मनुष्य को यज्ञ करना चाहिए, क्योंकि यज्ञ से ही पानी बरसता है, यज्ञ से ही फसल अच्छी होती है और यज्ञ से ही हमारे घोड़े और बैल मोटे होते हैं और यज्ञ से ही हमारे दुश्मनों का बल घटता है। वैदिक काल के भारतवासी जीवन से मिलनेवाले सुखों में विश्वास करते थे और उनका खयाल था कि यज्ञ करने से मरने पर भी वही सुख वैकुन्ठ में मिलता है जो सुख इस धरती पर है। साथ ही वे यह भी समझते थे कि यज्ञ से मिलनेवाला पुण्य जब कम हो जाता है तब जीव को फिर से जन्म लेना पड़ता है।

कुछ समय बीतने के बाद ऋषियों को इस धर्म में काफी बुराई दीखने लगी। पहली बात तो यह थी कि यज्ञ में पशुओं की बलि दी जाती थी जो निर्दय और कठोर कर्म था। दूसरी बात यह थी कि यज्ञ पुरोहितों के बिना हो नहीं सकता था, इसलिए यज्ञ करानेवाले ब्राह्मण मनुष्य और ईश्वर के बीच की कड़ी हो गए। और दान-दक्षिणा के मामले में ब्राह्मणों का जो लोभ बढ़ा, उससे समाज में पुरोहितों की निन्दा होने लगी। इस निन्दा का जवाब ब्राह्मण यह कहकर देने लगे कि वे सभी जातियों में श्रेष्ठ हैं और जो भी उनकी निन्दा करेगा, वह नर्क में पड़ेगा। अपनी जगह मजबूत करने के लिए ब्राह्मणों ने जाति की कड़ियों को और भी जोर से कसना शुरू किया जिससे वे लोग बेचैन होने लगे जो छोटी जात में पड़ते थे तथा जो गुणवान होने पर भी समाज में आदर नहीं पा सकते थे। समाज में क्रोध पहले ब्राह्मणों के खिलाफ उठा, लेकिन धीरे-धीरे वही क्रोध उन पुस्तकों के खिलाफ भी बढ़ने लगा जिनका सहारा लेकर ब्राह्मण अपने को श्रेष्ठ बताना चाहते थे। जब समाज में ऐसी बेचैनी फैल रही थी, ठीक उन्हीं दिनों भारत के पूर्वी भाग यानी बिहार में महात्मा वर्धमान महावीर और

महात्मा गौतम बुद्ध का अवतार हुआ। इन दोनों महात्माओं ने जनता को यह शिक्षा दी कि जीव-हिंसा पाप है, इसलिए वे सभी यज्ञ छोड़ देने के योग्य हैं जिनमें किसी भी जीव की बलि चढ़ाई जाती है। दूसरी शिक्षा उन्होंने यह दी कि जिन पुस्तकों में यह लिखा है कि आदमी जाति के बल पर उच्च या नीच होता है, वे सभी पुस्तकें गलत हैं। ब्राह्मण हर बात में वेद का प्रमाण देते थे। इन महात्माओं ने वेद की आज्ञा मानने से इनकार कर दिया और लोगों से यह कहा कि जो बात बुद्धि में समा सके, सिर्फ उसी को मानना चाहिए। ईश्वर का असली स्वरूप क्या है, वह है या नहीं, इस सवाल को लेकर उन दिनों काफी विवाद चल रहा था। महात्मा बुद्ध इस सवाल पर चुप रह गए और शिष्यों को उन्होंने आज्ञा दी कि ऐसे सवालों पर सोचना ही नहीं चाहिए। ईश्वर के होने और नहीं होने से कुछ आता-जाता नहीं है। ईश्वर हो या नहीं हो, किन्तु हर हालत में आदमी के अच्छे कर्म का फल अच्छा और बुरे कर्म का फल बुरा होता है। महावीर (जैन धर्म के प्रवर्तक) ने भी यह मानने से इनकार कर दिया कि कोई ईश्वर है जिसने यह सृष्टि बनाई है। हाँ, उन्होंने इतना अवश्य माना कि जब मनुष्य पाप से छूट जाता है तब वही ईश्वर हो जाता है।

बुद्ध और महावीर दोनों के उपदेश बहुत ही क्रान्तिकारी थे; लेकिन यह नहीं समझना चाहिए कि उनका अवतार अचानक हुआ। असल में अवतार, पैगंबर और धार्मिक नेता भी अचानक जन्म नहीं लेते, उनका भी समय होता है। समाज में जो सवाल चलते रहते हैं, लोगों को जो शंकाएँ सताती रहती हैं, उन्हीं का जवाब देने के लिए धर्म-गुरुओं का जन्म होता है। महावीर और बुद्ध, इन दोनों महात्माओं का जन्म ईसा से कोई छः सौ साल (आज से कोई 26 सौ साल) पहले हुआ था। अजब संयोग की बात है कि दुनिया के कई अन्य धर्मगुरु और पैगंबर भी ठीक इसी काल में जन्मे। चीन में लाबजी और कनफ्युसियस नाम के महात्मा इसी समय जन्मे। यूनान में महात्मा पिथेगोरस का जन्म इसी काल में हुआ। पारसी धर्म के पैगम्बर जरथुस्त्र भी इन्हीं दिनों जन्मे थे और फिलस्तीन के भी दो पैगम्बरों, जिरेमिया और इजकिल का यही काल माना जाता है।

ऐसा लगता है कि ईसा के जन्म से छः-सात सौ साल पहले का समय बुद्धि की बेचैनी का समय था जबकि हर देश के पंडित ,और महात्मा यह जानने को व्याकुल हो रहे थे कि धर्म का असली रास्ता कौन-सा है? ईश्वर है या नहीं? मरने के बाद आदमी खत्म हो जाता है या किसी-न-किसी रूप में जीवित रहता है? सृष्टि को किसी ईश्वर ने बनाया है या यह खुद ही बन गई है? ऐसे ही सवालों का जवाब सोचते-सोचते उपनिषदें लिखी गईं जो हिन्दू धर्म के ग्रन्थों में बहुत ऊंची और आदरणीय हैं। और इन्हीं सवालों का जवाब अपने-अपने ढंग पर महावीर और बुद्ध ने भी दिया।

कभी-कभी लोग यह समझ लेते हैं कि महावीर का चलाया हुआ जैन धर्म और

बुद्धदेव का चलाया हुआ बौद्धधर्म हिन्दू-धर्म का विरोधी और उससे अलग मार्ग है, लेकिन ऐसा सोचना नितान्त भूल है। जब धर्म में कुरीतियाँ बढ़ जाती हैं तब उन्हें दूर करने के लिए धार्मिक नेता जन्म लेते हैं। महावीर और बुद्धदेव ऐसे ही नेता थे और उनका काम हिन्दू-धर्म की कुरीतियों को दूर करना था। बल्कि उन्होंने उसी काम को अपने ढंग पर पूरा किया जिसका आरम्भ उपनिषदों में हो चुका था। उदाहरण के लिए मुंडक और कठ—इन दोनों उपनिषदों में वेद की थोड़ी-बहुत निन्दा की गई है। गीता में स्वयं भगवान ने कहा है—"वेद तो तीनों गुणों में रत हैं; हे अर्जुन! तू तीनों गुणों से ऊपर उठ।" ब्राह्मण, पुरोहित और वेद—इनकी निन्दा बुद्ध और महावीर के पहले बृहस्पति और चार्वाक ने भी खूब की थी, मगर ये लोग नास्तिक थे और उनके सॅप्रदाय लोकायत कहलाते थे। इन लोगों ने वेदों की निन्दा करते हुए कहा है कि "वेद तो ठगों, प्रपंचियों और मांस खानेवालों की रचना है। वेदों के लिखनेवाने ऐसे लोग थे जो यज्ञ में मारकर घोड़ों का मांस खा जाते थे।" छान्दोग्न्य उपनिषद् में भी पुरोहितों की तुलना कुत्तों से की गई है। इन सब बातों से मालूम होता है कि जिस समय उपनिषदें लिखी जा रही थीं और जब महावीर और बुद्ध जन्मे थे, उस समय धर्म का रूप बिगड़कर खराब हो गया था। धर्म के नाम पर पशुओं की हत्या की जाती थी और ब्राह्मण और पुरोहित बहुत लोभी हो गए थे। धर्म की अवस्था जब-जब बिगड़ती है तब-तब क्रांतिकारी नेता पैदा होते हैं और वे कुरीतियों को काटकर धर्म को फिर से शुद्ध कर देते हैं।

जैन और बौद्ध धर्म ब्राह्मणों की प्रभुता के खिलाफ उठे थे, इसका एक सबूत यह भी है कि इन दोनों धर्मों के नेता क्षत्रिय वंश में जन्मे थे। बौद्ध धर्म की पुस्तक में कथा है कि धरती पर जन्म लेने के पहले जब बुद्ध स्वर्ग में विराजमान थे, तब जब उनका जन्म लेने का समय आया, ब्रह्मा ने उनसे पूछा कि महाराज, आप किस कुल में जन्म लेनेवाले हैं? इस पर बुद्धदेव ने ब्रहा से कहा—"महाबुद्ध के जन्म लेने के योग्य तो क्षत्रिय वंश ही होता है।" इसी प्रकार जैन धर्म में भी कहा है कि महावीर पहले एक ब्राह्मणी की कोख में आए थे। लेकिन पीछे देवताओं ने विचार किया कि भला धर्म का इतना बड़ा गुरु पतित ब्राह्मण जाति में कैसे पैदा होगा, यह सोचकर देवताओं ने ब्राह्मणी का गर्भ चुराकर उसे एक क्षत्राणी के पेट में रख दिया और इसी क्षत्राणी की कोख से महावीर जन्मे। इन कहानियों से यह भली भांति मालूम हो जाता है कि उन दिनों जनता को ब्राह्मण जाति से कैसी घृणा हो गई थी।

लेकिन वेद और ब्राह्मण का विरोध करते हुए भी महावीर और बुद्धदेव ने हिन्दू-धर्म की ही सेवा की। यही कारण है कि हिन्दुओं ने उन्हें कभी पराया नहीं समझा। जैन धर्म के आदिगुरु श्री ऋषभदेव को सभी हिन्दू चौबीस अवतारों में से एक मानते हैं और गौतम बुद्ध की गिनती तो दशावतारों में है। जैनों और बाकी हिन्दुओं में तो शादी-विवाह अब तक होते हैं। जब बौद्ध लोग इस देश में थे, तब

उनसे भी हिन्दुओं का रोटी-बेटी का सरोकार था। सच तो यह है कि बौद्ध हो जाने से कोई हिन्दू जाति से निकाल नहीं दिया जाता था। बौद्धों के भी उपनयन, विवाह और श्राद्ध में पुरोहित का काम ब्राह्मण ही करते थे। धर्म के मामले में हिन्दू हमेशा ही सहनशील थे और यहाँ एक ही हिन्दू-परिवार में कोई ब्राह्मण धर्म को मानता था, कोई बौद्ध धर्म को और कोई जैन धर्म को, और सब-के-सब आंनद से एकसाथ रहते थे।

जैन और बौद्ध धर्म के आरम्भ होने के बाद हिन्दूधर्म में परिवर्तन आने लगे। सबसे बड़ी बात तो यह हुई कि महावीर और बुद्ध के उपदेशों को सुनकर हिन्दू लोग जीव-हिंसा को छोड़कर अहिंसा का पालन करने लगे। दूसरी बात यह है कि बौद्ध धर्म का विश्वास था कि जीवन में सुख नहीं, दुख ही दुख है, इसलिए परिवार को छोड़कर मनुष्य को संन्यासी हो जाना चाहिए और संन्यासी रहकर ही जन्म-मरण से छुटकारा पाने की कोशिश करनी चाहिए। ऐसे उपदेशों के कारण हिन्दुओं में वैराग्य की भावना बढ़ने लगी। और हट्टे-कट्टे नौजवान भी संन्यासी होकर घर-बार छोड़ने लगे। संसार अनित्य है, जीवन में कोई सुख नहीं हैं, मनुष्य को लोक का सुख छोड़कर परलोक के लिए तैयारी करनी चाहिए—ये सारे भाव हिन्दुओं में बौद्ध धर्म से फैले हैं। जैन साधुओं के आगे तो जिन्दगी और भी बुरी चीज थी। इसलिए वे व्रत और उपवास के द्वारा शरीर को सुखा देना जरूरी समझते थे। अनशन करके प्राण छोड़ देने का रिवाज भी जैन साधुओं ने चलाया था। उनके आचरण का प्रभाव हिन्दुओं पर भी पड़ा और व्रत, उपवास तथा हठयोग के द्वारा शरीर को कष्ट पहुंचाना हिन्दुओं में भी अच्छा माना जाने लगा। इन धर्मों में सबसे बुरी बात यह थी कि निवार्ण और मोक्ष खोजने लिए झुंड-के-झुंड नौजवान संन्यासी होने लगे और उनकी देखा-देखी औरतों ने भी संन्यास लेना शुरू कर दिया। फिर तो ऐसा हुआ कि सारा देश संन्यासियों और भिक्षुणियों से भर गया। जो लोग खेती कर सकते थे, जो लोग पहलवानी और सिपाहीगीरी कर सकते थे और जो औरतें घरों में रहकर गृहस्थी चला सकती थीं, वे सब-की-सब गेरुए वस्त्र पहनकर मठों में रहने और भीख मांगकर जीवन बिताने लगीं। इससे दो तरह की हानि हुई। एक तरे गृहस्थों का दल कमजोर हो गया और लड़ाई के खतरों की ओर से सारे देश की दृष्टि फिर गई। दूसरे, मठों में साधुओं और साध्वियों के एकसाथ रहने से उनका आचार बिगड़ने लगा और धर्म की आड़ में लोग पाप करने लगे। इस पिछली बात ने धर्म को जो बदनाम किया सो तो किया ही, उससे देश में विलासिता भी बढ़ गई और सारा देश कमजोर होने लगा।

मगर, एक बात है जिसके चलते बौद्ध धर्म का उपकार अनन्त माना जाना चाहिए। ब्राह्मण-धर्म को चुनौती देकर जाति-प्रथा के खिलाफ झंडा ऊंचा करके बौद्ध धर्म ने हिन्दुत्व की बहुत बड़ी सेवा की। मनुष्य को जातियों में बांटना गलत है, सभी मनुष्य बराबर हैं और जन्म से कोई भी ऊंचा नहीं हो सकता। ऊंचा और नीचा आदमी

कर्म के कारण होता है, इस बात को बार-बार दुहराकर बौद्ध धर्म ने उन लोगों के माथे को ऊंचा उठा दिया जो ब्राह्मणों के अत्याचार के नीचे दबे हुए थे। बुद्धदेव का चलाया हुआ यह आंदोलन उनके समय से लेकर आज तक चला आया है। कबीर, नानक, दादू-दयाल, दयानंद, रामकृष्ण परमहंस और महात्मा गांधी—ये सभी संत और सुधारक बुद्धदेव की इसी धारा के साथ हैं।

हिन्दू धर्म और इस्लाम

इस्लाम धर्म के चलानेवाले पैगंबर मुहम्मद साहब थे। मुहम्मद साहब की मृत्यु सन् 632 ई. में हुई और भारत के सम्राट हर्षवर्धन सन् 648 ई. में मरे। इससे यह मालूम होता है कि जब मुसलमानों का धर्म इस्लाम पैदा हुआ, उस समय इस देश में हर्षवर्धन का राज्य था।

इस्लाम शब्द अरबी भाषा की एक धातु से निकला है जिसका अर्थ आत्म-समर्पण करना अथवा भगवान के चरणों में अपने-आपको सौंप देना होता है। इस धर्म का सिद्धान्त है कि ईश्वर एक है और मुहम्मद साहब उसके पैगंबर हैं। पैगंबर बहुत-कुछ अवतार ही होते हैं, लेकिन यहाँ फर्क यह है कि हिन्दू लोग अवतारों को ईश्वर का अवतार मानते हैं, लेकिन इस्लाम का कहना है कि मुहम्मद साहब भी आदमी ही थे, ईश्वर के अवतार नहीं। हाँ, उन्हें हम ईश्वर का दूत कह सकते हैं। ईश्वर आदमी बनकर धरती पर जन्म ले सकता है, इस बात में इस्लाम विश्वास नहीं करता।

अरब में जब मुहम्मद साहब का जन्म हुआ, उस समय वहाँ की जनता अन्धविश्वासी थी, वह सैकड़ों देवी-देवताओं को पूजती थी और सारा देश मूर्तियों से भरा हुआ था और हर मूर्ति किसी-न-किसी देवता की मूर्ति मानी जाती थी। लोगों का सच्चे धर्म से परिचय कम था। ज्यादातर वे आडम्बरों और ढकोसलों को ही धर्म का रूप मानते थे। मुहम्मद साहब ने जो धर्म चलाया उसमें आडम्बर नाम को भी नहीं था और न उसे समझने के लिए ज्यादा दिमाग की जरूरत थी। नाना आडम्बरों में उलझी हुई जनता के सामने उन्होंने एक सीधा-सादा धर्म रखा कि ईश्वर को एक मानो और उसी की सेवा करो। एक ही ईश्वर की सन्तान होने के कारण सभी आदमी आपस में बराबर हैं। इसलिए एक आदमी को बड़ा और दूसरे को छोटा मानने का हक किसी को नहीं है। आदमी की बराबरी का सिद्धान्त मुहम्मद साहब ने इस जोर से चलाया कि अवतारों और पैगंबरों को भी कोई रियायत नहीं दी। मरने के पहले उन्होंने अपने शिष्यों को यह हुक्म दिया था कि मेरी कब्र की सतह धरती से मिली रहनी चाहिए जिससे लोगों को यह मालूम होता रहे कि मैं देवता नहीं, इन्सान ही था। यह भी कहा जाता है कि मुहम्मद साहब जहाँ बैठकर धर्म की संगति किया करते थे वहाँ एक खजूर का पेड़ था। मरने के पहले उन्होंने शिष्यों से कहा कि इस पेड़

को काट डालो, नहीं तो लोग ऐसे अंधविश्वासी हैं कि मेरे मरने के बाद वे इस खजूर को भी पूजने लगेंगे।

इस्लाम की विशेषता उसकी सादगी है। उसमें उलझन नहीं है, ऊहापोह नहीं है। सिर्फ पाँच सिद्धान्त हैं जिनका पालन करना जरूरी समझा जाता है। पहला सिद्धान्त है—कलमा पढ़ना यानी इस बात को दिल में बिठाना कि ईश्वर एक है और उसके सिवा किसी दूसरे की सत्ता नहीं है। दूसरा सिद्धान्त है—दिन में पाँच बार नमाज पढ़ना यानी भगवान की प्रार्थना करना। तीसरा सिद्धान्त है—रोजा या उपवास रखना। चौथा सिद्धान्त है—जकात यानी अपनी साल भर की आमदनी का चालीसवां हिस्सा दान में दे देना। और पाँचवाँ सिद्धान्त है—हज्ज यानी तीर्थयात्रा करना।

इतना सीधा-सादा और आसानी से समझ में आ जाने लायक होने के कारण ही इस्लाम अरब के आस-पास तुरन्त फैल गया। कुछ यह कारण भी था कि शुरु में इस्लाम के जितने खलीफे (नेता) हुए, वे बहुत दयालु, बहुत बहादुर और धर्म के पक्के सेवक थे। उनके चरित्र को देखकर जनता आप-से-आप उनके अधीन हो गई। अक्सर कहा जाता है कि इस्लाम का प्रचार तलवारों के जोर से हुआ। लेकिन यह बात पूरी तरह ठीक नहीं है। इस्लाम के प्रचार के असली कारण ये थे कि वह सीधा और सरल धर्म था, उसके नेता दयालु, दिलेर और पवित्र आदमी थे तथा जहाँ-जहाँ इस धर्म का प्रचार हुआ वहाँ की जनता अनेक प्रकार के अत्याचारों से ऊबी हुई थी। अक्सर वह मुसलमान इसलिए हो गई कि मुसलमान होते ही उसे समाज में बराबरी की जगह आसानी से मिल जाती थी।

भारत पर मुसलमानों की पहली चढ़ाई 712 ई. में हुई जब बिन कासिम ने सिन्ध के राजा दाहिर को जीता, किन्तु इस चढ़ाई के बहुत पहले से ही भारत और मुस्लिम देशों के बीच दोस्ती का सरोकार भारत की बहुत-सी किताबों का अनुवाद अरबी में किया जा चुका था और भारत के ज्योतिषी, पंडित और वैद्य मुसलमानी देशों में इज्जत से रखे जाते थे। कहते हैं, दक्षिण भारत के मोपला लोग बहुत पहले ही मुसलमान हो चुके थे और उनके यहाँ मस्जिदें भी कायम थीं। हर एक धर्म अपने शुरु के जमाने में बहुत अच्छा रहता है। लेकिन जब इस्लाम की जवानी के दिन थे, तब वह भारत में व्यापक रूप से नहीं आया और जब 11वीं-12वीं सदी में मुहम्मद गजनी और मुहम्मद गोरी के साथ आया तब तक उसकी आयु छः सौ साल की हो चुकी थी और उसमें बहुत-से उलट-फेर भी हो चुके थे।

और इन छः सौ वर्षों में भारत की हालत भी गिरती जा रही थी। देश और जाति में ताकत तभी तक रहती है जब तक उनपर मुसीबतें आती रहती हैं, जब तक उन्हें संघर्ष और चिन्ता में रहना पड़ता है। आराम जैसे आदमी का दुश्मन है, वैसे ही वह देशों का भी दुश्मन होता है। गुप्तवंशी राजाओं के बाद से लेकर मुसलमानी चढ़ाई के पहले तक इस देश पर कोई चढ़ाई नहीं हुई और न ऐसी कोई मुसीबत आई जिससे

लोगों को चौकन्ना होना पड़ता। नतीजा यह हुआ कि आराम के मारे इस देश की बुद्धि सड़ने लगी। पंडित ऐसे-ऐसे शास्त्र लिखने लगे जिनसे छुआछूत की बढ़ती होने लगी, छोटी जातियों पर और भी अत्याचार होने लगा और धर्म के नाम पर आडम्बर का प्रचार होने लगा। बौद्ध और ब्राह्मण एक-दूसरे के दुश्मन हो गए। उनका सम्बन्ध सांप और नेवले का सम्बन्ध बन गया। मठ और मंदिर व्यभिचार के अड्डे बन गए। साधुओं ने मुद्रा साधने के लिए नीच जाति की स्त्रियों को अपने साथ रखना शुरू किया और योगियों तथा कनफटे साधुओं को देखकर गृहस्थ घबराने लगे कि कहीं वे घर की बहू-बेटियों को भगा न ले जाए।

भारत के इतिहास में यह एक ऐसा समय बीता है जब देश के पंडितों का दिमाग चारों ओर से बन्द था और वे दिन-रात शास्त्रों में यही घुसेड़ते जाते थे कि किसके हाथ का पानी पीना चाहिए और किसके हाथ का नहीं, किसका छुआ खाना चाहिए और किसका छुआ नहीं, किस जाति को छूने से पाप लगता है और किसकी छाया पड़ने से धर्म चला जाता है। नतीजा यह हुआ कि ऐसी सैकड़ों बातें निकल आईं जिनके कारण धर्म नष्ट हो सकता था। हिन्दू-धर्म ऐसी तुनुक चीज बन गया जो जरा-सी ठोकर लगने से भी खत्म हो जाती है।

शास्त्रों के अत्याचार के कारण देश में अछूतों की संख्या बेशुमार हो गई और छोटी-छोटी गलतियों के चलते लोग जाति से अलग किए जाने लगे। खास कर उन औरतों की हालत बहुत खराब हो गई जो कभी कोई गलती कर बैठी हों और समाज से निकाल दिए जाने पर उन्हें यह समझ में नहीं आता हो कि अब जाएँ कहाँ। इस तरह निम्नकोटि के शूद्र और अछूत तथा भ्रष्ट स्त्रियों का एक अलग समाज बन गया जो ब्राह्मणों से जलता था, जो हिन्दू-धर्म को छोड़कर कहीं अन्यत्र शरण खोज रहा था। इन लोगों को आश्रय बौद्धों के यहाँ मिल सकता था, लेकिन जो बौद्ध गृहस्थ थे वे तो लगभग हिन्दू ही थे और जो भिक्षु या संन्यासी हो गए थे, वे सिर्फ संन्यासियों को ही अपना सकते थे। बौद्ध और ब्राह्मण आपस में ऐसे दुश्मन हो गए कि मुसलमानी आक्रमण के समय बौद्ध चाहते थे कि मुसलमान ब्राह्मणों को खत्म कर दें और ब्राह्मण के बीच यह कहावत प्रचलित थी कि मरते हुए बौद्ध के मुंह में भी पानी डालनेवाला आदमी नरक में पड़ता है।

इन्हीं दिनों शास्त्रों में यह शर्त रखी गई कि समुद्र के पार जाने से आदमी की जात चली जाती है। चूंकि हिन्दू हिन्दुस्तान के बाहर और कहीं नहीं थे, इसलिए शास्त्रों ने नियम बना दिया कि अपने देश से बाहर जाना पाप है। यही नहीं, अपने देश की परिभाषा भी छोटी कर दी गई और यह नियम बन गया कि अंग (पूर्वी बिहार), बंग (बंगाल), कलिंग (उड़ीसा), सौराष्ट्र और मगध जानेवाले लोग धर्म से पतित हो जाते हैं, अगर वे इन प्रान्तों में धर्म के उद्देश्य से नहीं गए हों। बिहार और उत्तर प्रदेश के बीच बहने वाली नदी का 'कर्मशाला' नाम ही इसलिए पड़ा कि शास्त्र की दृष्टि में इस

नदी के पार जाने से कर्म-धर्म नष्ट हो जाते थे। पश्चिमी भारत में अटक (अब पाकिस्तान, सिन्ध में है) हिन्दुओं की अटक को गई, क्योंकि उसके पार जाने से हिन्दू हिन्दू नहीं रह सकता था। अकबर ने सुजान सिंह हाड़ा को काबुल जाने को कहा था। सुजान सिंह इस डर से काबुल नहीं गया कि वहाँ जाने से उसकी जात चली जायेगी। बदले में उसने अपने दो बेटों को काबुल भेज दिया और यह मानकर उनसे अपना नाता तोड़ लिया कि काबुल में पाँव धरते ही वे मुसलमान हो जायेंगे। उदयपुर के इतिहास-लेखक कविराज श्यामलदास ने अपने वीर-विनोद नाम के ग्रंथ में लिखा है कि अकबर ने राजपूत सरदारों से कहा था कि पठानों से मेरी दुश्मनी है। इसलिए मैं आप लोगों से शादी-सम्बन्ध करना चाहता हूँ। ऐसा कीजिए कि हमारे खानदान की बेटियाँ आप ब्याहिए और अपने खानदान की बेटियाँ हमारे खानदान में आने दीजिए। इस पर राजपूत सरदार घबरा गए। उन्होंने सोचा कि एक मुसलमानिन भी अगर खानदान में आ गई तो पूरे खानदान का धर्म चला जायेगा और हम सब-के-सब मुसलमान हो जाएँगे। इससे तो अच्छा यह है कि हम अपनी बेटियाँ शाही खानदान में ब्याह दें और खानदान की बेटियों को अपने घरों में न लावें । और यही हुआ भी।

ऐसा था वह हिन्दू-समाज जिसकी भेंट इस्लाम से हुई। सिंधु के राजा दाहिर के हारने के कोई तीन सौ साल बाद भारत पर मुहम्मद गजनी ने चढ़ाई की और उसके कोई डेढ़ सौ साल बाद मुहम्मद गोरी ने, और उसके भी कोई तीन सौ साल बाद बाबर ने। लेकिन इन चढ़ाइयों में ऐसा कम ही हुआ कि देश के राजे मिलकर दुश्मनों का मुकाबला करते। पृथ्वीराज और राणा संग्राम सिंह, सिर्फ इन्हीं दो वीरों ने गोरी और बाबर का डटकर मुकाबला किया। इनके सिवा मुसलमानी आक्रमण को रोकने की चिन्ता किसी को भी नहीं हुई। राजे विलास में डूबे हुए थे। वे एक-दूसरे से जलते भी थे। इसलिए वे लोहा नहीं ले सकते थे। जनता राजाओं से नाराज थी, क्योंकि राजे सिर्फ कर उगाह कर, जनता को लूटकर मौज मनाते थे, जनता को राजाओं से कोई लाभ नहीं था। फिर जनता का बड़ा हिस्सा तो अछूत और चांडाल समझा जाता था। वह किसके लिए मरने जाती? और समाज में जो पंडित थे, वे मानते थे कि एक तलवार गढ़ने की बनिस्बल देवता पर एक फूल चढ़ाना कहीं ज्यादा अच्छा काम है। ऐसी हालत में मुसलमान बड़ी ही आसानी से देश में फैल गए। उनका किसी ने विरोध नहीं किया। उनकी या उनके घोड़ों की टांगे जहाँ तक उन्हें ले जा सकीं, वहाँ तक की जमीन पर उनका राज्य हो गया।

पठान-वंश के कुछ सुलतानों ने इस देश पर बड़ा जुल्म किया और ऐसा ही जुल्म मुगल-वंश के बादशाह औरंगजेब के जमाने में भी हुआ। बहुत-से मंदिर तोड़ डाले गए, बहुत-सी मूर्तियाँ नष्ट कर दी गईं और लोग जबर्दस्ती मुसलमान भी बनाए गए। लेकिन यह समझना भूल है कि देश के लोग सिर्फ तलवार से डरकर ही मुसलमान हुए। सबसे ज्यादा लोग कश्मीर में मुसलमान हुए, पूर्वी बंगाल में मुसलमान हुए; और

शहरों में मुसलमान हुए। क्या इन जगहों पर तलवार बहुत ज्यादा चली थी? नहीं, इन इलाकों के लोग, गांव-के-गांव और झुंड-के-झुंड, एक साथ इसलिए मुसलमान हो गए कि हिन्दू-समाज उन्हें बराबरी का दरजा नहीं देता था। अछूत लोग अक्सर शहरों के बाहर, चारों ओर मुफस्सिल में बसते थे, इसलिए वे भी एक साथ इस्लाम के झंडे के नीचे आ गए। कुछ यह बात भी हुई कि मुसलमानों की फौजों के साथ इस देश में बहुत-से सूफी महात्मा भी आए थे। इन सूफियों का आदर केवल मुसलमान ही नहीं हिन्दू भी करते थे। अतएव सूफियों के प्रभाव से भी इस्लाम के प्रचार में बहुत मदद मिली। लेकिन सही बात यही है कि जितने लोग सूफियों के असर और मुसलमान सुलतानों की तलवार के भय से मुसलमान हुए, उनसे कई गुना ज्यादा लोग इसलिए मुसलमान हो गए कि वे हिन्दू-धर्म को सजा देना चाहते थे, क्योंकि इस धर्म ने सैकड़ों साल से उनपर अत्याचार मचा रखा था।

आज भारत और पाकिस्तान में जितने भी मुसलमान हैं, उनमें से शायद फीसदी पंचानबे लोगों के पूर्वज हिन्दू थे या हो सकता है कि फीसदी निन्यानबे लोगों के पूर्वज हिन्दू रहें हों, क्योंकि मुसलमान कभी भी बड़ी संख्या में इस देश में नहीं आए थे। बाबर जब इस मुल्क पर चढ़ाई करने को आया तब उसके साथ सिर्फ बारह हजार सिपाही थे और कुछ इतने ही सिपाही गोरी के भी साथ रहे होंगे। इन आंकड़ों को देखते हुए यह बात साफ हो जाती है कि मुसलमानों ने हिन्दुओं पर इतना अत्याचार क्यों किया। राज्य करने के लिए समझौता, नेकनीयती और सहनशीलता की जरूरत होती है जो अनेक बादशाहों में काफी मात्रा में थी भी। मगर सारे-के-सारे मुसलमान तो वे थे जिनके पूर्वज हिन्दू धर्म से चिढ़कर मुसलमान हुए थे और जो अब हिन्दुओं पर अपना रोब गांठना चाहते थे, उन्हें सजा देना चाहते थे। जो हिन्दू हिन्दुत्व से चिढ़कर मुसलमान हुए थे उन्हीं की संतानों ने हिन्दुओं पर सबसे ज्यादा जुल्म किया। असल में, यह जुल्म उस गलती का नतीजा था जो गलती हिन्दुओं ने सदियों से कर रखी थी और जिसे दुहराने से हिन्दू आज भी बाज नहीं आ रहे हैं।

मगर, जुल्म और जहर चाहे जितना पैदा हुआ, हिन्दुत्व और इस्लाम के मिलन से कुछ अच्छी बातें भी पैदा हुईं जिनसे हमारी संस्कृति मजबूत हुई है। सूफी महात्माओं के असर से भारत में भी सूफी धर्म की एक धारा फूट पड़ी जिसके कवि जायसी और कबीर, नानक और दादू हुए। इन कवियों ने बाहरी भेदभाव को छोड़कर उन बातों पर जोर दिया जिनसे आदमी-आदमी के बीच की दूरी कम होती है। धर्म के बाहरी ढकोसलों की निन्दा करके इन कवियों ने मनुष्य का ध्यान दया, प्रेम, पवित्र कर्म और परोपकार की ओर खींचा जो धर्म के असली स्परूव हैं। बुद्धदेव ने जात-पात के खिलाफ जो आंदोलन छोड़ा था, उस आंदोलन को भी इस्लाम से बहुत सहायता मिली, क्योंकि इस्लाम में जात-पात के लिए कोई जगह नहीं थी। सन्त-महात्माओं की देखादेखी दूसरे लोग भी इस बात की खोज करने लगे कि सभी धर्मों का एक जगह

मिलान कैसे किया जा सकता है। सम्राट् अकबर ने दीने-इलाही नामक धर्म चलाना चाहा जिसमें हिन्दू और मुसलमान दोनों के लिए आदर का बराबर स्थान था। शाहजहाँ के बेटे दारा शिकोह ने भी धर्म को कट्टरता से दूर रखकर मुलायम बनाने की कोशिश की।

आज हम जिस संस्कृति को अपनी संस्कृति कहते हैं, वह केवल हिन्दुओं की ही नहीं, मुसलमानों की भी संस्कृति है। मुसलमानों ने एक समय मूर्तियों को तोड़ डाला था, लेकिन आज वे भी ताजिए निकालते हैं, पीरों और बुजुर्गों की कब्रों को पूजते हैं जो एक तरह की मूर्तिपूजा ही है। परदा-प्रथा शायद पठानों के भय से हिन्दुओं में चली थी और मुगलों के भय से पठानों में। मगर आज वह हिन्दुओं और मुसलमानों में समान रूप से चली हुई है और हिन्दू तथा मुसलमान दोनों ही इस प्रथा को तोड़ना चाहते हैं। हिन्दुओं के बहुत-से रस्म-रिवाज आज मुसलमानों के यहाँ चल रहे हैं और मुसलमानों के बहुत-से रस्म-रिवाज हिन्दुओं के यहाँ। खान-पान, पोशाक और रहन-सहन में दोनों धर्मों के लोगों में समानता दिखाई देती है और दोनों में से चाहे कोई भी भारत से बाहर जाए, वहाँ वह आसानी से पहचान लिया जाता है कि वह हिन्दुस्तानी है।

संगीत में खयाल और कव्वाली मुसलमानों की देन हैं। बाजों में रवाब, दिलरूबा और सरोद ऐसे हैं जिनमें से कुछ तो शायद अरब से लाए गए या उनके नाम मुसलमानी पसन्द के हैं। कहते हैं, सितार का आविष्कार अमीर खसरो ने किया। चित्रकारी में भी मुसलमानों ने अपनी कलम चलाई, जो हिन्दू कलम से खूब मिली हुई थी। मकान बनाने में भी उन्होंने कुछ तो हिन्दुओं की पसन्द रखी और कुछ अपनी पसन्द। इस तरह संस्कृति के हर काम में हिन्दू और मुसलमानी संस्कृतियों का मेल हुआ और इस मेल से चीजों में एक नया निखार, एक नई खूबसूरती आ गई। और तो और, मुगलों के काल में जो उर्दू भाषा तैयार हुई, वह इसी देश की भाषा है, सिर्फ उसमें फारसी और अरबी के शब्द ज्यादा मिला दिए गए हैं। बहुत-से ऐसे हिन्दू लेखक और कवि हुए जिन्होंने फारसी और उर्दू में कमाल दिखाया। बहुत-से मुसलमान भी ऐसे हुए जिन्होंने ब्रजभाषा में अच्छी कविताएँ लिखीं।

और धर्म को लें तो मुसलमानों के संपर्क से हिन्दूधर्म में एक पूरी नई डाल ही पैदा हो गई जिसे हम सिक्ख धर्म कहते हैं। मुसलमानी राज्यकाल में देश में बड़े-बड़े कवि और धर्म के नेता पैदा हुए जिनसे हमारी संस्कृति बहुत ही पुष्ट हुई है। असल में यह काल हमारे इतिहास का बहुत ही अच्छा काल साबित हुआ।

भारत और यूरोप का मिलन

हिन्दू-धर्म और इस्लाम के आपस में मिलने के नतीजे कई रूपों में प्रकट हुए। एक तो देश में निर्गुण-निराकार की उपासना करनेवालों की संख्या बढ़ी; नानक, कबीर और दादूदयाल-जैसे संतों की धारा पुष्ट हुई और जातिप्रथा के खिलाफ चलनेवाला आंदोलन मजबूत हुआ। दूसरी ओर मुसलमानी आक्रमण से हिन्दू-धर्म को बचाने के लिए पंडित लोग शास्त्रों में नए-नए नियम और भी जोड़ते चले गए। चूंकि कबीर, दादू आदि सन्तों के शिष्य खास कर नीची जाति के लोग थे, इसलिए उनका आंदोलन बढ़कर भी इतना नहीं बढ़ा कि सवर्ण जातियों पर उसका कोई बड़ा प्रभाव पड़ता। इसके प्रतिकूल ऊंची जातिवालों ने जो रूढ़ियाँ चलाईं, वे खूब चल गईं और उनका असर पूरे समाज पर छा गया। भारत में मुगल साम्राज्य की स्थापना के बाद खुद इस्लाम भी रूढ़ियों में फंसने लगा। चूंकि प्रायः सभी मुसलमान हिन्दू से मुसलमान हुए थे, इसलिए वे हिन्दुओं का संस्कार मुसलमानी हलकों में ले गए और मुगल-राज्य के गिरते-गिरते हिन्दू और मुसलमान—दोनों ही अंधविश्वासों और रूढ़ियों में बेतरह फंस गए थे। उनमें हिम्मत के साथ सोचने की ताकत नहीं रह गई थी; वे धर्मशास्त्रों से बहुत डरने लगे थे और उनमें एकता की कमी हो गई थी। भारत के लोग कूप मंडूक होकर अपने ही भीतर आप समा रहे थे कि ऐसे समय में यूरोपीय जातियों का भारत में आगमन हुआ और उनके साथ ईसाइयत, बुद्धिवाद और विज्ञान ने भारत में प्रवेश किया। ईसाइयत की इस्लाम से समानता इस बात को लेकर थी कि दोनों धर्मों के बहुत-से पैगंबर एक थे और हिन्दू-धर्म से ईसाई-मत का यह मेल था कि ईसाई-मत में भी दया, परोपकार और क्षमा आदि का वैसा ही स्थान था जैसा कि बौद्धमत में दिखलाई पड़ा था, बल्कि लोग यह भी मानते हैं कि ईसाई-धर्म ने क्षमा, मैत्री, प्रेम और दया का पाठ बौद्ध-धर्म से ही लिया था। इसलिए ईसाइयत, इस्लाम और हिन्दुत्व एक तरह से आपस में दोस्ती पैदा कर सकते थे। किन्तु ईसाइयत के साथ-साथ आनेवाले बुद्धिवाद और विज्ञान ने भारत में आते ही एक तहलका मचा दिया जिससे हिन्दुत्व और इस्लाम—दोनों के पुराने गढ़ हिलने लगे और ऐसा दीखने लगा, मानो दोनों ही धर्मों के पांव भारत से उखड़ जाएँगे।

विज्ञान और बुद्धिवाद—ये मनुष्य को यह शिक्षा देते हैं कि असम्भव बातों पर विश्वास मत करो, सोच-समझकर उन्हीं बातों को मानो जो तुम्हारी बुद्धि में समा

सकती हों। हर चीज़ को पहले शंका की दृष्टि से देखों और जब शंका का समाधान मिल जाए, तभी उस चीज को कबूल करो। यहाँ तक कि धर्म भी शंका से ऊपर नहीं है। धर्म की पहचान भी बुद्धि से की जानी चाहिए और अगर बुद्धि की समझ में धर्म नहीं आता हो तो धर्म भी छोड़ देने की चीज है।

यूरोप के बुद्धिवादियों में से अनेक ने धर्म तो क्या, ईश्वर तक को छोड़ दिया था। जब यह बुद्धिवाद भारत में आया, तब अंग्रेजी पढ़े-लिखे भारतवासी अपने धर्म पर शरमाने लगे। पत्थर में भगवान को पूजने की बात, जनेऊ पहनकर द्विज बनने की बात, मरे हुए पितरों का श्राद्ध करने की प्रथा और शास्त्र-पुराणों में अनेक देवी-देवताओं की जो कल्पनाएँ हैं, उन्हें बुद्धिवाद की कसौटी पर खरा नहीं उतरते देखकर बंगाल के बहुत-से हिन्दू क्रिस्तान बनने लगे, क्योंकि क्रिस्तानी धर्म में ईश्वर निराकार समझा जाता था जिसे बुद्धिवादी लोग कुछ दूर तक ग्रहण कर सकते थे। यही नहीं, अंग्रेजी पढ़े हुए हिन्दू नौजवान अपने बुजुर्गों को चिढ़ाने के लिए मंदिरों में छिपकर गोमांस फेंकने लगे और जान-बूझकर वैसे आचरण करने लगे जैसे आचरण नास्तिक अथवा धर्म-निन्दक लोग करते हैं।

ईसाइयत और बुद्धिवाद के इस प्रभाव को देखकर हिन्दू जनता घबराने लगी। उसे साफ दिखने लगा कि अब हिन्दू धर्म नहीं बचेगा। मगर इस भयंकर टकराहट से हिन्दू-धर्म की नींद टूट गई और सोते से जगकर वह यह सोचने लगा कि बुद्धिवाद और विज्ञान के सामने वह अपना कौन-सा रूप रखे जिसे अंग्रेजी पढ़े-लिखे लोग भी पसंद करें। हिन्दू-धर्म की इस व्याकुलता से बंगाल में राजा राममोहन राय का जन्म हुआ। उन्होंने ब्रह्म-समाज की स्थापना की और यह बताया कि हिन्दू-धर्म भी निराकार ईश्वर को मानता है जिसके प्रमाण उपनिषदें हैं और निराकार उपासना में उन्होंने ईसाई उपासना की पद्धति मिला दी जिससे ईसाइयत पर रीझे हुए लोग भी हिन्दुत्व की विधि से ईश्वर की आराधना करने लगे। इसी प्रकार पश्चिमी भारत में स्वामी दयानन्द जन्मे जिन्होंने वेदों का भारत में फिर से प्रचार किया और लोगों को यह बतलाया कि मूर्ति-पूजा व्यर्थ है, श्राद्ध व्यर्थ है, अनेक देवी-देवताओं की पूजा-आराधना भी व्यर्थ है। केवल ईश्वर की पूजा की जानी चाहिए जो अजन्मा, अविनश्वर और एक है। बारीकी से देखने पर पता चलता है कि ब्रह्म-समाज ने हिन्दू धर्म की रक्षा उस दरवाज़े पर की जिसपर ईसाई धर्म लड़ रहा था और दयानन्द के आर्यसमाज ने हिन्दुत्व को उस मैदान में बचाया जहाँ इस्लाम लड़ रहा था।

इन्हीं दिनों भारत से बाहर भारत के दर्शन और प्राचीन साहित्य का बहुत प्रचार हुआ और इसके फलस्वरूप अमेरिका में मैडम ब्लावास्की ने थियोसाफी समाज की स्थापना की। पीछे चलकर इस समाज का प्रधान कार्यालय भी भारत चला आया और इस समाज ने भी विज्ञान, बुद्धिवाद और ईसाइयत से अपनी रक्षा करते हुए हिन्दुत्व की काफी सेवा की।

लेकिन ये आंदोलन खास कर पंडितों और पढ़े-लिखे लोगों के बीच चल रहे थे और जनसाधारण को इनके लिए ज्यादा उत्साह नहीं था। तब बंगाल में ही परमहंस रामकृष्ण का अवतार हुआ। परमहंस रामकृष्ण पंडित नहीं, साधु थे। उन्होंने ईसाईयत की भी साधना की थी और इस्लाम की भी, और सिद्ध होने पर वे सभी धर्मों को समान भाव से देखते थे। उनका विचार था कि रास्ता चाहे जो हो, लेकिन अलग-अलग रास्तों से हम जिस ईश्वर को पाना चाहते हैं, वह असल में एक ही है। परमहंसजी का यह भाव जनता को बहुत पसंद आया और जनता उन्हें घेरकर खड़ी हो गई कि धर्म का असली गुरु यही है।

राममोहनराय, दयानन्द, केशवचन्द्र सेन, परमहंस ने उसे धर्म के सुधरे हुए रूप से परिचित कराया। रामकृष्ण और उनके शिष्य विवेकानन्द के उपदेशों से हिन्दू-धर्म की बहुत सी रूढ़ियाँ दूर हो गईं और वह एक बार फिर शुद्ध सोने के समान चमकने लगा। आज हम जिस हिन्दू धर्म को मानते हैं, वह इन्हीं पंडितों और साधुओं के द्वारा सुधारा हुआ हिन्दू धर्म है। इस हिन्दू धर्म में बुद्धिवाद भी है, क्योंकि आज का हिन्दू अंधा बनकर किसी बात में विश्वास नहीं करता, वह धर्म की बातों की भी बुद्धि की कसौटी पर जांच करता है। इस नए हिन्दू धर्म में उदारता भी है, क्योंकि वह न तो यही हठ करता है कि ईश्वर निराकार है, न इसी बात की जिद करता है कि वह साकार है। यह हिन्दू धर्म इस्लाम और ईसाइयत का भी आदर करता है और यही कारण है। कि अब लोग इस नए हिन्दुत्व को संसार के सभी धर्मों की भूमिका कहते हैं।

इस समय मुसलमानों के बीच भी सर सैयद अहमद खां और मौलाना चिराग अली जैसे बड़े-बड़े नेता पैदा हुए जिन्होंने जनता को इस्लाम की पवित्रता सिखलाई।

असल में 19वीं सदी में धर्म और संस्कृति में जो जागरण आया उसी से हममें राष्ट्रीयता भी जन्मी। हमने अपने पुराने इतिहास को देखा, अपने पूज्य वीरों को पहचाना और यह समझने लगे कि हम भी एक शानदार जाति के सदस्य हैं। अगर 19वीं सदी का सांस्कृतिक जागरण नहीं आता तो हम न तो अपने धर्म और समाज का सुधार करते और न हमारे बीच नई चेतना जन्म लेती जिसने हमारे दिमाग को बदल डाला है।

आज जब हम नए भारत का निर्माण कर रहे हैं तब हमें हठी, तंगनजर और जिद्दी नहीं होकर यह सोचने की कोशिश करनी चाहिए कि हमारी संस्कृति का सच्चा रूप क्या है। क्या वह किसी एक जाति या धर्म की देन है या उसकी रचना में आर्य-अनार्य, हिन्दू-मुसलमान, पारसी-क्रिस्तान और सिक्ख सबकी विचारधाराओं ने योग दिया है? अगर हमारी संस्कृति इन सबकी देन से बनी है तो फिर वह एक मिली-जुली चीज है और हम सभी लोग उसके हकदार हैं।

भेंट-वार्ता

क्या विज्ञान की प्रयोगशाला में जीवन निर्माण सम्भव है?

प्रश्न–"विज्ञान की प्रयोगशाला में इस समय जीवन-तत्त्व के निर्माण का जबर्दस्त प्रयत्न चल रहा है। क्या आप मानते हैं कि यह प्रयत्न सफल होगा? और यदि सफल हो गया तो क्या यह सम्भव नहीं है कि मनुष्य स्वयं अपने जन्म-मरण का स्वाधीन स्वामी हो जाएगा और अन्ततः वह रोग, जरा और मरण पर विजय प्राप्त कर अपनी शारीरिक सत्ता को अपने अधीन कर लेगा?"

उत्तर–विज्ञान ने बहुत-सी बीमारियों को जीत लिया, यह सही है; किन्तु वैज्ञानिक सभ्यता के कारण बहुत से रोगों में वृद्धि भी हुई है। हैजा, प्लेग, कालाजार और अब राजयक्ष्मा, ये भयानक बीमारियाँ मनुष्य के बस में आ गई हैं, किन्तु रक्तचाप, मधुमेह, स्नायविक दुर्बलता और हार्ट फेलियोर से अब जितने लोग मरते हैं उतने पहले नहीं मरते थे। और उन्माद की बीमारी तो, स्पष्ट ही, पहले से बहुत बढ़ गई है। अमेरिका के अस्पतालों में उन्माद के जितने रोगी रखे जाते हैं, उनसे अधिक रोगी अस्पतालों के बाहर दिखाई देते हैं। और यह तो है ही कि वयस्क अमेरिकी जनता में से कोई सत्तर प्रतिशत लोग ऐसे हैं, जिन्हें नींद की गोलियाँ खाए बिना ठीक निद्रा नहीं आती।

"दर्द की दवा पाई, दर्द बेदवा पाया।"

ऐसा लगता है, मानो, वेदना मनुष्य जाति की चिरसंगिनी हो। विज्ञान ने, हमारे दुःखों के शमन के लिए जो साधन एकत्र किए हैं, लगता है, उन साधनों में केवल इलाज ही नहीं, कुछ नए रोगों का भी पुट है। फर्क यह है कि पहले तो बीमारियाँ अन्धड़-तूफान की तरह आती थीं, और आदमी जोर से बीमार हो जाता था; किन्तु अब वह जोर से बीमार न होकर, थोड़ा-थोड़ा रोज बीमार रहता है। अच्छा क्या है? एक साथ धधक उठना या जीवन भर मन्द-मन्द धुँधुआते रहना? सोचने की बात है!

फिर भी विज्ञान से हमें बहुत उम्मीद हो चली है, क्योंकि अब ऐसे-ऐसे चमत्कार होने लगे हैं, जो पहले सोचे भी नहीं जा सकते थे। मरते हुए आदमी की आँखें जिन्दा आदमी को लगा देते हैं और उस आँख से वह देखने लगता है। मरते हुए आदमी की टाँग जिन्दा लँगड़े आदमी को लगा देते हैं और वह चलने लगता है। बन्दरों की ग्रन्थियाँ लगाकर बूढ़े ज़वान बनाए जा रहे हैं और एकाध बार, यह सम्भावना भी दिखाई पड़ी है कि नारी नर में और नर नारी में बदला जा सकता है। मगर कैन्सर का

इलाज क्या है? मामूली जुकाम की दवा कहाँ है? अपना तो यही अनुभव है कि सर्दी होने पर डॉक्टरों के पास जाओ तो दो सप्ताह लगते हैं और न जाओ तो सर्दी पाँच दिन में छूट जाती है। और सिर के बाल जो झरते हैं, उन्हें रोकनेवाली दवा कहाँ है? और भी एक बात पूछूँ, जब तक प्रसव पीड़ा-युक्त नहीं हो पाता तब तक आधे मानव-समाज की दृष्टि में साइंस की वक़्त क्या है? चमत्कार सर्जरी ने दिखाया है। फिजिशियन तो अकसर अँधेरे में ही टटोला करते हैं। विज्ञापन तन को ज्यादा, मन और आत्मा को कम समझता है। इसीलिए, सर्जरी ने तो तरक्की कर ली, लेकिन, औषधि-विज्ञान को आगे बढ़ने की राह नहीं मिल रही।

इतिहास के गह्वर से जो गूँज आती है, उससे मालूम होता है कि रोग, जरा, और एक हद तक मरण पर विजय प्राचीनकाल में भी प्राप्त की गई थी, किन्तु वह औषधियों से नहीं, युक्ताहार, विहार, योग और चित्त-शुद्धि के द्वारा। बूढ़े लोग ययाति का अनुकरण करें, यह मनुष्य के लिए कोई गौरव की बात नहीं है। गौरव तो व्यास, वशिष्ठ और विश्वामित्र से ही है।

मृत्यु को मैं अजेय मानता हूँ। मनुष्य दीर्घायु हो सकता है, अमर नहीं। और आयु-दैर्घ्य भी वही काम्य है, जो कीर्ति से आता है—सन्तति, परम्परा और विचार-प्रवाह से उत्पन्न होता है। यह ठीक नहीं कि हर खिलनेवाला फूल सदा को खिला रह जाए। और चार दिनों की जिन्दगी के लिए जब इतनी हाय-हाय होती है, तब कभी भी खत्म न होनेवाली जिन्दगी के लिए कितनी हाय-हाय होगी?

मनुष्य के स्थूल विघटन की प्रक्रिया को न अध्यात्म रोक सकता है, न विज्ञान। अरविन्द मानते थे कि स्थूल शरीर का विघटन रोका जा सकता है। किन्तु उनका अपना तपःपूत शरीर इस सिद्धान्त का समर्थन नहीं कर सका। मान्यता मेरी यह है कि इस विघटन को विज्ञान भी नहीं रोक सकेगा, क्योंकि यह बात ही स्रष्टा की योजना के विरुद्ध है।

(शेष-निःशेष)

---

17 जनवरी, 1960 ई.

कवि की दृष्टि में उसकी सृष्टि

(दिनकर से भेंटवार्ता)

—प्रश्नकर्ता : गोपालकृष्ण कौल

प्रश्न—कवि की कृति उसके व्यक्तित्व की एक उपलब्धि भी होती है। आपकी जीवन-परिस्थितियाँ इस उपलब्धि में कितनी सहायक और कितनी बाधक हुईं?

उत्तर—प्रश्न शायद ठीक से मेरी समझ में नहीं आया। जितना समझ सका हूँ, उतने का उत्तर यह है कि व्यक्तित्व की उपलब्धि साहित्य से नहीं होती, साहित्य उसका पोषण करता है। साहित्य से कीर्ति अथवा अपकीर्ति प्राप्त होती है। अर्थात् साहित्य कवि के व्यक्तित्व पर जनमत को आमन्त्रण देता है। व्यक्तित्व का निर्माण परिस्थितियाँ करती हैं, मन में आनेवाले भाव और विचार करते हैं, जीवन के अनुभव और समस्याओं के आघात करते हैं। यही व्यक्तित्व कवि की कृतियों में प्रतिफलित होता है। इलियट ने इस प्रक्रिया को व्यक्तित्व से मोक्ष पाने का प्रयास कहा है, अर्थात् इलियट के अनुसार कविता लिखने के बाद कवि अपने व्यक्तित्व के भार से थोड़ी मुक्ति का अनुभव करता है। यह बहुत-कुछ अरस्तू के 'रचनावाद' के समान है। मेरा खयाल है, कविता कवि के व्यक्तित्व के विसर्जन का कम, उसके पोषण का प्रयास अधिक है।

प्रत्येक व्यक्ति के निर्माण में परिस्थितियों का हाथ रहता है। मेरे व्यक्तित्व की रचना भी परिस्थितियों के कारण हुई होगी। किन्तु, यह कहानी बहुत लम्बी है। मैं न तो सुख में जनमा था, न सुख में पलकर बढ़ा हूँ। किन्तु मुझे साहित्य में काम करना है, यह विश्वास मेरे भीतर छुटपन में ही पैदा हो गया था। इसलिए ग्रेजुएट होकर जब मैं परिवार के लिए रोटी अर्जित करने में लग गया, तब भी साहित्य की साधना मेरी चलती रही। आरम्भ में बहुत दिनों तक मैं दाहिने हाथ से दफ्तर की फाइल और बाएँ हाथ से कविता लिखता था, अर्थात् दिन की ताज़ी घड़ियाँ दफ्तर के कामों में जाती थीं, केवल श्रान्त-क्लान्त क्षणों में ही साहित्य लिखता और पढ़ता था। बहुत श्रम, संघर्ष और धीरज के बाद ही मैं परिस्थितियों को यत्किंचित् अपने अनुकूल बनाने में समर्थ हो सका। लेकिन अब उसका भी कोई खास महत्त्व नहीं है, क्योंकि परिस्थितियाँ थोड़ी-बहुत अनुकूल तब हुईं, जब शरीर शिथिल हो रहा है। तब मैं पढ़ा-लिखा कम

ही था। इधर अज्ञान कम करने के घनघोर अध्यवसाय के बाद भी, मेरा खयाल है, मुझे उतना मालूम नहीं है जितना ज्ञान इस युग के कवि और लेखक को होना चाहिए।

धनाभाव की पीड़ा, दफ्तरों में मिलनेवाला प्रच्छन्न अपमान, बेटियों के विवाह की चिन्ताएँ और पारिवारिक कष्ट मैंने बहुत सहे हैं। कुछ क्लेश मुझे अपने स्वभाव-दोष अथवा मूर्खता के कारण भी उठाने पड़े। किन्तु इन पीड़ाओं का मुझ पर कोई अमिट प्रभाव पड़ा हो, ऐसा आभास मुझे नहीं मिलता। दुःख और सुख के भेद मुझे कभी भी ज्ञात नहीं हुए। नौकरी में जब मेरा वेतन पाँच सौ रुपए हो गया, तब भी अपने आपको मैं वैसा ही निर्धन या धनी समझता रहा जितना धनी मैं उस समय था जब मैं स्कूल का शिक्षक था और मेरा वेतन केवल 50-55 रुपए था। दुःख की कुछ थोड़ी आँच मुझे अकारण चेष्टाओं से महसूस हुई।

प्रश्न–प्रारम्भ में आपने हिन्दी-काव्य की राष्ट्रीय धारा में अपनी ओजस्वी रचनाओं से योग दिया। उनमें उद्‌बोधन, ललकार और अतीत के गौरव का स्मरण है। इस राष्ट्रीय धारा में आपके आगमन से राष्ट्रीय आन्दोलन के किसी प्रकार के प्रभावों और सम्पर्कों का योग भी है?

उत्तर–सन् 1920 ई. के असहयोग-आन्दोलन के समय मैंने कई सभाओं में 'वन्देमातरम्' गीत का गान किया था। उनमें से एक गीत पं. गुलाबरतन वाजपेयी का भी था। मैं जबलपुर से निकलनेवाले मासिक पत्र 'छात्र-सहोदर' का नियमित पाठक था। 'छात्र-सहोदर' में राष्ट्रीय कविताएँ छपा करती थीं और उन्हें मैं बड़े चाव से पढ़ता था। याद आता है कि लोकमान्य तिलकजी की मृत्यु पर माखनलालजी की एक कविता 'प्रताप' में छपी थी। तब मैं उस कविता को पढ़कर खूब रोया था और पूरी-की-पूरी कविता मुझे कंठस्थ हो गई थी। स्वर्गीय पं. रामनरेश त्रिपाठी का 'पथिक' भी मुझे बहुत याद था। 'भारत-भारती' मैंने उसके बाद पढ़ी और उसका भी मुझ पर प्रभाव पड़ा। 1921 ई. में मैंने राष्ट्रीय स्कूल में नाम लिखाया, जो असहयोग-आन्दोलन का प्रतीक था। वहाँ मैंने दासता-विरोधी संस्कार काफी अर्जित किए। राष्ट्रीय स्कूलों के लिए साहित्य की पुस्तकें नए ढंग से तैयार की गई थीं। ऐसी पुस्तकों में रामवल्लभसिंह के सारे-के-सारे साहित्य-संग्रह मैंने कई बार पढ़ डाले थे। मेरा पूरा बचपन राष्ट्रीय आन्दोलन के वातावरण में गुजरा था। बाद को भी यह संस्कार बढ़ता ही गया। गाँव से मैट्रिक पास करके जब मैं कॉलेज में पढ़ने के लिए पटना आया, तब सौभाग्य से वहाँ बेनीपुरीजी, श्रीगंगाशरणसिंह, जयप्रकाशजी, स्वर्गीय काशीप्रसाद जायसवाल और बाबा राहुल सांकृत्यायन की संगति प्राप्त हो गई। सन् 1930 ई. के नमक-सत्याग्रह में मैंने भी तीन-चार महीने काम किया था। सम्भव है, इन सभी घटनाओं ने मुझे कविता की राष्ट्रीय धारा की ओर धकेल दिया हो। यों भी, छायावाद की कविताएँ मुझे कुछ खास पसन्द नहीं थीं। छायावादी युग में भी मेरे परम प्रिय कवि वे ही थे, जो राष्ट्रीय कविताएँ लिखा करते थे, जैसे–सुभद्राकुमारी चौहान, बालकृष्ण

शर्मा 'नवीन', माखनलाल चतुर्वेदी, रामनरेश त्रिपाठी और गयाप्रसाद शुक्ल 'सनेही'। मैंने ब्रजनारायण चकबस्त का 'सुबहे-वतन' नामक संग्रह भी बड़े प्रेम से पढ़ा था, जिसका प्रकाशन नागरी लिपि में हुआ था। नमक-सत्याग्रह के समय 'त्याग-भूमि' में 'निर्गुण' नामक किसी अपरिचित कवि की एक कविता छपी थी—'तू नूतन वर्ष विहान, जाग!' यह कविता मुझे बेहद पसन्द आई थी। पीछे पता चला कि वह कविता श्री रामनाथ 'सुमन' की लिखी हुई थी। मेरी कविता के भीतर राष्ट्रीय मनोदशा की उत्पत्ति में इन सभी प्रिय कवियों का कुछ-न-कुछ योगदान रहा होगा।

प्रश्न—हिन्दी में राष्ट्रीय काव्यधारा को छायावादी काव्यधारा से अलग करके क्यों देखा जाता है? केवल राजनैतिक और समाज-सुधारक ओजस्वी कविताएँ ही राष्ट्रीय क्यों कही गईं? क्या प्रेम-कविताएँ राष्ट्रीय नहीं हैं? काव्य में राष्ट्रीय और अन्तर्राष्ट्रीय का यह मूल्यांकन कहाँ तक संगत है?

उत्तर—वैसे तो भारत के राष्ट्रकवि वाल्मीकि, कालिदास, तुलसीदास और रवीन्द्र हैं, क्योंकि भारत की सनातन आत्मा का जैसा सुगम्भीर घोष इन कवियों में सुनाई देता है, वैसा किसी और कवि में सुनाई नहीं देता। फिर भी, हम उन्हें 'राष्ट्रकवि' नहीं कहते हैं; वाल्मीकि, कालिदास और तुलसीदास को तो बिलकुल नहीं। कारण, 'राष्ट्रीय' विशेषण भारत में नहीं चलता था। राष्ट्र शब्द का प्रयोग यहाँ अधिकतर उस अर्थ में होता था जिस अर्थ में आज हम प्रान्त या प्रदेश शब्द का व्यवहार करते हैं। यह दूसरी बात है कि वैदिक प्रार्थना में आए हुए राष्ट्र शब्द को अब हम नए अर्थ में ग्रहण करने लगे हैं। भारत का मन राष्ट्रीय कम, अन्तर्राष्ट्रीय अधिक रहा है। तब भी, दासता से मुक्ति पाने के लिए हमने 'राष्ट्रीय' विशेषण को स्वीकार कर लिया, सिर्फ इस भाव से कि राष्ट्रीयता के जागरण के बिना दासता का अन्त असम्भव है। दासता और साम्राज्यवाद हम पर यूरोप ने लादे थे और यूरोप ने ही हमें यह भी सिखा दिया कि दासता और साम्राज्यवाद से छुटकारा पाने का उपाय राष्ट्रीय भावों का विकास है। पीड़ित समाज का ध्यान पूर्ण पर कम, खंड पर अधिक रहता है। वह युग की पीड़ाओं से मुक्ति पाने के जोश में युग-युग की पीड़ाओं की उपेक्षा करता है। इसी जोश के कारण छायावादी युग में प्रेम और रहस्यवाद की कविताओं की तुलना में राष्ट्रीय कविताएँ अधिक लोकप्रिय हो उठीं।

कवि के असली सम्मान के कारण, पंडित और प्रोफेसर न कभी पहले हुए थे, न आज हैं। वे तो बड़े-से-बड़े कवियों की भी उपेक्षा ही करते हैं और 'जीनियस' की भी पुस्तक वे तब तक नहीं पढ़ते, जब तक कारखाने का बाबू उसे न पढ़ चुका हो। कला और सौन्दर्य का भी महत्त्वपूर्ण निर्णय पहले जनता ही करती है। जनता ने जब देखा कि कुछ कवि उसके अभियान में खुलकर साथ दे रहे हैं, तब प्रसन्न होकर उसने उन कवियों को 'राष्ट्रीय कवि' कहना आरम्भ कर दिया। यह सम्मान वह प्रेम और रहस्यवाद के गायकों को कैसे दे सकती है?

प्रश्न–जिस राष्ट्रीय काव्यधारा ने साम्राज्य-विरोधी और आजादी के लिए संघर्षशील भारतीय जीवन को प्रेरणा दी, उसमें प्रगतिशील आन्दोलन अर्थात् प्रगतिवाद ने भी अपनी महत्त्वपूर्ण भूमिका निभाई है। प्रगतिशील साहित्य के प्रति आपका अपना दृष्टिकोण रहा है। आपकी दृष्टि में प्रगतिशील और राष्ट्रीय काव्य में क्या कुछ अन्तर है?

उत्तर–पहले हमें यह देखना चाहिए कि प्रगति किसे कहते हैं! संसार को हिंसा की ओर जाना है या अहिंसा की ओर? अच्छा समाज वह है जिसमें केवल भौतिक सुविधाओं का विकास होता है? अथवा वह, जिसमें भौतिक और आध्यात्मिक दोनों प्रकार की उन्नति होती है? राज्य वह अच्छा है, जिसमें एक या दस नेताओं के खिलाफ जीभ खोलने से लोग डरते हैं अथवा वह जिसके नागरिक बड़े-से-बड़े सत्ताधारियों की भी आलोचना निर्भय होकर कर सकते हैं? और यदि दस या दस हज़ार व्यक्ति यह कहने लगें कि मत वही है, जिसे हम मानते हैं और पूरे संसार को हम उसी मत में दीक्षित कर देंगे, तो इससे क्या मनुष्य की प्रगति होती है? पहले की धर्मान्धता जितनी निन्दित वस्तु थी, आज की राजनीतिक अन्धता क्या उससे कम निन्दनीय है? अदृश्य वास्तविकता के प्रति सन्देह की स्थिति का कुछ थोड़ा औचित्य है; किन्तु यह कहना तो प्रगति का सूचक नहीं हो सकता कि अदृश्य वास्तविकता है ही नहीं, अतएव अदृश्य का स्वप्न हम किसी को भी देखने नहीं देंगे। धर्म की निन्दा मार्क्स ने ऐतिहासिक आवश्यकता के कारण की थी। किन्तु, तब से भौतिकी बैठी नहीं रही है। वह अब जिस ऊँचाई पर पहुँच गई है, वहाँ से दर्शन का समुद्र दिखाई देता है। ये कुछ कारण हैं, जिनके चलते मैं प्रचलित प्रगतिवाद को अपना जीवन-दर्शन मानने से इनकार करता हूँ। किन्तु, जहाँ तक दासता, साम्राज्यवाद, शोषण और विषमता के विरोध का प्रश्न है, मैंने खुलकर उस विरोध में भाग लिया है और मैं उन सभी लोगों का प्रशंसक हूँ जो दासता, विषमता, साम्राज्यवाद और सामाजिक न्याय के बारे में लिखते हैं और अपने को प्रगतिवादी कहते हैं।

राष्ट्रीय कविता, स्पष्ट ही, प्रगतिशील प्रवृत्तियों से उद्‌भूत थी, किन्तु ऐसी कविताएँ सन् 1934 ई. के बाद ही नहीं लिखी गई थीं, उनकी परम्परा भारतेन्दु तक जाती है। इसलिए, प्रगतिशील प्रवृत्ति की बात तो मैं मानता हूँ, प्रगतिवादी युग कहने की सार्थकता मुझे दिखाई नहीं देती। यह अच्छी बात है कि हिन्दी के कई आलोचक अब प्रगतिवादी युग को छायावादोत्तर काल कहने लगे हैं। यह और बात है कि छायावादोत्तर काल में ही वह आन्दोलन चलाया गया, जिसका नाम 'प्रगतिवाद' है।

प्रश्न–आपने साहित्य में प्रगतिवाद को साहित्येतर आन्दोलन माना है और प्रयोगवाद को साहित्यिक आन्दोलन। क्या कोई विचार आन्दोलन बनने पर विशुद्ध साहित्यिक रह सकता है? और क्या साहित्य की कसौटी केवल साहित्य होता है? क्या साहित्य के अधिकांश मूल्य साहित्येतर नहीं होते? जैसे राजनीति, समाजशास्त्र, विज्ञान की उपलब्धियाँ, मनोविज्ञान और मानव-विवेक आदि?

उत्तर–स्पष्ट ही, इस प्रश्न का उत्तर आप सैद्धान्तिक धरातल पर चाहते हैं। मैंने यह तो कहीं नहीं लिखा है कि प्रगतिवाद सैद्धान्तिक दृष्टि से, साहित्यिक आन्दोलन नहीं हो सकता। मेरी आलोचना उसके व्यावहारिक रूप की आलोचना है। क्या आप यह नहीं मानते कि प्रगतिवादी आन्दोलन का उपयोग कम्युनिस्ट पार्टी के फायदे के लिए किया गया था? यदि नहीं, तो इसका कोई जवाब आपके पास है कि राष्ट्रीय कवियों का वह वर्ग प्रतिक्रियागामी क्यों माना जाने लगा, जिसका झुकाव गांधीवाद और प्रजातन्त्र की ओर था? दासता, साम्राज्यवाद, शोषण और विषमता के खिलाफ़ वे भी लिख रहे थे, जो राजनीति में कम्युनिस्ट नहीं थे और वे भी जो कम्युनिस्ट थे। वैसे, प्रगतिवाद, मुख्यतः विचारों पर आधारित वाद है; फिर भी, यदि प्रगतिवाद के अभिभावक दोनों ही प्रकार के कवियों और लेखकों को प्रगतिशील मानते तो प्रगतिवाद, मत-प्रधान होने पर भी, साहित्यिक आन्दोलन रह सकता था। किन्तु, कम्युनिस्ट आलोचकों ने इतनी उदारता नहीं दिखाई। उन्होंने प्रगतिवादी होने का सुयश केवल उनके लिए सुरक्षित रखा, जो प्रत्यक्ष नहीं तो छिपे-छिपे कम्युनिस्ट आन्दोलन के साथ थे। आज कम्युनिस्ट भी यह रोना रोते हैं कि भारत के भीतर सह-अस्तित्व नहीं है। क्या मैं पूछ सकता हूँ कि भारतीय साहित्य में सह-अस्तित्व का विनाश किसने किया? ईमानदारी का उत्तर यही हो सकता है कि कम्युनिस्टों ने। यही नहीं, बल्कि जो आलोचक कम्युनिस्ट नहीं हैं, वे तो साम्यवादी सुलेखकों के नाम आदर के साथ लेते हैं; किन्तु, साम्यवादी आलोचक गैर-साम्यवादी लेखकों और कवियों के नाम आदर से नहीं लेते। जैसे सेठ-साहूकार लेखकों और कवियों से दोस्ती केवल इस भाव से करते हैं कि ऐसी दोस्ती से सेठों का सुयश बढ़ेगा, वैसे ही कम्युनिस्ट बन्धु केवल उन्हीं लेखकों और कवियों को अपनाते हैं, जो उनके राजनीतिक हथियार हो सकते हों।

प्रयोगवाद को मैं साहित्यिक आन्दोलन इसलिए मानता हूँ कि वह मत-प्रधान नहीं, शैली-प्रधान है। उसका लक्ष्य भाषा के भीतर छिपी शक्तियों का सन्धान है, उसका ध्येय इस बात की खोज करना है कि कितना कुछ छोड़कर कविता कवित्व से युक्त रह सकती है। छन्द, तुक, अभिव्यक्ति की पारम्परीण भंगिमा और भाषा की पुरानी अदाएँ कविता के अनिवार्य अंग नहीं हैं। प्रयोगवाद इन सब आसान तरीकों को छोड़कर कठिनाई की राह पर है। यह एक ऐसी महाक्रान्ति की तैयारी है जैसी क्रान्ति हिन्दी में ही क्या, कविता मात्र में पहले कभी नहीं हुई थी। यूरोप में यह क्रान्ति रूप ले चुकी है। भारत को उसने इधर हाल ही पकड़ा है। यहाँ भी जब प्रयोगवादी काव्य-प्रभाव पूर्णता पर पहुँचेगा, लोग उसका इस देश में भी आदर करेंगे। बहुत से नवयुवक तो अभी केवल नई कविता ही पठनीय मानते हैं।

साहित्य का पेंडुलम बराबर हिलता रहता है। जब रोमांटिक आक्रमण का जोर बढ़ता है, तब प्रतिक्रियास्वरूप अथवा आत्मरक्षा के प्रयास में साहित्य की

क्लासिक-वैज्ञानिक पद्धति जोर से ऊपर आना चाहती है। जब क्लासिकता इतिवृत्तात्मक होने लगती है, तब रोमांटिक भाव फिर से उभरना चाहते हैं। जब हम शैली पर जोर देते हैं तब विषय पुकारता है; और जब हम विषय पर जोर देते हैं तब शैली आक्रमण करती है। साहित्य की एक पीढ़ी काला रंग पसन्द करती है, दूसरी पीढ़ी हरा और तीसरी पीढ़ी केवल शुभ्र। और तब फिर सब-के-सब काले रंग पर आ जाते हैं। हिन्दी में भी यही हुआ है। छायावाद भी, मुख्यतः शैली का आन्दोलन था। तब छायावादोत्तर कवि आए, जो शैली और विषय, दोनों को स्वीकार करते थे। इसी छायावादोत्तर युग में प्रगतिवादी आन्दोलन उठा, जो शैली के लिए बहुत कम तथा विषय के लिए बहुत अधिक अंक देता था। इसका मतलब स्वाभाविक परिणाम होना था, वही हुआ भी। प्रगतिवादियों के हाथों सबसे अधिक अंक पानेवाले मौसमी लोग साहित्य से सबसे पहले विदा हो गए। प्रयोगवाद का जन्म इसी प्रकार के प्रगतिवाद के विरुद्ध उत्पन्न प्रतिक्रिया से हुआ है।

आपकी यह मान्यता ठीक है कि साहित्य की एकमात्र कसौटी साहित्य ही नहीं है। स्पष्ट ही, यहाँ साहित्य शब्द का पिछला प्रयोग शैली के अर्थ में है। शैली और भाव को चीरकर अलग-अलग दिखानेवाली आरी अभी तक साहित्यिक 'वर्कशॉप' में नहीं बन पाई है। इसलिए, यह कहना सम्भव नहीं है कि साहित्य का कितना आनन्द शैली में होता है और कितना उसके कथ्य में। केवल गोल-मटोल ढंग से यह अनुमान होता है कि शैली के भीतर कोई कथ्य विषय भी होना चाहिए, क्योंकि जिसके पेट में कहने योग्य कोई बात नहीं है, उसका कहने का ढंग भी बहुत सुन्दर नहीं हो सकता। और जब कुछ कहने की प्रेरणा बलवती हो उठती है, तब उसके अनुरूप भाषा की उपलब्धि आप-से-आप हो जाती है।

कवि और कलाकार बनने के लिए भी यह आवश्यक है कि आदमी का मन नैतिक आदर्शों और नैतिक संघर्षों के ज्ञान से भली-भाँति परिपुष्ट हो चुका हो। कला का आनन्द-भोगी विशेषज्ञ नहीं, जनसाधारण होता है। जो अनुभूति अभी विशेषज्ञों तक ही सीमित है, कला उसे छूती भी नहीं। विज्ञान चूँकि विशेषज्ञों की पूँजी है, इसलिए वह कला से दूर है। उसका उतना ही संस्कार कला स्वीकार करती है जितना जनसाधारण में फैल चुका है। इसलिए जो लोग इस विश्वास में हैं कि कला जनसाधारण की उपेक्षा करके की जा सकती है, वे गलत राह पर हैं। इसे मैं साहित्य की कोई शास्त्रीय मान्यता नहीं समझता। यह पतनशीलता नामक रोग है, जो अकसर आभिजात्य को ग्रसित करता है। क्रोचे कला की स्वाधीनता के बड़े भारी पक्षपाती हुए हैं। किन्तु उन्होंने लिखा है कि जन-साधारण की उपेक्षा करनेवाला कलाकार और जनमत की उपेक्षा करनेवाला डिक्टेटर, दोनों एक ही प्रकार की मानसिकता से उत्पन्न होते हैं और दोनों को जनता इसलिए बर्दाश्त करती है कि उसमें तेजी, तत्परता और क्रोध का अभाव है।

प्रश्न–मैं मानता हूँ और प्रायः यह और लोगों की भी मान्यता है कि आपने छायावादी भाषा-जाल से हिन्दी-कविता को मुक्त किया और उसके काव्य-सौष्ठव को कायम रखते हुए उसके अभिव्यक्ति के भाषा-माध्यम को ज्यादा जन-सुलभ बनाकर उसे अधिक व्यापक रूप दिया। और दूसरी ओर, काव्य-भाषा में प्रयोगशीलता भी आई। आप काव्य-भाषा के उस छायावादी और इस प्रयोगशील रूप से अलग शिल्प की दृष्टि से काव्य-भाषा के किसी और प्रभावशाली रूप की कल्पना करते हैं?

उत्तर–यह सवाल फिर मेरी समझ में नहीं आया। जितना भर समझ सका हूँ, उसका उत्तर यह है कि छायावादोत्तर काव्य की भाषा केवल मेरा निर्माण नहीं है। जगन्नाथप्रसाद मिलिन्द, हरिकृष्ण प्रेमी, भगवतीचरण वर्मा, बच्चन, अंचल, नरेन्द्र और बाद को इस पंक्ति को भूषित करनेवाले कवि नागार्जुन और शिवमंगल सिंह सुमन–ये सभी कवि घट-बढ़कर छायावादी भाषा से दूर थे। और नई भाषा का निर्माण कवि क्या सचेष्ट होकर करता है? अनुभूतियाँ जैसी होती हैं, वे भाषा भी वैसी ही पकड़ लेती हैं। जब कुछ समय बीत जाता है, तब इतिहासकार कहता है, यह भाषा अमुक कवि का निर्माण है। वस्तुस्थिति यह होती है कि नई भाषा का आविष्कार नई अनुभूतियाँ करती हैं, अनुभूति की दिशा हिन्दी में हम लोगों के बाद भी बदली है, बल्कि, गद्य हिन्दी में अनुभूतियों की जो दिशाएँ दिखाई दे रही हैं, जिनमें से एक की भाषा उनके साथ है, जो नई कविता के कवि हैं और दूसरी का उनके साथ, जो गीतकार हैं। जब-जब अनुभूतियाँ बदलती हैं, भाषा नवीन हो जाती है और कभी-कभी वह इतनी नवीन हो जाती है कि पहले की काव्य-भाषा से उसका कोई खास सम्बन्ध नहीं रह जाता। एजरा पौंड और इलियट की भाषा से टेनीसन की भाषा का क्या सरोकार है? यह दृश्य कभी हिन्दी में भी उपस्थित हो सकता है।

प्रश्न–मेरी दृष्टि में आपकी कविता में अभी तक तीन बार मोड़ आया है। पहला मोड़ 'रसवन्ती' की कविताओं में, दूसरा मोड़ 'नीलकुसुम' की कविताओं में और तीसरा मोड़ 'उर्वशी' काव्य में दिखाई देता है। इसको आपके काव्य के विकास के चरण भी कह सकते हैं। मूलतः आप विचार-प्रधान कवि हैं। शिल्प की दृष्टि से इन तीनों मोड़ों पर आपकी क्या प्रतिक्रिया है?

उत्तर–तब तो अब तक मैंने चार तरह की कविताएँ लिखी हैं, क्योंकि ये तीन मोड़ तो मुझे 'रेणुका' और 'हुंकार' से कुछ अलग ले जानेवाले ही मोड़ रहे होंगे; लेकिन सचमुच में, ऐसी बात हुई है क्या? प्रत्येक कवि जीवन भर में एक ही कविता लिखता है, उसकी सभी कृतियाँ उसी एक काव्य की विभिन्न कड़ियाँ होती हैं। मैं भी इसी भ्रम में हूँ कि 'रेणुका' से लेकर 'उर्वशी' तक मैंने जो कुछ लिखा है, वह एक ही काव्य है। किसी भी समय शिल्प का अनुसन्धान मैंने प्रयासपूर्वक नहीं किया। कविता लिखने के पूर्व मेरा मन शिल्प की अवधारणा नहीं करता, कथ्य और शैली, दोनों मुझे

हमेशा परस्पर लिपटे हुए दिखाई देते हैं। जब मुझे कहने की कोई बात सूझती है, तब उसकी शैली भी साथ-साथ ही सूझ जाती है।

प्रश्न—आज की कविता का स्थायी भाव विक्षोभ है और व्यंग्य उसकी अभिव्यक्ति का सशक्त माध्यम है। आपने भी सशक्त व्यंग्यपूर्ण कविताएँ लिखी हैं। क्या विक्षोभ और व्यंग्य को काव्य में स्थायी महत्त्व मिल सकता है?

उत्तर—अवश्य मिल सकता है, बल्कि मिला भी है। वाल्तेयर की 'कान्दीद' व्यंग्य ही तो है! क्रोध को मैं साहित्यकार का आवश्यक गुण मानता हूँ। जिसमें क्रोध को पी जाने की शक्ति है, वह या तो सन्त हैं अथवा डिप्लोमेट, जो व्यवहार में वैष्णवी विनम्रता लाकर सबको खुश रखना चाहता है। जिसमें क्रोध नहीं है, वह कवि कन्फार्मिस्ट हो जाएगा और कन्फार्मिस्ट होना कवि के जीवन का नहीं, उसकी मृत्यु का लक्षण है। क्रोध, शायद बहुत अच्छा शब्द नहीं है। इसके बदले मुझे 'मन्यु' शब्द का प्रयोग करना चाहिए। मन्यु क्रोध का वह रूप है, जो न्याय्य (Righteous) होता है, जो अनौचित्य और कदाचार के विरुद्ध आता है। कवि समाज का 'कॉन्शस' होता है। जब समाज का 'कॉन्शस' क्षुब्ध हो, तब कवि को क्षुब्ध होना ही चाहिए और क्षोभ की सर्वाधिक साहित्यिक अभिव्यक्ति 'सैटायर' ही हो सकती है। विशेषतः, भारत में आज जो कुछ हो रहा है, उसका सही चित्रण व्यंग्य द्वारा ही सम्भव है। हमें हँसनेवाले सिंहों की आवश्यकता है, जो हँसी की मार से समाज को तिलमिला सकें।

प्रश्न—छायावाद, प्रगतिवाद और प्रयोगवाद को दृष्टि में रखते हुए हिन्दी कविता तथा पाश्चात्य काव्य-प्रयोगों की दृष्टि से भारतीय कविता का भविष्य क्या है?

उत्तर—यह सवाल किसी ज्योतिषी से पूछना चाहिए। मैं क्या जानूँ कि जो लोग अभी जनमे नहीं हैं, उनकी कविता कैसी होगी? यदि कुछ कहूँ भी तो वह केवल अटकल या अनुमान होगा।

प्रश्न—स्वाधीनता के बाद लेखकों का विक्षोभ व्यक्तिगत क्यों हो गया है, जबकि स्वाधीनता से पूर्व यह विक्षोभ साम्राज्य-विरोधी क्रान्ति-भावना और नए सांस्कृतिक जागरण की आकांक्षा के रूप में एक राष्ट्रीय स्वर की भाँति प्रकट होता था?

उत्तर—इसलिए कि साहित्यकार देखते हैं कि जो लोग उनसे हीन अथवा उन्हीं के समान हैं, वे किसी प्रकार, सांसारिक दृष्टि से सफल हो रहे हैं और उन्हें सफलता नहीं मिल पाती। बहुत से व्यंग्यकारों की कटूक्तियाँ केवल इसलिए विफल हो रही हैं कि उनके पीछे समाज की अप्रसन्नता नहीं, उनकी अपनी वैयक्तिक अप्रसन्नता खड़ी है। जिस दिन वे अपनी वैयक्तिक अप्रसन्नता को भूलकर अपना ध्यान पूरे समाज की अप्रसन्नता पर केन्द्रित करेंगे, उस दिन उनकी कटूक्तियाँ समाज की जिह्वा पर चढ़ जाएँगी।

प्रश्न—आपने 'संस्कृति के चार अध्याय' और अपने अन्य निबन्धों में सामाजिक संस्कृति को इतिहाससम्मत माना है और उस पर बल भी दिया है। आज देश में

भावात्मक एकता की बात भी जोरों से उठ रही है। तब क्या आप राष्ट्रीय जीवन में विभिन्न विचारों के सह-अस्तित्व को महत्त्वपूर्ण नहीं समझेंगे? और यदि महत्त्वपूर्ण समझते हैं तो दो विचारों के साहित्यकार एक मंच पर काम कर सकें और मतभेद रखते हुए भी एक-दूसरे की रचनात्मक प्रतिभा की प्रतिष्ठा रख सकें—इस सम्बन्ध में आपके क्या विचार और सुझाव हैं?

उत्तर—मेरा पहला सुझाव यह है कि कम्युनिस्ट लेखक इस महासत्य को स्वीकार करें कि कम्युनिस्ट हुए बिना भी लेखक प्रगतिशील हो सकता है। मेरा दूसरा सुझाव यह है कि भारत के गैर-कम्युनिस्ट कवि, विचारक और साहित्यकार उस रोग से बचने की कोशिश करें, जिसमें अमेरिका गिरफ्तार है। क्या अमेरिका और रूस ही सब कुछ हैं? भारत कुछ भी नहीं है? कहीं भी नहीं है? तब सारा संसार भारत की ओर किसी रहस्यपूर्ण आशा से क्यों देख रहा है? जो चीज रूस और अमेरिका को नहीं मिली, उसे सारी मानवता की ओर से, भारत को प्राप्त करना चाहिए। वह चीज है वर्तमान और अतीत का समन्वय, धर्म और विज्ञान का परस्पर मेल! साहित्यकारों को ऐसी बात नहीं बोलनी चाहिए, जिससे सेठवाद को कहीं से भी शक्ति प्राप्त होती हो। पूँजीवाद को काफी कमजोर किए बिना भारतीय जनता सुखी नहीं होगी। हमें एक ऐसे समाज की कल्पना को आकार देना है, जिससे किसी प्रकार के 'आध्यात्मिक साम्यवाद' का विकास हो सके। इसी स्वप्न को नया नाम विनोबाजी ने 'साम्य योग' दिया है।

प्रश्न—स्वाधीनता के इतने वर्षों बाद भी लेखकों को इतनी अधिक स्वाधीनता नहीं मिल पाई है कि वे लेखनी के बल पर निर्भीक जीवन व्यतीत कर सकें और उनको कॉमर्शियल बनने के लिए भी मजबूर न होना पड़े। स्वाधीनता के बाद सांस्कृतिक उन्नति की बड़ी-बड़ी बातें की जा रही हैं, लेकिन क्या कलाकार और लेखकों की आर्थिक स्वाधीनता के बिना सांस्कृतिक उन्नति सम्भव है?

उत्तर—सांस्कृतिक उन्नति की बड़ी-बड़ी बातों से नाराज होना व्यर्थ है। उलटे, हमें प्रसन्न होना चाहिए कि स्वाधीनता के बाद सांस्कृतिक उन्नति की भी चर्चा होने लगी है। जिस देश का साहित्य अनाथ हो, जिस देश की जनता में साहित्य का प्रचार नहीं हो और जिस देश के शासक साहित्य और साहित्यकार, दोनों से अपरिचित हों, उस देश का सांस्कृतिक 'अहं' व्यर्थ है। मैं स्वीकार करता हूँ कि भारत अभी एक ऐसा ही अभागा देश है। जिन लोगों पर भारत को सबसे ज्यादा नाज़ है, उनकी सबसे बड़ी विशेषता यह है कि वे इस देश की भाषा, साहित्य और साहित्यकार, सबको, द्वितीय-तृतीय कोटि की वस्तु मानते हैं। और उन्हें स्वयं जिस भाषा पर नाज़ है, वह भाषा इस देश की जनता नहीं जानती। देश की किस्मत आज अंग्रेजी के भक्तों के हाथ में है। भारत को भगवान् ने चौदह टाँगें दी थीं। शासकों ने चौदह टाँगों को अस्पताल ले जाकर भारतीय जनता को लकड़ी की दो टाँगों पर खड़ा कर रखा है। लेकिन यह स्थिति क्या चलनेवाली है? यह देश तो बचेगा, लेकिन अंग्रेजी के पक्षधर

अतल गर्त में फेंक दिए जाएँगे। जब जनता को अपनी भाषाएँ मिल जाएँगी और जब मिनिस्टर और अफसर वे लोग होने लगेंगे, जिन्हें अपनी भाषा और अपने साहित्य का ज्ञान और उससे प्रेम है, तभी साहित्य का भी वास्तविक उद्धार होगा। जब तक देश की भाषाएँ निर्बाध रूप से देश में प्रसार नहीं पातीं, तब तक न तो साक्षरता बढ़ेगी, न साहित्यकार स्वाधीन होंगे। साहित्यकार तभी स्वाधीन होता है जब वह अपनी रोटी सीधे जनता से प्राप्त करता है।

प्रश्न–वर्तमान सामाजिक ढाँचे से सभी बुद्धिजीवी वर्ग असन्तुष्ट हैं, और वे नए समाज की रचना करना चाहते हैं। इस नए भावी समाज की आपकी परिकल्पना क्या है? क्या आज का साहित्यिक कृतित्व समाज को नई रचना की प्रेरणा देता है?

उत्तर–नए समाज की मेरी जो परिकल्पना है, उसका उल्लेख मैं ऊपर कर चुका हूँ। मेरी मान्यता है कि आज भी बहुत सी साहित्यिक कृतियाँ ऐसी लिखी जा रही हैं, जिनसे आगामी समाज की परिकल्पना साफ होती है। इस परिकल्पना पर कुछ थोड़ा प्रकाश 'जयवर्धन' से भी पड़ा है।

प्रश्न–विचारों में आप किन विचारकों से प्रभावित हुए और कला में किन कलाकारों से? और उनसे प्रभावित होने के क्या कारण थे?

उत्तर–अपने ऊपर मैं विवेकानन्द, गांधी, लोकमान्य तिलक, नीत्शे, टॉल्स्टॉय और बर्ट्रेंड रसेल का प्रभाव मानता हूँ। कवियों में से कालिदास, कबीर, तुलसीदास, इक़बाल और रवीन्द्र मेरे परम प्रिय कवि रहे हैं। इधर हाल में, पहले तो मैं इलियट पर आसक्त हुआ था, आजकल पास्तरनेक पर झूमता हूँ। कह नहीं सकता कि उन विचारकों का प्रभाव मुझ पर क्यों पड़ा, न यही बता सकता हूँ कि ये पाँच-सात कवि ही मुझे क्यों पसन्द आए?

प्रश्न–यदि आपसे पूछा जाए कि आपको अपनी रचनाओं में सर्वाधिक प्रिय और प्रतिनिधि कौन-कौन लगती हैं, तो आप किनका नाम लेंगे?

उत्तर–'सब सुत प्रिय मोहि प्रान की नाईं।' फिर भी 'रेणुका', 'हुंकार', 'रसवन्ती', 'कुरुक्षेत्र', 'नीलकुसुम', 'रश्मिरथी' और 'उजली आग' मुझे कुछ अधिक पसन्द हैं। शायद जो सबसे अधिक पसन्द आनेवाली चीज है, वह अभी लिखी नहीं गई।

प्रश्न–आपकी 'उर्वशी' और रवीन्द्रनाथ ठाकुर एवं योगी अरविन्द की 'उर्वशी' में क्या अन्तर है?

उत्तर–आप यह प्रश्न किस उद्देश्य से पूछते हैं? क्या यह जानने को कि रवीन्द्र की उर्वशी का मेरी उर्वशी पर कोई प्रभाव है या नहीं? 'उर्वशी' काव्य में एक स्थल पर रवीन्द्रनाथ की 'पतिता' कविता की छाया पड़ी है, किन्तु, जहाँ तक उर्वशी की मूल कल्पना का प्रश्न है, वह रवीन्द्र की उर्वशी से उतनी भी प्रभावित नहीं है जितना प्रभाव रवीन्द्र की उर्वशी पर स्विनबर्न का आँका जा सकता है। रवीन्द्रनाथ ने उर्वशी पर कोई खंडकाव्य नहीं लिखा। उनकी उर्वशी स्फुट, लिरिक काव्य है और उसकी तुलना मेरी

उर्वशी के केवल एक उद्गार से की जा सकती है। अरविन्द का उर्वशी-काव्य खंडकाव्य है। उसमें उर्वशी जीवन-ज्योति के रूप में चित्रित की गई है, जिसके विलुप्त हो जाने पर पुरूरवा विक्षिप्त साधक की भाँति हिमालय के वनों में चले जाते हैं और अपने निःश्रेयस् की खोज करते हैं। मेरी कल्पना की उर्वशी, देवी और मानवी का समन्वित रूप है। वह शरीर और आत्मा, दोनों को प्रेरित करती है। अतीन्द्रियता की ज्योति रवीन्द्र की उर्वशी में भी है और मेरी उर्वशी में भी। किन्तु, इन दोनों कल्पनाओं में नारी का कामिनी रूप ही प्रधान है। अरविन्द ने उर्वशी को रहस्यवादी भावनाओं से लपेट दिया है। वह शायद मनुष्य के आध्यात्मिक आदर्श का प्रतिरूप है, जिसके सन्धान में मनुष्य संसार के वैभवों का त्याग कर देता है। मैंने पुरूरवा का जो संन्यास दिखलाया है, उसके भीतर भी ऐसा कोई संकेत है।

प्रश्न–यदि आपकी कविता की तुलना काज़ी नज़रुल इस्लाम और मायकोव्स्की से की जाए, तो आपको कैसा लगेगा?

उत्तर–'हुंकार' और 'सामधेनी' के रचयिता की यत्किंचित् तुलना नज़रुल इस्लाम और मायकोव्स्की से की जा सकती है, किन्तु जब 'रसवंती', 'नीलकुसुम', 'उर्वशी' और मान लीजिए, 'कुरुक्षेत्र' सामने आ जाएँ तब क्या कीजिएगा? नज़रुल इस्लाम और मायकोव्स्की ने क्रान्तिकारी ढंग की स्फुट कविताएँ लिखी हैं, किन्तु मैं थोड़ा पुराणकार भी हूँ।

प्रश्न–आज सारी मानवता युद्ध की सम्भावना और शान्ति की आकांक्षा के बीच झूल रही है। एक ओर विज्ञान की शक्ति है, दूसरी ओर मानव-विवेक साहित्य मानवता की शान्ति की आकांक्षा की पूर्ति में कैसे सहयोग देने में समर्थ हो सकेगा? वैज्ञानिक मूल्यों को दृष्टि में रखते हुए इस सम्बन्ध में आपके क्या विचार हैं?

उत्तर–*कैसी धीमी गति है? विकास कितना अदृश्य हो चलता है?*
इस महावृक्ष में एक पत्र सदियों के बाद निकलता है।

बुद्धि की समस्या ऐसी नहीं है कि हमने और आपने शान्ति की कविताएँ लिखी नहीं कि युद्ध बन्द हो गया। आदिम युग में आदमी आदमी को कच्चा ही अथवा पकाकर खा जाने में अपनी बहादुरी समझता था। कई हजार वर्ष के बाद उसे यह ज्ञात हुआ कि यह अत्यन्त गर्हित कर्म है। कभी-कभी ऐसी बातें आज भी सुनी जाती हैं, किन्तु वे अपवाद हैं और उनकी प्रशंसा कोई नहीं करता। एक समय था जब युद्ध स्वर्ग का द्वार माना जाता था। मुसलमान कहते थे, 'जीते तो गाजी, मरे तो शहीद'। हिन्दू कहते थे, 'हतो वा प्राप्स्यसि स्वर्गं जित्वा वा भोक्ष्यसे महीम्।' परन्तु, आज इन बातों में कोई भी विश्वास नहीं करता। सब मानते हैं कि युद्ध पूरा ध्वंस है, सबका विनाश है, उससे किसी का भी कल्याण नहीं हो सकता, न बमों से मरनेवालों का स्वागत करने को अब आकाश में देवताओं के विमान मँडराते हैं। यह प्रगति है, बहुत बड़ी प्रगति है। निश्चित है कि संसार युद्ध रोकने की दिशा में गतिवान् है, क्योंकि

उसकी आत्मा अब मार-काट से घिनाने लगी है। किन्तु लक्ष्य अब भी कुछ दूर है! मनुष्य इतना सभ्य अभी भी नहीं हुआ है कि आत्मा की आवाज सुनकर वह युद्ध से विमुख हो जाए। युद्ध पहले वह इसलिए छोड़ेगा कि विजयी होने की सम्भावना अब कोई नहीं देखता, सब-के-सब युद्ध में अपना विनाश ही देखते हैं। किन्तु, युद्ध को एक दिन वह इस कारण भी त्याग देगा कि युद्ध मनुष्यता का मार्ग नहीं है।

युद्ध को मनुष्य के मन के भीतर एक उदात्त, पुण्यमय और ओजस्वी विचार के रूप में प्रतिष्ठित करने का काम कवियों ने किया था। इसका प्रायश्चित्त यह है कि इस विचार को वे निन्दित बना दें, मनुष्य के मन में जहाँ भी युद्ध पुण्य-भाव बनकर बैठा हुआ है, उसे वहाँ से बिलकुल उखाड़ दें। बिलकुल उखाड़ देने का अर्थ आप समझते हैं? तात्पर्य यह कि सब छोड़कर यहाँ गांधी की शरण में आइए। इस प्रकार का दुराग्रह छोड़ दीजिए कि कुछ युद्ध आज भी धर्म-युद्ध के समान पवित्र हो सकते हैं।

लेकिन तब शोषण का अन्त कैसे होगा? अत्याचार का आक्रमण कैसे रुकेगा? रास्ते में खड़े भेड़िए और बाघ आदमी पर झपटना कैसे छोड़ेंगे? क्या यह मार्ग ठीक है कि बघनखों को हम पंजों से उतारकर पॉकेट में लिये चलें? लेकिन इस प्रकार बच-बचकर बघनखे पहननेवाली उँगलियाँ ज़रा कमजोर हो जाती हैं, नरम पड़ जाती हैं।

उपाय, एकमात्र सम्पूर्ण विश्व का निरस्त्रीकरण है। तो कविताओं का प्रभाव क्या ख़ुश्चेव और कैनेडी महोदयों के मन पर पड़ सकता है? शायद नहीं, क्योंकि कविता की शक्ति-सीमा को वे जानते हैं। शायद, हाँ, क्योंकि सैकड़ों वर्षों तक कविता जिस भाव को दुहराती जाती है, वह भाव मनुष्य के स्वभाव में समा जाता है। इस दृष्टि से कवि अपना काम करते चलें। कभी-न-कभी उसका परिणाम अवश्य निकलेगा। निरुद्देश्य काव्य का भी, अन्त में, कोई-न-कोई परिणाम होता ही है।

प्रश्न–भविष्य की मानवता का संरक्षक वैज्ञानिक है या साहित्यकार?

उत्तर–भविष्य की मानवता से हमारा तात्पर्य क्या है? आज जो मानवता हम देख रहे हैं, उसकी वेदनाएँ क्या हैं, जिन्हें दूर करना है? सत्य की उपासना आज पागलपन समझी जाती है। ब्रह्मचर्य को लोग बेहूदगी और शर्म को ही शर्मनाक मानते हैं। संयम को तोड़नेवाले कृत्यों से मनुष्य की उदारता सिद्ध होती है और बहुत से अपराध ऐसे भी हैं, जिनसे मनुष्य कीर्ति अर्जित करने लगा है।

मिथ्यारम्भ दम्भ-रत जोई। ता कहँ सन्त कहइँ सब कोई॥
सोइ सयान जो परधन-हारी। जो कर दम्भ सो वर आचारी॥
जो कहि, झूठ मसखरी जाना। कलियुग सोइ गुनवन्त बखाना॥
नारि बिबस नर सकल गोसाईं। नाचहिं नर मर्कट की नाईं॥

ये सब इसलिए बढ़े कि मनुष्य में बुद्धि की अधिकता और श्रद्धा की कमी हो गई। जब तक श्रद्धा का आधिपत्य था, लोगों को सन्मार्ग पर रखने में कानून को उतनी मशक्कत उठानी नहीं पड़ती थी, जितनी आज उठानी पड़ रही है। श्रद्धा को

कमजोर करके बुद्धि ने ही मनुष्य को यह सिखा रखा है कि पुलिस से छिपकर करो तो पुण्य और पाप में कोई भेद नहीं है।

एकान्त से आदमी डरने लगा है, क्योंकि एकान्त अब भी ऐसे सवाल कर सकता है, जिनका जवाब हम नहीं दे सकते। इसलिए सिनेमा, रेडियो, नृत्य, गान और सामाजिक सन्ध्याओं की भरमार है। जो एकान्त से भागना चाहे, उसके सामने कोई कठिनाई नहीं रह गई। यदि कुछ थी तो ट्रांजिस्टर ने उसे दूर कर दिया। शाम को टहलते समय भी आप आत्मा की खुटक से बचना चाहें तो ट्रांजिस्टर साथ लेकर मजे में बच सकते हैं।

आदमी के मन के भीतर कहीं कोई बाँध नहीं रह गया है, न वह धारा में पाँव अड़ाकर कहीं खड़ा हो सकता है। इस बिखरते, टूटते, धुँधुआते, डगमगाते समाज में हमें ऐसे व्यक्तियों की प्रधानता चाहिए जो पूर्ण हों, जिनमें दरारें नहीं हों, जिनके भीतर वह स्थिरता और आत्मपूर्णता हो, जो मध्ययुग के महापुरुषों में देखी जाती थी—संक्षेप में, जो धारा में बहने से इनकार कर सकें। यदि विज्ञान से ऐसा व्यक्तित्व तैयार हो सकता हो तो वैज्ञानिकों को सब छोड़कर पहले इसी महत्कार्य में हाथ लगाना चाहिए।

मेरा अपना विचार यह है कि ये गुण तभी लौटेंगे जब हम अतीत के कुछ अंशों को लौटा लें अथवा भारतीय प्रसंग में यह बात कि अतीत के अमर अंशों को हम तिरोहित होने से बचा लें। यह कार्य केवल साहित्यकार कर सकते हैं। पिछले युग की देन आध्यात्मिकता थी। विज्ञान नए युग की उपलब्धि है। और ये दोनों तत्त्व परम मूल्यवान् हैं। लेकिन साहित्य ने यदि पक्षपात किया तो आदमी और भी अधिक हानि में पड़ेगा। उसका धर्म है कि अध्यात्म और विज्ञान के बीच वह सेतु बनकर पड़ा रहे, जिस पर चढ़कर धर्मार्थी विज्ञान का और वैज्ञानिक अध्यात्म का स्पर्श कर सकें।

(शेष-निःशेष)

दिनकर : एक इंटरव्यू की शाम

—डॉ. बेचन

25 अक्टूबर, '64 की शाम। बंगला के मूर्धन्य कथाकार श्री वनफूल के पूरे परिवार के साथ दिनकरजी 'चित्रशाला' के साहित्य-रसिक व्यवस्थापक एवं साहित्य-गोष्ठी और भागलपुर की ढेर-ढेर संस्थाओं के पदाधिकारी श्री हरि 'कुंज' के आग्रह पर उनके खलीफा बाग-स्थित स्टूडियो में पधारे। रविवार को स्टूडियो बन्द रहता है, इसलिए अकसर उस दिन 'कुंज' जी की वेगवान साहित्य-संवेदना कैमरे के शेड लाइट और 'क्लिक' को छोड़कर साहित्य की इस गंगा में मग्न हो जाती है।

दिनकरजी का काव्य-पाठ चल रहा है—'परशुराम की प्रतीक्षा' का पाठ। चीनी हमले के सन्दर्भ में लिखी गई हिन्दी की सबसे ज्यादा विवादास्पद कविता, किन्तु चीनी हमले के सन्दर्भ में लिखी गई एकमात्र महाकाव्यांक रचना।

रूसी विद्वान् चेलीशेव ने, जो रूस में इंडोलॉजी के डायरेक्टर हैं, साहित्य अकादमी, नई दिल्ली द्वारा आयोजित अपने स्वागत-समारोह के समय, दिनकरजी से कहा था कि चीनी हमले से सम्बन्धित एकमात्र रचना 'परशुराम की प्रतीक्षा' ही रूस पहुँच पाई और उसकी सराहना वहाँ हुई। रूसी भाषा में उसका अनुवाद और प्रकाशन भी हो चुका है। उसी समय प्रख्यात प्रगतिशील आलोचक शिवदानजी भी वहाँ मौजूद थे, जिन्हें दिनकरजी ने कहा—"सुनो, तुम्हारे अंकल क्या कहते हैं, शिवदान!"

दिनकरजी स्टूडियो में गोल स्टूल पर बैठे बड़े जोश में कविताएँ पढ़ रहे हैं...

गर्दन पर किसका पाप वीर! ढोते हो?
शोणित से तुम किसका कलंक धोते हो?
हे वीर बन्धु! दायी है कौन विपद् का?
हम दोषी किसको कहें तुम्हारे वध का?

उन्हें रह-रहकर क्रोध आ जाता है, आँखें लाल हो जाती हैं—

घातक है, जो देवता-सदृश दिखता है,
लेकिन, कमरे में गलत हुक्म लिखता है।
जिस पापी को गुण नहीं, गोत्र प्यारा है,
समझो, उसने ही हमें यहाँ मारा है।

वनफूलजी से कहते हैं—

"यही नेता हमारे देश का नेतृत्व करते हैं। देखो इनका पौरुष! जवाहरलालजी हमारे बड़े नेता थे, लेकिन 'हेमलेट' बनकर रह गए। मैं इसे पंडितजी के संस्मरणों में भी लिख रहा हूँ। संस्मरणों के बाद मैं उनके ऊपर एक स्वतन्त्र निबन्ध लिखूँगा, जिसमें मैं स्पष्ट लिख दूँगा कि वे जो चाहते थे, सो कर नहीं पाते थे। लोग उन्हें वैसा करने भी नहीं देते थे। उनके चारों ओर खुशामदियों की भीड़ लगी रहती थी। सुनो 'कुंज'!—

चोरों के हैं जो हितू, ठगों के बल हैं,
जिनके प्रताप से पलते पाप सकल हैं;
जो छल-प्रपंच, सबको प्रश्रय देते हैं,
या चाटुकार जन से सेवा लेते हैं;
यह पाप उन्हीं का हमको मार गया है;
भारत अपने घर में ही हार गया है!

दिनकर—जानते हो कुंज, इसका क्या परिणाम हुआ? मेरे ऊपर जवाहरलालजी का गुस्सा। मुझे उन्होंने डाँटा। लेकिन मैं कहता ही रहा। अंग्रेजी में दिनकर बोले, "आपकी विदेश-नीति बिलकुल असफल रही।" पंडितजी गुस्से से मेज़ पर मुक्के मारते रहे। परेशान होते रहे। किन्तु मैं कहता रहा। मेरी एक आदत थी कि मैं बराबर उनसे बराबरी का बर्ताव करता था। इन बातों का उल्लेख मैं उन पर लिखे गए अपने संस्मरणों में करने जा रहा हूँ, जिसे मैं दस किस्तों में लिख रहा हूँ। दो तो 'धर्मयुग' में निकल ही गए, आगे एक आ ही रहा है। एक तो आज ही मैंने समाप्त किया है। उन संस्मरणों में मैंने जिन नकली गांधीवादियों ने 'परशुराम की प्रतीक्षा' से मुझे उछालने की कोशिश की है, उनकी भी पोल खोल दी है।"

नेता निमग्न दिन-रात शान्ति-चिन्तन में,
कवि-कलाकार ऊपर उड़ रहे गगन में।
यज्ञाग्नि हिन्द में समिध नहीं पाती है,
पौरुष की ज्वाला रोज बुझी जाती है।

ओ बदनसीब अन्धो! कमज़ोर अभागो!
अब भी तो खोलो नयन, नींद से जागो!
वह अघी बाहु-बल का जो अपलापी है,
जिसकी ज्वाला बुझ गई, वही पापी है।

कविता पढ़ते-पढ़ते दिनकरजी की आँखों में क्रोध के आँसू उमड़ आते हैं। यह पहला ही अवसर था जब कुलपति-पद ग्रहण करने के बाद दिनकरजी ने किसी गोष्ठी में इतना खुलकर काव्य-पाठ किया हो। एक बार नेपालीजी की निधन-तिथि के

अवसर पर मेरे विशेष आग्रह पर उन्होंने 'परशुराम की प्रतीक्षा' का थोड़ा-सा अंश सुनाया था। न मालूम क्यों, उन दिनों वे काव्य-पाठ करने में हिचकते थे। किन्तु उस दिन दिनकरजी के काव्य-पाठ का प्रखर रूप देखा—काफी-काफी वर्षों के बाद। 'युगचारण' का सिंह-गर्जन—

गरजो, अम्बर को भरो रणोच्चारों से,
क्रोधान्ध रोर, हाँकों से, हुंकारों से।
यह आग मात्र सीमा की नहीं, लपट है,
मूढ़ो! स्वतन्त्रता पर ही यह संकट है!

सारा स्टूडियो हिल रहा है...क्लिक-क्लिक-शेड और लाइट। दिनकरजी मना कर रहे हैं—"छोड़ो, भाई! फोटो-वोटो, कविता सुनो!" क्लिक-क्लिक-चित्रशाला का सहायक चित्रक नहीं मानता है। चुपचाप अपना काम बनाए जा रहा है। छाया प्रकाश, दिनकरजी की विभिन्न आकृतियाँ, पोज, रूप-रंग आभा..रग्घू बाज़ी मार रहा है। दिनकरजी काव्य पाठ कर रहे हैं—

जातीय गर्व पर क्रूर प्रहार हुआ है,
माँ के किरीट पर ही यह वार हुआ है।
अब जो सिर पर आ पड़े, नहीं डरना है,
जनमे हैं तो दो बार नहीं मरना है!

× × ×

कुत्सित कलंक का बोध नहीं छोड़ेंगे,
हम बिना लिये प्रतिशोध नहीं छोड़ेंगे,
अरि का विरोध-अवरोध नहीं छोड़ेंगे,
जब तक जीवित हैं क्रोध नहीं छोड़ेंगे!

महाकवि मुँह में तम्बाकू डालते हुए ध्यान दिलाते हैं, "अब देखो, बेचन! भारत का पूरा भूगोल आगे आता है। याद रखो, कभी कक्षाओं में इन्हें पढ़ाने में मदद मिलेगी, लेकिन तुम लोग तो 'दब्बू' हो, 'परशुराम की प्रतीक्षा' का नाम सुनते ही सरकार से डरने लगते हो! लेकिन देखो, हैदराबाद को, उन लोगों ने इसे अपने कोर्स में लगा दिया और मुँह बनाकर आप लोग बैठे हैं।"

वनफूल—दिनकर, मैंने भी सन् '42 की क्रान्ति के समय माँ दुर्गा को सम्बोधन कर इसी भाव पर बंगला में कविता लिखी थी। चलो, मैं उसकी प्रतियाँ अभी तुम्हें दूँगा...

दिनकर—लेकिन आपने उस समय अहिंसा का विरोध नहीं किया होगा।

वनफूल चुप! दिनकरजी का काव्य-पाठ फिर प्रारम्भ होता है—

गरजो हिमाद्रि के शिखर, तुंग पाटों पर,
गुलमर्ग, विन्ध्य, पश्चिमी-पूर्व घाटों पर,

भारत-समुद्र की लहर, ज्वार-भाटों पर,
गरजो, गरजो, मीनार और लाटों पर!

दिनकर—आगे सुनिए, मैंने अपने वीरों को जगाया है—

सोये हैं जो रणबली, उन्हें टेरो रे!
नूतन पर अपनी शिखा प्रत्न फेरो रे!
झकझोरो, झकझोरो महान सुप्तों को,
टेरो, टेरो, चाणक्य-चन्द्रगुप्तों को;
विक्रमी तेज, असि की उद्दाम प्रभा को,
राणा प्रताप, गोविन्द शिवा सरजा को;

इतना सुनकर वनफूलजी कह उठते हैं, और सुभाष बाबू को...?'

दिनकर—'उनका भी ज़िक्र आया है। उस महावीर को भयंकर यन्त्रणा इन अहिंसकों ने दी और उसे देश की आजादी की आग दिल में लेकर स्वदेश छोड़ना पड़ा, जिस पाप का परिणाम आज हम भुगत रहे हैं—

आजन्म सहा जिसने न व्यंग्य थोड़ा था,
आजिज आकर जिसने स्वदेश छोड़ा था!
हम हाय, आज तक जिसको गुहराते हैं,
'नेताजी अब आते हैं, अब आते हैं'!
साहसी, शूर-रस के उस मतवाले को;
टेरो, टेरो, आजाद हिन्दवाले को!

दिनकर—मैंने उन्हें भी बुलाया है, जिन्हें फाँसी पर लटकता हुआ छोड़कर गांधीजी गोलमेज़ कॉन्फ्रेंस में चले गए और इधर भगतसिंह और उनके साथियों को फाँसी हो गई। यदि उसी समय महात्मा ने इस फाँसी के विरोध में गोलमेज़ कॉन्फ्रेंस का बहिष्कार किया होता, तो आज देश की यह नपुंसक दशा नहीं होती। आज देश को चिराग लेकर वीरों को नहीं खोजना पड़ता''—

खोजो टीपू सुलतान कहाँ सोए हैं?
अशफ़ाक़ और उसमान कहाँ सोए हैं?
बमवाले वीर जवान कहाँ सोए हैं?
वे भगतसिंह बलवान कहाँ सोए हैं?

दिनकर—और देखिए, चीनी बम-विस्फोट का आतंक—

हम समझ गए हैं खूब धर्म के छल को,
बम की महिमा को और विनय के बल को।

दिनकर—अब सर्वोदय और अहिंसा से इसकी रक्षा नहीं होगी। सुना ही होगा कि विनोबा ने भी बन्दूक को कन्धों से लगाया था। मैंने लिखा है—

चिन्तको! चिन्तना की तलवार गढ़ो रे!
ऋषियो! कृशानु-उद्दीपक मन्त्र पढ़ो रे!
योगियो! जगो, जीवन की ओर बढ़ो रे!
बन्दूकों पर अपना आलोक मढ़ो रे!

कुंज—आपके मुँह से निकलकर कविता साकार रूप धारण कर लेती है।

बेचन—और गद्य! आपके पद्य में जो प्रखर तेज है, वही आज आपके संस्मरणात्मक गद्य में भी उतर रहा है। आपका गद्य हिन्दी गद्य-शैली की प्रगति का नवीनतम (1964) का नमूना है।

दिनकर—सेठ गोविन्ददास और राजाजी जिसे हिन्दी कहते हैं, वह मेरी हिन्दी नहीं है। मैं जनता की हिन्दी चाहता हूँ।

कुंज—ठीक उसी समय मुझे दिनकरजी की यह बात याद हो आई है, जिसे उन्होंने हमारे तीन साहित्यकार मित्रों को अपनी जन्म-तिथि मनाने के प्रस्ताव को ठुकराते हुए कहा था—

"अभी हमारे जन्म-दिन मनाने का समय नहीं आया है, दिनकर साठ वर्ष तक अपनी कलम के बल पर जीना चाहता है, इसे उसके बाद आप लोगों की इच्छा हो तो मनाकर मुझे जिन्दा रखने की कृपा कीजिएगा।"

दिनकर—भाई, अब तो जवाहरलालजी गए। जब वे जिन्दा थे तो प्रजा को डाँट बताते थे। अब तो मैं भी इस मामले में प्रजा को डाँटने का हक रखता हूँ।

वनफूल—लेकिन दिनकर, जवाहरलाल की 'आत्मकथा' के बाद अथवा स्वतन्त्रता के बाद की, जो उनकी जीवनी लिखी जाएगी, वह तो मुझे लगता है कि कहीं उनकी असफलता (फेल्योर) की जीवनी न बन जाए।

दिनकर—हाँ, यह तो चिन्ताजनक है। स्वतन्त्रता-प्राप्ति के बाद का इतिहास लगता है कि उनकी असफलताओं के इतिहास के ही रूप में न लिखा जाए। हिन्दी कवि नागार्जुन ने और गजब कर दिया है—उनकी मृत्यु के बाद उसने एक लम्बी कविता लिखी। तुमने तो 'बेचन' पढ़ ही ली होगी।

सुनो, उसका व्यंग्य है मजेदार—

गेरुआ पहनते जयप्रकाश, नर्मदा-किनारे बस जाते;
डाँगे हो जाते राज्यपाल, लोहिया जेल में बल खाते।
गोपालन होते नजरबन्द, राजाजी माथा घुटवाते;
जनसंघी अटलबिहारीजी भिक्षा को झोली फैलाते।
चौड़ा होता कुछ भाल और,
तुम रह जाते दस साल और!

अरे! उसने तो लालबहादुरजी पर भी कविता लिख दी—

लालबहादुर लालबहादुर लालबहादुर...
मत बन जाना 'मालबहादुर' लालबहादुर!

हालाँकि मैं इसे अच्छा नहीं समझता हूँ कि पंडितजी की मृत्यु के बाद कोई ऐसी चीज लिखी जाए। नागार्जुन की कविता की बातें भले ही सच हों, किन्तु सच बातें भी तो कभी-कभी दबानी पड़ती हैं। बाथरूम में हर आदमी नंगा ही बैठता है तो इसका यह अर्थ तो नहीं कि नंगापन हमारा आचरण बन जाए। पंडितजी हमारे नेता थे, स्वयं भारत थे, महामानों में महान् थे—

बेचन—हाँ, इसलिए तो कवियों के लिए भी 'कोड ऑफ कंडक्ट' (आचरण-संहिता) चाहिए...

चित्रशाला का सहायक चित्रक रग्घू बौना-सा तेज कलाकार, चटपट अपना काम बनाता जा रहा है—'क्लिक-क्लिक-क्लिक'—कभी तेज रोशनी, कभी कम रोशनी—दिनकरजी का चेहरा, फूले हुए वनफूल, कुंजजी का आग्रह चाय—दिनकरजी का संकेत, मेरे लिए बिना चीनी की! वनफूल, मेरे लिए भी बिना चीनी की!

दिनकर—कितना फोटो लोगे भाई! छोड़ो, अब इन चीजों को! सुनो कविता 'कुंज' जी भरकर कविता सुनो! आज मैं परशुराम को तुम्हारे स्टूडियो में उतार रहा हूँ—

''गाओ कवियो! जय-गान, कल्पना तानो,
आ रहा देवता जो, उसको पहचानो!
है एक हाथ में परशु, एक में कुश है,
आ रहा नए भारत का भाग्य-पुरुष है!

× × ×

अंगार-हार अरपो अर्चना करो रे!
आँखों की ज्वालाएँ मत देख डरो रे!
यह असुर-भाव का शत्रु, पुण्य-त्राता है,
भयभीत मनुज के लिए अभय-दाता है।

बेचन—परशुधर का पूर्ण व्यक्तित्व खड़ा कर दिया आपने! धन्य हैं!

दिनकर—लेकिन भाई, कुछ लोग कहते हैं कि मैंने परशुराम के रूप में डिक्टेटर का आह्वान किया है—

यह वज्र वज्र के लिए, सुमों का सुम है;
यह और नहीं कोई, केवल हम-तुम हैं।
यह नहीं जाति का, न तो गोत्र-बन्धन का;
आ रहा मित्र भारत भर के जन-जन का।

बेचन—ठीक तो है—'डिक्टेटरशिप ऑफ दी प्रोलेटारियेट!''

दिनकर–

मत डरो, सन्त, यह मुकुट नहीं माँगेगा,
धन के निमित्त यह धर्म नहीं त्यागेगा।
तुम सोओगे, तब भी यह ऋषि जागेगा,
ठन गया युद्ध तो बम-गोले दागेगा।

'परशुराम' तो एक आइडिया है। परशुराम के रूप में मैंने चेतना को जाग्रत् करना चाहा है। मैंने नेताओं से कहा है–अहिंसा को छोड़ो! बने हुए कायर! नेतागिरी को चुनौती देने के लिए नई लहर आ रही है। गांधी के देश को बनाना है तो गांधी की अहिंसा-नीति को अभी छोड़ना होगा ही–

गांधी की रक्षा करने को गांधी से भागो!

नया नेता 'नागपाश' (चीनी विस्तारवाद) काटने आ रहा है और चूँकि वह नेता सिंह है, जिस सिंह की जीभ में काँटे होते हैं, उससे चाटकर वह देश का डर मिटा देगा–

वह गरुड़ देश का नाग-पाश काटेगा,
अरि-मुंडों से खाइयाँ-खोह पाटेगा।
विद्युतित जीभ से चाट भीति हर लेगा,
वह तुम्हें आप अपने समान कर लेगा।

यह नेता केवल, भाषण (ज्ञान) नहीं देगा। योजना के 'इन्द्र-धनुष' नहीं दिखलाएगा, तुम्हारा नेतृत्व करेगा–

रह जाएगा वह नहीं ज्ञान सिखलाकर,
दूरस्थ गगन में इन्द्रधनुष दिखलाकर!
वह लक्ष्यबिन्दु तक तुमको ले जाएगा,
उँगलियाँ थाम मंजिल तक पहुँचाएगा।!

'क्लिक-क्लिक-क्लिक!' रग्घू अभी भी नहीं मान रहा है। दिनकरजी के सारे पोजों की छाया लेकर ही दम लेगा वह–

फिर चाय-पान हुआ।

दिनकर–बस-बस! खूब! धन्यवाद, 'कुंज'!

स्टूडियो के बाहर खड़ी एम्बेसडर गाड़ी, बंगला और हिन्दी के दो मूर्धन्य साहित्यकारों को लेकर सरसराती हुई चलने लगती है।

हम लोग अभिवादन के लिए हाथ उठाते हैं।

(शेष-निःशेष)

'उर्वशी' का मूल स्वर

भेंटवार्ता : डॉ. रणवीर रांग्रा

दिनकरजी हिन्दी के प्राणवान् कवि हैं। हिन्दी-कविता को छायावादी कल्पना के आकाश से यथार्थ की कठोर धरती पर उतार लानेवाले कवियों में उनका शीर्ष स्थान है। दिनकरजी के व्यक्तित्व के समान उनका कृतित्व भी अनेक परस्पर-विरोधी धाराओं का संगम है। व्यष्टि और समष्टि, निवृत्ति और प्रवृत्ति, काम और अध्यात्म का द्वन्द्व उनके काव्य में निरन्तर चलता आता है। उसकी एक परिणति 'कुरुक्षेत्र' है तो दूसरी 'उर्वशी'। 'उर्वशी' के द्वन्द्व का केन्द्र-बिन्दु है—नर-नारी सम्बन्ध और उसका मूल स्वर है : इन्द्रियों के माध्यम से अतीन्द्रिय धरातल का स्पर्श।

'उर्वशी' दिनकरजी की ही नहीं, स्वातन्त्र्योत्तर हिन्दी-कविता की भी सर्वाधिक चर्चित काव्य-कृति है और सर्वाधिक विवादास्पद भी। उसके पक्ष-विपक्ष में इतना अधिक कहा और लिखा जा चुका है कि विविध आलोचनाओं-प्रत्यालोचनाओं के घटाटोप में उसका मूल मन्तव्य ही खो गया है। 'उर्वशी' की आत्मा को पाने की चेष्टा में उसे जितनी बार पढ़ा, उतनी ही नई जिज्ञासाएँ जगीं। कृति की उत्कृष्टता को महसूस करते हुए भी उसे पूरी तरह पा लेना दुष्कर लगा और हर बार चाहा कि दिनकरजी से उनका समाधान मिल जाए तो अत्युत्तम रहे। भेंट-वार्ता की इच्छा व्यक्त की तो तुरन्त स्वीकृति मिल गई पर उसे क्रियान्वित करने में पूरा वर्ष लग गया।

दिनकरजी की मूल काव्य-भूमि की तलाश में मैंने उनके सम्मुख अपनी पहली जिज्ञासा रखी—"उर्वशी की रचना करते समय क्या आपको कभी ऐसा भी लगा कि बाहर और भीतर की यथार्थताओं के पहले से लगाए गए अर्थ फीके पड़ने लगे हैं, उनके स्थान पर नए और आत्म-विस्मृतिकारी अर्थ उभर रहे हैं और आपको सत्य के निकट से निकटतर पहुँचने का आभास मिल रहा है? यदि 'हाँ' तो कृपया बताएँ, उसके किस स्थल में आपको इस प्रकार की अनुभूति सर्वाधिक हुई?"

प्रश्न को तौलते हुए से दिनकरजी बोले, प्रश्न ठीक से मेरी समझ में आया है या नहीं, नहीं कह सकता। जो कुछ समझ सका हूँ, उत्तर यह है कि मुझे वास्तविक का जो रूप दिखाई पड़ा था, उसे हू-ब-हू अभिव्यक्त कर सका हूँ या नहीं, यह सहृदय ही बता सकते हैं। मेरी परिचित भूमि साधारणतः *सामाजिक चेतना रही थी*। 'उर्वशी'

रचना के क्रम में इस प्रकार की अनुभूतियों को अभिव्यक्त करने में मुझे भाषा की अधूरी शक्तियों का भान हुआ था। केवल नारी के ही भीतर एक अन्य नारी नहीं है, पुरुष के भीतर भी एक अन्य पुरुष है, जिसे चित्रित करना सहज नहीं है :

प्रणय-शृंग की निश्चेतनता में अधीर बाँहों के
आलिंगन में देह नहीं श्लथ, यही विभा बँधती है।
और चूमते हम अचेत हो जब असंज्ञ अधरों को,
वह चुम्बन अदृश्य के चरणों पर भी चढ़ जाता है।

इन पंक्तियों में त्रिया और पुरुष के उसी अतीन्द्रिय रूप के चित्रण का प्रयास किया गया है, जिसका संकेत मैंने पहले किया है। किन्तु, चित्रण पूरा हुआ या नहीं, यह तो पाठक ही बता सकते हैं। इसी प्रकार 'उर्वशी' के तृतीय अंक में जहाँ भूत, भविष्यत् और वर्तमान की सतत विद्यमानता का वर्णन है, वह कुछ दुरूह रह गया है, यद्यपि मैंने जितना कहने की कोशिश की है उससे अधिक कहना अशक्य था :

रुको, पान करने दो, शीतलता शतपत्र कमल की;
एक सघन क्षण में समेटने दो विस्तार समय का,
एक पुष्प में भर त्रिकाल की सुरभि सूँघ लेने दो!

'उर्वशी' में काम और अध्यात्म के बीच छिड़े द्वन्द्व के समन्वयोन्मुखी होने की बात उठाते हुए मैंने कहा, "प्रेमहीन तन-दान वेश्यावृत्ति है तो तनहीन प्रेम भी विकृति (पर्वर्ज़न) से कम नहीं। इन दोनों अतियों का सन्तुलित रूप है उर्वशी, जिसका निर्भ्रान्त देह-दान इस काव्य की आत्मा है। लगता है, इसे समाज की वक्र दृष्टि से बचाने के लिए आपके अवचेतन ने इस पर पुरूरवा के कामाध्यात्म का मुलम्मा चढ़ा दिया है। 'उर्वशी' की भूमिका के इन शब्दों से भी यही ध्वनित होता है—"युक्ति तो यही कहती है कि नकाब पहनकर असली चेहरे को छिपा लेने से पुण्य नहीं बढ़ता होगा। फिर भी हर आदमी नकाब लगाता है, क्योंकि नकाब पहने बिना घर से निकलने की समाज की ओर से मनाही है।" इस काव्य का नाम 'उर्वशी' भी इसी बात की गवाही देता है कि पुरूरवा का कामाध्यात्म इस कृति का मूल स्वर नहीं है। उर्वशी इस कामाध्यात्म से सायुज्य स्थापित नहीं कर पाती, "पढ़ो रक्त की भाषा को, विश्वास करो इस लिपि का, यह भाषा, यह लिपि मानस को कभी न भरमाएगी।" कृपया बताएँ, कामाध्यात्म का यह आदर्श 'उर्वशी' की रचना में कहीं 'आफ्टर थॉट' तो नहीं?"

दिनकरजी बोले : "पुरूरवा मर्त्य मनुष्य है, वह अभिनव मनुष्य का भी प्रतीक है। उसने अपने पुरुषार्थ से सब कुछ प्राप्त किया है और वह इतना भाग्यशाली है कि उस पर एक देवी आसक्त है। किन्तु ये सभी सुख उसे सन्तोष नहीं दे सकते, वह इन सुखों के आगे बढ़कर किसी और अतीन्द्रिय आनन्द की कामना करता है। पुरूरवा के भीतर हम नए और पुराने मनुष्य का द्वन्द्व भी देख सकते हैं। नए मनुष्य का एक लक्ष्य सौभाग्य है। सौभाग्य यानी पद, प्रभुता, धन, सफलता और इन्द्रिय-तर्पण। पुराना

मनुष्य इन सबके परे अपना वैयक्तिक मोक्ष खोजता है। ययाति अपने यहाँ बहुत बड़े राजा हुए हैं। वे जब बूढ़े होने लगे तब अपने एक बेटे से उन्होंने उसकी जवानी उधार माँग ली। इस प्रकार दो जवानियों का सुख भोग लेने के बाद ययाति ने एक सूक्ति कही, 'संसार में जितना अन्न है, जितना धन है, जितनी नारियाँ हैं, वे एक व्यक्ति के लिए यथेष्ट नहीं हैं, अतएव, मनुष्य को चाहिए कि वह वासनाओं का शमन करे।' पुरूरवा नया मनुष्य इसलिए है कि उसने पुरुषार्थ से सब कुछ प्राप्त कर लिया है। किन्तु वह पुराना भी है, क्योंकि मूल्यों के ह्रास में उसका विश्वास नहीं है। अथवा पुरूरवा उस नए मनुष्य का प्रतीक है, जो सांसारिकता में सफल होने पर भी विपण्ण है, क्योंकि वह कोई ऐसी उपलब्धि खोजता है, जिसे प्राप्त करके उसे कुछ और प्राप्त करने की इच्छा न रह जाए।

''मूल्य-ह्रास की घोषणा मनुष्यता को सुख देनेवाली घोषणा नहीं है। नीत्शे ने ऐलान किया था कि ईश्वर की मृत्यु हो गई। किन्तु शीघ्र ही उसे यह चिन्ता सताने लगी कि ईश्वर की मृत्यु उन मूल्यों की मृत्यु है जो मनुष्य और ईश्वर के बीच फैले हुए हैं। अतएव उसने दूसरी सूक्ति यह कही कि ईश्वर की मृत्यु इतनी बड़ी घटना है कि इसका मुकाबला आदमी तभी करता है जब वह खुद ईश्वर बन जाए। पुरूरवा मूल्य-ह्रास का प्रतीक नहीं है। वह उन मानवों का प्रतीक है, जो मूल्य की अवहेलना करके सफलता प्राप्त करते हैं और फिर भीतर-ही-भीतर मूल्य की महिमा पर रीझ कर तड़पते रहते हैं। 'कामाध्यात्म' बड़ा गोल-मटोल शब्द है। यदि इसका अर्थ काम और अध्यात्म के बीच द्वन्द्व हो तो उसका प्रयोग सही माना जाएगा, अन्यथा इस शब्द का प्रयोग उर्वशी काव्य के प्रसंग में नहीं किया जाना चाहिए।

''पुरूरवा की कल्पना मैंने उस लौकिक मनुष्य के रूप में की है, जो लोक के साथ-साथ परलोक की भी कामना करता है। उर्वशी की कल्पना उस देवी के रूप में है जिसे स्वर्ग में सन्तोष नहीं है। जैसे पृथ्वी अपूर्ण है, वैसे ही स्वर्ग को भी मैं अपूर्ण मानता हूँ। पुरूरवा वह वस्तु खोजता है, जो उसे मिट्टी में नहीं मिल पाती। उर्वशी स्वर्ग से इसलिए विरक्त है कि पृथ्वी पर कुछ ऐसे सुख हैं, जो स्वर्ग में नहीं हैं। वह उन्हीं सुखों के लोभ में धरती पर आई है और नहीं चाहती कि पुरूरवा स्वर्ग का बहुत अधिक ध्यान करता रहे।

''मैं नहीं जानता कि जिस प्रेम में दैहिक मिलन नहीं होता, वह विकृत प्रेम (पर्वर्ज़न) है। उर्वशी केवल यह कहना चाहती है कि दैहिक मिलन केवल स्थूल कर्म नहीं है, उसके भीतर से भी मन सूक्ष्म उड़ानें मारता है। प्रेम शरीर में जन्म लेता है, लेकिन उसकी ऊर्ध्वगति मनःआकाश की ओर भी होती है। नर-नारी-सम्बन्ध के स्तर अनेक हैं। मनुष्य की वैयक्तिक योग्यता पर निर्भर करता है कि उसे किस स्तर का सम्बन्ध सन्तोष देता है।''

आधुनिक नारी पत्नीत्व और मातृत्व से बचकर जिस अनियन्त्रित और स्वच्छन्द

जीवन की ओर प्रवृत्त हो रही है, उसकी अवचेतन प्रतिक्रिया का भी 'उर्वशी' की रचना में हाथ रहा है, यह सोचते हुए मैंने कहा—'उर्वशी' में आधुनिकता का प्रतीक बनी हैं अप्सराएँ, जिनकी सब मर्यादाओं को तोड़कर उर्वशी "चपलोष्ण मानवी-सी भू पर जीने"—आती है और पत्नीत्व तथा मातृत्व दोनों का भार वहन करती है। शायद इसीलिए, आपकी दृष्टि में वह सिद्ध नारी है। पर स्वयं उर्वशी के लिए नारी के ये दोनों रूप साधन हैं, साध्य नहीं। पत्नीत्व से उसे दैहिक मिलन की सामाजिक स्वीकृति मिली और मातृत्व हुआ उसका अनिवार्य परिणाम। उसकी मूल प्रवृत्ति तो देह-दान और देह-लाभ की ही रही। इसीलिए तो पुरूरवा द्वारा अध्यात्म की चर्चा छेड़े जाने पर वह स्पष्ट कह देती है : "पर, मैं बाधक नहीं, जहाँ भी रहो, भूमि या नभ में, वक्षस्थल पर, इसी भाँति मेरा कपोल रहने दो!" यही नहीं, पुत्रोत्पत्ति के बाद भी वह मातृत्व की पूर्ण उपेक्षा करके पुत्र को सोलह वर्ष तक महर्षि च्यवन के आश्रम में छोड़, स्वयं पति के साथ दैहिक सुख में लीन रहती है। वह स्वयं तथ्य को स्वीकार करती है कि मात्र भ्रूण-वहन मातृत्व नहीं है। फिर भी, आश्चर्य की बात है, आपने उर्वशी-चरित्र को गौरवान्वित किया?"

प्रश्न की गहरी खुदाई करते हुए दिनकरजी बोले, "गौरवान्वित न तो मैंने उर्वशी को किया है, न पुरूरवा को। गौरव की अधिकारिणी तो सुकन्या और औशीनरी ही हैं। यह सत्य है कि उर्वशी की रचना करते समय मेरा ध्यान बार-बार इस ओर गया था कि आधुनिकाओं में अधिक ऐसी ही हैं, जो अपने लक्ष्मी-रूप की अपेक्षा अप्सरा-रूप का ध्यान रखती हैं। नारी के लक्ष्मी और अप्सरा, दोनों रूप पुरातन काल से चले आ रहे हैं। प्राचीनों को यह ज्ञात था कि नारी जब अपने अप्सरा-रूप को प्रमुखता देती है, तब वह मातृत्व का बोझ सँभालना नहीं चाहती। पुराणों में ऐसी अनेक कहानियाँ भरी पड़ी हैं।

"व्यास और घृताची के मिलन से शुकदेवजी का जन्म हुआ, किन्तु सन्तान का पालन व्यासजी ने किया। राजा उपरिचर और अप्सरा अद्रिका के संयोग से मत्स्य और मत्स्यगन्धा का जन्म हुआ। लड़के को तो उपरिचर ले गए, मत्स्यगन्धा का पालन धीवरराज ने किया। गंगा ने अपने सात पुत्र मार डाले। आठवें पुत्र को बचाने का जब शान्तनु ने आग्रह किया तब गंगा पति को छोड़कर चली गईं। अप्सरा और देवी के स्वभाव में समानता होती है।

"विश्वावसु मुनि ने मेनका से समागम किया। मेनका गर्भ लेकर चली गई। पीछे प्रसव-काल में स्थूलकेश मुनि के आश्रम पर आकर उसने एक कन्या को जन्म दिया। यही कन्या प्रभद्वरा हुई, जिसका विवाह रूरू के साथ हुआ। मेनका ने शकुन्तला का पालन नहीं किया। यह कालिदास की मानव-सुलभ करुणा थी, जिसने यह दिखलाया है कि पति के त्यागे जाने पर शकुन्तला जब घोर विपत्ति में पड़ी, तब मेनका पृथ्वी पर आई और अपनी बेटी को उठा ले गई।

"ब्रह्मा की कृपा से राजा आग्नीध्र को पूर्वचिति नामक अप्सरा प्राप्त हुई थी, जिससे उन्हें नौ पुत्र हुए। किन्तु अप्सरा रुकी नहीं। वह फिर ब्रह्मा के पास वापस चली गई। कंडु मुनि को इन्द्र की कृपा से प्रम्लोचा नामक अप्सरा प्राप्त हुई थी। जब उसे गर्भ रहा, वह अपना गर्भ वृक्षों को सौंपकर भाग गई।

"केवल भ्रूण-वहन मातृत्व नहीं है—उर्वशी के द्वारा यह कहलाने में मेरा तात्पर्य यह है कि जो नारियाँ सन्तान नहीं चाहतीं, उन्हें भी सन्तान होने पर सन्तान का मोह घेरता है और वे भी उस सुख के लिए ललचाती हैं, जो सन्तान का पालन करने से प्राप्त होता है। यह शायद जीव-विज्ञान के नियम से भी ठीक है। तब भी अप्सराएँ प्रकृति के इस वरदान को अलग फेंक देती हैं।"

" 'उर्वशी' की भूमिका के इन शब्दों ने, प्रकारान्तर से ही सही, उत्कृष्ट काव्य की कसौटी प्रस्तुत कर दी है—'प्रश्नों के उत्तर, रोगों के समाधान, मनुष्यों के नेता दिया करते हैं। कविता की भूमि केवल दर्द को जानती है, केवल बेचैनी को जानती है, केवल वासना की लहर और रुधिर के उत्ताप को पहचानती है।' इन पंक्तियों की ओर संकेत करते हुए मैंने कहा, 'उर्वशी' का तृतीय अंक इस कसौटी पर खरा उतरता है। इस काव्य के कटु-से-कटु आलोचक ने भी इसकी श्रेष्ठता को स्वीकारा है। पर अनेक पाठकों को लगा है कि तृतीय अंक से पहले जिन समस्याओं को उठाया गया है और बाद के अंकों में सीधे अथवा सांकेतिक ढंग से जो दार्शनिक समाधान प्रस्तुत किए गए हैं, वे उन स्थलों को उत्कृष्ट काव्य के आसन से उतारकर प्रबन्धकारिता के स्तर पर ले आते हैं—उनमें तृतीय अंक का दर्द और बेचैनी नहीं मिलती। ऐसे पाठकों से आप कहाँ तक सहमत होंगे?

इस यथार्थता को स्वीकार करते हुए दिनकरजी बोले, "काव्य का कोई-कोई अंश अन्य अंशों से ऊपर उठ जाता है। यह दोष या गुण या मात्र लक्षण केवल 'उर्वशी' में ही नहीं, संसार के अन्य काव्यों में भी देखा जा सकता है। जिन पाठकों को तृतीय अंक का दर्द और बेचैनी 'उर्वशी' के अन्य अंकों में नहीं मिलती, उनका समाधान मैं क्या कहकर कर सकता हूँ! वे ठीक ही सोचते होंगे।"

"भूमिका से आपने जो उद्धरण दिया है, उसका संकेत इस बात की ओर है कि कवि से हमेशा सन्देश की अपेक्षा नहीं रखनी चाहिए। कवि सन्देशवाही हुआ करते थे, यह सत्य है। किन्तु सन्देश-वहन अब सोद्देश्यता में शामिल समझा जाता है। फिर भी मैं यह दावा नहीं कर सकता कि 'उर्वशी' सन्देशविहीन काव्य है। किन्तु पुरूरवा और उर्वशी के चरित्र से सन्देश का ग्रहण केवल गुणीभूत व्यंग्य के ही रूप में किया जा सकता है। जो लोग 'उर्वशी' काव्य का पारायण यह सोचकर करते हैं कि पुरूरवा आदर्श पुरुष और उर्वशी आदर्श नारी है, उन्हें उनकी जिज्ञासा का समाधान इस काव्य में नहीं मिलेगा। उर्वशी में ऐसी बहुत-सी बातें हैं, जो आदर्श नारी में नहीं होनी चाहिए। पुरूरवा में भी ऐसे कुछ लक्षण हैं, जो आदर्श पुरुष के लक्षण नहीं माने जा

सकते। असल में आदर्श नर और आदर्श नारी का चित्रण मेरा ध्येय नहीं था। मैं तो केवल पुरूरवा और उर्वशी का चित्रण करना चाहता था, जिनके दर्शन मुझे नए मनीषियों और नई नारियों में मिलते ही रहते हैं।''

'उर्वशी' में नाटक की तरह अंक हैं। नटी और सूत्रधार भी हैं। सारी कथा संवादात्मक है और यत्र-तत्र मंच संकेत भी दिए गए हैं। फिर भी ऐसा नहीं लगता कि उनकी संकल्पना में रंगमंचीय तत्त्व पर विशेष ध्यान रहा है। इस तथ्य की ओर दिनकरजी का ध्यान आकृष्ट करते हुए मैंने कहा—'' 'उर्वशी' मूलतः प्रबन्ध-काव्य ही है। इसमें नाटकीय शिल्प को अपनाकर, लगता है, आपने अपने लिए कुछ सीमाओं का निर्माण भी कर लिया है। फलतः जो विवेचन-विश्लेषण स्वयं कवि के शब्दों में अधिक प्रभावपूर्ण और समीचीन होता, उसे भी आपको पात्रों के माध्यम से ही करवाना पड़ा है। कृपया बताएँ, 'उर्वशी' को नाटक का रूप देने में आपका क्या उद्देश्य रहा है?''

'उर्वशी' के नाट्यरूप का रहस्योद्घाटन करते हुए दिनकरजी ने कहा—'' 'उर्वशी' काव्य का श्रीगणेश रेडियो-रूपक के रूप में किया गया था। लेकिन, एक अंक लिखने के बाद मुझे ऐसी सम्भावनाएँ दिखाई पड़ीं, जो रेडियो-रूपक में सँभाली नहीं जा सकती थीं। इसलिए मैंने 'उर्वशी' को संवाद-काव्य बना दिया। शायद आपका यह सोचना ठीक हो कि अंकबद्ध होने के बदले काव्य यदि सर्गबद्ध हुआ होता तो मुझे स्वतन्त्रता अधिक रहती।''

(शेष-निःशेष)

रूबरू-दिनकर

—डॉ. सुलोचना रांगेय राघव

लगभग 1968-69 के समय अपने शोध-कार्य के सम्बन्ध में हिन्दी के साहित्यिक विचारकों पर सामग्री एकत्रित करने के लिए अनेक रचनाकारों से मिलने का मैंने कार्यक्रम बनाया। हिन्दी रचनाकारों की सूची में दिनकरजी भी शामिल थे।

दिनकरजी की एक महान् कवि के रूप में मुझे थोड़ी-बहुत जानकारी थी, एकाध रचना भी मैंने पढ़ी थी और इसी बलबूते मैं एक प्रातः उनसे मिलने दिल्ली-स्थित उनकी कोठी पर पहुँच गई। पूर्व-निश्चित कोई समय नहीं दे रखा था। मेरे साथ मेरा साहस तथा कुछ प्रश्न थे। वहाँ पहुँचकर उनके सचिव से कहा कि शोध-कार्य के सम्बन्ध में मिलना चाहती हूँ। शायद अपना नाम भी नहीं बताया। मन में एक दृढ़ता थी कि दिनकरजी बुला लेंगे। पर निराशा मिली, अन्दर से कहला भेजा कि इस समय किसी से नहीं मिलेंगे। मैं टूट-सी गई, क्षुब्ध हुई और फिर आवेश में सचिव के साथ एक पर्चे पर अपना नाम लिख भेजा। पलक झपकते ही देखा, सामने एक आकृति खड़ी है—लम्बा कद, गौर वर्ण, मुस्कान के साथ हाथ बढ़ाते हुए दिनकरजी कह रहे थे—"अरे बेटा, तुम्हारा तो यह अधिकार है। तुम्हें कैसे मना कर सकता हूँ।" दिनकरजी से मैं पहली बार ही मिल रही थी। विश्वास नहीं हो रहा था और कुछ समय पहले का मूड एक सुखद क्षण में परिवर्तित हो गया।

कुछ समय के लिए आवश्यक जानकारी प्राप्त करने के बाद दिनकरजी मेरे कार्य का मकसद पूरा करने के लिए तत्पर हो उठे। मैंने उन्हें बताया कि हिन्दी साहित्यकारों के विषय में मैं एक समाजशास्त्रीय अध्ययन करना चाहती हूँ। यह सुनकर उन्हें वास्तव में अच्छा लगा।

मैंने प्रश्न करना आरम्भ किया। सबसे पहले मैंने बहुत ही प्रारम्भिक सवाल उनकी पारिवारिक पृष्ठभूमि को लेकर किया। प्रश्न मेरा संक्षिप्त था, परन्तु सामने से जो उत्तर आया, वह न केवल उनकी पारिवारिक पृष्ठभूमि पर था, बल्कि उनके समग्र व्यक्तित्व को उजागर कर रहा था। उनका समग्र जीवन उनकी शिक्षा-दीक्षा, लेखन-प्रेरणा, संघर्ष और क्या नहीं? मुझे फिर अधिक प्रश्न करने की आवश्यकता ही नहीं पड़ी। दिनकरजी धारा प्रवाह बोलते रहे, मैं लिखती रही। जहाँ पकड़ नहीं पाई, वहाँ स्वयं डिक्टेट कराने लग गए—

"मेरा परिवार एक कृषक-परिवार था। बीस एकड़ जमीन पर पिता, जिनका देहान्त मेरे बाल्यकाल में ही हो गया, तीन भाई, एक बहिन और माता निर्भर थे। परिवार साधारण था, परन्तु रामायण एवं रामचरितमानस के संस्कार से वातावरण भरा था। मैं रामायण 10 वर्ष की उम्र से ही पढ़ने लगा और लगभग रोज ही पढ़ता रहा। कविता कदाचित् इसी से फूट निकली। रामलीला भी देखने का भारी शौक रहा। 12 वर्ष की उम्र में गीत लिखना प्रारम्भ किया।..."

कविता की बात निकलते ही मुझे बीच में रोकना पड़ा। मैं उनकी रचनात्मकता की प्रेरणा का स्रोत जानना चाह रही थी।

"मेरी माता का प्रभाव मुझ पर बहुत गहरा था। वैसे एक चचेरे भाई बाबूराम और एक साधु का भी प्रभाव रहा था। साधु जोगी से ही मैंने आध्यात्मिक बातें सुनी थीं। 1920 में जब मैं 12 वर्ष का था, तब गांधी-दर्शन से भी प्रभावित हुआ। और इसीलिए ब्रिटिश सरकारी स्कूल में भर्ती न होकर देशी स्कूल में भर्ती हो गया। दो वर्ष (1920-22) तक क्रान्तिकारी विचारों से अवगत हुआ। 'वन्दे मातरम्' गाते हुए और क्रान्तिकारी विचारों को सुनते हुए समय बिताया। इन्हीं दिनों जमींदारों के अन्याय और अत्याचारों के विरोध में सरकार को पत्र भी लिखे।"

"जीवन-संघर्ष के दौरान किसी ने भी मुझे नौकरी दिलाने में सहायता नहीं की, और इसका दुःख मुझे काफी सालता रहा। 1933 में मुझे एक नई पाठशाला में हेडमास्टर की नौकरी मिली। उसके एक वर्ष पश्चात् रेवेन्यू-विभाग में सब-रजिस्ट्रार की नौकरी मिली। 1943 में प्रचार-विभाग में मेरा तबादला हो गया। 1946-47 एक पूरा वर्ष अवकाश में बिताया और जैसे ही सरकार बदली, मुझे पुनः प्रचार-विभाग में ही नियुक्त कर दिया गया। 1950 में मैं बिहार विश्वविद्यालय में प्राध्यापक की नौकरी पर नियुक्त हुआ। 1964 में भागलपुर विश्वविद्यालय के उपकुलपति की हैसियत से रहा और बाद में सरकार के 'हिन्दी-सलाहकार' के रूप में कार्य किया।"

दिनकरजी लगभग एक ही साँस में यह सब कहते गए और मैं एकाग्रचित्त सुनती रही, लिखती रही, और फिर कुछ क्षण के लिए जैसे सब कुछ स्तब्ध हो गया। दिनकरजी जैसे ही आगे बोलने की मुद्रा में हो उठे कि मैं पूछ बैठी—"इतने बड़े कवि और रचनाकार होने के बावजूद आप जीवन भर नौकरी ही क्यों करते रहे?"

मैं जानती थी कि हिन्दी का कवि अपने रचना-सृजन के बल पर जीवन-यापन नहीं कर सकता, फिर भी मैं दिनकरजी के जीवन-संघर्ष की गाथा, उनकी आर्थिक कठिनाई का लेखा-जोखा उन्हीं के मुँह से सुनना चाह रही थी।

दिनकरजी ने बताया—"मुझे अध्ययन में बहुत रुचि थी, मैं आगे पढ़ना चाह रहा था। धन का अभाव भी था। माताजी के पास 1200 रुपए कुल पूँजी के रूप में थे। उन्हें ही लेकर मैं आगे बढ़ गया। एक अन्य परिजन भी सहायता करना चाह रहे थे। परन्तु मैं किसी का बोझ नहीं बनना चाह रहा था। माताजी के रुपए भी मेरे लिए

आध्यात्मिक कर्ज बन गया था। मैं किसी भी तरह उन्हें वापस लौटाना चाह रहा था। मेरे पर पूरे परिवार का उत्तरदायित्व था—मेरा अपना परिवार और भाई का परिवार। किसी ने भी मेरी मदद नहीं की। मैंने परिवार के बच्चों के विवाह पर बराबर कर्ज लिया और अपनी जिम्मेदारी पूरी करता रहा। कर्ज लेना और भरना नियमित रहा। इसका मेरे व्यक्तित्व पर बहुत ही बुरा प्रभाव पड़ा। मैं जिस प्रकार अपने व्यक्तित्व को उभारना चाह रहा था, नहीं कर पाया। घर-परिवार के बोझ के साथ नौकरी का भी बुरा प्रभाव रहा। 1938 से लेकर 1943 तक पाँच साल की अवधि में करीब 22 तबादले हुए। मुझे अपने लेखन के साथ-साथ नौकरी बराबर करनी पड़ी। पारिवारिक खर्चे इतने अधिक होने की वजह से मैं कुछ भी बचा न सका, नहीं तो आज मेरे पास भी एकाध लाख रुपए की पूँजी जमा होती। मैंने प्रकाशन का कार्य भी शुरू किया, पर असफल रहा।''

''आरम्भ में मैं अहिंसा के विरोध में बोलने लगा और साथ ही गांधीजी का विरोध भी किया। साम्यवादी विचारधारा का मुझ पर प्रारम्भ से प्रभाव रहा। युद्ध पर लिखना शुरू किया। युद्ध के पक्ष में और विपक्ष में भी विचार प्रकट किए। सरकार ने प्रचार में डाल दिया। मैं गाँव-गाँव घूमता रहा और मेरी आत्मा कहने लगी कि युद्ध नहीं होना चाहिए। परन्तु वास्तविक परिस्थितियाँ मुझे दूसरी ओर खींच रही थीं। यथार्थ को देखने के बाद मेरा बोध मानव जाति के बीच-बचाव की ओर झुकने लगा। मेरा आन्तरिक व्यक्तित्व कोमल कविता रचने को प्रेरित करता, परन्तु देश की स्थिति ने मुझे देश पर लिखने के लिए बाध्य किया। 'कुरुक्षेत्र' एक उदाहरण है। सामाजिक सुधार पर सोचने लगा, लिखने लगा और जब-जब इस बोझ से मुक्त हुआ, तब मेरी कोमल भावनाएँ उभर आईं। इतिहास का विद्यार्थी होने की वजह से मेरी कविता पर इतिहास का भी प्रभाव पड़ा। मैंने ब्रिटिश सरकार के विरोध में आवाज उठाई। इसी पसोपेश में मैं अधिक समय साहित्य के लिए नहीं दे पाया। मेरे मन में संघर्ष बराबर बना रहा। युद्ध के कारण मेरा मन बोझिल हो उठा। इन सबका मेरे मन तथा शरीर पर बहुत ही गहरा प्रभाव पड़ा, शारीरिक रूप से मैं अशक्त और रुग्ण हो गया। मुझे 'डायबिटीज' हो गई।...

''मेरा बचपन अनुशासित रहा। विद्यार्थी-जीवन में भी मैं एक गम्भीर अध्येता के रूप में रहा, परन्तु बाद में साहित्य के प्रति मेरा रुझान बढ़ गया। स्कूल जाने के लिए मुझे रोज ही गंगा को पार करना पड़ता था और इसी क्रम में मैं कई बार स्कूल जाने के बजाय गंगातट पर बैठ कविता किया करता, बहुत छोटी आयु से ही मुझे परिवार के बोझ का बोध हो गया था। जीवन में संघर्ष करना है, परिश्रम करना है, यही एकमात्र उद्देश्य बन गया।...

''1930 में,'' दिनकरजी कुछ क्षण रुककर बोले, ''चार वर्ष तक मैंने देश के लिए कार्य किया, नमक-सत्याग्रह (civil disobedience) में भाग लिया। 1934 में बिहार में भूकम्प से पीड़ित लोगों की सेवा भी की। और इन सबके साथ हिन्दी भाषा के लिए

भी कार्य किया। मैं हिन्दी को 'राष्ट्रभाषा' के रूप में आगे बढ़ाना चाहता था, और अब भी चाहता हूँ। इसी कारण मैंने कुछ लोगों की नाराजगी भी मोल ली। हिन्दी लेखकों का शोषण भी मुझसे सहा नहीं जाता था।''

मैंने आगे पूछा—परिवार में अग्रणी होने के नाते आपकी दृष्टि में भाई के रूप में, पिता के रूप में तथा पति के रूप में आपकी कैसी भूमिका रही?

''भाई के रूप में मेरी भूमिका लगभग अच्छी ही रही, जैसा कि मैंने बताया। अपने भाइयों को पढ़ाकर उन्हें समाज में प्रतिष्ठित करवाया। उनके बच्चों का विवाह करवाया। लेकिन पिता तथा पति के रूप में मैं काफी हद तक असफल ही रहा। मेरा सबसे बड़ा बेटा Rebel रहा। वह मेरा बराबर विरोध करता रहा। और इसका कारण यही था कि मैंने उसके प्रति तथा अन्य बच्चों के प्रति अधिक ध्यान नहीं दिया। मेरे बेटे की 1967 में मृत्यु हो गई। और यह मेरे लिए असहनीय था। मेरा विवाह 14 वर्ष की आयु में हुआ था। मैं उस समय अन्य गतिविधियों में उलझ गया था और पत्नी के प्रति पूरा कर्तव्य नहीं निभा पाया। पत्नी भी मुझसे नाखुश रहने लगी और यहाँ तक कि वह मेरे साथ रहने को भी तैयार नहीं थी।''

मैं—कृपया अपनी साहित्यिक उपलब्धि के बारे में बताएँ।

यह प्रश्न पूछते ही दिनकरजी में कुछ जोश आया और बोले—

''मेरी विरोध की भावना मेरे साहित्य में भी झलकने लगी। लोगों ने इसे स्वीकारा नहीं, मैं स्वयं को कर्ण की सी स्थिति में महसूस करने लगा। लोग मेरा विरोध करने लगे। न केवल बिहार, बल्कि मुझे लगने लगा कि पूरा देश मुझे पसन्द नहीं करता। निष्पक्ष आलोचना किसी ने नहीं की। आलोचक मेरी रचना, मेरी कविता के प्रति कम ध्यान देते रहे और मेरे व्यक्तित्व पर अधिक प्रहार करते रहे, क्योंकि मैं एक साधारण व्यक्ति था। कुछ-एक तो जलन के कारण ही मेरा विरोध करते रहे। यदि मैं लिखना स्थगित कर देता तो शायद लोग मुझे चाहने लगते। मेरी क्षमता पर लोगों को शक था : It is a wretched world and one has to face a lot. I was beaten by all the three generations. नई पीढ़ीवाले मुझे समाप्त करना चाहते हैं, परन्तु साथ ही मेरे ऊपर पचास पुस्तकें भी लिख डालते हैं और प्रकाशित करवाते हैं। They develop their polity through established literatures. My enemies criticise me for my virtues".

मैं—आपके लेखन-कार्य की अवधि क्या है?

''मैंने पहली कविता 14 वर्ष की आयु में लिखी। मेरी रचनात्मक कार्य की अवधि 49 वर्ष है। मैंने अधिकतर कविता-काव्य ही लिखे। इनके अतिरिक्त आलोचना, इतिहास और दर्शन पर भी लिखा। 'रेणुका' और 'हुंकार' ने मुझे क्रान्तिकारी और राष्ट्रीय कवि के रूप में प्रतिष्ठा दिलाई। फिर कुछ गीत लिखे, जिस पर लोगों ने कहा कि मैं धरातल छोड़कर Ivory towar में रहने लगा। और जब 'कुरुक्षेत्र' आया तो

लोगों की तालियों की गड़गड़ाहट सुनाई देने लगी। कुछ लोगों की तो बोलती बन्द हो गई। 'कुरुक्षेत्र' ने मुझे Poet of ideas and thought के रूप में प्रतिष्ठित किया। एक कट्टर गांधीवादी को यह पसन्द नहीं आया, परन्तु वे मौन रहे।...

"1951 में 'संस्कृति के चार अध्याय' ने मुझे इतिहास, संस्कृति और दर्शन का ज्ञाता घोषित किया। 'उर्वशी' (1961) ने भी साहित्यिक जगत् में तहलका मचा दिया। 'उर्वशी' ने मुझे साहित्यिक जगत् में Poet of love and spiritualism के रूप में स्थापित कराया। कई आलोचकों को इसे लेकर मौन रहना पड़ गया। मैं कई बार मनोरंजन के तौर पर कहता रहता हूँ—They are bewildered because they have discovered my sex. 'परशुराम की प्रतीक्षा' का भी कई स्थानों से विरोध उठा, लेकिन कइयों ने उसकी बहुत सराहना भी की। इसी में मैंने देश की शक्ति को ललकारा है। सरकार की निन्दा भी की। लोगों ने कहा कि पार्टी से निष्कासित कर दिए जाओगे। पद से हटा दिए जाओगे—पर हुआ कुछ नहीं। 1963 में मैंने राज्यसभा में एक भाषण दिया था और वह कुछ हद तक इसी काव्य का सारांश था। कुछ आलोचकों ने कहा कि मैं अपनी मर्यादा भूल बैठा हूँ। लेकिन मैंने किसी की परवाह नहीं की। मैं जानता हूँ कि कोई भी कवि ऐसी रचना दुबारा नहीं रच सकता। वैसे यह पुस्तक बी. ए. के कोर्स में लगाई गई और हटाई भी गई।...

"मैं पुरानी परम्परा का व्यक्ति हूँ। स्वभावतः संस्कारी भी हूँ। मैंने ब्रिटिश सरकार के विरोध में आवाज उठाई। मैं कांग्रेस के विरोध में भी बोला और इसी तरह अपनी भावनाओं को समय-समय पर अभिव्यक्त करता रहा। मैंने अपनी कविताओं में Satire किया है। आज मेरा सबसे बड़ा उद्देश्य है कि देश शक्तिशाली बने और मेरा तात्पर्य Militarily strong से है। और जब तक देश शक्तिशाली नहीं बनता, वह आधुनिक नहीं कहलाएगा।"

मैं—क्या आप लिखते समय घर-परिवार की चिन्ता से मुक्त रहते हैं?

"मैं कभी भी अपने परिवार से निश्चिन्त नहीं हुआ। पारिवारिक समस्याएँ बदस्तूर बनी रहीं और मैं लिखता रहा। मैं शान्ति व निश्चिन्तता के लिए तरसता रहा। लेकिन वह मेरे भाग्य में नहीं है। यदि समस्याएँ नहीं रहतीं तो हो सकता है, मैं अधिक लिखता—I have been trying to fly with stones tied to my feet."

मैं—क्या आप वर्तमान स्थिति से पूरी तरह जुड़े हुए हैं?

"मैं देश-समाज के हर पक्ष से अवगत हूँ। और मैं एक Committed Writer हूँ।"

मैं—लेखन-कार्य के अतिरिक्त आपने जो अन्य कार्य किए, क्या उनमें भी आपकी उतनी ही रुचि रही जितनी लेखन में?

"मैंने जो भी अन्य कार्य किए, उनके पीछे कोई-न-कोई मकसद रहा, अतः मन लगाना आवश्यक था। परन्तु लेखन मेरा प्रथम प्रेम रहा है।"

देश में हिन्दी भाषा तथा हिन्दी साहित्य के महत्त्व के विषय में पूछने पर वे बोले—

"हिन्दी भाषा एवं साहित्य अपने ही देश में प्रतिष्ठित नहीं है। हिन्दी पाठकों की संख्या देश में बहुत कम है।"

सामाजिक प्रतिबन्धों के विषय में उन्होंने कहा–

"बौद्धिक रूप से मैं जाति-पाँति में विश्वास नहीं करता, परन्तु व्यावहारिक रूप में मैं संस्कारी हूँ। मैं चाहता हूँ कि हमारा देश आधुनिक बने, पर साथ ही यह भी चाहता हूँ कि हमारी संस्कृति-सभ्यता की जड़ें बनी रहें। भारतीय संस्कृति की ये जड़ें हमारे भीतर हैं। यह वह वास्तविकता है, जो अदृश्य है। यदि हमने इस दृष्टिकोण की रक्षा नहीं की, तो न केवल भारत स्वयं के लिए, वरन् पूरे संसार के लिए मूल्यहीन हो जाएगा। आज पूरा संसार तरक्की की ओर अग्रसर हो रहा है और हर देश में अतीत एवं वर्तमान के मध्य संघर्ष है और अतीत की पराजय हुई है। भारत ही एक ऐसा देश है जहाँ अतीत और वर्तमान के मध्य सामंजस्य बना हुआ है। मुझे इस बात का काफी सन्तोष है। मैं चाहता हूँ कि यह प्राचीन देश अमर और अनन्त रहे। तभी भारत स्वयं की मदद कर सकता है और पूरे संसार की भी मदद कर सकता है।"

समानता का मैंने जब प्रश्न उठाया, तब दिनकरजी कहने लगे–

"समानता की भावना अद्भुत है। परन्तु पूरी तरह समानता हम क्रान्ति के बाद ही ला सकते हैं : Perfect equality can be conducted only after a revolution and maintained by periodical revolution. I, however, feel that not reasonable riches, but reasonable poverty should be our code. Too much of prosperity and luxury has always disillusioned men in many countries".

क्या आप ऐसा सोचते हैं कि आपकी भाषा का देश में अधिक महत्त्व नहीं होने की वजह से आपके रचनात्मक कार्य एवं अभिव्यक्ति में बाधा पहुँच रही है?

"यह प्रश्न तो सीधे सरकार को ही करना चाहिए, जिसने अंग्रेजी भाषा को माध्यम भाषा बनाकर महत्त्व दे रखा है। वैसे मुझे इस बात का गर्व है कि मैं हिन्दी का लेखक हूँ। मैं स्वयं को उन लोगों से, जो अंग्रेजी में लिखते हैं, कम नहीं समझता। समय आ रहा है, जब मानव के मन एवं बुद्धि का विकास भारतीय भाषा के द्वारा होगा।"

मेरा अन्तिम प्रश्न था–क्या आप अपनी वर्तमान स्थिति से सन्तुष्ट हैं?

दिनकरजी ने तुरन्त और तनिक रोष में उत्तर दिया–"नहीं! मैंने अपने जीवन की सर्वोत्तम कृति अभी तक नहीं लिखी। मैं *ईश्वर में विश्वास करता हूँ। मेरी आस्था अध्यात्मवाद में तथा परम्परा में है।* मैं वह हूँ, जो अनदेखे यथार्थ में विश्वास करता है, यही मेरी विचारधारा है।"

दिनकरजी से बातचीत का मेरा यह दौर एक बार में ही नहीं पूरा हुआ था। पहली बार डेढ़-दो घंटे के बाद मैंने विदा ली थी। मेरा मन भरा नहीं था। मेरे सामने अनेक बातें उभर-उभरकर आती रहीं। अन्त में मन-ही-मन यही सोचकर चली आई थी कि फिर कभी आकर उनसे बातचीत करूँगी।

कुछ अन्तराल के बाद मुझे दिनकरजी का पोस्टकार्ड मिला—"जयपुर पहुँच रहा हूँ। पोद्दार पार्क ठहरूँगा। मिलने आना।" मैं पोस्टकार्ड को एकटक देखती रही। मैंने तो उनसे कोई वायदा नहीं लिया था कि आप फिर समय दें। हो सकता है, दो घंटे के सान्निध्य में उन्होंने मुझे कुछ समझा होगा। मैं बहुत खुश थी। समयानुसार मैं निर्धारित स्थान पर पहुँच गई। दिनकरजी ने अपने कमरे में ही बुला लिया और बोले—"तुम चाहती थीं कि हम फिर मिलें और मैं आ गया!" इधर-उधर की बातें होने के बाद उन्होंने मुझसे कहा—"सुनो, यहाँ नहीं, तुम्हारे घर चलते हैं। एकान्त में शान्ति से बातें होंगी। मुझे लगा, आज दिनकरजी बहुत कुछ कहना चाह रहे हैं। कोई इंटरव्यू नहीं, केवल अपना मन उँड़ेलना चाह रहे हैं। वह मेरे घर आए। किसी को भी पता नहीं था कि दिनकरजी कहाँ गए। उस दिन शायद जयपुर नगर में बुद्धिजीवियों और कॉलेजों के हिन्दी-विभागों के सामने एक प्रश्नवाचक चिह्न उभर आया था।

उसी समय हमारे घर में एक छोटी-सी बैठक में भारत का यह प्रतिष्ठित कवि, एक साधारण व्यक्ति के रूप में बतिया रहा था। उस अनौपचारिक वातावरण में, मुझे आज भी याद है, उन्हें कितना सुकून मिला था। वे अपने बारे में तो बोल ही रहे थे, परन्तु साथ ही मुझसे भी अनेक बातें पूछ रहे थे। मैंने महसूस किया था कि यह कवि, जिससे मेरा कोई अधिक परिचय भी नहीं था, कितना सहज और सरल था! दिल खोलकर बात करने का जो अवसर मिला था न! मैं भी काफी मुखर होकर उनसे दुनिया भर की बातें करती रही। और फिर उन्हीं के मुख्य से फूट निकली थी उनकी कविता—कविता जो उनके कोमल हृदय की पहचान करा सकती थी—कविता, जो उन्हें और कुछ नहीं, सिर्फ एक मानव के रूप में प्रस्तुत कर सकती थी! समय उड़ा चला जा रहा था। हम—मैं और मेरी बिटिया, तब वह केवल 9 वर्ष की थी, दिनकरजी को सुध-बुध खोए सुन रहे थे!...सुन रहे थे।

तभी अचानक किसी ने दरवाजा खटखटाया। दिनकरजी की अनायास त्योरियाँ चढ़ गईं। मेरी ओर देखा। मैं असमंजस में थी कि इस समय इस सुख में विघ्न डालने कौन आ पहुँचा! मैंने दरवाजा खोला—देखा, महारानी कॉलेज की एक प्राध्यापिका सामने खड़ी थीं। वे मुझे उलाहना देने लगीं—"अरे, आपने तो कमाल कर दिया! दिनकरजी को बस ऐसे छिपा लिया कि किसी को कानोकान खबर भी नहीं होने दी। पर हम भी कम नहीं, आखिर पता लगा ही लिया। हम उन्हें लेने आए हैं।"—मैंने दिनकरजी की ओर देखा। वे कुछ उद्विग्न-से दिखाई दिए। पर फिर दूसरे ही क्षण उन्होंने स्वयं को सँभाला, उठे और उदास से बोले—"अब तो जाना ही पड़ेगा!" और चल पड़े।

उसी शाम को महारानी कॉलेज में मैंने सुनी—दिनकरजी की वह बुलन्द और ओजस्वी आवाज—गूँजती रही है वह मेरे कानों में तब से लेकर आज तक!—

(शेष-निःशेष)

दिनकरजी : एक इंटरव्यू

—द्वारिका राय 'सुबोध'

26 अगस्त, '72 ई. मेरे जीवन की अविस्मरणीय तिथि है। मध्याह्न में बरौनी-जंक्शन के निकट श्री लक्ष्मीनारायण शर्मा 'मुकुर' से भेंट हुई। उन्होंने कहा, "दिनकरजी के यहाँ चल रहा हूँ--आप भी चलें!" यह सुनकर मुझे लगा कि मैं स्वप्न तो नहीं देख रहा। मैं उनके साथ चल पड़ा, राष्ट्रकवि की 'स्वर्गादपि गरीयसी' जन्मभूमि की ओर। एक बजे अपराह्न में हम उनके दालान में पहुँचे। वे कुर्सी पर आसीन थे और बिजली का पंखा चल रहा था। उन्होंने हमें आह्लाद और आत्मीयतापूर्वक बैठने का संकेत किया। 'मुकुर' जी ने उनसे मेरा परिचय कराया। वे हमारे आगमन के एक घंटा पूर्व बेगूसराय से पधारे थे। उन्होंने 'मुकुर' जी से अनुरागपूर्वक समाचार पूछे। वहाँ व्यक्तियों की संख्या धीरे-धीरे बढ़ रही थी। प्रौढ़ और समवयस्क व्यक्ति उन्हें प्रणाम करते थे और नवयुवक तथा बच्चे उनके चरणों का स्पर्श। सबके बीच वे ऐसे लग रहे थे, मानो अप्रत्याशित रूप में कोई देवदूत आ गया हो। छह-फुटे, लम्बे-तगड़े, गौर-वर्ण! शरीर के भीतर से शालीनता झाँक रही थी। कन्धे पर खादी की श्वेत चादर शोभित थी। कभी शार्दूल से हुंकारनेवाले, साँसों से चिनगारियाँ बरसानेवाले और कभी उदधि-से गम्भीर और गगन-से शान्त। शायद पौरुष-उद्घोषक एवं क्षात्रधर्म का तेज जगानेवाले व्यक्तित्व का सहारा चौंसठवें वर्ष की अवस्था में 'हारे को हरि नाम' है।

मेरा प्रश्न था—"क्या आलोचकों ने आपके साथ न्याय किया है?"

उत्तर—"राष्ट्रकवि के नाम ने मुझे बदनाम किया है। मेरे कवित्व की झाँकी दिखलाने का प्रयास कोई नहीं करता। मैंने हिन्दी को क्या दिया है, यह मूल्यांकन और निष्पक्ष समीक्षा का विषय है। कवि की निष्पक्ष आलोचना उसके जीवनकाल में नहीं हो सकती, क्योंकि जीवनकाल में उसके व्यवहार आदि से कोई रुष्ट रहता है और कोई अकारण ईर्ष्यालु हो उठता है। किसी कवि के पार्थिव शरीर के उठने के पचास वर्षों के बाद उसकी रचनाओं का उचित मूल्यांकन होता है। समर्थक और विरोधी कब किसके नहीं हुए? तुलसीदास के भी समर्थक और विरोधी थे। शैवों ने एक बार उनकी बहुत पिटाई की थी, उनसे जान बचाने को वे नेपाल भाग गए थे।"

प्रश्न—"तुलसीदास गृहस्थ थे या संन्यासी?"

उत्तर–"टोडरमल उन्हें नेपाल से ले आए थे। यही कारण था, टोडरमल की मृत्यु पर उनकी अर्थी में कन्धा नहीं लगाने के कारण उन्हें पश्चात्ताप हुआ और लिखा–'टोडर कन्धा ना दियो।' भला जो सन्त-विरागी होगा, उसे किसी की अर्थी में कन्धा न लगाने का पश्चात्ताप कैसा? इससे सिद्ध है, वे गृहस्थ थे और उच्च श्रेणी के वैष्णव थे। वे ज्ञान-साधक थे। उन्होंने उपलब्ध सभी ग्रन्थों का मन्थन कर उनके सार-रूप में 'रामचरितमानस' की रचना की, जो हिन्दुओं की सांस्कृतिक गाथा है और जन-जन का कंठहार है। वे बहुत बड़े समाज-सुधारक थे और संस्कृति के उद्धारक भी। यदि तुलसी न होते तो भारत की संस्कृति कुछ दूसरी होती। वे जीवन के अन्तिम वर्षों में कहीं मठाधीश बना दिए गए होते। इसीलिए लोग उन्हें 'गोस्वामी' कहते थे।"

प्रश्न–" 'उर्वशी' की विशेषता क्या है?"

उत्तर–"मैंने अपने समय की समस्त अंग्रेज़ी कविताओं की सौन्दर्य-माधुरी का आकलन 'उर्वशी' में किया है। उसका विषय बड़ा गहन है। उसके प्राण-तत्त्व को समझनेवाला विरल है।"

प्रश्न–"नई कविता का जनक कौन है?"

उत्तर–"आधुनिक युग-बोध नया नहीं है। उन्नीसवीं शताब्दी के द्वितीय दशक में फ्रांस में बोदरा और रौमस पैदा हुए थे। पहले ने मात्र तीन वर्षों (1817 से 1820) में जो साहित्य-सृजन किया, उसने समस्त पूर्ववर्ती साहित्यिक मान्यताओं को हिला दिया। उसके समकालीन साहित्यकारों में एक आतंक फैल गया–साहित्यिक धरातल पर भूकम्प आ गया। फिर प्रकट हुआ साहित्य का आधुनिक युग-बोध! 'नई कविता' का पिता बोदरा ही है। हम अंग्रेज़ों के कितने पिछलग्गू बन गए थे, इसका प्रमाण यह है कि साहित्य की इस धारा का प्रचार पचास वर्षों के बाद इलियट ने विलायत में किया और उसके पचास वर्षों के बाद वह धारा हिन्दी-साहित्य में अवतीर्ण हुई। 'निराला' ने उसका समग्र रूप अपनाया। उन्होंने साहित्य की जो सेवा की और साहित्य-सृजन में अपने को जो खपाया, उसके बदले वे बहुत कुछ पाना चाहते थे। किन्तु वह उन्हें नहीं मिल पाया। वे त्यागी और जन-कल्याणी होते हुए भी सम्मान के भूखे थे, लेकिन साहित्यकारों ने 'विद्रोही' कहकर उनका तिरस्कार किया। परिणामतः 'निराला' विक्षिप्त हो गए। अपने जीवन का अमृत लुटाकर उन्होंने अपना जीवन गरल से भर लिया। प्रयाग में द्विवेदी-शताब्दी समारोह में मैं मुख्य अतिथि था। मेरा वहाँ जैसा भव्य-स्वागत-सम्मान किया गया, शायद ही किसी साहित्यकार को सुलभ हो। वहाँ मैंने कहा था कि इस सम्मान का अधिकारी मैं नहीं हूँ। यह उन्हें मिलना चाहिए, जो इसके अभाव में पागल हो गए हैं।"

प्रश्न–"हिन्दी के सर्वश्रेष्ठ कवि कौन हैं और सर्वश्रेष्ठ कविता?"

उत्तर–कुछ लोग कहते हैं कि पन्तजी की कोई तुलना नहीं है और वे निरालाजी से बहुत आगे बढ़ गए हैं। इस विचारधारा के समर्थक नरेन्द्र, बच्चन आदि हैं। मैं

मानता हूँ, पन्तजी हिन्दी के उच्चतम शिखर हैं और निरालाजी दूसरे उच्चतम शिखर हैं। पहले के ऊपर मुझे कुछ भी दृष्टिगोचर नहीं होता, लेकिन दूसरे के ऊपर मुझे कुछ 'उच्चतर' दृष्टिगोचर होता है। निरालाजी की 'राम की शक्तिपूजा' हिन्दी की सर्वश्रेष्ठ कविता है। उसमें जो भाव-गाम्भीर्य है, शब्दों की जो ठुकाई है और जो छान्दसिक कसाव है, वह अन्यत्र दुर्लभ है।''

प्रश्न–''आप पर कितने शोध-ग्रन्थ अप्रकाशित हैं?''

उत्तर–''तीन। पहला ग्रन्थ है, 'कविवर दिनकरजी की शब्दावली' (एक सांस्कृतिक अध्ययन) जिसकी लेखिका हैं–कुमारी श्यामा मालवीय। यह बहुत विशाल ग्रन्थ है। इसमें बहुत शब्दों का विश्लेषण है। मैंने इसे देखा है और बहुत सराहा है। दूसरा ग्रन्थ है, 'दिनकर और उनकी साहित्यिक प्रवृत्तियाँ', इसके लेखक हैं श्री सुनीति कुमार सिन्हा। यह परीक्षोपयोगी है। तीसरा ग्रन्थ है, ''राष्ट्रीय कवि 'दिनकर' और उनकी काव्य-कला'', जिसके लेखक हैं–श्री शेखरचन्द्र जैन। यह ग्रन्थ उत्तम श्रेणी का है।

जब पं. किशोरीदासजी वाजपेयी की चर्चा छिड़ी, तब दिनकरजी बोले–''मैंने 'संस्कृति के चार अध्याय' नामक ग्रन्थ लिखा, वाजपेयीजी ने 'संस्कृति का पाँचवाँ अध्याय' नामक ग्रन्थ लिख डाला और उसकी भूमिका भी मुझे ही लिखने को कहा। मैंने उसकी भूमिका लिख दी कि लगता है, यह 'संस्कृति का चार अध्याय' ही है–पाँचवाँ अध्याय अभी लिखा जाना बाकी है।''

यह साहित्यिक वार्तालाप एक घंटे तक चला। चार बजे शाम को उन्हें बाढ़ के लिए प्रस्थान करना था। उन्हें और लोगों से बातें करनी थीं। वे सबका समाचार प्रेमपूर्वक पूछ रहे थे। 'मुकुर' जी ने 'हिन्दी व्याकरण पर नया प्रकाश' नामक अपने ग्रन्थ के लिए उनकी सम्मति चाही। वे बोले–''यह काम तो किसी व्याकरणाचार्य का है। मैं इस पर क्या लिखूँ!'' उन्होंने कलम-कागज मँगाकर सम्मति लिख दी और कहा–''मेरी दाहिनी कनिष्ठिका में शून्यता आ गई है, अनामिका और मध्यमा में कड़ापन आ गया है और अँगूठे में ठेला पड़ गया है, जिससे लिखने में मुझे कुछ दिक्कत होती है।''

हमने उनसे विदाई ली। मैंने उनका चरण-स्पर्श किया। मेरी अन्तरात्मा कहने लगी–

चरण-धूलि दो शीश लगा लूँ, जीवन का बल तेज जगा लूँ;
मैं निवास जिस मूक स्वप्न का तुम उसके सक्रिय अवतार!

(शेष-निःशेष)

भेंटवार्ता

—प्रदीप पन्त

भारतीय ज्ञानपीठ ने श्री दिनकर को, उनकी काव्य-कृति 'उर्वशी' के लिए 1972 का एक लाख रुपए का अखिल भारतीय पुरस्कार देने की घोषणा की, तो मन में कई प्रश्न एक साथ उठ खड़े हुए—पुरस्कार पर दिनकर की पहली प्रतिक्रिया क्या होगी? दिनकर सम्मानित हुए हैं या पुरस्कार? 'उर्वशी' और 'कुरुक्षेत्र' में से कौन-सी रचना श्रेष्ठतर है? क्या दिनकर को यह पुरस्कार स्वीकार करना चाहिए? मिलते ही दिनकरजी से पूछा कि पुरस्कार मिलने पर आपकी क्या प्रतिक्रिया है? कौन सम्मानित हुआ है?—'दिनकर' या 'पुरस्कार' या दोनों ही?

दिनकरजी ने कहा—"पुरस्कार मिलने का समाचार पाकर उद्वेलन नहीं हुआ, मैंने विनम्रता और सन्तोष से इसे स्वीकार किया है। जहाँ तक सम्मानित होने का प्रश्न है, थोड़ा मैं भी इससे सम्मानित हुआ हूँ। कारण यह कि ज्ञानपीठ-पुरस्कार के विजेताओं में तीन ऐसे नाम शामिल हैं, जिनके प्रति मेरे मन में बड़ी श्रद्धा है। ये तीन नाम हैं—बंगला उपन्यासकार स्वर्गीय ताराशंकर बन्द्योपाध्याय, तेलुगु के कवि श्री विश्वनाथ सत्यनारायण और हिन्दी के कवि पं. सुमित्रानन्दन पन्त। अब चूँकि इनके बगल में मेरी भी चटाई बिछा दी गई है, इसलिए मैं भी स्वयं को थोड़ा सम्मानित समझता हूँ। लेकिन पुरस्कार की असली गुदगुदी तब हुई थी, जब पहला पुरस्कार दिया गया था।"

दिनकर अतीत में खो गए हैं—उस अतीत में, जिसे वह बहुत दूर और बहुत पीछे छोड़ आए हैं। वह बताते हैं—"पहला पुरस्कार मिला था 'कुरुक्षेत्र' पर और वह पुरस्कार दिया था इलाहाबाद की 'साहित्यकार-संसद्' ने। विलक्षण बात तो यह थी कि पुरस्कार देने के लिए श्रीमती महादेवी वर्मा ने एक अद्भुत समारोह का आयोजन किया—गंगा की सैकत भूमि पर, टापू पर जाकर। पुरस्कार-सभा हुई और मैथिलीशरण गुप्त, राय कृष्णदास, पन्त, बच्चन, रामकुमार वर्मा, हितैषी आदि अनेक साहित्यकार मुझे आशीर्वाद देने आए। 'निराला' तो दोपहर में ही आशीर्वाद दे चुके थे। वह जैसा समारोह था, वैसा मैंने फिर कभी नहीं देखा। वह सभा साहित्यकारों की थी। मैंने वह पुरस्कार भारत कला-भवन को दे दिया। फिर बहुत से पुरस्कार मिले।"

'कुरुक्षेत्र' और 'उर्वशी' दोनों कृतियाँ दिनकर की काव्य-रचना के दो छोर हैं,

और दोनों कृतियों के बारे में दिनकर का कहना है—"यदि आप मुझसे पूछते हैं कि काल के भीतर मुझे अधिक दूर तक 'उर्वशी' ले जाएगी या 'कुरुक्षेत्र', तो इसका सीधा उत्तर मेरे पास नहीं है, क्योंकि मुझे दोनों ही रचनाएँ प्यारी हैं।"

मैं अब एक और प्रश्न पर आ जाता हूँ—"क्या लेखक को पुरस्कार, यानी हर पुरस्कार, स्वीकार कर लेना चाहिए?"

दिनकर शायद उत्तर के लिए पहले से ही तैयार हैं। वह मुद्रा बदलते हुए कहते हैं—"मेरे विचार से सम्मान को ठुकराना उसे दुबारा माँगना है। सार्त्र ने जब देखा कि नोबेल-पुरस्कार लेने की अपेक्षा कहीं अधिक गौरव उसे ठुकराने में है, तो उन्होंने पुरस्कार ठुकरा दिया। यह मैं नहीं मानता कि उनके भीतर यशैषणा उस समय काम नहीं कर रही थी। जहाँ तक भारत का सम्बन्ध है, इस देश का कवि दरिद्र है। वह सार्त्र की तरह पुरस्कार को ठोकर कैसे मारे! फिर कोई रचनाकार सम्मान को ठोकर मारे या न मारे, यदि उसे पुरस्कृत किया गया है, तो स्पष्ट है कि वह पुरस्कार के योग्य तो मान ही लिया गया, सम्मान उसे मिल ही गया। इसी कारण मैं कहता हूँ कि सम्मान को ठुकराना उसे दुबारा माँगना है।"

दिनकर की इतनी सारी उपलब्धियों, इतनी सारी पदोन्नतियों को देखकर मुझे लगता है कि शायद 'दिनकर' ही एकमात्र कवि हैं, जिन्हें हर व्यवस्था ने सम्मानित किया है—स्वाधीनता से पहलेवाली व्यवस्था ने भी और स्वाधीनता के बाद की व्यवस्था ने भी। मैं 'दिनकर' से मन की बात कह डालता हूँ—कहा जाता है कि आप ही एकमात्र ऐसे हिन्दी रचनाकार हैं, जिनका किसी भी व्यवस्था से कभी कोई विवाद, कभी कोई टकराव नहीं हुआ?"

दिनकर को बात कहीं गहराई तक चुभ जाती है। वह उत्तर देते हैं—"मुझे पुरस्कृत होते देखकर तुम लोगों को ऐसा ही महसूस होगा। कौन कहता है कि अंग्रेजी शासन के दौरान मुझे कष्ट नहीं भोगने पड़े! 'हुंकार' के रचना-काल में मैं बिहार शिक्षा-विभाग में सब-रजिस्ट्रार था। 'हुंकार' का प्रकाशन आरम्भ हुआ और लगातार चार वर्ष तक 22 बार मेरा तबादला हुआ, छह बार मुझे चेतावनी दी गई, मुझसे जवाबतलबी की गई। जहाँ जाता जिलाधीश की मुझ पर निगाह रहती; क्यों? इसलिए कि मैंने 'हुंकार' की रचना की, छद्म नाम से कविताएँ लिखीं, कवि-सम्मेलनों में मैं कविताएँ पढ़ता था, जयप्रकाश नारायण जैसे अनेक समाजवादी, अनेक साम्यवादी मेरे मित्र थे।...

"जब सन् '47 में स्वाधीन भारत की सरकार बनी, तो मैंने स्वाधीनता का स्वागत किया। मेरी और 'जोश' की कविताएँ आकाशवाणी से प्रसारित हुईं, यद्यपि 'जोश' की जो कविता प्रसारित हुई, वह उन्होंने स्वाधीनता के समय नहीं, कभी पहले लिखी थी। एकमात्र मैंने स्वाधीनता के स्वागत में कविता लिखी। किन्तु एक ही वर्ष बाद मैं मानो तमाम स्थितियों से निराश हो गया था। और आश्चर्य की बात तो यह

कि तब मैंने जो कविता लिखी, वह आज की स्थितियों में भी सही सिद्ध होती है। वह कविता है—

टोपी कहती है मैं थैली बन सकती हूँ,
कुरता कहता है मुझे बोरिया ही कर लो;
ईमान बचाकर कहता है आँखें सबकी—
बिकने को हूँ तैयार, खुशी हो जो दे दो!

और इसके बाद मैंने व्यवस्था-विरोध की अनेक कविताएँ लिखीं, जैसे, 'सिंहासन खाली करो कि जनता आती है,' 'नेता, नेता, नेता', 'भारत का यह रेशमी नगर' आदि-आदि। यही नहीं, 'परशुराम की प्रतीक्षा' लिखने के लिए तो मुझे खासी कीमत चुकानी पड़ी। मोरारजी देसाई ने मुझे नाराजगी भरा पत्र लिखा, पुस्तक आगरा विश्वविद्यालय के पाठ्यक्रम से हटा ली गई और बाद में प्रोफेसर बालमुकुन्द गुप्त ने कानपुर की एक सभा में बताया कि 'परशुराम की प्रतीक्षा' को केन्द्र के आदेश पर पाठ्यक्रम से हटाया गया।

मैं प्रश्न को और विस्तार देता हूँ—"क्या कवि और व्यवस्था में तालमेल बैठ सकता है?"

दिनकर का जवाब है—"तालमेल बैठता है और नहीं भी, मगर सिद्धान्त-रूप में यही कहा जा सकता है कि कविता व्यवस्था के विरुद्ध सोचती है। किन्तु ऐसा हमेशा ही नहीं होता। ऐसे रचनाकारों की कमी नहीं जो व्यवस्था, राजनीति और कविता आदि के रिश्तों पर सोचते ही नहीं; उनके लिए यह विचारणीय विषय ही नहीं है। वे प्रकृति, बिम्बों, उपमाओं और शैलीगत प्रयोगों में ही लीन रहना चाहते हैं। संस्कृत-जैसा समृद्ध साहित्य इसका प्रमाण है। एक भवभूति को छोड़कर किसी भी संस्कृत कवि ने व्यवस्था का विरोध नहीं किया। हिन्दी में हाल-हाल तक सिवा कबीर के कोई विद्रोही रचनाकार नहीं हुआ। आज भी अनेक हिन्दी रचनाकार व्यवस्था के प्रश्न की और राजनीति की अवहेलना कर रहे हैं; उनका काम मानो नारी-देह की चीर-फाड़ करना ही है।"

मेरा अगला प्रश्न है—"क्या वर्तमान व्यवस्था के अन्तर्गत कोई कवि वास्तव में विद्रोही हो सकता है और लगातार विद्रोही बना रह सकता है?"

"ऐसे कवि की कल्पना की जा सकती है, जिसकी 'एस्टेब्लिशमेंट' से कभी न पटे और वह सदा विद्रोही बना रहे?" 'दिनकर' एक उदाहरण देते हुए कहते हैं—"यूरोप के नीत्शे ऐसे कवि हुए हैं। अन्त-अन्त तक उनकी समाज से नहीं पटी और अन्त तक खिलाफ सोचते रहे। लेकिन 'विद्रोह के लिए विद्रोह' की बात महज फैशन है, और अधिक समय तक टिक नहीं सकती। यदि किसी ने सोच लिया कि मुझे जीवन भर विद्रोही रहना है तो केवल ऐसे सोच से निकली हुई बात ही काफी नहीं है। यह तो स्वभावगत गुण होना चाहिए कि जहाँ तक समाज पहुँचे, उससे आगे सोचो। इस प्रकार सोचनेवाला ही विद्रोही होगा।"

''और कविता तथा क्रान्तिकारिता के रिश्ते के बारे में आपका क्या खयाल है?''

'दिनकर' रुककर कुछ सोचते हैं और फिर कहते हैं–''कोई कवि एक समय में क्रान्तिकारी कहलाना पसन्द कर सकता है, किन्तु आवश्यक नहीं कि वह सदा ही ऐसा कहलाना पसन्द करे। मैं स्वाधीनता के पहले क्रान्तिकारी कहलाना पसन्द करता था, आज नहीं। दरअसल क्रान्ति चिरंजीवी हो सकती है, क्रान्तिकारी कवि चिरंजीवी नहीं हो सकता।''

'दिनकर' ने वार्ता को विराम दे दिया है। शाम होने-होने को है। गर्मियों की उमस भरी शाम। मेरी बगल में मेरे मित्र श्री सीताराम खोडावाल बैठे हैं। न 'दिनकर' जी के चेहरे पर पसीना है, न हमारे, गर्मियों की उमस भरी शाम के बावजूद जिस कमरे में हम 'दिनकर' से बातें कर रहे हैं, वह सुसज्जित और ठंडा है।

मेरी बगल में बैठे हुए मेरे मित्र इस बीच 'दिनकर' से पूछते हैं–''इधर आपकी जो कविताएँ प्राय पढ़ने को मिलती हैं, उनके और वर्तमान परिस्थितियों के बीच अन्तर-सा नजर आता है। आखिर ऐसा क्यों है?''

''आपको अन्तर नजर आता है, मुझे नहीं।'' दिनकर चिर-परिचित गम्भीर अन्दाज में कहते हैं–''जब 1938 में 'रसवन्ती' का प्रकाशन हुआ, तब भी ऐसे प्रश्न उठे थे कि 'हुंकार' के बाद 'रसवन्ती' क्यों? लेकिन लोग भूल जाते हैं कि एक चीज युगबोध है और एक चीज आत्मबोध है; और युग का प्रतिबिम्ब आत्मबोध में होता है, जो प्रायः लोगों को दिखाई नहीं देता। मेरे आत्मबोध में, अर्थात् मेरी कविताओं में, युग का पूर्ण प्रतिबिम्ब है।''

मैं सवाल को थोड़ा बदल देता हूँ–''आज के वैज्ञानिक और प्राविधिक युग में कविता-जैसी अमूर्त या लगभग अमूर्त चीज की सार्थकता क्या है? जब पश्चिम में संगीत तक 'इलेक्ट्रॉनिक गिटार' की ओर जाता नजर आता है, तब हमारे यहाँ कविता की सार्थकता क्या अर्थ रखती है?''

'दिनकर' अपने उसी गम्भीर अन्दाज में कहते हैं–''आप लोगों को चिन्ता इसलिए होती है कि आप मानते हैं कि कविता वही चीज है, जो विज्ञान है। संसार भर में कवियों ने विज्ञान की नकल करनी शुरू कर दी है, लेकिन विज्ञान एक चीज है और कविता दूसरी चीज–और दोनों परस्पर-विरोधी हैं। कविता का उलटा गद्य नहीं है, कविता का उलटा विज्ञान है और कविता विज्ञान की पूरी नकल करेगी तो वह खत्म हो जाएगी, विज्ञान बच जाएगा। लेकिन यह भी महत्त्वपूर्ण बात है कि मनुष्य के भीतर दोनों तत्त्व हैं, जो विज्ञान की ओर जाते हैं, जो कविता की ओर जाते हैं। इसलिए मैं नहीं समझता कि वैज्ञानिक युग कविता की राह में बाधा है।''

''और भारत में प्रवेश करती हुई तकनीकी सभ्यता के विषय में आपके क्या विचार हैं?''–मैं 'दिनकर' से पूछता हूँ और उन्हें याद दिलाता हूँ–''कुछ समय पूर्व

आपने किसी से एक भेंट-वार्ता में कहा था कि स्वीडन जैसे देश में लोग चीखने लगे हैं कि हमें इस तकनीकी समृद्धि से बचाओ, हमें हमारी समृद्धि से बचाओ।''

'दिनकर' कहते हैं—''मैंने स्वीडन के जनसमाज के सन्दर्भ में यह कहा था। हमें संसार की सभ्यता के इतिहास से शिक्षा लेनी चाहिए। एक समय था, जब दरिद्रता से लोग दुःखी थे। पश्चिम के अनेक समाजों में दरिद्रता समाप्त हो गई। अब वे दुःखी हैं, जो अत्यधिक समृद्ध हैं। भारत को अपना मार्ग निश्चित करना चाहिए। सोचना चाहिए कि उसे क्या करना है। संसार उस देश की प्रतीक्षा में है, जो यह दिखलाएगा कि हमने विज्ञान को स्वीकार कर लिया, किन्तु हम विज्ञान के दास नहीं बने—तकनीकी सभ्यता कबूल, तकनीकी सभ्यता की दासता का विरोध।''

मैं प्रश्नों के घेरे को और विस्तार देता हूँ, और साहित्य से हटकर पूछता हूँ—आप चूँकि शिक्षा-संस्थाओं से निकट से सम्बद्ध रहे हैं, इसलिए जानना चाहता हूँ कि क्या आपको तीन चीजों—कुंठा, सेक्स और सामाजिक स्वतन्त्रता—का कोई सम्बन्ध दिखाई देता है? क्या युवा-पीढ़ी को सेक्स की स्वतन्त्रता दे देने से कुंठा को सन्तुलित किया जा सकता है?''

''युवकों में सेक्स की कुंठा है या बेकारी की?'' 'दिनकर' मेरे प्रश्न का उत्तर प्रश्न में देते हैं और क्षण भर ठहरकर फिर स्वयं ही कहते हैं—''सेक्स की सहजता का मैं समर्थन करता हूँ, लेकिन सेक्स की उल्लंग स्वतन्त्रता का मैं विरोधी हूँ और मानता हूँ कि जो लोग सेक्स की उल्लंग स्वतन्त्रता के पक्षधर हैं, वस्तुतः वे अपने अतिचार के समर्थन में ही ऐसी दलीलें देते हैं।''

मैं सवाल को और आगे ले जाता हूँ—''क्या हमारी शिक्षा-संस्थाएँ इस दिशा में कोई सामाजिक परिवर्तन ला सकती हैं? अर्थात्, जिस प्रकार की भी कुंठा हो, उसे दूर करने के लिए कोई हल ढूँढ़ सकती हैं?''

''किस विषय में—काम के विषय में?''

''जी हाँ,'' मैं कहता हूँ—''दोनों ही तरफ के काम के अर्थ में।''

दिनकर एक क्षण ठहरते हैं, फिर कहते हैं—''जहाँ तक बेकारी का प्रश्न है, यह सवाल आप योजना-आयोग से कीजिए, कवि से नहीं। लेकिन जहाँ तक 'काम' का प्रश्न है, काम की किसी तरह की शिक्षा स्कूल-कॉलेजों में होनी चाहिए, इस आवश्यकता को स्वयं मैं अनुभव करता हूँ।

मैं नए सिरे से साहित्य से सम्बन्धित प्रश्नों पर लौट आता हूँ—''दिनकरजी, क्या आज का साहित्य मनुष्य को वर्तमान असहनीय परिस्थितियों अर्थात् व्यवस्था-जनित सीमाओं से मुक्त करा सकता है?''

''साहित्य मुक्त क्यों कराएगा?'' दिनकर ने मुझ पर ही सवाल दे मारा है।

मैं सवाल के बोझ से ऊपर उठता हूँ—कई बार कहा जाता है कि साहित्य मनुष्य को 'लिबरेट' कराता है।''

''कराता था।'' 'दिनकर' तुरन्त जवाब देते हैं—''और साहित्य की वह भूमिका अब समाप्त हो गई है। साहित्य की भूमिका थी रोमांटिक युग तक। अब तो साहित्य ने वैराग्य का भाव धारण कर लिया है।''

मैं अपने मूल आशय पर आने का विनम्र प्रयास करता हूँ—''मेरा खयाल है कि जनवादी साहित्य...''

और 'दिनकर' तुरन्त कहते हैं—''जनवादी साहित्य तो प्रचार के द्वारा कुछ-न-कुछ करता ही है।''

मैं भी तुरन्त सवाल पूछता हूँ—''आपका क्या विचार है—जनवादी साहित्य को साहित्य माना जाए या नहीं?''

''जो व्यक्ति कविता लिखता है, साहित्य रचता है, वह किसी-न-किसी प्रकार के मूल्य का प्रचारक तो होता ही है और जनवादी साहित्य भी किन्हीं विशेष मूल्यों का प्रचार करता है।'' 'दिनकर' कुछ सुस्ताकर लम्बा उत्तर देते हैं—''मूल्य के प्रचार से जीवन बदलता है। कहाँ तक—यह सोचने की बात है। लेकिन जनवादी साहित्य में प्रचार की जो अत्यधिक बू है, वह मुझे बहुत पसन्द नहीं। हमारे यहाँ कहा गया है कि कविता उपदेश देती है, लेकिन उसी प्रकार, जिस प्रकार उपदेश अपनी प्रेमिका के मुँह से सुना जाता है। अर्थात् वह अप्रत्यक्ष होता है। जहाँ प्रत्यक्ष प्रचार होता है, वहाँ साहित्य के गुण में कमी आ जाती है। इसीलिए मेरा विचार है कि साहित्य के जनवादी होने से पहले यह आवश्यक है कि वह साहित्य हो।''

''लेकिन क्या साहित्य को जनवादी और गैर-जनवादी के खानों में बाँटना संगत है?'' यह मेरा अगला प्रश्न है।

और 'दिनकर' का उत्तर है—''संगत हो या नहीं, किन्तु इतना तय है कि इस सदी में साहित्य खानों में बँटा है। 1917 की रूसी क्रान्ति के बाद से साहित्य सम्बन्धी धारणाएँ बदल गई हैं। राजनीति के ध्रुवीकरण ने साहित्य को भी खेमों में बाँट दिया है—समाजवादी देशों का साहित्य और गैर-समाजवादी देशों का साहित्य।''

मैं एक और प्रश्न करता हूँ—''दिनकरजी, क्या लेखकों को राजनीतिक दलों में शामिल होना चाहिए?''

''यह बहुत विवादास्पद प्रश्न है।'' 'दिनकर' जवाब देते हैं—''लेकिन मेरे विचार से राजनीति में जाने में कोई पाप नहीं है। जो राजनीति से भागना चाहते हैं, वे भूलते हैं कि राजनीति तो जीवन का आवश्यक अंग है और उससे अधिक प्रभावशाली कोई शक्ति नहीं। अतः राजनीति में साहित्यकार जाए, किन्तु उसे याद रखना चाहिए कि सत्य का समर्थन करना उसका कर्तव्य है और जब तक पार्टी उसके पक्ष में होगी, तब तक उसे कोई कष्ट नहीं होगा। जब पार्टी उसके विपक्ष में होगी, तब उसे संकट का सामना करना पड़ेगा और उस समय कर्तव्याकर्तव्य का निश्चय होगा। मेरी अपनी धारणा है कि साहित्यकार को राजनीतिक पार्टियों में जाने से सहूलियत मिले तो जाना

चाहिए, लेकिन अपने विचार प्रकट करने को प्रधानता देनी चाहिए और इसी कारण जहाँ बहुत अधिक 'रेजीमेंटेड' पार्टी होती है, वहाँ कवि की दुर्दशा होती है। लेकिन जहाँ ऐसी पार्टी हो जो कवि को कवि मानती हो और उसे सत्य बोलने देती हो, वहाँ उसे कोई संकट नहीं होता है।"

"लेकिन मेरा खयाल है कि कभी-न-कभी तो कवि और पार्टी के बीच मुठभेड़ हो जाती है।"

"मुठभेड़ होने पर कर्तव्याकर्तव्य...?"

मैं बीच में बोल उठता हूँ—"दिनकरजी, हमारे यहाँ तमाम बड़े-बड़े लेखकों के उदाहरण हैं, जिनकी पार्टी से कभी-न-कभी मुठभेड़ हो ही गई। चाहे राहुलजी हों या कुछ हद तक यशपाल।"

"मुझे न राहुलजी के बारे में ज्ञात है और न यशपालजी के बारे में।" 'दिनकर' गम्भीर होकर कहते हैं—"मुझे अपने बारे में मालूम है—मैं बारह बरस तक संसद्-सदस्य था, जवाहरलाल नेता थे, मुझे कभी कोई खास कष्ट नहीं हुआ।"

"दिनकरजी, कुल मिलाकर निष्कर्ष यह है कि यह देखना पड़ेगा कि किस प्रकार का राजनीतिक दल है, यानी लेखक का उससे तालमेल बैठ सकता है या नहीं?"

"मैं इतना छुईमुई होना नहीं चाहता।" मेरे अन्तिम प्रश्न का 'दिनकर' जवाब देते हैं—"लेखकों, कवियों को राजनीति में जाने का मौका मिले तो जाना चाहिए, लेकिन अपनी बात नहीं छोड़नी चाहिए, और अपनी बात के लिए उन्हें कोई कीमत भी देनी पड़े तो दें।"

दिनकर हमें विदा देते हुए कहते हैं—"कुछ गम्भीर प्रश्न लेकर आते तो अच्छा रहता। खैर, आजकल पत्रकारिता में यही सब चलता है।"

(शेष-निःशेष)

लेखकीय स्वतन्त्रता : दो-टूक बातचीत (भेंटवार्ता)

—कन्हैयालाल 'नन्दन'

बात बड़े अनौपचारिक वातावरण में दिनकरजी को ज्ञानपीठ-पुरस्कार दिए जाने पर बधाई से शुरू हुई थी, और जा पहुँची पुरस्कारों की उपयोगिता, अनुपयोगिता और उनके महत्त्व के कोटर में। दिनकरजी बोले, "बात ऐसे नहीं बनेगी, आओ, बैठकर ठंडे दिमाग से टटोलो, तब कुछ बनेगी। और मैं दूसरे दिन तपती दोपहर, उन्हें सोते से जगा बैठा।

"आ गए तुम? लगता है, कुछ कहलवाओगे, छोड़ोगे नहीं!"

"इरादा तो है, अगर आप इजाज़त दें तो।" और मैंने पहलेवाले दिन की बात का सूत्र पकड़कर पुरस्कारों के बारे में प्रचलित दृष्टिकोण को उनके सामने रखते हुए पूछा—"अकसर कहा जाता है कि पुरस्कार आदमी की लेखन की तेजी को कुन्द कर देते हैं, लेखन-प्रतिभा को कुंठित कर डालते हैं। आपको 'साहित्य अकादमी पुरस्कार, मिल चुका है और अब देश का सर्वोच्च साहित्यिक पुरस्कार भी मिला है। आप पर इन पुरस्कारों की क्या प्रतिक्रिया होती है? इनके बारे में आपकी क्या धारणा है?"

'देखो नन्दन, बात बड़ी साफ है! पुरस्कार 'स्वीकृति' है 'प्रेरणा' नहीं। किसी से कहो कि पाँच लाख का पुरस्कार है, लिखकर कोई कृति कम्पटीशन में भेजो—तो कोई बड़ी कृति नहीं लिखी जा सकती। पुरस्कार-प्रतिस्पर्धा में अगर अच्छी कृतियाँ लिखी जा सकतीं तो अब तक अच्छे साहित्य का ढेर लग जाता। संसार की कोई भी अच्छी रचना पुरस्कार के लोभ में नहीं लिखी गई। पुरस्कार स्वीकृति है, सम्मान है; उससे उत्साह भले मिलता हो, प्रेरणा नहीं मिलती। लेकिन निर्धन देश के साहित्यिकों के लिए इसकी महिमा यह है कि इससे आर्थिक राहत मिलती है।...

"पुरस्कार से प्रतिभा कुंठित होती है, ऐसा मैं नहीं मानता। 'उर्वशी', 'परशुराम की प्रतीक्षा' और 'शुद्ध कविता की खोज'—ये तीन ग्रन्थ 'अकादमी पुरस्कार' मिलने के बाद निकले थे।...

"अच्छे साहित्यकार को भी जीविका चलाने के लिए बराबर लिखते रहना पड़ता

है। प्रेमचन्द को देखकर तो हम यह भी कह सकते हैं कि जो बहुत लिखता है, उसकी लिखावट में से काफी अच्छी रचनाएँ भी छाँटी जा सकती हैं, लेकिन यह न्याय सर्वत्र नहीं चलता। लेखक की सहायता अमीरी नहीं, वाजिबी गरीबी करती है। यानी, इतनी कि गरीबी की जरूरतें तो पूरी हो जाती हों, लेकिन आरामतलबी के लिए गुंजाइश नहीं हो।...

"आर्थिक राहत की महिमा वह कम समझेगा, जिसके माथे पर गृहस्थी का बोझ नहीं है या जो निराला, पन्त, महादेवी की तरह परिवार-विहीन है। बाकी, मैं इसका विरोध करता हूँ कि समाज के अन्य लोग तो गरीबी के देश से अलग रहने की कोशिश करें, और जो साहित्यधर्मा हैं, उनसे यह कहा जाए कि तुम गरीबी में रहो, क्योंकि गरीबी में रहने से तुम्हारी प्रतिभा चमकेगी। मैं नाम नहीं लूँगा, लेकिन हिन्दी में देख चुका हूँ कि ऐसे लोग हुए हैं, जो बहुत अच्छा साहित्य लिख सकते थे, लेकिन उनकी सारी जिन्दगी प्रूफ देखते गुजर गई। काशी में एक महाप्रतापी पत्रकार हिन्दी में हुए हैं, जो बुढ़ापे में आकर गृहस्थी के लिए पैसा जुटाने की फिक्र में परस्पर-विरोधी लेख लिखते थे, लोगों की खुशामद तक लिखते थे। अधिक पैसा होना तो खराब है ही, पैसे का न होना भी लेखक को मार डालता है। यह कह देना आसान है कि पैसे से या पैसेवालों से आदमी को दूर रहना चाहिए। लेकिन दूर रहो, तो बजाओ घड़ी-घंटा! लिखो निन्दित लेख! पढ़ो प्रूफ—या फिर बिना कुछ लिखे भूखों मर जाओ!"

दिनकरजी थोड़ा तैश में आ चुके थे। अपनी बात का, एक क्षण चुप रहकर फिर सूत्र पकड़ बैठे, "भारत में जो स्थिति है, उसमें या तो लेखक को शादी ही नहीं करनी चाहिए या शादी करे, तो सरकार या सेठ के यहाँ उसे कोई ऐसा काम मिलना ही चाहिए, जिससे उसकी जीविका भी चले और उसे अवकाश भी रहे। अवकाश न रहने से वह पढ़ेगा कब, लिखेगा कब? हिन्दी में कितने ही नवयुवक आए, जिन्हें देखकर बड़ी आशा बँधी थी। लेकिन 30 की आयु में पहुँचते-पहुँचते वे टूट गए, क्योंकि 30 की उम्र तक आते-आते उनके सिर पर परिवार का बोझ बड़ा हो गया; और जिनके सिर पर बेटियों के ब्याह का बोझ है, उनकी तो मुसीबत ही मत पूछो। भई, जीविका की ठौर-ठहर बहुत जरूरी चीज है।"

पुरस्कारों की चर्चा करते हुए उन्होंने कहा, "एक समय 'मंगलाप्रसाद पारितोषिक' का बड़ा सम्मान था, मगर अब सम्मान नहीं है। 'देव-पुरस्कार' की तो कोई कभी प्रतिष्ठा ही नहीं बनी। पुरस्कार की सारी महिमा सब चीजों से उठकर निष्पक्ष निर्णय करने में है। योग्य के रहते हुए अयोग्य को पुरस्कार मिला नहीं कि पुरस्कार की महिमा गई। कुछ तो पुरस्कार ऐसे भी हैं, जो पैरवी करनेवाले को दिए जाते हैं।" वे मुस्कराहट के साथ बोल उठे।

मैंने उन्हें याद दिलाया कि "जब 'उर्वशी' प्रकाशित हुई थी, तब बड़ी-बड़ी

आलोचनाएँ छपी थीं, लम्बे-लम्बे लेख छपे थे। कुछ लेख कटु और अभद्र भी थे, लेकिन आपने उनका प्रतिवाद क्यों नहीं किया?''

''आलोचनाएँ छपती हैं तो अच्छा लगता है। जब मेरी किताब पर चर्चा नहीं उठती है, तब मैं समझता हूँ कि उसमें जान नहीं है। जब चर्चा उठती है तब मैं मजे लेता हूँ। प्रतिव्याख्या छपाना व्यर्थ है। विरोधी विरोध भले करे, मगर वह तुम्हारा प्रचार तो करता ही है। किताब की खूबी तब है, जब ऐसा लगे कि किताब क्या आई, हैजा या प्लेग आ गया। जब 'उर्वशी' छपी, तो लोग उसके कामाध्यात्म से बहुत घबराए। लेकिन तुमने देखा 'उर्वशी' में कामाध्यात्म है, वही विषय अधिक पल्लवित और विकसित होकर रजनीशजी की पुस्तक 'संभोग से समाधि की ओर' में आ गया।

''आपके और रजनीशजी के कामाध्यात्म में फर्क क्या है?''

''फर्क यह है कि मेरा पुरूरवा नारी को बाँहों में समेटकर नारी का अतिक्रमण करना चाहता है। यह काम और अध्यात्म के बीच का द्वन्द्व भी हो सकता है। किन्तु रजनीशजी मानते हैं कि जो व्यक्ति घंटे भर की एक रति का लेगा, वह जीवन भर के लिए काममुक्त हो जाएगा। मैं ऐसे अध्यात्मवादी की भी कल्पना करता हूँ, जो कामभुक्त मुक्त नहीं है, जैसे मेरी कल्पना के महर्षि च्यवन।

''आपने लेखन और आयु के युवा वर्षों की चर्चा की थी, जिसका सन्दर्भ केवल आर्थिक पहलू था, लेकिन क्या इसका 'बायोलॉजिकल' कारण भी है! यों अनुभव की परिपक्वता वय के साथ बढ़ती है, लेकिन ऐसा क्यों है कि जितने भी महत्त्वपूर्ण कार्य करनेवाले व्यक्ति हैं, उनका वह सारा महत्त्वपूर्ण कार्य लगभग युवावस्था में ही किया हुआ होता है?''

''है, इसका बायोलॉजिकल कारण है और बहुत प्रबल कारण है। आयु की वृद्धि के साथ हारमोन घटने लग जाते हैं। तब समाधि भी केन्द्रित नहीं हो पाती। अन्धकार में दूर तक धँसना नहीं हो पाता। लोग तुलसी की रामायण के बारे में कह देते हैं कि तुलसीदासजी ने रामायण की रचना 80 की उम्र में की। मैं कविधर्म को जानता हूँ। मेरा खयाल है, ऐसी कृति 50-55 से ऊपर जाने पर लिखी ही नहीं जा सकती।...''

''रवीन्द्र को देख लो, सदियों बाद इस देश में एक शक्तिशाली कवि जनमा। लेकिन 55 बरस तक उन्होंने जो कुछ लिखा, वह बाद की रचनाओं से श्रेष्ठ है। विज्ञान के बारे में भी यही बात है। अधिकतर वैज्ञानिकों को 'नोबेल-पुरस्कार' उन आविष्कारों के लिए मिले, जो उन्होंने 29 से 33 वर्ष की आयु के भीतर किए थे, भले ही स्वीकृति उन्हें सत्तर वर्ष की उम्र में मिली हो।''

''तो फिर बाद तक लोग काम क्यों करते रहते हैं और नए साहित्य को कोसते क्यों हैं?''

''क्या रवीन्द्रनाथ ने 55 की उम्र के बाद जो कुछ लिखा, वह श्रेष्ठ साहित्य नहीं है? क्या तुलसीदासजी ने बुढ़ापे में जो कुछ लिखा, वह कूड़ा है! 'जब भी योगी भ्रष्ट,

तब भी नर से श्रेष्ठ।' इसमें नए कवियों को कोसने की बात कहाँ से आई? नए कवि भी लिखें और सहृदयों का हृदय जीत लें। उन्हें रोकता कौन है?''

''हिन्दी और भारतीय भाषाओं के साहित्य में आप स्तरीयता की दृष्टि से कहीं कुछ अन्तर महसूस करते हैं?''

''और भाषाओं की बात तो नहीं कह सकता, लेकिन बंगला, हिन्दी और मराठी में श्रेष्ठ साहित्य लिखा जा रहा है। अब तो ये तीनों भाषाएँ लगभग समान गति से चल रही हैं; लेकिन एक समय था, जब हिन्दी, बंगला और मराठी से पीछे थी। जब बंगला में रवीन्द्रनाथ और मराठी में केशवसुत जनमे थे, तब हिन्दी में जन्म हुआ 'रत्नाकर' जी का, मैथिलीशरण गुप्त का, नाथूराम 'शंकर' का। लेकिन आज की स्थिति दूसरी है। हिन्दी की रफ्तार बहुत तेज है। कहानियाँ और उपन्यास अच्छे लिखे जा रहे हैं। मोहन राकेश ने तो नाटक के क्षेत्र में क्रान्ति ही कर दी।''

''आप सरकारी नौकरी में रहे,''—मैं लेखकीय स्वतन्त्रता और आश्रय के सन्दर्भ में उनका मत जानने की दिशा में बढ़ ही रहा था कि उनका जवाब शुरू हो गया।

''हाँ, मैं अंग्रेज सरकार की नौकरी में था। 'रेणुका' और 'हुंकार' तभी निकले थे। लेकिन अंग्रेजों ने मुझे कम तंग नहीं किया। बार-बार मुझे चेतावनियाँ दी गई थीं। कई बार मुझसे कैफियत भी पूछी गई थी। वे खुद मुझे डिसमिस करना नहीं चाहते थे, क्योंकि तब मैं नेता बन जाता। वे चाहते थे कि आजिज आकर मैं ही नौकरी छोड़ दूँ। मगर मैं नौकरी छोड़कर सिर पर लदे हुए बड़े परिवार का पालन कैसे करता? अंग्रेजों की नौकरी में रहकर अंग्रेजों के खिलाफ लिखने में मुझे एक प्रकार के शौर्य का रस मिलता था। यही रस मुझे तब मिला, जब कांग्रेस पार्टी का संसद्-सदस्य रहकर मैंने 'परशुराम की प्रतीक्षा' लिखी। कवि नौकरी करे ही नहीं, यह नियम सब पर लागू नहीं हो सकता। यह कवि के कौशल पर निर्भर है कि वह नौकरी में रहकर भी सत्य बोल सकता है या नहीं, और सरकार या सेठों की नौकरियों में जो नहीं हैं, वे क्या सबके-सब सत्य ही बोल रहे हैं?''

''एक कानाफूसी चलती है कि 'परशुराम की प्रतीक्षा' लिखकर आप सरकार के कोपभाजन बन गए। बात कहाँ तक सत्य है?''

''जब 'परशुराम की प्रतीक्षा' का दिल्ली में प्रचार हुआ, लोग-बाग अकसर मेरे कान में यह बात डाल देते थे कि पंडितजी आपसे नाराज हैं। लेकिन पंडितजी ने कभी भी मुझसे कोई कैफियत नहीं पूछी। चीनी आक्रमण के समय वे तो मुझसे यही पूछते थे कि तुम रेडियो पर गरजते क्यों नहीं हो?...''

''पंडितजी सन्त राजनीतिज्ञ थे। जब पास्तरनाक को 'नोबेल-पुरस्कार' मिला, ख्रुश्चेव उनसे नाराज हो गए थे। उस समय पंडितजी ने ख्रुश्चेव को पत्र लिखा कि पास्तरनाक के साथ सख्ती नहीं बरती जानी चाहिए। लेखकों को हम लोग भरसक स्वतन्त्र रखना पसन्द करते हैं। उस समय सुनने में आया था कि पंडितजी के हस्तक्षेप

के कारण ही पास्तरनाक पर विपत्ति नहीं आई थी। मगर 'परशुराम की प्रतीक्षा' लिखने का दंड मुझे पंडितजी के मरने के बाद मिला। यह भी हुआ कि जब यह किताब आगरा विश्वविद्यालय में पढ़ाई जाने लगी, किसी ने आन्दोलन उठाया कि इस पुस्तक में कांग्रेस की आलोचना है। अतएव पुस्तक पाठ्यक्रम से हटा दी गई।''

''आप शिक्षा के क्षेत्र में भी रहे हैं। विद्यार्थियों से आपका पाला पड़ा है। उस वर्ग के अनुभव के आधार पर आप आज के साहित्य के पाठक के बारे में क्या धारणा रखते हैं? या आपको नए पाठक वर्ग से क्या शिकायत है—अगर है तो?''

''तुम्हारा सवाल शायद सही है। पहले, यानी 1950 से पहले, मैं जानता था कि मैं किसके लिए लिख रहा हूँ। केवल इतना ही नहीं, मालूम होता था, सारा देश मेरी कलम से लिख रहा है—मेरे कंठ से बोल रहा है। किन्तु आज यह ठीक से समझ में नहीं आता कि मेरे पाठक कौन हैं। यह क्या हुआ है? मेरे और जनता के बीच का पुल कैसे टूट गया? मुझे तो बहिर्मुखी कवि कहते हैं। लेकिन मुझे भी अब शिकायत है कि जनता बहिर्मुखी हो गई है। इसका प्रभाव मेरी रचना पर भी जरूर पड़ता होगा। समाज बहरा हो जाए, तो कवि अवश्य गूँगा हो जाएगा। मैं नवयुग की कविता को गूँगा कहूँगा। वह जितना अनुभव करती है, उतना कह नहीं पाती। दोषी कौन है? कवि या जनता? दोष दोनों का है और दोनों को एक-दूसरे की व्यथा को समझना चाहिए।''

बात कहीं किनारे पहुँचने ही वाली थी कि लेखकीय स्वतन्त्रता की बात उनके मन में फिर उभर आई। कहीं अन्दर से यह बात उन्हें कुरेद रही थी, बोले, ''लेखकीय स्वतन्त्रता को लेकर बड़ी बतकही चलती है। अभी तुमने भी उस तरफ इशारा किया था। मैं तुमसे पूछता हूँ कि लेखक सरकार की नौकरी न करे, लेखक सेठों के यहाँ नौकरी न करे, तो लेखक जाए कहाँ? जिस देश की जनता अशिक्षित है, उस देश के लेखकों का पालन कौन करेगा? यदि शत-प्रतिशत जनता शिक्षित हो जाए, तो पाठकों की संख्या बढ़ जाएगी और लेखक अपने पाँवों पर खड़ा हो सकेगा। गरचे पश्चिमी जर्मनी में भी ऐसे दो-चार लेखक ही हैं, जो अपनी कलम के सहारे जीते हैं। बाकी को कुछ-न-कुछ दूसरा काम करना ही पड़ता है। लेखकों को आदर्श स्थिति न तो साम्यवाद देता है, न प्रजातन्त्र। लेखकी जीविका को लेकर बहुत विचिकित्सा नहीं करनी चाहिए। लेखक और चिन्तक—ये मानव जाति के ब्राह्मण हैं। मनु ने अपनी कल्पना के ब्राह्मण के लिए कहा था कि वह धन का संचय न करे, भिक्षा से जीवन-निर्वाह करे और भीख भी एक ही व्यक्ति से न ले। वह सम्मान से भी भागे, तभी वह स्वाधीन रहकर राजा और प्रजा, दोनों को डाँट सकता है। यह आदर्श स्थिति है, किन्तु उसे प्राप्त करने के लिए गरीबी का वरण करना पड़ेगा। लेकिन घोर दरिद्रता में लेखक गूँगा भी हो जा सकता है। 'चढ़ै सो चाखै प्रेम-रस, गिरै सो चकनाचूर!' मगर परिवारवाला साहित्यिक क्या करे। काफ्का कहा करता था—विवाह करने से नौकरी

छोड़ना मुश्किल हो जाता है।' भइया, लेखकीय स्वतन्त्रता को अक्षुण्ण रखना तो जरूरी है ही, वरना आप अन्याय का विरोध कैसे करेंगे? लेकिन निर्वाह के लिए सन्तुलन भी बनाकर चलना पड़ता है। और बात सुन लो! इन्हीं सारे खट्टे-मीठे अनुभवों के बीच से कविता उपजती है। बहुत तरह के अनुभव प्राप्त करने और बहुत तरह के ऊँचे-ऊँचे दिमागों से टकराने पर ही हृदय के भीतर वह वाद्य-वृन्द उत्पन्न होता है जिससे नई तान फूटती है। यह कभी मत भूलो कि असली स्वतन्त्रता आर्थिक होती है।''

''लेखकीय स्वतन्त्रता का उपयोग कौन कर रहा है?''

''केवल प्रकृति का वर्णन करनेवाले कवि को लेखकीय स्वतन्त्रता की आवश्यकता क्या है? आवश्यकता तो उसे है, जो कविता के माध्यम से राज्य-सत्ता पर या समाज के पुराने विश्वासों पर प्रहार करना चाहता है। राजा उसे फाँसी नहीं देता, जो औरत के रंग-रेशे का विश्लेषण करता है या भगवान् का ध्यान करता है। फाँसी उसे दी जाती है, जो राजा की सत्ता पर आघात करता है। 'मन्यु' यानी 'सात्त्विक क्रोध' कविता की असली आग है। जिसमें यह आग है, उसी को स्वतन्त्रता चाहिए। बाकी लोग फैशन के लिए स्वतन्त्रता की माँग करते हैं।''

(शेष-निःशेष)

विशेष भेंटवार्ता

—भवानी प्रसाद मिश्र

प्रश्न—आप कविता को साध्य मानते हैं या साधन? और यदि साध्य मानते हैं तो किस बात का?

उत्तर—जहाँ तक आध्यात्मिक ध्येय का प्रश्न है, महर्षि रमण कहा करते थे, ''कविता मन के मन्थन के द्वारा कीर्ति उत्पन्न करने की शक्ति है, किन्तु मेरे मार्ग में शक्ति उत्पन्न करने की इस कीर्ति को भी सोना पड़ेगा।'' तुलसीदासजी कविता को आत्म-सुख का साधन मानते थे। श्री अरविन्द का कहना है कि ''कविता न कीर्ति के लिए लिखी जानी चाहिए, न स्वान्तः सुख के लिए, न दिव्य मनोरंजन के लिए। वह केवल भागवत सत्ता के साथ सम्पर्क बढ़ाने के लिए लिखी जानी चाहिए।'' तात्पर्य यह हुआ कि श्री अरविन्द कविता को साध्य नहीं साधन मानते हैं। जो भी कभी साधन के मार्ग पर जाएगा, वह कविता को साधन के सिवाय और कुछ नहीं समझ सकता—और जवानी में हम लोगों ने जो कविताएँ लिखीं, वे भी तो साधन ही थीं—असन्तोष फैलाने का साधन, उत्साह जगाने का साधन, स्वतन्त्रता के युद्ध को तीव्र बनाने का साधन, युवकों में बलिदान की भावना जगाने का साधन। तो मेरे लिए बिलकुल स्पष्ट है कि मैं लोक के मार्ग पर रहूँ चाहे साधना के पथ पर जाऊँ, *कविता साधन है, साध्य कुछ और है।*

प्रश्न—साध्य की ओर जाने के लिए आपने कविता को ही क्यों चुना? साधन तो और भी हैं न?

उत्तर—मेरा विचार है कि कविता सत्य तक जाने की सबसे छोटी राह है, क्योंकि वह लॉजिक की सीढ़ियों पर नहीं चलती, छलाँग मारकर चलती है, और सत्य का दर्शन वह विचारों के प्रकाश में नहीं, बल्कि सम्बुद्धि (इन्ट्यूशन) की कौंध में करती है। मुझे यहाँ अपनी ही कविता की दो पंक्तियाँ याद आती हैं—

केवल कविता ही समर्थ है
सीढ़ियाँ नही हैं, जहाँ सारा तर्क व्यर्थ है।

प्रश्न—आपकी ही दो अधिक सटीक पंक्तियाँ मुझे याद आ गई हैं।
दिनकरजी—कौन-सी?

कविता न पूर्ति है, न माँग है।
सीढ़ियाँ नहीं हैं, जो हर पाँव सीधा पड़े।
लॉजिक नहीं है, यह छलाँग है।

उत्तर–आश्चर्य की बात तो यह है कि वैज्ञानिक भी नए सत्य का दर्शन तर्क से नहीं, कविता की मुद्रा में आ जाने पर करता है–और, तर्क का प्रयोग वह बाद में उसे सिद्ध करने के लिए करता है।

प्रश्न–वैज्ञानिक की किस मुद्रा को आप काव्य-मुद्रा मानेंगे?

उत्तर–मैं कवि हूँ, आप भी कवि हैं। हम दोनों जानते हैं कि कविता सोचकर नहीं लिखी जाती। कविता लिखने के पूर्व हमें एक ऐसी मनःस्थिति में पहुँचना होता है, जो बुद्धि की स्थिति से परे है, जहाँ अव्यवस्था (chaos) है, एक प्रकार का अनिर्वचनीय कोलाहल और तूफान है और कभी-कभी वहाँ अन्धकार भी होता है। इसी अन्धकार में कविता बिजली की कौंध की तरह आरम्भ होती है और वैज्ञानिक का आविष्कार भी इसी अव्यवस्थित अन्धकार के भीतर कौंध की तरह प्रकट होता है।

प्रश्न–क्या वैज्ञानिक भी इसे स्वीकार करता है?

उत्तर–मैंने किसी वैज्ञानिक से यह बात पूछी नहीं है, किन्तु मैं यह जानता हूँ कि कई बार जब वैज्ञानिक पूर्व की ओर देख रहा था, आविष्कार पश्चिम से आ गया। आइंस्टीन ने यह कहा है कि प्रकृति के रहस्यों पर चकित रह जाना 'विस्मय में डूब जाना–यह वैज्ञानिक और कवि, दोनों के लिए स्वाभाविक होता है। मेरी समझ में विज्ञान भी बुद्धि का नहीं सम्बुद्धि का विषय है।

प्रश्न–साधन के रूप में प्रयुक्त करते रहने पर कविता ने आपको सर्वाधिक सन्तोष कब दिया?

उत्तर–सर्वाधिक सन्तोष मुझे उन दिनों मिला, जब स्वतन्त्रता का संग्राम चल रहा था और जनता हमारी कविता पढ़कर यह महसूस करती थी कि कविता उसी के हृदय से आई है। उन दिनों मैं अंग्रेज सरकार की नौकरी में था और महसूस यह करता था कि मैं भी स्वतन्त्रता के लिए लड़े जानेवाले युद्ध का एक सिपाही हूँ। उन दिनों काव्य-रचना से मुझे जितना सन्तोष प्राप्त हुआ, स्वराज्य के बाद उसके शतांश का भी अनुभव नहीं हुआ है।

प्रश्न–यह शायद इसलिए कि उन दिनों अपनी कविता का प्रभाव कहीं-न-कहीं तत्काल दिखाई पड़ जाता था।

उत्तर--हाँ! स्वराज्य के पहले लगता यह था कि मैंने अभी वृक्ष लगाया और वह अभी फल से भर गया है। स्वराज्य के बाद से अनुभव यह होता है कि मेरे बीज पत्थर पर गिरते हैं। स्वराज्य के पहले मेरे और जनता के बीच एक पुल था–आज अनुभव करता हूँ कि वह पुल टूट गया है।

प्रश्न—क्या आप सोच पाते हैं कि यह पुल (जनता और कवि के बीच का संवाद) क्योंकर टूट गया? यह टूटा या किसी ने तोड़ा?

उत्तर—बहुत सोचने पर भी मैं यह नहीं समझ पाता कि पुल को कवियों ने तोड़ा या जनता ने तोड़ा या कलुषित राजनीति ने तोड़ा। नए कवि अकसर निःसंगता की बात करते हैं, जो मेरी समझ में नहीं आती; किन्तु स्वराज्य के पहले की स्थिति को याद करने पर लगता है कि मैं भी निःसंग हो गया हूँ।

प्रश्न—यदि आप निःसंग हो गए हैं, तो क्या आपने काव्य को साधन की तरह बरतना बन्द कर दिया है?

उत्तर—'परशुराम की प्रतीक्षा' तो कविता साधन ही है और मेरा उद्‌देश्य भी बहुत ही स्पष्ट है। संयोग से वह कविता आगरा विश्वविद्यालय में पाठ्यक्रम में पढ़ाई जा रही थी। किसी ने केन्द्रीय सरकार का ध्यान इस ओर खींचा और कहा कि इस पुस्तक में कांग्रेस की आलोचना है। इसके बाद पुस्तक कोर्स से निकाल दी गई और किसी भी शिक्षक, साहित्यकार या पत्रकार ने इसका विरोध नहीं किया। अतएव मैं समझ नहीं पाता कि 'परशुराम की प्रतीक्षा' पर मिलनेवाली वाहवाही सच थी या झूठ। बुद्धिजीवी बुद्धिजीवी के साथी हैं या सरकार के भय से चुप रह जानेवाले साधारण जीव? ऐसे में निःसंगता का बोध न हो तो और क्या हो? हर आदमी चाहता है कि कवि स्वाधीन होकर बोलेगा, किन्तु जब स्वाधीनता बरतनेवाले कवि या साहित्यकार पर कोई मुसीबत आती है, तो साहित्यकार का पक्ष लेकर बोलनेवाले लोग दिखलाई नहीं पड़ते। इसे मैं अपनी निःसंगता कहता हूँ।

प्रश्न—यदि बुद्धिजीवी बुद्धिजीवी के कन्धे-से-कन्धा लगाकर खड़ा न हो, तो क्या कवि या साहित्यकार को जनता से तटस्थ या गुम हो जाना चाहिए?

उत्तर—आपने बहुत बड़ी कमजोरी को पकड़ लिया। असल में ऐसा होना नहीं चाहिए। ऐसी स्थिति में साहित्यकार को उस मनोदशा का आश्रय लेना चाहिए जिस मनोदशा में रवीन्द्रनाथ ने, 'एकला चलो रे' कविता लिखी होगी।

प्रश्न—आदमी के जीवन में उसे अनेक भय घेरते हैं। अकेले पड़ जाने का भय उनमें खासा बड़ा है; मगर मैं जानना चाहता हूँ कि दिनकर, जो पुरुषार्थ के कवि हैं, जो अभय की मशाल जगाकर चले हैं, इस भय से हार गए या उन्होंने किसी दूसरे ढंग से इसका अतिक्रमण किया? यह प्रश्न करते हुए मेरे मन में आपका काव्य-संग्रह 'हारे को हरि नाम' भी रहा है। मैं मानता हूँ कि उसमें इस निःसंगता से उत्पन्न आपकी शक्ति प्रकट हुई है, आपकी उदासी नहीं। आपका क्या खयाल है?

उत्तर—'हारे को हरि नाम', प्रहार और प्रतिशोध की कविता नहीं है, यह क्षमा, सहिष्णुता और शरणागति का काव्य है। अभय तो ईश्वर की शरण में जाने से मिलता है। विचित्र बात है कि हमारे साहित्य में जो सबसे बड़े कवि हुए, वे सबके सब ईश्वर की शरण में जाकर अभय की स्थिति को प्राप्त हुए थे—

सतगंठी कोपीन की सन्त न माने संक,
राम अमल माना रहे, गिनै राव को रंक।

लेकिन हमारे युग में इतनी सादगी नहीं चलेगी। मनुष्य की स्वाधीनता की रक्षा करने के लिए हमें बोलना पड़ेगा और खतरों को मोल लेना पड़ेगा। आज भारत में व्यक्ति की स्वतन्त्रता का युद्ध छिड़ा हुआ है।

प्रश्न–कई कवि व्यक्तिगत स्वतन्त्रता का अर्थ जरूरत से ज्यादा खींचकर करते हैं। जैसे, वे मानते हैं कि वे अपने सिवाय अथवा अपने माध्यम 'शब्द' के सिवाय और किसी के प्रति उत्तरदायी नहीं हैं। क्या इस प्रकार की मान्यता उन्हें शब्द के प्रति भी उत्तरदायी रहने देगी।

उत्तर–शब्द के प्रति तो उत्तरदायी वे भी होते हैं जिनका उद्देश्य प्रहार करना है, रक्षा करना, निर्माण करना है, शान्ति लाना या भूकम्प मचाना है। किन्तु जो लोग केवल शब्दों को अर्पित हो गए हैं, जॉर्ज आरवेल ने उन्हीं को ललकार कर कहा था कि "डॉक्टर को डॉक्टरी का व्यवसाय कभी भी मिल जाएगा, इंजीनियर, किसान और मजदूर भी डिक्टेटर के अधीन बेकार नहीं रहेंगे; लेकिन अगर (व्यक्तिगत स्वतन्त्रता की) गाड़ी पटरी से उतर गई, तो सबसे बड़ी मुसीबत उन्हीं को झेलनी होगी, जिनका काम शब्दों का सुप्रयोग है।

प्रश्न–आपने अभी प्रहार, रक्षा, निर्माण, शान्ति, भूकम्प आदि का उल्लेख किया, तारतम्य की दृष्टि से आप इनमें सबसे प्रमुख तत्त्व किसे मानते हैं?

उत्तर–रक्षा, प्रहार, निर्माण, शान्ति दो ओर से काम करते हैं–एक तो यह कि जीवन का जो अध्याय सामने खुला हो, वह उसे पढ़े और दूसरा यह कि जो अध्याय उसे सबसे महत्त्वपूर्ण जान पड़े, सभी अध्यायों को बन्द करके उसे खोल दे। अपने युग में रवीन्द्रनाथ ने खुले अध्याय पर उतना ध्यान नहीं दिया, किन्तु इक़बाल ने खुले अध्याय का इतना बढ़िया उपयोग किया कि उन्होंने कविताओं के जरिए भारतीय महाद्वीप में एक नए देश की स्थापना कर दी।

प्रश्न–आप खुद अन्ततोगत्वा, किस विकल्प को चुनेंगे? रवीन्द्रनाथ को या इक़बाल को?

उत्तर–मेरे कवि-जीवन के इतिहास को देख जाइए। मैं हमेशा रवीन्द्रनाथ और इक़बाल के बीच झटके खाता रहा हूँ। अन्तरात्मा तो हमेशा यही कहती रही कि मैं रवीन्द्रनाथ की संगति में रहूँ और उन्हीं के समान निरुद्देश्य आनन्द के क्षेत्र में विहार करूँ; लेकिन नियति ने मुझे केवल इक़बाल का शागिर्द बना दिया। यह और बात है कि इक़बाल देश को तोड़ने के लिए लड़ रहे थे और हम लोग उसे रखने के लिए संघर्ष कर रहे थे। यह भाग्य की विडम्बना है कि इक़बाल जीत गए और हम हार गए। लेकिन तब भी इक़बाल पर से मेरी भक्ति घटी नहीं है।

प्रश्न–अगर कविता देश को तोड़ सकती है, तो क्या वह उसे जोड़ नहीं सकती?

उत्तर–मेरा विश्वास है कि टूटा हुआ शीशा कविता के द्वारा ही जोड़ा जा सकता है, लेकिन कविता सर्वग्रासिनी राजनीति पर काबू कैसे पाएगी?

प्रश्न–तब आप देश को तोड़ने की ताकत का श्रेय इक़बाल की कविता को क्यों देते हैं, अंग्रेजों की राजनीति को क्यों नहीं देते?

उत्तर–यह सत्य है कि इक़बाल इस श्रेय के एकमात्र अधिकारी नहीं हैं। अगर अंग्रेजों की राजनीति सहायिका नहीं होती, तो इक़बाल का सपना पूर्ण नहीं होता। किन्तु फिर भी यह सच है कि विलगाव का जो दर्शन इक़बाल ने तैयार किया, उसके बिना राजनीति के आन्दोलन में तेजी नहीं आ सकती थी। कभी-कभी मुझे ऐसा भी लगता है कि कवि इक़बाल ने जो सपना देखा था, वह सपना जिस रूप में इक़बाल चाहते होंगे, ठीक उसी रूप में चरितार्थ नहीं हुआ।

प्रश्न–यों प्रश्न इसी सन्दर्भ से निकलता है, मगर यह प्रश्न राजनीति का न होकर काव्य का ही है, कवि को जो 'क्रान्तद्रष्टा' कहा जाता है, क्या आपको भी कभी अपने काव्य में वैसा कुछ अनुभव हुआ है?

उत्तर–'तांडव' और 'हिमालय' इन दोनों कविताओं की रचना मैंने सन् 1933 अक्टूबर और नवम्बर महीने में की थी। दोनों कविताओं में भूकम्प का खुला आह्वान था। दिसम्बर महीने में 'तांडव' कविता मैंने वैद्यनाथ धाम में भगवान् शंकर की मूर्ति के सामने सुनाई भी थी। सन् 1934 की 15 जनवरी को बिहार में भीषण भूकम्प आ गया। उस समय राहुलजी ने बनारस से निकलनेवाले साप्ताहिक 'समाज' में एक लेख लिखा था और यह कहा था कि कवि जब सात्त्विक आवेश में बोलता है, तब प्रकृति भी उसे सुन लेती है। दूसरा उदाहरण 'विथगा' कविता का है। वह सन् 1933 में लिखी गई। उसमें एक टुकड़ा आता है–

"अबकी अगस्त्य की बारी है, पापों के पारावार, सजग!"

जब 1942 के अगस्त में क्रान्ति आ गई, मुझसे मुजफ्फरपुर से तत्कालीन संसद् सदस्य चन्द्रमोहन झा ने कहा–"महाराज! अगस्त में जो होनेवाला था, उसकी बात क्या आपको पहले से मालूम थी?" सन् 1935 में जब मुसोलिनी ने अबीसीनिया पर चढ़ाई की, तब मैंने 'मेघरन्ध्र में बजी रागिनी' कविता लिखी थी। भाव उसमें यह था कि विश्वयुद्ध शायद समीप है। मगर उसके चार वर्ष बाद विश्वयुद्ध हुआ।

प्रश्न–इस प्रकार की भविष्यवाणी राजनीति के ज्ञाता भी करने में समर्थ हो जाते हैं। कविता की भविष्यवाणी का क्या इससे अलग कोई स्वरूप आपके ध्यान में आता है?

उत्तर–मेरी कविता में भूकम्प और अगस्त महीने के बारे में जो भविष्यवाणी हुई, यह भविष्यवाणी राजनीतिज्ञ नहीं कर सकता था। हाँ, युद्ध के विषय में राजनीतिज्ञ भविष्यवाणी कर सकता था। कविता की भविष्यवाणी राजनीति और ज्योतिष दोनों की भविष्यवाणी से भिन्न होती है। कविता की भविष्यवाणी एक प्रकार की चेतावनी

है, एक तरह की आकुलता की पुकार है। ऐसी भविष्यवाणी डब्ल्यू. बी. ईट्स ने प्रथम विश्वयुद्ध के पूर्व एक कविता में की थी–

"थिंग्स फॉल अपार्ट, द सेंटर कैन नॉट होल्ड
नियर एनार्की इज़ लूज्ड अपॉन द वर्ल्ड"

प्रश्न–मैं यह भी जानना चाहता हूँ कि क्या आपकी कविता से सभ्यता के भविष्य की कोई झलक दिखाई देती है? दिखाई देती है तो कैसी?

उत्तर–सभ्यता का भविष्य मुझे वही दिखाई देता है, जो टॉल्स्टॉय को दिखाई पड़ा होगा, हक्सले को दिखाई पड़ा होगा। गांधी और टॉल्स्टॉय मार्क्स के समान शोधी विद्वान् नहीं। किन्तु उन्हें महसूस हुआ था कि मनुष्य विद्वान् पर जिस तरह से अवलम्बित होता चला जा रहा है, वह ठीक नहीं है। आगे चलकर सभ्यता किसी खड्ड में गिर सकती है।

प्रश्न–गांधी और टॉल्स्टॉय की किस शिक्षा को आप सबसे अधिक प्रासंगिक मानते हैं?

उत्तर–सबसे अधिक महत्त्व तो चरित्र का है। हमें समाज में इस मान्यता को प्रचलित करना चाहिए कि जिसकी जरूरतें जितनी कम हैं, वह उतना ही श्रेष्ठ मनुष्य है। हमारे समाजवाद का भी एक आध्यात्मिक आधार होना चाहिए। मुझे यह देखकर हैरत होती है कि सुयोग्य समाजवादी नागरिक तैयार करने की कोई शिक्षा पाठशालाओं में नहीं दी जा रही है। पाठशालाओं में हमारे बच्चों को आरम्भ से ही यह सिखलाया जाना चाहिए कि जो सुख तुम्हारे साथियों को उपलब्ध नहीं है, उसे तुम भी भोगने से इनकार कर दो।

प्रश्न–उपलब्धियों की समानता केवल आर्थिक क्षेत्र तक सीमित रहे, यह बात आपको कैसी लगती है? क्या ऐसा नहीं हो सकता कि लोगों की ऊँची प्रवृत्तियों में भी समानता हो? जैसे तमाम लोग काव्य के आनन्द से अछूते हैं। क्या इस प्रकार के विभिन्न आनन्दों को सब तक पहुँचना सम्भव नहीं है?

उत्तर–इसके लिए पहली शर्त यह है कि शत-प्रतिशत लोग शिक्षित हों। धारानगरी में राजा भोज किसी ऐसे व्यक्ति को रहने को घर ही नहीं देता था, जो थोड़ी-बहुत कविता न करता हो। यदि भोज अपनी राजधानी के प्रत्येक व्यक्ति को कवि बना सकता था, तो हम यह क्यों नहीं कर सकते कि हर आदमी विभिन्न आनन्द-प्रकारों को उठाने में समर्थ बन जाए। लेकिन एक आनन्द दूसरे आनन्द का बाधक होता है। मास्को में मैंने एक नाटक देखा था, जिसमें यह समस्या चित्रित की गई थी कि जो लड़के शाम को शराब पीकर सड़कों पर हो-हल्ला मचाते हैं, उन्हें कैसे सुधारा जाए! स्पष्ट ही उन युवकों को कविता और नाटक से ज्यादा प्यारी शराब लगती होगी। इस क्षेत्र में समाजवादी देशों ने अच्छी प्रगति की है। उनके यहाँ कविता और साहित्य का जितना अधिक प्रचार है, उतना पूँजीवादी देशों में नहीं है। देश में एक रवीन्द्रनाथ हों

और बाकी लोग अकवि हों, इससे अच्छी स्थिति तो यही है कि रवीन्द्रनाथ भले ही कोई न हो, सभी लोग कविता के प्रेमी हों।

प्रश्न–साम्यवादी देशों में कविता का या साहित्य का जो उपयोग हो रहा है, वह लगभग सर्वविदित है। क्या आप उससे सहमत हैं?

उत्तर–मैं प्रशंसा इस बात की करता हूँ कि समाजवादी देश शत-प्रतिशत साक्षरता फैलाकर सबको समझने की योग्यता प्रदान कर देते हैं। समाजवादी देशों में अच्छी पुस्तकों के संस्करण लाखों की संख्या में निकलते हैं और बिक जाते हैं। यह प्रशंसा की बात है। और समाजवादी सरकारें अपने कलाकारों की खोज-खबर रखती हैं–इसे भी मैं उस समाज-व्यवस्था का गुण मानता हूँ, किन्तु समाजवादी देशों में विचारों के चारों ओर जो लक्ष्मण-रेखा खींच दी जाती है, वह बहुत ही बुरी बात है। रूस 19वीं सदी में उपन्यास के क्षेत्र में सबसे अग्रणी देश था, किन्तु बीसवीं सदी में वह अपनी पिछली ऊँचाई तक नहीं पहुँच सका।

प्रश्न–19वीं और 20वीं सदी के साहित्य के स्तर की यह बात सामान्यतः संसार के अन्य देशों पर भी तो लागू होती है!

उत्तर–आपकी इस बात का मैं विरोध भी करूँगा और समर्थन भी। विरोध इसलिए करता हूँ कि टॉमस मान, फाक्नर, काफ़्का, इलियट, एच. जी. वेल्स, बर्नार्ड शॉ और हमारे यहाँ रवीन्द्रनाथ और प्रेमचन्द बड़ी ऊँचाई के साहित्यकार हुए हैं, किन्तु साम्यवादी देशों में इसी अवधि में इस ऊँचाई के साहित्यकार मुझे दिखाई नहीं देते। यद्यपि शोलोखोव, इलिया एहरनबर्ग बहुत अच्छे साहित्यकार थे। और आपकी बात का समर्थन मैं इसलिए करूँगा कि ज्यों-ज्यों उद्योगीकरण का प्रसार होता जाता है, जीवन में कृत्रिमता बढ़ती चली जाती है और मानव जाति के भीतर प्रच्छन्न कविता का स्रोत सूखता जाता है। बात सुनने में बुरी लगेगी, मगर मुझे दिखाई यह पड़ता है कि विज्ञान ताप है और कविता जल है। ताप जितना बढ़ेगा, जल उतना ही घटता जाएगा।

प्रश्न–क्या कविता के इस ह्रास को आपकी समझ में रोकने का कोई उपाय है?

उत्तर–मेरा अपना विश्वास यह है कि उन मूल्यों को वापस लेने से विज्ञान की दासता कम हो सकती है, जिनका प्रतिनिधित्व पहले धर्म करता था।

प्रश्न–आप जिन मूल्यों को वापस लाने की बात करते हैं वे अब मेरी समझ में धर्म के माध्यम से तो वापस नहीं लाए जा सकते। तब धर्म का स्थान क्या चीज लेगी?

उत्तर–धर्म की शायद मृत्यु हो गई है। लेकिन धर्म जिस तत्त्व के कारण पूजा जाता था, वह तत्त्व आज भी विद्यमान है और आगे भी विद्यमान रहेगा। धर्म की मृत्यु आज से पाँच सौ वर्ष पूर्व महात्मा कबीरदास को दिखाई पड़ी थी। हाँ, हम लोग धर्म की मृत्यु पाँच सौ वर्ष के बाद अनुभव कर रहे हैं। कबीर हिन्दू धर्म और इस्लाम दोनों को अधूरा मानकर दोनों से आगे निकल गए थे–

सुर नर मुनि औ...औलिया ये सब बेलें तीर।
अलह राम की गति नहीं, तहँ घर किया कबीर॥

प्रश्न–अर्थात् विज्ञान के इस युग को विनोबा के शब्दों में अध्यात्म से जोड़ना पड़ेगा।

उत्तर–हाँ, कबीर जिस जगह की बात कह रहे हैं, वह अध्यात्म का ही लोक है। राधाकृष्णन् ने इसे ही आत्मा का धर्म कहा है। इसी अध्यात्म को लक्ष्य करके रवीन्द्रनाथ ने कहा था–"धर्म को पकड़े रहो, धर्मों को छोड़ो।" जो धर्म एकवचन है, वही अध्यात्म है। रह गई मूल्यों की बात, मैं प्राचीन जगत् का केवल इतना विश्वास बचाना चाहता हूँ कि सारा सत्य उतना ही नहीं है, जितने का ज्ञान विज्ञान प्राप्त कर सका है। सत्य वहाँ भी है, जहाँ विज्ञान की छड़ी नहीं पहुँच पाई है, न आगे कभी पहुँच सकेगी।

प्रश्न–एक प्रश्न और पूछूँ! भारत के भविष्य के बारे में आप क्या सोचते हैं?

उत्तर–इस प्रश्न के उत्तर के कई पहलू हैं। भारत एक हजार वर्ष की गुलामी के बाद आजाद हुआ है। यह इतिहास की आकस्मिक घटना नहीं है। इसे अभी कई शताब्दियों तक उन्नति की ओर बढ़ते जाना चाहिए। अगले पाँच सौ वर्षों का समय हमारे पास ऐसा है, जिसमें भारत कीचड़ में भी पाँव रखेगा, तो वहाँ कमल खिल जाएगा।

लोहे के पेड़ हरे होंगे, तू गान प्रेम का गाता चल।
नम होगी यह मिट्टी जरूर, आँसू के कण बरसाता चल॥

नए भारत का जन्म राजा राममोहन राय के स्वप्नों से हुआ था। तब से भारतीय पुनर्जागरण के सभी नेता और कवि यही कहते आए हैं कि पश्चिमी जगत् में जो कुछ सर्वश्रेष्ठ है, भारत को उसे ग्रहण करना चाहिए और भारत को अपनी परम्परा में जो कुछ सर्वश्रेष्ठ है, उसकी भी रक्षा करनी चाहिए। मेरा खयाल है कि पूर्व और पश्चिम के बीच समन्वय की यह प्रक्रिया भारत में चल रही है। तथाकथित आधुनिकतावादियों ने संसार के अन्य देशों में परम्परा और अतीत को जिस झटके के साथ खत्म कर दिया, उस झटके के साथ भारत की परम्पराओं को तोड़ने में काफी मशक्कत हो रही है। इसे मैं भारत का दुर्गुण नहीं, गुण समझता हूँ।

एक और विलक्षण बात है, जिसकी ओर भारत की नई पीढ़ी का ध्यान जाना चाहिए। नए भारत के सन्तों, विशेषतः श्री अरविन्द, की यह कल्पना थी कि भारत केवल अपने भौतिक सुखों के भोग के लिए स्वतन्त्र नहीं होगा, बल्कि वह स्वतन्त्र इसलिए होगा कि उसे सम्पूर्ण मानवता को नूतन आध्यात्मिक सन्देश देना है। यह तो हुई भारत की प्रवृत्ति की बात! भारत के बाहर जो स्वतन्त्र विचारक हैं, वे भी भारत की ओर एक रहस्यमय आशा से देख रहे हैं। मानो पाश्चात्य जगत् को जो वस्तु नहीं मिली, उसे भारत प्राप्त करके मनुष्यमात्र को प्रदान करेगा। मैं भारत के भविष्य में

विश्वास इसलिए करता हूँ कि स्वामी विवेकानन्द और श्री अरविन्द की कल्पना पर विश्वास है।

प्रश्न–तब क्या आप यह मानते हैं कि भारतवर्ष पर कोई शक्ति रेजीमेंटेशन नहीं लाद सकती?

उत्तर–अगर मैं भारत के प्राचीन और नवीन इतिहास को ठीक से समझ सका हूँ तो मेरा निश्चित उत्तर है कि कोई भी शक्ति भारत पर *रेजीमेंटेशन* नहीं थोप सकेगी। चीन का जन्म माओ के गर्भ से है, अतएव चीनी समाजतन्त्र पर उस गर्भ के निशान हमेशा मौजूद रहेंगे। रूस का जन्म लेनिन और स्तालिन के गर्भ से हुआ है। अतएव रूस के मन से स्तालिन और लेनिन के चिह्न मिटाना मुश्किल होगा। इसी प्रकार नए भारत का जन्म लोकमान्य तिलक, श्री अरविन्द, महात्मा गांधी और जवाहरलाल नेहरू के गर्भ से हुआ है। इन महान् पुरुषों के उदारतावादी तथा स्वतन्त्रतावादी प्रभावों को मिटाकर भारत को कठोर साँचे में ढालना किसी भी शक्ति के लिए सम्भव नहीं है।

प्रश्न–आपके इस विश्वास की झलक मुझे व्यक्तिगत रूप से आपके विपुल साहित्य में कई बार मिली है। मैं सर्व सामान्य पाठक के लिए आपसे ही एक उदाहरण पाकर इस भेंट को कलश चढ़ाना चाहता हूँ।

उत्तर–मेरी भारत के प्रति स्वच्छ कल्पना इस प्रकार है :

एक हाथ में कमल, एक में धर्म-दीप्त विज्ञान;
लेकर उठनेवाला है धरती पर हिन्दुस्तान!

(शेष-निःशेष)

'पाञ्चजन्य'–पाठकों के प्रश्न

प्रश्न–एक जीवित राष्ट्र की क्या पहचान है? उसके लिए क्या आवश्यक है?

उत्तर–जीवित राष्ट्र में एकता होनी चाहिए। आशा और उत्साह होना चाहिए। कोई दुश्मन चढ़ आए तो उसे मुँहतोड़ उत्तर देने की शक्ति होनी चाहिए। भारत में तो राष्ट्रीय एकता का मार्ग तभी प्रशस्त होगा, जब हमारे समाज से विषमता दूर हो। सबकी जड़ में ईमानदारी और कठोर अध्यवसाय है।

प्रश्न–आपने विद्यार्थी-परिषद् के पटना-अधिवेशन में स्वागताध्यक्ष के पद से 'प्रदीप' में प्रकाशित समाचार पर आश्चर्य व्यक्त किया था–'दिनकर' जी पुराने कांग्रेसी रहे हैं, राजनीति और साहित्य के विभिन्न मंचों पर गौरवाशाली पदों पर रहने के बाद अब इस बुढ़ापे में राष्ट्रीय स्वयंसेवक संघ से प्रभावित इस संस्था से आपने किस तरह सम्बन्ध कर लिया है?

उत्तर–छात्रों की सभाओं को मैं राजनीतिक सभाएँ नहीं मानता। मैं इस भाव से छात्रों की सभाओं में नहीं जाता हूँ कि उसमें अधिकता कम्युनिस्टों की है, कांग्रेसियों की है या जनसंघियों की है। मुझे न तो जनसंघ से आसक्ति है, न कम्युनिज्म से विराग। छात्रों के बीच मैं अपनी बात कहने को जाता हूँ और उस दिन भी मैंने विद्यार्थी-परिषद् में अपने ही विचार लड़कों को सुनाए, जो कि मैं अन्य मंचों से भी सुनाता हूँ। जिनको दृष्टि-दोष है, वे कभी मुझे कम्युनिस्ट, कभी जनसंघी समझ सकते हैं। वैसे जब मैं राजनीति में था, कांग्रेस की नीति में मेरा अटल विश्वास था और अब भी वह विश्वास हिला नहीं है।

प्रश्न–कहीं पढ़ा था कि लोहियाजी ने आपसे अपने पर एक ऐसी कविता लिखने का आग्रह किया था जैसी आपने जयप्रकाश नारायण पर लिखी थी। किन्तु आप उस आग्रह को स्वीकार नहीं कर सके, यह कहते हुए कि जिस दिन उन्हीं की तरह आपका व्यक्तित्व मुझे प्रेरित करेगा, लिख दूँगा। पता नहीं, कभी आप उस तरह अनुप्राणित उनसे हो पाए कि नहीं, किन्तु स्वेतलाना ने आपसे खुद पर कविता लिखने का आग्रह किया और आपकी कलम पुलकित होकर झूम उठी। स्वेतलाना पर आपने एक मजे की कविता लिखी। यहाँ क्या बात हुई कि लोहिया की इच्छा (निवेदन नहीं) व्यर्थ गई और स्वेतलाना का निवेदन फलीभूत हुआ? कारण बताने की कृपा करके अपने एक पाठक को कृतार्थ करें!

उत्तर–कवि मर्दों की अपेक्षा औरतों से ज्यादा जल्दी प्रेरित होता आया है। क्या यह उत्तर आपको पसन्द है? मैंने जयप्रकाशजी पर कविता उस समय लिखी थी, जबकि वे चार वर्षों के 'वनवास' से वापस आए थे, और वह घड़ी इतिहास के लिए बड़ी ही महत्त्वपूर्ण थी। दुर्भाग्य से वैसी घड़ी में लोहियाजी को देखने का सौभाग्य मुझे प्राप्त नहीं हुआ। लोहियाजी ने कविता लिखने का मुझसे आग्रह नहीं किया था, यह बात उन्होंने दोस्ती में, मजाक में, कही थी।

प्रश्न–स्वतन्त्र भारत के 25 वर्ष के पश्चात् भी युवा पीढ़ी लक्ष्यहीन-दिशाहीन भटक रही है, ऐसा क्यों है?

उत्तर–मेरा खयाल है वे लक्ष्यहीन नहीं हैं, सबके-सब नौकरी खोज रहे हैं।

प्रश्न–आज का युवक देश की सबसे अच्छी सेवा किस रूप में कर सकता है?

उत्तर–गांधीजी का अनुसरण करके। यानी, इस सिद्धान्त पर चलकर कि हमारे अधिकार में जितनी भी कम चीजें हैं, हम उतने ही अधिक महान् हैं।

प्रश्न–देश की युवा शक्ति का किस प्रकार समुचित उपयोग किया जा सकता है?

उत्तर–यह बात आप योजना-आयोग से पूछिए।

प्रश्न–हमारी सेना हर बार जीतती है, और हमारे देश के तथाकथित नेता हर बार मेज पर हार जाते हैं। यह क्रम कब तक चलेगा?

उत्तर–जब तक संसार एक नहीं हो जाता और युद्ध की समस्या उन्मूलित नहीं हो जाती। युद्ध है क्या? वह राजनीति का रक्तरंजित रूप है। भारत की राजनीति अगर लाल क्षेत्र से निकलकर उजले क्षेत्र में आ जाया करती है तो यह बुरी नहीं, अच्छी बात है। राजनीति का जहर बहुत आगे चलकर इसी तरह निकलेगा।

प्रश्न–आज जब देश के अनेक भागों में भयंकर अकाल पड़ा हुआ है और जनता भूख से पीड़ित है, तब क्या यज्ञों में हजारों रुपया तथा खाद्यान्न सामग्री बर्बाद करना उचित है? यज्ञ करने का वास्तविक उद्देश्य क्या है?

उत्तर–यज्ञ के किसी भी उद्देश्य में मेरा कोई विश्वास नहीं है। अच्छा हो कि यह प्रश्न आप स्वामी करपात्रीजी और पुरी के शंकराचार्यजी से पूछें।

प्रश्न–क्या आज के युवकों में वक्त की धारा बदलने की शक्ति रह गई है?

उत्तर–आप इस शंका से पीड़ित दीखते हैं कि इस पीढ़ी के युवक अज्ञानी और भ्रान्त हैं। आप उन्हें क्यों नहीं देखते जो इस पीढ़ी से निकलकर सेना में काम कर रहे हैं, साहित्य में काम कर रहे हैं, राजनीति पर अधिकार जमा रहे हैं और देश का शासन चला रहे हैं! क्या ये लक्षण विपन्न और भ्रान्त पीढ़ी के हैं?

प्रश्न–राष्ट्र के वर्तमान कर्णधार राष्ट्रभाषा हिन्दी को 'अभी अविकसित' कह देते हैं। इनके मस्तिष्क का पूर्ण विकास कब होगा?

उत्तर–अविकसित, किसकी तुलना में! अगर संस्कृत और अंग्रेजी से तुलना की जाए तो हिन्दी का बहुत कुछ विकास अभी बाकी है। गांधीजी ने कहा था–"मनुष्य

के मस्तिष्क का चरम विकास उसकी अपनी भाषा के जरिए सम्भव होना चाहिए।'' लेकिन भारत में एकमात्र संस्कृत ही वह भाषा है, जो कि मनुष्य के मस्तिष्क का चरम विकास कर सकती है। बाकी सभी भारतीय भाषाओं को अभी संस्कृत तथा उन्नत देशों की भाषाओं के सम्पर्क में आकर अपने भीतर यह क्षमता उत्पन्न करनी है कि मनुष्य के भविष्य का चरम विकास हो सके।

प्रश्न–आज देश भ्रष्टाचार, असन्तोष, महँगाई, पदलिप्सा एवं असंगठन जैसी बुराइयों से कराह रहा है, परन्तु ऐसी कौन-सी अदृश्य शक्ति है, जो इसके बावजूद देश का ढाँचा चला रही है?

उत्तर–आपकी दृष्टि मेरी दृष्टि से भिन्न है। मैं भारत को प्रगति करते देख रहा हूँ। भारत अपने पाँवों पर खड़ा हो गया है। बुराइयों का उबास कालक्रम में शमित हो जाएगा–यद्यपि सभी बुराइयाँ किसी भी देश में शमित नहीं हुई हैं। हर समय देश को बुरा कहने से देश की हिम्मत पस्त होती है। अपने देश के अच्छे कामों को भी देखना चाहिए।

प्रश्न–क्या युवाओं में आक्रोश का होना देश के लिए हानिकारक है?

उत्तर–कौन युवक आक्रोश में है? जो आक्रोश में होगा, वह कुर्बानी देगा–वह अपना सुख नहीं खोजेगा, वह उन बातों के खिलाफ युद्ध करेगा, जो उसे आक्रोशशील बनाती हैं।

प्रश्न–आज फिल्में, साहित्य तथा हड़तालें युवा पीढ़ी को किस ओर ले जा रही हैं?

उत्तर–मेरा समाधान ब्रह्मचारी का समाधान नहीं है। फिल्म लोग आनन्द लेने को देखने को जाते हैं। इससे ईर्ष्या करने को मैं कोई महत्त्व नहीं देता। और हड़तालों का असर युवा पीढ़ी को क्या, सारे देश को भोगना पड़ता है। मैं यह हर्गिज नहीं मानता कि नया साहित्य युवकों को गुमराह कर रहा है। जिन्हें नए साहित्य से अश्रद्धा हो, उन्हें अपना चरित्र सुरक्षित रखने के लिए 'गिरधर की कुंडलियाँ' और 'वृन्द के दोहे' पढ़ने चाहिए।

प्रश्न–युवावर्ग देश पर मर मिटना तथा ईमानदारी से अपना कार्य करना चाहता है, किन्तु वह अपने विचारों को भाई-भतीजावाद एवं अत्याचारों द्वारा रौंदता हुआ पाता है। यदि दृढ़ता, एकता, विश्वास और धैर्य से वह आगे बढ़े तो? आपका क्या खयाल है?

उत्तर–जो देश पर मर मिटने को और ईमानदारी से काम करने को तैयार होगा, समाज में वह अपनी जगह बना लेगा। असल में ज्यादा लोग नौकरियों की ओर दौड़ रहे हैं। इसीलिए वे भाई-भतीजावाद की भाषा से डरते हैं।

प्रश्न–पौरुष और प्रतिभा को निर्बाध पथ न मिले तो?

उत्तर–पौरुष और प्रतिभा बाधा को स्वीकार नहीं करते। जो लोग कुछ भी करने में असमर्थ हैं, उन्हें भी यह भ्रम सताता है कि वे पौरुषवान् और प्रतिभाशील हैं।

प्रश्न–आज की राजनीति में तथाकथित युवा वर्ग का प्रतिनिधित्व करनेवाले पचास या उससे ज्यादा उम्र के हैं। वास्तव में आप युवा वर्ग किसे कहना चाहेंगे?

उत्तर–मैं ऐसे लोगों को भी जानता हूँ जिनकी उम्र पचास से कम है।

प्रश्न–देश के छात्र युवा वर्ग को राजनीति से अलग रहने के लिए सब बड़े सरकारी नेता उपदेश देते हैं। लेकिन समयानुसार स्वार्थपूर्ण राजनीति में उनका अनुचित प्रयोग करने में कदापि नहीं हिचकिचाते। इन परिस्थितियों में छात्र युवा वर्ग को कौन-सा पथ अपनाना चाहिए?

उत्तर–राजनीति सीखनी भी चाहिए और राजनीति से अलग भी रहना चाहिए।

प्रश्न–मैं ईमानदारी एवं सच्चाई के साथ जीना चाहता हूँ, पर दुनिया नहीं जीने देती, बताइए, क्या करूँ?

उत्तर–आप ईमानदारी और सच्चाई पर डटे रहिए। यह सोचना भूल है कि मनुष्यता को प्रेरणा सफलता से मिलती है। मेरा खयाल है कि दुनिया को रोशनी वे लोग देते हैं, जो ऊँचे आदर्शों के लिए संघर्ष करते-करते टूट जाते हैं। जो आदमी सफल हो गया, वह समाप्त हो गया। माखनलालजी चतुर्वेदी की एक कविता याद आ गई–

सफलता पाई अथवा, नहीं,
उन्हें क्या ज्ञात? दे चुके प्राण;
विश्व को चाहिए उच्च विचार,
नहीं। केवल अपना बलिदान!

प्रश्न–बिहार में अंग्रेजी को पुनः अनिवार्य विषय बना दिया गया है। आपकी राय–?

उत्तर–मैं शिक्षक होता तो अंग्रेजी के वैकल्पिक रहने पर भी लड़कों को फुसलाता कि तुम थोड़ी-सी अंग्रेजी जरूर सीखो।

प्रश्न–आपके अनुमान के अनुसार चीन के अधिकार में हमारी जो भूमि है, उसकी वापसी की कब तक आशा की जाए?

उत्तर–यह प्रश्न भी किसी ज्योतिषी से पूछना चाहिए।

प्रश्न–सभी लोग कहते हैं कि शिक्षा में परिवर्तन होना चाहिए, यहाँ तक कि केन्द्रीय शिक्षा मन्त्री श्री नुरुल हसन भी यही कहते हैं, तो फिर शिक्षा में परिवर्तन होता क्यों नहीं?

उत्तर–क्योंकि, जो लोग परिवर्तन की बात सोचते हैं, वे सबके सब उसी शिक्षा-पद्धति की सन्तान हैं।

प्रश्न–प्रधानमन्त्री के अनुसार वर्तमान युवा पीढ़ी का असन्तोष आजादी के बाद से अब तक शिक्षा नीति में कोई परिवर्तन न होने के कारण है। आप बताएँ कि इसके लिए कौन उत्तरदायी है?

उत्तर–उत्तरदायी सारा देश है।

प्रश्न–रूस की सरकार प्रगतिशील कवियों को अपने यहाँ आमन्त्रित करती है, क्या कभी आपको भी ऐसा सौभाग्य प्राप्त हुआ है?

उत्तर–मुझे रूस ने तो नहीं बुलाया, लेकिन भारत सरकार ने एक साहित्यिक

शिष्टमंडल का नेता बनाकर रूस भेजा था और रूस के साहित्यिकों ने मुझे बड़ा ही स्नेह और सम्मान दिया। मेरा यह विचार बना कि रूस प्रफुल्लित, प्रसन्न और हँसमुख देश है।

प्रश्न—क्या भारत की 'युवा-शक्ति' भारत में क्रान्ति लाने में समर्थ है?

उत्तर—भारत में क्रान्ति लाने की क्या जरूरत है? अब तो परिवर्तन और रूपान्तरण लाना है, जो कि क्रान्ति के काम से कहीं कठिन है।

प्रश्न—पाश्चात्य भौतिकवाद और भारतीय अध्यात्मवाद के द्वन्द्व में किसकी विजय होगी? और कैसे होगी?

उत्तर—विजय किसी की नहीं होगी, बहुत आगे चलकर दोनों का समन्वय हो जाएगा।

प्रश्न—आप अपनी लिखी रचनाओं में सर्वश्रेष्ठ किसे मानते हैं और क्यों?

उत्तर—मैं अपनी सभी रचनाओं को श्रेष्ठ मानता हूँ। सर्वश्रेष्ठ कौन है, आप निर्णय करें।

प्रश्न—आपका कोई ऐसा सपना भी रहा है, जो पूरा न हो सका हो?

उत्तर—एक-दो नहीं, सैकड़ों।

प्रश्न—आप राम के बदले 'परशुराम की प्रतीक्षा' क्यों कर रहे हैं?

उत्तर—चूँकि, परशुराम आ सकता है, राम नहीं आ सकते। परशुराम तभी तक अवतार रहे जब तक उनकी राम से मुलाकात नहीं हुई। राम से मिलते ही परशुराम का तेज राम में समा गया। राम में ईश्वरत्व है, परशु में मनुष्यत्व का क्रोध प्रतिबिम्बित था। 'परशुराम की प्रतीक्षा' कविता क्रोध की मुद्रा में लिखी गई थी, इसलिए परशुराम चीनी आक्रमण के समय मुझे अधिक उपयुक्त प्रतीत हुए।

प्रश्न—युद्ध या आपातकाल में तो कवि और साहित्यकार जमकर लिखते हैं, लेकिन समझौता एवं समर्पण की बेला में लिखने का मूड क्यों नहीं होता?

उत्तर—आपकी धारणा गलत है। कवि इलियट ने युद्ध के समय भी कुछ नहीं लिखा। इलियट युद्ध के समय बिलकुल मौन थे। कवि का काम युद्ध और समझौते का अनुसरण करना नहीं है। कविता जब उच्च स्तर पर उतरती है, वह इन क्षुद्र प्रश्नों पर ध्यान भी नहीं देती। एक बात यह भी है कि युद्ध की अधिक कविताएँ उस देश में लिखी जाती हैं, जो कि हारता होता है। जीतनेवाले देश के लोग चूँकि घबराते नहीं हैं, इसलिए उनके कवि भी कविता नहीं लिखते हैं। युद्धोन्माद में लिखी गई सभी कविताएँ घबराहट में लिखी गई होती हैं। युद्ध की कविता लिखना वैसा ही काम है जैसे अँधेरे में चलते हुए राही को भय लगे और वह गाने लगे।

(शेष-निःशेष)

दिनकर के सर्जना-स्रोत (एक साक्षात्कार—रपट)

—कलानाथ शास्त्री

महाकवि दिनकर जैसे ओजस्वी, रससिद्ध और क्रान्तदर्शी कवि किसी भी देश में बार-बार पैदा नहीं होते। दिनकर का कवि जन्मजात और स्वयंभू प्रतिभा से तो लढ़ा ही था, उसके परिष्कार में अनवरत शास्त्राभ्यास और बहु-आयामी अध्ययन ने भी मुलम्मा चढ़ाया था। इसीलिए उनके काव्य में वैचारिक गम्भीरता और काव्य-सौन्दर्य, दोनों का मनोहारी सम्मिश्रण है। यही कारण है कि प्रारम्भ से ही मैं उनका प्रशंसक रहा। 'संस्कृति के चार अध्याय' पढ़ने के बाद यह प्रशंसा श्रद्धा में बदल गई। यही कारण था कि किसी भी प्रसंग में जब-जब उनसे मुलाकात होती उनके काव्य के वैचारिक पक्ष की, भारतीय काव्येतिहास या सांस्कृतिक इतिहास की अथवा उनके कवि पर पड़े सृजनात्मक प्रभावों की चर्चा छेड़े बिना मैं नहीं रहता।

ऐसी ही एक चर्चा याद आ रही है, जो मेरे स्मृति-कोश के उत्कृष्टतम रत्नों में से एक है। बात 27 फरवरी, 74 की है जब लोक-साहित्य के मनीषी डॉ. सत्येन्द्र के साथ दिनकरजी से जयपुर के पोद्दार-हाउस में, जहाँ वे श्रीरामनाथ पोद्दार के अतिथि के रूप में ठहरे हुए थे, मैं मिलने गया था। दिनकर उस दिन अच्छे मूड में थे। दो बार स्पेशल चाय बनवाकर उन्होंने चर्चा को बढ़ाने में स्वयं रुचि ली तों मैंने भी उन्हें मिले 'ज्ञानपीठ-पुरस्कार' की चर्चा शुरू की। उनके संस्कृत-प्रेम ने और संस्कृत के अध्येता होने के नाते मुझ पर उनके स्नेह ने उस दिन कुछ ऐसे पक्षों पर उनसे अपनी बात कहलवा ली, जो उनकी काव्य-सम्बन्धी मान्यताओं की दृष्टि से बहुत महत्त्वपूर्ण है।

सृजनात्मक प्रभाव

सबसे पहले तो मैंने पूछा था कि उनकी रचनाओं में--जिनमें काव्य और शास्त्रीय ग्रन्थ दोनों शामिल हैं--जिस पर व्यापक अध्ययन की छाप है, वह उन्होंने किस प्रकार किया। जब मैंने उनके कवि के उद्-विकास की बात कही, तो कहने लगे, "मेरा कवि कहाँ पैदा हुआ, यह पूछते हो?" मैं कहूँगा, वह स्वेदजन्य है--पसीने की बूँदों से पैदा

हुआ है। सड़क पर पत्थर तोड़ने या आम आदमी के पीछे भागने के श्रम से निकले पसीने से मेरा मतलब नहीं हैं, बल्कि प्राच्य और पाश्चात्य कविता और काव्यशास्त्र की रगड़ से निकले पसीने से है। सन् 1934 से 1943 के बीच सात वर्षों तक मेरी पोस्टिंग अधिकतर देहात में रही, जब मैं पी. आर. ओ. था। सबसे ज्यादा समय अध्ययन करने का मुझे इसी दौरान मिला। मैंने सारा काव्य एक बक्से में रख लिया। वाल्मीकि, भवभूति को तो पंडित द्वारा गुरुमुख से पढ़ा, इक़बाल और टैगोर को खुद ही पढ़ा। इक़बाल के तीन ग्रन्थ और टैगोर के दो ग्रन्थ पढ़े। तब मानस में एक मन्थन हुआ। टी. एस. इलियट को इस अवधि के बाद 1948 में पढ़ना शुरू किया, पर उसने सबसे ज़्यादा झकझोरा। तब तक मैं वार पब्लिसिटी ऑफिस में पटना बुला लिया गया था। इन सबके काव्य-स्वाद ने ही मेरे कवि को जन्म दिया।

इस प्रकार संस्कृत, अंग्रेजी और बंगला काव्य-साहित्य के अध्ययन ने—हिन्दी काव्यों का तो रहा ही होगा—उनके कवि को जन्म दिया। काव्य की कसक कैसी होती है, इस पर उन्होंने बताया, "रवीन्द्र की सात लाइनों की एक कविता है, 'दुइ नारि'। 'इट रिफ्यूजेज टू बी ट्रांसलेटेड'। साहित्य-अकादमी के एक ग्रन्थ के लिए इसका अनुवाद हिन्दी में करना था। हुमायूँ कबीर से कहा गया, नीलरंजन से कहा गया, पर वे उसका अनुवाद नहीं कर सके। मैंने किया था, तब पता चला कि कविता में कलेवर का महत्त्व नहीं है, तीव्रता का महत्त्व है।

ब्रजभाषा-कविता में वे जगन्नाथ दास 'रत्नाकर' के सबसे बड़े प्रशंसक थे। जो रत्नाकर कर गए, कोई न कर सका। उनका 'उद्धव-शतक' काव्य-शिल्प के सौष्ठव की चरम परिणति है। सन् 1896 में उन्होंने इसे लिख लिया था, पर 1930 तक उसे न छपा सके। बराबर माँजते रहे। रुद्र काशिकेय ने यह सारा इतिहास एक बार बतलाया था। तब पता चला कि अच्छी कविता लिखने में कितनी मेहनत लगती है।

कामाध्यात्म

मुझसे पूछने लगे, "मेरा कौन-सा काव्य इन दिनों पढ़ा?" मैंने जान-बूझकर 'उर्वशी' का नाम लिया, यद्यपि वह वर्षों-पूर्व पढ़ा था। वह इसलिए कि मैं उस पर कुछ चर्चा करना चाहता था। वे तुरन्त बोले, " 'उर्वशी' पढ़ा तो कुछ नहीं पढ़ा। 'हारे को हरि नाम' जरूर पढ़ना! मैं उसे सर्वोत्तम मानता हूँ। ज्ञानपीठवालों ने मुझे 'उर्वशी' पर पुरस्कार दिया है, 'कुरुक्षेत्र' पर देते तो कुछ बात भी थी।"

यहाँ तक तो मैंने सुन लिया, पर 'उर्वशी' को लेकर चर्चा करने के लोभ से उन्हें वहीं लाने के लिए एक प्रश्न पूछ बैठा—"उर्वशी के कामाध्यात्म पर मैं कुछ जानना चाहता हूँ, इस पर वे बहुत खिन्न और नाराज़-से लगे।

"भाई, यह 'कामाध्यात्म' क्या है, मैं स्वयं नहीं समझता। यह शब्द मैंने कहीं नहीं

लिखा। पता नहीं, 'उर्वशी के साथ यह शब्द कहाँ जुड़ा। काम और अध्यात्म बिलकुल अलग-अलग चीजें हैं। उनका क्या मेल? बनाया होगा तो आलोचकों ने बनाया होगा, सिन्थेटिक, टेरेलीन की तरह। हाँ, इलाचन्द्र जोशी के कुछ सिद्धान्त हैं, जो काम से 'अध्यात्म' तक पहुँचने की बात करते हैं। उनकी रचनाओं में 'कामाध्यात्म' हो सकता है। मैं तो नहीं मानता कि काम से अध्यात्म मिलता हो।...

"एक बार डॉ. नगेन्द्र ने एक सेमिनार किया, कामाध्यात्म पर ही मेरे सन्दर्भ में। मैं बोलने उठा तो मैंने एक बात कही—एक बात बताओ—यह शब्द कहाँ से लाए? मैं तो यह शब्द सुनकर ही चकित रह गया हूँ।"

जब मैंने पूछा कि यदि आप कामाध्यात्म से सहमत नहीं हैं, तो उर्वशी में काम तत्त्व और चरम उपलब्धि दोनों का कुछ समन्वय किस प्रकार करेंगे? इस पर आपका क्या अभिमत है?

उन्होंने कहा—" 'उर्वशी' में अध्यात्म का कोई विशेष सम्बन्ध नहीं है, उसमें मेरा प्रतिपाद्य यही रहा है कि शरीर के काम से जो एक अशरीरी झंकार उठती है, वह काम-पुरुषार्थ की चरम उपलब्धि है, चरम प्राप्तव्य है। 'उर्वशी' में काम है, पर वह अपने आपमें साध्य के रूप में नहीं बतलाया गया, साधन-मात्र है। साध्य कुछ दूसरा ही है। हमारे प्राचीन इतिहास में भी उसका उद्देश्यमूलक उपयोग था, सन्तानोत्पत्ति के लिए वह भी एक साध्य था। अब कोई साध्य ही नहीं रहा; अब काम एक कला हो गया है। उसमें न पुरुषार्थ रहा, न कोई उद्देश्य, न साध्य! अब तो 'दे मेरी टू बी अपलेम'! बीटनिक और हिप्पी! इसके विपरीत हमारी अप्रोच थी। रामकृष्ण परमहंस ने 6 वर्ष की लड़की से शादी की थी। जब वह एक बार उनके पैर दबा रही थी, तो उसने उनसे पूछा, "मैं कौन हूँ।" उन्होंने उत्तर दिया, "उस माता में, जिसने इस शरीर को जन्म दिया, और तुममें मैं कोई भेद नहीं देखता।..."

"काम से पतन ही हो सकता है, अध्यात्म या श्रेय नहीं। उसके उदात्तीकरण द्वारा भले ही किसी उद्देश्य की प्राप्ति हो सकती है। तो काम का उपयोग उदात्तीकरण के साधन के रूप में अधिक हो सकता है। निवृत्ति के बिना हमारे यहाँ तो श्रेय हो ही नहीं सकता।"

जब मैंने उर्वशी के शिल्प के बारे में प्रश्न किया तो प्रसन्न हो गए। बोले, "हाँ वास्तव में 'उर्वशी' में शिल्प के नए प्रयोगों की ओर मैंने अधिक ध्यान दिया है। दृष्टिकोण और शैली से थोड़ा अलग हटकर एक वस्तु मैं रखना चाह रहा था। इसमें भी पुरूरवा को मैंने आदर्श पुरुष नहीं कहा। वह काम के माध्यम से मुक्ति चाहता था; फँस गया, उसे भागना पड़ा। शिल्प के लिहाज से इसमें मैंने स्टीरियो टाइप्स को बिलकुल अलग रख दिया। कुछ नए प्रयोग भी हैं। मैं उसमें एक पात्र पुरूरवा की रानी औशीनरी को पुनः अन्त में लाया हूँ। पाँचवें अंक में वह मेरी अपनी नई योजना है। अनेक मित्रों ने कहा, यह पुनः प्रवेश ऊपर से जोड़ा गया-सा लगता है, जैसे

सीधी-सपाट सुन्दर भीत पर एक कंगूरा ऊपर से जोड़ दिया गया हो, बहुत आलोचना हुई। पर मैंने कहा, यही तो मेरी अपनी चीज है, इसे मैं चलाकर लाया हूँ। एक पात्र अलग से अपनी बात कहने को पुनः अन्त में ला दिया जाए तो क्या बुरा है?''

कवि और सर्जना

दिनकर के अपने कवि के उद्‌भव पर बहुत बात हो चुकी थी, इसलिए भारतीय काव्यशास्त्र की ओर बात मोड़ने के लिए डॉ. सत्येन्द्र ने 'तुलसी-चतुःशती' के बारे में कुछ चर्चा शुरू कर दी, जिसकी उन दिनों बड़ी धूम थी। चर्चा के दौरान तुलसी के कवि के निर्माण की बात भी आ गई। ज्यों ही मैंने यह पूछा तो बिगड़ खड़े हुए—''यह कवि के बनने की बात क्या पूछते रहते हो! कवि की आत्मा सदा मौलिक होती है। उसे कोई परम्परा, सिद्धान्त या मान्यता नहीं जीत सकती। हो सकता है, कभी-कभी युग का प्रभाव, कवि का अपना अध्ययन या किसी दर्शन की उस पर पड़ी छाप उसकी प्रतिभा के निर्माण में सहायक होती हो; पर, क्या कभी ऐसा नहीं होता कि उस मान्यता की छाप उस पर नकारात्मक रूप से पड़े? अर्थात् जिस मान्यता ने उसे बहुत झकझोरा हो, उसके विपरीत वह अपना मानस बना ले? इसका एक उदाहरण मैं दे सकता हूँ। भवभूति के समय राम के द्वारा शूद्र-ऋषि शम्बूक के वध करने की कथा सर्वमान्य थी। उसका वध क्यों किया गया? उसका दोष यही तो था कि शूद्र होते हुए भी उसने तप किया? उससे एक ब्राह्मण बालक मर गया बताया। भवभूति ने इस कथा का उल्लेख तो कर दिया, पर उसकी आत्मा इससे कभी सहमत नहीं हुई। इस विद्रोह की आग की लपट उनके प्रत्येक अक्षर में जलती दिखलाई देती है। उन्होंने राम के मुँह से कहलवाया है—

'रे हस्त दक्षिण मृतस्य रिशोड' (उन्होंने पूरा श्लोक कह दिया।)

राम ने पश्चात्ताप किया कि हे राम के दक्षिण हस्त, तू यह पाप-कर्म भी कर! शूद्र मुनि को कृपाण से चीर! तूने बहुत पाप किए हैं। तू वही तो है, जिसने गर्भ-भार से खिन्न सीता को जंगल में छोड़ दिया!...''

''यह है कवि का बदला! कवि मान्यता से इसी प्रकार बदला लिया करता है। तुलसी को ये दोनों बातें ही पसन्द नहीं थीं, तभी उसने न शम्बूक-वध का प्रसंग मानस में लिखा, न सीता का त्याग।''

बात जब सीता के त्याग पर आई तो मैंने कहा, इसका कारण यही रहा होगा कि तुलसी वास्तव में नारी का आदर करते थे—'ढोल गँवार सूद्र पसु नारी, तो शायद उन्होंने प्रचलित मान्यता के लिहाज से ही लिख दिया होगा। उनका अपना मानस कुछ दूसरा ही रहा होगा।

तब दिनकर बोले—''नहीं, मैं यह नहीं मानता। मेरी मान्यता है कि तुलसी वास्तव

में नारी से घृणा करते थे। जब कवि को नारी से ठेस लगती है तो वह नारी से नफरत करता है। तुलसी के साथ यही हुआ था। उनके सारे काव्य में यह बात साफ बोलती है। एक महिला शोधकर्त्री ने एक शोध-ग्रन्थ इसी विषय पर लिखा था–'तुलसी की नारी-भावना'। बड़े प्रमाणों से उसने सिद्ध किया कि तुलसी नारी का आदर करते थे। जब शोध ग्रन्थ मेरे पास आया तो मैंने तो असहमति व्यक्त की। एक 'सूद्र-पसु-नारी' का खींचतान करके दूसरा अर्थ लगा देने से क्या होता है? तुलसी ने स्त्री का स्थान-स्थान पर निन्दा करवाई है। स्वयं उमा (पार्वती) से निन्दा करवाई है, सीता से निन्दा करवाई है, जो स्वयं नारी थीं। यह एक तरह से उन्होंने नारी से बदला ही लिया था। तुम्हें मालूम है, टॉल्स्टॉय ने भी ऐसा ही बदला लिया था! उनकी कृतियों में स्त्री का वह रूप वर्णित है जिसमें वह कुटिल, षड्यन्त्रकारिणी है। उन्हें भी स्त्री से ठेस लगी थी। अन्ततः, अपनी पत्नी से पीड़ित होकर ही केवल ओवरकोट उठाकर घर से निकल गए थे और ट्रेन में चढ़ गए थे। एक स्टेशन पर परिचित स्टेशन-मास्टर ने उन्हें पहचाना और स्टेशन पर उतार लिया, वहीं उनकी मृत्यु हुई।''

तुलसी की सगुण भक्ति पर जब बात आई तो उन्होंने बतलाया कि वे सच्चे अर्थों में जनकवि थे। उनकी स्वयं की चाहे कुछ भी मान्यता रही हो, जनता के लिए उन्होंने सगुण भक्ति की काव्य-रचना की। जनता के कल्याण का एकमात्र मार्ग सगुण भक्ति है–यह उन्होंने पहचाना। मैं नहीं कहता कि कबीर का दर्शन जनता के श्रेय का दर्शन नहीं है। वह नितान्त श्रेयस्कर है, समाज का सच्चा शिक्षक है। उस समय वही आवश्यक था। कबीर बहुत ऊँचाई तक पहुँच चुके थे। तुलसी भी वहाँ तक पहुँच चुके थे, पर वे वहाँ तक जाकर फिर नीचे लौट आए। उनकी मान्यता थी कि राम से भी राम का नाम बड़ा है। ठीक उसी प्रकार जैसे सारी वैष्णव भक्ति में यह मान्यता है कि कृष्ण से भी कृष्ण की भावना बड़ी है। राम और कृष्ण विद्वानों के लिए हैं, पर नाम और भावना जनता के लिए। तभी तुलसी जनकवि हैं।''

दिनकरजी और भी बात करने के मूड में थे। और बातें हुईं भी। चमत्कारों की, साधनों की और दर्शन की। वे उन दिनों स्वामी मुक्तानन्दजी के प्रभाव में थे। उन पर बहुत बातें हुईं। एक बात जो नहीं हो सकी, वह थी भगवान् रजनीश की! शायद तब तक उनका सिक्का इस तरह चलने लगा था, वरना शायद मैं कामाध्यात्म के सन्दर्भ में ही उनकी बात अवश्य छेड़ता। दिनकर न जाने क्या कहते, क्योंकि उन्होंने सबकी परख अवश्य कर रखी थी। अब न तो दिनकरजी हैं और न वैसा दूसरा कोई पारखी, जिससे ऐसी बातें फिर की जा सकें। अब तो ये बातें एक बहुमूल्य खजाने की स्मृति में रह गई हैं, कृपण की निधि की तरह उन स्मृतियों को सँजोए बैठा हूँ।

(शेष-निःशेष)

परिशिष्ट

'उजली आग' की भूमिका

मकड़ी ने मधुमक्खी से कहा, "हाँ, बहन! शहद बनाना तो ठीक है, लेकिन, इसमें तुम्हारी क्या बड़ाई है? बौरे हुए आम पर चढ़ो, तालाब में खिले हुए कमलों पर बैठो, काँटों से घिरी कलियों से भीख माँगों या फिर घास की पत्ती-पत्ती की खुशामद करती फिरो, तब कहीं एक बूँद तुम्हारे हाथ आती है। मगर, मुझे देखो। न कहीं जाना है न आना, जब चाहती हूँ जाली पर जाली बुन डालती हूँ। और मजा यह कि मुझे किसी से भी कुछ माँगना नहीं पड़ता। जो भी रचना करती हूँ, अपने दिमाग से करती हूँ, अपने भीतर संचित संपत्ति के बल पर करती हूँ। देखा है मुझे किसी ने किसी जुलाहे या मिलवाले से सूत माँगते?"

मधुमक्खी बोली, "सो तो ठीक है बहन! मगर, कभी यह भी सोचा है कि तुम्हारी जाली फिजूल की चीज है, जबकि मेरा बनाया हुआ मधु मीठा और पथ्य होता है?"

टी.एस. इलियट और नील कुसुम की काव्य पंक्तियाँ

and every attempt
Is a wholly new start and a different kind of failure.

—T.S. Eliot

जो कुछ खुलता सामने, समस्या है केवल,
असली निदान पर जड़े वज्र के ताले हैं।
उत्तर शायद हो छिपा मूकता के भीतर,
हम तो प्रश्नों का रूप सजानेवाले हैं।

—नील कुसुम

'हे राम' की भूमिका

'हे राम' मेरे तीन रेडियो-रूपकों का संग्रह है। रेडियो-रूपक की विशेषता शब्दों की ध्वनि में है। रेडियो-रूपक में ध्वनि के ही जरिए कथा कही जाती है, चरित्र-चित्रण किया जाता है और प्रसंग का कवित्व उभारा जाता है। रेडियो-रूपक पढ़ते समय पाठक यदि यह कल्पना करें कि रूपक वे पढ़ नहीं रहे हैं, बल्कि वह बोला जा रहा है, तो उनका आनन्द कुछ बढ़ जाएगा।

गांधी जी के जीवन-चरित से सभी परिचित हैं। इस पुस्तक में गांधी जी पर जो रूपक दिया गया है, वह उनके जीवन के अन्तिम चार वर्षों की झाँकी प्रस्तुत करता है। किन्तु स्वामी विकाननद और महर्षि रमण वाले रूपक दोनों महात्माओं के सम्पूर्ण जीवन पर प्रकाश डालते हैं।

हिन्दी-भाषी प्रान्तों में महर्षि रमण के विषय में जानकारी अभी बहुत थोड़ी है। आशा है, इस पुस्तक से वह अभाव कुछ अंश तक दूर हो जाएगा और पाठकों के भीतर महर्षि के जीवन और साहित्य के प्रति उत्सुकता जाग्रत होगी।

नई दिल्ली —**रामधारीसिंह 'दिनकर'**

जुलाई, 1969 ई.

'मेरी यात्राएँ' की भूमिका

वैसे एक बार मैं नेपाल भी हो आया हूँ, किन्तु, बड़ी यात्राएँ मैंने पाँच बार की हैं। सन् 1955 ई. में मैं पोलैंड गया था और उसी यात्रा के क्रम में मैं लन्दन, जिनेवा, पेरिस और काहिरा भी हो आया। सन् 1957 ई. में मैं चीन गया था और उस यात्रा से लौटते समय हांगकांग, बैंकाक और बर्मा देखने का सुअवसर मुझे आप से आप मिल गया। तब सन् 1961 ई. में मैं रूस गया, फिर 1967 ई. में मॉरीशस और सन् 1968 ई. में पश्चिमी जर्मनी।

यात्रा में होने पर मैं हर रोज डायरी लिखा करता हूँ। मेरे यात्रा-विवरण इसी डायरी के आधार पर तैयार होते हैं। किन्तु जब मैं रूस की यात्रा पर था, मुझे अच्छी डायरी लिखने का मौका नहीं मिला। कारण दो थे। एक तो मैं थका हुआ और बीमार था। दूसरे मैं एक शिष्टमंडल का नेतृत्व कर रहा था और मेरे कुछ साथी नाज-नखरे वाले थे। मेरा अधिक समय उनकी नाजबरदारी में चला गया। अंगरेजी में दो को साथी और तीन को भीड़ कहने का रिवाज है। संयोग ऐसा कि हम पाँच व्यक्ति थे। शिक्षा यह कि भली-भाँति देश देखना हो, तो दो ही व्यक्ति साथ सफर करो।

रूस देश मुझे बहुत पसन्द आया था और संस्मरण के बहाने मैं रूस का हाल पाठकों को सुनाना भी चाहता था। लेकिन अधूरी डायरी इस काम में बाधक हो गई।

यदि इस यात्रा-विवरण से पाठकों का थोड़ा भी मनबहलाव हुआ, तो मैं अपने परिश्रम को सार्थक समझूँगा।

—रामधारीसिंह 'दिनकर'

5, सफदरजंग लेन
नयी दिल्ली
15, अगस्त, 1970 ई.